Ulrich Brand / Helen Schwenken / Joscha Wullweber (Hrsg.)
Globalisierung analysieren, kritisieren und verändern
Das Projekt Kritische Wissenschaft

Ulrich Brand/Helen Schwenken/Joscha Wullweber (Hrsg.)
# Globalisierung analysieren, kritisieren und verändern
Das Projekt Kritische Wissenschaft

Christoph Scherrer zum 60. Geburtstag

VSA: Verlag Hamburg

www.vsa-verlag.de

© VSA: Verlag 2016, St. Georgs Kirchhof 6, 20099 Hamburg
Alle Rechte vorbehalten
Druck- und Buchbindearbeiten: CPI books GmbH, Leck
ISBN 978-3-89965-724-1

# Inhalt

Ulrich Brand/Helen Schwenken/Joscha Wullweber
**Globalisierung analysieren, kritisieren und verändern – *aber wie?*** ........... 9

Brigitte Young
**Internationaler Politischer Ökonom par excellence** ..................... 13

Frank Hoffer
**Die Ausweitung des Zwischenraums** ........................ 23
Einige politische Überlegungen zum 60. Geburtstag
eines kritischen Wissenschaftlers und Freundes

## GLOBALISIERUNG ALS POLITISCHES PROJEKT

Elmar Altvater
**Die Fortsetzung der Globalisierung mit anderen Mitteln?** ............ 36

Christa Wichterich
**Feministische Internationale Politische Ökonomie
und Sorgeextraktivismus** ........................................ 54

Friederike Habermann
**Wieder den Hauptwiderspruch!** ................................ 72
Warum die Rede von der »Vielfalt von Herrschaftsverhältnissen«
nicht ausreicht

Christoph Görg
**Unerledigt** ....................................................... 83
Zur theoretischen Grundlegung der Regulationstheorie

Hansjörg Herr
**Gründe für die fehlende ökonomische Konvergenz
zwischen Industrie- und Entwicklungsländern** ..................... 95

Paulo E. de Andrade Balta/Eugênia Troncoso Leone/
Anselmo Luis dos Santos/Marcelo Weishaupt Proni/José Dari Krein/
Denis Maracci Gimenez/Magda Barros Biavaschi/Carlos Salas Paez
**Die ökonomische Krise in Brasilien** ............................. 117
Niedergang der Arbeitsmärkte und der Arbeitsbeziehungen

## TRANSFORMATION VON ARBEIT UND INTERESSENVERTRETUNG

Edward Webster
**Going Global – Building Local** .................................................. 129
Internationalismus und ArbeiterInnensolidarität im Zeitalter der Globalisierung

Alexander Gallas
**Vom »Nachlaufspiel« zum multiskalaren Internationalismus** ............... 145
Bedingungen grenzüberschreitender Solidarität unter ArbeiterInnen
im globalen Kapitalismus

Sharit Bhowmik/Indira Gartenberg
**Organising the Unorganised** .................................................. 163
Heimarbeiterinnen in Mumbai

Ute Clement/Andreas Hänlein
**Skizze zur Geschichte des Begriffspaars
»Arbeitgeber und Arbeitnehmer«** .................................................. 175

Thomas Greven
**Die Transnationalisierung des
gewerkschaftlichen Organisationslernens** .................................................. 189

## WISSENSPRODUKTION, GESELLSCHAFT UND POLITISCHE BILDUNG

Frank Fischer
**Kritische Policy-Deliberation und transformatives Lernen** ............... 207

Gülay Çağlar
**Zwischen Kritik und Kooptation** .................................................. 218
Feministisches Wissen zur Gestaltung der Weltwirtschaft

Gerd Steffens
**Transformationskrisen, Öffentlichkeit und politisches Lernen** ............ 225

Bernd Overwien
**Globales Lernen** .................................................. 236
Globalisierung verstehen und Handeln

Devan Pillay/Michelle Williams
**Akademische Unabhängigkeit und Pluralität von Perspektiven** ............ 248
Das Netzwerk der *Global Labour University*

## GLOBALISIERUNG ANALYSIEREN, KRITISIEREN UND VERÄNDERN IM AKADEMISCHEN UND POLITISCHEN ALLTAG

Aram Ziai
**Herr* Krit und das Nordpol-Manifest** ........................................... 259
Eigendynamiken kritischer Politikwissenschaft in Kassel

GPE Collective
**Everyone can be an intellectual – really?** ................................... 266
The Students' perspectives on M.A. Global Political Economy

Simone Buckel & Alumni der GLU
**»Das war ein Jahr lang Achterbahnfahrt«** ................................. 272
Alumni der *Global Labour University* berichten

Jenny Simon/Christian Scheper
**»Es gibt keine Landstraße für die Wissenschaft« (Karl Marx)
oder »I have cats, not dogs« (Christoph Scherrer)** ..................... 287
Eindrücke des Promovierens in Kassel

## BLICK ZURÜCK NACH VORN

Hans-Jürgen Burchardt
**Zum Wohlstand durch Entschleunigung** ..................................... 291
Eine Anleitung für das gute Leben

**»Es gab gleich einen Streik und wir haben eine Gruppe
zum Thema Staatsverschuldung gebildet«** ................................ 310
Christoph Scherrer im Gespräch
mit Ulrich Brand, Helen Schwenken und Joscha Wullweber


Autor*innen, Herausgeber*innen und Übersetzer*innen ............ 334

Ulrich Brand / Helen Schwenken / Joscha Wullweber

# Globalisierung analysieren, kritisieren und verändern – *aber wie?*

Wenn wir heute im deutschsprachigen Raum die Medien verfolgen, dann scheint »Globalisierung«, anders als in den 1990er Jahren, ein eher negativ besetzter Begriff zu sein: Insbesondere die Krise seit 2008 ist eine der globalisierten Finanzmärkte und die Freihandelsabkommen CETA und TTIP stehen für eine weitere Etappe, die Macht der Konzerne abzusichern. Auch Flucht- und Migrationsbewegungen sind als Folgen von Kriegen, Klimaveränderungen, Freihandelsabkommen oder grenzüberschreitenden Arbeitsmärkten Teil von Globalisierungsprozessen.

Kritische Forschungsansätze befassen sich seit Beginn der 1990er Jahre mit dem Phänomenen »Globalisierung«. Diese Arbeiten haben deutlich herausgearbeitet, dass die neoliberale Globalisierung zwar zum einen in der Expansionsdynamik der Profitlogik des Kapitalismus angelegt ist und strukturelle Wirkungen entfaltet. Es handelte sich zum anderen aber auch häufig und bis heute um politische Projekte mächtiger ökonomischer und politischer Kräfte. Die von Christoph Scherrer geprägten Begriffe der »Globalisierung wider Willen« und der »doppelten Hegemonie« – später aktualisiert durch den Begriff der »verschränkten Hegemonie« – und die damit verbundenen detaillierte Studien (Scherrer 1999, 2001, 2013) zeigen exemplarisch, wie in den USA Freihandel und die Stärkung des Kapitals Resultat gesellschaftlicher Auseinandersetzungen war. Zugleich sind diese Auseinandersetzungen nicht auf den Nationalstaat beschränkt. Die Hegemonie der USA ist verzahnt mit der Hegemonie einer emergenten internationalen Bourgeoisie. Produktions- und Lebensweisen, politisch-institutionelle Konstellationen und konkrete Kräfteverhältnisse werden als Resultat dieser Auseinandersetzungen zumindest vorübergehend verfestigt, wodurch bestimmte gesellschaftliche Gruppen bevorteilt und andere benachteiligt werden. Die Resilienz des Neoliberalismus ist daher stets auch eine Klassenfrage (Scherrer 2014).

Gleichwohl bleiben die Interpretation des Phänomens, die Ursachen der mit den Umbrüchen der letzten drei Jahrzehnte einhergehenden Probleme wie auch der politische Umgang mit ihnen umkämpft. In der aktuellen Konjunktur scheint eine Interpretation zu dominieren, in der »die Flüchtlinge«, »das Fremde und Andere« die europäischen Gesellschaften bedrohen. Die aktuelle Kritik der neoliberalen Globalisierung wird heutzutage sehr wahrnehmbar von politisch rechts und rechtsaußen stehenden Akteuren formuliert – und entwickelt in vielen Ländern in mehr oder weniger großen Teilen der Bevölkerung starke Resonanzen. Auch in Deutschland ist eher unwahrscheinlich, dass die Partei Alternative für Deutschland (AfD) so schnell wie einige ihrer Vorgängerparteien verschwindet. Für

Christoph Scherrer ist es ein wichtiges Anliegen, diesen reaktionären, ausschließenden und antidemokratischen Sichtweisen demokratische und emanzipatorische Argumentationen entgegenzusetzen. Neben den vielen Publikationen hat er sich immer auch im breiteren gesellschaftlichen Kontext engagiert, wie in den letzten Jahren zum Beispiel zu den Freihandelsabkommen TTIP und CETA (siehe hierzu auch Beck/Scherrer 2014), und insbesondere soziale und gesellschaftliche Ungleichheit kritisiert (Gallas/Herr/Hoffer/Scherrer 2015). Hinsichtlich der Frage zu Alternativen zum finanzgeleiteten Kapitalismus ist Christoph Scherrer weniger an weit entfernten Utopien interessiert, sondern lotet vor allem bestehende Strukturen aus und analysiert, ob und inwieweit z.B. die öffentlichen Banken und Genossenschaftsbanken innerhalb eines profit-orientierten Wirtschaftssystems eine andere Finanzierungs- und Geschäftslogik verfolgen als private Kreditinstitute und wie weit sich die Finanzpraktiken der unterschiedlichen Finanzinstitute bereits angepasst haben (Scherrer 2017).

So viel zum Kontext des Bandes. Wir halten uns nicht weiter mit Zeitdiagnosen auf, diese werden in unserem Gespräch mit Christoph Scherrer und von einer Reihe weiterer AutorInnen des Bandes präzise vorgenommen. Wie aus dieser Einleitung bereits ersichtlich wird, hat dieses Buch einen Anlass: Als HerausgeberInnen und im Namen aller an diesem Buch Beteiligten gratulieren wir Christoph ganz herzlich zu seinem 60. Geburtstag!

Als wir uns im Herbst 2015 über erste Ideen verständigten, wie wir einen Band anlegen wollten, der den Wissenschaftler, Gestalter, Netzwerker und Menschen Christoph Scherrer ehrt, waren die Schwerpunkte rasch klar: Zum einen die Zeitdiagnose und zum anderen der institutionelle Kontext, in dem der Geehrte wissenschaftlich und wissenschaftspolitisch tätig ist. Da die Neoliberalisierung selbst vor den Hochschulen nicht Halt macht, aber Globalisierungsprozesse sich auch in emanzipatorischer Hinsicht nutzen lassen, thematisiert der Band in allen Sektionen Widersprüchlichkeiten. Es geht uns daher neben der Zeitdiagnose um eine Besichtigung des Projektes »kritische Wissenschaft« an der Universität Kassel, das im deutschsprachigen Raum und international derart viel Ausstrahlung gewonnen hat. Mit seiner Professur »Globalisierung und Politik« schuf Christoph Scherrer eine einzigartige institutionelle Struktur, um die Prozesse, Strukturen und Akteure der Globalisierung untersuchen und analysieren zu können und das Wissen um globale politisch-ökonomische Dynamiken und Problemfelder zu verbreitern und zu verbreiten. Er entwickelte und etablierte gleich zwei neue englischsprachige Master, den MA *Global Political Economy* und den MA *Labour Policies und Globalisation*, die so erfolgreich sind, dass die Zahl an BewerberInnen jedes Jahr zunimmt und ein Vielfaches der Aufnahmekapazität entspricht (siehe hierzu die Beiträge vom GPE Collective und Simone Buckel & Alumni der GLU). Der zweimal pro Semester stattfindende DoktorandInnen-Workshop, der aufgrund der vielen internationalen DoktorandInnen inzwischen auf Englisch abgehalten wird, ist fast schon legendär und für alle Beteiligten stets eine bereichernde intellektuelle Herausforderung. Mit der *Global Labour University* und dem *International Center for Development and Decent Work* (ICDD) hat Christoph Scherrer Institutionen mitbegründet und aufgebaut, deren Essenz die internationale Kooperation ist und die Globalisierungsprozesse nicht nur aus einer nordzentrierten Perspektive analysieren. Hier sind, wie einige der Beiträge des Bandes zeigen, insbesondere KollegInnen an Universitäten und (gewerkschaftliche) AkteurInnen aus Südafrika, Brasilien, Indien, Pakistan, Kenia und Mexiko und Ghana beteiligt. Zugleich bieten sie Arbeitsräume, Stipendien, Seminare und Workshops für internationale DoktorandInnen.

Wir möchten den AutorInnen für ihre Bereitschaft danken, mit ihren Texten zu diesem Buch beigetragen zu haben. Das war überwältigend und die Texte zeigen neben der Vielfältigkeit auch die hohe Qualität der Analyse und Kritik der kapitalistischen Globalisierung in ihren vielen Facetten. Viele Texte nehmen sich ganz explizit – andere eher implizit – Fragen an, die um die Bedingungen und Möglichkeiten emanzipatorischer Veränderung und den Perspektiven eines besseren Zusammenlebens kreisen. Die Themenauswahl und mehr noch die Herkunft der AutorInnen zeigt, wie internationalisiert die Netzwerke von Christoph Scherrer sind. Nachdem der Verlag uns überzeugt hatte, dass die englischsprachigen Texte ins Deutsche übersetzt werden sollten, sprachen wir ehemalige DoktorandInnen und MitarbeiterInnen am Kasseler Fachgebiet »Globalisierung & Politik« an. Auch hier kam es zu einer beeindruckenden Resonanz. Wir danken daher für die Übersetzungen Anne Lisa Carstensen, Christof Dieterle, Thomas Dürmeier, Tandiwe Gross, Ellen Ehmke, Gregor Kaiser, Harald Kröck, Caren Kunze sowie Catharina Wessing und Lukas Neissl sehr herzlich. Der Beitrag »China's Hidden Obstacles to Socioeconomic Rebalancing« von Boy Lüthje und Christopher A. McNally ist ebenfalls Christoph Scherrer gewidmet. Die HerausgeberInnen hielten sich an ihre Linie, keine bereits publizierten und frei zugänglichen Texte nachzudrucken, und verweisen daher alle Interessierten auf die Veröffentlichung in der Zeitschrift *AsiaPacific Issues*.[1]

Gerd Siebecke vom VSA: Verlag danken wir für die vorzügliche Zusammenarbeit. Wir hörten förmlich seinen Schreibtischstuhl wanken, als wir ihm mitteilten, dass das Buch aufgrund der vielen und teilweise umfangreichen Beiträge doppelt so dick wie geplant werden würde. Diesen Mehraufwand in das ohnehin dichte Herbstprogramm einzupassen, verdient höchste Anerkennung. Nicole Magura gilt unser wie immer großer Dank für logistische Unterstützung.

Vor allem möchten wir jedoch Shari Heuer von der Universität Osnabrück, Fachgebiet »Migration und Gesellschaft«, danken. Ohne sie wäre der Band schlicht nicht zu schaffen gewesen. Sie behielt stets den Überblick, verteilte souverän die Aufgaben an uns, lektorierte Texte und hat sich darüber hinaus auch inhaltlich eingebracht.

Mit Abgabe des Manuskripts an den Verlag erreichte uns die traurige Nachricht, dass unser Autor Sharit K. Bhowmik am 8. September 2016 unerwartet verstarb. Er war in der Wissenschaft und unter den organisierten »unorganisierten«

---

[1] Lüthje, Boy/McNally, Christopher (2015): Chinas's Hidden Obstacles To Socioeconomic Rebalancing. In: AsiaPacific Issues, 140, http://www.eastwestcenter.org/node/35365.

ArbeiterInnen in Mumbai und weit darüber hinaus in Indien ein hoch geschätzter Kollege und Aktivist. Mit Christoph Scherrer arbeitete er über ein Jahrzehnt erfolgreich am Aufbau der *Global Labour University* (GLU) und brachte ihm die Realitäten informell Arbeitender in Indien näher. Der Band sei daher auch ihm posthum mitgewidmet – das Buch gibt über die Beiträge der GLU-KollegInnen auch Einblicke in einen Teil seines bleibenden Werkes.

Die Planung und Erstellung dieses Buch selbst war eine inhaltlich spannende, im Ablauf effektive und menschlich angenehme Kooperation – ganz so wie wir es bei Christoph gelernt haben!

Osnabrück/Kassel/Wien, im September 2016

**Literatur**
Beck, Stefan/Scherrer, Christoph (2014): Das transatlantische Handels- und Investitionsabkommen (TTIP) zwischen der EU und den USA, Düsseldorf: Hans-Böckler-Stiftung.
Gallas, Alexander/Herr, Hansjörg/Hoffer, Frank/Scherrer, Christoph (Hrsg.) (2015): Combating Inequality. The Global North and South, London: Routledge.
Scherrer, Christoph (1999): Globalisierung wider Willen. Die Durchsetzung liberaler Außenwirtschaftspolitik in den USA, Berlin: Edition Sigma.
Scherrer, Christoph (2001): »Double Hegemony«? State and Class in American Foreign Economic Policymaking, in: Amerikastudien, Bd. 46 (4), 573-591.
Scherrer, Christoph (2013): Die Post-hegemoniale USA? in: Zeitschrift für Außen- und Sicherheitspolitik, Vol. 6 (1), 89-107.
Scherrer, Christoph (2014): Neoliberalism's resilience: a matter of class, in: Critical Policy Studies, Vol. 8 (3), 348-351.
Scherrer, Christoph (Hrsg.) (2017): Public Banks in the Age of Financialization: A Comparative Perspective, Cheltenham: Edward Elgar.

Brigitte Young
# Internationaler Politischer Ökonom par excellence

Wie kaum ein anderer Wissenschaftler im deutschsprachigen Raum hat Christoph Scherrer seine beiden akademischen Standbeine sowohl in der Ökonomie als auch in der Politikwissenschaft. Diese hat er beeindruckend in seinen wissenschaftlichen Arbeiten wie auch in der innovativen Gestaltung des neuen Fachgebietes *Globalisierung und Politik* der Universität Kassel integriert. Mit dem englischsprachigen Masterstudiengang *Global Political Economy,* der *Global Labor University* (zusammen mit der Hochschule für Wirtschaft und Recht, Berlin) mit Studiengängen in Brasilien, Indien, Südafrika und den USA, dem Promotionskolleg *Global Social Policies and Governance* (mit Hans-Jürgen Burchardt), finanziert von der Hans-Böckler- und der Heinrich-Böll-Stiftung und der Gründung des vom Bundesministerium für wirtschaftliche Zusammenarbeit finanzierten *International Center for Development and Decent Work (ICDD)* hat Christoph Scherrer mit seinen Kasseler sowie nationalen und internationalen KollegInnen eine einmalige institutionelle Struktur globaler Studiengänge und Forschungszusammenhänge aufgebaut.

Globalisierung ist in diesen Studiengängen keineswegs auf einen von »oben« oktroyierten Prozess der sich verändernden Weltwirtschaft reduziert. Vielmehr stehen die Triebkräfte wie auch die Auswirkungen dieser Prozesse und Handlungsmöglichkeiten der Bürger und Bürgerinnen in Industriländern sowie in Ländern des Globalen Südens im Fokus. So richtet sich der Masterstudiengang *Labour Policies and Globalisation* an Menschen in und um Gewerkschaften in aller Welt. Im Kompetenzzentrum innerhalb des *International Center for Development and Decent Work* geht es um die Frage menschenwürdiger Arbeit. Mit dieser einzigartigen Innovation im deutschsprachigen Raum hat die Universität Kassel weit über die Grenzen hinaus ein internationales Ansehen und Attraktion für Studierende und junge WissenschaftlerInnen geschaffen. Auch die Lehre und Betreuung der Studierenden nehmen einen zentralen Platz ein. So wurde Christoph Scherrer 2007 mit dem Preis *Exzellenz in der Lehre* des Hessischen Ministeriums für Wissenschaft und Kunst honoriert. In der Zwischenzeit sind die ersten Erfolge der DoktorandInnen aus diesen globalen Studiengängen wie auch seiner MitarbeiterInnen auf dem akademischen Arbeitsmarkt zu verzeichnen. Erfolgreiche Berufungen von Professuren an den Universitäten Wien, Osnabrück, Freie Universität Berlin u.a. bedeuten, dass diese jungen WissenschaftlerInnen mit ihrer eigenen Akzentuierung die theoretische und praktische Globalisierungsexpertise an eine neue Generation an diesen Universitäten weitergeben können.

In seinen umfangreichen wissenschaftlichen Arbeiten zu Globalisierung, *Governance* des Weltmarktes, globale Arbeitsstandards, US-amerikanische Außenwirtschafts- und Finanzpolitik, Industriepolitik, Handels- und Investitionsabkommen und zum deutschen Bankenwesen hat Christoph Scherrer immer wieder seine intellektuelle Fähigkeit bewiesen, Theorie und Praxis zu verbinden (Scherrer/Kunze 2011, vgl. auch die Literaturangaben am Ende der Einleitung). In diesem Kontext spielen sowohl sein Studium der Volkswirtschaft als auch seine praktische Ausbildung als Bankkaufmann bei der ehemaligen Dresdner Bank eine Rolle. Diese Verbindung zwischen sachlichen wirtschaftlichen Detailkenntnissen sowie theoretischer Einordnung dieser Prozesse sind exemplarisch für seine weltwirtschaftlichen Analysen. Demzufolge hat er es verweigert, sich einer theoretischen Schule unterzuordnen. Dies fand bereits Ausdruck in seiner Promotionsarbeit *Im Bann des Fordismus* (1989), die sich auf einen regulationstheoretischen Erklärungsansatz zum Verlust der industriellen Vormachtstellung in der US-amerikanischen Auto- und Stahlindustrie in den 1970/80er Jahren bezieht (Scherrer 1992b).

Die frühe Faszination von Christoph mit den USA fing bereits mit seinem High School-Aufenthalt an der Ostküste der USA an, wo er auch sein High School-Diplom erwarb. Später engagierte er sich als *Community Organizer* in Providence, Rhode Island (1977-78). Die praktischen Erfahrungen mit US-amerikanischem Rassismus und sozialer Ausgrenzung haben seinen Blick für die weltweiten sogenannten Globalisierungsverlierer geschärft, die eine zentrale Rolle in seinen wissenschaftlichen Arbeiten und Studiengängen spielen. Während eine Mehrheit der ÖkonomInnen und Policy-ExpertInnen sich auf aggregierte Daten zur Wirtschaftsentwicklung stützen, betont Christoph immer wieder, dass spezifische Wirtschaftspolitiken unterschiedliche räumliche, temporale und soziale Verteilungseffekte haben. Auf dieser Grundlage reflektiert er die Rolle der US-amerikanischen Weltmacht durchaus kritisch, ohne allerdings in einen Anti-Amerikanismus zu verfallen. Vielmehr spürt man in seinen Arbeiten weiterhin eine Faszination für die US-amerikanische Geschichte, deren politische Tradition und Menschen, sowie vor allem für die hegemoniale Reichweite des US-Kapitalismus, der nach dem Zusammenbruch der Sowjetunion die globalen Weltmärkte eroberte und transformierte.

Die Transformation des US-Kapitalismus hat mit dem Wandel der US-amerikanischen fordistischen Wirtschaftspolitik der 1970er Jahre hin zur Internationalisierung der Märkte begonnen. Heute würde man die damalige Liberalisierung der Waren-, Kapital- und Geldströme als Anfänge der Globalisierung bezeichnen. Christoph Scherrer wählte die USA als Forschungsgegenstand für seine Promotionsarbeit nicht nur aufgrund ihrer Bedeutung für den Weltmarkt, sondern auch als wichtigster Gestalter der Weltwirtschaftsordnung nach dem Zweiten Weltkrieg. Entscheidend in seiner Analyse sind zwei Aspekte, die sich kontinuierlich in seinen weiteren Arbeiten widerspiegeln: Erstens, dass die Globalisierungsprozesse, also die Liberalisierung der Bewegungsgesetze des Kapitals, die nationalen Handlungsspielräume von Wirtschafts- und Sozialpolitik begrenzen. Zweitens, dass dieser Prozess nicht als natürlich oder unvermeidbar angesehen werden darf, sondern als Folge eines politischen Projektes, das von gesellschaftlichen Akteuren aktiv betrieben wird. Für die analytische und theoretische Bearbeitung der Entstehung einer liberalen US-amerikanischen Außenwirtschaftspolitik bezieht sich Christoph Scherrer auf die neo-gramscianische Theorietradition, die nicht von einem instrumentellen Staats- und Herrschaftsverständnis ausgeht, sondern Herrschaft als ein relationales Verhältnis versteht. In anderen Worten, Herrschaft wird nicht nur durch den »stummen Zwang der Verhältnisse« ausgeübt, sondern sie erfordert auch den Konsens der Beherrschten. Damit erfasste er die kapitalistischen Strukturzwänge wie auch die Möglichkeiten für strategisches Handeln der relevanten gesellschaftlichen und staatlichen Akteure.

Die Promotionsarbeit fand kurz darauf internationale Anerkennung und führte Christoph Scherrer abermals im Jahr 1985 in die USA. Es war nicht nur Zufall, dass sich der Historiker Roger Hollingsworth von der Universität Wisconsin, Madison, an der Universität Frankfurt/Main dann seinen Vortrag zur Transformation der fordistischen Auto- und Stahlindustrie anhörte. Denn die Deutungshoheit der Marktfundamentalisten seit der Reagan-Ära stürzte die US-amerikanischen Sozialwissenschaften in eine Krise, da deren institutioneller (politischer) Ansatz von den Ökonomen grundsätzlich abgelehnt wurde. Christoph Scherrers regulationstheoretischer Ansatz, der bis dahin an den meisten Hochschulen in den USA kaum bekannt war, begeisterte Roger Hollingsworth dermaßen, dass er ihn an die Universität Wisconsin einlud, um im Forschungsprojekt *Governance of the American Economy* (mit Leon Lindberg) mitzuarbeiten.

Der Ansatz der *Social Structure of Accumulation* (SSA) von Samuel Bowles und Herbert Gintis (1986) war an US-Hochschulen allseits bekannt. Christoph kritisierte daran, dass der SSA-Ansatz versuche, das spannungsreiche Kausalverhältnis zwischen Ökonomie und Politik zugunsten letzterer aufzulösen. Der SSA-Ansatz war aber insofern wichtig, da er den herrschenden techno-ökonomischen Erklärungsparadigmen eine machttheoretische Interpretation der US-Nachkriegswirtschaft entgegensetzte. Gleichwohl merkte Christoph Scherrer an, dass diese Auflösung zwischen Ökonomie und Politik voluntaristisch sei, da die Autoren des SSA-Ansatzes die strukturellen Widersprüche des Akkumulationsprozesses vernachlässigten und somit die Krisen im Kapitalismus auf das gesellschaftliche Mehrprodukt reduziert hätten. So liegt der Schluss nahe, dass die Krisendynamik durch eine Harmonisierung zwischen Kapital und Arbeit überwunden werden könnte.

In dieser einschlägigen Kritik an dem vagen und ökonomistischen Strukturbegriff des SSA-Ansatzes und seiner eigenen Analyse des zunehmenden weltweiten Konkurrenzkampfes der Auto- und Stahlindustrie deutete Christoph Scherrer bereits sehr früh darauf hin, dass für ihn Struktur und gesellschaftliche Akteure keine polare Gegensätzlichkeit haben, wie dies dann auch bei Ernesto Laclau und Chantal Mouffe zu finden ist. Dass Struktur und Subjekt gleichursprünglich sind, findet man ansatzweise bereits in seinen Artikeln zur Auto- und Stahlindustrie im Forschungsprojekt *Governance of the American Economy* (1991), in dem er die Desintegration der oligopolistischen US-Stahlindustrie (1991a) und die Transformation der Arbeits- und Zuliefererverhältnisse in der Automobilindustrie (1991b) analysiert. Seine theoretische Verbindung zwischen ökonomischen und politischen Prozessen ermöglicht es ihm, nuancierte Einsichten in die komplexen Kausalbeziehungen zwischen Akkumulationsdynamik und gesellschaftlichen Kräfteverhältnissen zu gewinnen. Es ist deshalb nicht verwunderlich, dass Christoph Scherrer zur damaligen Zeit den Ansatz der Regulationsschule bevorzugte: Dieser geht zwar wie der SSA vom Konfliktcharakter der sozialen Verhältnisse als Ausgangspunkt für die Kapitalismusanalyse als eine Abfolge von *Entwicklungsweisen* aus, aber unterschiedet sich dahingehend, dass die Krisen kapitalistischer Akkumulationsdynamik nicht allein als Resultat eines sich verstärkenden Klassenkampfes gedeutet werden. Vielmehr sind sie Ergebnis eines strukturell überdeterminierten Prozesses der Zuspitzung ökonomischer und sozialer Widersprüche.

**Regulationstheorie und Diskursanalyse**

Während die Vertiefung in die Arbeiten der französischen Regulationsschule insbesondere mit Michel Agliettas Publikation *A Theory of Capitalist Regulation: The US Experience* (1979) eine wichtige Phase in seiner wissenschaftlichen Laufbahn bedeutete, versperrte Christoph Scherrer sich nicht den neuen diskurstheoretischen Entwicklungen. Insbesondere durch die Arbeiten von Ernesto Laclau und Chantal Mouffe und deren auf Michel Foucaults aufbauenden diskurstheoretische Entwicklungen zu Hegemonie und einer radikalen Demokratie erkannte Christoph Scherrer eine Ergänzung zu seinem gramscianischen Erklärungsansatz. Dass die Foucault'sche Diskursanalyse in den Sozialwissenschaften einen Paradigmenwechsel einleitete, hatte vor allem mit der Sprachlosigkeit der damaligen traditionellen theoretischen Ansätze zu tun. Weder die Neoklassik oder der Keynesianismus, noch die in der Politikwissenschaft gängigen Ansätze der Pfadabhängigkeit und der Neo-Institutionalismus konnten die marktförmigen Globalisierungs- und institutionellen Transformationsprozesse erklären.

Gleichzeitig wurde der Ökonomismus des Marxismus kritisiert, der in erster Linie eine ökonomische Sicht darstellte und die Entwicklung der nicht-ökonomischen Neuen Sozialen Bewegungen (Schwarze Bürgerbewegung, Frauen-, Schwulen- und Lesbenbewegung, Umweltbewegung) nicht zu erklären vermochte. Folglich integrierte Christoph Scherrer den diskursanalytischen Ansatz von Laclau und Mouffe in sein gramscianisches Theoriegebäude. Dieser Ansatz erlaubte es ihm, sowohl die strukturellen als auch die akteursorientierten Aspekte in seinen Forschungsschwerpunkten zu untersuchen – zu Globalisierung und grenzüberschreitendem Institutionstransfer, Finanzkrise und US-amerikanischem Finanzkapital, Arbeitsrechte im globalen Kapitalismus, *Governance* des Weltmarkts mit Fokus auf Handels- und Investitionsabkommen – wie auch post-positivistische Zugänge zur Internationalen Politischen Ökonomie.

Rückblickend ermöglichte ihm die Diskursanalyse eine Kritik an der französischen regulationstheoretischen Interpretation des fordistischen Zeitalters anhand ihrer mangelnden handlungs- und staatstheoretischen Fundierung. Zwar interpretiert die Regulationsschule die Prosperitätsphasen und Krisen kapitalistischer Entwicklung als Produkt gesellschaftlicher Auseinandersetzungen, gleichzeitig spricht sie aber den gesellschaftlichen Akteuren nur eine Handlungsmacht zu Beginn eines Akkumulationsregimes zu: in einer Phase der stabilen Kapitalreproduktion (Scherrer 1995). Die theoretische Weiterentwicklung führte dann zu Christoph Scherrers diskursanalytischer Kritik der französischen Regulationstheorie, die auch maßgeblich seine Habilitation, *Globalisierung wider Willen. Die Durchsetzung liberaler Außenwirtschaftspolitik in den USA* (1999) beeinflusste.

Die Theorieentwicklung von Laclau/Mouffe öffnete somit neue Möglichkeiten, den essentialistischen Klassismus der marxistischen Theorietradition abzulehnen, der noch bei Gramsci als letzter Kern objektiver Verhältnisse zu finden ist. So wird die Arbeiterklasse nicht mehr als privilegierter Akteur sozialer Veränderungen begriffen und auch die objektiven Gesetzmäßigkeiten der ökonomischen Entwicklung damit verworfen. Dies öffnete ein Möglichkeitsfenster, den Kampf der ArbeiterInnenklasse mit dem Kampf der Neuen Sozialen Bewegungen zu verbinden. Eine Ausweitung des gesellschaftlichen Kampfes wurde dadurch theoretisch und in der Praxis in allen Bereichen möglich, in denen Herrschaftsverhältnisse existieren. Laclau und Mouffe (1991) nannten dies das Projekt der radikalen und pluralen Demokratie.

Statt der essentialistischen Vorstellung von Klassismus und Ökonomismus schlagen Laclau/Mouffe (ebd.) die Einführung *radikaler* Kontingenz vor. Der Begriff der Kontingenz ist nicht gleichzusetzen mit Zufall, sondern verweist auf die Anwesenheit einer Struktur und betont zugleich, dass die vollständige Strukturierung nicht möglich ist, da sie von einer der Struktur inhärenten *Unentscheidbarkeit* unterlaufen wird. Somit erreichen sie keine Vollständigkeit, sondern sind konstanten gesellschaftlichen Spaltungen unterworfen. Dies wird mit dem Begriff der *Dislozierung* verdeutlicht, in dem Strukturen nie eine Geschlossenheit erreichen, in der alle Elemente bestimmt wären. Vielmehr erfahren sie ständige Brüche und Verschiebungen. Ohne diese Dislozierung könnte es keine Kontingenz geben. Gleichzeitig können Antagonismen nur auftreten, wenn es Strukturen gibt. Je stärker eine Struktur umkämpft ist, umso weniger werden Entscheidungen durch die Struktur determiniert. Dies hat damit zu tun, dass die Strukturierung eines Feldes immer nur temporär gedacht werden kann und dies zeigt demnach die Grenzen jeglicher Objektivität. Ähnlich wie Strukturen können auch Subjekte keine in sich vollständige Identität erreichen, da diese nur in Relation zu anderen Identitäten erzielt werden kann, die ebenso ständig von Antagonismen unterminiert werden. Daraus resultiert die gegenseitige Subversion von Subjekt und Struktur; es wird jegliche Objektivität als eine Bildung von Ursprung negiert, da Struktur und Subjekt gleichermaßen ursprünglich sind (Scherrer 1995; Wullweber 2012).

Die Überwindung der Dichotomie von Struktur und Handeln anhand des diskursanalytischen neo-gramsicanischen Hegemonieansatzes von Laclau/Mouffe zeigt Christoph Scherrer eindrucksvoll in seiner Analyse des Krisenmanagements der Finanzturbulenzen seit 2007/2008. Trotz der Erwartung und der theoretischen Annahme, dass Krisen grundsätzlich auch Chancen auf Veränderung eröffnen, ist es dem US-amerikanischen Finanzkapital gelungen seine Hegemonie aufrechtzuerhalten. Neben der wirtschaftstheoretischen Einsicht von Karl Marx, dass Krisen auch immer Veränderungschancen bieten, argumentiert Christoph Scherrer, dass dies auch Gegenkräfte in Form breiter Bewegungen voraussetzt. Gestützt auf die neo-gramscianische Hegemonietheorie, die auf einer Mischung aus Zwang und Konsens basiert, geht er davon aus, dass der Zwang des Finanzkapitals in Form eines Erpressungspotenzials ermöglicht wurde. Aufgrund der enormen Bedeutung der Kreditwirtschaft für den realwirtschaftlichen Ablauf der Akkumulation, verwiesen die Finanzakteure auf die Notwendigkeit, das Vertrauen der Märkte so schnell wie möglich zurückzugewinnen. Dies könnte nur anhand des raschen Eingreifens der Zentralbanken und der von Steuerzahlern finanzierten teuren Rettungspakete gewährleistet werden. Diese realpolitischen und diskursiven Erpressungspotenziale zeigten auch deshalb Wirkung, da die Realwirtschaft wie auch die Bürger und Bürgerinnen auf die Finanzwirtschaft angewiesen sind (Scherrer 2011).

Dies erklärt aber nicht, wie der gesellschaftliche Konsens für die von Finanzakteuren und für deren hauptsächlich weiteren Machterhalt vorgeschlagenen Strategien durchgesetzt werden konnten. Hier beschreibt Christoph Scherrer wie das Finanzkapital in den letzten beiden Jahrzehnten gegen andere Kapitalfraktionen immer mehr an Macht gewann, ein Prozess, der als *Financialisation* in die Literatur eingegangen ist. Die Vorherrschaft des Finanzkapitals zeigt sich an dem steigenden Anteil am Bruttosozialprodukt und an seinen überdurchschnittlichen Renditen. Dies erklärt wiederum die Macht des Finanzkapitals, die Krisenursachen zu definieren, die Richtung für die Suche nach Lösungen vorzugeben und seine Fähigkeit, Krisenlasten den SteuerzahlerInnen aufzubürden. Den Lohnabhängigen und den kapitalkritischen Bewegungen, wie Blockupy und attac, blieb weitgehend nur die Strategie, die diskursive Macht der Finanzbranche und deren abstrakte und selbstreferenzielle Modelle zu diskreditieren. Es gelang ihnen aber nicht, eine schlagkräftige Gegenmobilisierung zur hegemonialen Macht der Finanzmärkte zu etablieren. Die Finanzkrise hat allenfalls die Annahme der Finanztheoretiker von den Selbstheilungskräften des Marktes diskreditiert und trotz einiger Auflagen zur Regulierung der spekulativen Geschäfte der Finanzbranche und der Forderung nach mehr Transparenz wurde das globale spekulative Finanzwesen bis heute nicht in Frage gestellt.

Christoph Scherrers Aktivitäten beschränken sich aber nicht nur auf wissenschaftliche Beiträge in seinen zahlreichen Veröffentlichungen. Er tritt auch in medialen und digitalen Foren zu brisanten politischen Themen, wie z.B. zur Finanzkrise, der Finanztransaktionssteuer und des geplanten Freihandelsabkommen zwischen den USA und EU (TTIP) in Erscheinung. Dies umfasst Interviews im Fernsehen, auf YouTube, in universitären sowie NGO-nahen Einrichtungen, Gewerkschaften und politischen Stiftungen. Dazu gehören auch Beratungstätigkeiten für verschiedene Ministerien, für die *International Labor Organisation* (ILO), den Deutschen Akademischen Austauschdienst (DAAD) und seine zahlreichen Tätigkeiten durch das *Global Labor University*-Netzwerk in Ländern wie in Brasilien, Indien, Südafrika und den USA.

Angelehnt an die Forderung von Laclau und Mouffe, setzt sich Christoph Scherrer vor allem für ein Projekt der pluralen Demokratie ein. So kritisiert er (2014) besonders die undemokratischen Verhandlungen des erwähnten Transatlantischen Freihandelsabkommen (TTIP) und bemängelt, dass die betroffenen VerbraucherInnen, Umweltverbände, Gewerkschaften und VertreterInnen der Zivilgesellschaft auf beiden Seiten des Atlantiks nicht daran beteiligt sind. Wiederum weist er darauf hin, dass gesellschaftliche Fortschritte wie der Verbraucherschutz und Mitbestimmungsstandards Folgen gesellschaftlicher Auseinandersetzungen sind. Er spricht sich deshalb für das Abbrechen der derzeitigen TTIP-Verhandlungen aus und plädiert für einen Neustart, der die gesellschaftlichen Gruppen von Anfang an mit in die Verhandlungen einbezieht.

## Last but not least: Das Thema Gender und Geschlechtergerechtigkeit

Das Thema Genderforschung hat in Christophs Lehre einen festen Platz im Curriculum und seinen Studienangeboten gefunden. Dies bedeutet, dass Gender keinen Nebenwiderspruch einnimmt – wie in den meisten Kursen zur Internationalen Politischen Ökonomie –, sondern integrativer Bestandteil der Lehre ist. Dies hat auch damit zu tun, dass feministische Wissenschaftlerinnen die theoretische Entwicklung der Diskursanalyse stark mitgeprägt haben und dadurch die Integration des Feminismus in die neo-gramscianische Theorie Eingang fand. Für Christoph Scherrer, wie er dies in einem unserer Gespräche äußerte, ist die Frage der Geschlechterverhältnisse auch deshalb wichtig, da die Genderforschung den *Blick von unten* auf die Ausgrenzungs- und Diskriminierungsprozesse der ökonomischen Globalisierung verdeutlicht.

Genauso zielstrebig wie er die Integration der Genderforschung in all seinen Seminaren betont, gilt dies auch für seine Förderung von Frauen im universitären Wissenschaftsbetrieb. Dies zeigt sich an seiner Stellenbesetzungs- und Berufungspolitik von jungen Wissenschaftlerinnen an die Universität Kassel, der gezielten Teilhabe von Frauen an seinen wissenschaftlichen Projekten, Einstellungen von wissenschaftlichen Mitarbeiterinnen und seinen Gutachtertätigkeiten für zahlreiche Stiftungen. Die gezielte Unterstützung von Genderforschung ist aber nicht neu, sondern geht zurück auf seine C-1 Tätigkeit am J.F.Kennedy Institut für Nordamerikastudien an der Freien Universität Berlin Anfang der 1990er Jahre.

Denn eine Gruppe von *AmerikanistInnen* hatte sich in einem sogenannten Working Paper kritisch zum Zweiten Golfkrieg 1991 geäußert. Die Papiere sind in den Tagen und Wochen um und nach dem 15. Januar 1991 entstanden. ExpertInnen, Engagierte, Institutsangehörige und Gäste haben auf verschiedenen Podien und *Teach-Ins* des JFK-Instituts über die Gewaltanwendung als Mittel der Politik diskutiert und heftig gestritten. Dazu gehörte auch Christoph Scherrer. Besonders die feministische Kritik an der kriegerischen Gewaltanwendung erntete stürmische Reaktionen. Ungeachtet dieser Vorwürfe hob Ekkehart Krippendorff in seinem Vorwort des genannten Working Papers meine (aus heutiger Sicht durchaus plakative) Interpretation hervor, den Eintritt der US-amerikanischen Befehlshaber in den Krieg als ein »*Male Irrationality Syndrome*« zu bezeichnen. Ich selbst machte die macht-arrogante patriarchale Dimension einerseits der Politikwissenschaftler sowie auch der selbstsicher handelnden Männer der Politik mitverantwortlich für die Kriegsentscheidung (Young 1992). Christoph Scherrers Unterstützung eines durchaus gewagten Ansatzes des »*Male Irrationality Syndrome*« Anfang der 1990er Jahre war wichtig, da dieses erst durch seine Anregungen zu Papier kam (1992a).

Christoph Scherrers vielseitige Unterstützung der Genderforschung zeigte sich dann auch in seiner Bereitschaft, in der Forschungsgruppe *Gender in International Political Economy* (GIPE) mitzuarbeiten. Diese Gruppe entstand innerhalb des von der EU-geförderten *Network of Excellence, Global Governance, Regionalisation and Regionalisation: The Role of the EU* (GARNET), das von Richard Higgott von der Universität Warwick von 2005–2010 geleitet wurde. In dem Netzwerk waren 42 west- und osteuropäische Universitäten und Forschungsinstitute tätig, die in 17 Themen der *Jointly Executed Research Activities* unterteilt waren. Eines davon war GIPE mit über 20 TeilnehmerInnen aus dem Netzwerk, das es sich zur Aufgabe machte, die *Governance*-Strukturen und Institutionen von Finanzmärkten, Welthandelsorganisation (WTO) und Handelsabkommen, Arbeitsmärkten, Migration, Entwicklungspolitik, *Human Security*, Sicherheits- und Umweltpolitik sowie die digitalen Medien grenzübergreifend unter einer Genderperspektive zu untersuchen. Gleichzeitig war es ein Anliegen von *Gender in Political Economy* zu analysieren, warum es so schwierig ist, eine Genderperspektive in die unterschiedlichen IPÖ-Bereiche zu integrieren.

Zahlreiche Tagungen und Konferenzen an der *Central European University* in Budapest, den Universitäten Kassel, Münster und Warwick führten dann zur Veröffentlichung von *Gender Knowledge and Knowledge Networks in International Political Economy* (2010) von Brigitte Young und Christoph Scherrer. Im Unterschied zu vielen anderen Veröffentlichungen der Genderforschung standen nicht die unterschiedlichen Auswirkungen der ökonomischen Globalisierungsprozesse auf Frauen und Männer im Mittelpunkt der Publikation. Vielmehr betonten die AutorInnen die Rolle der Wissensproduktion und deren Homogenität, die zugleich ein Bündel von Annahmen über Frauen und Männer enthalten, die dann in der Politikgestaltung (*policy making*) durch wissensbasierte Expertennetzwerke eine Autorität für ihr politikrelevantes Wissen beanspruchen. In diesem Umfeld von Wissensproduktion werden Forschung und Analyse von der internen Logik selbstreferenzieller Wissensgemeinschaften angetrieben und Fragestellungen an etablierte Forschungsprogramme angepasst.

Auf Grundlage intern formulierter Kriterien teilen diese ExpertInnen die gleichen Einschätzungen kausaler Zusammenhänge und Politikziele wie auch die normativen Grundannahmen und Geltungsansprüche (siehe zum Beispiel Çağlar 2009; Schwenken 2008). In Folge dessen, so das Ergebnis der Forschungen von GIPE, gibt es zu wenig Untersuchungen mit dem Ziel eines besseren Verständnisses der ökonomischen Globalisierungsprozesse und deren Funktionsweise in

Bezug auf wachsende Ungleichheit, Verteilungschancen, Teilnahmegerechtigkeit und Fairness.

## Einige Schlussanmerkungen

Dieser kurze Einblick in Christoph Scherrers bisherigen wissenschaftlichen Werdegang und Tätigkeiten soll nicht nur als Vorbild für seine StudentInnen, MitarbeiterInnen und KollegInnen fungieren. Es zeigt vor allem, dass eine kritische linke Politische Ökonomie auch in Zeiten einer zunehmenden Ökonomisierung der Universitäten möglich und gerade deshalb notwendig ist. Vor dem Hintergrund der Finanzkrise und der damit einhergehenden weltweiten *secular stagnation*, der zunehmenden ökonomischen Ungleichheit innerhalb und zwischen Regionen und Ländern, der Anstieg der Flüchtlinge durch Krieg, Dürre und Umwelteinflüsse wird die ökonomische Globalisierung zunehmend als Gefahr für Bürger und Bürgerinnen in Entwicklungsländern sowie in reichen Industrieländern gesehen. Auch die rasante Zunahme des Rechtspopulismus auf beiden Seiten des Atlantiks scheint mit einem Gefühl der Machtlosigkeit und ökonomischen Unsicherheit einherzugehen.

Gerade deshalb sind die von Christoph Scherrer geleiteten Studiengänge und Forschungsprojekte zur Globalisierung außerordentlich zeitgemäß, um eine kritische Auseinandersetzung mit den derzeitigen ökonomischen Modellen und Politikvorschlägen zu führen. Gefragt ist ein grundsätzliches Umdenken und eine Umorientierung in den Spielregeln und der globalen *Governance* einschließlich einer Forderung nach sozialer Ausgewogenheit. In dieser Hinsicht hat Christoph Scherrer bereits mit seinem bisherigen eindrucksvollen Oeuvre zur Analyse der Transformation der Weltwirtschaft gezeigt, wie wichtig eine kritische linke Politische Ökonomie gerade in Zeiten politischer und ökonomischer Instabilität ist.

## Literatur

Aglietta, Michel (1979): A Theory of Capitalist Regulation. The US Experience, New York.

Beck, Stefan/Scherrer, Christoph (2014): Das transatlantische Handels- und Investitionsabkommen (TTIP) zwischen der EU und den USA. Hans Böckler Stiftung, Arbeitspapier Nr. 303, Düsseldorf.

Bowles, Samuel/Gintis, Herbert (1986): Democracy and Capitalism: Property, Community and the Contradictions of Modern Social Thought, New York.

Çağlar, Gülay (2009): Engendering der Makroökonomie und Handelspolitik: Potenziale transnationaler Wissensnetzwerke, Wiesbaden.

Krippendorff, Ekkehart (1992): Vorwort. In: Abteilung Politik (Hrsg.): AmerikanistInnen zum Golfkrieg, Freie Universität Berlin, John F. Kennedy-Institut, Working Paper, 47, S. 1-3.

Laclau, Ernesto/Mouffe, Chantal (1991): Hegemonie und radikale Demokratie, Wien.

Laclau, Ernesto/Mouffe, Chantal (n.d.): Hegemonie, Macht und Rechtspopulismus.

Ein Gespräch mit Ernesto Laclau und Chantal Mouffe. In: episteme, Online Magazin für Philosophie der Praxis, www.episteme.de/htmls/Mouffe-Laclau-Hegemonie-Macht.html (Zugriff: 3.9.2016).

Scherrer, Christoph (1991a): Governance of the steel industry: What caused the disintegration of the oligopoly. In: Campbell, John L./Hollingsworth, J. Rogers/Lindberg, Leon N.(Hrsg.): Governance of the American Economy, New York, S. 182-208.

Scherrer, Christoph (1991b): Governance of the automobile industry: The transformation of labor and supplier relations. In: Campbell, John L./Hollingsworth, J. Rogers/Lindberg, Leon N.(Hrsg.): Governance of the American Economy, New York, S. 209-235.

Scherrer, Christoph (1992a): The Gulf War and Western Trade Conflicts, AmerikanistInnen zum Golfkrieg. In: Abteilung Politik (Hrsg.): AmerikanistInnen zum Golfkrieg, Freie Universität Berlin, John F. Kennedy-Institut, Working Paper, 47, S. 42-45.

Scherrer, Christoph (1992b): Im Bann des Fordismus. Die Auto- und Stahlindustrie der USA im internationalen Konkurrenzkampf, Berlin.

Scherrer, Christoph (1995): Eine diskursanalytische Kritik der Regulationstheorie. In: Prokla 25(3), Heft 100, S. 457-448.

Scherrer, Christoph (1999): Globalisierung wider Willen? Die Durchsetzung liberaler Außenwirtschaftspolitik in den USA, Berlin.

Scherrer, Christoph (2011): Das Finanzkapital behauptet sich in der Krise. In: Scherrer,Christoph/Dürmeier, Thomas/Overwien, Bernd (Hrsg.): Perspektiven auf die Finanzkrise, Opladen, S. 159-176.

Scherrer, Christoph/Kunze, Caren (2011): Globalisierung, Göttingen.

Schwenken, Helen (2008): Beautiful Victims and Sacrificing Heroines: Exploring the Role of Gender Knowledge in Migration Policies. In: SIGNS – Journal of Women in Culture and Society, 33, Heft 4, S. 770-776.

Wullweber, Joscha (2012): Konturen eines politischen Analyserahmens. In: Dzudzek, Iris/Kunze, Caren/Wullweber, Joscha (Hrsg.): Diskurs und Hegemonie, Bielefeld, S. 29-58.

Young, Brigitte (1992): The Decision to Launch Desert Storm and the ›Male-irrationality‹ Syndrome. In: Abteilung Politik (Hrsg.): AmerikanistInnen zum Golfkrieg, Freie Universität Berlin, John F. Kennedy-Institut, Working Paper, 47, S. 18-25.

Young, Brigitte/Scherrer, Christoph (Hrsg). (2010): Gender Knowledge and Knowledge Networks in International Economy, Baden-Baden.

Frank Hoffer
# Die Ausweitung des Zwischenraums
Einige politische Überlegungen zum 60. Geburtstag
eines kritischen Wissenschaftlers und Freundes

**Es ist was faul...**

Viele finden, dass Vieles falsch läuft. Trotzdem fehlt es an Ideen, wie es denn anders laufen könnte. Über das komplexe große Ganze nachzudenken liegt quer zu der Welt verkürzter Dauerkommunikation von Twitter, Instagram, WhatsApp oder Facebook. Aber im Kern sind es nicht neue Kommunikationstechnologien, sondern die alten Erfahrungen mit den transformativen Visionen des Sozialismus, die die Zweifel nähren, eine allumfassende systemische Alternative zu propagieren. Der Fokus auf das Kleine, das Sichtbare, das Machbare ist die Bescheidenheit einer des utopischen Mutes beraubten Vernunft. Doch die Initiativen zur Verbesserung der alltäglichen Lebenswelt wie Ökostrom, Mindestlohn, veganes Kantinenessen, Transgendertoiletten, Flüchtlingshilfe verbinden sich hinter dem Rücken der Akteure leider nicht zu einer transformativen Idee. Was bleibt, ist die trotzige Hoffnung, dass aus vielfältigen kleinen Widerständen irgendwie synergetisch das Neue erwächst, obwohl die Mächtigen gleichzeitig mit der Ausweitung einer an Konzerninteressen ausgerichteten Globalisierung ihre Utopie vom Ende der Geschichte zementieren wollen. Dabei ist die Vorstellung vom Ende der Geschichte noch unsinniger als die Hoffnung, dass der menschlichen Entwicklung etwas immanent Fortschrittliches innewohnt. Letzteres ist spätestens mit der Erfahrung des deutschen Nationalsozialismus widerlegt, denn wenn der vermeintlich dialektische Weg des Fortschritts über Auschwitz führt, führt er sich selbst ad absurdum.

Die Gewissheit eines guten Endes ist dahin. Gesellschaftlicher Fortschritt ist zwar möglich, aber möglich ist auch mehr vom Gleichen oder die zustimmende Unterwerfung der Enttäuschten unter den Triumph des Willens.

**Mit uns zog die neue Zeit**

Lange vorbei sind die optimistischen Zeiten des frühen Sozialismus. Die genialmissionarische Idee von Karl Marx, die Arbeiterklasse sei das historische Subjekt, das tun werde, was es tun muss, hat keine Strahlkraft mehr. Die Bewunderung für die abstrakte Arbeiterklasse ist der distanzierten Verachtung gegenüber der fiktiven Unterschicht des Nachmittagsfernsehens gewichen.

Die Gewerkschaften sind die pragmatischen Stimmen der sozialverträglichen Modernisierung der Arbeitswelt, aber nicht Teil eines transformativen Projekts einer politischen ArbeiterInnenbewegung. Eine Wiederbelebung der revolutionären Arbeiterbewegung ist bereits den zahlreichen marxistischen Gruppen der späten 1960er und frühen 1970er Jahre nicht gelungen. Ein Grund hierfür war sicherlich, dass man die Zielgruppe der eigenen Agitation einseitig nach deren sozioökonomischer Lage ausrichtete und ein zweiter, dass die sozioökonomische Lage gar nicht so schlecht war.

Es ist eben nicht das Kollektiv-Objektive, sondern das Kollektiv-Imaginäre, es sind die gemeinsamen Ideen, Überzeugungen und Leidenschaften, die einer Bewegung ihre mobilisierende Kraft geben. Gemeinsamkeiten in den Lebenslagen können durchaus ein gemeinsames Denken und Handeln befördern. Welche Eigenschaften persönlicher Identität wie Geschlecht, sexuelle Orientierung, soziale Schicht, ethnische Zugehörigkeit, Hautfarbe, tradierte Normen und Werte, Klassenzugehörigkeit oder religiöse Traditionen dann in welchem Maße die eigenen Überzeugungen prägen, steht nicht a priori fest. Ideen machen den Unterschied. Das Verändern der Welt beginnt damit, die Welt zu interpretieren.

### Nostalgie – die falsche Freundin der Erinnerung

Wer über solche Ideen nachdenken will, darf sich weder von den Erfahrungen der Vergangenheit entmutigen lassen, noch Opfer der romantischen Verklärung der guten alten Zeit werden. Das trotzige »Re-Vitalisieren« alter Begriffe und Konzepte ist nicht weniger hilflos als die SPD unserer Tage.

### Die ArbeiterInnenfrage – global und ungelöst

Die eigenständige politische Organisation der Arbeiterschaft war der Aufstieg der radikalsten und erfolgreichsten sozialen Bewegung der Moderne. Die Heloten des Frühkapitalismus organisierten sich im 19. Jahrhundert gegen Staat und Kapital. Aus Not und Unterdrückung entstand eine rasant wachsende Massenbewegung mit dem Ziel »alle Verhältnisse umzuwerfen, in denen der Mensch ein erniedrigtes, ein geknechtetes, ein verlassenes, ein verächtliches Wesen ist« (Marx 1976: 385).

Die Arbeiterbewegung war die Kampfansage an ein System der Ausbeutung. Die Theorie des Sozialismus sprach ihr als Vollstreckerin historischer Gesetzmäßigkeiten die Aufgabe zu, die kapitalistischen Verhältnisse durch das säkulare Paradies des Sozialismus zu ersetzen. Auf dem Weg zu Sonne und Freiheit sammelte man sich zur heiligen letzten Schlacht. Das Gespenst des Kommunismus wurde zur materiellen Gewalt. Der Kampf um Reformen galt dabei eher als Prozess, die Massen für den Kampf zu schulen, nicht als echte Option, das ohnehin Unmögliche zu erreichen: die nachhaltige Verbesserung der Lebensbedingungen der ArbeiterInnenschaft im Kapitalismus (Engels 1970).

## Vom Winde verweht...

Das kurze 20. Jahrhundert von der Oktoberrevolution bis zum Fall der Berliner Mauer war geprägt von drei »Lösungen« der Arbeiterfrage: Die Bolschewisierung und Stalinisierung des radikalen Teils der Arbeiterbewegung im Gefolge der Oktoberrevolution, die Vernichtung der Arbeiterbewegung durch den faschistischen und nationalsozialistischen Terror – und die Integration sozialdemokratischer Ideen in einen Kapitalismus mit menschlichem Antlitz.

Ein Vierteljahrhundert nach dem Fall der Berliner Mauer und der Implosion des sowjetischen Imperiums ist die Erinnerung an den seinerzeit allgegenwärtigen Systemgegensatz verblasst. Die pro-kapitalistischen Massenbewegungen in Osteuropa und die Enthüllungen über das umfassende Versagen des sowjetischen Systems haben die Idee des Sozialismus, wenn nicht bleibend, so zumindest sehr nachhaltig ihrer Anziehungskraft beraubt. Es ist kaum noch vorstellbar, wie sehr alle großen politischen Fragen und Auseinandersetzungen ein Jahrhundert lang von dem Gegensatz dieser beiden Ideen dominiert waren. Die Geschwindigkeit der Entkolonialisierung nach dem Ende des Zweiten Weltkrieges ist ohne die Ausstrahlungskraft der Oktoberrevolution und die politischmaterielle Unterstützung durch die Sowjetunion nicht zu erklären. Die Gleichzeitigkeit von Traum und Terror (Schlögel 2008) des Stalinismus zog Millionen Menschen außerhalb der Sowjetunion in seinen Bann. Die apologetische »Treue zur Sowjetunion« speiste sich dabei sowohl aus dem Glaubenwollen an die gelungene Überwindung des Kapitalismus als auch aus der abschreckenden Monstrosität nationalsozialistischer Kriegs- und Vernichtungsgewalt.

Ob aus politischer Überzeugung oder aus machtpolitischen Kalkül, vom Spanischen Bürgerkrieg bis zu den antikolonialen Kriegen wurden zahlreiche Befreiungsbewegungen von der Sowjetunion unterstützt und sowjetisiert. Der Preis für die Hilfe war die Unterwerfung unter das sowjetische Herrschaftsmodell. Und es ist keiner der sich mit sowjetischer Hilfe von kolonialer Herrschaft befreienden Bewegungen gelungen, das Ideal des Sozialismus – demokratische Selbstbestimmung in Wirtschaft und Gesellschaft – zu verwirklichen. Im Namen des Sozialismus entstand eine autokratische Gegenmacht zum Kapitalismus, die ihm Schranken setzte, ohne jedoch die Versprechen und Hoffnungen des Sozialismus für die Menschen in seinem Herrschaftsbereich einzulösen. Errichtet durch revolutionäre Gewalt oder gestützt auf Moskaus Panzer gelang es »Revolutionären an der Macht« nirgendwo, an der Wahlurne demokratische Legitimität zu gewinnen und Freiheit zuzulassen.

Die »Flamme des Oktobers« ist erloschen, und eine »Marktwirtschaft ohne Adjektiv« (Klaus 2009) beseitigt im Namen globaler Wettbewerbsfähigkeit zunehmend sozialdemokratische Wohlfahrtstaaten und kollektivvertragliche Klassenkompromisse. Auch Kritiker des sowjetischen Modells – wie der Verfasser – kommen im Nachhinein nicht umhin anzuerkennen, dass die Sowjetunion, wenn schon nicht für die eigene Arbeiterschaft, so doch für die Arbeiterschaft in den westlichen Industrieländern durch ihre schlichte Existenz die Kampfbedingungen für eine Humanisierung des Kapitalismus verbessert hatte.

## ...doch nicht *gone*

Im 21. Jahrhundert ist das Proletariat keineswegs verschwunden, es ist nur woanders. Noch nie in der Geschichte der Menschheit waren so viele Menschen als Lohnabhängige beschäftigt. Die Zahl der abhängig Beschäftigten, der urbanen TagelöhnerInnen, der landlosen GelegenheitsarbeiterInnen und der informellen »SelbstarbeiterInnen« nimmt absolut und relativ zur Gesamtbevölkerung zu. Die Arbeits- und Lebensbedingungen vieler Menschen sind geprägt von Angst, Unsicherheit und Armut und unterscheiden sich wenig vom Manchester-Kapitalismus des 19. Jahrhunderts. Im Jahr 2012 lebten 35% der Weltbevölkerung unterhalb der Armutsgrenze von 3,10 US$ pro Tag, während das Vermögen der reichsten 62 Personen dem der ärmeren Hälfte der Weltbevölkerung entspricht. Angesichts extremer Ungleichheit und des Elends in den Slums dieser Welt ist die eigentliche Überraschung nicht die gelegentliche Eskalation verzweifelter Gewalt, sondern wie folgsam und friedlich die Massen im Großen und Ganzen sind. Die Verhältnisse selbst, so unerträglich sie sein mögen, drängen eben von sich aus nicht zu ihrer Überwindung.

Die ArbeiterInnenfrage oder, in anderen Worten, die Fragen von sozialer Gerechtigkeit, Gleichberechtigung, Selbstbestimmung und Freiheit harren immer noch ihrer Lösung. 150 Jahre Wirtschaftswachstum haben die materiellen Voraussetzungen geschaffen, absolute Armut zu beseitigen und allen eine Teilhabe in Würde zu ermöglichen, aber die Wirklichkeit bleibt weit hinter den Möglichkeiten einer gerechteren Gesellschaft zurück, ja in vielen Ländern ist sozialer und politischer Rückschritt zu beobachten.

## Das Wenige für wenige ist zu viel

Selbst in den reichen Industriestaaten gerät das Versprechen des sozialdemokratischen Wohlfahrtsstaates mit wachsender Freiheit, sozialer Sicherheit, Demokratie und sozialer Mobilität unter zunehmenden Globalisierungsdruck. Mit hinhaltendem Widerstand versucht die traditionelle Linke alte Errungenschaften zu verteidigen, doch steigende Ungleichheit, abnehmende soziale Sicherheit, zunehmend prekäre Beschäftigung und technokratische Entdemokratisierung sind nahezu überall auf dem Vormarsch. Die Wirtschaft wächst weiterhin, aber im Wesentlichen zum Nutzen einer – vom normalen Leben immer mehr abgekoppelten – Oberschicht. Die Annahme, Entwicklung bedeute eine Annäherung ärmerer Länder an das Gesellschaftsmodell des Nordens, scheint sich umzukehren.

Nur einigen wenigen Ländern des Südens ist durch die schnörkellose Internalisierung wirtschaftlicher Effizienz eine nachholende Modernisierung gelungen. Länder wie Südkorea oder Singapur haben sich einen Platz an der Sonne im kapitalistischen Weltsystem erobert. Ihr Erfolg setzt nun wiederum die altkapitalistischen Länder unter Druck, die eigene Wettbewerbsfähigkeit durch Lohnsenkung und Preisgabe sozialer Ausgleichsmechanismen zu erhöhen.

Der Wohlfahrstaatskompromiss erweist sich unter dem Imperativ des politisch gewollten globalen Wettbewerbs als eine zu radikale Beschränkung der Unternehmensfreiheit. Auf der anderen Seite fehlen der Sozialdemokratie die Radikalität, der Mut und die Ideen, einer falschen Globalisierung Grenzen zu setzen. Wer die weitgehend nach Kapitalinteressen ausgestaltete Globalisierung als die unvermeidliche Realität akzeptiert, kann den Niedergang sozialdemokratischer Volksheime (Folkethemmets) nur noch verzögern, aber nicht aufhalten. Der »Dritte Weg« von Clinton, Blair und Schröder scheiterte an der Quadratur des Kreises, in der global entgrenzten Marktwirtschaft durch verstärkte nationale Wettbewerbsfähigkeit interne Verteilungsspielräume zu erhalten. Stattdessen wurden sie zu Wegbereitern der neoliberalen Kolonisierung der moderaten Linken. Um mit Willy Brandt zu sprechen: »Es hat keinen Sinn, die Mehrheit für die Sozialdemokratie zu erringen, wenn der Preis dafür ist, kein Sozialdemokrat mehr zu sein.«

## Trotz alledem – weiter so

Der entgrenzte Kapitalismus triumphiert weltweit und gibt sich alternativlos. Die sozialen Dysfunktionalitäten profitgetriebener Wirtschaften deformieren mit ungebremster Wucht die sozialen, kulturellen und ökologischen Möglichkeiten unserer Gesellschaften. Die alten Herausforderungen sozialer Ungleichheit, ökonomischer Vertreibung, ökologischer Vergiftung, entfremdeter Arbeit und Kommodifizierung des Lebens überwältigen als globale Phänomene die nationalstaatlichen Kompromisse der industrialisierten Länder des 20. Jahrhunderts.

Wer über diese Inhumanität herrschender Globalisierung nicht sprechen will, soll sich über die hässlichen Gegenreaktionen nicht empören. Nachdem das linksliberale Projekt von den globalen Eliten als verzichtbar abgewickelt worden ist, sieht sich das siegreiche Projekt der maximalen Oberschichtsbereicherung mit den atavistischen Kräften aus dem Orkus der Weltgeschichte konfrontiert. Das westliche liberale Globalisierungsmodell steht verständnis- und fassungslos vor islamisch-reaktionärer Gewalt, dem Aufstieg längst vergangen geglaubter nationaler Identitätskulturen oder einer clownesken Plutokratie à la Silvio Berlusconi oder Donald Trump. Angesichts der Herausforderung durch den autoritären und moralfreien Kapitalismus asiatischer Prägung, der in seiner wirtschaftlichen Dynamik die westlich-liberalen Regime in den Schatten stellt, wird wachsende Ungleichheit und relative Verarmung nichtsdestotrotz den unzufriedenen Menschen als alternativlos erklärt. Hartnäckig wiederholen die Apologeten der bestehenden Unordnung, dass ein von moralisch-ethischen Fesseln befreites Wettrennen um höchste Effizienz von Gewinnern und Verlierern als unentrinnbarer Dauerzustand als Schicksal angenommen werden müsse. In dieser versteinerten Zwanghaftigkeit sinnentleerter Kapitalakkumulation sah Max Weber den deprimierenden Kumulationspunkt der kapitalistischen Entwicklung.

»Niemand weiß noch, wer künftig in jenem Gehäuse [der Hörigkeit, F.H.] wohnen wird und ob am Ende dieser ungeheuren Entwicklung ganz neue Propheten oder eine mächtige Wiedergeburt alter Gedanken und Ideale stehen werden, oder aber – wenn keins von beiden – mechanisierte Versteinerung, mit einer Art von krampfhaftem Sich-wichtig-Nehmen verbrämt. Dann allerdings könnte für die ›letzten Menschen‹ dieser Kulturentwicklung das Wort zur Wahrheit werden: ›Fachmenschen ohne Geist, Genussmenschen ohne Herz: dies Nichts bildet sich ein, eine nie vorher erreichte Stufe des Menschentums erstiegen zu haben.‹« (Weber 1947: 204).

Weber wollte wohl hoffen, dass dieses »Nichts« nicht das Ende der Geschichte sei, ohne sich jedoch ein Happy End vorstellen zu können.

## Was nun?

Angesichts der gescheiterten Revolutionen und des scheiternden Reformismus bedarf es neuer Lösungen für das altbekannte Problem: Die Wirtschaft zu einer bedarfdeckenden Dienerin der Gesellschaft zu machen. Die ökologische Zerstörung erhöht dabei den Handlungsdruck und beunruhigt auch jene auf der Gewinnerseite der Globalisierung, die Hunger, Not und Elend anderer nicht veranlasst, an der Logik des Bestehenden zu zweifeln. Es geht bei neuen Antworten darum, den nationalen und internationalen Raum für Alternativen jenseits von radikaler Romantik und effizienter Anpassung an Marktimperative zu identifizieren und auszuweiten.

## Ausweitung des Zwischenraums

Diese Herausforderung möchte ich an einigen zentralen Punkten aktueller politischer Auseinandersetzungen verdeutlichen: Authentizität, Umweltrettung, fairer Handel, Steuergerechtigkeit, Toleranz, angemessenes Einkommen und Demokratie. Dies sind Fragen, die viele Menschen umtreiben und die in der Summe das Potenzial zum überlegten Widerstand gegen die falschen Verhältnisse haben.

### Authentizität

Veränderung braucht die Authentizität der Akteure in der politischen Programmatik und der Radikalität des Alltags. Oder mit anderen Worten: das richtige Leben im falschen. Niemand ist eine Heilige oder ein Heiliger. Widersprüchlichkeiten sind daher unvermeidlich, doch das Streben nach Gerechtigkeit, Freiheit, Nachhaltigkeit und Demokratie muss Leitmotiv und Praxis des individuellen und organisatorischen Handelns eines glaubwürdigen Gegenentwurfs sein. Die Protestbewegungen vom Gezi Park, Maidan und Tahirplatz oder Politiker wie Alexis Tsipras, Jeremy Corbyn, Pablo Iglesias oder Bernie Sanders verdanken ihren Zuspruch diesem Wunsch nach Authentizität oder Wahrhaftigkeit. Diese Anforderung richtet sich sowohl an politische Leitfiguren als auch an AktivistInnen, kritische Intellektuelle und politische Funktionäre und muss sich auch in der Organisationspraxis widerspiegeln. Das Morgen muss im Heute erkennbar und erfahrbar sein. Die Ausstrahlung der befreienden Protestfestivals von *Occupy* bis zu den *Indignados* liegt gerade in ihrer Unmittelbarkeit. Auch wenn komplexe Großgesellschaften nicht durch spontane Platzkulturen regiert werden können, ist die politische Artikulation (Laclau/Mouffe 2006) die Daueraufgabe zur Schaffung einer Öffentlichkeit, in der vielfältige Widerstände zu einem hegemonialen Gegengewicht zum marktwirtschaflich-staatlichen Komplex verbunden werden können.

**Umweltrettung**
Es ist schwer vorstellbar, wie die fortschreitende Zerstörung der Umwelt ohne die Lösung der sozialen Frage im globalen Maßstab und ohne eine fundamentale Umorientierung einer auf ständiges Wachstum und gesteigerten individuellen Konsum angelegte Ökonomie aufgehalten werden könnte (siehe dazu auch den Beitrag von Pillay/Williams in diesem Band). Die Idee einer grünen Win-Win-Wachstumsgesellschaft, in welcher der Kapitalismus nun profitmaximierend das repariert, was er vorher ruiniert hat, ist besser als nichts und doch viel zu wenig. Bisher ist es trotz der verbesserten Umweltverträglichkeit zahlreicher Produktionsverfahren nicht gelungen, den Trend zur steigenden Umweltzerstörung umzukehren. Der sanfte Konsum der Öko-Mittelklasse verkörpert dieses Dilemma: Die vielen kleinen umweltbewussten Schritte ergeben am Ende dennoch einen großen ökologischen Fußabdruck.

Von den Armen kann keine planetenrettende Bescheidenheit erwartet werden, solange die wohlhabenden 20% der Weltbevölkerung 80% aller Ressourcen verbrauchen. Die Unteren benötigen nicht nur mehr, sondern die Oberen verbrauchen bereits zu viel. Es geht insbesondere in den reicheren Gesellschaften um eine kulturrevolutionäre Wende vom Statuskonsum zum erfüllten Leben: Befreiung von entfremdeter Arbeit und mehr Sein statt Haben als Gegenentwurf zu gewinnmaximierender und ressourcenverzehrender Zwanghaftigkeit. Solange die Reichen im umweltzerstörenden Saus und Braus fortfahren, gibt es kein moralisches Argument von den Armen im Namen des Gattungserhalts sanfte Alternativen zum behaglichen Konsumhedonismus des 21. Jahrhunderts zu erwarten.

**Fairer Handel**
Freihandel ist seit den Zeiten David Ricardos die »schwere Artillerie« (Marx) der Bourgeoisie, mit der sie sich eine Welt nach ihrer Logik schafft. Mit dem *Trans-Pacific Partnership* (TTP) und dem *Transatlantic Trade and Investment Partnership* (TTIP) wird derzeit versucht, eine neue Qualität von unternehmensbeherrschter und westlich dominierter Globalisierung durchzusetzen (Beck/Scherrer 2014; Scherrer 2014). Der Widerstand gegen TTIP zeigt ein breites Unbehagen gegen eine weitere Entmachtung von Staaten und Zivilgesellschaften. Der Gegenstand der Auseinandersetzung selbst gebietet dabei sowohl eine Internationalisierung und Vernetzung des Protestes als auch eine Verknüpfung sozialer und ökologischer Interessen. Dabei muss das Nein zu TTIP über die Abwehr einer weiteren Ermächtigung multinationaler Konzerne hinausgehen und zu einer Debatte über fairen Handel führen, der die Möglichkeiten eigenständiger Entwicklung der är-

meren Weltregionen eröffnet, statt die Machtpositionen der führenden Wirtschaftsnationen abzusichern. Fairer Handel darf nicht auf Nischenmärkte beschränkt sein, sondern das Handelsregime als Ganzes muss nach Gesichtspunkten globaler Gerechtigkeit und nachhaltiger sozialer und ökologischer Standards umgebaut werden. Der exzessive Schutz geistiger Eigentumsrechte, durch den der Produktivitätsvorsprung der reichen Nationen abgesichert werden soll, muss fallen, und Länder mit geringem Bruttosozialprodukt müssen das Recht zu einseitigen Schutzmaßnahmen haben.

**Steuergerechtigkeit**
»Oh wie schön ist Panama.« (Janosch 2005) Die Enthüllung, dass eine einzige Rechtsanwaltskanzlei die Gründung von 200.000 Briefkastenfirmen und Trusts für Vermögensverstecker, Steuervermeider und Geldwäscher aus aller Welt organisiert hat, skandalisiert die offenkundige Normalität asozialer Praktiken (Süddeutsche Zeitung 2016). Der Anstieg nationaler und globaler Ungleichheit ist wesentlich den erfolgreichen Steuervermeidungspraktiken der Oberschicht geschuldet. Lobbying für Steuersenkungen, komplexe Steueroptimierung, Schwarzgelder und Steuerbetrug bilden dabei ein integriertes Ganzes. Frei nach Bertolt Brecht: Was ist schon ein Steuerbetrug gegen eine Absenkung des Spitzensteuersatzes um 15 Prozentpunkte.

Es bedarf eines grenzübergreifenden Handlungsdrucks, um den Sumpf von metropolitanen Finanzzentren und peripheren Steueroasen offen und trocken zu legen. Die Analyse der Panamapapiere durch ein internationales Netzwerk investigativer JournalistInnen erschwert es Regierungen, ihre Zaghaftigkeit gegenüber der eigenen wohlhabenden Klientel mit der Unmöglichkeit internationaler Regulierung entschuldigen zu können. Angesichts der Myriaden von Lobbyisten, der Geheimverhandlungen über die Regeln der Weltwirtschaft, der Flut wohlhabender Gesetzesumgeher und der Aushebelung fundamentaler Persönlichkeitsrechte durch weltumspannende Datenüberwachung, ist das Licht der globalen Öffentlichkeit ein entscheidendes Instrument nicht nur gegen Gesetzesverstöße, sondern auch gegen die technokratische Herrschaft institutionalisierter Macht- und Wirtschaftsinteressen.

**Toleranz**
Das friedliche Miteinander innerhalb und zwischen Gesellschaften bedarf einer auf dem Respekt vor den Menschenrechten basierenden Toleranz. Die Bereitschaft, die Vielfalt zu tolerieren, gerade wenn die Unterschiedlichkeit unbehaglich ist, ist die minimale Funktionsvoraussetzung einer offenen Gesellschaft.

Es ist eine erhaltenswerte Errungenschaft des Neoliberalismus, die milieubedingte oder religiös-kulturell geprägte Engstirnigkeit durch seinen Marktradikalismus aufgelöst zu haben. Die dadurch gewachsene individuelle Entscheidungsautonomie ist die freiheitliche Seite kommodifizierter Lebensverhältnisse.

Zahlreiche Menschen sind durch ihr Engagement für ihre eigenen spezifischen Interessen und aufgrund ihrer Wertvorstellungen wichtige Gestalter einer pluralen Gesellschaft. Dabei geht es nicht um ein hedonistisches *anything goes*, sondern darum, dass die Anerkennung verschiedener Interessen und Werte selbst ein universaler Wert ist. Minderheiten respektierende Pluralität ist die gelebte Alternative gegen Intoleranz und Fundamentalismus. Die Möglichkeiten zahlreicher Minderheiten, ihre Religiosität, sexuelle Orientierung, Weltanschauung, kulturellen Traditionen, Musik und Kunst ausüben zu können, basieren auf wechselseitiger Toleranz, die durch die Praxis der Vielfalt den pluralen Raum gegenseitiger Anerkennung verteidigt und erweitert. Eine solche Toleranz kann im Vertrauen auf die Anziehungskraft vielfältiger Freiheit sogar intoleranten Bewegungen mit Toleranz begegnen, solange die Intoleranz nicht bedrohende oder unterdrückerische Methoden anwendet.

Die freiwillige Unterwerfung unter religiöse Dogmen oder traditionelle Zwänge ist hinzunehmen, da die intolerante Durchsetzung des Toleranzgebots sich selbst ad absurdum führt. Allerdings muss die tolerante Gesellschaft risikoarme Möglichkeiten zur Selbstbefreiung aus intoleranter Unterworfenheit fördern.

**Angemessene Löhne**
Armut ist der Ausschluss aus der Freiheit der Marktwirtschaft. Weltweite angemessene Löhne sind zentral für die Überwindung von absoluter und relativer Armut. Es ist unmöglich, internationale Solidarität und mehr Gerechtigkeit zu fordern, wenn gleichzeitig die Einkommensschere national immer weiter auseinandergeht. Aber auch eine Begrenzung der Solidarität auf den nationalen Raum bei billigender Inkaufnahme eines erbarmungslosen *race to the bottom* im Globalen Süden ist – wie die globalen Flüchtlings- und Wanderungsbewegungen zeigen – keine progressive Option mehr. Das nahezu unbegrenzte Arbeitskräfteangebot in vielen Ländern des globalen Südens resultiert in stagnierenden Niedriglöhnen trotz wachsender Produktivität. Bei den zu erwartenden Produktivitätssprüngen wird diese Konstellation noch lange andauern. Unter dem herrschenden Handelsregime wird ein erheblicher Teil produktivitätsbedingter Wohlstandsgewinne zu den Konzernen und KonsumentInnen im Norden transferiert. Angesichts des weltweiten Reichtums ist die Forderung nach angemessenen Löhnen oberhalb der Armutsgrenze nicht nur moralisch legitim, sondern auch ökonomisch möglich. Dazu gehört nicht nur eine gerechte Besteuerung der multinationalen Konzerne. Auch werden die KonsumentInnen im Globalen Norden mehr für die Produkte aus dem Süden bezahlen müssen. Wer ein weiteres Anschwellen verzweifelter Armutsmigration verhindern will, muss dies nicht nur aus Gründen sozialer Gerechtigkeit, sondern auch aus wohlverstandenem Eigeninteresse wollen.

Die Forderung nach lebenssichernden Minimallöhnen überall ist eine Forderung nationaler und internationaler Gerechtigkeit. Angesichts der Dominanz globaler Wertschöpfungsketten bestehen hierfür gleichzeitig die Möglichkeit und die Notwendigkeit grenzübergreifender Mobilisierung und international koordinierter Lösungen.

## Demokratie

Progressive Veränderung bedarf und schafft Demokratie. Freiheit und Demokratie sind nicht alles, aber ohne Freiheit und Demokratie ist alles nichts. Erfolgreiche Modernisierung durch autoritäre Regime wie etwa jenes von Lee Kuan Yew in Singapur verkennt den Eigenwert von Freiheit und Selbstbestimmung. Politisch gewollte technokratische Auslagerungen zentraler Entscheidungen zu Zentralbanken, zur Welthandelsorganisation, der Europäischen Union oder anderen supranationalen Strukturen mit geringer demokratischer Teilhabe sind ebenso eine Bedrohung der Demokratie wie plutokratische Lobby- und Einflussstrukturen und durch Geldmacht beeinflusste Wahlentscheidungen. Die formale Kontinuität demokratischer Prozeduren kann eine Weile den post-demokratischen Charakter der Macht- und Steuerungsentscheidungen verschleiern, doch die Entkernung der Volkssouveränität führt früher oder später zu einer Diskreditierung der Demokratie selbst.

Die Wahlerfolge rechter Nationalisten und Demagogen weltweit sind der falsche Protest gegen ein echtes Problem. Den Nationalisten ist es gelungen, mit einer nationalkonservativen, islamophoben, antifeministischen und schwulenfeindlichen Gerechtigkeits- und Klartexterzählung das Unbehagen gegen eine Globalisierung der Eliten in Wahlerfolge und Straßenmilitanz zu verwandeln. Berechtigte Kritik an ungerechten Verhältnissen kann so in einen menschenfeindlichen Diskurs übersetzt werden. Verbitterte und Verängstigte, vereinigt Euch gegen die Schwachen, die Anderen und die Fremden! Dabei kommen die vorgeblich zu verteidigenden abendländischen Werte dieses stilisierten Okzidentalismus (Carrier 1995) dann schnell unter die Räder. Die Furcht vor dem Islam gebiert religiöse Intoleranz, die Abwehr verzweifelter Flüchtlinge verlangt die billigende Inkaufnahme von Menschenrechtsverletzungen und die Opfer von Flucht und Gewalt werden als bart- bzw. kopftuchtragende IntegrationsverweigererInnen diffamiert, die der fordernde Sozialstaat unter Androhung des Leistungsentzugs schnellstmöglich zu Deutschlingen machen oder aber ausweisen soll.

Freiheit, Toleranz, Demokratie und Fairness können sich nur durch ihre permanente Ausübung behaupten. Überzeugender Einsatz für die Demokratie beginnt mit der demokratischen Verfasstheit von Widerstandsbewegungen selbst und der Einforderung der demokratischen Entscheidungsfindung auf allen Ebenen und in allen Bereichen. Der Raum für demokratischen Widerspruchsgeist erstreckt sich von der SchülerInnenvertretung, der Mieterinitiative und der universitären Selbstverwaltung über die Unternehmensmitbestimmung und staats- und kapitalunabhängige Medien zu Volksbegehren und Parlamentswahlen. Demokratische Prozesse sind keineswegs immer effizient und die Ergebnisse können falsch sein, aber die demokratische Methode mit ihrem Mehrheitsprinzip und Minderheitenschutz ist ein unverzichtbarer Eigenwert einer gerechten Gesellschaft.

Der **AUFSTAnD** in den hier skizzierten Politikfeldern (deren Anfangsbuchstaben ergeben diesen Begriff) ist kein alternativer Gegenentwurf, sondern lediglich der entschlossene Versuch, sich der sinnlosen Utopie des »Weiter so« entgegenzustellen. Der Mut und die Ideen zur weitergehenden Veränderung können aus dem gelingenden Widerstand gegen zentrale Systemimperative erwachsen. Die Montagsdemonstrationen, die zur deutschen Einheit führten, haben gezeigt, dass das, was gestern unmöglich schien, heute gedacht und schon morgen getan werden kann, wenn sich der gesellschaftliche Diskurs verschiebt.

### Der Wissenschaftler als Diskursverschieber

»Die Ideen der Ökonomen und Philosophen, seien sie richtig oder falsch, sind mächtiger, als man im Allgemeinen glaubt. Um die Wahrheit zu sagen, es gibt nicht viel anderes, das die Welt beherrscht.« (Keynes 1935)

In einer szientistischen Kultur braucht die politische Entscheidung ihre wissenschaftliche Begründung. Ohne die wissenschaftliche Fundierung fehlt ihr Legitimität und Glaubwürdigkeit. Wachstumsfördernde Effekte von Steuersenkungen, die positive Wirkung von Lohnzurückhaltung und die wohlstands- und beschäftigungssteigernden Effekte neuer Freihandelsabkommen – fast nichts wird letztendlich ohne wissenschaftliches Gütesiegel beschlossen. Dabei ist möglicherweise das Ausmaß gekaufter Wissenschaft größer als man gerne glauben möchte, aber wirkliche Hegemonie begründet sich darauf, dass die Protagonisten von der Richtigkeit ihrer wissenschaftlichen Analyse nicht nur tatsächlich überzeugt sind, sondern die herrschenden Auffassungen unhinterfragbare Wahrheiten werden.

Das Modell marktliberaler Globalisierung erlebte nach der Implosion der Sowjetunion einen beispiellosen Siegeszug. Wahrscheinlich noch nie seit dem Beginn des Industriezeitalters hatte der Kapitalismus so wenige KritikerInnen und noch weniger GegnerInnen. Auch in der universitären Welt wirkten und wirken die vielfältig-subtilen Mechanismen hegemonialer Konformität sowohl bei den Drittmitteln für Forschung, bei den Berufungen als auch in der Lehre und Nachwuchsförderung.

Gegen den Strom zu schwimmen, ohne marginalisiert zu werden, erfordert Mut, Energie, Neugier, Verstandesschärfe, Geschick und Empathie. Diese Kombination ist selten, und Christoph Scherrer verkörpert sie wie kaum ein anderer. Die Ausweitung des akademischen Zwischenraums ist ohne einen scharfen Verstand unmöglich. Es braucht daneben aber auch das Geschick, in komplexen universitären Institutionsgeflechten zu agieren, die Bereitschaft Risiken einzugehen, die Entschlossenheit zu handeln und niemals das Interesse an neuen Fragen zu verlieren. Am wichtigsten ist jedoch die Empathie für die Schwachen und die Überzeugung, dass es in der Welt gerechter zugehen kann und muss.

Christoph Scherrers vielfältigen Forschungsbeiträge zum globalen Handelsregime haben die Notwendigkeit von internationalen Arbeitsstandards als Schutz gegen menschenverachtende Arbeitsbedingungen überzeugend begründet und die Schwachstellen neoklassischer Kritik an internationalen Sozialstandards aufgezeigt. Er hat immer wieder die Interessenlagen innerhalb der globalen Handelsordnung analysiert und mögliche Widerstandsstrategien diskutiert und auf eher technischer Ebene beispielsweise die Berechnungsmethoden vorgeblich positiver Beschäftigungswirkungen von TTIP in Frage gestellt. Seine Präsenz in öffentlichen Debatten ist immer ein Beitrag zum kritischen Denken. Ebenso beeindruckend sind sein Engagement in der Lehre und der Förderung des wissenschaftlichen Nachwuchses, sowie für den Aufbau des *International Center for Development and Decent Work* an der Universität Kassel.

Um den Diskurs zu verschieben, müssen Forschungsergebnisse wissenschaftlichen Qualitätsansprüchen genügen und Eingang in die gesellschaftliche Meinungsbildung finden. Es bedarf der Verbindung zwischen politischer Debatte, sozialen Bewegungen und kritischer Wissenschaft. Der Wissenschaftler ist dabei nicht als Agitator und Stimmungsmacher, sondern als analytischer Beobachter gefragt, der die Zusammenarbeit mit den sozialen Bewegungen sucht, ohne selbst soziale Bewegung sein zu wollen. Soll Protest nicht laut- und hilflos bleiben, sondern Gewissheiten und Entwicklungsrichtungen verschieben, braucht es wissenschaftliche Expertise, um die Komplexität des modernen Weltsystems und seiner Triebkräfte zu verstehen, die Verquickung von strukturellen Zwängen und speziellen Interessen zu entwirren, die ökonomischen Argumente der Protagonisten marktradikaler Globalisierung zu hinterfragen, die Mechanismen politischer Entscheidungsfindung zu analysieren oder die Realitätstauglichkeit transformativer Reformvorstellungen zu diskutieren. Eine fruchtbare Verbindung zwischen Wissenschaft und Praxis braucht darüber hinaus die intermediären Personen, die als Mittler zwischen den Welten fungieren können.

Die *Global Labour University* (GLU) ist ein solches Projekt der Zusammenarbeit zwischen Gewerkschaften und Wissenschaft, an deren Aufbau und Ausrichtung Christoph Scherrer maßgeblichen Anteil hat. Um es genauer zu sagen: Ohne ihn gäbe es sie nicht. Die GLU als internationales Netzwerk zwischen Universitäten, Gewerkschaften, NGOs und der Internationalen Arbeitsorganisation (ILO) will GewerkschafterInnen befähigen, sich kritisch mit den Herausforderungen der Globalisierung auseinanderzusetzen, alternative Gegenentwürfe zu diskutieren und sich in politischen Auseinandersetzungen zu engagieren, um die Welt zu verändern.

Der **AUFSTAnD** gegen die misslungene Weltordnung ist ohne eine Verknüpfung vielfältiger Proteste unter Einschluss der organisierten ArbeiterInnenschaft kaum vorstellbar. Veränderung braucht notwendig eine vielfältige – unweigerlich in sich widersprüchliche – international vernetzte Bewegung für eine gerechtere Welt. Dieses ist eine enorme Herausforderung und nichts für mutlose Realisten. Es bedarf vielmehr eines aus den reinen Fakten nicht zu gewinnenden utopischen Optimismus, das Erstrebenswerte zu wagen. Ist es vermessen, die GLU als einen kleinen Beitrag zu dieser Herkulesaufgabe zu sehen? Zweifellos, und doch möchte man es gerne glauben...

## Literatur

Beck, Stefan/Scherrer, Christoph (2014): Das transatlantische Handels- und Investitionsabkommen (TTIP) zwischen der EU und den USA, Hans-Böckler-Stiftung, Working Paper, 303, Düsseldorf, www.boeckler.de/pdf/p_arbp_303.pdf (Zugriff: 5.9.2016).

Carrier, James G. (Hrsg.) (1995): Occidentalism. Images of the West, Oxford.

Engels, Friedrich (1970): Die Lage der Arbeitenden Klasse in England, Leipzig. In: MEW [Karl Marx/Friedrich Engels – Werke]: Band 2, Berlin/DDR.

Janosch (2005): Oh, wie schön ist Panama, Weinheim.

Keynes, John Meynard (1935): Allgemeine Theorie der Beschäftigung, des Zinses und des Geldes, Berlin.

Klaus, Vaclav (2009): 20 years after the fall of communism, www.klaus.cz/clanky/1787 (Zugriff: 2.8.2016).

Laclau, Ernesto/Mouffe,Chantal (2006): Hegemonie und radikale Demokratie, Wien.

Marx, Karl (1976): Zur Kritik der Hegelschen Rechtsphilosophie. In: MEW [Karl Marx/Friedrich Engels – Werke]: Band 1, Berlin/DDR.

Scherrer, Christoph (Hrsg.) (2014): The Transatlantic Trade and Investment Partnership. Implications for Labour, München.

Schlögel, Karl (2008): Traum und Terror, Ulm.

Süddeutsche Zeitung (2016): Panama Papers. Die Geheimnisse des schmutzigen Geldes, http://panamapapers.sueddeutsche.de/ (Zugriff: 2.8.2016).

Weber, Max (1947): Die protestantische Ethik und der Geist des Kapitalismus. In: Weber, Max (1988): Gesammelte Aufsätze zur Religionssoziolgie I, Tübingen.

Elmar Altvater
# Die Fortsetzung der Globalisierung mit anderen Mitteln?

Christoph Scherrer, dem dieser kleine Beitrag gewidmet ist, hat sich seit Jahrzehnten mit Fragen der Globalisierung auseinandergesetzt: mit dem Welthandel und mit Handelskonflikten, vor allem zwischen Nordamerika und Westeuropa, aber auch innerhalb der US-Wirtschaft zwischen diversen Branchen. Er hat die Folgen der Globalisierung für die Verteilung von Einkommen und Vermögen und daher auch für die Verfügung über Produktionsmittel, für die Beschäftigung und letztlich auch für die Verteilung der Macht in der Gesellschaft untersucht und die politischen Konsequenzen für die gesellschaftlichen Machtverhältnisse aufgezeigt, die sich daraus für gewerkschaftliche Praxis ergeben. Für ihn lag der »Globale Süden« nicht jenseits des Horizonts der interessierten Wahrnehmung von Wissenschaftlern aus dem »Globalen Norden«. Handelsfragen sind wie alles Ökonomische vor allem auch politische Fragen. Die Ergebnisse seiner Forschung hat er in die Lehre vor allem an der Universität Kassel und in das Curriculum der *Global Labour University* (GLU), die er mitbegründet hat, einfließen lassen. Mehrere Generationen von Studierenden wurden und werden inzwischen in den Kursen der GLU ausgebildet, an den Standorten Kassel, Berlin, Johannesburg, Mumbai bzw. Delhi, Campinas, Pennsylvania. Viele Absolventen haben ihre akademische Ausbildung im Rahmen der GLU für die politische Praxis in der Gewerkschaftsarbeit ihrer jeweiligen Länder nutzbar gemacht. Ein einzigartiges Beispiel für den – interkontinentalen – Wissenstransfer in Zeiten der Globalisierung aus der akademischen Welt in die Welt der Arbeit.

Die wissenschaftliche Auseinandersetzung mit den Tendenzen der Globalisierung ist also politisch von Bedeutung, zumal die Entwicklungen im globalen Raum mit großem Tempo vorangehen – nicht unbedingt in die Richtung von größerer Freiheit, sozialem Ausgleich, dauerhaftem Frieden unter den Menschen und der Menschheit mit der Natur.

Den folgenden Beitrag beginne ich mit knappen Ausführungen über Grenzen der Globalisierung. Die Entwicklung kann vielleicht weitergehen wie gehabt, bis immer mehr Aufwand getrieben werden muss, um überhaupt noch einen Schritt vorwärts zu kommen und man schließlich bei den planetarischen Großprojekten des Geoengineering landet . Damit wird eine Rationalität auf die Spitze getrieben, die seit der Neuzeit wirkt und die die Dynamik der kapitalistischen Produktionsweise ermöglicht hat, aber permanent dabei ist, ganz wie Adorno und Horkheimer in der »Dialektik der Aufklärung« herausarbeiten, ins Irrationale umzuschlagen. Die Globalisierung frisst ihre Kinder. Es gibt aber Mittel und Wege, die dieses

Ende der Globalisierung vermeiden: die Anerkennung der Grenzen und die Rückbesinnung auf die von Immanuel Kant ausgesprochene und von niemandem widersprochene Wahrheit, dass der Planet Erde nur »eine begrenzte Kugelfläche« hat und sich daher die Menschen Regeln geben müssen, um in diesen Grenzen einvernehmlich, friedlich, ausgeglichen, gut leben zu können. Das ist die Norm, die im Kant'schen Sinne einen »kategorischen«, d.h. nicht zu hinterfragenden Imperativ begründet.

Die Diagnose der gesellschaftlichen Verhältnisse zeigt jedoch, dass diese es gar nicht zulassen, dass sich einzelne Menschen, Bevölkerungen, Klassen, Nationen entsprechend dieser Norm verhalten. Das bezeugt der beklagenswerte Zustand der Natur des Planeten Erde; das zeigen auch die entwürdigende Ausbeutung in der Ökonomie und die kriegerischen Konflikte der Völker. 50 Millionen Menschen leben auch im zweiten Jahrzehnt des 21. Jahrhunderts in Sklaverei. Die Zahl der Armen steigt sogar in den hochentwickelten, »reichen« Ländern. Wenn der Zwang, Windeln beim Schlachten von Hühnern aus der Massentierhaltung zu tragen, um die Toilettenpause aus Gründen der Konkurrenzfähigkeit einzusparen, das Resultat der kapitalistischen Globalisierung ist, müssen ihr neue Grenzen gesetzt werden. Also kommt die therapeutische Frage auf: Was tun?

## 1. Grenzen der Globalisierung

Noch vor 20 Jahren, als Birgit Mahnkopf und ich das Buch »Grenzen der Globalisierung« mit dem Untertitel »Ökonomie, Politik und Ökologie in der Weltgesellschaft« (Altvater/Mahnkopf 2004 [1996]) veröffentlichten, war es in gewerkschaftsnahen Kreisen üblich, die grenzenlose Globalisierung des Kapitals als ideologisch verbrämte Rechtfertigung für den Verzicht auf aktive Wirtschaftspolitik nationaler Regierungen zu brandmarken. Sachzwänge des Weltmarkts wurden als fauler Zauber, als herrschaftliche Ideologie, als Ausrede für wirtschaftspolitisches Nichtstun abgetan. Denn es gab ja die schützenden nationalstaatlichen Grenzen des keynesianischen Interventionsstaates gegen die Weltmarkteinflüsse. Diese Grenzen sollten gewahrt bleiben und die Möglichkeiten der keynesianischen Interventionspolitik auf dem Arbeitsmarkt genutzt werden, um die Vollbeschäftigung der Nachkriegsperiode zu verteidigen. Doch lehrte das Experiment von François Mitterrand zu Beginn der 1980er Jahre, dass es nicht leicht ist, in einem Nationalstaat mit offenen Grenzen eine beschäftigungswirksame Wirtschaftspolitik zu verwirklichen. Die Öffnung der Grenzen war nach den Erfahrungen der Zwischenkriegszeit, der Großen Weltwirtschaftskrise, der Autarkiepolitik, der Faschismen und des verheerenden Zweiten Weltkriegs Programm im »Amerikanischen Jahrhundert«. Die französische Lektion war frustrierend für alle, die geglaubt hatten, dass sich für die nationalstaatliche Politik nichts Wesentliches durch die Globalisierung ändert.

Mitterrands nationalstaatlich-keynesianischer Alleingang hatte langfristige Folgen. Denn er zeigte erstens, dass gegen die Globalisierung der Ökonomie kein

Kraut gewachsen ist und dass sich zweitens Free-Rider-Verhalten lohnt. Denn Deutschland konnte mit niedrigeren Lohnstückkosten als im beschäftigungspolitisch aktiven Frankreich seine Konkurrenzfähigkeit auf globalisierten Märkten komparativ steigern.

Die Freiheit der globalisierten Märkte riss vor allem die Finanzmärkte mit sich und deren Strudel zogen Länder in der »Dritten Welt« und in Osteuropa, die zuvor mit niedrigen Zinsen und schwacher »Konditionalität« geködert worden waren, in den Abgrund der Verschuldung, der Schuldenkrise und in vielen Fällen der Verarmung und des Elends. Die Schuldenkrise kam zeitgleich mit Mitterrands Experiment zu Beginn der 1980er Jahre, ein Fanal des Untergangs nationalstaatlich-wirtschaftspolitischer Souveränität und zugleich eine Siegesfanfare der liberalisierten Märkte. Deren Schall ließ die Jericho-Mauern des real existierenden Sozialismus 1989 zerbersten. Der Sieg im Kalten Krieg war dem Neoliberalismus nicht zu nehmen, nachdem die ehemaligen »Realsozialisten« dem sozialistischen Lager nicht nur den Rücken gekehrt, sondern den Stinkefinger gezeigt hatten.

Der Sieg wurde daher unbändig gefeiert, das Ende der Geschichte verkündet und lauthals »*TINA – There is no alternative*« gerufen. Nichts war damals schon falscher als dieses neoliberale Triumphgeschrei. Denn natürlich gibt es Alternativen. Doch Margaret Thatcher, die Autorin dieses Satzes, hatte damit ein fürchterliches Programm der Zerstörung des gesellschaftlichen Zusammenhalts im modernen Kapitalismus verkündet, was nicht immer sogleich verstanden wurde. Sie fügte ja dem TINA-Satz hinzu, dass sie keine Gesellschaft mehr kenne, sondern nur Individuen und Familien. Gesellschaften, wenn sie sowieso irrelevant sind, können auch zerstört werden, wie es neoliberale Allianzen weltweit in den vergangenen Jahren vorexerziert haben: Millionenfach entwurzelte Menschen, »Weltordnungskriege« und *failed States* im Nahen und Mittleren Osten, Gesellschaften, die von organisierter Kriminalität durchdrungen und zerfressen sind, Netzwerke von Korrupten in Politik und Wirtschaft, zwischen Macht und Geld, Betrug und Erpressung, die selbst die »modernen« und »zivilisierten« europäischen Gesellschaften fesseln. Sogar im einst von Politologen so viel gerühmten »konkordanzdemokratischen« Österreich ist die Gesellschaft gespalten, wie der Fifty-Fifty-Ausgang bei den Präsidentschaftswahlen im Mai 2016 zeigt. In den USA ist ein Präsidentschaftskandidat Trump herausragendes Exempel für das neoliberale Zerstörungswerk am Gesellschaftlichen. In seiner Rede vor den Waffenfetischisten der *National Rifles Association* hat er für gut befunden, alle Amerikaner mit Waffen auszustatten, mit denen sie sich gegen Amerikaner, die auch mit Waffen ausgestattet sind, verteidigen können. Das ist neoliberale Agonie und Durkheim'sche Anomie als Programm. Habermas argumentierte noch für den herrschaftsfreien Dialog als Kommunikationsform in modernen Gesellschaften, im modernen Amerika lässt ein Präsidentschaftsanwärter die Waffen sprechen. Der Dialog als Schusswechsel mit tödlichem Ausgang, nicht nur für die Opfer der legalisierten institutionellen Gewalt, sondern für ein demokratisches Gemeinwesen, das dann auch nicht mehr in der Lage ist, für die ökonomische Effizienz zu sorgen. Erst dann schlagen die neoliberalen Wachhunde im IWF oder in der OECD an und klagen bedröppelt Gemeinsinn ein, um das Projekt der Marktliberalisierung fortsetzen zu können. Dass das nicht funktionieren kann, ist nicht verwunderlich.

## 2. Nicht Grenzen, sondern die Verewigung des Kapitalfetischs in Gestalt des Familienerbes

Die Familie ersetzt die zerstörte Gesellschaft. So nicht nur Margaret Thatcher, sondern auch die Steuergesetzgebung. In Deutschland und anderen europäischen Ländern wird keine oder eine vernachlässigenswert geringe Erbschaftssteuer mit der Begründung erhoben, der Staat solle sich nicht in Familien und deren Geschäfte und Geschicke einmischen. Privater Reichtum von Familien wird auch Generationen übergreifend durch Vererbung akkumuliert. Die Gesellschaft geht, wenn dem Staat die Erbschaftssteuer als soziales Korrektiv verweigert wird, leer aus. Doch da es die Gesellschaft sowieso nicht gibt, ist dies unerheblich – bis dann selbst Neoliberale feststellen müssen, dass die immer größer werdende und dann zu große Ungleichheit in dem, was sich als Gesellschaft noch artikulieren kann, sogar die ökonomische Effizienz mindert. So warnen inzwischen OECD, IWF und andere (vgl. das Papier von Ostry, Loungani und Furceri [2016] aus der Forschungsabteilung des Internationalen Währungsfonds).

Weil es gemäß der neoliberalen Weltsicht zum Kapitalismus keine Alternative gibt, hat der Kapitalfetisch Ewigkeitswert, und zwar nicht nur in Gestalt seiner Ehrwürden der Charaktermaske, sondern in Fleisch und Blut. Unsterblichkeit kann der Kapitalfetisch, kann die Charaktermaske in einer lebendigen Gesellschaft nur erhalten, wenn das Kapital als Vermögen von Generation zu Generation, im Idealfall ohne Abstriche vererbt werden kann. Daher wird von Kapitalvermögensbesitzern so verbissen gegen jede Besteuerung der vererbten Vermögen gekämpft. Der Fetisch des Kapitals ist wie der Homunkulus ein virtuelles Wesen, das gesellschaftliche Macht über alle Welt, so weit sein Zugriff reicht, ausübt. Der Kapitalist als Vermögensbesitzer ist aber, anders als der Homunkulus, aus Fleisch und Blut, hat Sex und daher ab und an Sprösslinge, die das Kapitalfetischgeschäft fortsetzen sollen und wollen. Ausnahmen bestätigten die Regel.

Die Auseinandersetzung um die Erbschaftssteuer ist also der Kampf um den Erhalt der Kapitalvermögen und daher um die Verewigung des Kapitalverhältnisses bzw. auf der anderen Seite: der Kampf um die Beendigung der Ewigkeitsgarantie des Kapitalismus und seiner in Gestalt von Kapitalerben inkarnierten fetischhaften Form des Kapitalvermögens, das nicht individuell, sondern der Familie zugerechnet wird. Trotz – oder gerade wegen – des Individualismus und der Individualisierung als Botschaft der Moderne ist die Familie für das neoliberale Projekt zentral. Der Kampf um die Erbschaftssteuer ist daher in der Auseinandersetzung mit dem Neoliberalismus zentral. Es ist der Kampf um die Rückgewinnung der an entbettete und daher wild gewordene Märkte verlorenen Souveränität der Gesellschaft.

Grenzen der Kapitalvermögen und ihrer Akkumulation sollen ausgeschlossen sein. Die Vererbung der Vermögen macht es möglich, obwohl am Ende des 20.

Jahrhunderts bereits auf deutlich erkennbare Grenzen der Globalisierung verwiesen wurde: auf die Grenzen des Wachstums, die der Club of Rome schon 1972 festgestellt hatte, auf die ökonomischen Krisentendenzen, die sich in aller Welt zu finanziellen Instabilitäten und seit 2008 zur Weltfinanzkrise zuspitzten, dann die Informalisierung und Prekarisierung von Arbeit, Geld und Politik, womit die Grenzen der sozialen Formen des globalisierten Kapitalismus offenbar wurden (dazu Altvater/Mahnkopf 2002), schließlich auch die Grenzen des den Menschen verfügbaren Umweltraums auf der »begrenzten Kugelfläche des Planeten Erde«, die Immanuel Kant in den Fokus rückte. All diesen Grenzen zum Trotz sollen Vermögen durch Vererbung grenzenlos erhalten und gemehrt werden können?

## 3. Grenzen der Natur, Grenzen der gesellschaftlichen Form und die Schichten der Geschichte

Die Grenzen der Globalisierung sind doppelt, von der *Natur* des globalisierten Planeten und von den *gesellschaftlichen Formen* gesetzt, in denen die Menschen arbeiten und leben und in denen sich die kapitalistische Produktionsweise entwickelt. Die Naturgrenzen sind gewissermaßen ehern und von Menschen nur zu beeinflussen, wenn sie verfahren wie die Natur selbst. Sie müssen also die List der Geschichte dialektisch bemühen. Sie müssen die Grenzen der Natur pfiffig unterlaufen, indem sie sie respektieren. Die Natur und ihre Gesetze müssen wir akzeptieren, die Geschichte ist der Rohstoff, den wir in sozialen Auseinandersetzungen konfliktreich gestalten können.

Dabei sind die »Reichweite«, die Dauer von Geschichte, die Fernand Braudel so eindrücklich anspricht, die Schichten bzw. die »scale« (um den sozialwissenschaftlichen Jargon zu bemühen) zu berücksichtigen. Die Geschichte des Planeten Erde reicht mehr als viereinhalb Milliarden Jahre zurück, Leben gibt es auf dem »Raumschiff Erde« in primitivsten Formen jedoch erst seit ca. 3,6 Milliarden Jahren. Die Entwicklung des primitiven Lebens bis zu den ersten Menschen hat zweieinhalb Milliarden Jahre gedauert und in dieser extrem langen Zeitdauer ist auch der globale Raum geformt und vielfach verformt, jedenfalls transformiert worden. Darüber wäre Erdgeschichte zu schreiben, in der Meteoriteneinschläge, Kontinentalverschiebungen, Erdbeben und radikale klimatische Veränderungen die markierenden Ereignisse sind. Von Anbeginn an ist alles in Fluss, sagte schon Heraklit, auch ohne Kenntnis von modernen geologischen Untersuchungen über die Erde, ihre Sphären und deren Vielfalt zu haben. *Panta rhei – alles fließt.* Das gilt nicht nur für das Fließen des Flusses, an dessen Ufer der Philosoph philosophiert, sondern auch für die Kontinentalbewegungen, die den Urkontinenten Pangäa in die heutigen Kontinente haben auseinanderdriften lassen.

Bevor die Menschen, die in Ostafrika vor etwa einer Million Jahren ihren Ursprung haben, sich als MigrantInnen auf den Weg machten und sich auf allen Kontinenten in der gesamten Welt ausbreiteten, haben dies bereits die Pflanzen geschafft. Sie haben, wie Alexander von Humboldt feststellte, eine »innere vegetabile Decke [...] mit mehr oder weniger Dichte [als] lebendige Natur über die nackte Erdkugel gezogen [...]« (nach Dill 2015: 102). Dabei sind Arten entstanden und sie sind auch wieder verschwunden, ausgestorben. Insgesamt wohl sechs Mal hat es in der Erdgeschichte ein großes Artensterben gegeben und möglicherweise befinden wir uns derzeit erneut mitten in einem solchen evolutionären Bruch (Kolbert 2015), der zwar nicht das Ende der Geschichte des Planeten, wohl aber – auf geringerer Scale – das Ende der menschlichen Zivilisationsgeschichte bedeuten könnte. Nach jedem Artensterben setzte sich die Evolution fort. Angesichts dieser erdgeschichtlichen Dynamik in Äonen vom Ende der Geschichte zu reden oder dieses implizit oder explizit zur Folie der »Weltanschauung« zu machen, ist dreist.

Da alles in Fluss ist, in den Erdformationen über hunderttausende und Millionen Jahre, in den Gesellschaftsformationen über Jahrhunderte und Jahrtausende und dann in der »longue durée« der Gegenwarts- und aktuellen Ereignisgeschichte (um die Unterscheidung von Fernand Braudel [1986] aufzugreifen), die wir im Rückspiegel auf die vergangene Geschichte gerade noch wahrnehmen können, steckt in dem, was sich heute tut, also die gesamte Geschichte des Planeten Erde. Also nichts da mit dem Ende der Geschichte, und auch nichts da mit einer anthropozentrischen Ökologie, die der Zeit der Erdgeschichte, als es noch keine Menschen gab, die wissenschaftliche Relevanz für das Verständnis des Mensch-Natur-Verhältnisses abspricht (Swyngedouw 2009 u.a.). Das ist so, als wenn Glaziologen sich nur für den sichtbaren Teil des Eisbergs interessieren würden, nicht für die Eismassen unter der Wasseroberfläche.

Alles was einen Anfang hat, endet irgendwann, irgendwo, um Neuem Raum und Zeit zu geben, und es existiert – im Hegel'schen Sinne »aufgehoben« – fort. Nur aus der Perspektive des Individuums sind wir, wie John Maynard Keynes vermerkte, »langfristig alle tot«. Das stimmt für den einzelnen, nicht für den Menschen als Gattungswesen. Und für eine Art, die den Planeten Erde bevölkert, ist der Zeithorizont erdgeschichtlich noch weiter.

## 5. Inwertsetzung als beschleunigte Außernatursetzung

Der Bezug im Titel auf Clausewitz' berühmte Bemerkung vom Krieg als Fortsetzung der Politik mit anderen Mitteln (»Der Krieg ist eine bloße Fortsetzung der Politik mit anderen Mitteln.« – Vom Kriege, 1. Buch, 1. Kapitel, Unterkapitel 24 [1832–34]) ist mit Bedacht gewählt, auch wenn offen gelassen wird, wie denn die Globalisierung fortgesetzt werden könnte, nachdem die notorischen »weißen Flecken auf der Landkarte« der Atlanten des 19. und frühen 20. Jahrhunderts akribisch ausgefüllt worden sind. Das Weltverständnis hat sich dabei verändert (vgl. zur Geschichte der Globen Muris/Saarman 1961). Auch ist dem Sachverhalt Rechnung zu tragen, dass zur Fortsetzung der Globalisierung keine territoriale Landnahme mehr möglich ist. So scheint es jedenfalls auf den ersten Blick, weil die Vorstellung der Landnahme immer eine geographische Konnotation hat.

Doch gibt es nicht-territoriale Räume, die globalisiert werden können: die Welt der Gene beispielsweise oder die digitalen Räume der Bits und Bytes, die biopolitische Okkupation und ökonomische Verwertung von Körper und Geist des Menschen. Dann sind da die Ozeane, die noch zur Versorgung der Kapitalakkumulation mit Ressourcen geplündert und als ozeanische Müllhalden verwendet werden können. »Weltmeere verheißen einen immensen Ressourcenreichtum und ein enormes Potenzial für Wirtschaftswachstum, Beschäftigung und Innovationen«, heißt es im Ankündigungstext des OECD-Report »The Ocean Economy in 2030« (z.B. Kooperation International 2016; OECD 2016). Sie gelten als ein »wesentlicher Faktor, um die globalen Herausforderungen der kommenden Jahrzehnte zu bewältigen, wie zum Beispiel weltweite Nahrungsmittelsicherheit, die Folgen des Klimawandels, die Lieferung von Energie und Naturressourcen oder die Bereitstellung einer besseren medizinischen Versorgung.« (Ebd.)

Die Globalisierung wird fortgesetzt, und zwar als Überführung von Parzellen der planetarischen *Natur* in die raum- und zeitlose, und daher vom Begriff her globalisierte Welt der *Werte*. Marx hat ja weitsichtig erkannt, dass »die Tendenz den Weltmarkt zu schaffen [...] unmittelbar im Begriff des Kapitals selbst gegeben [ist].« (MEW 42: 311). Die Globalisierung wird daher vor allem als »zu überwindende Schranke« (ebd.) der kapitalistischen Verwertung verstanden: Die schrankenlose *Inwertsetzung* von Natur, ihrer Ressourcen und Senken ist das Ziel. Das verlangt aber die *Außernatursetzung*, die Denaturierung der Natur, indem Natur zum Wert gemacht wird. Dieser doppelte Akt wird besiegelt durch die Vergabe von Eigentumsrechten. Nun können interessante, weil wertvolle Naturparzellen in Waren verwandelt oder Eigentumstitel (Wertpapiere) über sie ausgegeben, Naturparzellen also kommodifiziert und auf dem Markt einschließlich des Finanzmarktes gehandelt werden. Der Kreislauf der Verwertung kann beginnen: die Produktion eines Mehrwerts, dessen Akkumulation, die Verwertung auf höherer Stufenleiter und so weiter und so fort. Kein Quäntchen Natur hindert Wert und Verwertung an der Verfolgung dieser Spirale der Steigerung des Werts.

Die Natur bleibt allerdings insofern im Spiel, als die Steigerung der Wertproduktion nur durch Beschleunigung aller Prozesse, der virtuellen ebenso wie der physischen gelingen kann. Auch die Welt der Werte und deren »Verwertungslogik« kommt nicht ohne die Natur aus. Inwertsetzung und Außernatursetzung finden in Zeit und Raum statt. Beschleunigung ist also intrinsischer Bestandteil von Inwertsetzung, Verwertung und Akkumulation. Die Finanzmärkte sind dabei Verwertungsbeschleuniger. Durch Beschleunigung verkürzen sich in Zeit gemessene räumliche Distanzen, werden Zeit-Räume komprimiert. Das ist schon immer so in der kapitalistischen Produktionsweise, die Logik der Beschleunigung ist in ihr eingeschrieben. Die Produktivkräfte zu steigern, ist die historische Mission des Kapitalismus, heißt es im »Kommunistischen Manifest« (MEW 4). *Time is money*, natürliche Hindernisse, politische und kulturelle Hemmnisse der Kompression von Raum und Zeit werden so schnell wie möglich beseitigt, z.B. mit Hilfe eines »Wachstumsbeschleunigungsgesetzes«, das ein besonders irrlichternder Ausdruck der kapitalistischen Dromo-Logik ist.

Der »freie Markt« wird zu einem Vehikel der extremen Beschleunigung. Niemals zuvor in der modernen Geschichte der Menschheit seit der neolithischen Revolution hat es so hohe Wachstumsraten gegeben wie in den wenigen Jahrhunderten seit der industriellen Revolution. Angus Maddison (2001) beziffert sie mit jährlich 2,2% pro Kopf in realen Größen von 1820 bis 1998. Das ist eine Verdoppelung der realen Pro-Kopf-Einkommen von einer Generation zur nächsten. Das ist sozialer und kultureller Wandel in Permanenz, der die Gesellschaften in Bewegung hält und die sozialen Netze eines in die Natur eingebetteten kapitalistischen Weltsystems, das »web of life« des »ökologischen Weltsystems« (Moore 2015) bis zum Zerreißen spannt. Natürlicher Wandel wird durch ökonomisches Wachstums (ein statistischer Ausdruck des sozialen Prozesses der Akkumulation von Kapital) so beschleunigt, dass die Katastrophe nicht ausbleibt.

Nur wenn die handelnden Subjekte in der kapitalistischen Welt der Dromo-Logik der Beschleunigung folgen, kann im gleichen Zeitraum mehr Wert produziert, kann mehr Geld gemacht werden. Die dramatis personae der kapitalistischen Gesellschaft, die Kapitalisten, haben ihr Auge auf den Mehrwert geworfen. Je mehr Mehrwert, desto größer der Profit, desto höher Wachstumsrate und Beschäftigung, desto besser Innovations- und Wettbewerbsfähigkeit, desto besser das Rating von Regierungspolitik durch *Rating Agencies*, desto üppiger die Tantiemen. Im finanzgetriebenen Kapitalismus wird die Beschleunigung nochmals gesteigert.

Bereits im industriellen Kapitalismus werden Arbeit und Natur reell und nicht nur formell unter das Kapital subsumiert. Nicht mehr die Lebensrhythmen der Menschen bestimmen das Tempo von Produktion und Reproduktion, natürliche Tempi und Rhythmen werden durch artifizielle, industrielle ersetzt. Das Stampfen der Dampfhämmer und Lokomotiven gibt zu Zeiten von Charlie Chaplins »Moderne Zeiten« und Fritz Langs »Metropolis« den Takt an. Heute sorgen Smartphones und CumCum-Software für Melodie und Rhythmus beim »Hexensabbat« des außer Rand und Band geratenen fossilen Kapitalismus, über den sich einst Werner Sombart und Max Weber unterhalten haben (wie Sombart berichtet): »Als ich einmal mit Max Weber über die Zukunftsaussichten sprach und wir die Frage aufwarfen: wann wohl der Hexensabbat ein Ende nehmen würde, den die Menschheit in den kapitalistischen Ländern seit dem Beginn des 19. Jahrhunderts aufführt, antwortete er: ›Wenn die letzte Tonne Erz mit der letzten Tonne Kohle verhüttet sein wird.‹« (Sombart 1969 [1927]: III/2: 1010)

Jetzt zeigt sich auch, warum Karl Marx den »Doppelcharakter der Arbeit« als »Springpunkt« der Kritik der politischen Ökonomie (MEW 23: 56ff.) bezeichnet und die »Neue Marx-Lektüre« (Reichelt 2008 – auf die ausufernde Debatte darum kann an dieser Stelle nicht eingegangen werden) gründlich irrt, wenn sie dies als Fehlgriff kritisiert (vgl. zur Kritik dieser Kritik Altvater 2015: 39–57; Reitter 2015). Denn Globalisierung als Inwertsetzung und sich fortsetzende Verwertung braucht zwar kein Atom Naturstoff, weder lebendig noch tot. Damit aber der Dromo-Logik von Wert, Verwertung und Akkumulation Rechnung getragen werden kann, muss selbst im finanzgetriebenen Kapitalismus sehr viel Naturstoff bewegt und sinnvoll (mit technischem, sozialem und organisatorischem Sachverstand) geordnet werden. Nur dann können die Produktivkräfte zur beschleunigten Wertproduktion gesteigert werden. Das Ziel der kapitalistischen Veranstaltung ist die Produktion von Wert und Mehrwert, deren Steigerung im Zeitverlauf und deren Ausdehnung über alle Grenzen des Globus hinweg. Das Mittel dazu sind die verfügbaren und mit menschlichem Intellekt geordneten und zur Funktion der Expansion und Beschleunigung gebrachten Naturbedingungen auf dem Planeten Erde. Die Vergesellschaftung in der »auf dem Wert beruhenden Produktionsweise« findet in (gesellschaftlich geprägten) Naturverhältnissen des Planeten Erde mit seiner begrenzten Kugelfläche statt. Der Kapitalismus, so Jason Moore (2015), befindet sich in den Naturverhältnissen, nicht verselbständigt daneben. Allerdings strebt die Dynamik der Verwertung systematisch und par force über die Grenzen der Natur, aus dem von der Natur bereit gestellten »Bett« heraus.

## 6. Entbettung

Das Vehikel der Beschleunigung ist der Markt, der in einem historischen Prozess der »Entbettung« mit seinem regulativen Mechanismus der Preisbildung und des daraus resultierenden Anreizsystems an die Stelle der Bindungen an Gesetzmäßigkeiten der Natur oder an ein moralisch geprägtes Regelwerk von Normen und Gesetzen der Gesellschaft, an die tradierten Regeln des zwischenmenschlichen Zusammenlebens gesellschaftlicher Individuen tritt. Das Ziel maximaler Verwertung kann nicht mit den immer begrenzten Mitteln von Mensch und Natur erreicht werden. »Maß und Mitte« des »guten Lebens« sind passé, wenn die Prozesse der Entbettung Platz greifen und Beschleunigung zum Zwecke der Produktivkraftsteigerung zum beherrschenden Prinzip wird.

Wenn die Regeln des guten Zusammenlebens erst ihre Gültigkeit und Geltung verloren haben, werden Grenzen der Verwertung des Werts auch mit krimineller Energie gerissen. Die Informalisierung von Arbeit, Geld und Politik (Altvater/ Mahnkopf 2002) wird auf rutschiger Bahn bis in die Halbwelt der Diebe und Betrüger, die kriminelle Ökonomie der großen Konzerne, der Bankhäuser und Autokonzerne und bis in den »tiefen Staat«, in dem alle Regeln der Transparenz, der Partizipation und demokratischen Kontrolle außer Kraft gesetzt worden sind, fortgesetzt, teilweise gewaltförmig. Dafür gibt es viele Evidenzen und zwar nicht nur in so genannten Schurkenstaaten, sondern mitten in der »zivilisierten Welt«. Davon zeugen 2015 die Luxemburg-Leaks und im Frühjahr 2016 die Panama-Leaks, der grandiose Betrug um die Abgaswerte bei VW und Opel und anderen Markenfirmen im Frühjahr 2016, die extralegalen Staatsstreiche in Lateinamerika. Sie deuten auf neue Formen der Globalisierung hin, weil in den tradierten sozialen und ökonomischen Formen und im Rahmen der verfassungsmäßigen Ordnung die Profitmacherei nicht mehr so gesteigert werden kann, wie es die Logik der optimalen Verwertung verlangt und auch die politische Herrschaft nicht mehr in den Formen hegemonialer Regulierung – mit Macht, aber konsensual – gesichert werden kann. Daher wird die Herrschaftssicherung unter Missachtung förmlicher

Normen in Wirtschaft, Gesellschaft, Politik in eine subterrane Welt, z.T. aber auch durch Umfunktionierung der Justiz, der Medien, der staatlichen Gewaltapparate von Polizei und Militär in einen »tiefen Staat« verlagert. Die Globalisierung wird also fortgesetzt, aber mit anderen Mitteln als in den vergangenen Jahrzehnten, mit denen der kriminellen Betrügereien, der Korruption, der Steuerhinterziehung, Geldwäsche, Bestechung, politischen Repression. Bis zu den Panama-Leaks hing der neoliberale Globalisierungshimmel voller Geigen, und die neoliberalen Sykophanten schwärmten von Effizienzmärkten, NAIRU (»inflationsstabiler Arbeitslosenrate«) oder dem wohlstandssteigernden Kampf gegen »financial repression«. Nun prasseln die Informationen über Betrug, Schieberei, Diebstahl, Raub und Gewalt wie ein Platzregen aus den Wolken auf das verdutzte neoliberale Publikum vom Panama bis zum Ärmelkanal.

## 7. Die Große Transformation des Energiesystems

Den Vorgang der historischen Entbettung des Marktes aus Natur und Gesellschaft und dem darauf beruhenden Wertesystem im Zusammenhang mit der industriellen Revolution hat Karl Polanyi als eine »Große Transformation« (Polanyi 1978) beschrieben. Der Begriff hat Karriere gemacht, ist dabei weichgespült worden und hat seine Schärfe verloren (zum Beispiel in der Analyse des WBGU 2011).

Erstens ist die »Große Transformation« zur Marktwirtschaft in England im 18. Jahrhundert ein radikaler Übergang von der Nutzung der erneuerbaren, solaren zu der Nutzung endlicher, fossiler Energieträger. Das ist aus vielen Gründen ein extrem radikaler Übergang, den sich nur Verrückte ausgedacht haben können, wie Karl Polanyi, Max Weber oder Nicholas Georgescu-Roegen in ihren je eigenen Worten sarkastisch vermerkten. Denn nun wird das gegenüber der Sonne offene solare und auf Ewigkeit angelegte Energiesystem, das eine Geschichte hat, die Milliarden Jahre umfasst, in ein planetarisch geschlossenes fossiles System (mit den Ausgangsrohstoffen der Kohlehydrate und des Nuklearbrennstoffs) verwandelt: Die energetischen Ressourcen stammen aus den fossilen Kavernen des Planeten und sind, anders als die Strahlung der Sonne, begrenzt, endlich. Die Verbrennungsprodukte, im Fall der Kohlehydrate das $CO_2$, im Fall der nuklearen Brennstoffe der strahlende Atommüll, verbleiben für lange Zeit in den Sphären des Planeten, als Treibhausgase in der Atmosphäre, als strahlender Abfall in der Litho- und Hydrosphäre, in so genannten Endlagern »ordentlich« entsorgt oder einfach in der Tiefsee verklappt, obwohl es Endlager für den strahlenden Müll gar nicht geben kann (Kommission Lagerung hoch radioaktiver Abfallstoffe 2016; vgl. auch die Beiträge in Brunnengräber/Di Nucci 2014, bes. Abschnitt VI.). Die Verbrennung der fossilen Ressourcen jedenfalls verändert die Strahlenbilanz des Planeten. Er wird wärmer, die Natur wird lebensfeindlicher. Das ist bekannt, und trotzdem wird die Verrücktheit fortgesetzt.

Denn dieser verrückte Übergang zum industriellen Fossilismus in der zweiten Hälfte des 18. Jahrhunderts in Europa war eine »Große Transformation«, eine Revolution. Die Menschen auf dem Planeten Erde haben sich aus dem Sonnensystem mit seinen reichen Energiereserven für das Linsengericht der fossilen Energieträger verabschiedet. Die fossilen Energieträger sind auch nur chemisch gespeicherte Solarenergie, die aber mächtiger, dichter als die von der Sonne ausgehende Strahlenenergie ist, auch wenn sie als Energie von Wind und Wasser, von Biomasse und Photothermie und -voltaik den Menschen zur Verfügung steht. Sie machte es zusammen mit den technischen und sozialen Energiewandlungssystemen seit der industriellen Revolution möglich, das Versprechen Adam Smiths vom Wohlstand der Nationen und dessen Steigerung durch Nutzung der neuen fossil gepowerten Produktivkräfte Wirklichkeit werden zu lassen.

Die fossile ebenso wie die nukleare Energie hat zwei allgemein bekannte Nachteile. Der erste ist, dass die Bestände der fossilen Energiereserven so begrenzt wie der gesamte Erdball sind. Alle endlichen Bestände von energetischen, mineralischen, letztlich auch agrarischen Ressourcen haben einen Höhepunkt der Verfügbarkeit: *peak-oil, peak everything* (Heinberg 2007). Weil der moderne Kapitalismus so unauflöslich von den »peakenden« fossilen Brennstoffen und anderen begrenzten Ressourcen abhängt, ergänzt Birgit Mahnkopf die genannten Peaks um den »peak capitalism« (Mahnkopf 2013). Das gesellschaftliche System des Kapitalismus erreicht und überschreitet seinen evolutionären Höhepunkt in der Geschichte der Produktionsweisen. Der Kapitalismus bricht nicht zusammen, doch werden Probleme des Umgangs mit begrenzten Ressourcen aufgeworfen, die nicht mehr mit den Mechanismen des Marktes zu lösen sind (vgl. Mahnkopf 2016). Das »web of life« macht sich geltend. Angebot und Nachfrage sind keine verlässlichen Hebel, wenn wegen begrenzter Ressourcen bei steigenden Preisen das Angebot nicht mehr ausgeweitet werden kann und Substitute physisch nicht oder nur mit erhöhtem physischen Aufwand von Stoffen und Energien zur Verfügung stehen. Auch zur Transformation erneuerbarer Energieträger in Nutzenergie werden nicht erneuerbare und daher begrenzte materielle Ressourcen benötigt (Exner/Held/Kümmerer 2016).

Wenn der *Peak* der Extraktion von welcher Ressource auch immer erreicht ist, befindet sich noch im Idealfall die Hälfte der entsprechenden Ressource im Boden. Physischer *Mangel* herrscht dann nicht, wohl aber ökonomische *Knappheit* und daher steigen, weil ja die Angebotskurve rückläufig ist und die Grenzkosten der Extraktion zunehmen, die Preise. Da hierbei immer der Staat involviert ist nehmen die politischen Konflikte zu – und für diese gilt Clausewitz' Wort vom Krieg als der Fortsetzung der Politik mit anderen Mitteln, dafür ist es geprägt worden. Beispiele für Rohstoffkonflikte gibt es genug; darüber sind Bibliotheken geschrieben worden. Ich verweise nur auf ein Werk, das das Problem nüchtern analysiert: das Buch von Ugo Bardi über den »geplünderten Planeten« (Bardi 2013).

## 8. Geoengineering

Doch wenden wir uns dem zweiten Nachteil der fossilen Energieträger zu. Der ist auf der Seite der Emissionen zu finden. Kohle, Öl und Gas müssen verbrannt werden, um in Arbeitsenergie umgewandelt zu werden. Dann sind $CO_2$-Emissionen und bei der Nutzung der Atomkraft nuklearer Müll unvermeidlich, für den es auf endlicher Erde kein »Endlager« geben kann. Er bleibt den Erdenbewohnern daher mehr als 100.000 Jahre strahlend erhalten. Die Geschichte endet nicht, und die »scale« bemisst sich nicht in Jahren oder Jahrhunderten, sondern in erdgeschichtlichen Äonen. Die $CO_2$-Emissionen wiederum haben zur Folge, dass die $CO_2$-Moleküle in der Atmosphäre die Strahlenbilanz des Planeten Erde verändern. Seit dem Beginn des fossil-industriellen Zeitalters hat sich der Planet erwärmt. Um den Anstieg der Erdmitteltemperatur bis zum Ende des 21. Jahrhunderts auf 2° C im Vergleich zu vorindustriellen Zeiten zu begrenzen, darf die $CO_2$-Konzentration in der Atmosphäre die 450 ppm-Marke nicht überschreiten. Das bedeutet, dass in den nächsten Jahrzehnten das meiste Öl (Gas und Kohle), das auf der Erdkugel gefunden wird, nicht mehr verbrannt werden darf. Reserven, die im Boden bleiben, sind, wenn sie denn als Reserven bewertet und in den Kapitalstock transnationaler Konzerne eingepreist worden sind, Kapital, das vernichtet wird, wenn es nicht seiner Bestimmung (der Verbrennung) zugeführt wird. Zu Beginn des 21. Jahrhunderts befindet sich die Menschheit in einem Dilemma wie niemals zuvor in der Erdgeschichte: Entweder es werden auch in Zukunft fossile Energieträger verbrannt, um Kapital verwerten zu können, und dabei die Lebensbedingungen vieler Arten zerstört, die den Erdball heute bevölkern – oder der fossile »Hexensabbat« wird beendet, Kapital vernichtet und der Verwertungsimperativ in der kapitalistischen Produktionsweise nicht mehr befolgt.

Wir haben also, wie es der Doppelcharakter alles Wirtschaftens zeigt, zwei Richtschnüre des Handelns. Die eine führt uns zurück auf den nach fast 300 Jahren ausgelatschten Pfad der Fortsetzung der fossilen Verbrennung, um das Kapital, das in die Lagerstätten, Förder- und Raffinerieanlagen investiert worden ist, verwerten zu können. Die andere Richtschnur führt uns davon fort zur Schaffung einer Produktionsweise des Respekts vor den Naturbedingungen der kapitalistischen Produktionsweise. Wenn wir uns daran halten, so die naive Annahme, handeln wir völlig rational und bilden uns ein, im Einklang mit den Naturgesetzen zu sein, weil wir alle definierten Grenzen beachten. Wir vergessen dabei, dass alle »planetary boundaries« (Rockström et al. 2009) von der 2°-C-Grenze bis zu der 450 ppm-Marke ($CO_2$-Moleküle in der Luft) willkürliche Festlegungen sind, von denen wir ausgehen, dass sie verantwortlich und vernünftig erfolgt sind. Dabei grenzen wir alles aus, was nicht »in den Kram passt«. Wir können, wenn wir alles, was sich jenseits des Wahrnehmungshorizonts befindet, externalisieren, den von Friedrich Engels so bezeichneten »dialektischen Gesamtzusammenhang« von Gesellschaft und Natur gar nicht begreifen (MEW 20; siehe auch Altvater 2015). Wir können ihn auch nicht bearbeiten, weil er viel zu komplex ist. Er sprengt unsere instrumentell-bescheidene Rationalität. Das ist allerdings von Vorteil. Denn auf diese Weise wird das Feld unseres Handelns so übersichtlich, dass wir es der Technik »auf der Höhe der Zeit« zugänglich machen können.

Doch gibt es eine Gefahr. Müll, der nicht rezykliert wird, vielleicht gar nicht rezykliert werden kann, ist ein Indiz für das Ende des Stoffwechsels. Das wäre das Ende alles Lebendigen auf Erden. Ohne Stoffwechsel in jedem Lebewesen und in der planetarischen Natur insgesamt, durch den Substanzen ersetzt und Energie dem lebendigen Wesen (auch dem Menschen) zugeführt wird, kein Leben. Der Müll in seiner festen, flüssigen und gasförmigen Gestalt bedeutet den metabolischen Exitus des Planeten Erde, zumal die Zufuhr von Stoffen und Energie aus irgendwelchen noch nicht gefrackten Reserven aus den »Bordmitteln« des Planeten nach dem *peak everything* höchst ungewiss ist und andere externe Energiequellen als die Sonne nicht zur Verfügung stehen.

Dennoch richtet sich das Augenmerk darauf, immer neue Ressourcen zu erschließen, immer neue Mülldeponien aufzumachen und mit Hilfe großtechnischer Fazilitäten die Klimagase zu einem Teil aus der Erdatmosphäre zu entfernen (durch »carbon capturing and storage«) und die wärmenden Sonnenstrahlen (durch »radiation management«) abzudunkeln. So soll mit Hilfe planetarischen Geoengineerings der Treibhauseffekt gemildert werden (die Literatur zum Geoengineering ist inzwischen ausufernd, an dieser Stelle mag der Hinweis auf eine Studie der Bundeswehr [Planungsamt der Bundeswehr, Dezernat Zukunftsanalyse 2012] genügen). Das Klimasystem und dessen Reaktionsweise wird also nicht mehr im Kontext anderer Erdsysteme oder in seiner Bedeutung für das »web of life« betrachtet, sondern als isolierbarer Kausalzusammenhang von $CO_2$-Emissionen und deren Konzentration in der Atmosphäre und dem messbaren Anstieg der Erdmitteltemperatur.

Der dialektische Gesamtzusammenhang von Natur und Gesellschaft, von einzelnen Lebewesen und von Menschen in ihnen wird durch Externalisierung in technisch handhabbare partielle Rationalitäten aufgelöst. Nun ist das Feld bereitet, um ingenieursmäßig an die Probleme der begrenzten Oberfläche des Planeten Erde heranzugehen und Kants kategorischem Imperativ einen Streich zu spielen.

Wenn der misslingt, folgt die Rückwendung vom globalen oder planetarischen Raum zum Nationalstaat. Die »scale« wird gewechselt, vom planetarischen und globalen zum nationalen Raum. Im Raum bedeutet Globalisierung ja, dass Orte in aller Welt, Produktionsstätten und Finanzplätze, Datenzentren und *world cities*, Fußballclubs und Songfestivals, wissenschaftliche Institutionen und Migrationsketten vernetzt werden und miteinander in Austausch treten, dass alle Kapitalformen, des Warenkapitals im Welthandel, des produktiven Kapitals in den Produktionsketten transnationaler Konzerne und vor allem in Form der globalisierten Finanzmärkte vernetzt werden (Scherrer 2011, 2014). Und immer mehr nutzen Menschen diese Netzwerke zur Migration, häufig getrieben durch Krieg, Gewalt, Elend und Umweltkatastrophen. Der Globus ist so sehr mit Kommunikations- und Informationsnetzwerken überzogen, mit Warenketten gefesselt und von Finanzbeziehungen stranguliert, dass kaum Luft zum Atmen bleibt.

Und die wird weiter eingeengt und vergiftet, wenn die Nationalstaaten als geopolitische Akteure in Wettbewerb treten und angesichts der Grenzen, auf die sie unweigerlich stoßen und die sie wie auf der »Balkanroute« errichten, in Konflikt geraten. Dann kann es passieren, dass die Globalisierung tatsächlich mit kriegerischen Mitteln fortgesetzt wird.

## 9. Moral und Solidarität

Doch ist das eine Notwendigkeit? Edward P. Thompson (1980) hat in seiner Studie über die »moral economy« gezeigt, dass niemals in der Geschichte des Kapitalismus nur die Hauptachse der Kapitalakkumulation und die Formen ihrer herrschaftlichen Sicherung den Fortgang der Gesellschaften bestimmten, sondern immer auch die Klassenformationen und deren Konflikte, die Geschlechterverhältnisse, die kulturelle Vielfalt des Alltagslebens, die Naturverhältnisse und deren Wahrnehmung. In einer Klassengesellschaft wird die Geschichte »oben«, aber auch »unten« gemacht. Aus den Quellen, die in Klassenauseinandersetzungen zusammenfließen, speist sich die konkrete Sozialgeschichte. Es zählt also nicht nur die Dauer oder die »scale« der Geschichte, sondern auch deren sozialer und moralischer Gehalt, die Erfahrungen aus Klassenauseinandersetzungen und auch die »institutionalisierten Klassenkonflikte« (Dahrendorf 1957), d.h. deren in gesellschaftlichen Institutionen materialisierten Resultate. Die Geschichte einer Gesellschaft, in der individuelle und auch kollektive Identität ihre Wurzeln hat, ist also nicht nur im Sinn Fernand Braudels zeitlich und räumlich geschichtet, sondern konflikt- und facettenreich kulturell gestaltet. Auch dies hat Fernand Braudel in aller Klarheit gezeigt.

Die entbetteten Märkte haben die Vielfalt in Natur und Gesellschaft entropisch vereinseitigt. Der ökonomische Verwertungsimperativ bringt einen herrschenden kulturellen Überbau mit einer geisttötenden Langeweile hervor. Denn mit der Beschäftigungssicherheit, mit Einkommenssicherheit, Sicherheit des beruflichen Weiterkommens und mit anderen Formen der »menschlichen Sicherheit«, wie sie vom *United Nations Development Progam* (UNDP) definiert wird, ist es unter dem neoliberalen Regime der entfesselten Märkte schon längst vorbei. Nun können Shopping Malls und andere Konsumtempel den KonsumentInnen der Mittelklassen jene Sicherheit vorspiegeln, die ihnen gerade in ihrer Eigenschaft als Produzenten genommen worden ist.

Wenn die kapitalistische Marktwirtschaft nicht mehr das hält, was sie verspricht, ist es kein Wunder, dass der Maßstab verkleinert wird und der große Wurf der Globalisierung als zu weit gesprungen erscheint. Die kleinen Hopser im nationalen Rahmen erlangen wieder Attraktivität. Man kann sich sicher im Schwarm vieler national bewusster Hopser bewegen, man kommt sogar mit den anderen voran. Das vermittelt eine neue Sicherheit, die zwar nur geliehen ist, aber erlebt und ausgelebt werden kann. Das kommt auch den Familien, den einzigen sozialen Einheiten, die Margaret Thatcher gelten lässt, entgegen. Sicherheit bietet das

Eigentum, das daher mit allen Mitteln der staatlichen Repression verteidigt wird, damit der Eigentümer als Kapitalvermögensbesitzer die Freiheit des Marktes ausleben und auf diese Weise – *invisible hand* – zum Wohle des Ganzen seinen Beitrag leisten kann. Zum Schutze dieser Freiheit ist aber unbedingt die politische Gewalt vonnöten, deren ideologische Fundierung auf nationaler Ebene (*scale*) ethnisch, rassistisch, nationalistisch konstruierbar und begründbar ist, weil hier Traditionen aufgerufen werden können, die die Individuen zu Teilhabern einer kollektiven Identität machen.

Hier wird das Scheitern der neoliberalen Globalisierung offenbar. Die entbetteten Märkte sind ungeeignet als Medien der Vergesellschaftung. Das könnte neoliberalen Ideologen und Politikern gleichgültig sein, weil sie alles Gesellschaftliche verachten. Aber selbst die Familien bedürfen des Schutzes ihres über die Generationen zu vererbenden Kapitalvermögens. Dem Staat fällt nun gerade in Folge der neoliberalen Konstruktion der Familie als wichtigster Instanz der Vergesellschaftung eine herrschaftssichernde Schutzfunktion zu. Diese ist jedoch multifunktional-widersprüchlich. Denn sie sorgt einerseits für die Freiräume entbetteter Märkte. Deren Akteure können diese nur nutzen, wenn sie beschleunigt, d.h. mit viel Energieaufwand ihre Geschäfte betreiben.

Sie steigern die Produktivkraft der Arbeit, sogar bis zu dem Punkt, an dem – das ist die andere Seite – das Wertgesetz umschlägt. Nicht mehr die Arbeitszeit ist Maß der produzierten Werte, die »als ungeheure Warensammlung« den Reichtum der Nationen darstellen (MEW 23, 1. Kapitel). Der Reichtum erscheint vielmehr als »disposable time«, als arbeitsfreie Zeit (MEW 42: 595ff.). Im Gegensatz zu manch idealistischer Interpretation (z.B. von Paul Mason 2016) ist dies kein notweniger Prozess, obwohl er in der »Logik« kapitalistischer Entwicklung angelegt ist. Die neuen Freiräume müssen erkämpft, die »disposable time« angeeignet und für neue Lebensweisen genutzt werden. Das Neue wird erst, wenn es praktiziert und politisch kommuniziert wird.

Also geht es um die neuen Arbeits- und Lebensformen. Sie entstehen nur in Prozessen der Transformation der tradierten »alten« Arbeits- und Lebensformen, die auf dem fossil-nuklearen Energiesystem basieren, durch entbettete Märkte reguliert werden und familiär eingebundene Individuen ohne substanziell demokratische Partizipation hervorbringen. Die moralische Ökonomie ist daher im Gegensatz dazu eine Ökonomie und Gesellschaft, deren Energiesystem solar und offen ist. Die moralische Ökonomie ist keine »andere«, als Kopfgeburt aus der Taufe gehobene Ökonomie, sondern eine, die sich in einer großen Transformation aus den bestehen Verhältnissen herausentwickelt. Dabei werden auch die sozialen Formen einer moralischen, solidarischen Ökonomie und Gesellschaft erst geschaffen. Sie befinden sich nicht schon vorgefertigt in einer alternativen Modellwerkstatt, aus der sie hervorgeholt werden können. Wie diese Gesellschaft aussehen könnte, wäre jetzt als Utopie zu skizzieren – 500 Jahre nach dem Erscheinen von Thomas Morus »Utopia«. Das wäre ein sinnvolles Unterfangen, gerade angesichts der vielen Dystopien (vgl. z.B. Dath 2016; von Schlegell 2016), die am Ende des fossilen und nuklearen Zeitalters im Schwange sind, und angesichts der gewaltförmigen Selbstauflösung der neoliberalen Familien- und Kapitalvermögensbesitzerbande, die nicht beansprucht, Gesellschaft zu sein. Die Renaissance des Gesellschaftlichen, von Moral und Solidarität, das ist die zukunftsfähige Fortsetzung der Globalisierung mit anderen Mitteln.

**Literatur**
Altvater, Elmar (2015): Engels neu entdecken. Das hellblaue Bändchen zur Einführung in die »Dialektik der Natur« und die Kritik von Akkumulation und Wachstum, Hamburg.
Altvater, Elmar/Mahnkopf, Birgit (2002): Globalisierung der Unsicherheit – Arbeit im Schatten, schmutziges Geld und informelle Politik, Münster.
Altvater, Elmar/Mahnkopf, Birgit (2004): Grenzen der Globalisierung. Politik, Ökonomie und Ökologie in der Weltgesellschaft, 6. Aufl., Münster.
Bardi, Ugo (2013): Der geplünderte Planet. Die Zukunft des Menschen im Zeitalter schwindender Ressourcen, München.
Braudel, Fernand (1986): Die lange Dauer. In: Braudel, Ferdand (Hrsg.) (1992): Schriften zur Geschichte, Band 1, Gesellschaft und Zeitstrukturen, S. 49-87.
Brunnengräber, Achim/Di Nucci, Maria Rosaria (2014): Im Hürdenlauf zur Energiewende. Von Transformationen, Reformen und Innovationen, Wiesbaden.
Clausewitz, Carl von (1832-34): Vom Kriege. Hinterlassenes Werk des Generals Carl von Clausewitz, Bd. 1–3, herausgegeben von Marie von Clausewitz, Berlin, www.clausewitz.com/readings/VomKriege1832/Book1.htm#1-1 (Zugriff: 5.9.2016).
Dahrendorf, Ralf (1957): Soziale Klassen und Klassenkonflikt in der industriellen Gesellschaft. In: Oesterdiekhoff, Georg W. (Hrsg.) (2001): Lexikon der soziologischen Werke, Wiesbaden, S. 144f.
Dath, Dietmar (2016): Venus siegt, Lohmar.
Dill, Hans-Otto (2015): Aufklärung als Weltprojekt. Zu ihrer Phänomenologie, Geschichte und Geographie, Frankfurt a.M.
Exner, Andreas/Held, Martin/Kümmerer, Klaus (Hrsg.) (2016): Kritische Metalle in der Großen Transformation, Berlin/Heidelberg.
Heinberg, Richard (2007): Peak Everything: Waking Up to the Century of Declines, Gabriola Island.
Kolbert, Elizabeth (2015): Das sechste Sterben. Wie der Mensch Naturgeschichte schreibt, Berlin.
Kommission Lagerung hoch radioaktiver Abfallstoffe (2016): Abschlussbericht. Verantwortung für die Zukunft. Ein faires und transparentes Verfahren für die Auswahl eines nationalen Endlagerstandortes, Deutscher Bundestag, Berlin.
Kooperation International (2016): OECD: The Ocean Economy in 2030, Ankündigungstext, www.kooperation-international.de/detail/info/oecd-the-ocean-economy-in-2030.html (Zugriff: 5.9.2016).
Maddison, Angus (2001): The World Economy. A Millennial Perspective, herausgegeben von der OECD, Paris.
Mahnkopf, Birgit (2013): Peak Everything – Peak Capitalism? Folgen der sozial-ökologischen Krise für die Dynamik des historischen Kapitalismus, Working Paper

des Kollegs Postwachstumsgesellschaften an der Universität Jena, www.kolleg-postwachstum.de/sozwgmedia/dokumente/WorkingPaper/wp2_2013.pdf (Zugriff: 5.9.2016).

Mahnkopf, Birgit (2016): Lessons from the EU: Why Capitalism Cannot be Rescued from its own Contradictions. In: Dale, Gareth/Mathai, Manu V./Puppim de Oliveira, José (Hrsg.): Green Growth. Ideology, Political Economy and the Alternatives, London, S. 131-149.

Mason, Paul (2016): Postkapitalismus: Grundrisse einer kommenden Ökonomie, Berlin.

MEW 20 [Marx Engels Werke] (1962): Band 20, Berlin/DDR.MEW 23 [Marx Engels Werke] (1968): Das Kapital, Band 1, Erster Abschnitt, 6. Aufl., Berlin/DDR, S. 49-98.

MEW 4 [Marx Engels Werke] (1972): Manifest der Kommunistischen Partei, Band 4, Berlin/DDR, S. 459-493.

MEW 42 [Marx Engels Werke] (1983 [1858]): Grundrisse der Kritik der politischen Ökonomie, Band 42, Berlin/DDR.

Moore, Jason (2015): Capitalism in the Web of Life: Ecology and the Accumulation of Capital, London/New York.

Muris, Oswald/Saarmann, Gert (1961): Der Globus im Wandel der Zeiten. Eine Geschichte der Globen, Berlin/Beutelsbach bei Stuttgart.

OECD [Organisation für wirtschaftliche Zusammenarbeit und Entwicklung] (2016): The Ocean Economy in 2030, Paris.

Ostry, Jonathan D./Loungani, Prakash/Furceri, Davide (2016): Neoliberalism: Oversold? In: Finance & Development, 53, Heft 2, S. 38-41.

Planungsamt der Bundeswehr, Dezernat Zukunftsanalyse (Hrsg.) (2012): Streitkräfte, Fähigkeiten und Technologien im 21. Jahrhundert. Future Topic Geoengineering, Berlin, file:///C:/Users/S.Heuer/Downloads/Future%20Topic%20Geoengineering.pdf (Zugriff: 5.9.2016).

Polanyi, Karl (1978): The Great Transformation. Politische und ökonomische Ursprünge von Gesellschaften und Wirtschaftssystemen, Frankfurt a.M.

Reichelt, Helmut (2008): Neue Marx-Lektüre. Zur Kritik sozialwissenschaftlicher Logik, Hamburg.

Reitter, Karl (Hrsg.) (2015): Karl Marx – Philosoph der Befreiung oder Theoretiker des Kapitals? Zur Kritik der »Neuen Marx-Lektüre«, Wien.

Rockström, Johan et al. (2009): Planetary Boundaries: Exploring the Safe Operating Space for Humanity. In: Ecology and Society, 14, Heft 2, www.ecologyandsociety.org/vol14/iss2/art32/ (Zugriff: 5.9.2016).

Scherrer, Christoph (2011): Reproducing Hegemony: US Finance Capital and the 2008 Crisis. In: Critical Policy Studies, 5, Heft 3, S. 219-247.

Scherrer, Christoph (2014): Neoliberalism's resilience: a matter of class. In: Critical Policy Studies, 8, Heft 3, S. 348-351.

Schlegell, Mark von (2016): Venusia, Berlin.

Sombart, Werner (1969 [1927]): Der moderne Kapitalismus. Das Wirtschaftsleben in Zeiten des Hochkapitalismus, Band III/2, Leipzig.

Swyngedouw, Erik (2009): Immer Ärger mit der Natur: »Ökologie als neues Opium

für's Volk« In: Prokla, 39(3), Heft 156, S. 371-389.
Thompson, Edward P. (1980). Plebeische Kultur und moralische Ökonomie. In: Groh, Dieter (Hrsg): Aufsätze zur englischen Sozialgeschichte des 18. und 19. Jahrhunderts, Frankfurt a. M./Berlin/Wien.
WBGU [Wissenschaftlicher Beirat der Bundesregierung Globale Umweltveränderungen] (2011): Hauptgutachten Welt im Wandel. Gesellschaftsvertrag für eine Große Transformation, Berlin.

Christa Wichterich
# Feministische Internationale Politische Ökonomie und Sorgeextraktivismus

Feministische Politische Ökonomie hat in den vergangenen Jahrzehnten *Care* – Sorgearbeit und Sorgeökonomien – ins Zentrum von Forschung und Theoriebildung gerückt (Folbre 1994; Madörin 2006). Gleichwohl belegen nicht nur die neoklassische Ökonomie, sondern auch die kritische politische Ökonomie *Care* immer noch mit einem »strategischen Schweigen« (Bakker 1994). Die Internationale Politische Ökonomie analysiert das Machtverhältnis zwischen Kapital und Arbeit, den Ressourcenextraktivismus und die Wertschöpfung durch Finanzialisierung als zentrale Funktionsmechanismen des globalisierten neoliberalen Kapitalismus. Feministische Internationale Politische Ökonomie, die intersektional und transnational Machtverhältnisse und die Kämpfe gegen diese Machtverhältnisse analysiert, versteht zusätzlich die kontinuierliche Nutzung und Ausbeutung von Sorgearbeit als konstitutiven Mechanismus kapitalistischer Wirtschaftsweise, als systemischen Herrschaftsmechanismus, ohne den kein Markt und keine Gesellschaft funktionieren und sich reproduzieren können. Für dieses Herrschaftsverhältnis möchte ich das polit-ökonomische Konzept Sorgeextraktivismus vorschlagen.

Der Begriff Sorge, *Care*, hat aus einer geschlechtertheoretischen und ökonomischen Perspektive den Vorteil, über die Engführung des Reproduktionsbegriffs auf die unmittelbare Reproduktion der Arbeitskraft hinauszugehen und auf die Handlungslogik der Versorgung zu fokussieren. Sorgeökonomie bezeichnet die (re)produktiven Tätigkeiten und Prozesse, die die lebendigen Grundlagen der Gesellschaft, die sozialen und die ökologischen, erzeugen, erhalten und stärken, nämlich über Haus- und Familienarbeit hinaus alle Pflege-, Erziehungs-, Gesundheits-, Betreuungs-, Vor- und Fürsorgearbeit am Menschen (Knobloch 2013), wie auch die Arbeit an der Nachhaltigkeit der natürlichen Umwelt (siehe auch die Kategorie der [Re-]Produktivität bei Biesecker/Hofmeister 2010). Diese Arbeiten, einschließlich Subsistenzarbeiten, gehorchen zuallererst einer Handlungsrationalität unmittelbarer Bedürfnisbefriedigung, Versorgung mit dem Lebensnotwendigen, des Sich-Kümmerns und der Herstellung von sozialen Beziehungen (Biesecker/Wichterich/Winterfeld 2012). Aus polit-ökonomischer Perspektive ist Sorgearbeit, unbezahlte und bezahlte, gleichzeitig auch Teil des Akkumulationsprozesses, der sie als das »Andere« zur Herstellung seiner Funktionsfähigkeit notwendig braucht (Paulus 2008: 181).

Dieser Essay erläutert Sorgeextraktivismus als zeit- und raumdiagnostische Analysekategorie kritischer politischer Ökonomie, um die Funktionslogik von Macht in neoliberalen Marktsystemen zu fassen. Er plädiert dafür, Regime von

Sorgeextraktivismus intersektional aus polit-ökonomischer sowie aus reproduktions- und geschlechtertheoretischer wie auch aus wohlfahrtsstaatlicher Perspektive zu analysieren. Das Konzept des Sorgeextraktivismus trägt signifikant zur Dekonstruktion der vermeintlichen Geschlechtsneutralität ökonomischen Wissens bei (Young/Scherrer 2010) und eignet sich ebenfalls als Kategorie sozialer und intersektionaler Ungleichheitsforschung mit einer handlungs- und subjekttheoretischen Orientierung. Gleichzeitig eröffnet es neue Zugänge und Fragen nach Möglichkeiten politischer Regulierung, nach Kämpfen und gesellschaftlicher Transformation.

Diese Überlegungen erfolgen zum einen im Kontext der derzeitigen Vielfachkrise, deren integraler Bestandteil auch die Verschärfung der Krise sozialer Reproduktion ist (Widding/Sabasivan/Hochschild 2009). Als ein Weg aus der Krise erfolgt die Ökonomisierung bisher nicht kommerzialisierter Lebens- und Naturbereiche wie z.B. von Bereichen der sozialen Reproduktion. Zum anderen erkundet der folgende Beitrag die aktuelle Rekonfiguration von *Care*, sozialer Reproduktion und Lebensweise, die mit der Herausbildung neuer Re-/Produktionsformen in transnationalen Wertschöpfungsketten und durch neue Technologien korrespondiert. Dabei ist einerseits von einer Verflechtung zwischen Produktionsweise und sozialer Reproduktion auszugehen, andererseits wird eine Eigenständigkeit von Reproduktionsweisen unterstellt, die von jeweiligen sozio-kulturellen und klassenspezifischen Werte- und Geschlechterordnungen ebenso abhängig ist, wie auch von ethnisierten, rassifizierten und neo-kolonialen Machtverhältnissen. Aktuelle Perspektiven werden am Beispiel von Projekten der Fachkräfteentwicklung im Globalen Süden für den Globalen Norden und an den neuen Reproduktionstechnologien und der Bio-Ökonomie skizziert.

## Soziale Reproduktionsregime

Seit der Hausarbeitsdebatte der 1970er Jahre ist die Gretchenfrage feministischer Ökonomie die Aufwertung und Umverteilung von Reproduktions- und Sorgearbeit. Es ist das Verdienst der Hausarbeitsdebatte, die Unsichtbarkeit und Geringschätzung von Reproduktions- und Sorgearbeit durch das fordistische Reproduktionsregime politisiert zu haben. Sie dekonstruierte den Geschlechterkompromiss zwischen dem lohnarbeitenden Familienernährer und der sorgearbeitenden Hausfrau, die geschlechtshierarchische Arbeitsteilung von bezahlter »produktiver« Arbeit und unbezahlter »unproduktiver« Arbeit und die Konstruktion von männlichen und weiblichen Subjektivitäten in diesen binären, heterosexuellen Geschlechterverhältnissen.

Um Hausarbeit aufzuwerten, forderten damals Mariarosa Dalla Costa und Selma James (1978) sowie Silvia Federici (2012: 106) Lohn für Hausarbeit als eine monetäre In-Wert-Setzung. Diane Elson (2002) und andere feministische Ökonominnen plädierten dagegen für eine Umverteilung und einen Bruch mit der geschlechtshierarchischen Arbeitsteilung, Nancy Fraser (1996) entwarf ein »Modell universeller Betreuungsarbeit« mit den Bezugspunkten der Verkürzung der wöchentlichen Erwerbsarbeit und einer Neuverteilung zwischen den Geschlechtern und sozialen Klassen.

Das post-fordistische Neuarrangement sozialer Reproduktion basiert auf der Erosion des Modells des männlichen Familienernährers und des Familienlohns bei gleichzeitig zunehmender Erwerbstätigkeit mittelständischer Frauen entsprechend dem Erwachsenen-Erwerbsmodell (Giullari/Lewis 2005) oder zumindest dem Zuverdienerin-Modell. Politisch und alltagspraktisch wurde der Zusammenhang von Produktion und Reproduktion, von Erwerbs- und Sorgearbeit auf ein Vereinbarkeitsproblem einzelner berufstätiger Frauen enggeführt. Gleichzeitig fand unter dem Wachstumsdruck eine Ausdehnung von Verwertung und Kommodifizierung in bisher außermarktliche Bereiche statt, in die sozialen Beziehungen, Sorgearbeit, biologische Reproduktion, Körper wie auch in die Natur, während unter den Vorzeichen von Sparpolitik und Eigenverantwortung sozialstaatliche Leistungen abgebaut und öffentliche Daseinsvorsorge reduziert werden. Neoliberale Politiken zerrütten das wohlfahrtsstaatliche Solidarprinzip, das soziale Reproduktion als Gemeingut versteht und absichert. Die Privatisierung öffentlicher Güter wurde durch Freihandels- und Investitionsabkommen weiter vorangetrieben (für das Bildungswesen Scherrer 2004).

Es kommt zu Verschiebungen von Sorgearbeit und Akteur_innen in unterschiedliche Institutionen, die – wie Shahra Razavi (2007) sagt – die vier Eckpunkte eines *Care*-Diamanten markieren: Familie, Staat, Solidarnetzwerke, Markt. Die fordistische geschlechtsspezifische Arbeitsteilung weicht auf, aber statt einer Neuverteilung von Sorgearbeit zwischen den Geschlechtern wird sie klassifiziert und rassifiziert zwischen Frauen umverteilt. Das verweist auf die Gleichzeitigkeit von sozialem Wandel und Beharrungselementen in Alltagspraktiken und -bewusstsein (Brodie 2004; Manske 2011).

Perfiderweise setzen der Markt, die Waren- und Geldökonomie weiterhin Sorgearbeit als unendlich dehnbare, »natürliche« weibliche Fähigkeiten voraus, sodass man analog zum Ressourcenextraktivismus von Sorgeextraktivismus sprechen kann, sowohl auf nationaler als auch auf transnationaler Ebene. Die Sorgeökonomie ist sowohl Ressource und Energiequelle für die Märkte, wird aber gleichzeitig auch als Auffangbecken und Senke für die Externalisierung sozialer Kosten und Risiken benutzt, die vor allem Krisensituationen auffangen soll (Elson 2002). Sorgeextraktivismus ermöglicht die ganz normale Reproduktion von Gesellschaft und Ökonomie und erzeugt zudem im Globalen Norden und für privilegierte soziale Klassen ein Wohlfahrts- und soziales Sicherungsregime, das eine hohe Lebensqualität garantiert.

Sorgeextraktivismus muss kontextualisiert und aus komplexen situativen Arbeitszusammenhängen heraus analysiert werden (Wichterich 2013). Im Rahmen von Regimeanalysen, hier verstanden als Macht-, Regel- und Problemfelder, beschäftigen sich feministische Forscherinnen derzeit vor allem mit der Reorganisation von Sorgearbeit als personennahe Dienstleistung im Erwerbsmarkt und mit der Transnationalisierung von Sorgearbeit zwischen Norden und Süden, Westen und Osten entlang ethnisierter und rassifizierter Linien bei gleichzeitig unveränderter Konnotation als weiblich.

Aufgrund der Vielfalt und Vervielfältigung von Familienformen und Lebensweisen muss das Konzept *Care* aus geschlechterkonstruktivistischer Sicht dabei den sozialen Differenzen in verschiedenen Kulturen gerecht werden und gleichzeitig Mechanismen von Extraktivismus, Gewalt und Ausbeutung aus einer Gerechtigkeitsperspektive analysieren. Die Realitäten von Haushalten im globalen Süden bestehen in einem breiten Spektrum zwischen rigiden patriarchalen Clanstrukturen und alleinerziehender Frauen, wechselnden Partnerschaften, großfamilialen und erweiterten Konstellationen mit verästelten Abhängigkeits- und differenzierten Machtbeziehungen. Das kleinfamiliale Verhandlungsmodell der neoklassischen Mikroökonomie ist auf diese gelebten sozialen Realitäten, in denen Migration und transnationale Haushalte eine immer größere Rolle spielen, nicht übertragbar (Bergeron 2011).

Feministische Diskurse, die die Spaltung von Sorge versus Markt auf Haushalts- und Marktökonomien im globalen Süden übertragen, laufen Gefahr, die Dichotomie zwischen Privatem und Öffentlichen anderen ökonomischen und kulturellen Kontexten, und das heißt auch anders strukturierten (Macht-)Verhältnissen überzustülpen. Denn Produktion und Reproduktion sind in vielen Haushaltsökonomien im Globalen Süden sozial und kulturell eingebettet und stellen eine Einheit von Versorgung, Vorsorge, Erhaltung der Lebensgrundlagen, Geldeinkommen, wechselseitiger sozialer Absicherung und ein Arbeitskontinuum im Austausch mit der Natur dar. Aus einer post-kolonialen Perspektive ist deshalb kritisch zu reflektieren, wenn der *Care*-Ansatz zum Tunnelblick wird. Gleichzeitig muss das *Care* Konzept aber auch für nicht-heteronormative Reproduktionsformen, die Neuerfindung von Arbeitsteilungen und die Überwindung von Binaritäten wie maskulin – feminin, Produktion – Reproduktion, privat – öffentlich aus einer queeren Perspektive offen sein (Bedford/Rai 2010).

Zudem muss aus feministischer Perspektive immer die Machtfrage zwischen den Geschlechtern gestellt werden, wohl wissend, dass Macht weder in ökonomische Faktoren noch in geradelinige Verhältnisse zwischen Herrschenden und Beherrschten aufgeht, sondern alles und alle durchdringt. Seit Carol Gilligans (1988) essentialistischer Unterstellung einer »weiblichen Fürsorgeethik« haben Feministinnen häufig darüber gestritten, dass die Sorgeökonomie – wie auch die Marktökonomie – für Frauen sowohl eine Machtressource, nämlich eine Quelle von Empowerment, Anerkennung und Identitätsbildung als auch eine Machtfalle durch die essentialistische Zuschreibung, Beschränkung von Erwerbsmöglichkeiten und Glorifizierung von Fürsorgemoral in der symbolischen Ordnung darstellen kann.

## Ökonomisierung der Sorge und Reproduktionskrisen

Personennahe Dienstleistungen und andere Sorgearbeiten sind eine Wachstumsbranche. Erwerbsförmig verausgabt wird Sorgearbeit den Marktprinzipien von Effizienz, Konkurrenz, Produktivitätssteigerung und Profit unterworfen (Klinger 2012). Das gilt seit Einführung von Methoden des *New Public Management* ebenfalls für den öffentlichen Sektor. Rationalisierung und Ökonomisierung der Sorgearbeit auf dem Markt bedeutet Pflegemodule für Alte, wo jede Handreichung getaktet ist, bedeutet Pauschalisierung von stationärer Behandlung im Krankenhaus und Prämienzahlungen von Kliniken an Ärzte pro Überweisung zur Operation. Doch Sorgearbeit gehorcht – auch – der Logik der Versorgung, der Für- und Vorsorge mit einem eigenen Tempo. Ein Spezifikum ist, dass sie trotz aller Monetarisierung niemals ganz in physische Verrichtungen, Pflegemodule und Zeittakte aufgeht und ihre Produktivität und Effizienz nicht einfach weiter zu steigern sind (Madörin 2006). In jeder personennahen Versorgung steckt ein informeller Kern der Zuwendung und Menschlichkeit, die quer zu den Marktprinzipien von Produktivität und Effizienz steht. Streicheleinheiten für Pflegebedürftige sind ökonomisch höchst ineffizient, aber für das Wohlbefinden essentiell. Dass »gute« Versorgung wie das Füttern von Babys und Dementen nicht nennenswert beschleunigt werden kann, legitimiert ihre Geringbewertung und Bezahlung auf dem Markt.

Im Rahmen von Liberalisierung führt das neoliberale Effizienzdiktat zu weiterer Privatisierung und Transnationalisierung von Betreuung und Pflege (Fritz/Scherrer 2002). Seit der GATS-Liberalisierung sind die Sorgearbeiten in britischen Frauenhäusern international ausgeschrieben. TiSA, das neue Dienstleistungsabkommen, sieht vor, dass einmal privatisierte öffentliche Güter nicht rekommunalisiert werden dürfen.

Sorgeextraktivismus bedeutet, dass die sozialen, emotionalen und moralischen Sorgekapazitäten geschlechterstereotyp un- oder unterbezahlt vereinnahmt werden, und dass der haushälterische und der Pflegesektor prototypisch sind für Dumpinglöhne, prekäre Beschäftigung und schlechte Arbeitsbedingungen und -zeiten (Nowak 2010; Hipp/Kelle 2015). Gleichzeitig sind Sorge- und Pflegetätigkeiten prädestiniert für flexible Selbstbeschäftigung und neue deregulierte Erwerbsformen, die über Online-Plattformen für Dienstleistungen wie *Crowdsourcing* vermittelt werden. Im Internet werden ausgelagerte Mikroaufträge zu Mikropreisen angeboten. Damit setzt sich nicht nur die Prekarität sowie die Zerstückelung von Sorgearbeit fort, sondern auch die Entgrenzung von Arbeit und eine Flexibilisierung von Arbeitszeiten und -orten mit einem wachsenden Zeitdruck und einer Arbeitsintensivierung (Carstensen 2015).

Feministische Ökonominnen unterstellen zum einen eine strukturelle Heterogenität von Märkten und Arbeiten (Gibson-Graham 2006): profitorientiert, auf individuelle Nutzenmaximierung gerichtet, reziprok, altruistisch, solidarisch, moralisch motiviert. Zum anderen gehen sie von einer Verflechtung verschiedener ökonomischer Logiken aus, nämlich der Rationalität des Versorgens und des Sich-Kümmerns als einem Pol eines Kontinuums von Handlungsorientierungen und der

Effizienz- und Verwertungslogik des Marktes als dem anderen Pol dieses Kontinuums (Zelizer 2005). Aufgrund der Macht der Marktakteure besteht jedoch die Tendenz, dass die kapitalistische Handlungslogik sich andere Wirtschaftsweisen einverleibt oder sie sich unterordnet.

Ein weiterer Ökonomisierungsschritt liegt in der Integration in den Finanzmarkt. Versorgung, Fürsorge, Gesundheits- und Umweltschutz und soziale Sicherheit werden zunehmend finanzialisiert. Pensionsfonds, Nahrungsmittel, Verschmutzungsrechte sind Spekulationsobjekte. Als Wachstumsbranchen sind ambulante Dienste für Senioren und Pflegeheime ein lukratives Investitionsfeld. Der Finanzmarkt greift ebenso in Form von Kreditfinanzierung von medizinischer Behandlung und Ausbildung auf diese Sektoren über. Wie bei der Privatisierung so verschärft auch die Finanzialisierung den Effizienz- und Ökonomisierungsdruck auf Erziehungsarbeit und Bildungsinhalte. Das wirft substantielle Fragen bezüglich »guter« Sorge und Pflege auf: Was bedeutet es für die medizinische Versorgung von Rentenversicherten, wenn die Deutsche Bank einen Fonds auflegt, der auf deren Lebensdauer und Tod spekuliert?

Der neoliberale Trend der Ökonomisierung spitzt den systemischen Widerspruch zu zwischen dem sorg- und rücksichtslosen Verwertungs- und Akkumulationszwang kapitalistischer Ökonomie und der Tendenz, soziale und ökologische Kosten zu reduzieren und in außermarktliche Bereiche wie die Privatsphäre, soziale Zusammenhänge und Umwelt zu externalisieren, menschliche und natürliche Ressourcen zu übernutzen und damit die eigenen lebendigen Grundlagen zu zerstören (Biesecker/Wichterich/Winterfeld 2012). Dies führte in eine Vielfachkrise der Reproduktion, die sich in wachsender sozialer Ungleichheit, im Notstand der Altenpflege, in fehlenden Kindertagesstätten, in Lebensmittelskandalen, in Burn out und Depression als Volkskrankheit, in der Bildungs- und Beschäftigungskrise der Jugend ebenso manifestiert wie im Klimawandel, in Ressourcenknappheit, dem Aussterben von Tier- und Pflanzensorten, in Luft- und Wasserverschmutzung. Gabriele Winker (2015) nennt die »Erschöpfung des Sozialen« eine Folge des »neoliberalen Reproduktionsmodells«. Diese krisenhaften Situationen sind nicht mehr Ausnahmesituationen, sondern haben systemische Normalität und erfordern auf Dauer einen zusätzlichen Aufwand an Sorgearbeit.

Auch für die Subalternen, die Armen und Marginalisierten im globalen Süden sind Krisen der sozialen Reproduktion und ein Zusammenbruch der Lebensgrundlagen von Ernährungs- und Energieengpässen bis zur chronischen Finanznot der Normalzustand (Aguiar 2010). Die Enteignung von Lebensgrundlagen und die Erosion von sozialen und Subsistenzbeziehungen sind zudem Gründe für die Normalisierung von Migration als Reproduktionsstrategie.

## Transnationalisierung von Sorge

Wo die zunehmende Erwerbstätigkeit von qualifizierten Mittelschichtsfrauen im globalen Norden durch migrantische Hausangestellte aus dem globalen Süden abgefedert und akute Reproduktionskrisen wie der Notstand in der Altenpflege durch Pflegekräfte aus weniger wohlhabenden Haushalten und Ländern behoben werden sollen, entstehen als neue Reproduktionsregime Sorgeketten in transnationalen Räumen. Sie sind durch neokoloniale, rassifizierte und ethnisierte Machtverhältnisse gekennzeichnet (Parrenas 2001; Ehrenreich/Hochschild 2002). Hier ist die für Industriegesellschaften typische soziale Entbettung und Trennung zwischen Produktion und Reproduktion räumlich und sozial um ein Vielfaches potenziert.

Transnationaler Sorgeextraktivismus ist ein Ausdruck »imperialer Lebensweise« als Herrschaftsverhältnis (Brand/Wissen 2011), mit dem die globalen Mittelschichten ihre eigene Reproduktion durch Aneignung von Sorgekapazitäten aus anderen, ärmeren Regionen sichern, diese enteignen und damit die eigene Reproduktionskrise in sie verschieben. Dabei verändern Migration und die transnationale Rekonfiguration von sozialer Reproduktion weder die Feminisierung von Fürsorgemoral und -kapazitäten noch ihre Geringbewertung. Vielmehr bestätigen und verstärken Herkünfte, Migrationsverläufe und rassifizierte Hierarchien die ökonomische Geringschätzung der als weiblich konnotierten Sorgearbeit (Lutz 2008).

In den Sorgeketten und in transnationalen Reproduktionsnetzwerken (Yeates 2009) werden Sorgekapazitäten und emotionale Arbeit (Hochschild 2000) aus dem globalen Süden abgezogen und Versorgungsleistungen von ärmeren in wohlhabendere Haushalte, von armen in reiche Länder verlagert. Krisenhafte Situationen und Versorgungslücken im globalen Norden werden auf diese Weise überbrückt und in die Herkunftshaushalte und -länder verschoben. Als eine Variante des Vereinbarkeitsproblems muss die Sorgearbeitende aus dem globalen Süden oder Osten dann individuell als Unternehmerin ihrer Selbst die durch den *Care Drain* entstandene Sorgeleerstelle in ihrer eigenen Familie bewältigen. Dies geschieht, indem sie die Betreuung ihrer eigenen Kinder und alter Familienmitglieder weiblichen Verwandten, Nachbarinnen oder Migrantinnen aus wiederum ärmeren Regionen oder Ländern überlässt. Aufgrund der Vielschichtigkeit und Flexibilisierung von Sozialstrukturen kann die migrantische Altenpflegerin in Westeuropa gleichzeitig auch Arbeitgeberin für ein Sorgearbeiterin in ihrem Herkunftshaushalt werden.

Die Figur der migrantischen Sorgearbeiterin bildet neue Subjektivitäten basierend auf Klassen-, Geschlechter-, ethnischen und neokolonialen Kompromissen. An den Endpunkten solcher Sorgeketten bewegt sie sich im Fadenkreuz verschiedener Märkte, die ihre Subjektivitäten ko-konfigurieren: Vermittlungsagenturen, Anbieter IT-gestützter Kommunikationsstrukturen und -technologie, Märkte, die exakt das gewünschte Spielzeug, Gebrauchsgüter, Kleidung und IT-Geräte anbieten, Logistikfirmen, die Selbige verpacken und verschicken, Finanzdienstleister, die die Rücküberweisungen mit meist hohen Gebühren bewerkstelligen.

Innerhalb dieser ökonomischen Strukturen beschäftigen sich feministische Wissenschaftlerinnen mit neu konstituierten Subjektivitäten, mit deren Handlungsstrategien wie auch Haushalts- und Familienformen. Dazu gehören die Praktiken transnationaler Mutterschaft mit einer starken materiellen und monetären Komponente und IT-gestützten Kommunikationsformen der Sorge, mit denen versucht wird, die geographische Trennung und psycho-soziale und lebensweltliche Entfremdung zu kompensieren (Parrenas 2005).

In den Herkunftsländern kursieren gegenläufige Narrative zur Subjektweise der Migrantin: Einerseits wird sie als »Heldin« konstruiert, die sich selbst aufopfert und entbehrungsreich ihrer Familie und der Entwicklung ihres Landes dient, andererseits unter den Verdacht der Unmoral gestellt (Dinkelaker 2013: 16). In den Empfängerländern wird der gesellschaftlichen Abwertung von Pflegearbeit ein legitimatorischer Diskurs übergestülpt, dass die Migrant_innen psycho-kulturell für die Altenpflege prädestiniert seien, weil in Kulturen des globalen Südens die Achtung für und Empathie mit alten Menschen stärker ist als im globalen Norden. Dies ist eine ethno-rassistische, kulturalistisch verbrämte Variante der Zuschreibung von Fürsorgebereitschaft und Verantwortungsethik an »andere« Frauen.

Dabei stellt sich auch die Frage nach Empowerment, Widerstands- und emanzipatorischen Potenzialen in strukturellen Ungleichheits- oder Ausbeutungssituationen. Haushaltsbeschäftigte haben erfolgreich eine internationale Kampagne organisiert, die 2011 zur Verabschiedung der ILO-Konvention 189 bei der ILO führte (Schwenken 2010). Eine Tätigkeit als Altenpfleger_in in Israel nutzen Filipinos/as als Möglichkeit, transsexuelle Identitäten zu leben. Babaylan, ein Netzwerk philippinischer Hausangestellte in Europa, führt in Dänemark ökonomische Alphabetisierung durch, in denen sie ihre Mitglieder nicht nur hinsichtlich der Rücküberweisungen über Banken, Finanzmarkt und Finanzdienstleistungen aufklärt, sondern sie auch ermutigt, bei den Zahlungen an die Herkunftsfamilie strategisch vorzugehen und sich langfristig von deren kontinuierlichen Forderungen zu emanzipieren (eigene Recherche).

## Migrations- und sozialpolitische Regulierung

Es ist im bio- und sozialpolitischen und ökonomischen Interesse von Staaten, die zunächst informell organisierten Migrationswege und die transnationalen Reproduktionsnetzwerke zu regulieren und zu steuern. Entsendeländer profitieren vom Sorgeextraktivismus, weil die Rücküberweisungen der migrantischen Sorgearbeiter_innen einen erheblichen Anteil der besteuerbaren Deviseneinnahmen darstellen und eine Entlastungsfunktion für die Staaten bezüglich notwendiger Umverteilung, Armutsbekämpfung und wohlfahrts- und beschäftigungspolitischer Maßnahmen bedeuten. Colin Crouchs Diktum vom »privatisierten Keynesianismus« (2009), das er mit Bezug auf die westlichen Sozialabbaustaaten formulierte, trifft hier auf subalterne migrantische Sorgekräfte zu: Sie konstituieren ein informelles privates Wohlfahrtsregime im globalen Norden, managen die soziale Reproduktion und Armut im globalen Süden durch Migration und Rücküberweisungen eigeninitiativ und entlasten damit die Herkunftsstaaten.

Die philippinische Regierung führte bereits 1974 eine »Labour Export Policy« ein, um die hohe Erwerbslosenzahl zu reduzieren. Zwölf Millionen, mehr als 10% der Bevölkerung, arbeiten heute im Ausland, die Mehrzahl Frauen, und die Mehrzahl in Sorgeberufen, z.B. gut ausgebildete Krankenschwestern. In Indonesien ist die Rekrutierung und Ausreise von Hausangestellten seit 1984 staatlich reguliert, sie bekommen zweijährige Arbeitsvisa, ihre Mobilität im Aufenthaltsland ist streng kontrolliert, Familiennachzug und Schwangerschaft sind verboten, alles Mechanismen, die die Sorgearbeiter_innen gleichzeitig aktivieren und binden (Dinkelaker 2013). Nach etlichen Skandalen um sexistische Gewalt und sklavenähnliche Verhältnisse im Ausland reklamierten der philippinische und der indonesische Staat moralische Verantwortung für die Hausangestellten. Zwischen 2009 und 2011 stoppte deshalb Indonesien die Entsendung von Hausangestellten nach Malaysia, die Philippinen untersagten zwischen 1998 und 2010 die Vermittlung von *Au pairs* nach Dänemark. Dies hatte häufig die Illegalisierung der Migration und die Zahlung hoher Bestechungsgelder von Migrationswilligen zur Folge (UN Women 2013: 22).

Gleichzeitig rekrutieren und verrechtlichen Staaten des globalen Nordens – wie schon in früheren Notsituationen – die dringend benötigten Sorgekräfte, teils mithilfe supranationaler Institutionen. So finanziert in Sri Lanka die Internationale Organisation für Migration (IOM) die Vorbereitung und Trainings von migrationswilligen Sorgearbeiter_innen, in Polen der Europäische Sozialfonds. Italien und Spanien haben mehrmals Amnestien für undokumentierte Migrant_innen erlassen, die im Sorgebereich eine Beschäftigung nachweisen konnten. In Deutschland wurde die informelle Beschäftigung von Polinnen als Altenpflegerinnen im Rahmen von Pendelmigration verrechtlicht und wenigstens teilweise sozial abgesichert (Kontos 2010). Dänemark reguliert die befristete Zuwanderung von Hausangestellten und Altenpfleger_innen über einjährige *Au pair*-Verträge. Temporäre Arbeitsaufenthalte auf Basis von zirkulärer Migration sind die von der EU bevorzugte Migrations- und Beschäftigungsform und zeigen den instrumentalistischen Bezug auf die Sorgearbeitskräfte, die funktional einsetzbar und leicht regulierbar sein sollen. Schlechte Arbeitsbedingungen und geringe Entlohnung bleiben davon großteils unberührt.

Neben privaten und wohlfahrtsverbandlichen Vermittlungsagenturen rekrutiert der deutsche Staat seit kurzem wegen des großen »Fachkräftemangels« transnational professionelle Sorgekapazitäten für das eigene Land, von der Gesellschaft für internationale Zusammenarbeit (GiZ) »Triple Win« genannt, nämlich Gewinn für Deutschland, das Herkunftsland und die Pflegekräfte.[1] Diese Dreifach-Win-Konstellation lässt sich auch als Herstellung von Klassen-, Geschlechter-, ethnischen und neokolonialen Kompromissen lesen. Die Zentralstelle für Arbeitsvermittlung (ZAV) wirbt seit 2013 Altenpfleger_innen in China an, auf den Philippinen, in Tunesien, Serbien und Bosnien Krankenschwestern und Pflegekräfte. Dabei wird – ähnlich den Anwerbepraktiken der BRD bis 1973 in Südkorea, Sri

---

[1] www.giz.de/de/downloads/giz2013-de-fachkraeftesicherung-triple-win.pdf

Lanka und Südindien – eine abgeschlossene Ausbildung vorausgesetzt. In Vietnam führt die GiZ im Auftrag des Wirtschaftsministeriums dagegen ein Modellprojekt »Fachkräftegewinnung für die Pflegewirtschaft« mit einer Ausbildung von Altenpfleger_innen und mit einem Deutschkurs durch (BMWE 2014). Die Begründung für die Wahl Vietnams lautet, dass alte Menschen dort hoch geschätzt sind und Altenpflege als ehrenvolle Tätigkeit angesehen wird. Deutschland konkurriert um gute Pflegekräfte aus Drittländern bereits mit anderen EU-Ländern, die ebenfalls eine wachsende Zahl betreuungsbedürftiger alter Menschen versorgen müssen. Bei dieser neuen Variante von Sorgeextraktivismus wird kein Hehl aus dem Eigennutz für die deutsche Gesellschaft gemacht und gleichzeitig eine deutsche Überlegenheit in Bezug auf Ausbildung, hohe Pflegestandards und Beschäftigung konstruiert. Es wird davon ausgegangen, dass die Pflegekräfte auf Dauer bleiben wollen, während ländliche Gebiete auf den Philippinen und in Vietnam immer noch mit Gesundheitspersonal unterversorgt sind.

## Bioökonomie und biologische Reproduktion

Auch die technologiegestützte Reorganisation menschlicher Reproduktion durch In-vitro-Fertilisation erfordert Sorgearbeit. Durch neue Formen von Sorgeextraktivismus wie Eizellgabe oder Leihmutterschaft können sich kinderlose hetero- und homosexuelle Paare ihren Wunsch nach einem eigenen Kind auf transnationalen Reproduktionsmärkten erfüllen. Gleichzeitig ist diese transnationale, marktförmige Rekonfiguration von Reproduktion ein Beispiel für die Eigensinnigkeiten von Reproduktionsregimen und die Entstehung neuer Subjektivitäten (Rudrappa 2015; Pande 2014). Durch das Kinderbegehren von Bestelleltern und durch das aus den USA stammende Narrativ einer Ökonomie der Gabe – »eine Frau hilft einer anderen« – sind die sozialen Beziehungen auf den Reproduktionsmärkten hochgradig emotional aufgeladen.

Der Aufbau einer transnationalen Industrie der Lebensproduktion bedeutet die Ökonomisierung eines bisher als privat, intim und fern aller privatwirtschaftlichen Verwertung erscheinenden lebensweltlichen Bereichs, eine Kolonisierung oder »Landnahme« vorher nicht kommerzialisierter Bereiche des Sozialen, von Körper und Natur (Werlhof/Mies/Bennholdt-Thomsen 1983; Dörre 2009). Bioindustrielle Wertschöpfungsketten werden für die Zulieferung der notwendigen Ressourcen, nämlich von Stammzellen, Eiern und Samen aufgebaut (Waldby/Mitchell 2006; Waldby/Cooper 2010), Befruchtung, Schwangerschaft, Geburt und Mutterschaft in einen taylorisierten arbeitsteiligen Prozess zerlegt.

Auf dem Hintergrund eines Dilemmas zwischen neoliberalen Interessen und ethischen Bedenken formulieren Staaten unterschiedliche Gesetze, die Reproduktionstechnologien und Leihmutterschaft legalisieren, regulieren oder aber verbieten. Diese Geographie aus Geboten und Verboten führte, verflochten mit der strukturellen Ungleichheit zwischen globalem Norden und globalem Süden/Osten, zur Entstehung einer Topographie von Reproduktionsmärkten und zu einem

Fruchtbarkeitstourismus (Waldby/Copper 2010). Der Preis für ein von einer Leihmutter ausgetragenes Kind beträgt in Indien mit 30-40.000 US Dollar nicht einmal die Hälfte des Preises in den USA. Das ermöglicht auch Wunscheltern aus unteren Mittelschichten im globalen Norden, ihr Kinderbegehren zu realisieren. Gemäß der Logik kapitalistischer Globalisierung, Effizienz und Konkurrenz wird der Druck auf die Preise steigen, je mehr Länder Leihmutterschaft legal auf den globalen Reproduktionsmärkten anbieten.

Fortpflanzung ist in einen vieldimensionalen industriellen Komplex eingebettet: nationale und transnationale Vermittlungsagenturen, Märkte für die notwendigen Bioressourcen wie Eizellen und Sperma, Logistikunternehmen, die diese transportieren, Kliniken mit Reproduktionstechnologien, die transnational vernetzt sind, die Pharmaindustrie, die Tourismusindustrie mit Reisen, Unterkünften und Sightseeing für die Bestelleltern, Rechtsanwaltskanzleien, und Agentinnen, die lokal neue Leihmütter rekrutieren (Wichterich 2016). Wachstumsorientiert förderte der indische Staat diese Boombranche als Medizintourismus und als Exportsektor mit Steuer- und Zollvergünstigungen, plant jetzt aber eine Beschränkung auf indische Paare, um neokoloniale Ausbeutung zu verhindern. 2014 wurde das weltweite Geschäft mit künstlicher Befruchtung auf 9,3 Milliarden US-Dollar geschätzt. So wird auch die biologische Reproduktion Teil von Verwertungs- und Akkumulationsprozessen im Rahmen der neoliberalen Konfiguration der Ökonomie.

Sowohl die nach einer Hormonbehandlung erfolgte Bereitstellung von Eizellen durch eine »Spenderin« – Eizellen dürfen nicht als Ware gehandelt werden, sondern müssen gespendet werden – als auch die Bereitstellung eines Uterus als Gefäß für das Kind Anderer sind »klinische«, »regenerative« und ausgelagerte »reproduktive« Arbeit (Waldby/Cooper 2010). Sie ist durch einen Marktvertrag als Dienstleistung geregelt, der die Frauen als Unternehmerin ihres Körpers unterstellt und auf einem Exktraktivismus von Bioressourcen und Sorgearbeit beruht. Aufgrund des verbreiteten Unbehagens mit der Kommodifizierung wird die Entlohnung jedoch nur »Kompensation« genannt. Leihmütterliche Auftragsarbeit ist prekär, weil temporär, ungeschützt und jeglicher Kontrolle der Frau entzogen. Arlie Hochschild (2000) vergleicht die »emotionale« Arbeit einer Leihmutter mit der einer migrantischen Sorgearbeiterin, die Kinder betreut und in einem Spannungsfeld zwischen Professionalität und Emotionalität, Nähe und Distanz agiert. Neun Monate lang soll eine Leihmutter eine verantwortliche, fürsorgliche Haltung gegenüber dem Embryo entwickeln, um ein gesundes Kind zu erzeugen. Gleichzeitig aber soll sie eine emotionale Bindung zu dem Embryo vermeiden, das bestellte Baby als entpersonalisiertes Objekt für andere und die Leihmutterschaft als Dienstleistung für die Familiengründung eines anderen Paares sehen. Durch diese selbstdisziplinierende Arbeit schaffen die Frauen neue soziale Praktiken von Mutterschaft (Vora 2012: 695) und konstruieren sich selbst als »Mutter-Arbeiterin« (Pande 2014), die ein für lokale Verhältnisse hohen Verdienst nach Hause bringt. Indische Leihmütter erleben den Prozess als Aufwertung, zumal ausländische Bestelleltern sie nicht wegen ihrer Kastenzugehörigkeit diskriminieren, und als eine Art Erholung von ihrer sonstigen Feld-, Industrie- oder Familienarbeit. In

Russland, wo der Diskurs über eine altruistische Ökonomie der Gabe nicht besteht, sind Leihmütter pragmatisch professionell auf das Einkommen orientiert, um eine Eigentumswohnung zu kaufen.

Leihmutterschaft wird auch für wohlhabende Frauen, die sich aus Alters-, Gesundheits- oder Karrieregründen nicht den Strapazen von Schwangerschaft und Geburt aussetzen wollen, oder nach *social freezing,* dem Einfrieren von Eizellen in jungen Jahren, zu einer Reproduktionsoption. Diese Form von Sorge- und Ressourcenextraktivismus erlaubt Paaren aus dem globalen Norden, ihren Kinder- und Familienwunsch als Teil ihrer »imperialen Lebensweise« (Brand/Wissen 2011) zu realisieren. Interagierend mit der Reproduktionsindustrie und der Bioökonomie (Lettow 2012) konstruieren sie dadurch aber auch ein neues transnationales Reproduktionsregime mit neo-eugenischen Elementen (Pande 2014) und sozialen Ungleichheitsverhältnissen zwischen genetischen Bestelleltern/-müttern und Leihmüttern.

### Kämpfe gegen den Sorgeextraktivismus

Den *Care*-Extraktivismus des globalisierten Kapitalismus zu politisieren, haben sich in jüngster Vergangenheit transnationale Kampagnen und lokale Protestaktionen als Ziel gesetzt, vom Kampf der Hausangestellten für eine ILO-Konvention und der »Care Revolution« in Deutschland bis zu Streiks in Kitas, Krankenhäusern und Betreuungseinrichtungen und den Protesten von Reinigungskräften an Universitäten in Südafrika und China gegen Outsourcing. In der Schweiz ist der Name des von polnischen Altenpfleger_innen in Kooperation mit der Dienstleistungsgewerkschaft VPOD gegründeten Netzwerks »Respekt« Programm: Es geht nicht nur um Entprekarisierung und Arbeitsrechte im Sinne von guter Arbeit, sondern nicht weniger um ein Leben und Arbeiten in Würde (Schilliger 2015). In Spanien und Portugal beteiligten sich Hausangestellte und Prostituierte an den öffentlichen, explizit nicht gewerkschaftlichen Aktionen der *Precarias a la Deriva* (2006), um Sichtbarkeit herzustellen.

Die zentrale Forderung nach Achtung von als selbstverständlich angesehenen, als privat und unsichtbar konstruierten Arbeiten hat sowohl eine arbeitsrechtliche als auch eine lebensweltliche und geschlechtsspezifische Dimension. Im Unterschied zu anderen Arbeitskämpfen liegen ihnen nicht nur gruppenegoistische Motive zugrunde, sondern auch moralisch-altruistische. Sie richten sich gegen die Respektlosigkeit des kapitalistischen Marktes wie auch des Alltagsbewusstseins gegenüber Sorgearbeiten und den Sorgearbeitenden. In Westeuropa ist bereits von einer Feminisierung der Arbeitskämpfe die Rede, obwohl Frauen immer als wenig organisierungs- und konfliktbereit galten (Dribbusch 2009; Artus/Pflüger 2015).

Dabei stellten viele Streiks und Proteste im personennahen Dienstleistungsbereich den Mangel an Sorgequalität und an Wertschätzung ins Zentrum. Die Kita-Beschäftigten und andere Sozialarbeiter_innen und Erzieher_innen streikten zum

Höhepunkt der Finanzkrise 2009 nicht nur für Lohnerhöhungen und ergonomische Möbel als Gesundheitsschutz, sondern für mehr Anerkennung ihrer Arbeit. Altenpfleger_innen forderten mehr Wertschätzung und eine Aufweichung der Pflegemodule, Reinigungskräfte kämpften gegen die Normalisierung von Wochenend- und Nachtarbeit, Leiharbeiter_innen aus den Balkanstaaten und der Türkei/Kurdistan gegen Diskriminierung und Entlassungen im Rahmen von Sparmaßnahmen am Allgemeinen Krankenhaus in Wien, Verkaufspersonal gegen weitere Flexibilisierung und Discountierung (Bormann 2011). Alle wehren sich gegen die Unsichtbarmachung ihrer Tätigkeiten.

Der Streik der Pflegekräfte der Charité im Jahr 2013 setzte in mehrfacher Hinsicht neue Maßstäbe für Arbeitskämpfe im Sorgebereich, wobei Streiks in Krankenhäusern wegen des Pflegeethos bisher als unmöglich galten. Dabei ging es den streikenden Sorgearbeitenden gerade um ihre Fürsorgeverantwortung, nämlich um qualitativ hochwertige Pflege, nachdem die 2011 erkämpften Lohnerhöhungen Personalabbau und eine weitere Verunmöglichung »guter« Versorgung zur Folge hatten. Der Streik war ein Kampf um »gute« soziale Reproduktion und eine Widerstandsform gegen das neoliberale Gesundheitssystem mit Fallpauschalen, der Modularisierung und Taylorisierung von Sorgearbeit bei fortdauernder Geringschätzung (Zender 2014). 2012 streikten Pflegekräfte landesweit in Neuseeland für *»quality care«*. Die spanische Gruppe von »Zimmermädchen«, *Las Kerries*, protestierten, weil sie unter dem Zeitdruck der Pauschalbezahlung keine gründliche Reinigung der Hotelzimmer leisten können. Diese Kämpfe zeigen, dass »gute« Pflege genauso wie gute Arbeit ein umkämpftes Feld ist und die Sorgearbeiter_innen nicht die Ausputzer_innen sein, sondern mit einer professionellen Ethik von »guter« Sorgearbeit anders arbeiten und wirtschaften wollen.

In Deutschland führten die Gewerkschaften – zunächst ÖTV und danach ver.di – seit den 1990er Jahren Kampagnen für die Aufwertung frauentypischer Berufe durch (Gumpert/Möller/Stiegler 2016). Dabei wurde jedoch die Frage der Aufwertung engeführt auf eine Einstufung von Sorge- und Erziehungsarbeit in eine höhere Tarifgruppe und Entgeltgleichheit. Den realen Arbeitskämpfen hinterherhinkend, nahm ver.di 2015 mit der Kampagne »Aufwertung jetzt!« die Schwerpunktsetzung widerständiger Praktiken auf. Das Engagement von Gewerkschaften im Sorge- und Pflegebereich unterstützt die Forderung nach Anerkennung als vollwertige Arbeit, besseren Arbeitsbedingungen und faireren Entlohnung wie auch nach einer Formalisierung und Verrechtlichung der Arbeitsverhältnisse. Dies ist angesichts aktueller Tendenzen zu weiterer Flexibilisierung und zu online-vermittelter *Crowdwork* hochnotwendig.

### Ausblick: Jenseits von *decent work*

Deshalb stellt sich die Frage nach der sozialen Wirkfähigkeit und ökonomischen Reichweite des von den Gewerkschaften vertretenen normativen Leitbilds »guter« Arbeit, *decent work*. Es bleibt ein aus der Logik des formellen Sektors und des Klassenkompromisses erwachsenes und darauf zugeschnittenes Regulierungsinstrument. Es berührt die vorgeordnete geschlechtsspezifische und ethnisierte Zuteilung von Pflege und Betreuung ebenso wenig wie die Privatisierung öffentlicher Daseinsvorsorge und die Unterwerfung von Sorge unter die Marktkriterien von Effizienz und Konkurrenz. Da die sozialen Ungleichheitskategorien Geschlecht, Ethnie/Herkunft/Hautfarbe und Kolonialität tief eingeschrieben sind in das Verhältnis Produktion und Reproduktion, von bezahlter und unbezahlter Lohnarbeit, von schlecht und gut bezahlter Arbeit, sind sie nicht abtrennbar von der Frage der Wertschätzung von Sorgearbeiten. Die Geringbewertung dieser Tätigkeiten ist ein Herrschaftsverhältnis, das allein mit Indikatoren für das Lohnarbeitsverhältnis nicht verändert werden kann.

Für Hausangestellte in Tansania hat Ilona Steiler (2016) gezeigt, dass die nationale Umsetzung der ILO-Konvention 189 zu *domestic work* (ILO 2011) Anstöße für eine Anerkennung als Arbeit, kollektive Verhandlungen und Aufnahme in die Gewerkschaften brachte. Die Effektivität von Regulierung und Gesetzen hat jedoch an der Informalität und Unsichtbarkeit der Arbeit, an dem niedrigen Status dieser Art von Frauenarbeit und den Arbeitsverhältnissen in der Privatsphäre ihre Grenzen. Das menschenrechts- und beschäftigungszentrierte *decent work*-Leitbild ist für diesen Kontext zu voraussetzungsvoll, weil es einerseits politischen Willen und ein entsprechendes Instrumentarium zur arbeitsrechtlichen Regulierung auf Seiten der Staaten voraussetzt und andererseits die Verschränkung von ökonomischen und sozio-kulturellen Machtstrukturen bei der gesellschaftlichen Arbeitsteilung, bei Beschäftigung und der Bewertung von Arbeit ignoriert.

Das ICDD als Raum für herrschaftskritische Wissensproduktion und -vermittlung könnte es sich zur Aufgabe machen, zum einen aus einer entwicklungspolitischen und Gerechtigkeitsperspektive die Verflechtungen von Machtstrukturen in Sorgeregimen interdisziplinär und intersektional zu erkunden. Zum anderen auszuloten, welche Fortschritte die Verrechtlichung, soziale Sicherung und Gleichstellung von Sorgearbeitsverhältnissen mit anderen Lohnarbeitsverhältnissen in unterschiedlichen Kontexten für die Akteur_innen und ihre Existenzsicherung, ihre Subjekt- und Lebensweise und ihr Empowerment darstellen könnten.

Andererseits müssen auch die Beschränkungen des *decent-work*-Konzepts identifiziert werden. Es ist ein notwendiges, aber regime-inhärentes Instrument, das in den realen Kämpfen um »gute« Pflege und gegen feminisierte, klassifizierte und rassifizierte Formen von Sorgeextraktivismus nicht hinreichend ist, um die integralen Machtkoordinaten gesellschaftlicher Wertschätzung zu verschieben. Zu fragen ist, ob das Konzept nicht Klassen-, Geschlechter- und ethnische Kompromisse lediglich erträglicher gestaltet statt Ungleichheits- und Herrschaftsverhältnisse zu beseitigen. Ein *decent work*-Konzept muss Teil von Sorge- und Reproduktionspolitiken sein, die dem neoliberalen Rückzug der Staaten aus sozialer Verantwortung entgegenwirken, eine Umverteilung und Umbewertung von Sorgearbeit vorantreiben und des weiteren geschlechtsspezifische und rassifizierte Zuschreibungen konterkarieren. Sonst verfestigt ein emanzipatorisch gedachtes Konzept den Sorgeextraktivismus als tragende Säule des globalisierten Neoliberalismus.

## Literatur

Aguiar, Diana (2010): Ending the »crisis of carelessness«, Friedrich-Ebert-Stiftung, http://library.fes.de/pdf-files/iez/07458.pdf (Zugriff: 2.9.2016).

Artus, Ingrid/Pflüger, Jessica (2015): Feminisierung von Arbeitskonflikten. Überlegungen zur gendersensiblen Analyse von Steiks. In: Arbeits- und Industriesoziologische Studien, 8, Heft 2, S. 92-108.

Bakker, Isabella (Hrsg.) (1994): The Strategic Silence. Gender and Economic Policy, London.

Bedford, Kate/Rai, Shirin (2010): Feminists Theorize International Political Economy. In: Signs, 36, Heft 1, S. 1-18.

Bergeron, Suzanne (2011): Economics, Performativity, and Social Reproduction in Global Development. In: Globalizations, 8, Heft 2, S. 151-161.

Biesecker, Adelheid/Hofmeister, Sabine (2010): Im Fokus: Das (Re)Produktive. Die Neubestimmung des Ökonomischen mithilfe der Kategorie (Re)Produktivität. In: Bauhard, Christine/Caglar, Gulay (Hrsg.): Gender and Economics, Feministische Kritik der politischen Ökonomie, Wiesbaden, S. 51-81.

Biesecker, Adelheid/Wichterich, Christa/Winterfeld, Uta v. (2012): Feministische Perspektiven zum Themenbereich Wachstum, Wohlstand, Lebensqualität. Hintergrundpapier, Bremen/Bonn/Wuppertal, www.rosalux.de/fileadmin/rls_uploads/pdfs/sonst_publikationen/Biesecker_Wichterich_Winterfeld_2012_FeministischePerspe.pdf (Zugriff: 2.9.2016).

BMWE [Bundesministerium für Wirtschaft und Energie] (2014): Ausbildung junger Menschen aus Drittstaaten, www.giz.de/de/downloads/giz2014-de-ausbildung-pflegewirtschaft-drittstaaten.pf.pdf (Zugriff: 2.9.2016).

Bormann, Sarah (2011): Organisierung durch Kampagnen am Beispiel Schlecker und Lidl. In: Haipeter, Thomas/ Dörre, Klaus (Hrsg.): Gewerkschaftliche Modernisierung, Wiesbaden, S. 194-207.

Brand, Ulrich/Wissen, Markus (2011): Sozial-ökologische Krise und imperiale Lebensweise. In: Demirović, Alex et al. (Hrsg.): VielfachKrise. im finanzdominierten Kapitalismus. Hamburg, S. 78-93.

Brodie, Janine (2004): Die Re-Formulierung des Geschlechterverhältnisses. Neoliberalismus und die Regulierung des Sozialen. In: Widersprüche 46, 24, S. 19-32.

Carstensen, Tanja (2015): Im www nichts Neues. Warum die Digitalisierung der Arbeit Geschlechterverhältnisse kaum berührt. In: LuXemburg 3/2015, S. 38-43.

Crouch, Colin (2009): Vom Urkeynesianismus zum privatisierten Keynesianismus – und was nun? In: Leviathan, 37, S. 318-326.

Dalla Costa, Mariarosa/James, Selma (Hrsg.) (1978): Die Macht der Frauen und der Umsturz der Gesellschaft, Berlin.

Dinkelaker, Samia (2013): Zwischen Mobilisierung und Immobilisierung. Subjektivitäten transnationaler Migrant_innen aus Indonesien, Working Paper No 8, FU Berlin.

Dörre, Klaus (2009): Bringing Capitalism back in! Landnahme als Konzept der Arbeitssoziologie. In: Widerspruch, 57, Beiträge zur sozialistischen Politik, 29, Heft 2, S. 79-92.

Dribbusch, Heiner (2009): Streik-Bewegungen. Neue Entwicklungen im Arbeitskampf. In: Forschungsjournal Neue Soziale Bewegungen, 22, Heft 4, S. 56-66.

Ehrenreich, Barbara/Hochschild, Arlie Russell (2002): Global Woman: Nannies, Maids, and Sex Workers in the New Economy, New York.
Elson, Diane (2002): International Financial Architecture: A View from the Kitchen. In: femina politica, 1/2002, S. 26-38.
Federici, Silvia (2012): Aufstand aus der Küche. Reproduktionsarbeit im neoliberalen Kapitalismus und die unvollendete feministische Revolution, Berlin.
Folbre, Nancy (1994): Who Pays for the Kids? Gender and Structures of Constraint, London.
Fraser, Nancy (1996): Die Gleichheit der Geschlechter und das Wohlfahrtssystem: ein postindustrielles Gedankenexperiment. In: Nagl-Docekal, Herta/Pauer-Studer, Herlinde (Hrsg.): Politische Theorie. Differenz und Lebensqualität, Frankfurt, S. 469-498.
Fritz, Thomas/Scherrer, Christoph (2002): GATS: Zu wessen Diensten? Öffentliche Ausgaben unter Globalisierungsdruck, Hamburg.
Gibson-Graham, J.K. (2006): A Post-capitalist Economy, Minneapolis.
Gilligan, Carol (1988): Die andere Stimme. Lebenskonflikte und Moral der Frau, München.
Giullari, Susy/Jane Lewis (2005): The Adult Worker Model Family, Gender Equality and Care. The Search for New Policy Principles, and the Possibilities and Problems of the Capabilities Approach, UNRISD, Genf.
Gumpert, Heike/Möller, Elke/Stiegler, Barbara (2016): Aufwertung Macht Geschichte. Die Kampagne der Gewerkschaft ÖTV zur Aufwertung von Frauenarbeit (1990-2001). Ein Beitrag zur aktuellen Diskussion, Friedrich-Ebert-Stiftung, Berlin.
Hipp, Lena/Kelle, Nadiya (2015): Nur Luft und Liebe? Die Entlohnung sozialer Dienstleistungsarbeit im Länder- und Berufsvergleich, Friedrich-Ebert-Stiftung, Berlin.
Hochschild, Arlie (2000): Global Care Chains and Emotional Surplus Value. In: Giddens, Tony/Hutton, Will (Hrsg.): On the Edge. Globalization and the New Millennium, London, S. 137-179.
ILO [International Labour Office] (2011): Decent Work for Domestic Workers. Convention 189 and Recommendation 201, www.ilo.org/wcmsp5/groups/public/---ed_protect/---protrav/---travail/documents/publication/wcms_168266.pdf (Zugriff: 2.9.2016).
Klinger, Cornelia (2012): Leibdienst – Liebesdienst – Dienstleistung. In: Dörre, Klaus/Sauer, Dieter/Wittke, Volker (Hrsg.): Kapitalismustheorie und Arbeit, Frankfurt/New York, S. 258-273.
Knobloch, Ulrike (2013): Sorgeökonomie als kritische Wirtschaftstheorie des Sorgens, In: Denknetz Jahrbuch 2013, Zürich, S. 9-24
Kontos, Maria (2010): Europäische Politiken im Zuge der Globalisierung von Pflegearbeit, www.boell.de/demokratie/geschlechter/feminismus-geschlechterdemokratie-europaeische-politiken-im-zuge-der-globalisierung-von-pflegearbeit-13972.html (Zugriff: 2.9.2016).
Lettow, Susanne (Hrsg.) (2012): Bioökonomie. Die Lebenswissenschaften und die Bewirtschaftung der Körper, Bielefeld.
Lutz, Helma (2008): Vom Weltmarkt in den Privathaushalt. Die neuen Dienstmädchen

im Zeitalter der Globalisierung, Opladen & Farmington Hills.
Madörin, Mascha (2006): Plädoyer für eine eigenständige Theorie der Care-Ökonomie. In: Niechoj, Torsten/Tullney, Marco (Hrsg.): Geschlechterverhältnisse in der Ökonomie, Marburg, S. 277-297.
Manske, Alexandra (2011): Die »Neu-Erfindung« der Arbeitsgesellschaft. Wandel und Beharrung in den Geschlechterverhältnissen. In: Standpunkte, 8/2011, Rosa-Luxemburg-Stiftung, Berlin.
Nowak, Iris (2010): Sorgetätige in prekären Lohnverhältnissen, Studie im Auftrag der Rosa-Luxemburg-Stiftung, Berlin.
Pande, Amrita (2014): Wombs in Labour. Transnational Commercial Surrogacy in India, New York.
Parrenas, Rhacel Salazar (2005): Children of Global Migration. Transnational Families and Gendered Woes, Stanford.
Parrenas, Rhacel Salazar (2001): Servants of Globalization. Women, Migration and Domestic Work, Stanford.
Paulus, Stefan (2008): Von der Reproduktion her denken – Geschlechterverhältnisse, Gebärstreiks, Hausarbeitsstreiks und Identitätsstreiks. Für einen erweiterten Streikbegriff. In: Bewernitz, Thorsten (Hrsg.): Die neuen Streiks. Münster, S. 175-188.
Precarias de la Deriva (2006): A very careful strike. Four hypotheses. In: The Commoner, N 11, www.commoner.org.uk/11deriva.pdf (Zugriff: 2.9.2016).
Razavi, Shahra (2007): The Political and Social Economy of Care in a Development Context: Contextual issues, research questions and policy options, UNRISD, Genf.
Rudrappa, Sharmila (2015): Discounted Life: The Price of Global Surrogacy in India, New York/London.
Safri, Maliha/Graham, Julie (2010): The Global Household: Toward a Feminist Postcapitalist International Political Economy. In: Signs, 36, Heft 1, S. 99-125.
Scherrer, Christoph (2004): Bildungswesen unter Globalisierungsdruck, www.rosalux.de/fileadmin/rls_uploads/pdfs/Scherrer_GATS.pdf (Zugriff: 2.9.2016).
Schilliger, Sarah (2015): »Wir sind doch keine Sklavinnen!« Polnische Care-Arbeiterinnen in der Schweiz organisieren sich selbst. In: Denknetz Jahrbuch 2015, S. 164-178.
Schwenken, Helen (2010): Transnationale und lokale Organisierungsprozesse für eine ILO-Konvention »Decent Work for Domestic Workers«. In: Apitzsch, Ursula/Schmidbaur, Marianne (Hrsg.): Care und Migration. Die Ent-Sorgung menschlicher Reproduktionsarbeit in der globalen Peripherie, Opladen, S. 195-210.
Steiler, Ilona (2016): Re-conceptionalizing workers' legal protection in the context of informal economy: Inclusions and exclusions in Tanzanian labour reform, Papier vorgetragen bei der Themenoffenen Nachwuchstagung »Internationale Politische Ökonomie«, 19./20. Mai 2016, Universität Kassel.
UN Women (2013): Contribution of Migrant Domestic Workers to Sustainable Development, Bangkok.
Vora, Kalindi (2012): Limits of labour: Accounting for Affect and the Biological in Transnational Surrogacy and service work. In: South Atlantic Quarterly, 111, Heft 4, S. 681-700.
Waldby, Catherine/Mitchell, Robert (Hrsg.) (2006): Tissue Economics. Blood, Organs,

and Cell Lines in Late Capitalism, Durham/London.
Waldby, Catherine/Cooper, Melinda (2010): From reproductive work to regenerative labour. The female body and the stem cell industries. In: Feminist Theory, 11, Heft 1, S. 3-22.
Werlhof, Claudia v./Mies, Maria/Bennholdt-Thomsen, Veronika (1983): Frauen, die letzte Kolonie, Reinbek bei Hamburg.
Wichterich, Christa (2016): Indische Leihmütter und die transnationale Neukonfiguration von Reproduktion. In: Das Argument, 314, S. 679-686.
Wichterich, Christa (2013): Haushaltsökonomien in der Krise. In: Widerspruch, 63, S. 66-73.
Widding Isaksen, Lise/Sabasivan, Uma Devi/Hochschild, Arlie (2009): Die globale Fürsorgekrise. In: WestEnd, 6. Jg, Heft 2, 56-79
Winker, Gabriele (2015): Care Revolution. Schritte in eine solidarische Gesellschaft, Bielefeld.
Yeates, Nicola (2009): Globalizing care economies and migrant workers. Explorations in global care chains, Basingstoke.
Young, Brigitte/Scherrer, Christoph (2010): Gender knowledge and knowledge networks in international political economy, Kassel.
Zelizer, Viviane (2005): The Purchase of Intimacy, Princeton/Oxford.
Zender, Sophia (2014): Streiken bis das Patriarchat kommt. Der Arbeitskampf der Pflegekräfte an der Berliner Charité, Rosa-Luxemburg-Stiftung, Berlin.

Friederike Habermann
# Wieder den Hauptwiderspruch!
Warum die Rede von der »Vielfalt von Herrschaftsverhältnissen« nicht ausreicht

Der Dreiklang von Sexismus, Rassismus und Kapitalismus war der Analyse-Hintergrund meiner kuscheligen autonomen Szene im Hamburg der 1990er Jahre. Umso größer mein Kulturschock, als ich mich Ende des Jahrzehnts in bundesweite linke akademische Vernetzungen einklinkte. Hier begegneten Männer der Frage nach den Geschlechterverhältnissen zwar »politisch korrekt mit Wohlwollen und Aufmerksamkeit, doch nur, um einem dann freundlich die Ecke des Soziokulturellen zuzuweisen«, so beschrieb es Tove Soiland sehr treffend noch ein Jahrzehnt später (2009: 410).

Die von Athena Athanasiou gegenüber Judith Butler geäußerte Beobachtung einer sogar rückläufigen Entwicklung in aktuellen Auseinandersetzungen sehe ich auch in Deutschland: »Betrachten wir die politischen, ethischen und affektiven Ökonomien der Enteignung, bin ich, ehrlich gesagt, über die um sich greifende Neigung zur theoretischen und politischen Privilegierung und Reifizierung der ›Ökonomie‹ in der gegenwärtigen Finanzkrise verblüfft. Natürlich gibt es eine solche Tendenz schon geraume Zeit, und auch die begleitenden Diskurse über ›Haupt-‹ und ›Nebenschauplätze‹ der Unterdrückung sind nicht gerade neu, wobei die Erstgenannten, da ›ökonomisch‹, als ›materiell‹ gelten, Letztere hingegen als ›lediglich kulturell‹. [...] Wenn jener Diskurs gegenwärtig – weil der Neoliberalismus uns vermeintlich nötigt, den sogenannten Primat der Ökonomie erneut anzuerkennen und hervorzuheben – in linken intellektuellen und politischen Kreisen wieder populär wird, finde ich das beunruhigend.« (Butler/Athanasiou 2014: 61f.)

Zugegeben: Der autonome Dreiklang wurde im Sinne von Intersektionalität verstanden, also als verschiedene Herrschaftsverhältnisse, die aus unterschiedlichen Richtungen kommend wie auf einer Kreuzung (»intersection«) aufeinanderstoßen und sich gegenseitig überformen. Eine zufriedenstellende Analyse war das nicht. Auch in Uni-Seminaren[1] diskutierten wir diese Themen, doch theoretisch erklärt haben wir das Zusammenwirken nicht.

Meinen eigenen Zugang dazu, wie die Interdependenz von Herrschaftsverhältnissen zu denken ist, war mir erst möglich durch das Bekanntwerden mit der Hegemonietheorie von Antonio Gramsci und dessen postmarxistische Weiterführung durch Ernesto Laclau und Chantal Mouffe (1985) – und zwar nicht zuletzt

---

[1] Besonders hervorzuheben ist das Oberseminar des Historikers Norbert Finzsch an der Universität Hamburg; das dortige Zusammendenken von marxistischen, postfeministischen und postkolonialen Theorien prägte und bereicherte mein theoretisches Denken grundlegend.

bei den Doktorand_innenworkshops von Christoph Scherrer in Kassel (siehe dazu den Beitrag von Jenny Simon und Christian Scheper).

Wie wenig die Verknüpfung von Herrschaftsverhältnissen geschieht, ohne auf das Primat der Ökonomie zurückzufallen, darauf verweist bereits das Zitat von Athanasiou. Im zweiten Teil dieses Beitrags soll darum ausgeführt werden, wie der Hauptwiderspruch, also die Priorisierung des Kapitalismus, allerdings auch in solchen aktuellen Diskussionsbeiträgen durchschlägt, die sich explizit zur Vielfalt von Herrschaftsverhältnissen bekennen. Anschließend skizziere ich meinen Ansatz der subjektfundierten Hegemonietheorie, wonach Identitätskategorien im Ringen um Hegemonie (re-)konstruiert werden. Darauf baut im vierten Teil die Hauptthese dieses Beitrages auf: Ökonomische Verhältnisse dürfen nicht auf den Widerspruch zwischen Klassen reduziert werden und im Kampf um eine emanzipatorische Gesellschaft darf Ökonomie nicht privilegiert werden. Stattdessen muss das Ringen um Hegemonie und Emanzipation zwischen allen (sich darin re-/konstruierenden) Identitätskategorien in den Blick kommen. Ansonsten ist nicht einfach nur die Trennung in den materialistischen Kern und »die soziokulturelle Ecke« die Folge, sondern es gerät die jeweilige Verstrickung in Herrschaftsverhältnisse von Menschen mit privilegierten Subjektpositionen aus dem Blick – d.h. privilegiert in Bezug auf das jeweilige Herrschaftsverhältnis, was eine unterdrückte Position im Kapitalismus durchaus nicht ausschließt. Diese Konstellation prägte von jeher das häufig konfliktive Verhältnis von Arbeiter(innen)-Bewegung und feministischer Bewegung. Heute erklärt sich hieraus ein weitgehendes Nicht-Zusammengehen einer linken, überwiegend von Weißen geprägten Bewegung mit einer Bewegung von People of Colour. Der Beitrag schließt mit einigen Überlegungen zu den Bedingungen eines anderen Wirtschaftens, das Herrschaftsverhältnisse nicht auf Ökonomie reduziert, gleichzeitig aber darauf angelegt wäre, solche strukturell soweit wie möglich auszuschließen.

## 1. Wie die Vielfalt von Herrschaftsverhältnissen mit dem Hauptwiderspruch zusammengedacht wird

In seinem Artikel *Kritische Gesellschaftstheorie und die Vielfalt der Emanzipationsperspektiven* (2011) beschreibt Alex Demirović folgende Grundthemen für Bewegungsströmungen: 1. die Ausbeutung und Aneignung des lebendigen Arbeitsvermögens durch das Kapital; 2. die Kritik von Frauen, dass sie aufgrund des Geschlechts politisch, rechtlich, kulturell oder ökonomisch gegenüber Männern benachteiligt werden; 3. die Benachteiligungen, die sich mit der heterosexuell strukturierten Gesellschaft verbinden; 4. die als naturzerstörerisch geltende Erwerbszentrierung; 5. rassistische oder nationalistische Diskriminierungen sowie 6. anti-koloniale und befreiungsnationalistische Bestrebungen. Diese Aufzählung sei allerdings nicht erschöpfend, und für jede Emanzipationsforderung stelle sich die Frage, warum sie zugunsten anderer Perspektiven zurücktreten sollte. Trotz Überschneidungen seien sie offensichtlich nicht aufeinander reduzibel, beispielsweise sei die politische Gleichstellung von Frauen denkbar, ohne etwas hinsichtlich sexueller Orientierung und Identitätsbildung zu erreichen oder gehe nationale Befreiung durchaus mit der Kontinuität von Naturausbeutung einher. Der jeweilige Zusammenhang sei kontingent und daraus entwickele sich keine immanente, eingreifende Perspektive (vgl. ebd.: 525f.).

Dem stehe die Überlegung von Marx entgegen, wonach die rücksichtslose Kritik alles Bestehenden dem »kategorischen Imperativ, alle Verhältnisse umzuwerfen, in denen der Mensch ein erniedrigtes, ein geknechtetes, ein verlassenes, ein verächtliches Wesen ist«, folge (MEW 1: 385). Dies sei aus Marx' Sicht die Kritik der politischen Ökonomie mit der darin vorherrschenden Form des Reichtums und der Politik. Doch obwohl Marx vor einer vereinseitigten Form der Emanzipation gewarnt habe, lehrten die emanzipatorischen Bewegungen, dass unter den modernen bürgerlichen Bedingungen immer wieder eine Kraft als das singulär Allgemeine auftrete und in Anspruch nehme, die emanzipatorischen Ziele aller anderen Kräfte zu vertreten – mit der Folge, dass eine emanzipatorische Praxis einseitig und zu Lasten anderer emanzipatorischer Aspekte privilegiert werde (vgl. Demirović 2011: 526f.).

Doch wenn auch die Widersprüche nicht aufeinander zu reduzieren seien, so bedeute dies nicht, dass sie alle ein gleiches Gewicht hätten bei der Art und Weise, wie die Gesellschaft organisiert ist, und dass alle pluralistisch ihren jeweiligen Emanzipationszielen nachgehen sollten. Denn ein solcher Pluralismus wäre mit bekannten Problemen konfrontiert: der Emanzipation zu Lasten anderer Projekte; der Grenzziehung, welche Interessen nicht mehr zu den akzeptierten Emanzipationsbestrebungen gehörten sowie der notwendigen Bildung von Prioritäten für die Verteilung von Ressourcen. Ein solcher Pluralismus wäre kein positives gemeinsames Projekt der Emanzipation, sondern ganz im Sinne der liberalen Tradition darum bemüht, anderen emanzipatorischen Praktiken möglichst wenige Hindernisse in den Weg zu legen (vgl. ebd.: 527f.).

In der Kritischen Theorie, konkret in Theodor W. Adornos und Max Horkheimers Analyse der Figur des Odysseus, verschmelzen dagegen die verschiedenen Herrschaftsformen zu einem zusammenhängenden Herrschaftszusammenhang (siehe hierzu ebd.: 539f.).

Auf dieser analytischen Grundlage wird dafür plädiert, Marx' Bild von Basis und Überbau zu aktualisieren. Alle genannten Konfliktbereiche befänden sich bereits in der Basis der Gesellschaft, doch würden im Zuge der Verallgemeinerung ihrer Herrschaft von der bürgerlichen Klasse Überbauten geschaffen, mit denen sie alle Bereiche der Gesellschaft reorganisiere. Die Überwindung der Lohnarbeit löse keineswegs als solche schon den Herrschaftsknoten auf. Doch in der Konsequenz der Überwindung der je besonderen Konflikte bedürfe es auch jeweils der Überwindung der kapitalistischen Produktionsverhältnisse und der von ihnen bedingten gesellschaftlichen Arbeitsteilung (vgl. ebd.: 541f.).

Wenn nun im vorliegenden Beitrag argumentiert wird, dass es sich trotz der Betonung einer Vielfalt von Herrschaftsverhältnissen um einen Hauptwiderspruchsansatz handelt, dann hier zwei Klarstellungen vorweg:

Erstens soll nicht in Frage gestellt werden, dass Herrschaftsverhältnisse selten völlig außerhalb des »Ökonomischen« auftreten – um die konstruierte Abspaltung dieses Bereichs vom Ganzen des Lebens zu kennzeichnen, übernehme ich an dieser Stelle Athanasious Schreibweise mit Anführungszeichen. Beispielsweise geht es beim patriarchal legitimierten Zugriff auf weibliche Körper zwar um ein außerökonomisches Interesse, doch auch die dafür notwendigen Abhängigkeitsverhältnisse gehen in der Regel mit ökonomischen einher. Darüber hinaus drücken sich Privilegien fast immer auch in der Form der Arbeitsteilung aus sowie in der Frage, wer welchen Zugriff auf welche Ressourcen hat.

Zweitens soll auch nicht bezweifelt werden, dass die Einteilung von Lohnabhängigen nach sexistischen, rassistischen und anderen (konstruierten) Kriterien sich als funktional für die Mehrwertproduktion erwiesen hat. Doch ist diese Tatsache zu unterscheiden von der Ursache und der Entstehung der hierzu legitimierenden Identitätskategorien.

In rassistischen, sexistischen etc. Kategorien denken und handeln Menschen nicht einfach deshalb, weil »das Kapital« auf diese Weise Arbeitskraft billiger ausbeuten kann. Sondern weil sie selbst Privilegien genießen, die durch die Vorstellung rassistischer, sexistischer etc. Kategorien legitimiert und damit hergestellt und aufrechterhalten bleiben können. Dies trifft auf die Kapitaleigner_in ebenso zu wie auf die Arbeiter_in – mit dem wesentlichen Unterschied, dass sich die hegemoniale Stellung der beiden bezüglich ihrer Klasse unterscheidet. Auf diesen Aspekt werde ich unter 3. weiter eingehen.

Darüber hinaus findet sich in der Darstellung der obigen Argumentation der Doppelschritt zwischen Determinierung und Voluntarismus wieder, wie ihn Erik Borg (2001) bei neo-marxistischen Ansätzen analysiert hat: Einerseits gelten die kapitalistischen Strukturen als ursächlich – während die Arbeiter_innen darin als unschuldige Spielbälle ökonomischer Determinierung erscheinen, d.h. als von der Struktur bestimmt. Andererseits ist es die bürgerliche Klasse, die Überbauten schafft, mit denen sie alle Bereiche der Gesellschaft reorganisiert (vgl. ebd.: 541). In dieser Figur sind die Subjekte der Elite mit allen Freiheitsgraden ausgestattet – genau diesen Punkt kritisiert auch Christoph Scherrer mit Bezug auf neo-gramscianische Ansätze (1997: 169).

In dem hier gegebenen Kontext interessieren allerdings eher jene Formulierungen, wonach z.B. ethnische Identitäten das Ergebnis einer Konstellation sind, die von innen her die verschiedenen Formen der Herrschaft erzeugt, und wonach Lohnabhängige einem Rassismus gegenüber Migrant_innen unterworfen werden (vgl. Demirović 2011: 540). Es geht also um die Handlungsfähigkeit und darum, inwieweit im Kapitalismus unterdrückte Subjekte Verantwortung für ihr Handeln tragen.

## 2. Subjektfundierte Hegemonietheorie:
## HEGEMONIE MACHT IDENTITÄTEN

Marx beschrieb den Menschen als Ensemble der gesellschaftlichen Verhältnisse (vgl. MEW 3: 6) und betonte, die Menschen machten ihre Geschichte selbst, nur nicht unter selbstgewählten Umständen (vgl. MEW 8: 115). Doch der theoretischen Herausforderung, diesen Gedanken auszuführen, ohne das Subjekt als völlig von der Struktur bestimmt und/oder als autonomen metahistorischen Schmied seines eigenen Glückes aufzufassen, kommt der Poststrukturalismus am nächsten. Poststrukturalismus erkennt die Wirkungsmacht von Strukturen an, fragt aber gleichzeitig nach unseren Veränderungsmöglichkeiten.

Ernesto Laclau und Chantal Mouffe übernahmen in ihrem Werk *Hegemonie und radikale Demokratie* (1985) Gramscis Ansatz, wonach sich Hegemonie im Ringen der unterschiedlichen gesellschaftlichen Kräfteverhältnisse ausbildet, zeigten jedoch auf, dass sich das bei Gramsci letztlich doch auf die Binarität von Kapitalist_innen und Arbeiter_innen reduzierte Identitätsverständnis auch theorie-immanent nicht halten lässt. Das Ringen um Hegemonie sei stattdessen als ein Prozess zu verstehen, durch welchen Identität als Resultat modifiziert wird. In diesem komme es zu Verschiebungen bzw. zur Produktion von Interessen und Identitäten.

Diese entscheidende Erkenntnis wird aber weder in den späteren Arbeiten von Laclau noch von Mouffe für Herrschaftsverhältnisse jenseits von Kapital und Arbeit weitergedacht.[2] Darum beziehe ich die postkolonialen Ansätze von Stuart Hall und Gayatri Chakravorty Spivak sowie die postfeministische Queertheorie von Judith Butler mit in die Analyse ein. Mit diesen gehe ich zunächst davon aus, dass es nicht nur eine einzige Quelle von Hegemonie gibt, dass sich Privilegien also nicht nur aus der Mehrwertproduktion ableiten lassen, und dass das Ringen um Hegemonie (und um Emanzipation) in allen Sphären der Gesellschaft stattfindet sowie zwischen allen Formen von Identitätskategorien.

Stuart Hall (u.a. 1986, 1992) versteht dabei hegemoniale Kämpfe als nicht zuletzt in kulturellen Praktiken verortet. In seiner Theorie wird das permanente *shifting* von Hegemonie in seiner ganzen Zählebigkeit offensichtlich: alltäglich wiederholt und sich darin kontinuierlich verändernd, doch gleichzeitig als historisch verfestigte Formen starke ökonomische Umbrüche (gramscianisch gesprochen die Übergänge von einem »historischen Block« zum anderen) überdauernd. Mit Blick auf Rassismus bedeutete der Übergang vom Fordismus zum Postfordismus, also vom Wohlfahrtsstaat zum Neoliberalismus, keine abrupte Zäsur. Wobei mit Hilfe von Halls Analyse in jeder Hinsicht die Vorstellung solcher Brüche in ihrer kontinuierlichen Veränderung in den Blick kommt.

Ebenfalls Ende der 1980er Jahre wurde Gayatri Chakravorty Spivak (1988) bekannt für ihre Verwendung des gramscianischen Begriffs der »Subalternen«. Als in einer bestimmten hegemonialen Konstellation mehrfach im Schatten stehend (durch ihre Subjektpositionierung im Kapitalismus, im Kolonialismus, im Patriar-

---

[2] Allerdings aus fast gegensätzlichen (theoretischen) Gründen. Vgl. Habermann 2008: 93f.

chat etc.), nehmen Subalterne in einem historischen Block eine derart marginalisierte Position ein, dass sie »nicht sprechen« können bzw. ihre Interessen (derer sie sich nicht notwendigerweise bewusst sein müssen) nicht vertreten können, da sie nicht gehört werden.

Judith Butler (u.a. 1990, 1998) ermöglichte mit ihrer Ausarbeitung der Queertheorie, die sex/gender-Unterscheidung (wonach eine gesellschaftlich geprägte Geschlechtsidentität auf einem biologisch gegebenen Geschlechtskörper aufoktroyiert wird) zu überwinden. Während sie dem Körper (und Materie überhaupt) durchaus Eigenwirksamkeit zuspricht, zeigt sie auf, dass Materialität nie unabhängig von Diskurs existiert.

All dies zusammenführend, analysiere ich mit meiner subjektfundierten Hegemonietheorie (Habermann 2008), wie das Streben nach Hegemonie (und Emanzipation) stets die Abgrenzung einer Identitätsgruppe von einer oder mehreren anderen Identitätskategorien impliziert. Denn um bestimmte Privilegien kann immer nur in Abgrenzung zu anderen, irgendwie zu definierenden Identitätskategorien gerungen werden.[3]

Zugleich werden hierdurch die gesellschaftlichen Strukturen transformiert. Im Ringen um Hegemonie und um Emanzipation werden also nicht nur die Identitätskategorien und deren Interessen, sondern auch der gesamte gesellschaftliche Kontext re/konstruiert. Hieraus bilden sich historische Blöcke als komplexe Gebilde von Kräfteverhältnissen. All diese Aspekte sind als »Geschichte machend« zu verstehen und zu analysieren – das ist mit einer Privilegierung des Ökonomischen nicht vereinbar.

## 3. Die eigene Verstrickung im Blick behalten!

Ging es in dem Schlagwort der 1990er, *triple oppression*, um *sex, race, class* oder um »Sexismus, Rassismus, Kapitalismus«? In Bezug auf das K-Wort sind das völlig unterschiedliche Perspektiven. Die zu Klasse gehörende Unterdrückungsform heißt in Analogie zu Sexismus und Rassismus »Klassismus« – die Tatsache, dass dieser Begriff im Deutschen kaum gebräuchlich ist, zeigt an, das hier normalerweise nicht unterschieden wird.

Klassismus geht nicht einfach auf im Gegensatz »Kapitalist_in – Lohnarbeiter_in«, denn dabei handelt es sich eher um eine analytische Unterscheidung, die in der Praxis verschwimmt, wie der Blick auf kleine Selbständige und auf Millionen verdienende Manager(innen) zeigt. Auch ist nicht jede_r von Armut Betroffene ein Opfer des Klassismus, was wiederum an tief verschuldeten Ex-Reichen klar wird. Tatsächlich spielen bei Klassismus viele Abwertungsmechanismen mit hinein, die denen von Rassismus sehr ähnlich sind, und die innerhalb der linken Bewegung viel zu wenig thematisiert werden. Wem das nicht unmittelbar einleuchtet: Wer

---
[3] Selbst ein absolutistisches Herrschaftsmodell käme nicht darum herum, ansonsten wäre die Macht des an der Spitze stehenden Herrschers wohl kaum abzusichern.

einmal ein Sensibilisierungstraining in einer nach klassistischen Kriterien gemischten Gruppe miterlebt hat, weiß, wie viel Verletzungen damit verbunden sind, und wie ignorant die hier Privilegierten auch damit umgehen.

Der Kampf gegen den Kapitalismus ist auch nicht gleichzusetzen mit dem Kampf gegen die (Interessen der) Reichen. Klar ist das reichste Prozent dieser Welt extrem privilegiert. Aber Reiche sind nicht unbedingt glücklicher als weniger Wohlhabende, ja, statistisch belegt sind sie sogar unglücklicher als Menschen, die in einer Gesellschaft mit weniger ungleicher Wohlstandsverteilung leben (vgl. Wilkinson/Pickett 2009). Und das hat durchaus systemimmanente Gründe: Neben Angst vor Missgunst und Kriminalität müssen auch sie im Kapitalismus funktionieren, wollen sie nicht nur ihren Reichtum verlieren – was wohl den wenigsten als Option erscheint –, sondern auch gegen die Erwartungen ihrer Peergroup leben. Was das beispielsweise für reiche Frauen in Manhattan bedeutet, beschreibt anschaulich die Anthropologin Wednesday Martin in ihrem Buch *The Primates of Park Avenue* (2015) – »fast perfekte Frauen, die aber eigentlich tieftraurig sind«, etikettiert sie diese gegenüber der *Spiegel*-Autorin Susanne Amann. Doch am meisten erschreckt an diesem Interview, wie wenig Wednesday Martin sich selber bei aller Reflexion von dem Druck, perfekt zu sein, abgrenzen kann. Letztlich unterdrückt Kapitalismus uns alle. Und doch hinterfragen die Beschriebenen ihre privilegierte Stellung in der Regel nicht.

Solange Frauen als für Hausarbeit biologisch prädestiniert galten, machte sich kaum ein Mann Gedanken über diese Arbeitsteilung. Dass es überwiegend Frauen waren, die mit dieser Vorstellung Schluss zu machen versuchten, bestätigt nur einmal mehr, dass aus der eigenen privilegierten Position stabilisierende Herrschaftsdiskurse in der Regel mitgetragen werden. Und so manche weiße Deutsche, die heutzutage Karriere macht, fühlt sich als Wohltäterin, wenn sie eine Migrantin für die Hausarbeit einstellt, obwohl deren Lohn deutlich unter dem eigenen liegen muss. Was angesichts der strukturellen Benachteiligungen individuell für beide Seite von Vorteil sein mag, darf über die darin verwobenen Herrschaftsverhältnisse zwischen ihnen nicht hinwegtäuschen.

Die Unterstützung von Geflüchteten oder das Engagement eines großen Teils der linken Bewegung im Bereich Anti-Rassismus ist offensichtlich. Doch das Hinterfragen eigener Verhaltensweisen aus einer Perspektive von *Critical Whiteness* erzeugt bei so manchem gestandenen Linken Abwehrreaktionen.[4] Wie schwierig es für deutsche *People of Colour* ist, sich als gemeinsame emanzipatorische Bewegung mit weißen Deutschen zu begreifen, wurde mir in einem entsprechenden Seminarprojekt der Bundeskoordination Internationalismus (BUKO) klar, das 2015 nach zwei Jahren vergeblichen Bemühens um eine partnerschaftliche Beteiligung von *People of Colour* aufgegeben werden musste.

---

[4] Mir persönlich wurde das besonders bewusst durch Reaktionen auf mein Buch *Der unsichtbare Tropenhelm. Wie koloniales Denken noch immer unsere Köpfe beherrscht* (2013) – wobei dieses Buch natürlich selbst nur einen Schritt in meinem eigenen Lernprozess darstellt.

Die implizite Behandlung von Rassismus als Nebenwiderspruch innerhalb der sich überwiegend aus Weißen zusammensetzenden linken Bewegung lässt sich zumindest an dreierlei ablesen:

Erstens in dem soeben erwähnten Widerstreben von uns weißen Linken, sich mit eigenen rassistischen Denk- und Verhaltensmustern auseinanderzusetzen;

zweitens in der auch aktuell in Diskussionen zu hörenden Argumentation, wonach finanzielle Probleme, da »materieller«, gravierender wären als Opfer von Rassismus zu sein (so beispielsweise von mir miterlebt im Zusammenhang mit den Protesten gegen die Eröffnung des neuen EZB-Gebäudes in Frankfurt am Main 2015 – wohlgemerkt in Deutschland: Es ging nicht um die Frage des Verhungerns). Abgesehen davon, dass für das Wohlergehen eines Individuums die Einteilung nach Geschlecht, Rassifizierung etc. sehr wohl entscheidender sein kann als dessen Klassenposition oder finanzielle Absicherung, ist die Frage nach der Bedeutung von Klassismus eine andere als die nach der Bedeutung von Kapitalismus;

und drittens darin, dass trotz aller inzwischen in linken Publikationen üblichen Abgrenzungen zum Hauptwiderspruch sowie Extra-Absätzen oder Extra-Kapiteln zur Bedeutung von Sexismus, Rassismus etc., in der dann kommenden eigentlichen Analyse als die Geschichte vorantreibenden Kräfte nur Klassen begriffen werden – sofern die gesellschaftliche Dynamik nicht sowieso deterministisch aus der kapitalistischen Produktionsweise erklärt wird. Dazu kommt auch hier wieder häufig eine Verwechslung von Kapitalismus mit Klassismus: Auch Lohnarbeiter_innen kämpfen in der Regel zunächst einmal und zumeist auch ausschließlich um einen größeren Anteil an der Mehrwertproduktion oder bessere Arbeitsbedingungen – nicht für die Überwindung des Kapitalismus.

Aber selbst dort, wo es explizit um die Transformation des Kapitalismus geht, ist dieser Kampf nicht notwendigerweise an die Klassenposition eines Subjekts gebunden. Ebenso, wie uns die postkoloniale Theoretikerin Gayatri Chakravorty Spivak lehrt, dass weiße Privilegien immer vergiftet sind, und die Befreiung vom Patriarchat natürlich auch für Männer Sinn macht, steckt eben auch das viel zitierte reichste Prozent in einer Vielfalt von Zwängen, die der freien Entfaltung der scheinbar Privilegierten entgegenstehen.

Noch einmal: Sexismus, Rassismus und weitere Herrschaftsverhältnisse sind zwar für den Kapitalismus funktional, doch nicht durch »ihn« erschaffen – genau diese Tendenz zur Reifizierung kritisiert Athanasiou in dem Zitat. Sondern es sind die jeweils Privilegierten, die ihre Subjektpositionierung (re-)konstruieren. Dass es sexistische, rassistische und andere Herrschaftsverhältnisse auch ohne Kapitalismus geben kann, zeigt die Geschichte. Grundlage hierfür war und ist das Absichern von Privilegien: sei es der Zugang zu Ressourcen oder eine möglichst angenehme Arbeitsteilung für die hegemoniale Gruppe.

Identitäten sind immer Teil des gesellschaftlichen und damit auch materiellen Kontextes. Doch eine ökonomistische, deterministische Verkürzung dieser Erkenntnis abstrahiert von den Handlung(smöglichkeit)en der Subjekte und impliziert damit den Hauptwiderspruch.

## 4. Der Hauptwiderspruch ist tot – es lebe eine Ökonomie, die Herrschaftsverhältnisse strukturell ausschließt

Wir sind nicht zu denken ohne einen jeweils spezifischen gesellschaftlichen Kontext. Der Grundgedanke von (nicht nur queeren) Emanzipationsbestrebungen aber liegt darin, das, was wir geworden sind, gemäß unseres eigenen Begehrens frei entfalten zu können – so verschieden, wie wir sind, aber nicht vereinzelt, sondern in Anerkennung, dass das nur gemeinsam geschehen kann. Es geht darum, eine Gesellschaft aufzubauen, in der die volle Entfaltung der eigenen Persönlichkeit und der der Mitmenschen als höchstes Ziel des menschlichen Lebens gilt. Das stand auch schon im *Kommunistischen Manifest*: Die bürgerliche Gesellschaft mit ihren Klassen (und es sei hinzugefügt: Identitätskategorien) sei zu ersetzen durch eine »Assoziation, worin die freie Entwicklung eines jeden die Bedingung für die freie Entwicklung aller ist« (MEW 4: 482).

»Die Logik der Identität ist immer und überall mit der Logik der Hierarchie verwoben«, warnt der Anthropologe David Graeber nach einer kurzen historischen Darstellung, wie Kastensysteme entstanden. Dieser Punkt könne gar nicht genug betont werden. »Tatsächlich geschieht etwas Derartiges en miniature in unseren privatesten Beziehungen. In dem Augenblick, da wir ein Gegenüber als eine andere Art Mensch erkennen, uns entweder überlegen oder unterlegen, werden die normalen Regeln der Gegenseitigkeit modifiziert oder außer Kraft gesetzt« (Graeber 2011: 118).

In diesem Sinne stellt Rebecca Solnit (2010) dar, dass sich Menschen bei Katastrophen, wie u.a. dem Erdbeben in Mexiko von 1985 oder bei 9/11 in New York, spontan solidarisch organisieren. In New Orleans nach dem Hurrikan allerdings führte der stark von Rassismus geprägte Kontext auch zum Gegenteil – so wenn Weiße im Glauben, ihr Eigentum zu retten, nicht zögerten, Unschuldige zu töten.

Solidarität setzt Ebenbürtigkeit voraus, sonst versagen wir darin. Es geht also darum, den Zugang zu Ressourcen nicht an In- und Outgroups (wie Geschlecht, Nationen etc.) zu binden. So utopisch das klingen mag, so relevant ist es für die Kämpfe von heute für eine emanzipatorische Welt.

Dafür muss auch verstanden werden, dass die Veränderung der Welt nicht zu trennen ist von der Veränderung unserer Identitäten – ein Aspekt, der auch bei Judith Butler in den letzten Jahren stärker deutlich wird (vgl. Butler 2009: 436). Mit dem Begriff *Queeremos* in Anlehnung an *Venceremos* versuche ich auszudrücken, dass das Queeren unserer Identitäten mit dem Unterlaufen der binären Logiken des gesellschaftlichen Kontextes und letztlich dem Queeren der materiellen Verhältnisse einhergehen muss (vgl. Habermann 2008: 294).

Es ist der Tag der vereinbarten Abgabe für diesen Beitrag. Als eingeladene Beobachterin befinde ich mich auf einer Tagung, die sich den Möglichkeiten einer Gesellschaft nach dem Geld widmet. Das Programm besteht aus über einem Dutzend Referierenden, davon zwei Frauen; eine die Mitarbeiterin ihres Co-Referenten, die andere eine bekannte Intellektuelle, die hier jedoch nicht nur in die sozio-, sondern gleich ganz und als einzige in die kulturelle Ecke eingeladen wurde.

Vielleicht noch gravierender: Außer von ihr, die sich dem angefragten Thema entsprechend auf Roman-Autorinnen bezieht, wird weder in den vorab gelieferten Thesenpapieren noch mündlich in den Vorträgen auch nur auf eine einzige Theoretikerin – mit kleinem i – verwiesen.

Also nochmal für alle unter uns mit einem überwiegend mathematischem Verständnis: Im Sommer 2016 liegt bei dieser zweitägigen Veranstaltung zu einer nichtkapitalistischen Zukunft der Anteil von Bezügen auf von Frauen entwickelter Theorie bei 0,0 Prozent.

Es gibt viel zu tun. Queeren wir los!

**Literatur**
Amann, Susanne (2016): SPIEGEL-Gespräch: »Perfekt, aber tieftraurig«. SPIEGEL-Gespräch mit Wednesday Martin. In: Der Spiegel 11/2016, https://magazin.spiegel.de/SP/2016/11/143591194/index.html (Zugriff: 25.7.2016).
Borg, Erik (2001): Projekt Globalisierung. Soziale Kräfte im Konflikt um Hegemonie, Hannover.
Butler, Judith (1990): Das Unbehagen der Geschlechter, Frankfurt a.M.
Butler, Judith (1998): Weitere Reflexionen zu Hegemonie und Gender. In: Marchart, Oliver (Hrsg.): Das Undarstellbare der Politik. Zur Hegemonietheorie Ernesto Laclaus, Wien, S. 209-224.
Butler, Judith (2009): In Prozesse von Prekarisierung eingreifen. In: Das Argument, 28, Elemente eines neuen linken Feminismus, S. 430-436.
Butler, Judith/Athanasiou, Athena (2014): Die Macht der Enteigneten. Das Performative im Politischen, Zürich/Berlin.
Demirović, Alex (2011): Kritische Gesellschaftstheorie und die Vielfalt der Emanzipationsperspektiven. In: ProKla, 41(4), Heft 165, S. 519-542.
Graeber, David (2011): Schulden. Die ersten 5000 Jahre, Stuttgart.
Habermann, Friederike (2008): Der Homo Oeconomicus und das Andere. Hegemonie, Identität und Emanzipation, Baden-Baden.
Habermann, Friederike (2013): Der unsichtbare Tropenhelm. Wie koloniales Denken noch immer unsere Köpfe beherrscht, Klein Jasedow.
Hall, Stuart (1986): Gramscis Erneuerung des Marxismus und ihre Bedeutung für die Erforschung von »Rasse« und »Ethnizität«. In: Räthzel, Nora (Hrsg.) (1989): Stuart Hall – Ideologie, Kultur, Rassismus. Ausgewählte Schriften 1, Hamburg/Berlin, S. 56-91.
Hall, Stuart (1992): Der Westen und der Rest. Diskurs und Macht. In: Mehlem, Ulrich et al. (Hrsg.) (1994): Stuart Hall – Rassismus und kulturelle Identität. Ausgewählte Schriften 2, Hamburg, S. 137-179.
Laclau, Ernesto/Mouffe, Chantal (1985): Hegemonie und radikale Demokratie. Zur Dekonstruktion des Marxismus, 2. Aufl., Wien.
Martin, Wednesday (2015): Primates of Park Avenue. A Memoir, New York.
MEW: Marx-Engels-Werke, Berlin.
Scherrer, Christoph (1997): Neo-gramscianische Interpretationen internationaler Beziehungen. Eine Kritik. In: Hirschfeld, Uwe (Hrsg.): Gramsci-Perspektiven, Berlin/Hamburg, S. 160-174.

Soiland, Tove (2009): Gender oder Von der Passförmigkeit des Subversiven. Über die Konvergenz von Kritik und Sozialtechnologie. In: Das Argument, 281, S. 409-419.

Solnit, Rebecca (2010): A Paradise Built in Hell: The Extraordinary Communities That Arise in Disaster, London [u.a.].

Spivak, Gayatri Chakravorty (1988): »Can the Subaltern Speak?« In: Williams, Patrick/Chrisman, Laura (Hrsg.): Colonial Discourse and Post-Colonial Theory. A Reader, New York, S. 66-111.

Wilkinson, Richard/Pickett, Kate (2009): Gleichheit ist Glück. Warum gerechte Gesellschaften für alle besser sind, Frankfurt/M.

Christoph Görg
# Unerledigt
Zur theoretischen Grundlegung der Regulationstheorie

Nicht zuletzt die Mehrfachkrisen des gegenwärtigen Kapitalismus haben die Frage wieder in ihrer ganzen Brisanz auf die Tagesordnung gesetzt:[1] Wie kann man der Vielschichtigkeit und Widersprüchlichkeit zeitgenössischer Herrschaft wie der krisenhaften Dynamik globaler Vergesellschaftung gerecht werden? Was wäre eine angemessene theoretische Grundlage zum Verständnis und zur Kritik kapitalistischer Verhältnisse? Denn dass es einen Zusammenhang zwischen den einzelnen Prozessen gibt, dass Finanz- und Wirtschaftskrisen, eine wachsende Gewaltförmigkeit in den internationalen Beziehungen und eine Zunahme der Kriegsschauplätze weltweit, die Krise der EU wie die Krise demokratischer Repräsentation, vermischt mit globalen Migrationstragödien und glokalen sozial-ökologischen Krisen, sich nicht zufällig gegenseitig hochschaukeln, diese Vermutung liegt auf der Hand.

Wenn eine tiefergehende Analyse des Zusammenhangs angestrebt wird, dann ist zumindest der rhetorische Bezug auf die Regulationstheorie nicht weit. Weder zusammenbruchstheoretische Erklärungsmuster, noch der einfache Verweis auf immanente Gesetzmäßigkeiten kapitalistischer Entwicklung können überzeugen angesichts der Komplexität der ineinander verschränkten Krisenprozesse. Stattdessen liegt die Vermutung nahe, dass sich hier die Widersprüche einer konkreten Phase kapitalistischer Entwicklung artikulieren, einer Phase, für die sich trotz 30-jähriger Diskussion (im deutschsprachigen Raum seit Hirsch/Roth 1986) noch immer kein einheitlicher Name herausgebildet hat. Vom Verlegenheitsbegriff des Postfordismus über das Finanzdominierte Akkumulationsregime bis hin zur neoliberalen Globalisierung sind viele Erklärungsmuster im Umlauf, die eines gemeinsam haben: Sie sind alle nicht wirklich befriedigend. Glanz und Elend der Regulationstheorie liegen also eng beieinander. Schon vor 15 Jahren fragte daher Bernd Röttger (2001) nicht ganz zu Unrecht: Wie viele Lücken und Inkonsistenzen kann sich eine Theorie denn leisten, um noch als gesellschaftstheoretischer Erklärungsansatz ernst genommen werden zu können? Vielleicht hat sich die Regulationstheorie also gar nicht als der überlegenere theoretische Ansatz einer materialistischen Gesellschaftstheorie durchgesetzt, sondern sie ist angesichts der Defizite der anderen Ansätze einfach übriggeblieben? Davon zeugen nicht zuletzt diverse Sammelbände, die schon im Titel den Zweifel artikulieren, ob denn die Regulationstheorie »fit« genug sei für die Analyse des Gegenwartskapitalismus bzw. seiner Krisen (Brand/Raza 2003; Atzmüller et al. 2013).

---

[1] Für hilfreiche Hinweise danke ich Ulrich Brand.

Angesichts derartiger Baustellen soll im Folgenden genau umgekehrt argumentiert und die These vertreten werden, dass Anspruch und Intentionen der Regulationstheorie nichts von ihrer Aktualität eingebüßt haben, dass sich vielmehr erst heute ihre volle Bedeutung zeigt. Frei nach dem Werbemotto: Nie war sie so wertvoll wie heute! Es soll allerdings nicht suggeriert werden, diese Bedeutung sei so ohne Weiteres einzulösen. Vielmehr soll an die nach wie vor unerledigte Aufgabe erinnert werden, die Destruktivität kapitalistischer Vergesellschaftung in ihrer konkreten Gestalt zu verstehen und ihre Dynamiken unter der Möglichkeit ihrer Veränderung erklären zu können. Nichts weniger als das steht auf dem Spiel. Und da lohnt es sich, in einem ersten Schritt an die Intentionen und Erwartungen zu erinnern, mit denen die Regulationstheorie in den 1980er Jahren entwickelt und rezipiert wurde, und in einem zweiten diese angesichts der gegenwärtigen Vielfachkrise einer kritischen Revision zu unterziehen: Was ist nach wie vor aktuell, was müsste heute anders angegangen werden?

## Grundeinsichten und Herausforderungen einer zeitgemäßen Gesellschaftstheorie

Der Anstoß zur Rezeption der Regulationstheorie erfolgte zumindest in Deutschland aus einer theoretischen Ernüchterung und einer gewissen Ratlosigkeit heraus. Die Marx-Renaissance im Gefolge von 1968 war abgeebbt – Marx war zwar an der Uni angekommen, aber es war auch klar geworden, dass damit nicht alle Fragen gelöst waren. Insbesondere der Bezug zu sozialen Bewegungen wurde vermehrt als Problem wahrgenommen, vom »gerissenen Band« zwischen Theorie und Praxis war die Rede, der »Abschied vom Proletariat« wurde eingeläutet und der Slogan von der »Krise des Marxismus« beherrschte die Diskussionen (s. Prokla 36). Der Einzug der Regulationstheorie verhieß Anfang der 1980er Jahre zunächst einen Befreiungsschlag.

Die ersten Beiträge Mitte der 1980er Jahre versuchten denn auch »Das neue Gesicht des Kapitalismus« (Hirsch/Roth 1986) oder den »gewendeten Kapitalismus« (Mahnkopf 1988, kurz darauf Hübner 1989 und Demirović et al. 1992) zu verstehen: Warum war der Kapitalismus nach dem »kurze[n] Traum immerwährender Prosperität« (Lutz 1984) wieder in eine Krisenphase geraten? Und diese Frage verwies zurück auf eine andere: Was war denn überhaupt die Ursache dafür, dass der Nachkriegsfordismus so stabil und verheißungsvoll dahergekommen war (wenn auch nur in einigen Ländern des kapitalistischen Zentrums)? Das damit aufgeworfene Thema der Historizität des Kapitalismus – die Dialektik von Kontinuität und Diskontinuität, von sich durchhaltenden Kernstrukturen in einer sich wandelnden Ausprägungsform – gab aber auch ein bis heute ungelöstes Rätsel auf, das immer wieder Anlass gab zur vertieften Diskussion wie auch zu vielen Missverständnissen. Denn mit einfachen Basis-Überbau-Schemata war diese Historizität nicht mehr zu verstehen, vielmehr führte sie ins Zentrum der Marx'schen Theorie.

Letztlich geht es um das interne Verhältnis der verschiedenen Stränge der Marx'schen Analyse, vor allem um das Verhältnis zwischen der Kritik der Politischen Ökonomie und den eher historisch angelegten Analysen konkreter Konstellationen wie z.B. dem »18. Brumaire«. Analysierte Marx hier das konkrete strategische Handeln politischer Akteure, hatte er im »Kapital« das Handeln der Akteure bewusst eingeklammert und sie nur »als Personifikation ökonomischer Kategorien« (MEW 23: 16) betrachtet, um die Funktionsgesetze kapitalistischer Reproduktion als solche aufzudecken. Wenn sich aber die Dynamik kapitalistischer Vergesellschaftung zu distinkten und in ihrer Abfolge kontingenten Phasen mehr oder weniger stabiler Entwicklungsweisen verdichten – den »glücklichen Fundsachen« in der Sprache von Alain Lipietz (1985) –, dann ist genau dieses Nebeneinander der Stränge nicht länger durchzuhalten: Das war die eigentliche Provokation der Regulationstheorie gegenüber dem etablierten Marxismus.

Insbesondere das Konzept der Regulationsweise trägt damit die Beweislast dafür, dass es konkrete Handlungskonstellationen bzw. gesellschaftliche Kräfteverhältnisse sind, verdichtet in einer Vielzahl von Institutionen in verschiedenen gesellschaftlichen Teilbereichen, die erst eine stabile kapitalistische Wachstumskonstellation ausmachen. Neben der Betonung der Vielfältigkeit dieser gesellschaftlichen Voraussetzungen gelingender Akkumulation und Reproduktion ist es die Verbindung von historisch-konkreten gesellschaftlichen Bedingungen, von diskursiven Auseinandersetzungen, kulturell verankerten Lebensweisen und mehr oder weniger gewaltförmigen Konflikten, die sowohl die Provokation als auch die Achillesferse der Regulationstheorie ausmachen. So ist die Vielfalt gesellschaftlicher Voraussetzungen kapitalistischer Reproduktion nach wie vor ein wichtiger Bezugspunkt zur Integration von verschiedenen Herrschaftsdimensionen und Problembereichen in die Regulationstheorie (s.u.). Aber es kamen im Laufe der Zeit auch immer mehr Baustellen zum Vorschein, auf die die Regulationstheorie zunächst keine klaren Antworten hatte: Von der Art ihres Marxbezugs (und ob Marx überhaupt noch ein zentraler Bezugspunkt ist; Jessop 1990) über ihren Begriff von Staat und Institutionen (Esser et al. 1994) bis zum Problem des methodologischen Nationalismus und der Orientierung an nationalen Wirtschaftsräumen (Scherrer 1999; Winter 2003).

Hier stellte sich also sehr schnell die Frage zurück an die Regulationstheorie: Gelingt es ihr den Anspruch einzulösen, über die Analyse einzelner Phasen kapitalistischer Entwicklung hinaus einen theoretischen Grund für diese Dialektik von Kontinuität und Diskontinuität zu liefern und in der konkreten Analyse historischer Situationen fruchtbar zu machen? Nur dann wären ihre Analysen auf der Ebene einer Gesellschaftstheorie verankert und würden über eine Theorie mittlerer Reichweite hinausgehen. Viele der vor allem französischen RegulationstheoretikerInnen wiesen diesen Anspruch von sich und gingen zu einer institutionalistischen Ökonomietheorie über, die mit der Frage nach den Gründen für die Krisenhaftigkeit gesellschaftlicher Entwicklung auch die Frage nach der Kontinuität des Kapitalismus ausklammerte. Damit wird aber auch der eingangs aufgeworfene Anspruch nach einem Begriff der Destruktivität kapitalistischer Entwicklung mit dem Ziel, sie zu verändern, aufgegeben. Für den marxistischen Strang bleibt damit ein Stachel: Gelingt es auf der Ebene der Gesellschaftstheorie, diese Dialektik von Kontinuität und Diskontinuität zu erfassen? Oder beschränkt man sich auf eine Theorie mittlerer Reichweite unter Ausklammerung der Frage, was diese Phaseneinteilung für die Theorie kapitalistischer Vergesellschaftung als solche aussagt?

Die theoretischen Probleme liegen dabei auf der Hand und sie drehen sich weitgehend um das Verhältnis von Reproduktion (kapitalistischer Verhältnisse) und (historisch kontingenter) Regulation. Auch gegen die Regulationstheorie selbst wurde ein Funktionalismusvorwurf vorgebracht (Scherrer 1995), denn mit der Annahme funktionaler Grundbedingungen für eine gelingende Reproduktion des Kapitals würde der Fokus zu sehr auf den Bestandsbedingungen und weniger auf dem umkämpften und daher kontingenten Charakter gesellschaftlicher Entwicklung gelegt. Damit würde letztlich auch die Grundidee der Regulationstheorie verraten. Denn als »Rebellensöhne Althussers« hatten sie ja gerade den »Standpunkt der Reproduktion« (Althusser 1977) aufgegeben, der den strukturalen Marxismus ausgezeichnet habe. Im Umgang mit dieser Frage spielen unterschiedliche Lesarten des Marxismus bzw. der Marxkritik hinein, die in den Debatten der 1990er Jahre zu einer Konfrontation geführt haben, die zu keinem produktiven Ergebnis führte. Vor allem der Bezug auf die Hegemonietheorie von Ernesto Laclau und Chantal Mouffe wurde dabei kontrovers diskutiert (Scherrer 1995; Görg 1995). So blieb es umstritten, ob denn die Wendung zum Begriff der Regulation, in den Worten von Alain Lipietz einer Regulation trotz und wegen der Widersprüchlichkeit kapitalistischer Vergesellschaftung (Lipietz 1985: 109), wirklich abstrakt der Reproduktion kapitalistischer Verhältnisse entgegengesetzt werden kann – denn gerade die Widersprüchlichkeit kapitalistischer Vergesellschaftung wird eben auch reproduziert!

Ein Aspekt der Diskussion drehte sich um die Frage, ob denn der Funktionalismusvorwurf in gleicher Weise gegen die Wertformanalyse und spezifische Erklärungsstrategien (wie das Gesetz vom tendenziellen Fall der Profitrate) vorgebracht werden kann. Zumindest ist das nicht zwingend der Fall, sondern hängt vom Verständnis dessen ab, worum es bei der Wertformanalyse und »dem Gesetz« geht. Letzteres ist bekanntlich gar keines, zumindest kein historisches Erklärungsprinzip, weil es immer von den konkreten Bedingungen abhängig ist. Es geht eben nur um einen »tendenziellen Fall«, der keine konkrete Krisensituation erklären kann, wohl aber in abstrakter Weise eine grundlegende Krisendynamik benennt, vergleichbar mit der Diagnose einer Überakkumulationskrise, die auch nur konkret zu analysieren ist – abstrakt können wir nur davon ausgehen, dass diese Krisenhaftigkeit im Rahmen kapitalistischer Verhältnisse endogen und prinzipiell unaufhebbar ist.

Auch die Wertform wirkt zwar »hinter dem Rücken der Akteure«, ist aber keineswegs den sozialen Konflikten und dem strategischen Handeln entzogen. Der Wert der Ware Arbeitskraft und damit die Bedingungen der Kapitalakkumulation werden nur durch Konflikte hindurch (z.B. um den 8-Stundentag und heute um die Flexibilisierung und Prekarisierung der Arbeitsverhältnisse) festgestellt und sind damit durch Formen der sozialen Herrschaft wie durch das Wirken der Staatsform bedingt (z.B. in der Sozial- und Arbeitsgesetzgebung). Das hat die Regulationstheorie nur umso deutlicher belegt. Was es also zu verstehen gilt, das ist das Spannungsverhältnis zwischen der Annahme struktureller Zwänge, die den handelnden Akteuren einen Handlungsrahmen – eben spezifische strukturell verankerte »Formen« – vorgeben, und der Tatsache, dass diese Zwänge niemals für sich genommen für die konkrete Ausgestaltung sozialer Verhältnisse verantwortlich sind oder gar irgendwelche historischen Entwicklungen determinieren. Ein Vorschlag war schon damals gewesen (Görg 1994), dieses Spannungsverhältnis nicht einseitig aufzulösen, sondern es zum Widerspruch zuzuspitzen und diesen in das Zentrum theoretischer Erklärungsmuster zu stellen. Ein solches Erklärungsmuster wurde seit den 1990er Jahren im Zusammenspiel von Staatstheorie und Hegemonie ausgearbeitet.

## Globalisierung, Staat, Hegemonie

Die Regulationstheorie war zu Beginn auf die Analyse nationaler Wirtschaftsräume ausgerichtet. Das war eines ihrer zentralen Defizite (Winter 2003). Und zumindest in Bezug auf die räumliche Konstitution von Akkumulationsregimen und dem Zusammenspiel zwischen globalen, regionalen und nationalen Wirtschaftsräumen und den jeweiligen Regulationsweisen besteht auch weiterhin Forschungsbedarf (vgl. für periphere Räume Alnasseri 2004; Becker 2013). Allerdings wurde im Kontext der Regulationstheorie schon früh die Transformationen von Staatlichkeit thematisiert, die mit neoliberalen Strategien kapitalistischer Globalisierung einhergehen (Jessop 1997; Hirsch 1995), und damit der methodologische Nationalismus infrage gestellt, der viele Analysen bis in die 2000er Jahre beherrscht hat. Hier lassen sich zwei Entwicklungen beobachten, die die Diskussionen in den letzten Jahren entscheidend geprägt haben. Einmal wird immer stärker die globale bzw. transnationale Dimension von Macht und Herrschaft zum Thema, insbesondere im Kontext der konflikthaften Durchsetzung neoliberaler Hegemonie (Scherrer 1999). Zum anderen wird deutlich, dass soziale Formen – in diesem Fall die Staatsform – eben keine funktionalen Erklärungsprinzipien darstellen, sondern umgekehrt erst durch soziale Strategien und gesellschaftliche Kräfteverhältnisse hindurch ihre Wirkung erfahren und von diesen selbst transformiert werden.

Mit Blick auf die Analyse transnationaler Hegemonie sind Parallelen zum Neo-Gramscianismus (Robert Cox, Stephen Gill, Isabella Bakker) offenkundig, die besonders auch von Christoph Scherrer (2003) herausgearbeitet wurden. Sowohl die Regulationstheorie wie auch die neo-gramscianische Internationale Politische Ökonomie betonen die politische, auch diskursive Herstellung des Weltmarktes bzw. die Weltmarktorientierung innerhalb von nationalen Wirtschaftsstrategien. Globalisierung ist danach ein hegemoniales Projekt, in dem sich keineswegs eine unabänderliche Entwicklungslogik ausdrückt, sondern das im Konflikt verschiedener hegemonialer Projekte durchgesetzt werden musste, wobei diese Hegemonie gerade nicht mehr auf den Nationalstaat als zentrale Ebene ausgerichtet war (Scherrer 2000). Diese Einsichten ergänzen sich gut mit Arbeiten zur Staatsform, die eher auf die Transformation von Staatlichkeit im Kontext neoliberaler Globalisierung abzielen und die die Regulationstheorie mit einer an Nicos Poulantzas (1978) orientierten Staatstheorie verbinden (Brand et al. 2007). Demnach ist die Staatsform keineswegs auf die nationale Ebene zu reduzieren, sondern artikuliert sich auch auf internationaler, regionaler und lokaler Ebene. Der Staatsbegriff wird hier nicht im Sinne Max Webers (1980) auf die erfolgreiche Durchsetzung eines legitimen Gewaltmonopols innerhalb eines Territoriums reduziert, sondern auf den Widerspruch der bürgerlichen Konstitution zurückgeführt, eine gesellschaftliche Allgemeinheit nur in Form der Privilegierung einer besonderen Klasse artikulieren zu können (Buckel 2016). Der Staat entsteht demnach als Voraussetzung kapitalistischer Vergesellschaftung, die sich wiederum in einem Gegeneinander unterschiedlicher Nationalstaaten entwickelt hat (Hirsch 2005). Prägend für den modernen kapitalistischen Staat ist eine Besonderung der politischen Herrschaft und ihrer Institutionen gegenüber den Kräfteverhältnissen in Ökonomie und Gesellschaft – sonst würde eine soziale (d.h. eine patriarchale, klassenförmige oder ethnifizierende) Herrschaft unmittelbar in der Gesellschaft bzw. der Bourgeoisie ausgeübt und der Staat zum Instrument der herrschenden Kräfte nivelliert. Die Besonderung des Staates ist dagegen eine Voraussetzung einer spezifisch bürgerlich-kapitalistischen Form politischer Herrschaft und in dieser Form die Grundlage der real-existierenden Demokratien. Auf welche Weise dies mehr oder weniger demokratisch geschieht ist jedoch selbst wieder Ausdruck gesellschaftlicher Kräfteverhältnisse. Diese Kräfteverhältnisse »verdichten« sich in den Worten Poulantzas' im Staat, und zwar auf den verschiedenen Maßstabsebenen in unterschiedlicher Weise.

Insbesondere das Verhältnis von nationaler zu inter- (und supra-) bzw. substaatlicher Ebene war ein entscheidendes Kampffeld in der Durchsetzung des Neoliberalismus. Vom Neo-Gramscianismus (Gill 2003) kann man dabei lernen, wie sich eine transnationale Hegemonie in einem »neoliberalen Konstitutionalismus« niedergeschlagen hat. Es handelt sich dabei um eine spezifische Form der Herrschaft jenseits der Nationalstaaten, wie sie sich mit den inter- und bilateralen Freihandelsabkommen, aber auch in der EU herausgebildet hat. Hier ist vor allem die Europäische Zentralbank mit ihrer Fixierung auf Preisstabilität sowie das Verbot der Staatssubventionierung ein Kernelement des Schutzes von Kapitalinteressen, wie er sich in der Finanzpolitik und den Krisen der letzten Jahre so deutlich artikuliert hat. Der neoliberale Konstitutionalismus ist damit letztlich der Grund dafür, warum sich bestimmte ökonomische Strategien so machtvoll in die gesellschaftlichen Verhältnisse eingeschrieben haben und so schwer aufzubrechen sind.

Erst das Zusammenspiel bestimmter Hegemonieprojekte (wie dem neoliberalen) vor dem Hintergrund konkreter Krisenprozesse und gesellschaftlicher Kräfteverhältnisse kann also die historisch-konkrete Ausprägung der Staatsform erklären. Insofern steht tatsächlich das Zusammenspiel von »Hegemonie und Staat«

(Demirović et al. 1992) im Zentrum der Krisendiagnose. Vor allem Fragen der inter- und transnationalen Hegemonie waren zentral für die Analyse einer neuen Phase kapitalistischer Vergesellschaftung (Scherrer 1999). Ein Vorteil einer an der Regulationstheorie orientierten Analyse kann dabei in einer nuancierteren Einschätzung des Verhältnisses von nationaler und internationaler Ebene gesehen werden, die den Nationalstaat nicht auf einen »Transmissionsriemen« transnationaler Akteure reduziert. Vielmehr muss das Zusammenspiel der Maßstabsebenen selbst als Teil der multi-skalaren Konflikte und der darin zum Ausdruck kommenden Kräfteverhältnisse interpretiert werden (Wissen et al. 2008). Gleichwohl ist es letztlich entscheidend, wie und in welcher Weise sich diese Kräfteverhältnisse auf den verschiedenen Ebenen verdichten. Im Rückgriff auf die Staatstheorie von Nicos Poulantzas haben wir, was das Verhältnis von internationaler und nationaler Maßstabsebene angeht, von einer »Verdichtung zweiter Ordnung« (Brand et al. 2007) gesprochen. Damit wollten wir keinen systemtheoretischen Jargon imitieren, sondern lediglich zum Ausdruck bringen, dass sich in nationalen Strategien verdichtete Kräfteverhältnisse auf der internationalen Ebene in neuer Form verdichten. Sie artikulieren sich in internationalen Verhandlungen als selbst schon national umkämpfte Strategien (und eben nicht als »das nationale Interesse«) und verdichten sich auf diesem neuen Terrain im Sinne einer Internationalisierung des Staates. Ähnliche Konstellationen lassen sich, wenn auch in etwas anderer Form, auch im Verhältnis zur suprastaatlichen Ebene der EU wie den subnationalen Staatsformen analysieren (Forschungsgruppe Staatsprojekt Europa 2012).

Das Verhältnis von Staat und Hegemonie ist also zentral für das Verständnis einer neuen Epoche – auf diese von den verschiedenen Varianten der Regulationstheorie, zumindest im deutschsprachigen Raum, heute geteilte Einsicht kann man in zukünftigen Analysen aufbauen. Gerade das Zusammenspiel der Staatsform, als einer spezifischen Form der Herrschaft, und sozialen Kämpfen, die sich in vielfältiger Weise auf diese Formen beziehen, sich in sie einschreiben, sie aber auch umgestalten und möglicherweise infrage stellen, ist für die Analyse der heutigen Krisenprozesse zentral.

## Krise und Kritik im autoritären Neoliberalismus

Offenkundig artikulieren sich heute die Widersprüche neoliberaler Globalisierung in einer sehr komplexen Gemengelage, die einige Anforderungen an die Krisendiagnose stellt. Zumindest scheint es fragwürdig zu sein, zukünftige Phasen weiterhin nach dem Vorbild des Fordismus zu modellieren. Doch eine andere Einsicht der Regulationstheorie bietet sich auch weiterhin als Ausgangspunkt für eine Krisenanalyse an: Die immanente Krisenhaftigkeit des Kapitalismus, der sich trotz und wegen seiner Widersprüchlichkeit notwendig krisenhaft reproduziert. Im Gegensatz zu den Hoffnungen auf kooperative Problemlösungsstrategien, wie sie im Laufe der 1990er Jahre vor allem im Umkreis der Debatte um *Global Governance* vertreten wurden (und hinter der damals die Hegemonie neoliberaler Denkmuster stand; vgl. Scherrer 2000; Brand/Scherrer 2005), haben wir es heute mit massiven inner- und zwischenstaatlichen und zunehmend auch gewaltförmig ausgetragenen Konflikten zu tun. Dabei spielt eine national-staatlich orientierte und notfalls auch Gewaltmittel einsetzende Krisenbewältigungsstrategie eine immer größere Rolle. Diese Dynamik macht sich insbesondere in der Ressourcenpolitik immer stärker bemerkbar. Während es im Rahmen des Fordismus noch gelang, die Versorgung mit fossilen Energien zu extrem günstigen Preisen hegemonial abzusichern (allerdings schon damals nur durch Etablierung autoritärer Regierungen und Diktaturen in den erdölproduzierenden Staaten des Nahen Ostens und darüber hinaus), treten heute die Interessengegensätze immer offener zutage – und sie werden zunehmend zur Ursache kriegerischer Auseinandersetzungen. Eine Re-Nationalisierung ist insbesondere im Kontext der Ressourcenpolitik und des globalen Ressourcenmanagements zu beobachten, denn gerade dort fällt es der neoliberalen Hegemonie immer schwieriger, im Rahmen multilateraler Abkommen einen Konsens der beteiligten Akteure herzustellen. Nicht zu vernachlässigen sind aber die Strategien großer *Transnational Corporations* (TNCs), insbesondere dann, wenn sie von Regierungen unterstützt bzw. umgesetzt werden.

Von sozialen Bewegungen wird die neoliberale Hegemonie durchaus herausgefordert; dazu hat es in den letzten Jahren eine Vielzahl von Ansätzen gegeben, von der sogenannten »Anti-Globalisierungsbewegung« über Occupy bis hin zu De-Growth und anderen aktuellen Bewegungen. Noch offen ist allerdings, wie weit ihr Einfluss auf diese Prozesse reicht und inwieweit sie die stattfindenden Transformationsprozesse mitgestalten können. Es hat sich in den letzten Jahren gezeigt, dass solche Konflikte sich auf mehreren räumlichen Ebenen gleichzeitig bewegen und daher als *glokal* bezeichnet werden können: Globale Ressourcen- und Umweltkonflikte sind aufs engste mit lokalen Konflikten um Land oder die natürlichen Lebensgrundlagen verkoppelt, wobei oftmals noch Akteure auf der nationalen und regionalen Skala eine Rolle spielen (Wissen 2011). Besonders zeigt sich das auch an den Konflikten um ein Ende des Ressourcenextraktivismus in Lateinamerika, die sich oftmals direkt gegen bestimmte TNCs richten, sich aber gleichzeitig immer auch auf nationale Kräftekonstellationen und hegemoniale Projekte beziehen (FDCL/RLS 2012). Damit ist ein multiskalares Konfliktfeld aufgespannt, in dem sich heute die Kräfteverhältnisse artikulieren und in dem lokale Protestkulturen und ein Eigensinn der Proteste nicht vernachlässigt werden dürfen, – und insofern geht es immer auch um mehr als um »die Krisen des Kapitalismus«. Offen bleibt derzeit, ob und wieweit sich verschiedene Bewegungen weltweit auf ähnliche Forderungen und gegenhegemoniale Projekte verständigen können.

Aber eines bleibt festzuhalten: Hegemoniale Strategien sind insofern erfolgreich, als es ihnen gelingt, sich in die Staatsapparate einzuschreiben und die Staatsform zu ihrer Absicherung zu nutzen. Insofern ist die Staatsform auch heute ein zentrales Charakteristikum globalisierter Herrschaft. Hegemonie wird aber nicht durch strukturell verfestigte Macht durchgesetzt, sondern umgekehrt sind es vielfältige diskursiv begründete politische Strategien, die sich erst in der Staatsform verdichten. Gleichwohl macht sich im Rahmen kapitalistischer Verhältnisse die Staatsform als spezifische Form der Herrschaft strukturell geltend – im Guten (wo einigermaßen demokratische Verhältnisse herrschen, die aber als solche immer wieder neu erkämpft werden müssen) wie im Schlechten (insofern weiterhin die Konkurrenz zwischen nationalstaatlichen Territorien einen krisenverschärfenden Faktor darstellt).

Es kann an dieser Stelle nicht um eine umfassende Krisendiagnose gehen; dazu sind die Prozesse zu komplex miteinander verschränkt. Aus Sicht der Regulationstheorie könnte eine Analyse aber weiterhin mit der These arbeiten, die multiplen Krisenprozesse in Ökonomie, Politik und Gesellschaft als das Ergebnis neoliberaler Transformationen zu deuten, deren Widersprüchlichkeit sich in diesen Krisenprozessen artikuliert. Grundsätzlich scheint es »dem Neoliberalismus« oder Finanzmarktkapitalismus nicht gelungen zu sein, eine dem Fordismus entsprechende oder zumindest verwandte stabile Wachstumskonstellation zu etablieren. Daher wirft die Verwendung dieses Begriffs auch immer wieder Bedenken auf, inwieweit er wirklich so zentral und so homogen war, wie er gerade von seinen Gegnern gezeichnet wurde. Die ihn tragenden Kräfte hatten es nicht nötig, in ähnlicher Weise inklusiv wie der Fordismus zu sein, denn Ungleichheit war von Beginn an Programm. Das Wachstumsversprechen war daher niemals in gleicher Weise als Versprechen auf gleichen Wohlstand für Alle (auf nationaler Ebene!) formuliert worden, sondern immer durch den Wettbewerbsimperativ gebrochen, bei dem es notwendig auch Verlierer gibt. Und die Konflikte zwischen Räumen ungleicher Entwicklung sollten niemals wirklich durch die spezifisch neoliberalen Institutionen (wie vor allem die multi- und bilateralen »Freihandelsabkommen«) ausgeglichen oder überwunden werden. Auch in dieser Hinsicht war Ungleichheit Programm. Der Staatsfetisch, dass »der Staat« ein Allgemeininteresse verkörpert und zur Sicherung der allgemeinen Wohlfahrt dient, war bekanntlich im Neoliberalismus grundsätzlich zurückgenommen, wenn auch nicht ganz stillgestellt worden. Insofern ist es nicht erstaunlich, dass »der Post-Fordismus« niemals die Stabilität und damit auch die klare Abgrenzbarkeit besaß, wie sein Vorbild Fordismus.

Die Frage ist vielmehr: Wieviel Ungleichheit wird im Sinne von »passivem Konsens« hingenommen, wie lange lassen sich hegemoniale Projekte in den verschiedenen Teilen der Welt vom Versprechen des Neoliberalismus leiten – und welche anderen Strategien werden gefahren bzw. können sich in den verschiedenen Staatsprojekten durchsetzen. Bei aller Unübersichtlichkeit, die in den letzten 40 Jahren durchgehend zu beobachten war, ist gleichzeitig nicht zu verkennen, dass wir in eine neue Situation eingetreten sind, für die sich der Name autoritärer Neoliberalismus (Kannankulam 2008) aufdrängt. Im Gegensatz zu manchen Diskussionen um ein Ende des Neoliberalismus interpretiert der Begriff die zunehmenden Krisensymptome als Elemente einer Konstellation, in der auf Krisen neoliberaler Hegemonie zunehmend autoritär und notfalls auch gewaltförmig reagiert wird. Eine zunehmende Gewaltförmigkeit lässt sich dabei auf allen Ebenen beobachten und sie artikuliert sich in den weltweit steigenden Vertreibungs- und Migrationsprozessen genauso wie in den Phänomenen von sozialer Desintegration und existenzieller Verunsicherung und Angst in den Metropolen, auf die dann wieder der Rechtspopulismus und rechtsextreme Parteien reagieren und sie verschärfen. Gerade auf nationaler Ebene ist die Situation derzeit besonders prekär, droht in verschiedenen Ländern ein autoritärer Etatismus, was ohne Zweifel der »erfolgreichen« gesellschaftlichen Destabilisierung und sozialen Fragmentierung wie den zunehmenden zwischenstaatlichen Konflikten zuzurechnen ist. Neben der schon länger diagnostizierten Krise politischer Repräsentation artikuliert sich die politische Krise in durchaus vergleichbarer Weise wie vor dem Fordismus in Rechtspopulismus und Rechtsextremismus; und auch das Aufkommen prä-faschistischer Bewegungen und Parteien in vielen Ländern lässt sich als Krisensymptom des Neoliberalismus interpretieren.

Gerade angesichts der Vielschichtigkeit dieser Krisenprozesse und der Vielfältigkeit ihrer Ursachen ist eine zusammenfassende Diagnose wünschenswert – aber schwierig. Eine Differenz zur Diskussion der 1990er Jahre muss dennoch festgehalten werden. Aus der Perspektive einer kritischen Gesellschaftstheorie kann sich eine Analyse nicht einfach auf die Frage beschränken, unter welchen Bedingungen wieder eine stabile Wachstumskonstellation entstehen könnte. Angesichts der sozial-ökologischen Konflikte im globalen Maßstab, der Diskussionen um De-Growth, Post-Extraktivismus und Buen Vivir, um Entgrenzung und Verdichtung von Arbeit und ihre physischen und psychischen Folgen, muss in kritischer Absicht nach Möglichkeiten einer Transformation jenseits des Wachstumsimperativs kapitalistischer Verhältnisse gefragt werden. Auch in dieser Hinsicht artikuliert der Begriff der »Post-Wachstumsgesellschaft« eine theoretische wie politische Herausforderung (vgl. den Ansatz des DFG-Kollegs an der Universität Jena: www.kolleg-postwachstum.de).

Gerade hier kann aber die Regulationstheorie der weiteren Analyse Anstöße geben. Es steht der Verdacht im Raum, dass ein Wachstumsimperativ in den Grundstrukturen des Kapitalismus verankert ist – zumindest hat Marx die Unmöglichkeit einer einfachen Reproduktion des Kapitals sehr gut begründet. Auch diese Herausforderung lässt sich im Rahmen des o.a. Widerspruchs zwischen Kernstrukturen bzw. sozialen Formen und sozialem Handeln, sozialen Konflikten und Kräfteverhältnissen näher beleuchten. Denn innerhalb der Kernstrukturen des Kapitalismus lässt sich De-Growth nicht denken. Zusätzlich hat die neoliberale Hegemonie jedoch den Wachstumsimperativ sowohl im nationalen Rahmen wie auch in internationalen Institutionen wie der OECD verankert. Daher gilt es diese diskursive Hegemonie zuerst zu brechen – damit dann irgendwann vielleicht auch eine Transformation der Grundstrukturen kapitalistischer Vergesellschaftung wieder denkbar wird.

## Literatur

Alnasseri, Sabah (2004): Periphere Regulation. Regulationstheoretische Konzepte zur Analyse von Entwicklungsstrategien im arabischen Raum, Münster.
Althusser, Louis (1977): Ideologie und Ideologische Staatsapparate, Hamburg/Westberlin.
Atzmüller, Roland/Becker, Joachim/Brand, Ulrich/Oberndorfer, Lukas/Redak, Vanessa/Sablowski, Thomas (Hrsg.) (2013): Fit für die Krise? Perspektiven der Regulationstheorie, Münster.
Becker, Joachim (2013): Regulationstheorie: Ursprünge und Entwicklungstendenzen. In: Atzmüller, Roland/Becker, Joachim/Brand, Ulrich/Oberndorfer, Lukas/Redak, Vanessa/Sablowski, Thomas (Hrsg.): Fit für die Krise? Perspektiven der Regulationstheorie, Münster, S. 24-56.
Brand, Ulrich/Görg, Christoph/Wissen, Markus (2007): Verdichtungen zweiter Ordnung. Die Internationalisierung des Staates aus einer neo-poulantzianischen Perspektive. In: Prokla, 37(2), Heft 147, S. 217-234.
Brand, Ulrich/Raza, Werner (Hrsg.) (2003): Fit für den Postfordismus?, Münster.
Brand, Ulrich/Scherrer, Christoph (2005): Contested Global Governance: Konkurrierende Formen und Inhalte globaler Regulierung. In: Behrens, Maria (Hrsg.): Globalisierung als politische Herausforderung, Wiesbaden, S. 115-129.
Buckel, Sonja (2016): Dialektik von Kapitalismus und Demokratie heute. In: Eberl, Oliver/Salomon, David (Hrsg): Perspektiven sozialer Demokratie in der Postdemokratie, Wiesbaden, S. 19-41.
Demirović, Alex/Krebs, Hans-Peter/Sablowski, Thomas (Hrsg.) (1992): Hegemonie und Staat. Kapitalistische Regulation als Projekt und Prozeß, Münster.
Esser, Josef/Görg, Christoph/Hirsch, Joachim (1994) (Hrsg): Politik, Institutionen und Staat. Zur Kritik der Regulationstheorie, Hamburg.
FDCL/RLS [Forschungs- und Dokumentationszentrum Chile-Lateinamerika, Rosa Luxemburg Stiftung] (Hrsg.) (2012): Der Neue Extraktivismus – Eine Debatte über die Grenzen des Rohstoffmodells in Lateinamerika, Berlin.
Forschungsgruppe Staatsprojekt Europa (Hrsg.) (2012): Die EU in der Krise. Zwischen autoritärem Etatismus und europäischem Frühling, Münster.
Gill, Stephen (2003): Power and Resistance in the New World Order, New York.
Görg, Christoph (1994): Der Institutionenbegriff in der Theorie der Strukturierung. In: Esser, Josef/Görg, Christoph/Hirsch, Joachim (Hrsg): Politik, Institutionen und Staat. Zur Kritik der Regulationstheorie, Hamburg, S. 31-84.
Görg, Christoph (1995): Plädoyer für Gesellschaftstheorie. In: Prokla, 25(4), Heft 101, S. 625-644.
Hirsch, Joachim (1995): Der nationale Wettbewerbsstaat, Staat, Demokratie und Politik im globalen Kapitalismus, Berlin/Amsterdam.
Hirsch, Joachim (2005): Materialistische Staatstheorie: Transformationsprozesse des kapitalistischen Staatensystems, Hamburg.
Hirsch, Joachim/Roth, Roland (1986): Das neue Gesicht des Kapitalismus. Vom Fordismus zum Postfordismus, Hamburg.
Hübner, Kurt (1989): Theorie der Regulation. Eine kritische Rekonstruktion eines

neuen Ansatzes der Politischen Ökonomie, Berlin.
Jessop, Bob (1990): Regulation Theories in Retrospect and Prospect. In: Economy and Society, 18, Heft 2, S. 153-216.
Jessop, Bob (1997): Die Zukunft des Nationalstaates – Erosion oder Reorganisation? Grundsätzliche Überlegungen zu Westeuropa. In: Becker, Steffen/Sablowski, Thomas/Schumm, Wilhelm (Hrsg.): Jenseits der Nationalökonomie? Weltwirtschaft und Nationalstaat zwischen Globalisierung und Regionalisierung, Hamburg, S. 50-95.
Kannankulam, John (2008): Autoritärer Etatismus im Neoliberalismus. Zur Staatstheorie von Nicos Poulantzas, Hamburg.
Lipietz, Alain (1985): Akkumulation, Krisen und Auswege aus der Krise: Einige methodische Überlegungen zum Begriff »Regulation«. In: Prokla, 15(1), Heft 58, S. 109-137.
Lutz, Burkhart (1984): Der kurze Traum immerwährender Prosperität, Frankfurt am Main/New York.
Mahnkopf, Birgit (Hrsg.) (1988): Der gewendete Kapitalismus, Münster.
MEW [Marx-Engels-Werke] 23: Marx, Karl/Engels, Friedrich: Werke Berlin, Verschiedene Jahre, Berlin.
Poulantzas, Nicos (1978): Staatstheorie, Politischer Überbau, Ideologie, Autoritärer Etatismus, Hamburg.
Röttger, Bernd (2001): New Economy – old theory? Die Regulationstheorie am Ende der Fahnenstange? In: Blätter des iz3w, Heft 254, S. 38-41.
Scherrer, Christoph (1995): Eine diskursanalytische Kritik der Regulationstheorie. In: Prokla, 25(3), Heft 100, S. 457-482.
Scherrer, Christoph (1999): Globalisierung wider Willen? Die Durchsetzung liberaler Außenwirtschaftspolitik in den USA, Berlin.
Scherrer, Christoph (2000): Global Governance: Vom fordistischen Trilateralismus zum neoliberalen Konstitutionalismus. In: Prokla, 30, Heft 1(118), S. 13-38.
Scherrer, Christoph (2003): Internationale Politische Ökonomie als Systemkritik. In: Hellmann, Gunther/Wolf, Klaus Dieter/Zürn, Michael (Hrsg.): Die neuen Internationalen Beziehungen. Forschungsstand und Perspektiven in Deutschland, Baden-Baden, S. 465-494.
Weber, Max (1980): Wirtschaft und Gesellschaft, Tübingen.
Winter, Jens (2003): Regulation und Hegemonie in nachfordistischen Zeiten. In: Brand, Ulrich/Raza, Werner (Hrsg.): Fit für den Postfordismus? Theoretisch-politische Perspektiven des Regulationsansatzes, Münster, S. 206-227.
Wissen, Markus (2011): Gesellschaftliche Naturverhältnisse in der Internationalisierung des Staates. Konflikte um die Räumlichkeit staatlicher Politik und die Kontrolle natürlicher Ressourcen, Münster.
Wissen, Markus/Röttger, Bernd/Heeg, Susanne (Hrsg.) (2008): Politics of Scale. Räume der Globalisierung und Perspektiven emanzipatorischer Politik, Münster.

Hansjörg Herr
# Gründe für die fehlende ökonomische Konvergenz zwischen Industrie- und Entwicklungsländern

Marktwirtschaftliche Systeme in unterschiedlicher Ausprägung umfassen den gesamten Erdball.[1] Allerdings sind die ökonomischen und sozialen Unterschiede zwischen den verschiedenen Ländern gewaltig. Sind Marktprozesse in der Lage, eine Angleichung der Lebensstandards, beispielsweise gemessen im realen Einkommen pro Kopf, zwischen den verschiedenen Ländern der Welt zu fördern und letztlich zu realisieren? Oder führen Marktprozesse zu steigenden Unterschieden zwischen den Ländern? Dieser Frage wird in folgendem Beitrag nachgegangen.

Im ersten Teil wird gezeigt, dass in den letzten Jahrzehnten keine allgemeine Tendenz zur Konvergenz der Lebensstandards auf der Welt zu beobachten ist. Erfolgreich war eine Handvoll von Ländern, die Marktprozesse durch weitreichende staatliche Eingriffe steuerten und nicht auf liberalisierte Märkte setzten. Der zweite Teil diskutiert die Empfehlungen der führenden entwicklungspolitischen Institutionen. Deren Vorstellungen sind nicht statisch, sondern haben sich seit den 1960er Jahren mehrfach modifiziert. Als Institutionen stehen hier die Weltbank und der Internationale Währungsfonds (IWF) im Zentrum, die jedoch auch für Vorstellungen vieler nationaler Regierungen stehen. Es zeigt sich dabei das Paradox, dass die Länder, die einen erfolgreichen Aufholprozess schafften, sich gerade nicht an die Empfehlungen der Washingtoner Institutionen gehalten haben. Im dritten Teil werden der Ansatz der Washingtoner Institutionen kritisiert und Alternativen diskutiert. Schlussfolgerungen finden sich im letzten Abschnitt.

## 1. Aufholprozesse von Entwicklungsländern sind die Ausnahme

Als grober Indikator für eine erfolgreiche nachholende Entwicklung wird das reale Pro-Kopf-Einkommen des entsprechenden Landes im Vergleich zu den entwickelten Industrieländern genommen. Diese Vergleiche stellen keine Wohlfahrtsvergleiche dar, da beispielsweise die Verteilung des Einkommens, die durchschnittliche Arbeitszeit der Bevölkerung oder ökologische Zerstörungen nicht berücksichtigt werden. Aber es sollte bedacht werden, dass der Human Development Index der Vereinten Nationen, der versucht, ein umfassenderes Bild des Entwicklungsstandes eines Landes zu zeichnen, zwischen dem Pro-Kopf-Einkommen

---

[1] Für fruchtbare Diskussionen und die Erstellung der Abbildungen danke ich Petra Dünhaupt.

**Abb. 1: Entwicklung des realen Pro-Kopf-Einkommens ausgewählter afrikanischer Länder am realen Pro-Kopf-Einkommen der USA**

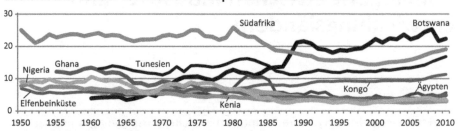

Quelle (auch zu allen folgenden Abbildungen): Penn World Tables 7.1; eigene Darstellung.
Anmerkungen: BIP pro Kopf (zu Kaufkraftparitäten) relativ zu den USA, Geary-Khamis Methode, zu Marktpreisen (USA = 100)

**Abb. 2: Entwicklung des realen Pro-Kopf-Einkommens ausgewählter lateinamerikanischer Länder am realen Pro-Kopf-Einkommen der USA**

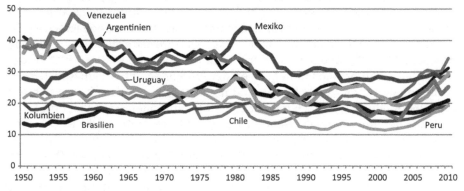

und dem Human Development Index eine hohe Korrelation aufweist. Dabei muss allerdings bedacht werden, dass in den Index auch das Pro-Kopf-Einkommen eingeht. Dieses wird jedoch insbesondere deshalb als grober Entwicklungsindikator genommen, weil er Indikator das Produktivitätsniveau von Ländern widerspiegelt. Ohne eine massive Erhöhung des Produktivitätsniveaus ist eine nachholende Entwicklung nicht möglich. Selbstverständlich ist mit einer Erhöhung des Produktivitätsniveaus eines Landes nicht automatisch eine positive soziale Entwicklung verbunden. Und ohne eine soziale Entwicklung ist eine nachhaltige ökonomische Entwicklung unwahrscheinlich. Aber als Faktum bleibt, dass eine Erhöhung des Produktivitätsniveaus ein wichtiges Element nachholender Entwicklung ist.

Der Vergleich des realen Pro-Kopf-Einkommens bzw. Produktivitätsniveaus von Ländern im Vergleich zum Pro-Kopf-Einkommen der USA wird als Maßstab für den Stand der Konvergenz genommen, aber man hätte ebenso das reale Pro-Kopf-Einkommen von Europa oder der OECD nehmen können, die Ergebnisse wären weitgehend identisch. In Abbildung 1 ist das reale Pro-Kopf-Einkommen ausgewähl-

**Abb. 3: Entwicklung des realen Pro-Kopf-Einkommens ausgewählter südasiatischer Länder am realen Pro-Kopf-Einkommen der USA**

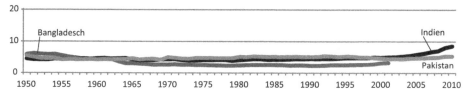

**Abb. 4: Entwicklung des realen Pro-Kopf-Einkommens ausgewählter osteuropäischer Länder am realen Pro-Kopf-Einkommen der USA**

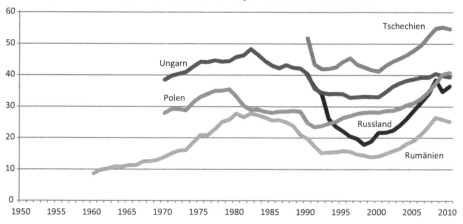

ter afrikanischer Staaten in Prozent am realen Pro-Kopf-Einkommen der USA ab den 1950er Jahren angegeben. Das Niveau liegt in aller Regel unter 20%. Tunesien und Botswana entwickeln sich auf niedrigem Niveau relativ gut. Bemerkenswert ist der relative Abstieg Südafrikas. Bevölkerungsarme rohstoffreiche Länder verzeichnen dagegen teilweise sehr hohe Pro-Kopf-Einkommen. Katar als Extremfall realisierte im Jahre 2010 ein reales Pro-Kopf-Einkommen in Höhe von rund 300% des US-Niveaus (Penn World Tables 2016). Nigeria als rohstoffreiches Land mit großer Bevölkerung zeigt dagegen eine erstaunlich schlechte Entwicklung. Insgesamt ist die Entwicklung in Afrika katastrophal. Der gleiche Indikator ist in Abbildung 2 für ausgewählte Länder in Lateinamerika angegeben. Auch hier zeigt die langfristige Entwicklung keine Konvergenz. Während der 1980er Jahre hat sich der Abstand zu den USA in vielen lateinamerikanischen Ländern noch vergrößert. Abbildung 3 zeigt die Entwicklung in Südasien. Bangladesch, Indien und Pakistan waren nach dem Zweiten Weltkrieg verglichen mit den USA äußerst unterentwickelt und sind es ohne große Veränderungen auf sehr niedrigem Niveau geblieben. Russland bzw. die Sowjetunion sowie die mitteleuropäischen Länder unter sowjetischem Einfluss konnten sich, wie Abbildung 4 zeigt, bis in die 1980er Jahre beim Pro-Kopf-Einkommen vergleichsweise gut entwickeln, stagnierten jedoch

**Abb. 5: Entwicklung des realen Pro-Kopf-Einkommens ausgewählter asiatischer Tigerstaaten am realen Pro-Kopf-Einkommen der USA**

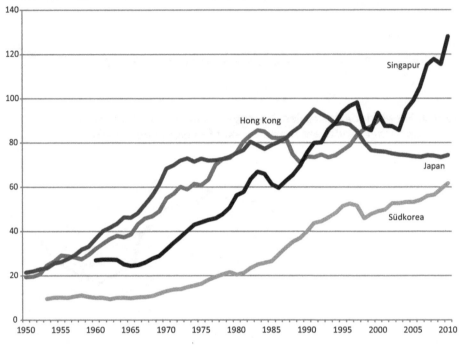

**Abb. 6: Entwicklung des realen Pro-Kopf-Einkommens ausgewählter ostasiatischer Länder am realen Pro-Kopf-Einkommen der USA**

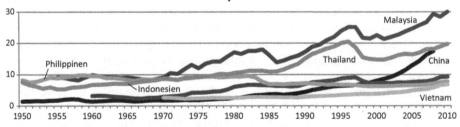

dann bei Werten von unter 50% am realen US-Pro-Kopf-Einkommen. Deutlich ist die Krise vor und nach dem Zusammenbruch des sowjetischen Blocks zu erkennen und die relative Erholung danach. Russland konnte ab den 1990er Jahren nur einen mäßigen Aufholprozess initiieren. Länder wie Polen und Tschechien gelang es, die Lücke zu den entwickelten Ländern zu verkleinern. Aber hier sollte bedacht werden, dass diese Länder in ihrer Tradition zur Gruppe der Industrieländer gehören. Am positivsten sieht es für eine nachholende Entwicklung in Ostasien aus. In Abbildung 5 wird deutlich, dass die vier asiatischen Tigerstaaten Taiwan, Südkorea und vor allem Hongkong und Singapur und davor Japan den Anschluss an die Industrieländer ganz oder weitgehend schafften. Deutlich ist die Krise Japans ab Anfang der 1990er Jahre zu erkennen. Schließlich zeigt Abbildung 6, dass Länder wie Malaysia und Thailand durch die Asienkrise 1997 klar in ihrem Aufholprozess behindert wurden, in Thailand konnte der alte Wachstumspfad nicht wieder erreicht werden. Indonesien und die Philippinen zeigen geringe Konvergenzfortschritte. China konnte mit seinem rasanten Wachstum ab Anfang der 1980er Jahre die Marke von 20% am realen US-Pro-Kopf-Einkommen überschreiten, hat jedoch noch einen weiten Weg vor sich. Vietnam zeigt auf einem deutlich niedrigeren Niveau ebenfalls eine positive Entwicklung. Ob diese Länder einen anhaltenden Aufholprozess initiieren und den asiatischen Tigerstaaten folgen können, bleibt abzuwarten (zu China vgl. Scherrer 2011, Herr 2015).

Zusammenfassend muss festgestellt werden, dass es offensichtlich keine endogenen Kräfte in der globalen Ökonomie gibt, welche eine Konvergenz der realen Pro-Kopf-Einkommen und Lebensverhältnisse herstellen könnten. Erfolgreiche nachholende Entwicklung bleibt die Ausnahme.

## 2. Die offiziellen Empfehlungen der führenden entwicklungspolitischen Institutionen

In diesem Abschnitt werden die dominierenden entwicklungspolitischen Vorstellungen diskutiert, wie sie sich ab den 1960er Jahren entwickelt haben. Begonnen wird mit dem Sparlückenmodell der 1960er Jahre, das in den 1980er Jahren in den Washingtoner Konsens einging, der dann Ende der 1990er Jahre durch den Post-Washingtoner Konsens ergänzt wurde. Die entwicklungspolitischen Vorstellungen spiegeln einerseits ein spezielles ökonomisches Verständnis wider, jedoch auch Misserfolge verfolgter Strategien.

### Das Sparlückenmodell

Nach dem Zweiten Weltkrieg wurde Washington mit den beiden 1944 in Bretton Woods gegründeten zentralen supranationalen Organisationen, Weltbank und IWF, zum Zentrum der dominierenden entwicklungspolitischen Debatte und auch Politik. Der IWF hatte die Hauptaufgabe, das beschlossene System fester Wechselkurse zu stabilisieren, die Weltbank sollte entwicklungspolitische Funktionen übernehmen. Die erste Phase der Washingtoner Debatte um Entwicklungshilfe wird durch das Sparlückenmodell verkörpert, das von den Weltbankökonomen Hollis Chenery und Alan Strout (1966) in den 1960er Jahren entwickelt wurde. Die Diagnose in diesem Modell lautete, dass eine nachholende Entwicklung scheitert oder zu langsam ist, wenn aufgrund der geringen Einkommen in Entwicklungsländern die inländischen Ersparnisse zu gering sind.[2] Entwicklung kann angestoßen werden, wenn ausländische Ersparnisse die inländischen Ersparnisse und damit

---

[2] Es ist einer der Glaubenssätze des neoklassischen (und auch klassischen) Paradigmas, dass die Ersparnisse die Investitionen finanzieren und deren Quelle sind. Dieser Ansatz un-

auch die inländischen Investitionen erhöhen. Bis heute wird diese These von wichtigen Vertretern der neoklassischen Ökonomie vertreten (vgl. etwa den Berater von Kofi Annan Jeffrey Sachs 2005). Wichtig für die Vertreter dieses Modells ist es, dass nach einem Anschub durch Entwicklungshilfe das private Profitmotiv zu hohen Kapitalzuflüssen in Entwicklungsländern führt, denn deren Kapitalknappheit führt zu deutlich höheren Profitraten in Entwicklungsländern als in Industrieländern, die durch reichlich Kapital ausgestattet sind.[3] In den 1950er und 1960er Jahren waren private Kapitalzuflüsse in Entwicklungsländer unbedeutend, da der internationale Kapitalverkehr noch weitgehend institutionell beschränkt wurde. Weltbankkredite wurden unter anderem für große Infrastrukturprojekte an Entwicklungsländer vergeben. Große Währungskrisen gab es nicht, spektakuläre Konvergenzprozesse der Empfängerländer auf gesamtgesellschaftlicher Ebene sind auch nicht zu erkennen. Vertreter des Sparlückenmodells sahen sich in den 1970er Jahren bestätigt, als mit der Deregulierung des internationalen Kapitalverkehrs in Lateinamerika hohe Kapitalsummen in diese Länder strömten.

Es muss jedoch bedacht werden, dass die Ersparnisse, welches ein Land vom Ausland erhält, zwingend mit einem Defizit in der Leistungsbilanz und mit Nettokapitalimporten verbunden ist, welche die Nettovermögensposition des Defizitlandes verschlechtern. Die Verschlechterung der Nettovermögensposition geht bei Krediten einher mit einem Anstieg der Auslandsverschuldung und steigendem Schuldendienst, die in einem Entwicklungsland immer in ausländischer Währung denominiert sind, oder bei Eigentumstiteln auf Realkapital (wie Aktien) mit einem steigenden Realvermögensbestand von Ausländern, was zu Dividenden- und Profitabflüssen führt. Es wurde nicht erkannt, dass sich die lateinamerikanischen Ökonomien in den 1970er Jahren in einem Boom-Bust-Zyklus befanden, der mit einem Boom-Bust-Zyklus auf Vermögensmärkten wie Immobilien oder Aktien vergleichbar ist. Während des Aufbaus der Blase in der Boom-Phase steigen die Schuldenquoten an, die dann nach dem Ende des Booms während des Busts zu faulen Krediten, Problemen im Finanzsystem und einer realökonomischen Krise führen (Williamson 2005; Detzer/Herr 2015).

Das süße Gift hoher Kapitalzuflüsse während der 1970er Jahre führte in Lateinamerika schnell zur Ernüchterung. Statt eines erhofften »Take-off« endete die Phase hoher Kapitalströme nach Lateinamerika in den 1980er Jahren in einer tiefen Schuldenkrise.[4] 1982 musste sich Mexiko zahlungsunfähig erklären, gefolgt von nahezu allen lateinamerikanischen Ländern. Rudiger Dornbusch beschreibt in einem Aufsatz (1990: 1) korrekt die damalige Lage: »Die 1980er Jahre waren ein

---

terscheidet sich fundamental vom keynesianisch-schumpeterianischen Ansatz, der unten kurz angerissen wird.

[3] Grundlage für dieses Argument ist die neoklassische Grenzproduktivitätstheorie der Verteilung (zu deren Kritik vgl. Heine/Herr 2013).

[4] Es sollte bedacht werden, dass die Bruttoverschuldung sehr viel höher sein kann als die Nettoverschuldung eines Landes. Öffentliche Haushalte oder Unternehmen können beispielsweise Kredite in Auslandswährung aufnehmen und dadurch die Kapitalflucht der privaten Haushalte finanzieren. Was in einer Krise zählt, ist die Bruttoverschuldung.

verlorenes Jahrzehnt für Lateinamerika, werden die 1990er Jahre ebenfalls verloren sein? Für einige Länder hat die Stabilisierung noch nicht einmal begonnen. In anderen Ländern bleiben Stabilitätserfolge provisorisch und verletzlich. Und selbst die Länder, die standhaft einen neuen Pfad für ökonomisches Management beschritten haben, warten auf die Rückkehr von Wachstum.«[5]

Wie die Abbildung 2 zeigt, waren die Befürchtungen Dornbuschs mehr als berechtigt, denn auch die 1990er Jahre waren für viele Länder in Lateinamerika ein verlorenes Jahrzehnt.

**Der Washingtoner Konsens**
Der IWF, der nach dem endgültigen Zusammenbruch des Systems von Bretton Woods im Jahre 1973 seine Hauptaufgabe verloren hatte, übernahm die Führung bei der Stabilisierung in Lateinamerika und ist seitdem die zentrale Institution, um ausländische Überschuldungskrisen von Ländern zu regeln. Unter seiner Führung wurde in den 1980er Jahren angesichts der katastrophalen Lage in Lateinamerika der Washingtoner Konsens zwischen dem IWF, der Weltbank, dem US-Wirtschaftsministerium und einigen Washingtoner Denkfabriken entwickelt. Aber auch viele Regierungen der Welt folgten den Ideen der Washingtoner Institutionen bei ihren eigenen Politikentwürfen (Kellermann 2006). Dies ist nicht verwunderlich, denn die Washingtoner Vorstellungen basieren allesamt auf dem neoklassischen Paradigma, das ab den 1980er Jahren eine hegemoniale Stellung in den meisten Hochschulen und Beratungsgremien für Regierungen errungen hat.[6]

Die Diagnose der Washingtoner Institutionen war, dass in den Krisenländern der Marktmechanismus aufgrund vielfältiger Staatseingriffe nicht funktioniert und makroökonomische Ungleichgewichte existieren. Unter solchen Bedingungen können ausländische Ersparnisse die inländische Entwicklung nicht anregen. Es galt die Ungleichgewichte zu beseitigen, und insbesondere die Angebotsbedingungen zu verbessern. Dann, so die Meinung, würden sich Märkte spontan entwickeln und zu Prosperität führen. John Williamson (1989) fasste den Washingtoner Konsens in zehn wirtschaftspolitisch zentralen Punkten zusammen: 1. Privatisierung (vor allem von Staatsunternehmen), 2. Deregulierung, 3. Stärkung der privaten Eigentumsrechte, 4. Liberalisierung des internationalen Handels, 5. Öffnung und Schaffung guter Bedingungen für ausländische Direktinvestitionen, 6. Reduzierung der staatlichen Ausgaben für soziale Zwecke und Erhöhung der Ausgaben für Bildung, Forschung und Infrastruktur, 7. Reduzierung von Steuersätzen (die als anreizschädlich angesehen werden) und Verbreiterung der Steuerbasis, 8. marktbestimmte Zinssätze, 9. wettbewerbsfähiger Wechselkurs (der keine zu hohen Leistungsbilanzdefizite bewirkt), 10. geringe oder möglichst keine Budgetdefizite

---

[5] Dieses Zitat sowie alle weiteren Zitate im Text wurden vom Autor übersetzt.
[6] Für die Grundlagen neoklassischen Denkens und Unterschiede zu anderen Paradigmen vgl. Heine/Herr (2013) und Herr (2013).

als Bedingung niedriger Inflation[7] (und keine aktive Rolle für die Fiskalpolitik). Die meisten der zehn Gebote sollen Angebotsbedingungen verbessern (Punkte 1 bis 8); einige für makroökonomische Stabilität sorgen (Punkte 9 und 10). Öffentliche Haushalte sollten eine möglichst kleine Rolle spielen und Aufgaben, wann immer möglich, den Märkten übertragen werden. Paul Krugman (1995) bezeichnete diese Politikvision als Kombination von freien Märkten bzw. Schaffung optimaler Angebotsbedingungen und guter Makropolitik im Rahmen viktorianischer Tugenden. In der Tat stellt der Washingtoner Konsens den harten Kern neoklassischer wirtschaftspolitischer Vorstellungen dar, die nicht zuletzt durch die konservative Revolution in den 1980er Jahren beflügelt wurden (Harvey 2007; Scherrer 1999).

Das typische Anpassungsprogramm für Krisenländer sah die oben genannten Angebotsverbesserungen plus restriktive Fiskal- und Geldpolitik und eine reale Abwertung zur Verbesserung der internationalen Wettbewerbsfähigkeit vor. Typisch waren IWF-Modelle, die zwar eine kurze Rezession prognostizierten, dann aber ein anhaltendes Wachstum aufgrund der verbesserten Angebotsbedingungen erwarteten (Khan/Knight 1985, 1989). Einen stabilisierenden Nachfrageeffekt erwartete man von den steigenden Exporten und sinkenden Importen. Im Zentrum standen jedoch die angenommenen positiven Effekte der Deregulierung, Privatisierung und Flexibilisierung. Die ökonomische Entwicklung in den Ländern, welche die Medizin des Washingtoner Konsens verabreicht bekamen, war allerdings enttäuschend (Doldig/Herr 2015). Lateinamerika kam trotz Befolgung und in der Regel von außen erzwungenen Washingtoner Politiken nicht aus der tiefen Krise heraus. Dornbusch (1990: 13) fasste die Lage der Krisenländer prägnant zusammen:

»Wenn der Privatsektor nicht mit Investitionen und Kreditexpansion reagiert und wenn Vertrauens- und Inflationsprobleme eine expansive Politik des öffentlichen Sektors versperren, wird die Regierung zum sprichwörtlichen König ohne Kleider: Sie hat die Profitabilität im Exportsektor deutlich erhöht und die Profite fließen im Rahmen von Kapitalflucht; es gibt kein Wachstum, sondern soziale Ungerechtigkeit und sozialen Konflikt.«

Kommt es gar zur politischen Destabilisierung im Land, dann ist jeglicher Weg der ökonomischen Erholung versperrt.

Neben dem Versagen der Stabilisierung Lateinamerikas kam mit der Asienkrise 1997 ein weiterer Schlag für die Vorstellungen der Washingtoner Institutionen. Ab Juli 1997 brachen in wichtigen und sich davor höchst positiv entwickelnden asiatischen Ländern wie Indonesien, Korea, Malaysia, Thailand sowie den Philippinen die Wechselkurse ein und die Länder fielen in tiefe Währungskrisen und Rezessionen. Aber schon Anfang des Jahres zeichneten sich Probleme im Immobilien- und Finanzsektor vor allem in Thailand ab. Im *World Economic Outlook* vom Mai 1997 wird zwar vor einer Überhitzung in den späteren asiatischen Krisenländern, dem Kern der sogenannten *Neuen Industrieländer*, und dem Aufbau einiger Risiken gesprochen. Jedoch werden die hohen Leistungsbilanzdefizite die-

---

[7] Hier wurde implizit unterstellt, dass Budgetdefizite prinzipiell über die Notenpresse finanziert werden, was offensichtlich nicht immer gilt.

ser Länder und deren Finanzierung in keiner Weise generell kritisiert. Von den Gefahren einer tiefen Währungskrise ist keine Rede (IMF 1997: 13). Im Gegenteil, bei Ländern wie Malaysia zieht man die Schlussfolgerung: »Mit ihren schon relativ hohen Pro-Kopf-Einkommen befinden sich diese Länder auf dem Weg, zusammen mit den Neuen Industrieländern sich dem Rang der entwickelten Industrieländer anzuschließen. Andere Schwellenländer wie China, Thailand und Indonesien zeigen ebenfalls eindrucksvolle Ergebnisse, obwohl Konvergenz aufgrund ihres niedrigeren Einkommensniveaus natürlich länger dauern wird.« (ebd.)

Dann wird betont: »Aber ein großer Teil der Entwicklungsländer hat bisher die Früchte der Globalisierung noch nicht geerntet.« (ebd.) Dies, so das Argument, liegt an ungenügenden Reformen.

»Politikmängel sind in vielen Fällen nicht in allen Bereichen zu finden, aber in einigen der kritischen Bereiche wie im Versagen zur Schaffung makroökonomischer Stabilität, Verzögerung in der Liberalisierung des internationalen Handels, ungenügende Fortschritte in der Deregulierung der inländischen Gütermärkte, Schaffung marktwirtschaftlicher Institutionen, und Verbesserung der Governance.« (ebd.)

Für internationale Organisationen kam die Asienkrise 1997 unerwartet. Hatte man bezüglich der Lateinamerikakrise argumentiert, dass die Kapitalzuflüsse in die späteren Krisenländer wesentlich durch öffentliche Haushalte und staatliche Unternehmen initiiert würden, so wurden die hohen Kapitalzuflüsse in die asiatischen Länder als völlig anders eingestuft. Denn die Kapitalflüsse in den späteren asiatischen Krisenländern wurden über den Privatsektor abgewickelt, während die kapitalimportierenden Länder durch geringe oder keine Budgetdefizite gekennzeichnet waren.

**Der Post-Washingtoner Konsens**
Die Frustration über die gescheiterte Stabilisierung Lateinamerikas und die Asienkrise führte Ende der 1990er Jahre zum Post-Washingtoner Konsens, der zu den bisherigen Entwicklungsstrategien addiert wurde. Die bisherigen Politiken wurden nicht als falsch angesehen, aber, so das Argument, man hatte übersehen, dass man zu einer positiven Entwicklung gute Institutionen braucht und auch die Armut nicht ganz aus dem Blick lassen sollte. Zehn weitere Gebote einer erfolgreichen Entwicklungsstrategie fassen die Erweiterung des Washingtoner Konsens zusammen (Rodrik 2005): 11. Liberalisierung der Arbeitsmärkte, 12. vorsichtige Liberalisierung des internationalen Kapitalverkehrs, 13. keine mittleren Wechselkursregime (völlig flexible Wechselkurse oder in Ausnahmen absolut fixe Wechselkurse),[8]

---

[8] Die Idee ist hier, dass bei dereguliertem Kapitalverkehr sowieso ein bestimmter Wechselkurs nicht verteidigt werden kann. Nur in den Fällen, dass ein fixierter Wechselkurs absolutes Vertrauen genießt und die Erwartungen der Anleger stabilisiert, sollte ein fixes Wechselkursregime gewählt werden. Ein Currency Board (vollständige Deckung der inländischen Geldmenge durch Devisen und damit eine Simulation des Goldstandards) bietet sich hier nach den Washingtoner Institutionen an.

14. Verbesserung der Corporate Governance, 15. Bekämpfung der Korruption, 16. Einhaltung internationaler Standards bei der Finanzmarktaufsicht, 17. Einhaltung der Regeln der Welthandelsorganisation, 18. Unabhängigkeit der Zentralbank, 19. Aufbau eines sozialen Netzes (im Kern mit dem Ziel der Bekämpfung von Armut), 20. gezielte Maßnahmen der Bekämpfung extremer Armut. Ein Teil der Gebote vervollständigt das marktradikale Konzept des ursprünglichen Washingtoner Konsenses (Punkte 11 bis 13), im Zentrum steht die Schaffung guter Institutionen (Punkte 14 bis 17), explizit wird die Bekämpfung der Armut in die wirtschaftspolitischen Empfehlungen aufgenommen (Punkte 19 und 20).

Das Sparlückenmodell zusammen mit dem Washingtoner und Post-Washingtoner Konsens stellt die heutige Vision der Entwicklungspolitik dar. Jedoch hat die Vision der Washingtoner Institutionen universellen Charakter. Auch Länder wie Griechenland werden seit dem Ausbruch der Staatsschuldenkrise im Jahre 2010 gezwungen, der Philosophie der Washingtoner Institutionen zu folgen. Auch die Stabilisierungsversuche der Ukraine folgen diesem Muster.

Kaum hat der Ressourcenboom nach 2003, der hohe Leistungsbilanzüberschüsse in Teilen der rohstoffexportierenden Länder erzeugt hat, Eingang in die offizielle wirtschaftspolitische Debatte gefunden. Nicht diskutiert wurde, dass eine Reihe der rohstoffexportierenden Länder durch Deindustrialisierungsprozesse, die typisch für rohstoffreiche Länder sind, betroffen waren, während andere und insbesondere Entwicklungsländer während des Ressourcenbooms teilweise massive Realeinkommenseinbußen hinnehmen mussten.

Das »Problem« ist nur, dass die wenigen erfolgreichen Länder der »ersten Generation« (insbesondere Taiwan, Südkorea, Singapur und davor auch Japan)[9] und auch die erfolgreichen Länder der »zweiten Generation« (China und Vietnam) nicht den Ideen der Washingtoner Institutionen folgten. Diese Länder folgten einer anderen Entwicklungsphilosophie, die als eine Säule weitreichende staatliche Eingriffe beinhaltete *und* als zweite Säule Märkten und Privatinitiativen eine wichtige Rolle zuwies. Nach Dani Rodrik (2005) wäre ein Außerirdischer sehr erstaunt, wenn er sich an die Spitzenorganisationen der Welt im Bereich ökonomischer Entwicklung und Beratung wenden würde, um zu erfahren, welche Entwicklungsstrategien vorgeschlagen werden, und er dann herausfinden würde, dass die Länder, die den Washingtoner Empfehlungen gefolgt sind (oder dazu gezwungen wurden), weitaus weniger erfolgreich waren als jene, die dies nicht taten.

---

[9] Hongkong stellt einen Sonderfall dar.

## 3. Die Mängel der entwicklungspolitischen Vorstellungen der Washingtoner Institutionen

Folgend sollen verschiedene Bereiche diskutiert werden, die für die Entwicklung eines Landes wichtig sind und die in den Vorstellungen der Washingtoner Institutionen unterbelichtet sind oder ganz fehlen.

**Makroökonomisches Nachfragemanagement**
Beim Sparlückenmodell und dem Washingtoner und Post-Washingtoner Konsens fehlt jegliche aktive Politik eines makroökonomischen Nachfragemanagements. Die Empfehlungen bestehen im Kern aus Politiken, die im *neoklassischen Sinne* die marktmäßigen Angebotsbedingungen verbessern sollen. Allokation, das ist Moses und die Propheten, und eine Verbesserung der Allokation führt nach dieser Vision der Ökonomie zu Entwicklung (Herr/Priewe 2005; 2006). Die Gültigkeit des Say'schen Theorems, das davon ausgeht, dass jedes Angebot sich seine eigene Nachfrage schafft und es auf makroökonomischer Ebene keinen Nachfragemangel gibt, wird offensichtlich in geradezu naiver Weise unterstellt. Es fehlt jegliche Idee einer staatlichen Steuerung und Stimulierung der aggregierten Nachfrage. Aber gerade Entwicklungsländer leiden oftmals an mangelnder Nachfrage und fast immer an Unterauslastung ihrer Ressourcen, beispielsweise Arbeit.

Ein aktives makroökonomisches Nachfragemanagement unterstellt bestimmte Bedingungen und Absicherungen. Es darf nicht zu inflationären Prozessen führen und zu hohen Leistungsbilanzdefiziten, denn beides hat in Entwicklungsländern zu Krisen geführt. Abba Lerner (1951) argumentierte im Rahmen seiner *Functional Finance*, dass der Staat immer ausreichend Nachfrage schaffen könne und dies tun sollte bis zur Erreichung der Vollbeschäftigung. In den entwickelten Industrieländern sind die Spielräume der Fiskalpolitik in der Tat sehr hoch. In Entwicklungsländern sind sie deutlich geringer, denn öffentliche Haushalte in Entwicklungsländern können gezwungen sein, sich über die Notenpresse zu finanzieren.

Das Geldvermögen, das dann in den Privatsektor fließt, kann in ausländische Währungen umgetauscht werden und zu starken Abwertungen und Preiserhöhungen führen, die dann die nominellen Löhne nicht unbeeinflusst lassen können. Die Folge ist eine kumulative Abwertungs-Inflations-Spirale (Robinson 1938). Hohe Leistungsbilanzdefizite führen in aller Regel zu hoher Auslandsverschuldung in Fremdwährung, die ein Land in eine fragile Konstellation manövriert, welche zu einer Krise führt, wenn Kapitalzuflüsse versiegen oder gar massive Kapitalabflüsse auftreten. Die Elemente eines stabilen Nachfragemanagements sollten nachfolgend kurz angesprochen werden.

Die Investitionsnachfrage nimmt im Entwicklungsprozess eine entscheidende Rolle ein, da sie als einzige Nachfragekomponente Kapazitäten schafft und technischen Fortschritt inkorporiert. Eine rein marktmäßig bestimmte Investitionsnachfrage ist insbesondere in Entwicklungsländern sehr volatil und kann auch langfristig zu niedrig sein. Investitionen hängen von den Erwartungen der Unternehmen *und* von den Finanzierungsbedingungen ab.[10] Oftmals fehlt die Finanzierung von Investitionen oder sie ist zu kurzfristig und/oder zu teuer. Für eine stabile und hohe Investitionsentwicklung ist somit eine staatliche Politik notwendig, welche einerseits Investitionen direkt fördert und selbst in hohem Maße in die öffentliche Infrastruktur investiert, und die andererseits die Finanzierung von Investitionen fördert. So zeichneten sich die asiatischen Wirtschaftswunderstaaten durch direkte Unterstützung des Unternehmenssektors und ein umfassend reguliertes Finanzsystem aus, das bei der Finanzierung den Unternehmenssektor präferierte und die Finanzierung von spekulativen Aktivitäten, etwa im Immobilienbereich, unterband.[11] China folgte an diesem Punkt den erfolgreichen asiatischen Ländern, wobei bei der chinesischen Entwicklung ein großer staatlicher Unternehmenssektor eine zentrale Rolle spielte.[12] Von Deregulierung der Gütermärkte, Privatisierung oder selbst marktbestimmten Zinssätzen und Kreditangebot war in diesen Ländern wenig zu spüren. Insgesamt konnten diese erfolgreichen Länder einen staatlich unterstützen und teilweise gesteuerten Kredit-Investitions-Einkommensbildungsprozess initiieren, der zu stabilem und hohen Wachstum zentral beitrug.

Ausländische Ersparnisse sind nach dieser Sicht für einen Entwicklungsprozess unnötig. Denn durch kreditfinanzierte Investitionen und Einkommensschöpfung sind Ersparnisse als *Resultat* der Investitionen im Inland zu sehen. Kredite können über die Finanzierung der Geschäftsbanken durch die Zentralbank aus dem Nichts entstehen, produktive Investitionen finanzieren und bedürfen keinerlei Ersparnis als Voraussetzung der Investition.[13] Ausländische Ersparnisse sind für die aggregierte Nachfrage vielmehr belastend. Denn jeder Anstieg des Leistungsbilanzdefizits reduziert unter ansonsten gleichbleibenden Bedingungen die aggregierte Nachfrage und senkt Produktion und Beschäftigung. Ein steigendes Leistungsbilanzdefizit bedeutet unter ansonsten unveränderten Bedingungen sinkende Exporte oder steigende Importe von Güter- und Dienstleistungen oder höhere Einkommensübertragungen ans Ausland, die auch die inländische Nachfrage dämpfen. Die Länder, die einen erfolgreichen Aufholprozess realisierten, konnten, bis auf Ausnahmen, ausgeglichene und sogar meist positive Leistungsbilanzsalden aufweisen. Viele der Länder waren somit durch ein exportorientiertes Wachstum gekennzeichnet. Die Verhinderung von Leistungsbilanzdefiziten hat nicht nur den Effekt der Verhinderung negativer Nachfrageeffekte, sie

---

[10] Keynes (1936) sprach in diesem Zusammenhang von einem Zustand des Vertrauens und animal spirit; Schumpeter (1926) von entrepreneurship. Beide betonten, dass positive Profiterwartungen für eine Investitionsdynamik nicht ausreichend sind, sondern sich dazu auch niedrige Zinssätze und die Verfügbarkeit von Kredit gesellen müssen.

[11] Vgl. zur Entwicklung und Wirtschaftspolitik in den asiatischen Wirtschaftswunderländern Stiglitz (1996); Stiglitz/Uy (1996) und Wade (2003).

[12] Zur Entwicklung in China vgl. Scherrer (2011); Herr (2010).

[13] Selbstverständlich sind in der volkswirtschaftlichen Gesamtrechnung Ersparnisse immer gleich den Nettoinvestitionen, aber dies hat mit der Kausalbeziehung dieser Größen nichts zu tun.

hat zudem den weiteren wichtigen Effekt, dass Länder ohne Leistungsbilanzdefizite sich weniger in eine außenwirtschaftliche Verschuldungsposition begeben und sich damit vor Währungskrisen schützen (siehe unten).

Die Investitions- und die anderen Nachfragekomponenten müssen in einem proportionalen Verhältnis zueinander stehen. Ist die Investitionsnachfrage zu gering, stößt ein Wachstumsprozess an Kapazitätsgrenzen. Ist sie zu hoch, so führt dies zu unausgelasteten Kapazitäten, die früher oder später auch die Investitionsnachfrage einbrechen lassen. Dieses Argument führt uns zur Konsumnachfrage als die weitaus größte Nachfragekomponente. Ist die Konsumnachfrage ungenügend, dann ist es äußerst schwierig, eine hohe Wachstumsdynamik aufrechtzuerhalten. Eine ausreichende Konsumnachfrage hängt wiederum zentral von der Einkommensverteilung eines Landes ab (siehe unten).

Theoretisch können zwar hohe Leistungsbilanzüberschüsse und eine hohe staatliche Nachfrage die aggregierte Nachfrage hochhalten. Hohe Leistungsbilanzüberschüsse sind jedoch schädlich für andere Länder, exportieren Arbeitslosigkeit und sind keine Strategie für alle Länder. So hat beispielsweise die aktive Politik Chinas zur Erzielung von Leistungsbilanzüberschüssen ab Mitte der 1990er Jahre andere Länder in Leistungsbilanzdefizite gedrückt. Ebenso destabilisierend für die Weltwirtschaft sind die hohen Leistungsbilanzüberschüsse Deutschlands und Japans.

**Erhöhung der Produktivität und Technologieentwicklung**
Kein Ökonom wird bestreiten, dass die Erhöhung der Produktivität einen zentralen Stellenwert bei jedem Aufholprozess einnimmt. Diese Idee findet sich auch im Washingtoner und Post-Washingtoner Konsens, unterstützt durch die neoklassische Neue Wachstumstheorie (vgl. beispielsweise Romer 1990; Aghion/Howitt 1997). Gefordert wird eine sogenannte horizontale Industriepolitik in der Form staatlicher Investitionen und Unterstützung in Bereichen wie Bildung, Forschung oder Infrastruktur. Diese Art der Industriepolitik schafft positive externe Effekte und greift nicht, so das Argument, in die Allokation des Marktes ein und bedarf auch keiner Bürokraten, welche »Gewinnerbranchen oder -unternehmen« auswählen. Das Argument mit den positiven externen Effekten ist wichtig und richtig, jedoch ist horizontale Industriepolitik gerade in Entwicklungsländern mit begrenzen Ressourcen eine Illusion. Denn es muss entschieden werden, welcher Hafen, welche Autobahn, welches Segment im Ausbildungssystem und welche Forschungen unterstützt werden. Ausgaben nach dem Gießkannenprinzip sind oftmals nicht möglich (etwa bei Bahnstecken oder Häfen) oder ineffizient (etwa bei Forschung).

Neben selektiver horizontaler Industriepolitik ist sektorale Industriepolitik notwendig, die Innovationen und den Aufbau neuer Industrien fördert. Denn größere neue Projekte werden Unternehmen in Entwicklungsländern nicht alleine stemmen können. Solche Projekte sind in aller Regel unsicher – selbst wenn es sich um die Imitation und Adaption existierenden Wissens handelt – und mit hohen Kosten verbunden. Dazu kommt, dass die Früchte der Innovation auch anderen Unternehmen zufließen können, die dem innovativen Unternehmen bei Erfolg folgen. Zudem brauchen größere Projekte ein ganzes Paket von Aktivitäten, die ein Unternehmen nicht bereitstellen kann. Ein erfolgreiches Beispiel kann dies verdeutlichen: Als in Taiwan Ende der 1990er Jahre aufgrund intensiver internationaler Konkurrenz die Zuckerproduktion in Schwierigkeiten kam, entschied man sich in einer konzertierten industriepolitischen Aktion mit dem Beginn der Orchideenproduktion. Die Regierung etablierte ein Institut zur Zucht von Orchideen und eine Ausstellungshalle, baute die Transportinfrastruktur aus, stellte Strom- und Wasserversorgung bereit und gab Farmern günstige Kredite für Gewächshäuser. Begleitet wurde der Prozess von der gemeinnützigen »Taiwan Orchideenzüchter Organisation« (Wei et al. 2010). Von zentraler Bedeutung für eine erfolgreiche Industriepolitik ist ein Mechanismus, der die Korruption gering hält, alle an einem Projekt Beteiligten zusammenarbeiten lässt und Fehlentwicklungen schnell erkennt und beseitigt. Verlierer von strukturellem Wandel müssen unter Umständen entschädigt werden, um den Wandel politisch akzeptabel zu machen (Chang 1994).

Es ist keine Frage, ob selektive Industriepolitik notwendig ist oder nicht. Freier Handel bewirkt, dass Entwicklungsländer sich in der internationalen Arbeitsteilung auf arbeitsintensive und technologisch anspruchslose Produktionen konzentrieren, denn da haben sie ihre komparativen Vorteile. Entwickelte Länder konzentrieren sich, wenn der Marktmechanismus unbeeinflusst funktioniert, auf anspruchsvolle Produktionen mit hohen Qualifikationsanforderungen an Arbeitnehmer und Technologien. Anforderungen an Arbeitskräfte, Lerneffekte, Forschung und generell Innovationskraft konzentrieren sich in den entwickelten Ländern. Das Argument kann auf einzelne Aufgaben in globalen Wertschöpfungsketten übertragen werden. Die anspruchsvollen Aufgaben bei der Produktion *eines Produktes* wie Design, Marketing, Forschung, Finanzierung, Logistik etc. finden in den Industrieländern statt, die Produktion in den Entwicklungsländern. Aufgrund von Machtasymmetrien sind Produzenten in Entwicklungsländern oftmals in völliger Abhängigkeit von ihren Abnehmern. Die größten Teile der Wertschöpfung fallen in den Zentralen multinationaler Konzerne an, die Wertschöpfung in Entwicklungsländern bleibt gering (Azarhoushang et al. 2015). Rohstoffreiche Länder sind von ähnlichen Prozessen betroffen, da sie Rohstoffe exportieren und industrielle Produkte importieren und damit die industrielle Dynamik im Inland untergraben.

Ohne selektive Industriepolitik ist eine nachholende Entwicklung aufgrund der genannten Gründe nicht möglich. Die Diskussion kann nur darum gehen, wie eine solche optimal installiert werden kann (Rodrik 2004; 2008; Cimoli et al. 2009). Auch historisch haben sich Länder wie England, die USA oder Deutschland und eben auch die erfolgreichen asiatischen Länder nur im Rahmen massiver Industriepolitik entwickelt (Chang 2002). Die Frage stellt sich, ob in der heutigen Welt unter den Regeln der Welthandelsorganisation und vielfältigen Freihandelsabkommen Industriepolitik noch möglich ist. In der Tat sind Schutzzölle für junge Industriezweige (*infant industries*) und direkte Subventionen von Exportunternehmen schwieriger oder gar unmöglich geworden. Jedoch existiert nach wie vor eine breite Palette von industriepolitischen Maßnahmen, die auch heute noch möglich sind (vgl. dazu Ohno 2013).

Die Washingtoner Institutionen setzen auf ausländische Direktinvestitionen als zentrales Instrument der Übertragung von Technologie und Qualifikation von Arbeitskräften. In der Tat können ausländische Direktinvestitionen diese Funktionen in einem gewissen Umfang übernehmen. Aber das geschieht nicht automatisch. Ausländische Direktinvestitionen, wenn sie rein marktmäßig bestimmt sind, werden in Bereiche gehen, die für die Entwicklung wenig hilfreich sind oder gar schädlich, etwa in den Immobiliensektor, und mit einem niedrigen Transfer an Technologie und Qualifikation einhergehen. Ein Beispiel ist Vietnam mit hohen Direktinvestitionen im Immobiliensektor in der Phase einer Immobilienblase und unbefriedigenden technologischen Transfers bei der Einbettung in globale Wertschöpfungsketten (Ohno 2013). Um befriedigende makroökonomische Effekte zu erzielen, bedarf es der Einbindung ausländischer Direktinvestitionen in ein industriepolitisches Konzept. Ausländischen Investoren müssen Anreize geboten werden, dass sie inländische Lieferantenkanäle aufbauen, Teile von ökonomischen Clustern bilden und hochwertigere Produktionen und Aufgaben in Wertschöpfungsketten in das Entwicklungsland verlagern. In China gelang dies beispielsweise nur mit Zwang in der Form von Bedingungen, die an ausländische Investitionen in China geknüpft wurden (Dahlman 2009).

**Partizipation und Einkommensverteilung**
Eine nachhaltige Entwicklung bedarf eines inklusiven ökonomischen Modells. Ein zentrales Element ist dabei die Einkommensverteilung. Selbst Forschungen beim Internationalen Währungsfonds haben ergeben, dass hohe Ungleichheit sowohl das Niveau als auch die Dauer von Wachstum reduziert (Ostry et al. 2014; Hein 2014). Eine ausgeglichene Einkommensverteilung gepaart mit sozialstaatlichen Maßnahmen und Institutionen auf dem Arbeitsmarkt, welche Unsicherheit reduzieren, garantiert eine ausreichende Konsumnachfrage. Denn hohe Einkommensgruppen haben eine geringere Konsumneigung als niedrige Einkommensgruppen, sodass steigende Ungleichheit die Konsumnachfrage schwächt. Zwar können Konsumkredite für eine bestimmte Zeit die Ungleichheit der Einkommensverteilung bei der Konsumnachfrage kompensieren, jedoch ist dies mit der Gefahr der Überschuldung von privaten Haushalten und Finanzmarktkrisen verbunden.

Neben Nachfrageeffekten, welche das Wachstum reduzieren, gibt es weitere wachstumsreduzierende Effekte. Bei hoher Ungleichheit werden ärmere Bevölkerungsschichten weniger in ihre eigene Ausbildung und die ihrer Kinder investieren. Generell wird die Reproduktion der Arbeitskraft in einer Gesellschaft bei hoher Ungleichheit leiden. Diese Faktoren führen zu einer geringeren Produktivitätserhöhung in der Gesellschaft. Schließlich führt hohe Ungleichheit zur Gefahr der politischen Destabilisierung.

Beim Washingtoner Konsens spielt Ungleichheit keine Rolle. Im Gegenteil, die Politik steht für eine aggressive Erhöhung der Ungleichheit und Unsicherheit der Masse der Bevölkerung. Zwar gibt es im Post-Washingtoner Konsens Vorschläge für Politiken gegen Armut. Aber Politik gegen Armut ist nur ein Teilaspekt einer Politik gegen Einkommensungleichheit und Unsicherheit. Eine umfassende Politik schließt Politiken zur Erhöhung der Lohnquote (beispielsweise Begrenzung der Einkommen der Rentiers und Verhinderung von Monopolprofiten von in- und ausländischen Unternehmen), Reduzierung der Lohnspreizung (beispielsweise gesetzliche Mindestlöhne, starke Gewerkschaften und Arbeitgeberverbände, koordinierte Lohnverhandlungen, Reduzierung des informellen Sektors), Reduzierung der Vermögenskonzentration und damit Konzentration von Profiten auf einen kleinen Prozentsatz der Gesellschaft und staatliche Umverteilung (beispielsweise über das Steuersystem, öffentliche Transfers im Rahmen eines Wohlfahrtstaates, Bereitstellung von öffentlichen Gütern) ein (Herr/Ruoff 2015). Nach neuesten Informationen des *CIA World Factbooks* (2016) beginnt der Gini-Koeffizient für verfügbares Familieneinkommen bei Lesotho mit der höchsten Ungleichheit (Gini 63,2 im Jahre 1995), gefolgt von Südafrika (Platz 4, Gini 62,5 im Jahre 2013), Brasilien (Platz 17, Gini 51,9 im Jahre 2012), Mexiko (Platz 26, Gini 48,3 im Jahre 2008) und China (Platz 29, Gini 46,9 im Jahre 2014).[14] Das erste entwickelte Industrieland auf Platz 44 sind die USA (Gini 45,0 im Jahre 2007). Insbesondere die erfolgreichen asiatischen Länder hatten während ihrer Entwicklungsphase eine relativ ausgeglichene Einkommensverteilung. Trotz Zunahme der Ungleichheit kommt Japan auf Platz 75 (Gini 37,9 im Jahre 2011), Taiwan auf Platz 102 (Gini 33,6 im Jahre 2014) und Südkorea auf Platz 121 (Gini 30,2 im Jahre 2014). Viele Entwicklungsländer haben einen gewaltigen Nachteil ihrer Entwicklung aufgrund der hohen Ungleichheit, die eine anhaltende prosperierende Ökonomie sehr schwierig macht.

**Außenwirtschaftliche Absicherung**
Es kann kein Zweifel bestehen, dass eine komplette Liberalisierung der Kapitalbilanz, die im Post-Washingtoner Konsens als mittelfristiges Ziel empfohlen wird, keinen positiven Entwicklungsbeitrag leistet (Rodrik 1998; Stiglitz 2004). Zwischen verschiedenen Arten von Kapitalströmen ist zu unterscheiden. Ausländische Direktinvestitionen können unter bestimmten Bedingungen zu einem Transfer an Technologie und Qualifikationen führen (vgl. oben); vor allem sind sie nicht mit einer Verschuldung gegenüber dem Ausland verbunden, die bei Entwicklungsländern aufgrund der geringen Reputation ihrer Währungen in fast allen Fällen nur in fremder Währung stattfinden kann. Portfolioinvestitionen in der Form von Eigenkapitalhaltung[15] sind zwar auch mit keiner Auslandsverschuldung verbunden, sie bringen jedoch für die Entwicklung eines Landes in der Form von Technologie- und Qualifikationstransfer faktisch keine Vorteile. Portfolioinvestitionen in

---

[14] China verfolgte seit dem Beginn des Reformprozesses Ende der 1970er Jahre ein in erster Linie investitionsgetriebenes Wachstumsmodell, unterstützt durch zeitweise hohe Leistungsbilanzüberschüsse. Im Vergleich zu den anderen asiatischen Erfolgsländern erhöhte sich die Ungleichheit in China ab den 1980er Jahren massiv. Sie hat inzwischen ein Niveau erreicht, dass in der Zukunft prosperierendes Wachstum ernsthaft gefährdet (Herr 2015).
[15] Eine Eigenkapitalhaltung von unter 10% des Eigenkapitals gilt als Portfolioinvestition.

der Form von verzinslichen Wertpapieren und Kredite bringen ebenfalls keinen Technologie- und Qualifikationstransfer, bauen jedoch Verschuldung in Fremdwährung und gefährliche Währungsrisiken auf. Typisch seit der Deregulierung internationaler Kapitalströme ab den 1970er Jahren sind Boom-Bust-Zyklen bei Entwicklungsländern. Kapitalimporte basieren in einer Boom-Phase auf positiven Erwartungen in die Entwicklung des Landes, werden von inländischen Finanzinstitutionen und Unternehmen aufgrund niedriger ausländischer Zinssätze ins Land gezogen oder haben spekulativen Charakter. Das Land manövriert sich in der Boom-Phase, der Logik von Hyman Minsky (1975) folgend, in eine immer fragilere Konstellation mit steigender Auslandsverschuldung, typischerweise steigenden Leistungsbilanzdefiziten und inländischen Vermögensblasen. Bricht das Vertrauen zusammen, kommt es zum Stillstand der Kapitalzuflüsse bei gleichzeitig massiven Kapitalabflüssen. Die folgende starke Abwertung des Krisenlandes führt zur Erhöhung der realen Schuldenlast der Auslandsverschuldung. Das Land fällt in eine Drillingskrise, nämlich in eine Währungskrise, eine inländische Finanzmarktkrise und eine Phase der Vermögenspreisdeflation auf Immobilien- und Aktienmärkten. Es besteht die Gefahr einer langfristigen Stagnation und verlorener Jahrzehnte. Eine solche Krise ruft dann den IWF auf den Plan, der die Wirtschaftspolitik des Krisenlandes diktiert (vgl. auch Williamson 2005).

Eine erfolgsversprechende Entwicklungsstrategie schützt sich vor den Instabilitäten internationaler Kapitalströme. Zu diesem Zweck sollten grenzüberschreitende Kreditverträge und Portfolioinvestitionen in Entwicklungsländern strikt reguliert werden. Währungsrisiken im Finanzsystem, bei Unternehmen, bei privaten und auch bei öffentlichen Haushalten sind zur Erhaltung der Finanzmarktstabilität zu unterbinden und sollten als normaler Teil der Finanzmarktregulierung begriffen werden. Solche Finanzmarktregulierungen zusammen mit einer selektiven Steuerung von ausländischen Direktinvestitionen erlauben einem Land, die positiven Effekte der Globalisierung zu ernten und die negativen zu unterbinden (Herr 2008).

Politiken zur Verhinderung von außenwirtschaftlichen Defiziten bestehen aus einer Wechselkurspolitik, welche die Wettbewerbspolitik der inländischen Ökonomie aufrechterhält, und einer Politik der Erhöhung der Produktivität zusammen mit einer produktivitätsorientierten makroökonomischen Lohnentwicklung.

**Etablierung eines nominellen Lohn- und Wechselkursankers**
Zur Stabilisierung des Preisniveaus sind in Entwicklungsländern zwei nominelle Anker notwendig: ein Lohn- und ein Wechselkursanker. Ersterer stabilisiert die Preisniveauentwicklung. Hierfür bedarf es einer Entwicklung des Preisniveaus entsprechend der mittelfristigen Produktivitätsentwicklung plus der Zielinflationsrate der Zentralbank (bzw. einer niedrigen Inflationsrate, falls keine Zielinflationsrate existiert).[16] Ein nomineller Lohnanker bedarf spezifischer Arbeitsmarktinstituti-

---
[16] Diese Inflationstheorie, welche Preisniveauentwicklungen wesentlich auf Kostenentwicklungen zurückführt und nicht auf Geldmengenveränderungen im Rahmen der Quantitätstheorie des Geldes, geht auf Keynes (1931) zurück. Die Quantitätstheorie wird derzeit kaum noch

onen, da ein deregulierter Arbeitsmarkt eine Ökonomie beständigen Inflations- und Deflationswellen aussetzen würde. Gesetzliche Mindestlöhne sind gerade in Entwicklungsländern notwendig, um bei hoher Arbeitslosigkeit ein Fallen des Nominallohnniveaus und damit Deflation zu verhindern. Starke Gewerkschaften und Arbeitgeberorganisationen können eine wichtige Rolle bei der Koordination der Lohnentwicklung innerhalb einer Branche (Durchsetzung des Gesetzes des einheitlichen Preises für Löhne) und zwischen Branchen spielen.

Bei hoher Importabhängigkeit, die in Entwicklungsländern oftmals existiert, führen starke Wechselkursschwankungen zu Preisniveauschocks und Schocks für die Realökonomie, welche die Ökonomie destabilisieren. Aus diesem Grund sind stabile Wechselkurse Voraussetzung für eine stabile ökonomische Entwicklung in Entwicklungsländern. Absolut feste Wechselkurse können jedoch mit dem Ziel der Verhinderung von Leistungsbilanzdefiziten in Konflikt geraten. Aus diesem Grunde ist für Entwicklungsländer ein *Managed Floating Plus* empfehlenswert und keine Extremlösungen wie völlig flexible Wechselkurse oder in Ausnahmen absolut fixe Wechselkurse (Goldstein 2002). *Managed Floating Plus* impliziert die Verhinderung von kurzfristigen Wechselkursschwankungen und eine mittelfristige Steuerung des Wechselkurses mit dem Ziel einer ausgeglichenen Leistungsbilanz. Dafür sind Kapitalverkehrskontrollen ebenso notwendig wie weitreichende Interventionen der Zentralbank auf Devisenmärkten zur Stabilisierung des Wechselkurses.

**Gute Institutionen**
Was sind gute Institutionen, die beim Post-Washingtoner Konsens so im Zentrum stehen? Ho-Joon Chang (2011: 484) meint: »Aufgrund ihrer Natur ist die Qualität von Institutionen sehr schwierig, wenn nicht unmöglich, zu quantifizieren. [...] Aufgrund dieser Tatsache wird die Qualität von Institutionen oftmals in Indexen basierend auf qualitativen Einschätzungen gemessen. Diese Indexe sind oftmals von Organisationen konstruiert, die einen Bias in Richtung Freie-Markt-Politiken und Anglo-American Institutionen (beispielsweise Weltbank, kommerzielle Informationslieferanten, die Heritage Foundation, Weltwirtschaftsforum) haben.«

In der Tat kann der Post-Washingtoner Konsens so gelesen werden, dass als Maßstab guter Institutionen das angelsächsische Modell unter neoliberaler Prägung verstanden wird. Geht man etwas tiefer der Frage nach, welche Institutionen »gut« sind, dann wird es keinen Konsens geben (vgl. auch Chang 2002). Beispielsweise werden gesetzliche Mindestlöhne, Gewerkschaften und Arbeitgeberverbände oder Lohnkoordination im Washingtoner und Post-Washingtoner Konsens nicht erwähnt, obwohl diese Institutionen aus keynesianischer Sicht von großer Bedeutung sind. Oder es bleibt offen, wie *Corporate Governance* aussehen sollte. Mitbestimmung von Stakeholdern in Unternehmen, wie Gewerkschaften, wird nicht als Erfolgsmodell angepriesen. Auch scheinen die Washingtoner Institutionen zu glauben, dass Privatunternehmen im Vergleich zu staatlichen immer

---

vertreten, zumindest alle wichtigen Zentralbanken der Welt haben diese Theorie ad acta gelegt (vgl. Herr 2013; Heine/Herr 2013).

besser sind. Selbst bei der Debatte um Korruption wird es schwierig, denn Beziehungsgesellschaften in Asien funktionieren nun mal anders als beispielsweise die US-Gesellschaft. Auf eine Eigenheit der Institutionendebatte soll am Schluss noch hingewiesen werden. Als Leitbild der Washingtoner Institutionen gilt eine Art »Unternehmens-Neoliberalismus« (Crouch 2016: 3), der die Macht von internationalen Konzernen beispielsweise durch überzogenen Patentschutz und Investitionsschutzabkommen noch vergrößert, die Aushöhlung von Wettbewerb und hohen Monopolrenten hinnimmt und gleichzeitig die moralischen Standards beim Management sinken lässt (vgl. dazu auch Stiglitz 2007). Was im Washingtoner und Post-Washingtoner Konsens fehlt, ist Wettbewerbspolitik in der klassischen neoliberalen Tradition in der Form der Überwachung multinationaler Konzerne, eine Diskussion der Machtasymmetrien im Rahmen globaler Wertschöpfungsketten oder die Entwicklung globaler Gerichtsbarkeiten auch zur Absicherung der Entwicklung der Länder des globalen Südens.

## 4. Schlussfolgerungen

Die letzten Jahrzehnte haben, abgesehen von wenigen Ländern, keine Konvergenz der ökonomischen Entwicklung und Anpassung der Einkommensverhältnisse auf der Welt gezeigt. Das Gegenteil ist der Fall. Insbesondere Länder, die den Empfehlungen der herrschenden entwicklungspolitischen Strategie gefolgt sind, konnten ihren Lebensstandard nicht dem Niveau der entwickelten Industrieländer angleichen. Die Länder, die eine Konvergenz erzielen konnten, folgten nicht der Philosophie der Washingtoner Institutionen, welche für die offizielle Linie der Entwicklungspolitik stehen.

Es wurde gezeigt, dass die offizielle Entwicklungspolitik durchaus eine eigene Dynamik entwickelt hat und auf aktuelle Probleme und Misserfolge reagiert – vom Sparlückenmodell über den Washingtoner zum Post-Washingtoner Konsens. Jedoch blieben die Vorstellungen immer im neoklassischen Paradigma und angelsächsischen Vorstellungen einer Gesellschaft verhaftet. Von einem Verständnis unterschiedlicher Kapitalismustypen und unterschiedlichen institutionellen Ausgestaltungen von Ökonomien fehlt jede Spur in der offiziellen Entwicklungspolitik der Washingtoner Institutionen.

Entwicklungsländer sind gut beraten, sich bei ihrer Entwicklung nicht auf den Washingtoner und Post-Washingtoner Konsens zu verlassen. Lernen kann man von den erfolgreichen asiatischen Ländern, die bei der Konvergenz Erfolge erzielt haben. Gerade die frühen Erfolgsgeschichten fanden unter anderen globalen und institutionellen Bedingungen statt. Die Herausforderung für die Länder des Südens besteht darin, die Lehren von den erfolgreichen Ländern auf ihre Situation und die derzeitige Verfasstheit der Weltwirtschaft zu übertragen. Elemente einer solchen Strategie wurden oben diskutiert.

## Literatur

Aghion, Philippe/Howitt, Peter (1997): Endogenous Growth Theory, Cambridge US.

Azarhoushang, Behzad/Bramucci, Alexandro/Herr, Hansjörg/Ruoff, Bea (2015): Value Chains, Under-Development and Unions Strategy. In: International Journal of Labour Research, 7, S. 153-175.

Chang, Ha-Joon (1994): State, Institutions and Structural Change. In: Structural Change and Economic Dynamic, 5, S. 293-313.

Chang, Ha-Joon (2002): Kicking the Away the Ladder. Development Strategy under Historical Perspective, London.

Chang, Ha-Joon (2011): Institutions and Economic Development: Theory, Policy and History. In: Journal of Institutional Economics, 7, S. 473-498.

Chenery, Hollis B./Strout, Alan M. (1966): Foreign Assistance and Economic Development. In: American Economic Review, 56, S. 679-733.

CIA [Central Intelligence Agency] (2016): The World Factbook, www.cia.gov/library/publications/the-world-factbook/rankorder/2172rank.html (Zugriff: 1.9.2016).

Cimoli, Mario/Dosi, Giovanni/Stiglitz, Joseph E. (Hrsg.) (2009): Industrial Policy and Development. The Political Economy of Capitalist Accumulation, Oxford.

Crouch, Colin (2016): The Knowledge Corrupters: Hidden Consequences of the Financial Takeover of Public Life, London.

Dahlman, Carl J. (2009): Growth and Development in China and India: Adapting to the Changing Domestic and International Environment. In: Cimoli, Mario/Dosi, Giovanni/Stiglitz. Joseph E. (Hrsg.): Industrial Policy and Development. The Political Economy of Capitalist Accumulation, Oxford, S. 303-335.

Detzer, Daniel/Herr, Hansjörg (2015): Theories of Financial Crises as Cumulative Processes – An overview. In: Hein, Eckhard/Detzer, Daniel/Dodig, Nina (Hrsg.): The Demise of Finance-dominated Capitalism, Cheltenham, S. 115-161.

Dodig, Nina/Herr, Hansjörg (2015): Financial Crises Leading to Stagnation – Selected Historical Case Studies. In: Hein, Eckhard/Detzer, Daniel/Dodig, Nina (Hrsg.): The Demise of Finance-dominated Capitalism, Cheltenham, S. 162-218.

Dornbusch, Rudiger (1990): From Stabilisation to Growth, National Bureau of Economic Research Working Paper 3302.

Goldstein, Morris (2002): Managed Floating Plus: The Great Currency Regime Debate, Washington D.C.

Harvey, David (2007): Kleine Geschichte des Neoliberalismus, Zürich.

Hein, Eckhard (2014): Distribution and Growth after Keynes: A Post-Keynesian Guide, Cheltenham.

Heine, Michael/Herr, Hansjörg (2013): Paradigmenorientierte Einführung in die Mikro- und Makroökonomie, 4. Aufl., München.

Herr, Hansjörg (2008): Capital Controls and Economic Development in China. In: Arestis, Philip/De Paule, Luiz F. (Hrsg.): Financial Liberalisation and Economic Performance in Emerging Markets, Cheltenham, S. 142-172.

Herr, Hansjörg (2010): Credit Expansion and Development: A Schumpeterian and Keynesian View of the Chinese Miracle. In: European Journal of Economics and Economic Policies: Intervention, 7, 71-90.

Herr, Hansjörg (2013): Keynesianismus. In: Wullweber, Joscha/Graf, Antonia/Behrens, Maria (Hrsg.): Theorien der Internationalen Politischen Ökonomie, Wiesbaden.

Herr, Hansjörg (2015): Der Aufstieg Chinas zu einer ökonomischen Großmacht – Erfolge und Herausforderungen. In: Linke, Marlies/Sablowski, Thomas/Steinitz, Klaus (Hrsg.): China: Gesellschaftliche Entwicklung und Globale Auswirkungen, Manuskripte Neue Folge, Rosa-Luxemburg-Stiftung.

Herr, Hansjörg/Priewe, Jan (2005): Development Strategies beyond the Washington Consensus. In: Internationale Politik und Gesellschaft, Heft 2, S. 72-97.

Herr, Hansjörg/Priewe, Jan (2006): The Washington Consensus and (Non-)Development. In: Wray, L. Randall/Forstater, Mathew (Hrsg.): Money, Financial Instability and Stabilization Policy, Northampton, MA, USA, S. 171-191.

Herr, Hansjörg/Ruoff, Bea (2015): Labour and Financial Markets as Drivers of Inequality. In: Gallas, Alexander/Herr, Hansjörg/Hoffer, Frank/Scherrer, Christoph (Hrsg.): Combating Inequality. The Global North and South, London, S. 61-79.

IMF [International Monetary Fund] (1997): World Economic Outlook, Washington D.C., May.

Kellermann, Christian (2006): Die Organisation des Washington Consensus, Bielefeld.

Keynes, John Maynard (1931 [1930]): Vom Gelde, Berlin.

Keynes, John Maynard (1936): Die Allgemeine Theorie der Beschäftigung, des Zinses und des Geldes, Berlin.

Khan, Mohsin/Knight, Malcolm (1985): Fund-Supported Adjustment Programs and Economic Growth. IMF Occasional Paper, 41.

Khan, Mohsin/Knight, Malcolm (1989): Growth-Oriented Adjustment Programs. A Conceptual Framework. In: IMF Staff Papers, 36, S. 279-306.

Krugman, Paul (1995): Dutch Tulips and Emerging Markets: Another Bubble Bursts. In: Foreign Affairs, 74, S. 29-44.

Lerner, Abba (1951): The Economics of Employment, New York.

Minsky, Hyman (2007 [1975]): John Maynard Keynes. Finanzierungsprozesse, Investition und Instabilität des Kapitalismus, Marburg.

Ohno, Kenichi (2013): Learning to Industrialise. From Given Growth to Policy-Oriented Value Creation, London.

Ostry, Jonathan D./Berg, Andrew/Charalambos, G. Tsangarides (2014): Redistribution, Inequality and Growth, IMF Staff Discussion Note, 14, Heft 2.

Penn World Tables (2016): Version 7.1, www.rug.nl/research/ggdc/data/pwt/ (Zugriff: 1.9.2016).

Robinson. Joan (1938): The Economics of Hyperinflation. In: Economic Journal, 48, S. 507-513.

Rodrik, Dani (1998): Who needs Capital-Account Convertibility? In: Should the IMF Pursue Capital-Account Convertibility? Essays in International Finance 207, Princeton, S. 55-65.

Rodrik, Dani (2004): Industrial Policy for the Twenty-First Century, Harvard University, John F. Kennedy School of Governance, Cambridge MA, http://drodrik.scholar.harvard.edu/files/dani-rodrik/files/industrial-development.pdf (Zugriff: 1.9.2016).

Rodrik, Dani (2005): Growth Strategies. In: Aghion, Philippe/Durlauf, Steven N. (Hrsg.):

Handbook of Economic, London, S. 967-1014.
Rodrik, Dani (2008): Industrial Policy: Don't Ask Why, Ask How. In: Middle East Development Journal, 1, S. 1-29.
Romer, Paul M. (1990): Endogenous Technological Change. In: Journal of Political Economy, 98, S. 71-102.
Sachs, Jeffery (2005): Das Ende der Armut: Ein ökonomisches Programm für eine gerechtere Welt, München.
Scherrer, Christoph (1999): Globalisierung wider Willen? Die Durchsetzung liberaler Außenwirtschaftspolitik in den USA, Berlin.
Scherrer, Christoph (Hrsg.) (2011): China's Labor Question, München.
Schumpeter, Joseph (2012 [1926]): Theorie der wirtschaftlichen Entwicklung. Eine Untersuchung über Unternehmergewinn, Kapital, Kredit, Zins und den Konjunkturzyklus, Berlin.
Stiglitz, Joseph E. (1996): Some Lessons from the East Asian Miracle. In: World Bank Research Observer, 11, S. 151-177.
Stiglitz, Joseph E. (2004): Capital-Market Liberalization, Globalisation, and the IMF. In: Oxford Review of Economic Policy, 20, S. 57-71.
Stiglitz, Joseph E. (2007): Making Globalisation Work, New York.
Stiglitz, Joseph E./Uy, Marilou (1996): Financial Markets, Public Policy, and the East Asian Miracle, in: The World Bank Observer, 11, S. 249-276.
Wade, Robert (2003): Governing the market: Economic theory and the role of government in East Asian industrialization, Princeton.
Wei, S./Shih, C.C./Chen, N.H./Tung, S.J. (2010): Value chain dynamics in the Taiwan orchid industry. In: Acta Horticulturae (ISHS), 878, S. 437-442.
Williamson, John (1989): What Washington means by policy reform. In: Williamson, John (Hrsg.): Latin American readjustment: How much has happened, Washington, S. 5-20.
Williamson, John (2005): Curbing the boom-bust cycle: Stabilizing capital flows to emerging markets, Washington D.C.

Paulo E. de Andrade Balta / Eugênia Troncoso Leone / Anselmo Luis dos Santos / Marcelo Weishaupt Proni / José Dari Krein / Denis Maracci Gimenez / Magda Barros Biavaschi / Carlos Salas Paez

# Die ökonomische Krise in Brasilien
Niedergang der Arbeitsmärkte und der Arbeitsbeziehungen

## 1. Einleitung

Die ökonomischen und politischen Krisen, welche Brasilien heimsuchen, zeigen, dass die Wirtschaftspolitiken und die politische Unterstützung für die Umsetzung eines sozialinklusiven Entwicklungsprojektes auf äußerst fragile Weise verknüpft sind. Diese Schwierigkeiten, die eher mit den internen Problemen des Landes assoziiert werden, stehen im Kontext einer internationalen neoliberalen Ordnung, welche dem Wirtschaftswachstum des Landes nicht zuträglich ist. Sie werden zudem durch die negativen Effekte der jüngsten internationalen Finanzkrise verstärkt.

Trotz der widersprüchlichen Politiken im ökonomischen und sozialen Bereich, war Brasilien im Zeitraum von 2004 bis 2013 in der Lage, eine höhere Wachstumsrate als in den 1980er und 1990er Jahren zu erzielen. Sie war kompatibel mit dem herausragenden Wachstum der Beschäftigung und der Löhne sowie dem Abbau der Arbeitslosigkeit.

Diese Entwicklungen, im Zusammenspiel mit einem Set aus Sozial- und Arbeitsmarktpolitiken, konnte die Armut und soziale Ungleichheit signifikant reduzieren und ermöglichte zugleich eine Erhöhung des Mindestlohnes, des allgemeinen Lohnniveaus sowie den Zugang zu Kredit und Konsum für die einkommensschwächsten Segmente der Bevölkerung. Die ökonomische Stagnation 2014, der starke Fall des Bruttoinlandsprodukts (BIP) um 3,8% im Jahr 2015 und die Anfang 2016 anhaltende Rezession stehen im Kontext einer Verschärfung der politischen Krise, der Erschütterung der demokratischen Ordnung und der Machtübernahme durch die Liberal-Konservativen. Dadurch werden nicht nur die von 2003 bis 2014 erreichten Fortschritte riskiert, sondern auch viele historische Errungenschaften der brasilianischen Arbeiter*innenklasse. Speziell davon betroffen sind Arbeitsrechte und Regelungen der Daseinsfürsorge, aber auch diverse Sozialpolitiken. Diese Tendenzen sind deutlich in den Gesetzesvorschlägen und institutionellen Projekten der aktuellen Regierung angelegt.

Der Fokus des vorliegenden Beitrags liegt auf den Auswirkungen der aktuellen ökonomischen und politischen Krise auf die brasilianische Arbeitswelt. Im zweiten Abschnitt wird die Entwicklung der brasilianischen Wirtschaft diskutiert, hierbei liegt der Schwerpunkt auf der Analyse der Gründe für die Verlangsamung des Wirtschaftswachstums in den letzten Jahren und dem Einbruch des

BIP im Jahr 2015. Im dritten Teil werden die Auswirkungen der Wirtschaftskrise auf die Entwicklung der Beschäftigung und der Arbeitslosigkeit, der Informalität und des Einkommensniveaus ergründet. Diese Analyse der Auswirkungen der Wirtschaftskrise auf den Arbeitsmarkt wird durch eine Untersuchung der jüngsten Reformvorhaben des Arbeitsrechts und der Daseinsfürsorge der Übergangsregierung ergänzt, welche eine Bedrohung für die Lebens- und Arbeitsbedingungen der Brasilianer*innen darstellen.

## 2. Verlangsamung des Wirtschaftswachstums und die brasilianische Wirtschaftskrise

Die Veränderungen in der Leistungsfähigkeit der brasilianischen Wirtschaft können anhand der Entwicklung des BIP vom ersten Quartal 2003 bis zum ersten Quartal 2016 verdeutlicht werden. Zunächst kann beobachtet werden, dass die brasilianische Ökonomie lange brauchte, um positiv auf die günstige internationale Situation zu reagieren, die durch den Boom der Rohstoffpreise seit 2002 begünstigt wurde. Das Wachstum des BIP begann erst wieder im ersten Quartal 2004 anzusteigen. Anfangs sehr stark, verlor es allerdings schon im dritten Quartal 2004 an Kraft und konsolidierte sich endgültig im vierten Quartal 2006 kurz vor der zweiten Legislaturperiode der Regierung Lula. Die verzögerte Reaktion der brasilianischen Wirtschaft auf die vorteilhafte internationale Situation und das nur langsam zunehmende Wachstum hingen mit der konservativen makroökonomischen Politik des ersten Lula-Mandats zusammen. Während dieser ersten Legislaturperiode hatte die Zentralbank das Niveau der Leitzinsen hoch gehalten. Zugleich hatte das Finanzministerium die öffentlichen Ausgaben zurückgehalten. Dadurch entstand proportional zum BIP ein Primärüberschuss, d.h. ein positiver Saldo der Steuereinnahmen und Sozialabgaben im Verhältnis zu den Ausgaben.

Die Krise der Globalisierung, welche 2007 auf dem US-amerikanischen Immobilienmarkt begann, traf die brasilianische Ökonomie im vierten Quartal 2008 hart. Das zuvor zwei Jahre lang hohe BIP-Wachstum brach für ein Jahr ein. Die antizyklische Politik der Regierung Lula resultierte jedoch ab Ende 2009 wieder in hohen Wachstumsraten, erreichte im 1. Quartal 2010 etwa 9%, nahm dann aber immer mehr ab bis auf unter 2% Anfang des Jahres 2012. Zu Beginn des ersten Mandats von Präsidentin Dilma betrug es während zwei Jahren zwischen 2 und 4%, was durchaus gewollt war. Doch die grundlegenden Probleme lagen darin, eigentlich den Kurs der brasilianischen Wirtschaft ändern zu müssen. Dafür fehlten allerdings die notwendigen Instrumente und zudem entfaltete sich die internationale Globalisierungskrise.

Um die Natur des grundlegenden Problems der Entschleunigung des BIP-Wachstums seit Mitte 2010 verstehen zu können, benötigt es eine kurze Darstellung der Charakteristika des brasilianischen Wirtschaftswachstums seit 2004. Aufgrund einer positiven Zahlungsbilanz, die nicht nur durch den Rohstoff-Boom, sondern auch durch Kapitalinvestitionen verursacht wurde, basierte das brasilianische Wirtschaftswachstum seit 2004 vor allem auf einem Konsumanstieg und Investitionen, welche wiederum wegen der steigenden Exporte und den Konsumausgaben zunahmen. Der Dollar-Wechselkurs war 2003 sehr hoch, eine Folge der starken Abwertungen des Real 1999, 2001 und 2002. Die günstige Zahlungsbilanz verursachte in einem Kontext der zunehmenden Liberalisierung der Finanzmärkte einen starken nominellen Rückgang des Wechselkurses.

Der Verfall des Dollarpreises im Verhältnis zum brasilianischen Real half dabei, die zuvor durch die Abwertungen des Real sehr hohe Inflation zu senken. Die Reaktivierung der Wirtschaft mit einer niedrigeren Inflationsrate trug dazu bei, die Kaufkraft der Löhne zu erhöhen. Dies ging Hand in Hand mit einer Reduzierung der Einkommensunterschiede zwischen den Arbeiter*innen aufgrund der Erhöhung der Mindestlöhne durch die Regierung Lula. Die Erhöhung der Beschäftigung und der Erwerbseinkommen seit 2004 gingen einher mit der erwähnten niedrigeren Inflation, ausgeglichenen öffentlichen Haushalten und der erwähnten positiven Zahlungsbilanzen, welche die Erwartung auf Kontinuität weckten und den privaten Konsum förderten, für den sich die Haushalte trotz des hohen Zinsniveaus verschuldeten (Baltar 2014).

Der starke Anstieg des Konsums war letztlich ausschlaggebend für das starke Wirtschaftswachstum. Er ging mit einer Veränderung der relativen Preise zugunsten jener Güter und Dienstleistungen einher, welche nicht mit Produkten aus anderen Ländern in Konkurrenz standen. Der billige Import von Maschinen, Ausrüstung, Teilen, Komponenten und anderen Vorprodukten und Konsumgütern schadete zwar der heimischen Produktion, begünstigte dennoch die Ausweitung der Produktion von Gütern. Diese Ausweitung ging mit einer zunehmenden Umstrukturierung der Unternehmen einher und wurde im Unterschied zur Produktion von Waren, die in Konkurrenz mit anderen Ländern standen, durch höhere Preisen begleitet.

Diese Zunahme der relativen Preise vollzog sich zeitgleich mit einer niedrigeren Inflation und einer höheren Kaufkraft der Bevölkerung. Zu dieser Entwicklung hinzu kam der Ausbau des öffentlichen Sektors – beides war maßgeblich für die Zunahme der formellen Beschäftigung verantwortlich. Dieser Anstieg lag deutlich über dem Wachstum des BIP. Die inländische Produktion wiederum, welche der internationalen Konkurrenz ausgesetzt war, stieg nur in den Bereichen, in welchen Brasilien einen »natürlichen« komparativen Vorteil hatte oder einen Wettbewerbsvorteil, der bereits vorher bestand und entsprechend mit den niedrigen Gewinnspannen umgehen konnte (ebd.).

Das Wachstum des BIP seit 2004 war zudem mit einem starken Anstieg der Importe, hauptsächlich von Industrieerzeugnissen, einhergegangen. Diese Importe wurden durch den Export von Rohstoffen ermöglicht, deren Preise sich im Verhältnis zu den Industrieerzeugnissen erhöhten. Es gab weder beim Handel von Gütern und Dienstleistungen noch beim Kapitalzufluss ein Defizit. Das hing mit den Geldanlagen auf dem inländischen Finanzmarkt und Direktinvestitionen in die Ausweitung der inländischen Produktionskapazitäten durch die multinationalen

Konzerne zusammen. Dies führte im Wesentlichen zu einem Abbau der Auslandsverschuldung und zum Aufbau internationaler Rücklagen.

Mit Entfaltung der Globalisierungskrise veränderten sich die Bedingungen radikal, welche das gerade skizzierte »Modell« des brasilianischen Wirtschaftswachstums seit 2004 ermöglicht hatten. Das forderte eine grundlegende Veränderung des Wirtschaftskurses, um die sozialen Fortschritte erhalten zu können, die zuvor errungen worden waren (Baltar/Leone 2015). Eine Möglichkeit, die zu Beginn des ersten Mandats der Dilma-Regierung erreichbar schien, bestand darin, die Investitionen in die Infrastruktur zu steigern und Investitionen zur Stärkung der Wettbewerbsfähigkeit jener inländischen Produktion zu fördern, die mit den Produkten aus anderen Ländern konkurrieren. Damit sollte die Verringerung des Konsums und der privaten Investitionen kompensiert werden.

Der Ausbau der Infrastruktur forderte die Zusammenführung öffentlicher und privater Investitionen durch den Staat. Das zentrale Problem lag in der Finanzierung dieser Projekte, bedingt durch den enormen Umfang und die Langfristigkeit der Investitionen, die ja erst spät Erträge abwerfen. Die Finanzierung hätte aufgrund der vorhergesehenen und erwünschten Steigung des Wechselkurses zudem vorrangig in einheimischer Währung realisiert werden müssen. Um das Wachstum unter den veränderten internationalen Bedingungen beizubehalten, war deshalb der Ausbau der Infrastruktur mit vornehmlich inländisch produzierten Gütern zwingend. Dies erforderte weitere Investitionen zum Ziel der Förderung der Wettbewerbsfähigkeit der inländischen Produktion dieser Güter. Die Rentabilität und Finanzierung der Investitionen in die Infrastruktur und in die Entwicklung der inländischen Zulieferer setzte wiederum eine Senkung der hohen Zinssätze voraus.

Die globale Krise schuf somit eine Möglichkeit, die Veränderungen der relativen Preise zu realisieren. Diese war notwendig, um den brasilianischen Wirtschaftskurs soweit zu verändern, dass die seit 2004 erzielten sozialen Errungenschaften beibehalten werden konnten. Die geringe Rentabilität auf dem internationalen Finanzmarkt, die Unsicherheit und die verringerten Aktivitäten in den Industrieländern verhinderten eine Kapitalflucht. Das Kapital konnte auf den inländischen Finanzmärkten angelegt werden und trug dazu bei, das Zinsniveau im Land zu senken und zugleich die notwendige Abwertung der einheimischen Währung zu kontrollieren.

Das erste Mandat der Regierung Dilma hatte anfänglich Erfolg mit der Senkung der Leitzinssätze und nutze die öffentlichen Banken, um die hohen Gebühren der Privatbanken zu senken. Aber bereits die kontrollierte Abwertung des Real erwies sich als sehr schwierig. Die Zentralbank kontrollierte die nominelle Erhöhung der Preise von Dollar in Real, aber für die kontrollierte Entwertung der nationalen Währung und den in Grenzen gehaltenen Anstieg der nominellen Wechselkurse durfte sich die inländische Inflation nicht signifikant erhöhen. Verschiedene Faktoren verursachten eine höhere Inflation, was die Schwierigkeit verdeutlicht, den steigenden Wert der nationalen Währung kontrolliert zu korrigieren: steigende Lebensmittelpreise, aber auch steigende Preise von Industriegütern.

Die Aufrechterhaltung der positiven Entwicklung auf den Arbeitsmärkten in jenen Branchen, deren Produkte nicht mit anderen Ländern konkurrieren, übte jedoch weiteren Druck auf die Preise dieser Güter und Dienstleistungen aus. Die zögerlichen Investitionen in die Entwicklung der heimischen Industrie trugen zudem zu steigender Inflation bei. Diese machte es dem Land unmöglich, auf den Import von relativ billigeren Maschinen, Ausrüstungsgegenständen und anderem Warenaufwand zu verzichten, ohne den relativen Preis dieser Güter zu erhöhen. In Wirklichkeit glauben die privaten Investoren nicht an die Fähigkeit der Regierung, die öffentlichen und privaten Investitionen für den Ausbau der Infrastruktur und das Wachstum der einheimischen Industrie zu gewährleisten. Dazu kam, dass die bestehenden Produktionskapazitäten nicht ausgelastet waren und der weltweite Wettbewerb sich intensivierte. Diese Bedingungen verschärften die Schwierigkeit, in diesen Sektoren die für die Restrukturierung notwendigen Gewinne zu erreichen. Die Wertschöpfungsketten sollten eigentlich verdichtet und inländische Produktionsnetzwerke entwickelt werden, um auf Import verzichten zu können. Das erwies sich jedoch als schwierig.

Mit dem Scheitern dieser Strategie gab die Regierung Dilma den Versuch eines neuen Wirtschaftskurses auf, wie die Erhöhung der Zinssätze und die Verringerung der öffentlichen Investitionen zeigen. Die Regierung wollte eine höhere Inflation vermeiden, indem Preisanstiege von Brennstoffen und Elektrizität verringert und indirekte Steuern und Sozialbeiträge reduziert wurden. Die Wirtschaftsaktivität nahm im zweiten Quartal des Jahres 2014 ab. Nach der Wiederwahl Dilmas reduzierte sie sich nochmals, als diese zu Beginn ihrer zweiten Amtszeit begann, die öffentlichen Ausgaben zu kürzen. Die Konsequenzen für den Arbeitsmarkt waren sehr stark, wie im folgenden Kapitel gezeigt wird.

## 3. Arbeitsmarktpolitik: Von den Fortschritten zu einer deutlichen Verschlechterung

Aufgrund des starken wirtschaftlichen Wachstums ab 2004, sowie der hohen Effektivität einiger Sozial- und Beschäftigungsschutzpolitiken entstand ein Umfeld, welches im Allgemeinen sehr günstig für die Arbeitswelt Brasiliens war.

In der Zeit zwischen 2004 und 2014 waren die zentralen Fortschritte auf dem brasilianischen Arbeitsmarkt die Folgenden: 1) starker Rückgang der Arbeitslosenzahlen; 2) die Zunahme der Beschäftigungsquote; 3) die zunehmende Formalisierung von Arbeitsverhältnissen; 4) die Reduktion der informellen Arbeit; 5) Reallohnwachstum im mittleren Einkommenssegment und 6) die Verringerung der Einkommensungleichheit (Baltar et al. 2010). Zwischen 2004 und 2014 restrukturierte sich der Arbeitsmarkt aufgrund von drei zentralen Faktoren. Zunächst konnten durch die wirtschaftliche Dynamik mehr als 12 Millionen Arbeitsplätze geschaffen werden. Dies trug dazu bei, diejenigen Arbeitskräfte zu integrieren, die bisher unterbeschäftigt waren, und Arbeitsplätze für Jugendliche zu schaffen. Die kurze wirtschaftliche Rezession zwischen Ende 2008 und Mitte 2009 unterbrach diese Entwicklung für eine kurze Zeit. Doch die Schaffung von Arbeitsplätzen setzte sich im Folgejahr verstärkt fort. Dadurch reduzierte sich die Arbeitslosenrate von 9,7% im Jahr auf 7,2% in 2008, erhöhte sich auf 8,3% im Jahr 2009 und kehrte 2010 auf das Niveau vor der Krise zurück (Oliveira 2015).

Zweitens trugen die öffentlichen Politiken im Bereich der Kontrolle von Beschäftigungsverhältnissen und der Formalisierung von Mikrounternehmen dazu bei, die formelle Beschäftigung zu steigern. Der Grad der Informalität verringerte sich von 57% der Arbeitskraft im Jahr 2003 auf 51% im Jahr 2009 (Oliveira 2015). Das hatte auch Auswirkungen auf die strukturelle Armut, die wir hier aus Platzgründen nicht darstellen können.

Schließlich trug drittens die Anhebung des realen Mindestlohns um 57% zwischen 2003 und 2010 sehr zur Erhöhung der mittleren Arbeitseinkommen bei, die im selben Zeitraum real um 25% anstiegen. Dies wurde zusätzlich positiv durch die Stärkung der Gewerkschaften in den Tarifverhandlungen beeinflusst. Außerdem verringerte sich die Ungleichheit der mittleren Einkommen nach dem Gini-Koeffizienten von 0,553 im Jahr 2003 auf 0,516 im Jahr 2009.

Im Verlauf der Jahre 2010 bis 2014 verlor die kontinuierliche Schaffung von Arbeitsplätzen an Dynamik, da das Wirtschaftswachstum sich abschwächte. Dennoch blieben die erzielten Fortschritte auf dem Arbeitsmarkt erhalten. Auch die langsamere Zunahme der wirtschaftlich aktiven Bevölkerung half dabei, den Druck auf den urbanen Arbeitsmarkt zu reduzieren. Dies trug dazu bei, dass die offene Arbeitslosigkeit weiterhin fiel, was die Arbeitslosigkeit in den städtischen Metropolen Brasiliens von 5,3% am Ende des Jahres 2010 auf 4,3% Ende 2014 reduzierte. Der Grad der informellen Arbeit fiel ebenfalls auf 46% im Jahr 2014. Die mittleren Realeinkommen erreichten 2013 einen um 12% höheren Wert als der von 2010. Auch der Gini-Koeffizient verringerte sich fortlaufend auf geschätzte 0,490 für 2014.

Allerdings konnte durch die stagnierende brasilianische Wirtschaft 2014 und vor allem durch den starken Einbruch des BIP (3,8%) 2015 eine tiefgreifende Kehrtwende in diesem Prozess der Verbesserung des brasilianischen Arbeitsmarktes beobachtet werden: Es kam zu einem rapiden Anstieg der Arbeitslosigkeit und der Zunahme der prekären und/oder informellen Beschäftigung. Damit verbunden waren Einkommensverluste (vgl. für genauere Daten IBGE 2016a, b). Der Anstieg der Arbeitslosigkeit in nur wenigen Monaten im Jahr 2014 wurde hauptsächlich durch das gesunkene Tempo des Beschäftigungswachstums zwischen Anfang 2014 und dem gleichen Quartal 2015 bestimmt (0,8%), sowie zwischen diesem Quartal und dem ersten Quartal 2016. Während dieser Zeit gab es einen Rückgang des Beschäftigungsvolumens um 1,5%, was die Auswirkungen der Rezession widerspiegelt. Die Gesamtarbeitskraft stieg aber weiterhin, hauptsächlich wegen der wachsenden Bevölkerung im erwerbsfähigen Alter. Von 2015 bis 2016 wuchs die Zahl der Arbeitslosen in Brasilien von 7,934 Millionen auf 11,089 Millionen – ein Anstieg von 3,155 Millionen Arbeitslosen.

Zwischen dem ersten Quartal 2015 und 2016 beeinflusste der starke Rückgang des BIP die Beschäftigung in der Gesamtindustrie (-11,5%) und der verarbeitenden

Industrie (-11,2%) am stärksten; außerdem war die Beschäftigung in den Informations-, Kommunikations- und Finanzbranchen, der Immobilienbranche sowie die der Fach- und Verwaltungsangestellten (-6,3%) betroffen. Auch in anderen Bereichen nahm die Zahl der Beschäftigten seit 2014 ab: im Bausektor im Jahr 2014 um 4,9%, in 2015 noch mal um 1,2%, aber auch im Primärgütersektors, d.h. der Landwirtschaft, der Viehzucht, der Jagd, der Fischerei und der Rohstoffextraktion, ging sie im Jahr 2014 um 0,9% zurück. Die Beschäftigung in diesen Branchen verlor ihre Relevanz in der Beschäftigungsstruktur, was vor allem als Resultat der Arbeitsmarktentwicklung 2015 und zu Beginn 2016 gewertet werden kann.

Die Verringerung der Beschäftigtenzahl von 6% in den oben erwähnten Branchen, die insgesamt 44,3% der Gesamtbeschäftigten im ersten Quartal 2015 ausmachten, war mehr als der Anstieg von 3,4% der Beschäftigten in anderen Branchen kompensieren konnte: Transport, Lagerung und Post; Unterkunft und Verpflegung; öffentliche Verwaltung, Verteidigung, soziale Sicherung, Bildung, Gesundheit und soziale sowie haushaltsnahe Dienstleistungen. In der Gesamtheit machten diese 32,2% aller Beschäftigten in diesem Quartal aus. Der Anstieg der Beschäftigung in diesen Branchen, insbesondere bei den haushaltsnahen Dienstleistungen und den Branchen der Beherbergung und Verpflegung, zeigt einen Anstieg der informellen Selbstständigkeit, sprich eine Zunahme der Informalität innerhalb der selbstständig Beschäftigten. Hierbei handelt es sich um ein in Brasilien wiederkehrendes Muster. Dieser Informalitätsanstieg in der Beschäftigungsstruktur kann auch mittels des Anstiegs der Selbstständigen und der Beschäftigten in haushaltsnahen Dienstleistungen verdeutlicht werden: Zwischen dem ersten Quartal 2014 und dem gleichen Quartal 2016 wurde ein Anstieg der Selbstständigkeit von 22,9% auf 26,5% verzeichnet. Außerdem wuchs die Zahl der Beschäftigten in haushaltsnahen Dienstleistungen, welche während des Wirtschaftswachstums an Bedeutung verloren hatten, wieder von 6,5% im ersten Quartal 2015 auf 6,9% im gleichen Zeitraum 2016.

Der Rückgang aller Beschäftigten, vor allem in der Phase des BIP-Einbruchs zwischen 2015 und 2016, betraf vor allem Verwaltungsangestellte, Facharbeiter*innen, Arbeiter*innen und Handwerker*innen im Bauwesen, Schlosserei und anderen Handwerken sowie gering qualifizierte Beschäftigte. Die festangestellten Arbeiter*innen der unteren bis mittleren Einkommensschichten in den Fabriken, den Büros und im Dienstleistungssektor waren also stark betroffen. Auf der anderen Seite nahmen die prekäre und informelle Beschäftigung und jene, die dem Niedriglohnsektor nahe steht, zu. Allerdings muss hervorgehoben werden, dass die Beschäftigten mit hohen Qualifikationen und Einkommen sowie größerem Prestige und Macht innerhalb der Sozialstruktur und in den Betrieben trotz der tiefen Krise am Arbeitsmarkt Verbesserungen erlebten. Dazu zählten Direktor*innen und Geschäftsführer*innen, wissenschaftliches Personal und Intellektuelle, Techniker*innen und mittlere Angestellte.

Die Auswirkungen der Krise am Arbeitsmarkt waren anfangs für Frauen und Männer sehr unterschiedlich. In den zehn Jahren zuvor war die Zunahme der männlichen Erwerbsbevölkerung der weiblichen zwar ähnlich, aber die dann krisenvermittelte Abnahme der Beschäftigtenzahlen war zwischen Männern und Frauen unterschiedlich. Obwohl die Reduktion der Beschäftigung in Sektoren mit hauptsächlich männlicher Beschäftigung stattfand und ein Anstieg der Angestellten in vielen frauendominierten Bereichen zu verzeichnen war, nahm die Zahl der beschäftigten Frauen stärker ab als die der Männer (1,7% Frauen und 1,3% Männer). Da die männliche Erwerbsbevölkerung um einiges größer ist als die der Frauen, erhöhte sich zwar die Arbeitslosenrate unter den Männern (45,9%) verhältnismäßig stärker als unter den Frauen (34,2%). Insgesamt war die reale Erhöhung der Arbeitslosenrate bei Männern und Frauen sehr stark, mit einem Anstieg von 6,6% auf 9,5% bei den Männern, und von 9,6% auf 12,7% im Fall der Frauen.

Die Krise trug auch zur Zunahme der Jugendarbeitslosigkeit bei. Als sich die Arbeitslosenzahl stark erhöhte, waren die Altersgruppen zwischen 14 und 17 Jahren (von 22,2% auf 37,9%) sowie zwischen 18 bis 24 Jahren (von 15,8% auf 24,1%) zwischen dem ersten Quartal 2014 und dem 2016 sehr stark betroffen. Diese Situation verschärfte sich noch bei den Jugendlichen, die die Mittlere Reife oder die Hochschulreife nicht abgeschlossen hatten. In diesen Fällen erhöhte sich die Arbeitslosenrate noch stärker. Der schnelle und starke Anstieg der Arbeitslosigkeit betraf alle Ausbildungsgrade. Die Zunahme trat auch bei den Beschäftigten mit höheren Abschlüssen auf. Diese hatten ihren Anteil an der Gesamtbeschäftigung auf dem brasilianischen Arbeitsmarkt durch die Sozial- und Bildungspolitiken der letzten Phase des Wirtschaftswachstums gesteigert. So kann gefolgert werden, dass durch die Krise der Arbeitslosigkeitsanstieg praktisch alle sozialen Schichten betraf.

Die Abnahme der Beschäftigtenzahl um 1,5% zwischen dem ersten Quartal 2015 und 2016 wurde von einem Rückgang der mittleren Realeinkünfte um 3,1% begleitet. Dies zeigt, dass die gesunkene Kaufkraft durch den Verlust an Einkommen einen größeren Einfluss auf die Verringerung der absoluten Arbeitseinkommen hatte als die Abnahme der Beschäftigtenzahlen. Zudem war der Anstieg der unbeschäftigten Personen (39,8%) proportional sehr viel größer als die Reduzierung der Beschäftigungsmöglichkeiten. Dies war der Fall, weil in Brasilien die wirtschaftlich aktive Bevölkerung immer noch stark zunimmt. Die gestiegene Arbeitslosenzahl war also viel mehr eine Konsequenz des Nicht-Absorbierens der gestiegenen Zahl der Erwerbstätigen als die Zunahme der Arbeitslosigkeit.

Zwischen den einzelnen Beschäftigungsgruppen kann beobachtet werden, dass die Einkommensverluste bei den qualifizierten Arbeiter*innen der Land- und Viehzucht, der Forstwirtschaft, der Jagd und der Fischerei 9,4% betrugen, bei qualifizierten Erwerbstätigen und solchen im Bauwesen und Handwerk 6,8% und bei einfachen Tätigkeiten 3,5%. In diesen Fällen waren die Auswirkungen der Wirtschaftskrise folglich gravierend, sowohl für die Beschäftigung als auch bei den Einkommen. Das gilt auch für die Direktor*innen und Führungskräfte mit Einkommensverlusten von 4,0%, Techniker*innen und mittleren Fachangestellten (-3,3%) sowie wissenschaftlichen und intellektuellen Fachangestellten (-2,6%).

## 4. Die wirtschaftliche und politische Krise und die Bedrohung der Rechte der Lohnabhängigen

In einem System von Arbeitsbeziehungen mit einem gering strukturierten Arbeitsmarkt, hoher Informalität, Arbeitskraftüberschuss, Flexibilität und ungleichen Arbeitslöhnen, hat staatliche Regulierung großes Gewicht. Während des Redemokratisierungsprozesses der Gesellschaft in den 1980er Jahren kam es in Brasilien zu einem Ausbau öffentlicher Regulierung und sozialem Schutz für die Erwerbstätigen. In den 1990er Jahren gab es einen politischen Wechsel, der darauf zielte, Arbeitskraft zu flexibilisieren und soziale Sicherung mittels einer Serie von Maßnahmen zu verringern. Diese standen im Zusammenhang mit dem Anstieg der Arbeitslosigkeit. In den 2000er Jahren und während der ersten drei Regierungen der Arbeiterpartei PT gab es widersprüchliche Entwicklungen: zum einen die Verbesserung der Arbeitsbedingungen und Einkommen und zum anderen zunehmende Flexibilisierung. Es kann festgehalten werden, dass die Arbeitsregulierungen nur punktuelle Aktionen waren, die aber kein umfassendes Reformprogramm für die Arbeitsbeziehungen darstellten. Gleichzeitig durchlief das Land während dieser Phase keine Zerstörung sozialer Schutzmechanismen, was durchaus etwas sehr Positives ist, wenn man das mit den unterschiedlichen Erfahrungen auf internationaler Ebene vergleicht.

Der Druck für eine Agenda der Flexibilisierung verlor durch die Verbesserung der Arbeitsmarktindikatoren an Stärke. Die Unternehmensleitungen übten zwar weiterhin Druck aus, doch der politische Appell blieb sehr schwach, da einige ihrer Argumente durch die faktische Realität negiert worden waren. Das galt beispielsweise für das Argument der Arbeitgebenden, dass die Erhöhung des Mindestlohns Inflation, Informalität und Arbeitslosigkeit verursachen würde. Die konkreten Daten von 2004 bis 2013 belegen, dass das Gegenteil eintrat. Der Mindestlohn war, neben anderen Politikprogrammen, fundamental wichtig, um den Binnenmarkt zu dynamisieren und einen signifikanten Anteil der Gesellschaft in den Konsum einzubeziehen.

Jedoch stellt sich die Frage, warum trotz einiger positiver Maßnahmen zum Arbeitsschutz weiterhin ein hoher Flexibilitätsgrad aufrechterhalten wurde. Zudem kehrte mit der Verstärkung der Wirtschaftskrise die Frage der Flexibilisierung ohnehin mit Macht auf die politische Agenda zurück. Dies konnte man anhand der Tagesordnung des Bundesparlaments 2015 sowie den Vorschlägen zur Arbeits- und Sozialreform durch die wichtigsten Unternehmensvertreter und konservative politische Kräfte beobachten. Ein Beispiel ist das Dokument »Uma ponte para o futuro« (»Eine Brücke zur Zukunft«) von Ende 2015. Es wurde durch die konservative PMDB *(Partido do Movimento Democrático Brasileiro – Partei der Brasilianischen Demokratischen Bewegung)* vorgelegt, die als Basis für die Kräfte dient, die sich zum Putsch gegen Präsidentin Dilma Roussef zusammenfanden. Ihr »Reformprogramm« sieht die absolute Flexibilisierung und Einschränkung der sozialen Sicherung vor. Aus der gleichen politischen Richtung kommend, präsentierten die zentralen Vertretungen der Arbeitgeber ihre Vorschläge zur Arbeitsreform.

Beispielsweise legte die *Confederação Nacional da Indústria (Bundesverband der Nationalen Industrie)* nacheinander folgende Vorschläge vor: Die absolute Liberalisierung des Outsourcing, die Stärkung der Tarifautonomie im Sinne eines Vorrangs von Tarifvereinbarungen über die Gesetzgebung,[1] die Entleerung der rechtlichen Definition von Arbeitsbedingungen analog zur Sklaverei,[2] das Ende einer Politik der Aufwertung des Mindestlohns, eine neuerliche Reform der Sozialversicherung, die Flexibilisierung des Arbeitstages sowie andere Maßnahmen, die auf die Schwächung der staatlichen Institutionen zur Regulierung der Arbeitsbeziehungen hinauslaufen. Auch zeigen Erhebungen, die durch das gewerkschaftsnahe Institut *DIAP (Departamento Intersindical de Assessoria Parlamentar)* gemacht und im April 2016 vorgelegt wurden, dass es 55 gesetzliche Vorschläge in Sitzungen des Nationalkongresses gab, die die Rechte der Arbeiter*innen bedrohen. Beispiele für neue Initiativen sind die Reduzierung des Mindestalters auf 14 Jahre, das Verbot für Gewerkschaften an öffentlichen Foren teilzunehmen, die Neudefinition des Begriffs der Arbeit analog zur Sklaverei etc. Von diesen wurden 32 zwischen 2013 und 2015 vorgelegt.

## 5. Fazit

Die Wirtschaftskrise der Jahre 2015 und 2016 ging mit einem Anstieg der Arbeitslosigkeit und Informalität einher und hatte daher wichtige Folgen für die Lebens- und Arbeitsbedingungen der Brasilianer*innen. Der Einbruch bei den Beschäftigtenzahlen führte zu einer reduzierten Kaufkraft. Die Auswirkungen sind regional differenziert zu sehen, am stärksten sind Staaten im Süden Brasiliens und die wichtigsten metropolitanen Regionen betroffen, also die am meisten entwickelten und industrialisierten Regionen.

Einige liberal-konservative Rechte, die die politische Krise offensiv verursacht haben, verfolgten das Ziel, unter dem Vorwand des Kampfes gegen Korruption Präsidentin Dilma Rousseff in ein Amtsenthebungsverfahren zu verwickeln. Dieser Prozess hat das Land tiefgehend erschüttert (in Wirklichkeit ist es ein in angeblicher Rechtsstaatlichkeit getarnter Staatsstreich). Weiterhin geht es der neuen Regierung darum, eine Serie neoliberaler Reformen einzuleiten. Vor diesem Hintergrund wurde der Nation eine »Reformagenda« präsentiert, welche auf eine Zerstörung der sozialen Sicherung und auf die Flexibilisierung der Arbeitsrechte

---

[1] Gemeint ist eine radikale Form der Tarifautonomie *(prevalência do negociado)*, welche in der Konsequenz bedeutet, dass das Arbeitsrecht nur noch gilt, wenn es in Tarifverträge übersetzt wird bzw. diese Erstere unterlaufen können. Der Vorschlag stammt aus den 1990er Jahren und ist einer der Eckpunkte des Regierungsprogramms von Michel Miguel Elias Temer (PMDB). Ein erstes Urteil, was diese Auffassung gestärkt hat, gab es im September 2016. [Anm. d. Ü.]

[2] Der Begriff der »Arbeitsbedingungen analog zur Sklaverei« ist im Strafgesetzbuch unter Artikel 149 definiert und umfasst Mittel der Freiheitsberaubung, exzessive Arbeitszeiten und erniedrigende Arbeitsbedingungen. Die letzten beiden Definitionskriterien sind bereits seit mehreren Jahren Gegenstand kontroverser legislativer Debatten. [Anm. d. Ü.]

setzt. Unter den Prioritäten der Übergangsregierung befinden sich auch das Einfrieren der öffentlichen Ausgaben über einen Zeitraum von 20 Jahren, eine Reform der öffentlichen Daseinsfürsorge sowie eine Arbeitsrechtsreform, welche den Vorrang von Vereinbarungen über Gesetze festschreibt und das Outsourcing fördert. Diese Agenda deutet auf eine Strategie hin, im Rahmen derer soziale und Arbeitsrechte abgesenkt werden sollen. Diese steht in Verbindung mit der weiteren Strategie der Förderung der Wettbewerbsfähigkeit, die auf der Reduktion der Arbeitskosten basiert – wie es schon in der Vergangenheit und in verschiedenen anderen lateinamerikanischen Ländern geschehen ist.

Derzeit lässt sich nicht vorhersagen, ob die hier erwähnten Vorhaben in dieser Form verabschiedet und tatsächlich durchgesetzt werden. Die aktuelle politische und wirtschaftliche Krise trägt im Kontext tiefgreifender Veränderungen des zeitgenössischen Kapitalismus dazu bei, dass die Vertreter*innen der Flexibilisierung mit ihren Vorschlägen zur Arbeitsreform davon ausgehen, dass die Stimmung zugunsten einer Verabschiedung steht. Es ist jedoch auch möglich, dass es Widerstand geben wird. Dies war bereits der Fall, als der Nationalkongress 2015 versuchte, eine Regulierungsdirektive für die totale Liberalisierung des Outsourcing zu verabschieden. Neue und mobilisierungsfähige Widerstandsbewegungen entstehen aus der Gesellschaft. Die Gewerkschaften dagegen tendieren in Anbetracht der gestiegenen Arbeitslosigkeit zu einer defensiveren Position. Sie können aber durchaus stark darin werden, den Widerstand gegen die Reformen des Arbeitsrechts und den Abbau sozialer Rechte in Brasilien zu organisieren.

**Literatur**
Baltar, Carolina Troncoso (2014): A model of economic growth for an open developing country: Empirical evidence for Brazil, Cambridge Centre for Economic and Public Policy, Land Economy Working Paper Series, WP12-14.
Baltar, Paulo Eduardo de Andrade/Leone, Eugenia (2015): Growth with social inclusion and labour market in Brazil. Beitrag auf der 10. Konferenz der Global Labour University »Sharing the Gains – Containing Corporate Power«, 30.9.-2.10.2015, Washington D.C.
Baltar, Paulo Eduardo de Andrade/Santos, Anselmo Luís dos/Krein, José Dari/Leone, Eugenia/Proni, Marcelo Weishaupt/Moretto, Amilton/Maia, Alexandre Gori/Salas, Carlos (2010): Trabalho no Governo Lula: uma reflexão sobre a recente experiência brasileira. Global Labour University Working Papers, 9, www.global-labour-university.org/fileadmin/GLU_Working_Papers/GLU_WP_No.9.pdf (englische Version, Zugriff: 31.8.2016).
DIAP [Departamento Intersindical de Assessoria Parlamentar] (2016): 55 ameaças à direitos em tramitação no Congresso, Brasília, www.diap.org.br/index.php?option=com_content&view=article&id=25839:55-ameacas-de-direitos-em-tramitacao-no-congresso-nacional&catid=45:agencia-diap&Itemid=204 (Zugriff: 25.4.2016).
Gimenez, Denis Maracci (2008). Ordem liberal e a questão social no Brasil, São Paulo.
IBGE [Instituto Brasileiro de Geografia e Estatstica] (2016): Pesquisa Nacional por

Amostra de Domicílios Contínua (PNADC), Brasília, www.sidra.ibge.gov.br/bda/tabela/protabl.asp?c=4097&z=p&o=27&i=P (Zugriff: 31.8.2016).

IBGE [Instituto Brasileiro de Geografia e Estatstica] (2016a): Contas Nacionais. In: Internetauftritt des IBGE, Brasília, www.ibge.gov.br/home/estatistica/indicadores/pib/defaultcnt.shtm (Zugriff: 31.8.2016).

IBGE [Instituto Brasileiro de Geografia e Estatstica] (2016b): Pesquisa Mensal de Emprego. In: Internetauftritt des IBGE, Brasília, www.ibge.gov.br/home/estatistica/indicadores/trabalhoerendimento/pme_nova/ (Zugriff: 31.8.2016).

Krein, José Dari/Santos, Anselmo Luis dos/Nunes, Bartira Tardelli (2011): Balanço do governo Lula: Avanços e contradições. In: Revista ABET, Brazilian Journal of Labour Studies, 10, Heft 2, S. 30-54.

Leone, Eugenia/Baltar, Paulo Eduardo de Andrade (2016): Socially inclusive economic growth and the reduction of gender inequalities in the labour market. Beitrag auf der 13th International Conference – Developments in Economic Theory and Policy, 23.-24.6.2016, Bilbao.

Oliveira, Tiago (2015): Trabalho e Padrão de Desenvolvimento. Uma reflexão sobre a reconfiguração do mercado de trabalho brasileiro. Doktorarbeit: Campinas.

PMDB [Partido do Movimento Democrático Brasileiro] (2015): Uma Ponte para o Futuro, Fundação Ulisses Guimarães, São Paulo, http://pmdb.org.br/wp-content/uploads/2015/10/RELEASE-TEMER_A4-8.10.15-Online.pdf (Zugriff: 25.4.2016).

*Übersetzung: Catharina Wessing und Anne Lisa Carstensen*

Edward Webster
# Going Global – Building Local
Internationalismus und ArbeiterInnensolidarität im Zeitalter der Globalisierung

Die Idee der ArbeiterInnensolidarität, sprich die Idee, dass die Starken die Schwachen dabei unterstützen sollen, kollektive Macht zu erlangen, geht zurück auf die Anfänge des industriellen Kapitalismus, eindrucksvoll festgehalten in Karl Marx' Aufruf: »Proletarier aller Länder, vereinigt euch!«. In Südafrika hat dieser Aufruf zur ArbeiterInnensolidarität eine besondere Form angenommen, als weiße Arbeiter 1922 mit dem Slogan »Proletarier aller Länder, vereinigt euch für ein weißes Südafrika!« zum Generalstreik aufriefen. Die frühen revolutionären SozialistInnen, welche die Idee einer internationalisierten ArbeiterInnenbewegung aus Europa nach Südafrika trugen, konnten die weiße Arbeiterschaft, sprich die Kolonisierer, nicht davon überzeugen, dass ihr Schicksal abhängig war von dem der schwarzen ArbeiterInnenschaft, dem der Kolonisierten. Die weiße Arbeiterschaft verteidigte ihre Position mit dem Argument, sie würden von billigeren schwarzen Arbeitskräften ausgebootet (Webster 1978: 14-16).

Die Segmentierung der ArbeiterInnenklasse – nach Rasse, Geschlecht, Sprache, Ausbildungsniveau und vor allem zwischen dem Globalen Norden und Süden – ist und bleibt die zentrale Herausforderung, wenn es um den Aufbau internationaler Solidarität in der ArbeiterInnenschaft geht. Weder hier noch irgendwo sonst auf der Welt gibt es homogene Bedingungen für die arbeitende Klasse. Genau wie im ausgehenden 19. Jahrhundert ist heutzutage für viele Beschäftigte in vielen Teilen der Welt ein schlechter Job besser als keiner. In der Tat hat die im Zeitalter der neoliberalen Globalisierung prävalente Verlagerung von Arbeitsplätzen von den Industrieländern in Entwicklungsländer zu einer direkten Konkurrenz zwischen ArbeiterInnen geführt. Unter diesen Bedingungen nimmt die ArbeiterInnenschaft eines Landes die ArbeiterInnen aus anderen Ländern als feindlich wahr, anstatt sich gegen das Kapital zusammenzuschließen. Das Resultat ist ein *race to the bottom*, in welchem, wie Jan Breman und Marcel van der Linden (2014: 928) es ausdrücken, die »Hauptlast auf den Untersten und Ärmsten der globalen Arbeiterschaft liegt«.[1] Sie führen weiter aus, es sei »nicht zu weit hergeholt, zu argumentieren, dass ArbeiterInnen im Westen zur Ausbeutung ihrer Kollegen in Südasien beitragen. [...] Das Regime der Informalität hat den Westen mit voller Wucht getroffen und bricht sich Bahn in alle Sektoren des Beschäftigungsmarktes.« (Breman/van der Linden 2014: 928)

---

[1] Die Übersetzung fremdsprachiger Zitate ins Deutsche erfolgte durch den Übersetzer.

Als Antwort auf diese wachsende weltweite Unsicherheit können wir das Aufkommen eines Populismus beobachten, der angetrieben ist von nationalistischen UnternehmerInnen, die Isolationismus und Xenophobie befürworten. Wie Breman/van der Linden (ebd.: 936) feststellen, hat »der Jargon von Blut und Boden in Europa in der Tat einen deutlich faschistischen Beigeschmack. Er speist sich aus Einstellungen, die einer Integration in ein vereintes Europa widerstreben und die die Kräfte der Globalisierung deutlich ablehnen. All dies geschieht auf einer ideologischen Grundlage, welche selbstbewusst die fundamentalen Unterschiede zwischen Glaubensrichtungen und ›Rassen‹ postuliert. Es scheint eine enge Verbindung zwischen dem Mechanismus eines uneingeschränkt freien Marktes und religiösem und ethnischem Fundamentalismus zu existieren.«

In diesem Beitrag stelle ich Überlegungen zum sich wandelnden Wesen der globalen Ökonomie an, sowie zur Frage, wie eine für die ArbeiterInnenschaft freundlichere Weltordnung geschaffen werden könnte. Ich habe dieses Thema für die Festschrift gewählt, da Christoph Scherrer auf diesem Gebiet einen wichtigen institutionellen und akademischen Beitrag geleistet hat.

Zu Beginn werde ich die widersprüchlichen Prozesse innerhalb der globalen Ökonomie untersuchen, das heißt diejenigen Kräfte, die die ArbeiterInnenschaft zusammen bringen (Konvergenzen), und diejenigen Kräfte, die die ArbeiterInnenschaft spalten (Divergenzen). Im zweiten Teil unterscheide ich zwischen drei verschiedenen Formen internationaler Solidarität. Der Fokus liegt hier auf einem regulatorischen Ansatz und der Möglichkeit einer Strategie, die auf die Formalisierung von Arbeiterrechten auf globaler Ebene abzielt. Dies könnte durch die Einführung einer universellen sozialen Grundsicherung (*global social floor*[2]) erreicht werden, vorangetrieben von einer »drastisch reformierten und reorganisierten internationalen Gewerkschaftsbewegung« (Breman/van der Linden 2014: 937) in Zusammenarbeit mit sozialen Bewegungen. Im dritten Teil benenne ich Beispiele transnationaler ArbeiterInnensolidarität, welche auf neuen Machtressourcen fußt. Des Weiteren beschreibe ich den Versuch der *Global Labour University*, GewerkschaftsfunktionärInnen auszubilden, die global handeln können und gleichzeitig eingebettet sind in lokale Kontexte. Ich schließe mit der Feststellung, dass dies nur möglich ist, wenn das größte Hindernis für eine internationalisierte ArbeiterInnenbewegung überwunden wird: die Spaltung zwischen Nord und Süd.

---

[2] Siehe Erläuterungen im zweiten Teil des Beitrags sowie die Empfehlung der Internationalen Arbeitsorganisation (ILO 2012). In Kürze: »A social protection floor could consist of two main elements that help to realize respective human rights: (a) Essential Services: ensuring the availability, continuity, and access to public services (such as water and sanitation, health, education and family-focused social work support). (b) Social Transfers: a basic set of essential social transfers, in cash and in kind, paid to the poor and vulnerable to enhance food security and nutrition, provide a minimum income security and access to essential services, including education and health care. At country level it might also require development or amendment of the legislative system to uphold and protect the rights of those likely to be affected, based on key human rights principles such as non-discrimination, gender equity and people's participation.« (ILO/WHO 2009: 2) (Anmerkung der Hrsg.).

## 1. Konvergenz und Divergenz

Die Globalisierung hat große bis dato vom globalen Kapitalismus isolierte Teile der Welt, wie zum Beispiel Zentraleuropa, die ehemalige Sowjetunion, Indien und China, zugänglich gemacht für globale Unternehmen und damit auch für den globalen Arbeitsmarkt. Dazu Thomas Friedman: »In 1985 ›the global economic world‹ comprised North America, Western Europe, Japan, as well as chunks of Latin America, Africa and the countries of east Asia. The total population of this global economic world, taking part in international trade and commerce [...] was about 2.5 billion people. By 2000, as a result of the collapse of communism in the Soviet empire, India's turn from autarky, China's shift to market capitalism, and the population growth all over, the global economic world expanded to encompass 6 billion people. This meant that another roughly 1.5 billion new workers entered the global economic labour force.« (Friedman 2005: 182)

Der zentrale Punkt hierbei ist, dass diese *neuen* ArbeiterInnen *ungeschützt* auf den Arbeitsmarkt kamen, ohne die Rechte und den Schutz, den sich die ArbeiterInnen in Nordamerika und Westeuropa erkämpft hatten. Aus diesem Grund werden sie oft als Bedrohung für die organisierte ArbeiterInnenschaft des globalen Nordens wahrgenommen. Bei der Hälfte seines Buches angelangt, findet Friedman in seiner Bestandsaufnahme der Art und Weise, wie Globalisierung die Welt *flacher* macht, mahnende Worte in seiner sonst so überoptimistischen Darstellung der Globalisierung. Er erwähnt eine Unterhaltung mit seinen zwei Töchtern, denen er unverblümt rät: »Mein Rat an Euch: Macht Eure Hausaufgaben – die Leute in China und Indien hungern nach Euren Jobs.« (Friedman 2005: 237)

Selbstverständlich ist die Welt, oder genauer formuliert die globale Wirtschaft, nicht flach. Sie ist vielmehr sehr ungleichmäßig und die Globalisierung hat unterschiedliche Auswirkungen für ArbeiterInnen: »As precarity has come to be analyzed as a global phenomenon, there has been a tendency to employ a somewhat simplistic assumption of global convergence. While precarious work has been on the rise throughout the world, fundamental differences in the histories of work, and of workers, in the global North and South should caution against viewing precarity as a universal phenomenon whose meanings and implications are cognate for workers everywhere.« (Scully 2016: 2)

Um diese unterschiedlichen Auswirkungen der Informalisierung der Wirtschaft auf ArbeiterInnen zu illustrieren, zeigen wir an der Produktion von *Weißer Ware* (Kühlschränke, Waschmaschinen, Mikrowellengeräte, etc.) inwieweit sich die Reaktionen der ArbeiterInnen unterscheiden (Webster/Lambert/Bezuidenhout 2008). Bei *Elektrolux Australia* stellten wir Resignation im Angesicht der Verlagerung der Produktionsstätte nach China fest. Die meisten der interviewten ArbeiterInnen hatten eine fatalistische Sicht auf die Zukunft der Produktionsstätte und beabsichtigten, die soziale Absicherung durch das australische Wohlfahrtssystem in Anspruch zu nehmen (ebd.: 141-146). In Südkorea reagierten die ArbeiterInnen, indem sie den internationalen Wettbewerb durch Mehrarbeit noch intensivierten. Überstunden nahmen zu und die ArbeiterInnen reagierten auf die drohenden Entlassungen, indem sie in individuelle Versicherungen und Pensionsmodelle investierten (Webster/Lambert/Bezuidenhout 2008: 127-140). In Südafrika hingegen zogen sie sich ins Private zurück und entwickelten verschiedene Überlebensstrategien in der informellen Ökonomie.

Der konzeptionelle Rahmen der Studie bezieht sich auf Karl Polanyis Idee einer »Doppelbewegung«. Hierbei führt die immer weiterreichende Ausbreitung der Prinzipien des freien Marktes zu Gegenbewegungen, um die Gesellschaft zu schützen. Die derzeitige Periode der neoliberalen Globalisierung kann daher mit dem Begriff einer »zweiten großen Transformation« gefasst werden kann (ebd.: 4-5). Wir konnten erste zögerliche Experimente und Initiativen zum Schutz der Gesellschaft vor unregulierten Märkten ausmachen. Generell waren die Reaktionen der ArbeiterInnen auf globale Restrukturierungsprozesse jedoch lokal. Über das Internet konnten sie Kontakt zu ArbeiterInnen bei Elektrolux in Greenville, einer US-Kleinstadt in Michigan, sowie zu ArbeiterInnen am Heimatstandort von Elektrolux in Schweden herstellen. Dieser Versuch, Solidarität zwischen ArbeiterInnen im Produktionsprozess aufzubauen, scheiterte jedoch. Die Führung der schwedischen Gewerkschaft war zu eng mit der Geschäftsleitung des Unternehmens verbunden und sah so die Auslagerung nach China als Vorteil an.

Erfolgreiche Misserfolge können jedoch auch die Grundlage für den nächsten Schritt im Kampf sein. Wir erinnern uns an den Busboykott in Montgomery während der Bürgerrechtsbewegung in den Südstaaten der USA. Aldown Morris hat aufgezeigt, dass diesem einige erfolglose und wenig in Erinnerung gebliebene Busboykotts vorausgegangen waren (Morris 1984, zitiert in: Clawson 2010). Was können wir nun aus unserer Studie über die unterschiedlichen Reaktionen auf die Globalisierung im Produktionssektor der *Weißen Ware* für eine internationale ArbeiterInnensolidarität lernen?

Die Expansion des globalen Arbeitsmarktes konfrontiert die internationale Arbeiterbewegung mit einem Paradox: Auf der einen Seite hat sie die Ausbeutung der ArbeiterInnen auf globaler Ebene verstärkt. Ironischerweise hat sie gleichzeitig neue Möglichkeiten erschlossen, Hemmnisse der Vergangenheit durch neue Machtressourcen und neue Formen der Organisation zu überwinden. Hier seien drei Beispiele für neue Möglichkeiten transnationaler Solidarität genannt:

- Die durch die Globalisierung befeuerte technologische Revolution kann zum Vorteil der ArbeiterInnen genutzt werden. Email, Skype und Satellitenfernsehen eröffnen Möglichkeiten für globale Netzwerke und Kampagnen (Webster/Lambert/Bezuidenhout 2008: 186-211).
- Globale Lieferketten schaffen neue Verletzlichkeiten des Kapitals. Durch die Verknüpfung der Produktion in globalen Wertschöpfungsketten sind die Unternehmen anfälliger geworden. Die Lieferverzögerung eines Maschinenteils aus Korea an ein Montageband in Australien kann ArbeitgeberInnen in Australien und Korea an den Verhandlungstisch zwingen. Dies ist vergleichbar mit den Herausforderungen, mit denen sich Henry Ford in den 1930ern konfrontiert sah. Das Zeitalter der Globalisierung hat so neue Machtressourcen für die Arbeiterschaft hervorgebracht.

- Neue globale Arbeitsplatznormen, wie bspw. internationale Arbeitsstandards, *Codes of Conduct* und internationale Rahmenabkommen (Greven/Scherrer 2005), bieten neue Orientierungswerte für die ArbeiterInnenschaft. Es gibt hier eine neue Logik in der globalen Ökonomie, eine Logik, die besagt, dass Arbeitsstandards eingeführt werden müssen, um ein *race to the bottom* zu verhindern.

Welche Implikationen haben diese neuen Möglichkeiten nun für die Schaffung transnationaler Solidarität?

## 2. Typen transnationaler Solidarität

Bei der Untersuchung transnationaler Solidarität ist es meiner Einschätzung nach hilfreich, diese in drei Typen zu unterteilen. Da wäre erstens der *humanitäre Typus*. Hierbei geht es um Akte der Solidarität zur Verteidigung von Opfern von Menschenrechtsverletzungen, wie beispielsweise Opfern von Rassismus oder Kinderarbeit oder den Kampf um gewerkschaftliche Anerkennung. Charakteristisch für diesen Typus der Solidarität ist die moralische Fundierung. Er kann sehr wirkmächtig sein, wie die erfolgreiche Anti-Apartheid-Bewegung gezeigt hat. Diese Art der Solidarität kann sich in Konsumboykotts oder in Kampagnen äußern, wie bspw. der Kampagne um grundlegende Arbeitnehmerrechte gegen das globale Bergbauunternehmen *Rio Tinto* (Webster/Lambert/Bezuidenhout 2008: 197-201). Diese Kampagnen sind im Zeitalter des Internets relativ einfach und kostengünstig zu organisieren. Das *Rio Global Union Network* (RGUN) wurde von einem Studenten in Kalifornien koordiniert und verlangte von dem Unternehmen, sich an die ILO Kernarbeitsnormen zu halten (ebd.: 197).

Ein wichtiger Faktor für den Sieg der Anti-Apartheid-Bewegung war die internationale Solidarität. Die Kampagne für den Boykott Südafrikas und die Verhängung finanzieller Sanktionen waren der ausschlaggebende Anreiz für die Apartheid Regierung, mit dem *African National Congress* (ANC) unter der Führung Nelson Mandelas zu verhandeln. Eines der vielen Beispiele für internationale Solidarität sind die Hafenarbeiter in San Francisco, die sich weigerten, südafrikanische Schiffe zu entladen (Cole 2013).

Der Sieg des ANC 1994 war prekär, da er in einer Welt errungen wurde, in der sich die Machtverhältnisse entscheidend in Richtung des Kapitals verschoben hatten. Südafrika durchlebte einen zweifachen Wandel (Adler/Webster 1995). Einerseits gab es den Wandel hin zur Demokratie, in welchem sich die militante Arbeiterbewegung bedeutende Rechte erkämpft hatte. Andererseits war Südafrika nun Teil der globalen Ökonomie, in der die internationale Konkurrenz die ArbeitgeberInnen dazu zwang, Kosten zu senken, indem sie die neu gewonnenen Arbeitnehmerrechte umgingen, um zu chinesischen Preisen produzieren zu können.[3]

---

[3] Die marktförmigen Arbeitsbeziehungen in China sind der Grundstein der neoliberalen Restrukturierung der globalen Ökonomie und dies hat Auswirkungen auf die weltweiten Ar-

Den zweiten Typus transnationaler Solidarität nenne ich den *Produktionsansatz*. Hierbei handelt es sich um Akte der Solidarität zwischen Arbeiterinnen und Arbeitern an verschiedenen Produktionsstätten. Diese Solidarität ist am schwierigsten zu organisieren, wie der fehlgeschlagene Versuch zeigt, den Arbeitskampf bei *Electrolux Australia* zu globalisieren. Die Internationalisierung der Produktion hat zu einer Wettbewerbslogik zwischen Staaten geführt. So führt zum Beispiel ein Streik bei *General Motors* dazu, dass andere Autobauer ihre Produkte besser verkaufen können.

Doch trotz dieser Hindernisse gibt es eine wachsende Koordinierung transnationaler Solidarität in der Produktion. ArbeitnehmerInnen bei Volkswagen treffen sich jedes Jahr weltweit, um ihre Forderungen grenzüberschreitend an den Produktionsstätten in Deutschland, Brasilien, Indien und Südafrika zu koordinieren. Die Seefahrt ist der erste Sektor, der globale Tarifverträge aushandelt. Inspektoren der *International Transport Workers' Federation* (ITF) führen Inspektionen auf Schiffen durch, sobald sie im Hafen anlegen. So konnte, zum ersten Mal in der Geschichte, ein globaler Mindestlohn eingeführt und durchgesetzt werden.

Diese neuen Formen transnationaler Organisation fordern die konventionellen, national verankerten Formen von Organisation heraus, welche im 20. Jahrhundert vorherrschten. Entsprechend des althergebrachten Modells internationaler Solidarität wurden solche Verbindungen durch spezialisierte internationale Abteilungen hergestellt und waren mit hoher Wahrscheinlichkeit auf der Führungsebene der Gewerkschaftskonföderationen angesiedelt. Die unmittelbare Kommunikation via Email und Skype hat all dies infrage gestellt. Die neuen Formen transnationalen Handelns sind dezentralisiert und können sowohl *bottom-up* als auch *top-down* organsiert sein.

Den dritten Typus der internationalen Solidarität nenne ich den *regulatorischen Ansatz*. Hier wird nicht versucht, die ArbeiterInnen auf der Produktionsebene zusammenzubringen; vielmehr wird versucht, einen gemeinsamen Korpus von Soft Law aufzubauen, wie beispielsweise globale Rechts- und Arbeitsstandards oder neue Governance-Regeln durch internationale Rahmenabkommen. Ein Beispiel im Sinne dieses regulatorischen Ansatzes ist der von der *Global Labour University* seit Juni 2015 angebotene Onlinekurs für GewerkschafterInnen, der auf ArbeitnehmerInnenrechte in der globalen Ökonomie fokussiert ist.[4] Die fundamentalen Prinzipien der internationalen Arbeitsstandards, die ILO Konventionen 87 (Vereinigungsfreiheit und Vereinigungsrecht), 98 (Recht auf Kollektivverhand-

---

beitskosten. Das chinesische System ist deshalb ein Grundstein, weil die weltweite politische Durchsetzung des Neoliberalismus (die Abschaffung aller Protektionen für Handel, Investitionen und Finanzen) perfekte Bedingungen für globale Unternehmen geschaffen haben, die ungleiche Geographie der Arbeit auszunutzen (Harvey 2000: 31).

[4] Dieser zertifizierte Kurs besteht aus sechs Modulen und ist für GewerkschafterInnen gedacht, die globale Arbeitnehmerrechte und die institutionelle Struktur der ILO als Schlüsselakteur in der Setzung internationaler Arbeitsstandards verstehen wollen. Die GewerkschafterInnen sollen ein tieferes Verständnis der Konzepte entwickeln, die hinter den Grundrechten auf Versammlungsfreiheit und Tarifautonomie stehen.

lungen um sicherzustellen, dass Gewerkschaften nicht von Arbeitgebern unterdrückt werden) und 151 (die Rechte von Beschäftigten im öffentlichen Dienst), sind die Grundlagen dieses Ansatzes.

Ein innovatives Beispiel für den regulatorischen Ansatz ist die Umsetzung der Idee einer globalen Grundsicherung im Globalen Süden. Im Juni 2012 nahm die *International Labour Conference* die Empfehlung 202 für »National Floors of Social Protection« (ILO 2012)[5] an. Diese Empfehlung zielt darauf ab, die Versorgung in allen Lebensphasen sicherzustellen und beinhaltet Kindergeld, ein Recht auf Altersversorgung, den Zugang zu Gesundheitsversorgung und ein Grundeinkommen, entweder durch eine Arbeitsplatzgarantie oder durch direkte Zahlungen. Barrientos und Hulme (2009: 5) sehen darin eine »direkte Revolution« in der Sozialpolitik des Südens. Das *Bolsa Familia*-Programm in Brasilien wird als größtes Sozialtransferprogramm angesehen und deckt momentan ungefähr 46 Millionen Menschen ab. Der *Mahatma Gandhi National Rural Employment Guarantee Scheme* (MGNREGS) in Indien garantiert 100 Tage Arbeit für jeden Haushalt in ländlichen Gebieten, das *Community Work Programme* in Südafrika – analog zum MNREGS in Indien – pro Woche zwei Tage Arbeit im öffentlichen Sektor (Webster/Bhowmik 2014: 14).

Jan Breman und Marcel van der Linden (2014), zwei altgediente Forscher zum Thema »Armut trotz Arbeit in Entwicklungsländern«, sprechen sich für etwas aus, das dem regulatorischen Ansatz ähnelt, indem sie die Notwendigkeit zur »Rückkehr zur sozialen Frage auf globaler Ebene« empfehlen. Zusätzlich zu einem universellen Recht auf soziale Sicherheit schlagen sie eine globale Strategie vor, die abzielt auf »die Formalisierung von Arbeitnehmerrechten durch einen Mindestpreis für Arbeit, gekoppelt an die variablen Lebenshaltungskosten und durch reguläre anstatt flexibler Beschäftigungsverhältnisse, sprich echte Arbeitsplätze statt des endlosen Umherdriftens von einer Kurzzeitbeschäftigung zur nächsten« (Breman/van der Linden 2014: 934-935).

Die Versuche, eine globale Mindestversorgung zu etablieren, sind Beispiele für eine embryonale Alternative zur globalen Ökonomie oder, in Polanyis Worten, eine Gegenbewegung, die darauf abzielt, die Gesellschaft gegen den unregulierten Markt zu schützen (Harris 2010). Jedoch stehen, wie Kaustav Bannerjee feststelle, Rechte, die von oben garantiert werden, nur auf dem Papier »bis die Geltendmachung dieser Rechte durch die Menschen von unten diese in der Praxis etablieren«. Er beschreibt dies als »Doppelbewegung von unten« (zitiert in: Webster/Bhowmik 2014: 15). Breman und van der Linden (2014: 937) schließen sich dem an, indem sie feststellen, dass »der Druck von unten [...] von zen-

---

[5] Offiziell lautet die deutsche Übersetzung »innerstaatlicher sozialer Basisschutz«. Die begriffliche Holprigkeit geht auf politische Kontroversen in der deutschen Debatte zurück, da es gegen Begriffe wie »soziale Grundsicherung für alle« oder »universelle soziale Grundsicherung« Widerstände gab, da man fürchtete, dies könnte missbraucht werden, um ein Absenken der Lebensstandard sichernden Sozialversicherungssysteme zu befürworten (Anm. der Hrsg.).

traler Bedeutung sein wird für eine drastische reformierte und reorganisierte internationale Gewerkschaftsbewegung«.

Doch keiner der genannten Autoren bietet Ideen an, wie eine praktikable Bewegung von unten aussehen könnte. Tatsächlich stellen Breman und van der Linden fest, dass es »mit der rapiden Ausdehnung der Informalität vom globalen Süden ins Atlantische Becken wahrscheinlicher geworden ist, dass der Westen dem Süden folgt als umgekehrt« (ebd.: 937). Weiter identifizieren sie »einige zentrale Unterschiede zwischen der momentanen globalen Ökonomie und der des 19. und 20. Jahrhunderts« und schließen daraus, dass »die Arbeiterklasse gefangen ist in einem Entwicklungsverlauf der Ausbeutung und gezwungen ist in ein *race to the bottom*« (ebd.: 938). Im Zentrum ihrer pessimistischen Einschätzung hinsichtlich der globalen Formalisierung von Arbeitnehmerrechten steht die Annahme, dass »es in den Hochzeiten der Globalisierung keine öffentliche Steuerung gibt, die dem freibeuterischen Handeln des Kapitals Einhalt gebieten könnte« (ebd.).

Nun wende ich mich der Frage zu, wie eine neue internationalisierte Arbeiterbewegung aufgebaut werden könnte.

## 3. Der Aufbau einer neuen internationalisierten Arbeiterbewegung

Jamie K. McCallum (2013) zeigt in einer Studie über die *Group 4 Securicor* (G4S), wie ArbeiterInnen ein *Global Governance*-Akteur werden können. So sind ArbeitnehmerInnen laut McCallum nicht einfach nur Opfer des globalen Molochs; sie können vielmehr die globalen Spielregeln verändern.[6] Globale Rahmenabkommen sind Teil dieser Strategie, die Verhandlungsmacht nationaler Gewerkschaften über ganze Industrien hinweg auszudehnen, indem wichtige Unternehmen dazu gezwungen werden, sich an die Spielregeln der Gewerkschaft zu halten. McCallum (2013) illustriert dieses theoretische Argument mithilfe der Analyse einer globalen Kampagne eines globalen Gewerkschaftsdachverbandes, *Union Network International* (seit 2009: *UNI Global Union*), gegen das multinationale, im Sicherheitsgewerbe tätige Unternehmen G4S, den größten Arbeitgeber Afrikas, der interessanterweise auch als größter Arbeitgeber an der Londoner Börse gelistet ist.

Im Zentrum von McCallums Argumentation steht die Feststellung, dass die Kampagne keine direkten neuen Arbeitnehmerrechte durchsetzen konnte. Stattdessen nutzte sie ihre globale Macht, um neue Spielregeln für lokale Gewerkschaften zu schaffen. Er nennt diesen neuen Ansatz »Governance struggles« und beschreibt diese »grob gesagt als die Ausübung von Macht in Abwesenheit übergreifender politischer Autorität, meist durch eine Konstellation von Institutionen, die Entscheidungen treffen und die Befolgung von Regeln und Normen auf supranationaler Ebene durchsetzen« (McCullum 2013: 12). So ist die theoretische Verortung globaler Gewerkschaften als potenzielle Akteure von *Global Governance* möglich. McCallum hat eine neue Machtressource identifiziert: globale Macht. Dies ist eine

---

[6] Die beiden folgenden Absätze sind übernommen von Webster (2015a).

wichtige Erkenntnis, da sie es uns ermöglicht, über die weit verbreitete Sichtweise, dass die Globalisierung die organisierte Arbeiterschaft außer Gefecht setze (dieser linke Pessimismus, welcher auch neben vielen anderen von Breman und van der Linden geteilt wird), hinauszugehen. Stattdessen können wir beginnen, die neuen Quellen von Vulnerabilität und die strategischen Möglichkeiten, welche die Globalisierung für die Arbeiterschaft mit sich bringt, zu untersuchen.

Der Punkt hier ist, dass Globalisierung nicht nur ein Hemmnis ist, sie eröffnet auch neue Machtressourcen.[7] Beispielsweise konnten ArbeiterInnen der größten Traubenanbauer im Nordosten Brasiliens hohe Löhne und dauerhafte Beschäftigung durchsetzen, indem sie den Druck zur rechtzeitigen Lieferung hochqualitativer Trauben für den europäischen Markt ausnutzten (Selwyn 2012). Die kommerziellen Großproduzenten, die ihre Produkte exportieren, sind dem Qualitätsdruck der Einzelhändler in Europa unterworfen und brauchen dauerhaft beschäftigte Arbeitskräfte, die gut ausgebildet sind und über die geforderten Fähigkeiten verfügen. Dies hat die ArbeiterInnen mit struktureller Macht ausgestattet, das heißt sowohl mit Verhandlungsmacht am Arbeitsplatz im Herzen des Produktionsprozesses, ähnlich dem Druck, den ArbeiterInnen in der fordistischen Produktionsweise einsetzen konnten, als auch mit Verhandlungsmacht am Markt durch die Abhängigkeit der ArbeitgeberInnen von Fachkräften. Diese zuvor schlecht bezahlten LandarbeiterInnen können die Produktion unterbrechen oder lahmlegen, wenn sie mit ihren Arbeitsbedingungen nicht einverstanden sind. Die ArbeitgeberInnen können es sich aufgrund der strengen Lieferkonditionen der Einzelhändler nicht leisten, dies zuzulassen.

Ein weiteres Beispiel ist das der informell Beschäftigten in Indien. Rina Agarwala widerspricht der althergebrachten Sichtweise, die Informalisierung sei der »letzte Nagel im Sarg der Gewerkschaftsbewegung« (Agarwala 2013: 30). Sie zeigt, dass informell Beschäftigte neue Institutionen schaffen und einen neuen Sozialvertrag zwischen dem Staat und der ArbeiterInnenschaft schmieden. Zudem seien Bewegungen informell Beschäftigter am erfolgreichsten, wenn Parteien um die Stimmen der Armen konkurrieren. Sie nennt dies »kompetitiven Populismus« (ebd.: 162). Diese Organisationen informell Beschäftigter sind weder an eine bestimmte politische Partei gebunden, noch verfechten sie eine spezifische politische oder ökonomische Ideologie. Mit dieser Strategie konnten erfolgreich informell Beschäftigte organisiert werden.

Die größte Herausforderung für eine neue Internationalisierung der Arbeiterbewegung bleibt jedoch die Überwindung der Spaltung zwischen Nord und Süd. Wie Harvey (2006) aufgezeigt hat, nutzen Unternehmen effektiv die »Geographie der Differenzen« (ebd.), sprich globale Niedriglohnzonen aus und unterminieren so die Kernarbeitsnormen. Silver und Arrighi (2001) konstatieren, dass eine Spaltung zwischen Nord und Süd immer noch das größte Hindernis »für die Formierung eines homogenen Weltproletarierdaseins« ist und stehen einer neuen Internationalisierung der Arbeiterbewegung basierend auf einer rot/grünen Allianz

---

[7] Die nachfolgenden beiden Beispiele sind zu finden in Webster (2015b).

zwischen ArbeiterInnen aus dem Norden und Süden skeptisch gegenüber (ebd.: 530). Tatsächlich wirft Silver (2003: 13) die Frage auf, »ob die Kämpfe der ArbeiterInnen im Norden, abzielend auf die Reformierung supranationaler Institutionen, Schritte hin zur Formierung einer globalen Arbeiterklasse ›für sich‹ sind oder ob sie eher erste Anzeichen einer neuen Form des nationalen Protektionismus darstellen«. Seidman (2002) teilt diese Skepsis und hebt die potenziellen Spannungen zwischen einer Rhetorik universeller Rechte und Ansprüchen auf Bürgerschaft innerhalb des Nationalstaates hervor. Sie artikuliert das Misstrauen, mit dem viele Entwicklungsländer US-Menschenrechtskampagnen im Globalen Süden begegnen, hauptsächlich wegen der Frage, ob transnationale Überwachungskampagnen eher globale ManagerInnen und KonsumentInnen in entwickelten Industrienationen stärken als dass sie Fabriken und ArbeiterInnen im Globalen Süden nützen.

Die Herausforderung, die ArbeiterInnenbewegung in Zeiten der Globalisierung zu stärken, wurde von der ILO im Jahr 2004 angegangen, indem sie unter der Leitung von Frank Hoffer und Christoph Scherrer die *Global Labour University* (GLU) ins Leben rief (Webster 2008). Das zentrale Ziel der GLU ist es, bei GewerkschafterInnen mithilfe des Master-Studiengangs *Labour Policies and Globalisation* Fähigkeiten aufzubauen, um selbst Politikexpertise zu entwickeln. Der Grundgedanke hinter der Partnerschaft mit Universitäten ist, dass für die Arbeitenden neues Wissen und neue Strategien von Nöten sind, um sich mit der neoliberalen Globalisierung auseinanderzusetzen. Dieses neue Wissen kann durch traditionelle gewerkschaftliche Bildungsarbeit nicht adäquat vermittelt werden. Eine der zentralen Herausforderung für die GLU ist jedoch, dass dieses Wissen an Universitäten entweder rapide schwindet oder erst generiert werden muss. Die ältere Generation der WissenschaftlerInnen zu Arbeitsbeziehungen sind im Pensionsalter angekommen und eine neue Generation muss erst aufgebaut werden. Deshalb stellen, neben der Lehre, die gemeinsame Forschung, der Austausch von MitarbeiterInnen und Studierenden und das Organisieren von Alumni-Konferenzen zu arbeitspolitischen Themen zentrale Elemente der GLU dar.

Schnell expandierte die GLU über Deutschlands Grenzen hinaus, um den Globalen Süden mit einzubeziehen. Angetrieben von der Notwendigkeit, Partnerschaften mit WissenschaftlerInnen der Arbeitsbeziehungen und deren Institutionen dort aufzubauen, wurde die GLU zunächst im Jahr 2007 in Südafrika und später in Brasilien und Indien etabliert. Schon früh sah sich die GLU mit der Herausforderung konfrontiert, dass viele GewerkschafterInnen im Globalen Süden nicht über die notwendigen formellen akademischen Qualifikationen für die Einschreibung in einen Master-Studiengang verfügten, jedoch die zentrale Zielgruppe für die Transformation der ArbeiterInnenbewegung darstellten. Als Antwort hierauf führte die GLU im Jahr 2010 das in Kassel und Berlin angesiedelte ENGAGE-Programm *(Empowerment and Capacity Building Network for Global Trade Unionists)* ein, welches im Jahr 2013 an die *University of the Witwatersrand* in Johannesburg verlagert wurde.

ENGAGE in Südafrika bietet erfahrenen GewerkschafterInnen aus aller Welt (und speziell aus Afrika) Zugang zu akademischer, theoretischer und methodischer

Ausbildung auf hohem Niveau. Ziel des Programms ist es, die Teilnehmenden mit dem notwendigen Rüstzeug auszustatten, um den Auswirkungen der neoliberalen Globalisierung auf die Arbeitswelt zu begegnen. Das erste Modul »Global Governance« fokussiert unter anderem die wachsende Informalisierung der Arbeit und die Notwendigkeit, die »Repräsentationslücke« zu schließen (Webster/ Bishoff 2011). Ein zentraler Anspruch von ENGAGE ist es, die von den Teilnehmenden erworbenen Fähigkeiten für die Gewerkschaften in deren Heimatländern nutzbar zu machen.

Eine wichtige vermittelte Fertigkeit ist die des vertikalen und horizontalen *Mapping*, welches benutzt wird, um die Organisierung schutzloser ArbeiterInnen zu erleichtern.[8]

Mithilfe von neun GewerkschafterInnen aus dem südlichen Afrika ist es der Forschungsgruppe gelungen, Fertigkeiten für einen neuen Typus des Gewerkschaftssekretärs bzw. der Gewerkschaftssekretärin zu entwickeln. Diese/r versteht globale Kontexte, ist aber in der lokalen Gemeinschaft verankert. Dies wird auf fünf Wegen erreicht: Erstens werden die Teilnehmenden befähigt, neue Gruppen prekär Beschäftigter durch horizontales *Mapping* zu identifizieren, zum Beispiel Lastwagenfahrer in Malawi, Hausangestellte in Lesotho, private Sicherheitsleute in Swaziland, Reinigungskräfte in Zambia oder GastronomiearbeiterInnen, EinzelhändlerInnen und StraßenverkäuferInnen in Südafrika.[9] Ein wichtiger Punkt ist, dass die Teilnehmenden ArbeiterInnen identifizieren, die Jennifer Chun als »neue politische Subjekte der Arbeit« beschreibt: »Frauen, ImmigrantInnen, *People of Color*, schlecht bezahlte Servicekräfte, prekär Beschäftigte, [...] Gruppen die historisch ausgeschlossen waren von der moralischen und materiellen Mitgliedschaft in einer Gewerkschaft.« (Chun 2012: 40) Zweitens waren die GewerkschafterInnen gezwungen, mit den schutzlosen ArbeiterInnen von Angesicht zu Angesicht zu interagieren und so einen direkten Eindruck von deren Arbeits- und Lebensbedingungen zu gewinnen. Drittens ist vertikales *Mapping* im Speziellen hilfreich bei

---

[8] Das *Mapping* wird auf zwei Arten durchgeführt: horizontal (HM) und vertikal (VM). Im HM werden die Charakteristika, der Arbeitsort und der industrielle Sektor der Arbeitenden identifiziert und dokumentiert. Hierzu werden diese individuell zu Hause und in ihren Gemeinschaften kontaktiert. HM konzentriert sich auf die Erhebung von Daten zu den demographischen Charakteristika der ArbeiterInnen, zu häuslicher Situation, Arbeitsprozessen, Arbeitsbeziehungen, Lohnhöhen und Entlohnungsprozessen sowie zu Problemen und Sachverhalten, mit denen sie konfrontiert sind. Im Gegensatz hierzu geht es beim VM darum, die Produktionsketten zu identifizieren, welche HeimarbeiterInnen, SubunternehmerInnen, ZwischenhändlerInnen, KäuferInnen und MarkenbesitzerInnen miteinander verbinden (Burchielli/Buttigieg/Delaney 2008).

[9] Die Beispiele stammen von gemeinsamen Tagungen des ENGAGE-Transferprojektes am 25./26. November 2014 und vom 16.-25. November 2015 im Parktonian Hotel in Johannesburg. Die Organisation des ENGAGE-Transferprojektes wurde von Warren McGregor, dem GLU-Koordinator, übernommen. Ich möchte ihm danken für die zentrale Rolle, die er eingenommen hat bei der Durchführung von Workshops in neun Ländern, um dann sicherzustellen, dass die 40 Teilnehmenden Berichte zum erfolgreichen Transfer von *Mapping* als Organisierungswerkzeug in ihren Heimatländern verfassten.

der Darstellung von Lieferketten und der Aufdeckung der Funktionsweise von Globalisierung im südlichen Afrika. Viertens haben die Befragten begonnen, durch das Ausfüllen der Fragebögen eine Identität als ArbeiterIn zu entwickeln. Fünftens hat es den ArbeiterInnen dabei geholfen, ihren Unmut und das Gefühl der Ungerechtigkeit so zu formulieren, dass sie sich kollektiv organisieren können.

Dieses Experiment, eine neue internationalisierte Arbeiterbewegung zu schaffen, ist ein bescheidener erster Schritt. Das langfristige Ziel des Programms ist es, eine Kohorte von GewerkschaftsaktivistInnen hervorzubringen, die regionale Kampagnen durchführen und schutzlose ArbeiterInnen organisieren können. Die Aktivistinnen des globalen Forschungsnetzwerks *Women in Informal Economy: Globalising and Organising* (WIEGO) formulieren die Herausforderung so: »There is no single easy, one-step way to formalise informal employment. Rather, it should be understood as a gradual, on-going process of incrementally incorporating informal workers and economic units into the formal economy through strengthening them and extending their rights, protection and benefits.« (WIEGO 2014: 1)

## 4. Fazit

Ich habe nahegelegt, dass ein neuer Ansatz für eine internationale Arbeiterbewegung im Entstehen ist, der sogenannte regulatorische Ansatz, welcher darauf abzielt, ein neues globales System von Arbeitsstandards und ein arbeiterfreundliches System von *Global Governance* aufzubauen. Wird dieser globale Versuch jedoch nicht begleitet durch eine starke Organisation auf lokaler Ebene, wird dieser das *race to the bottom* nicht aufhalten können. Die *All Chinese Federation of Trade Unions* (ACFTU) ist hierfür ein typisches Beispiel. Trotz der Tatsache, dass China durch das Nichtvorhandensein einer unabhängigen Gewerkschaftsbewegung die internationalen Arbeitsstandards missachtet, hat die internationale Gewerkschaftsbewegung, mit Ausnahme der *International Union of Foodworkers* (IUF), ihre Beziehungen mit der ACFTU *normalisiert* (Lambert/Webster 2016). Der Aufbau einer neuen internationalisierten Arbeiterbewegung bedeutet nicht die Wahl zwischen globalem und lokalem Handeln. Vielmehr ist die Voraussetzung, dass Gewerkschaften zwischen dem Globalen und dem Lokalen navigieren. Diese Kombination schafft laut Sidney Tarrow einen »verwurzelten Kosmopolitanismus« (Tarrow 2005: 42). Verwurzelte KomsmopolitInnen sind AktivistInnen, die global denken aber lokal verankert sind. In Tarrows Worten:

»They move physically and cognitively outside their origins, but they continue to be linked to place, to the social networks that inhabit that space, and to the resources, experiences, and opportunities that place provides them with.« (ebd.: 42)

Die schwierigste in diesem Beitrag aufgeworfene Frage ist, wie eine internationale Solidarität von ArbeiterInnen über die Spaltung zwischen Nord und Süd hinweg realisiert werden kann. Aus der Analyse lassen sich zwei Interpretationen von Arbeitersolidarität herauslesen: Die erste ist wertebasiert und bedeutet, dass man sich selbst in die Position der anderen Person begibt und sich dadurch gemeinsamer Werte bewusst wird. Dies ist der oben beschriebene humanitäre Zugang zur Internationalisierung der Arbeiterbewegung. Dieser Ansatz definiert Solidarität als einen »moralischen Imperativ, der einen fundamentalen Wert in allen großen Religionen der Welt darstellt: Was du nicht willst das man dir antut, das füg' auch keinem anderen zu; Liebe deinen nächsten wie dich selbst.« (Lindberg 2014: 136)

Die Interpretation von Arbeitersolidarität, die sich aus unserer Analyse ableitet, unterscheidet sich vom humanitären Ansatz indem sie auf gegenseitigem Selbstinteresse fußt. Lindberg schreibt hierzu: »Solidarity in a union means moving from an individual self-interest, or the self-interest of a smaller group, to a broader self-interest, perhaps of all metalworkers in Sweden or all dockworkers in Europe. Perhaps to the mutual self-interest of a global working class? But even so, union solidarity will always have an element of shared self-interest. Unions are interest-based organisations.« (ebd.: 136)

Der Beitrag hat aufgezeigt, wie ein globales Regime der Informalität derzeit die Arbeit und die Arbeiterschaft weltweit durch einen umfassend flexibilisierten Arbeitsmarkt definiert. Aber es können, wie gezeigt, auch neue Formen transnationaler Solidarität entstehen, die anerkennen, dass die Interessen der ArbeiterInnenschaft am besten durch globales Handeln verteidigt werden können. Diese Aktionsformen gehen von der Annahme aus, dass sich die ArbeiterInnenbewegung auf ihre Kapazität, die Wirtschaft zu stören, gründet, also auf ihre strukturelle Macht innerhalb der Ökonomie. Während diese strukturelle Macht durch die neoliberale Globalisierung geschwächt worden ist und sich die Organisationsmacht, also die Fähigkeit sich kollektiv in Gewerkschaften und Parteien zu organisieren, Attacken seitens der IdeologInnen des *freien Marktes* ausgesetzt sieht, lassen sich neue Strategien, Organisationen, Institutionen und Machtressourcen identifizieren, die zum Wiederaufbau der ArbeiterInnenbewegung beitragen.

Das Hauptargument dieses Beitrages ist, dass die Spaltung zwischen Nord und Süd zu groß ist, um sie nur durch institutionelle Differenzen zu erklären. Die Geschichte und das Erbe des Kolonialismus, genauso wie die Politik der Liberalisierung, haben den Globalen Süden grundlegend anders beeinflusst als den Norden. Ein »Goldenes Zeitalter« der guten Arbeitsbedingungen in kolonialen Arbeitsstätten hat es nie gegeben (Scully 2016); ein Blick über die Arbeitsstätte hinaus auf den Ort der Reproduktion, sprich auf den Haushalt und die lokale Gemeinschaft, macht diese Unterschiede deutlich (Lee/Kofman 2012: 393). Im Globalen Süden gibt es nicht nur eine Arbeitsplatzkrise, es handelt sich um eine Krise der Reproduktion der Gesellschaft selbst (Webster/von Holdt 2005; siehe auch die Beiträge von Christa Wichterich und Friederike Habermann in diesem Buch). Dies führt dazu, dass sowohl die Arbeitspolitik als auch das Streben nach einer Einigung auf die Formalisierung des Arbeitsrechts auf globaler Ebene über den Kompromiss zwischen organisierter ArbeiterInnenschaft und organisiertem Kapital hinausgehen müssen. Im Globalen Süden muss ein Kompromiss erzielt werden »zwischen Staat, urbanen Klassen, Klassenfraktionen (einschließlich der ArbeiterInnen, der informellen Ökonomie und der Erwerbslosen) und dem nationalen und internationalen Kapital« (Webster/Adler 1999: 353). Ob diese *Rückkehr zur sozialen Frage auf globaler Ebene* den Kampf gegen diejenigen ArbeiterInnen im Norden und Süden gewinnen kann, welche sich nach Innen wenden und empfänglich sind für Xenophobie (siehe hierzu auch der Beitrag von Frank Hoffer in diesem Band), ist die zentrale Frage, mit der sich die FürsprecherInnen einer neuen internationalisierten Arbeiterbewegung auseinandersetzen müssen.

**Literatur**
Adler, Glenn/Webster, Eddie (1995): Challenging Transition Theory: The Labour Movement, Radical Reform, and Transition to Democracy in South Africa. In: Politics & Society, 23, Heft 1, S. 75-106.
Agarwala, Rina (2013): Informal labor, formal politics, and dignified discontent in India, Cambridge.
Barrientos, Armando/Hulme, David (2009): Social Protection for the Poor and Poorest in Developing Countries. Reflections on a Quiet Revolution. In: Oxford Development Studies, 37, Heft 4, S.439-456.
Breman, Jan/van der Linden, Marcel (2014): Informalizing the Economy. The Return of the Social Question at a Global Level. In: Development and Change, 45, Heft 5, S. 920-940.
Burchielli, Rosaria/Buttigieg, Donna/Delaney, Annie (2008): Organizing homeworkers. The use of mapping as an organizing tool. In: Work, Employment & Society, 22, Heft 1, S. 167–180.
Chun, Jennifer J. (2012): The Power of the Powerless. New Schemas and Resources for Organizing Workers in Neoliberal Times. In: Suzuki, Akira (Hrsg.): Cross-National Comparisons of Social Movement Unionism. Diversities of Labour Movement Revitalization in Japan, Korea and the United States, Oxford, S. 37-60.
Clawson, Dan (2010): »False« Optimism. The Key to Historic Breakthroughs? A Response to Michael Burawoy's »From Polanyi to Pollyanna: The False Optimism of Global Labour Studies« (GLJ 1.2). In: Global Labour Journal, 1, Heft 3, S. 398-400.
Cole, Peter (2013): No Justice, No Ships Get Loaded. Political Boycotts on the San Francisco Bay and Durban Waterfronts. In: International Review of Social History, 58, Heft 2, S. 185-217.
Friedman, Thomas L. (2005): The world is flat. The globalized world in the twenty-first century, London (dt.: Die Welt ist flach: Eine kurze Geschichte des 21. Jahrhunderts, Frankfurt a.M., 2007).
Greven, Thomas/Scherrer, Christoph (2005): Globalisierung gestalten. Weltökonomie und soziale Standards. Schriftenreihe Band 440 der Bundeszentrale für politische Bildung, Bonn.
Harris, John (2010): Globalization(s) and Labour in China and India. Introductory Reflections. In: Global Labour Journal, 1, Heft 1, S. 3-11.
Harvey, David (2000): Spaces of Hope, Edinburgh.
Harvey, David (2006): Spaces of Global Capitalism. Towards a Theory of Uneven Geographical Development, London.
ILO [International Labour Organization] (2012): R202 – Social Protection Floors Rec-

ommendation, 2012 (No. 202), beschlossen auf der 101. International Labour Conference, 14 Juni 2012.
ILO/WHO [International Labour Organization, World Health Organization] (2009): The Social Protection Floor. A joint Crisis Initiative of the UN Chief Executives Board for Co-ordination on the Social Protection Floor, Genf.
Lambert, Robert/Webster, Edward (2016): The China Price: The All-China Federation of Trade Unions and the Repressed Question of International Labour Standards. In: Globalizations, online first, www.tandfonline.com/doi/full/10.1080/14747731.2016.1205820 (Zugriff: 9.8.2016]
Lee, Ching Kwan/Kofman, Yelizavetta (2012): The Politics of Precarity. Views Beyond the United States. In: Work and Occupations, 39, Heft 4, S. 388-408.
Lindberg, Ingemar (2014): Unions and Trade. What Kind of Solidarity? In: Globalizations, 11, Heft 1, S. 131-141.
McCallum, Jamie K. (2013): Global unions, local power. The new spirit of transnational labor organizing, Ithaca/New York.
Scully, Ben (2016): Precarity North and South. A Southern Critique of Guy Standing. In: Global Labour Journal, 7, Heft 2, S. 160-173.
Seidman, Gay W. (2002): Deflated Citizenship: Labour Rights in a Global Order. Beitrag auf dem jährlichen Kongress der American Sociological Association, Washington.
Selwyn, Ben (2012): Workers, state and development in Brazil. Powers of labour, chains of value, Manchester.
Silver, Berverly/Arrighi, Giovanni (2001): Workers North and South. In: Panitch, Leo/Leys, Colin (Hrsg.): Socialist Register 2001. Working Classes: Global Realities, London.
Silver, Beverly J. (2003): Forces of Labour: Workers Movements and Globalization since 1870, Cambridge, S. 53-76.
Tarrow, Sidney (2005): The new transnational activism, Cambridge.
Webster, Edward (1978): Background to the Supply and Control of Labour in the Gold Mines. In: Webster, Edward (Hrsg.): Essays in Southern African labour history, Johannesburg.
Webster, Edward (2008): Shop Floor and Chalk-Face: A New Partnership? In: South African Labour Bulletin, 32, Heft 3, S. 45-48.
Webster, Edward (2015a): Labour after Globalisation. Old and New sources of Power. In: Bieler, Andreas/Erne, Roland/Golden, Darragh/Helle, Idar/Kjeldstadli, Knut/Matos, Tiago/Stan, Sabina (Hrsg.): Labour and Transnational Action in Times of Crisis, London, S. 115-128.
Webster, Edward (2015b): The shifting boundaries of industrial relations. Insights from South Africa. In: International Labour Review, 154, Heft 1, S. 27-36.
Webster, Edward/Adler, Glenn (1999): Toward a Class Compromise in South Africa's »Double Transition«. Bargained Liberalization and the Consolidation of Democracy. In: Politics & Society, 27, Heft 3, S. 347-385.
Webster, Edward/Bezuidenhout, Andries/Lambert, Robert (2008): Grounding Globalization. Labour in the Age of Insecurity, Malden, MA.
Webster, Edward/Bhowmik, Sharit (2014): Work, livelihoods and insecurity in the

South. A conceptual introduction. In: Fakier,Khayaat/Ehmke, Ellen (Hrsg.): Socio-Economic Insecurity in Emerging Economies. Building New Spaces, London/New York, S. 1-18.

Webster, Edward/Bishoff, Christine (2011): New Actors in Employment Relations in the Periphery. Closing the Representation Gap amongst Micro and Small Enterprises. In: Relations Industrielles, 66, Heft 1, S. 11-33.

Webster, Edward/von Holdt, Karl (Hrsg.) (2005): Beyond the apartheid workplace. Studies in transition, Scottsville.

WIEGO Network Platform (2014): Transitioning from the Informal to the Formal Economy in the Interests of Workers in the Informal Economy: Manchester. http://wiego.org/sites/wiego.org/files/resources/files/WIEGO-Platform-ILO-2014.pdf (Zugriff am 10.8.2016)

*Übersetzung: Christof Dieterle*

Alexander Gallas
# Vom »Nachlaufspiel« zum multiskalaren Internationalismus
Bedingungen grenzüberschreitender Solidarität unter ArbeiterInnen im globalen Kapitalismus[1]

Vor mehr als vier Jahrzenten machte der politische Ökonom Robert W. Cox (1972: 205) die Beobachtung, dass die Existenz grenzüberschreitend operierender Konzerne die Entstehung »transnational koordinierter Gewerkschaftsaktivitäten« zur Folge habe.[2] Cox traf keine genaueren Vorhersagen, sah es aber als möglich an, dass sich als Reaktion auf die Transnationalisierung der Produktion ein transnationales Regime der Arbeitsbeziehungen entwickele (ebd.: 206). Seinen Überlegungen lag eine analytische Grundanordnung zugrunde, die die Debatten um Globalisierung und globale Arbeitsverhältnisse nachhaltig geprägt hat, und die auch heute noch wirkmächtig ist. Nach wie vor wird in zahlreichen Beiträgen eine durch kapitalistische Entwicklung ausgelöste Internationalisierungs- bzw. Globalisierungsbewegung der Kapitalseite festgestellt, also eine Skalenverlagerung nach oben (»upscaling«), bei der die Skala des Nationalen als primären Zielgebiet strategischer Entscheidungen tendenziell abgelöst wird.[3] In einem zweiten Schritt wird dann die Frage gestellt, ob sich auf der Seite der Arbeit eine Parallelbewegung ausmachen lässt, beziehungsweise ob diese zu erwarten ist – kurz, ob auf den Internationalismus des Kapitals ein Internationalismus der Arbeit folgt. Hans Matthöfer hat dieses Argumentationsmuster bereits zur Zeit der Abfassung von Cox' Aufsatz als »Nachlaufspiel« karikiert (1971, zit. n. Hildebrandt et al. 1976: 27; vgl. Castree et al. 2004: 21).

Im vorliegenden Aufsatz gehe ich der Frage nach, wie die fragliche analytische Anordnung entstanden ist, inwiefern sie nach wie vor Debatten um transnationale Arbeitsverhältnisse prägt und wie sich die räumliche Dimension von Klassen- und Arbeitsverhältnissen angemessen analysieren lässt. Meines Erachtens lässt sich die strategische Herausforderung eines Internationalismus der Arbeit nicht angemessen diskutieren, ohne diese Fragen zu berücksichtigen. Insofern

---
[1] Ich danke den TeilnehmerInnen des Seminars »Global Labour Studies«, das im Wintersemester 2015/16 an der Universität Kassel stattgefunden hat, für ihre Diskussionsfreude und viele Anregungen, die in die Abfassung des vorliegenden Artikels eingeflossen sind. Jörg Nowak und Edlira Xhafa bin ich ebenfalls zu Dank verpflichtet, da sie mir wertvolle Literaturhinweise gegeben haben. Gleiches gilt für die HerausgeberInnen, die mir sinnvolle Vorschläge zur Überarbeitung des Textes unterbreitet haben. Eine Vorabversion habe ich in Manila im August 2016 im Rahmen eines Workshops der Global Labour University vorgestellt.
[2] Übersetzungen von Zitaten aus englischsprachigen Texten durch den Autor dieses Textes.
[3] Für eine detaillierte Auseinandersetzung mit »Upscaling« siehe Castree et al. (2004: passim).

steht eine Thematik im Zentrum des Aufsatzes, die von großer Bedeutung für die Aktivitäten der *Global Labour University* (GLU) ist, zu deren Protagonisten Christoph Scherrer gehört.[4]

Nun finden sich in der Arbeitsgeographie und den globalen Arbeitsstudien durchaus Beiträge, die sich diesen Fragen in der angemessenen Vielschichtigkeit widmen.[5] Allerdings wird in ihnen die bleibende Bedeutung nationalstaatlich verankerter Mechanismen der Konstitution von Klassen- und Arbeitsverhältnissen nicht hinreichend reflektiert.[6] Im vorliegenden Beitrag geht es also vorrangig um das Zusammenspiel von nationalen und transnationalen Konstitutionsprozessen und deren Bedeutung für den Internationalismus der Arbeit.

Die Argumentation gliedert sich in vier Teile: Im ersten Schritt wird herausgearbeitet, dass Karl Marx und Friedrich Engels die beschriebene Analyseperspektive bereits im *Manifest der kommunistischen Partei* einnehmen. Dabei wird bereits deutlich, dass sich gegen sie zahlreiche Einwände vorbringen lassen.[7] Zweitens wird gezeigt, dass sich die Analyseperspektive in zahlreichen aktuellen Analysen finden lässt, die im Bereich der globalen politischen Ökonomie und in den Globalen Arbeitsstudien angesiedelt sind. Drittens wird sie einer kritischen Prüfung unterzogen und die Bedeutung des Staats und der Skala des Nationalen bei der Konstitution von Klassenverhältnissen herausgearbeitet – unter anderem mit Verweis auf die staats- und klassentheoretischen Arbeiten von Nicos Poulantzas. Viertens geht es schließlich um die strategischen Implikationen des somit skizzierten Verständnisses von Klassenverhältnissen, das die nationalstaatliche Ebene[8] einbezieht und zugleich multiskalar ausgerichtet ist.

---

[4] Zu den Aktivitäten der GLU siehe auch die Beiträge von Frank Hoffer, das brasilianische ProfessorInnen-Kollektiv, Edward Webster, Devan Pillay/Michelle Williams, das GLU Alumni-Kollektiv und Sharit Bhwomik/Indira Gartenberg im vorliegenden Band.

[5] Beispiele finden sich bei Herod (2001, 2002), Castree et al. (2004) und Munck (2008).

[6] Ausnahmen bilden die Beiträge von Dimitri Stevis (2002), der eine empirische Analyse des Zusammenspiels nationaler und internationaler Orientierungen bei US-amerikanischen und europäischen Gewerkschaften vorlegt, und Mine Eder (2002), bei der sich einige grundsätzliche Reflektionen hinsichtlich des Zusammenspiels der nationalen und der transnationalen Ebene im Bereich der Arbeitsverhältnisse finden.

[7] Die Tatsache, dass das *Manifest* im vorliegenden Aufsatz einer grundsätzlichen Kritik unterzogen wird, sollte nicht als Generalabrechnung mit Marx und Engels aufgefasst werden. Tatsächlich finden sich in den intellektuellen Biographien der beiden Theoretiker des Kommunismus zahlreiche Brüche und Verschiebungen. Insofern gehen Lehrbuchdarstellungen fehl, die das Manifest als repräsentativ für ihr Gesamtwerk darstellen. Die Monographien von Michael Heinrich (1999) und Urs Lindner (2013) stellen gelungene Rekonstruktionen des Marx'schen Werks dar, die seiner Vielschichtigkeit gerecht werden, und beinhalten instruktive und differenzierte Überlegungen zu seiner Anschlussfähigkeit in der Gegenwart.

[8] »Skala« und »Ebene« werden im vorliegenden Aufsatz bedeutungsgleich verwendet.

## 1. Internationalismus im »Kommunistischen Manifest«

Das *Manifest der kommunistischen Partei*, das 1848 veröffentlicht wurde, ist eine »politische Programmschrift« (Lindner 2013: 188) mit internationalistischer Botschaft. Mit seiner Abfassung wurden Karl Marx und Friedrich Engels vom Bund der Kommunisten beauftragt, einer Vorläuferorganisation der Ersten Internationale. Es beinhaltet eine geschichtsphilosophisch unterfütterte Zeitdiagnose (ebd.: 197), die wiederum die Grundlage für politische Forderungen und eine kritische Auseinandersetzung mit vorhandener sozialistischer und kommunistischer Literatur bildet.

Das Manifest ist um eine Internationalisierungs- und Angleichungshypothese herum organisiert. Die kapitalistische Entwicklung bringe eine internationale Angleichung der Akkumulationsbedingungen des Kapitals sowie Arbeits- und Lebensverhältnisse von ArbeiterInnen hervor: »Die Bourgeoisie reißt durch die rasche Verbesserung aller Produktionsinstrumente, durch die unendlich erleichterten Kommunikationen alle, auch die barbarischsten Nationen in die Zivilisation.« (MEW 4, 466). Entsprechend träten die nationalen Bindungen von Akteuren zurück: »Die nationalen Absonderungen und Gegensätze der Völker verschwinden mehr und mehr schon mit der Entwicklung der Bourgeoisie, mit der Handelsfreiheit, dem Weltmarkt, der Gleichförmigkeit der industriellen Produktion.« (ebd.: 479)

Bereits bei Marx und Engels findet sich also das von Matthöfer karikierte Nachlaufspiel: Auf den Internationalismus des Kapitals, also die Herausbildung transnationaler Kapitalstrategien, folgt ein Internationalismus der Arbeit, also transnationale Solidarisierungsprozesse von Lohnabhängigen. Diese münden schließlich in einer »kommunistischen Revolution« (MEW 4: 481). Entsprechend endet das *Manifest* mit dem berühmten Schlachtruf: »Proletarier aller Länder, vereinigt euch!« (ebd.: 493, Herv.i.O.).

Zusammenfassend lässt sich sagen, dass Internationalismus für Marx und Engels in der Entstehung von transnationalen Strategien besteht, im Zuge derer sich Klassenakteure grenzübergreifend konstituieren. Zielsetzungen auf der Ebene des Nationalstaats werden transnationalen Zielsetzungen untergeordnet. Dabei reflektieren Marx und Engels nicht ausreichend, dass sich das Vereinigungspostulat auf der Seite der Arbeit zahlreichen strukturellen und institutionellen Hindernissen gegenübersieht. In den eineinhalb Jahrhunderten nach der Abfassung des *Manifests* haben sich marxistisch inspirierte Kapitalismusanalysen erheblich ausdifferenziert und diese Hindernisse detailliert beschrieben:

Imperialismustheorien weisen darauf hin, dass die abhängig Beschäftigten im globalen Norden von globalen Ungleichheitsstrukturen profitieren (Amin 2012: 75ff.; Cope 2012), also eine Steigerung der Lebensstandards innerhalb nationaler Grenzen auf der Grundlage von Werttransfers auf internationaler Ebene möglich ist.

Klassenanalysen zeigen, dass sich soziale Ungleichheit nicht umstandslos als Klassendualismus deuten lässt (Carchedi 1977: 43ff.; Wright 1978: 30ff.).

Analysen der Zusammensetzung von Arbeiterklassen auf nationalstaatlicher Ebene verweisen auf die Herausbildung von Arbeiteraristokratien, die auf ein gewisses Maß an interner Heterogenität schließen lassen (Hobsbawm 1984: 214ff.; Weinzen 1994).

Staatstheoretische Arbeiten betonen, dass mit der Existenz der kapitalistischen Produktionsverhältnisse die Individuen zu Rechtssubjekten werden. Dadurch wird ein »Vereinzelungseffekt« hervorgerufen (Poulantzas 1968: 212), dem wiederum nationale Anrufungen entgegenwirken (ebd.: 213; vgl. 1978: 90), was eine Solidarisierung von ArbeiterInnen schon auf nationaler Ebene erschwert.

Analysen von Hegemonieeffekten (Gramsci 1934; vgl. Scherrer 2001) und Regulationsweisen mittlerer Reichweite (Aglietta 1976: 151; Lipietz 1998: 24ff.) arbeiten die Integrationstendenzen hinsichtlich nationaler Arbeiterklassen heraus, die sich auf Grundlage produktivistischer Arrangements ergeben.

Rassismuskritische (Hall 1989: 150ff., 1994: 89ff.; Lüthje/Scherrer 2003; vgl. Aglietta 1976: 170) und feministische (Barrett 1980: 152; Burstyn 1983) Analysen betonen, dass die Arbeiterklasse von rassistischen und patriarchalen Herrschaftsverhältnissen durchzogen ist, die sich nicht umstandslos mit dem Ruf nach Vereinigung auflösen oder umgehen lassen.

Es gibt hinsichtlich der Internationalisierungs- und Angleichungshypothese also erhebliche Zweifel. Allerdings entwickelten Marx und Engels ihre Position weiter. Insbesondere in den Marx'schen Spätschriften zeigt sich ein Bruch mit der kritisierten Hypothese (vgl. K. Lindner 2011: 16ff.; U. Lindner 2013: 359ff.); Marx ging nun von der asymmetrischen Integration von nationalen Wirtschaftsräumen in den Weltmarkt aus. Kapitalistische Entwicklung lässt sich vor diesem Hintergrund als ungleiche und kombinierte Entwicklung denken (Rosenberg 1996; vgl. Scherrer/Kunze 2011: 82ff.).

## 2. Internationalismus in der Globalen Politischen Ökonomie und den Globalen Arbeitsstudien

Trotz der Einwände ist die Internationalisierungs- und Angleichungshypothese immer wieder zu hören – wenn auch mitunter in leicht modifizierter Form. Dies gilt insbesondere für die Analysen von transnationalen Klassenverhältnissen im Bereich der Globalen Politischen Ökonomie und für die Globalen Arbeitsstudien. Entsprechend diskutiert William K. Carroll das *Manifest* bereits auf der ersten Seite seiner Monographie *The Making of a Transnational Capitalist Class*.[9] Marx und Engels, so Carroll, konstatierten einen »Globalisierungsauftrag« auf Seiten der Bourgeoisie. Es gebe bei Marx und Engels die Annahme »einer objektiven Notwendigkeit der Selbstausdehnung« der »vielen Kapitale«. Allerdings merkt Carroll einschränkend an, dass dies nicht unbedingt die Auflösung »nationaler Be-

---

[9] Siehe auch Robinson/Harris (2000: 15). Die These, dass sich eine transnationale Kapitalistenklasse formiert habe, stammt von Leslie Sklair (2001).

ziehungen, Identitäten und Organisationsformen« zur Folge habe (2010: 1). Diese Diagnose hält Carroll für hochaktuell:

»Ansteigende Handelsvolumen und Volumen ausländischer Investitionen, der sich vergrößernde Anteil der Weltwirtschaft, den transnationale Konzerne inne haben, die Ausdehnung globaler Transports- und Kommunikationskanale und die Formierung integrierter Finanzmärkte sind allesamt Anzeichen für diesen Prozess.« (ebd.)

Die ökonomischen Veränderungen allein begründeten noch keinen Formierungsprozess einer transnationalen Kapitalistenklasse; hinzu träten »gesellschaftlich-politische Beziehungen« (ebd.: 2) in Form einer transnationalen »Geschäftswelt« (*corporate community*) (ebd.: 7), die ein »Hegemonieprojekt« verfolge, das als »transnationaler Neoliberalismus« bezeichnet werden könne (ebd.: 10).

Carroll zufolge ist der fragliche Formierungsprozess mehr oder weniger zeitgleich mit der nationalstaatlichen Verankerung der Arbeiterklassen der Nachkriegszeit passiert. Diese habe sich über Gewerkschaftsverbände vollzogen, die innerhalb eines Landes aktiv gewesen seien. Entsprechend habe die organisierte Arbeiterschaft auf den Internationalismus der transnationalen Formierung der Gegenseite zunächst einmal mit einem Ruf nach Renationalisierung geantwortet (2010: 210). Ähnlich argumentieren Cédric Durand, Stathis Kouvélakis und Razmig Keucheyan (2014) an Hand des konkreten Beispiels der EU:

»Die Reorganisierung der Kapitalakkumulation auf einem Terrain, auf dem Gewerkschaften und soziale Bewegungen so gut wie nicht existent sind, ist die beste Methode, um ihre Position zu schwächen. Die EU ist eine Inkarnation dieses Internationalismus des Kapitals. Es ist ein politischer Raum, aus dem die Volksklassen ausgeschlossen sind.«

Es existiert im Bereich der Globalen Politischen Ökonomie und in benachbarten Gebieten eine Position, die die Internationalisierungs- und Angleichungshypothese von Marx und Engels leicht modifiziert. Sie kann mit der Formel »Internationalismus des Kapitals ohne Internationalismus der Arbeit« beschrieben werden.

Eine zweite Gruppe von Autoren, darunter Jason Struna und William I. Robinson, argumentiert im Gegensatz dazu, dass es tatsächlich Anzeichen für die Formierung einer globalen Arbeiterklasse gebe.[10] Struna ist der Auffassung, dass sich die kapitalistischen Produktionsverhältnisse innerhalb von »transnationalen Produktionsketten« (2009: passim) – also auf der globaler Ebene – konstituiert hätten, weshalb auch die Klassenformierung dort stattfände: »[I]n Anbetracht der Tatsache, dass variables Kapital transnational ist, und dass konstantes Kapital transnational ist, sind die *Produktionsverhältnisse auch transnational* – ungeachtet der Staatsangehörigkeit oder kulturellen Affinität des Arbeiters.« (Ebd.: 135, Herv.i.O.) Entscheidend ist für Struna bei der Klassenformierung das dominante geographische Muster der Produktion. Gleichzeitig verweist er auf zwei Faktoren, die die Fraktionierung der globalen Arbeiterklasse erklären sollen: Einerseits die Mobilität der Beschäftigten und andererseits die Skala, innerhalb derer Produk-

---

[10] Siehe auch das eher essayistische Buch von Paul Mason (2007).

tionsketten verankert sind. Entsprechend unterscheidet er sechs Fraktionen der globalen Arbeiterklasse, die er mit den Attributen »dynamisch-global«, »statisch-global«, »diasporisch-global«, »dynamisch-lokal«, »statisch-lokal« und »diasporisch-lokal« beschreibt (136ff.).[11]

Robinson bezieht sich ausdrücklich auf Struna. Er ist der Auffassung, dass die transnationale Kapitalistenklasse »in einer antagonistischen Einheit mit der globalen Arbeiterklasse« in Erscheinung trete und durch die Existenz eines »global integrierten Produktionskreislaufes« hervorgebracht werde (Robinson 2014: 48; vgl. Selwyn 2013: 64). Entscheidendes Argument für die globale Klassenformierung ist für Robinson, dass ArbeiterInnen Teil globaler Produktionskreisläufe seien, nicht etwa, dass sie Grenzen überschritten. Gleichzeitig handele es sich bei der globalen Arbeiterklasse aber lediglich um eine »Klasse an sich«. Es gebe kein »subjektives Selbstbewusstsein oder gemeinsame kulturelle Praktiken und Sensibilitäten« und keine »Organisationsformen«, welche für transnationale Handlungsfähigkeit und die Existenz einer »Klasse für sich« spräche (Robinson 2014: 51). Nichtsdestotrotz sei der nationale Bezugsrahmen der Arbeiterklassen durchbrochen – und zwar aufgrund der Entstehung einer Globalstrategie aufseiten des Kapitals: »Im Zuge der Krise der 1970er Jahre wurde das Kapital global, wobei es sich um eine Strategie der sich formierenden transnationalen Kapitalistenklasse und ihrer RepräsentantInnen handelte, die das Ziel hatte, ihre Klassenmacht zu erneuern, indem sie nationalstaatliche Beschränkungen der Akkumulation durchbrach. Diese Beschränkungen – der sogenannte Klassenkompromiss – war dem Kapital durch Jahrzehnte lange Massenkämpfe aufgezwungen worden, welche überall auf der Welt durch nationalstaatlich eingegrenzte Volks- und Arbeiterklassen geführt wurden.« (ebd.: 54)

Die Perspektive der zweiten Autorengruppe auf die Internationalisierungs- und Angleichungshypothese kann also mit der Formel »Internationalismus des Kapitals, Internationalisierung der Arbeit« beschrieben werden.

Meines Erachtens unterscheidet sich die Grundstruktur der Debatte in den Globalen Arbeitsstudien nicht grundsätzlich von der klassenanalytischen Literatur aus dem Bereich der Globalen Politischen Ökonomie. Lediglich der Fokus der Analyse ist verschoben: Es geht stärker um die empirische Analyse der Formierung von Arbeiterbewegungen, was aber nicht bedeutet, dass gesellschaftstheoretische Argumente hinsichtlich kapitalistischer Entwicklung keine Rolle spielen. Entsprechend

---

[11] Eine ähnliche, wenn auch eher skizzenhaft und weniger theoretisch-begrifflich angelegte Beschreibung der Fraktionen der globalen Arbeiterklasse findet sich bei Samir Amin (2008: 17): »Die große Masse der ArbeiterInnen in den modernen Produktionssegmenten sind heute LohnarbeiterInnen, die mehr als vier Fünftel der Stadtbevölkerung in den entwickelten Zentren stellen. Diese Masse teilt sich in mindestens zwei Kategorien, deren Abgrenzung sowohl für den außen stehenden Beobachter als auch innerhalb des Bewusstseins der betroffenen Individuen sichtbar ist. Es gibt jene, die wir stabilisierte Volksklassen nennen können [...]. Andere konstituieren die prekären Volksklassen, die sowohl ArbeiterInnen umfassen, welche durch ihre schlechte Verhandlungsfähigkeit geschwächt sind [...], als auch Nicht-LohnarbeiterInnen (die formal Arbeitslosen und die Armen mit Jobs im informellen Sektor).«

greifen viele Beiträge die Internationalisierungs- und Angleichungshypothese auf. Sie gehen davon aus, dass von einer Globalisierungsbewegung ausgegangen wird, die von der Kapitalseite angetrieben wird; die offene Frage besteht auch hier darin, ob sich Anzeichen für die Formierung einer globalen Arbeiterklasse finden lassen beziehungsweise welche Hindernisse einer solchen Formierung im Weg stehen. Peter Evans hat diese Fragestellung im Titel eines Aufsatzes auf den Punkt gebracht: »Ist bei der Globalisierung jetzt die Seite der Arbeit am Zuge?« (2010)

Analog zur Diskussion in der globalen politischen Ökonomie haben sich innerhalb der globalen Arbeitsstudien zwei Debattenlinien herausgebildet, die sich das fragliche Entwicklungsszenario unter entgegengesetzten Vorzeichen zu Eigen machen. Für die erste Linie, die als »optimistische« bezeichnet werden kann, steht unter anderem das Buch *Grounding Globalisation* (2008) von Edward Webster, Rob Lambert und Andries Bezuidenhout. Die Autoren sehen Anzeichen für die Entstehung eines neuen Internationalismus der Arbeit im Zuge der »Globalisierung«. Ihnen zufolge gebe es eine Suchbewegung unter Gewerkschaftsaktivistlnnen (ebd.: 207), im Zuge derer sich »neue Formen der Kooperation« (ebd.: 211) herausbildeten, die über nationale Grenzen hinweg gingen. Als Beispiele eines »›neuen‹ Internationalismus« der Arbeit (ebd.: 197ff.) nennen die Autoren zahlreiche transnationale Kampagnen, in denen Gewerkschaften eine wichtige Rolle spielten, und die sich gegen multinationale Konzerne richteten. Ein Hauptaugenmerk liegt dabei auf SIGTUR (*Southern Initiative on Trade Union Rights*), einem Netzwerk, das von zahlreichen Gewerkschaftsbünden im globalen Süden getragen wird. Im Sinne Karl Polanyis interpretieren die Autoren den neuen Internationalismus als Ausweis der Entstehung einer »globalen Gegenbewegung im Embryostadium« (ebd.: 53, 55), die gegen die Ausdehnung des Marktprinzips auf globaler Ebene gerichtet sei (ebd.: vii ff.). Auf eine vereinfachende Formel gebracht lautet die Botschaft von Webster et al. also: Als Gegenreaktion auf den Internationalismus des Kapitals gibt es Anzeichen für einen neuen Internationalismus der Arbeit (vgl. Selwyn 2013: 52).

Für die zweite, »pessimistische« Linie steht Michael Burawoy, der direkt auf Webster et al. antwortet. Auch er sieht eine vonseiten des Kapitals ausgehende Globalisierungsbewegung: Die »Ära der Globalisierung« sei davon geprägt, dass das »Zur-Ware-Werden von Arbeit, Geld und Natur – von Arbeitsmigration, Finanzkapital sowie Umweltzerstörung – einen wirklich transnationalen Charakter annimmt, der sich oft außerhalb der Kontrolle des Staats befindet« (2010: 311). Im Gegensatz zu Webster et al. stellt er allerdings heraus, dass es keine »historische Notwendigkeit« einer Gegenbewegung gebe, selbst wenn diese zur Sicherung des Überlebens der Menschheit erforderlich sei. Tatsächlich handele es sich bei der Annahme einer Gegenbewegung um »ein Trugbild, eine Fantasie« (ebd.: 304). Es müsse gezeigt werden, wie »[d]ie diskursiven Manöver von SIGTUR« mit den Erfahrungen der ArbeiterInnen in den für den Weltmarkt fabrizierenden Fabriken zusammenhingen, und ob es überhaupt möglich sei, den »stählernen Rahmen« nationalstaatlichen Agierens aufzusprengen (ebd.: 306), der »fest verankerte geopolitische Einschlüsse« wiederspiegele (ebd.: 311). Die Ausrichtung der pessimistischen Strömung lässt sich mit der Formel »Internationalismus des Kapitals ohne Internationalismus der Arbeit« beschreiben.

Trotz der unterschiedlichen Akzentuierungen bezüglich der Grenzen und Möglichkeiten eines Internationalismus der Arbeit lässt sich in allen in diesem Abschnitt diskutierten Beiträgen das argumentative Grundmuster aus dem *Manifest* erkennen: Das Kapital konstituiert sich auf der globalen Ebene und treibt die Globalisierung voran. Das wirft die Frage auf, ob und wie die Seite der Arbeit reagieren kann. Günstigstenfalls kann sie das Kapital einholen; vielleicht ist dieses aber auch einfach zu weit voraus. In jedem Fall kommt es erst einmal zu einem »Nachlaufspiel«.[12]

## 3. Zur Kritik des »Nachlaufens«: Internationalismus der Arbeit, Staat und die nationale Ebene

Im Folgenden wird die Vorstellung eines »Nachlaufspiels« einer Kritik unterzogen und eine alternative Sichtweise skizziert, die von einer multiskalaren Ausprägung von Klassenverhältnissen ausgeht und zugleich die Wichtigkeit der nationalen Ebene betont. Die Annahme, dass die Kapitalseite in der Nachkriegszeit die globale Ebene erreicht hat, und die Seite der Arbeit möglichst schnell nachziehen muss, lässt sich hinterfragen. Sie ignoriert die lange Geschichte des Internationalismus der Arbeit, die in der Mitte des 19. Jahrhunderts begann. Bei genauerer Betrachtung zeigt sich, dass es zahlreiche Beispiele für transnationale Strategien auf der Seite der Arbeit gibt, die vor Internationalisierungsbemühen der Kapitalseite in der Nachkriegszeit liegen. Ein Beispiel sind die Aktivitäten der Internationalen Arbeiterassoziation Mitte des 19. Jahrhunderts, die in Arbeitskämpfen immer versuchte, den Einsatz von ausländischen Streikbrechern zu verhindern. Die Schaffung neuer, transnationaler Operationsbereiche war also durchaus auch von dem protektionistisch inspirierten Bemühen getragen, die eigene Position gegenüber ausländischer Unterbietungskonkurrenz abzusichern (Hildebrandt et al. 1976: 27ff., 33, 38; Herod 2001: 129ff., 155; Antentas 2015: 1107). Das bedeutet allerdings nicht, dass keine transnationalen Organisationsformen und strategische Orientierungen entstanden. Insgesamt ist also auch die Seite der Arbeit eine treibende Kraft, wenn es um Internationalisierungsbestrebungen und die Schaffung einer globalen Skala als Zielbereich kollektiven Agierens ging. Die An-

---

[12] Ein Nachlaufspiel unter umgekehrten Vorzeichen findet sich im postoperaistischen Diskurs Antonios Negris und Michael Hardts: Hier ist es das Empire des globalen Kapitals, das der globalen Multitude der immateriellen Arbeit auf den Fersen ist; letztere bleibt allerdings eine »nicht-bezähmbare Kraft« (Negri/Hardt 2000: 394). Die unten skizzierte Kritik ließe sich entsprechend auch auf den Postoperaismus anwenden: Er ignoriert letztlich, dass auch die Kapitalseite eine treibende Kraft bei Transnationalisierungsprozessen ist, und dass nationalen Strategien von Klassenakteuren weiterhin eine große Bedeutung zukommt.

nahme, dass sie lediglich auf die Kapitalseite reagiert, verkennt die Geschichte des Internationalismus.[13]

Des Weiteren lässt sich die Vorstellung eines »Nachlaufspiels« dahingehend kritisieren, dass auch die Aktivitäten von Staatsapparaten der Entstehung von Globalstrategien aufseiten des Kapitals nachgeordnet werden:

»Als das Kapital global wurde, näherten sich die Anstrengungen des Nationalstaats, transnationale Akkumulation anzuregen, der Transformation existierender internationaler und supranationaler Institutionen an, wie zum Beispiel den Bretton Woods-Institutionen sowie Organisationen, die zum UN-System gehörten – aber auch der Erschaffung neuer Institutionen wie der WTO und der Europäischen Union. Diese unterschiedlichen Institutionen bildeten nach und nach Netzwerke, die um die Aufgabe herum zentriert waren, Bedingungen für transnationale Akkumulation zu schaffen und globale Märkte zu eröffnen. Der transnationale Staat generiert die entsprechenden juristischen und politischen Bedingungen für globale Verwertung und Kapitalakkumulation.« (Robinson 2014: 77)

Ähnlich wie zuvor ist die treibende Kraft in dieser Darstellung das global werdende Kapital; beim Staat handelt es sich um einen Nachzügler, der sich schlussendlich den veränderten Bedingungen unterwirft. Damit gerät aus dem Blick, dass Internationalisierungsstrategien des Kapitals gerade durch politische Entscheidungen vorangetrieben wurden, die innerhalb von Staatsapparaten auf nationaler Ebene getroffen wurden. Dies zeigt Eric Helleiner in seiner Studie *States and the Reemergence of Global Finance* (1996) hinsichtlich der Entstehung eines globalen Finanzsystems. Seine Beispiele sind die Einrichtung des Eurodollarmarkts in den 1960er Jahren, die von der US-amerikanischen und der britischen Regierung vorangetrieben worden seien, sowie die Beseitigung von Kapitalverkehrskontrollen in den 1970er Jahren. Außerdem verweist Helleiner darauf, dass Regierungen an verschiedenen Punkten bewusst darauf verzichtet hätten, gegen Globalisierungsprozesse zu intervenieren. Zudem seien sie bereit gewesen, Finanzkrisen durch Interventionen einzugrenzen, was InvestorInnen als ermutigendes Signal interpretiert hätten (ebd.: 8ff.).

Helleiners Darstellung verweist darauf, dass sich die Frage der Herausbildung globaler Kapitalstrategien nicht von der Frage trennen lässt, wie politische Entscheidungen auf der Ebene des Nationalstaats getroffen werden. Poulantzas bestärkt diese Sichtweise. Wie Struna nimmt er die kapitalistischen Produktionsverhältnisse zum Ausgangspunkt der Klassenkonstitution, blickt auf diese allerdings im Gegensatz zu Struna aus einer staatstheoretischen Perspektive: »Der Staat/ das Politische [...] existierte immer schon konstitutiv, wenn auch in unterschiedlichen Formen, in den Produktionsverhältnissen« (1978: 45). Schließlich gebe es kapitalistische Produktionsverhältnisse nicht ohne einen »Vertrag über den Kauf

---

[13] Dies ist auch deshalb eine wichtige Erkenntnis, weil bedeutsame Beiträge zur Skalendiskussion (Brenner 1998; Jessop et al. 2008) die Kapitalakkumulation bei der Produktion skalarer Arrangements ins Zentrum rücken und folglich die Rolle von Klassenauseinandersetzungen und Arbeitskämpfen hintansetzen (vgl. Gallas 2015: 48ff.).

und Verkauf der Arbeitskraft« (ebd.: 47), welcher wiederum nicht ohne ein Rechtssystem und folglich einen Staat existiere. Hieraus folgt, dass kapitalistische Produktionsverhältnisse nicht wie bei Struna als lediglich ökonomische Verhältnisse gedacht werden.

Bei der Frage nach der Skala der Konstitution der Arbeiterklasse reicht es also gerade nicht aus, auf die räumliche Ausbreitung kapitalistischer Produktion zu schauen (vgl. Hirsch/Wissel 2011: 15) – auch die rechtliche Rahmung des Kaufs und Verkaufs von Arbeitskraft muss betrachtet werden. Hierzu stellen Jeffrey Harrod und Robert O'Brien fest: »[E]s gibt keinen alles umfassenden globalen Arbeitsmarkt. Ein universeller, globaler Arbeitsmarkt könnte nur konstruiert werden, wenn die ArbeiterInnen dieselben Mobilitätsprivilegien verliehen bekämen wie die Welt der Finanzen und Investitionen oder wenn alle ArbeiterInnen sich in direktem Wettbewerb mit anderen ArbeiterInnen in unterschiedlichen Ländern befänden.« (2002: 13)

Nimmt man also die Existenz von rechtlich abgesicherten Grenzregimen und von nationalstaatlich-spezifischen Regulationen des Kaufs und Verkaufs der Arbeitskraft ernst, folgt aus dem Gesagten, dass die Konstitution der Arbeiterklassen nach wie vor zuerst auf der nationalen Ebene stattfindet.

Aber auch hinsichtlich der Kapitalsstrategien argumentiert Poulantzas für eine stärker nationalstaatliche ausgerichtete Sichtweise: Es komme allenfalls in Ausnahmefällen dazu, dass Konzerne über eine »Herrschaftsbasis« (1978: 55) verfügten, die sich außerhalb eines bestimmten Nationalstaat befinde. Entsprechend bedeutete Internationalisierung nicht, dass die Bezogenheit des Kapitals auf Nationalstaaten außer Kraft gesetzt sei.

Hiermit ist offensichtlich gemeint, dass auch Kapitalstrategien auf die nationalstaatliche Ebene bezogen bleiben, weil Konzerne innerhalb des nationalstaatlichen Rahmens auf Unterstützungsleistungen wie Subventionen und öffentliche Aufträge zurückgreifen und in recht direkter Weise politischen Einfluss nehmen können (vgl. Hirsch/Wissel 2011: 11). Poulantzas legt also nahe, dass eine transnationale Angleichung von Arbeitsverhältnissen nicht zu erwarten ist. Zugleich lässt sich mit Verweis auf seine Analyse erklären, warum eine Vielzahl von Arbeitskämpfen in allen Teilen der Welt nach wie vor auf der nationalen Ebene geführt wird. Ein Indiz für die Plausibilität der nationalstaatlichen Sichtweise liefert die Finanz- und Wirtschaftskrise ab 2007, in der nationale Regierungen sich gezwungen sahen, »ihre« jeweiligen Banken zu retten.

Entsprechend argumentiert Poulantzas (1978: 148), dass kapitalistische Produktionsverhältnisse und der kapitalistische Staat nur auf der Grundlage von spezifischen »Raum- und Zeitmatrizes« existieren könnten, welche national verfasst seien. Ihm folgend kämen in der Nation Zeit und Raum in Form einer »Kreuzung« (147) von »Territorium« (130ff.) und »Tradition« (139ff.) zusammen und erzeugten Individuen, deren Identität und Rechtssubjektivität verknüpft seien. Dies begünstige Sichtweisen, die den Staat als Hüter des Allgemeinwohls darstellen. Ein kollektives Agieren entlang von Klassenlinien werde durch diese Form der Subjektivierung erschwert (vgl. 1968: 214).

Die nationale Grundlage der Produktionsverhältnisse und des Staates ist nach Poulantzas (vgl. Wissen 2006: 219) insofern historisch kontingent: Es handele sich bei ihr um ein Ergebnis von Klassenauseinandersetzungen, die schon mit der Konstitution kapitalistischer Gesellschaftsformationen stattgefunden hätten, wie auch um ein wichtiges Terrain neuer Kämpfe (Poulantzas 1978: 148f.). Man kann also nicht davon ausgehen, dass Skalen und ihr Verhältnisse untereinander immer schon gegeben sind und sie somit AkteurInnen von vornherein zur Verfügung stehen. Vielmehr sind skalare Arrangements ein Produkt gesellschaftlicher Auseinandersetzungen (Smith 2008: 218).

Poulantzas deutet also an, dass jeder »Upscaling«-Prozess vor dem Problem steht, überhaupt erst einmal eine neue Konfiguration von Raum und Zeit beziehungsweise eine neue, weiter reichende Skala schaffen zu müssen (vgl. Castree et al. 2004: 213). In diesem Sinn ist ein einfacher »Sprung« auf die nächsthöhere Ebene sowohl für die Seite des Kapitals als auch für die Seite der Arbeit ausgeschlossen, weshalb auch Hildebrandt et al. (1976: 29) sich gegen einen »syndikalistischen Internationalismus« aussprechen, der schlicht die Schaffung neuer, internationaler Arrangements einfordert. Nach Poulantzas würde ein Skalenwechsel umfassende gesellschaftliche Kämpfe und die Schaffung neuer Institutionen und Organisationsformen aus den alten heraus erfordern.

Entsprechend ist Poulantzas zufolge die nationale Skala die Ebene, auf der sich die Konstitution von kapitalistischen Klassen vollzieht (Poulantzas 1978: 148). So äußert er Skepsis gegenüber Positionen, die von einer Globalisierung der Produktionsverhältnisse und des Staats im Sinne eines einfachen »Upscalings« ausgehen:

»Das Kapital ist ein Verhältnis (Kapital/Arbeit), sagte Marx; so deterritorialisiert und anational es auch in seinen verschiedenen Formen erscheinen kann, so kann es sich doch nur durch die *Trans*nationalisierung reproduzieren, weil es sich auf der Raummatrix der Arbeitsprozesse und der Ausbeutung bewegt, die selbst *inter*national ist.« (ebd.: 138, Herv. i.O.)

Anders gesagt formieren sich zwar Strategien von Kapital und Arbeit, die nationalstaatliche Grenzen überwinden, aber dies geschieht aus nationalstaatlichen Konfigurationen heraus. Insofern geht Internationalisierung für Poulantzas nicht mit der Ablösung der Produktionsverhältnisse von der nationalen Skala einher.

Nach Poulantzas folgt aus der Internationalisierung von Kapital und Arbeit also noch kein Internationalismus von Kapital und Arbeit – zumindest solange darunter ein strategisches Agieren verstanden wird, das nicht vorrangig auf bestimmte nationalstaatliche Operationsgebiete bezogen ist. Dabei geht es nicht darum, die Existenz transnationaler Produktionsnetzwerke zu negieren, sondern zu betonen, dass KapitaleignerInnen innerhalb nationalstaatlich verfasster Kräftekonfigurationen Entscheidungen treffen und politisch Einfluss nehmen. Meines Erachtens hat diese Feststellung weitreichende Auswirkungen für Analysen und Strategien, die sich mit der Herausforderung des neuen Internationalismus der Arbeit befassen.

Vor der strategischen Auswertung sind allerdings noch zwei Einwände zu diskutieren, die von Joachim Hirsch und Jens Wissel (2011: 22) formuliert werden: Erstens gebe es zwar keinen transnationalen Staat, denn dafür fehlten auf der transnationalen Ebene ein Gewaltmonopol und Mechanismen der Legitimation, aber nichtsdestotrotz existieren »staatsähnliche Organisationen und weitere Formen der Klassenorganisation – zum Beispiel Diskussions- und Koordinierungsforen und Think Tanks«. Man mag hinzufügen, dass der Kauf und Verkauf der Arbeitskraft zwar in erster Linie nationalem Recht unterliegt – aber eben auch makroregionalen[14] Richtlinien, zum Beispiel auf EU-Ebene, sowie globalen, völkerrechtlich bindenden ILO-Normen. Richtlinien und Normen müssen zwar überhaupt erst in nationales Recht umgesetzt werden, was die hervorgehobene Stellung der nationalen Skala unterstreicht. Allerdings ist eine Eigenwirkung der nicht-nationalen Ebenen beobachtbar: die Umsetzung ist in vielen Fällen verpflichtend und ihr Unterlassen auf der europäischen Ebene kann die Verhängung von Strafgeldern nach sich ziehen.

Zweitens gebe es, so Hirsch und Wissel, durchaus eine Transnationalisierungsbewegung. Zahlreiche Kapitalgruppierungen behielten zwar auf nationaler Ebene eine gewisse Handlungsfähigkeit, seien aber – wie Poulantzas mit dem Begriff der »inneren Bourgeoisie« (1974: 65) herausstreiche – auch von anderen, nicht-einheimischen Kapitalen abhängig (Hirsch/Wissel 2011: 19). Dies lasse sich gerade nicht auf ein imperialistisches Abhängigkeitsverhältnis zwischen Zentren und Peripherien reduzieren, weil selbst die USA ab den 1980er Jahren von massivem Kapitalimport gekennzeichnet seien, und es insofern auch dort zur Herausbildung einer inneren Bourgeoisie gekommen sei (ebd.: 20).

Hieraus ergibt sich hinsichtlich der Produktionsverhältnisse eine multiskalare Anordnung, in der die nationale Ebene zwar nach wie vor dominant sein mag, aber die makroregionale und die globale Ebene eine eigenständige Rolle spielen. Dies ist insbesondere in Staaten außerhalb der kapitalistischen Zentren der Fall, in denen die Strategien ausländischer, multinationaler Konzerne erhebliche Auswirkungen auf die Klassenverhältnisse vor Ort haben und nationale Rechtsordnungen beschränkte Bindungskraft aufweisen. Zusammengefasst ist also Internationalisierung kein »Nachlaufspiel«, weil nach wie vor von einer nationalstaatlichen Konstitution von Klassenverhältnissen ausgegangen werden muss, aus der heraus sich allerdings sowohl auf der Seite des Kapitals als auch auf der Seite der Arbeit von vornherein multiskalare Strategien entwickeln.

## 4. Die Strategiefrage aus der Perspektive des multiskalaren Internationalismus

Vor dem Hintergrund von Poulantzas' Intervention ergibt sich, dass der Internationalismus von Kapital und Arbeit, also die Existenz von Strategien mit transnationalem oder globalem Zielgebiet, von vornherein auf einer multiskalaren Konfiguration beruht. Anders gesagt gehen Zielsetzungen auf der transnationalen oder

---

[14] Mit »makroregional« ist eine mehrere Länder in einer bestimmten Weltregion umfassende Ebene gemeint (vgl. Castree et al. 2004: xix).

globalen Ebene stets mit Zielsetzungen auf anderen Ebenen einher. Das wird in einer Reihe von Beiträgen zur Arbeitsgeographie und zu den Globalen Arbeitsstudien deutlich.

Andrew Herod verweist auf die internationale Solidaritätskampagne von GewerkschafterInnen der *United Steelworkers of America* (USWA) gegen ihre Aussperrung aus einer Aluminiumfabrik in Ravensbrook (Virginia) im Jahr 1990 (Herod 2001: 199). Es sei zu Solidarisierungen in verschiedenen Teilen der Welt gekommen, in denen die Muttergesellschaft des fraglichen Unternehmens aktiv war. Entsprechend habe das Motto der Kampagne »lokal denken, global agieren« gelautet (ebd.: 214). Auch Castree et al. (2002: 218ff.) sehen den Disput in Ravenswood als paradigmatisch an. Sie argumentieren, dass Skalenverlagerungen nach oben von »geographischer Vorstellungskraft« (210) angeleitet seien, und Arbeiterbewegungen voranbringen könnten. Allerdings fänden transnationale Ansätze dort ihre Grenze, wo es um internationale Institutionen und Organisierungsformen gehe. Internationale Gewerkschaftsbünde hätten nicht denselben Einfluss wie Organisationen wie die WTO (229). Ein ähnlicher, aktuellerer Fall sind die Aktivitäten der philippinischen Gewerkschaft PALEA, die sich gegen die Prekarisierung von Arbeitsverhältnissen bei *Philippine Airlines* richtet. Ramon A. Certeza (2016) berichtet, dass die Internationale Transarbeitergewerkschaft (ITF), der PALEA angehört, eine Solidaritätskampagne ausgerichtet habe. Diese sei in einem globalen Aktionstag gegen Outsourcing am 27. September 2012 gegipfelt, anlässlich dessen es zur Aufstellung von Streikposten und zu Demonstrationen von Beschäftigten von Fluggesellschaften in vier Kontinenten gekommen sei. Sie sei von der Gewerkschaft als wichtige Unterstützungsmaßnahme in ihrem Arbeitskampf wahrgenommen worden. Die beiden Kampagnen beruhen insofern auf einer multiskalaren Strategie, als sie beide nach dem Muster »lokal → global« funktionieren.

Einer Studie von Jörg Nowak (2016: 12ff.) folgend kann man aber auch argumentieren, dass eine Skalenverlagerung nach unten (»global → lokal«) erfolgversprechend sein kann. Er beschreibt das Beispiel der Coca-Cola-Allianz, eines weltweiten Netzwerks, das an die Internationale Gewerkschaft der NahrungsmittelarbeiterInnen (IUF) angebunden ist. Es unterstütze ArbeiterInnen vor Ort, die für national verankerte Abfüllfirmen arbeiteten. Ein Beispiel dafür sei Tunesien, wo der Spielraum für Gewerkschaften unter der Diktatur Ben Alis eingeschränkt gewesen sei. Die Tatsache, dass es ArbeiterInnen bei dem Abfüller im Land zu Beginn des Arabischen Frühlings im Januar 2011 gelang, mithilfe eines Streiks ihre Festanstellung durchzusetzen, sei diesen zufolge auf die Bildungsarbeit der Allianz zurückzuführen, die wichtige strategische Einsichten vermittelt habe.

In diesem Zusammenhang ist auch der Fall von 1.200 TextilarbeiterInnen von *Russell Athletic* in Honduras erwähnenswert, die im Jahr 2009 ihre Wiedereinstellung und die Anerkennung ihrer Gewerkschaft erkämpften, auf den Mark Anner und Jakir Hossain (2015: 102ff.) aufmerksam machen. Es kam zu einer Skalenverlagerung von der lokalen auf die nationale Ebene – allerdings über nationalstaatliche Grenzen hinweg [lokal (→ transnational) → national]. Die ArbeiterInnen waren wegen Gewerkschaftsaktivitäten entlassen worden; eine Gegenkampagne entstand in Zusammenarbeit mit einer aktivistischen Studentengruppe in den USA, *United Students Against Sweatshops* (USAS). Laut Anner und Hossain habe USAS gerade deshalb Druck ausüben können, weil die Kampagne in den USA verankert war. Schließlich sei *Russell Athletic* eine US-amerikanische Firma und ein wichtiger Hersteller von (Sport-)Bekleidung für Universitäten. Insgesamt könne der Fall als Erfolg einer internationalen Zusammenarbeit mit lokaler Verankerung gewertet werden (ebd.: 103). Deutlich wird an dieser Analyse, dass das Operieren auf einer bestimmten nationalstaatlichen Ebene – in diesem Fall der der USA – von großer Wichtigkeit für das positive Ergebnis war.

Zu guter Letzt sei auf ein Beispiel verwiesen, in dem es aus zwei nationalstaatlichen Kontexten heraus zu einem makroregionalen Generalstreik kam. Es handelt sich also um eine skalare Verschiebung nach oben, die von der nationalen Ebene ausging (national|national → makroregional). Konkret geht es um den transiberischen Streik, der am 14. November 2012 in Portugal und Spanien stattfand. Dieser Streik ereignete sich aus der Dynamik der Proteste gegen Kürzungsmaßnahmen heraus, die von der portugiesischen Regierung im Zuge der Eurokrise in Abstimmung mit der Troika durchgeführt wurden. Der Aufruf des portugiesischen Gewerkschaftsbunds CGTP zu einem Generalstreik wurde zunächst vom europäischen Gewerkschaftsbund EGB unterstützt, um dann von den spanischen Gewerkschaftsbünden UGT und CCOO übernommen zu werden (vgl. Dias/Fernandes 2016, 32f.). Trotz breiter Beteiligung in beiden Ländern konnte das Ziel einer Abwehr der Austeritätspolitik nicht erreicht werden; allerdings ist der Streik sicherlich Bestandteil einer umfassenden gesellschaftlichen Mobilisierung für einen politischen Kurswechsel, der zu erheblichen Verwerfungen auf den politischen Bühnen in beiden Ländern geführt hat.

Hieraus ergeben sich drei strategische Schlussfolgerungen für die »skalare Politik« (Smith 2008: 229) von Arbeiterklassen rund um den Globus.

- Erstens ist es durchaus möglich, transnational agierenden Kapitalgruppierungen etwas entgegenzusetzen: Wie Herod feststellt (2001: 220), sollten wir »uns nicht der Rhetorik des Neoliberalismus ergeben, nach der das global organisierte Kapital absolute Macht hat«.
- Zweitens kann die Praxis eines multiskalaren Internationalismus nicht von vornherein auf eine bestimmte Richtung der geographischen Verschiebung festgeschrieben werden (vgl. Scherrer/Schützhofer 2015: 303). Sie lässt sich mit den Worten von Josep Maria Antentas (2015: 1103) beschreiben, der sich wiederum auf den marxistischer Theoretiker Daniel Besaïd bezieht: »Der Begriff [...] der ›sich verschiebenden Skala von Räumen‹ scheint besonders gut geeignet, um sich mit den sich verändernden und komplexen Geographien kapitalistischer Globalisierung zu befassen. Obwohl nicht alle Skalen gleich sind, erfordert Internationalismus die Fähigkeit, innerhalb von allen von ihnen zu agieren und die Vielfalt der Räume und ihren gegenseitigen Einfluss aufeinander in Betracht zu ziehen. Für einen Internationalismus auf der Höhe der Zeit hat der Umgang mit der sich verschiebenden Skala von Räumen Schlüsselbedeutung.«

■ Drittens sei an Poulantzas' Beobachtung erinnert, dass die nationale Ebene von zentraler strategischer Bedeutung für die Mobilisierung und Organisierung von Lohnabhängigen bleibt – und auf nationaler Ebene geführte, mitunter multiskalare Kämpfe nicht obsolet sind. Das zeigt die Existenz national verankerter Kampagnen mit politischer Stoßrichtung, die unmittelbar die Arbeitsverhältnisse betreffen und eine große Zugkraft entwickeln. Beispiele sind die erfolgreiche Mindestlohnkampagne der deutschen Gewerkschaften (vgl. Nowak 2015) und die breite Mobilisierung für eine Erhöhung des Mindestlohns in den USA (»Fight for $15«), aber auch die jüngsten Proteste gegen die Restrukturierung der Arbeitsverhältnisse in Frankreich (»Nuit Debout«).

In allen drei Fällen geht es um politische Angelegenheiten, die in den Zuständigkeitsbereich nationaler Regierungen fallen, weshalb die Verankerung auf der nationalstaatlichen Ebene unumgänglich ist.

## 5. Schluss

Die strategische Diskussion zeigt, dass die Vorstellung eines »Nachlaufens«, bei dem die Seite der Arbeit auf transnationaler Ebene zur Seite des Kapitals aufzuschließen versucht, der Vielschichtigkeit der räumlichen Strategien von Arbeiterbewegungen in Vergangenheit und Gegenwart nicht gerecht wird. Ein multiskalarer Internationalismus ist seit der Industriellen Revolution sichtbar; den Verschiebungen der Weltwirtschaft in den letzten Jahrzehnten wird mit dem Operieren auf unterschiedlichen Ebenen begegnet. Wichtig ist dabei, dass das alleinige Setzen auf eine einzige Ebene meist wenig erfolgversprechend ist, und eine verordnete Transnationalisierung, die die nationalen Ebene ignoriert, nicht funktionieren kann. Strategien aufseiten der Arbeit werden nur erfolgreich sein, wenn sie die Herausforderung der Verknüpfung unterschiedlicher Skalen angehen.

**Literatur**
Aglietta, Michel (1979): A Theory of Capitalist Regulation. The US Experience, London.
Amin, Samir (2008): Foreword. Rebuilding the Unity of the »Labour Front«. In: Bieler, Andreas/Lindberg, Ingemar/Pillay, Devan (Hrsg.): Labour and the Challenges of Globalisation. What Prospects for Transnational Solidarity, London, S. xiv-xxii.
Amin, Samir (2012): Das globalisierte Wertgesetz, Hamburg.
Anner, Mark/Hossain, Jakir (2015): Multinational Corporations and Economic Inequality in the Global South. Causes, Consequences and Countermeasures in the Bangladeshi and Honduran Apparel Sector. In: Gallas, Alexander/Herr, Hansjörg/Hoffer, Frank/Scherrer, Christoph (Hrsg.): Combating Inequality. The Global North and South, London, S. 93-110.
Antentas, Josep Maria (2015): Sliding Scale of Spaces and Dilemmas of Internationalism. In: Antipode, 47, Heft 5, S. 1101-1120.
Barrett, Michèle (1980): Women's Oppression Today. Problems in Marxist-Feminist Analysis, London.

Brenner, Neil (1998): Between Fixity and Motion. Accumulation, Territorial Organization and the Historical Geography of Spatial Scales. In: Environment and Planning D. Society and Space, 16, Heft 4, S. 459-481.

Burawoy, Michael (2010): From Polanyi to Polyanna: The False Optimism of Global Labour Studies. In: Global Labour Journal, 1, Heft 2, S. 301-313.

Burstyn, Varda (1983): »Masculine Dominance and the State«, Socialist Register, 20, S. 45-89.

Carchedi, Gugliemo (1977): On the Economic Identification of Social Classes, London.

Carroll, William K. (2010): The Making of a Transnational Capitalist Class: Corporate Power in the 21st Century, London.

Castree, Noel/Coe, Neil M./Ward, Kevin M./Samers, Michael (2004): Spaces of Work. Global Capitalism and the Geographies of Labour, London.

Certeza, Ramon A. (2016): The PALEA Struggle against Outsourcing and Contractualization in the Airline Industry in the Philippines, GLU Working Paper. (im Erscheinen)

Cope, Zak (2012): Divided World, Divided Class. The Stratification of Labour under Capitalism, Montreal.

Cox, Robert W. (1972): Labor and Transnational Relations. In: Keohane, Robert O./Nye, Joseph S. (Hrsg.): Transnational Relations and World Politics, Cambridge/Mass., S. 204-234.

Dias, Hugo/Fernandes, Lídia (2016): The November 2012 General Strike and Anti-Austerity Protests. Analysis from the Portuguese Case. In: Workers of the World, 8. (im Erscheinen)

Durand, Cédric/Kouvélakis, Stathis/Keucheyan, Razmig (2014): The True Nature of Internationalism, Verso Books Blog, 19. Dezember 2014, www.versobooks.com/blogs/1795-the-true-nature-of-internationalism (Zugriff: 18.8.2016).

Eder, Mine (2002): The Constraints on Labour Internationalism. Contradictions and Prospects. In: Harrod, Jeffrey/O'Brien, Robert (Hrsg.): Global Labour? Theories and Strategies of Labour in the Global Political Economy, London, S. 167-184.

Evans, Peter (2010): Is It Labour's Turn to Globalize? Twenty-First Century Opportunities and Strategic Responses. In: Global Labour Journal, 1, Heft 3, S. 352-379.

Gallas, Alexander (2015): The Thatcherite Offensive. A Neo-Poulantzasian Analysis, Leiden.

Gramsci, Antonio (1934): Amerikanismus und Fordismus, Gefängnishefte, Bd. 9, S. 2061-2102, Hamburg 1999.

Hall, Stuart (1989): Ideologie, Kultur, Rassismus. Ausgewählte Schriften 1, Hamburg.

Hall, Stuart (1994): Rassismus und kulturelle Identität. Ausgewählte Schriften 2, Hamburg.

Harrod, Jeffrey/O'Brien, Robert (Hrsg.) (2002): Global Labour? Theories and Strategies of Labour in the Global Political Economy, London.

Heinrich, Michael (1999): Die Wissenschaft vom Wert. Die Marxsche Kritik der politischen Ökonomie zwischen wissenschaftlicher Revolution und klassischer Tradition, 2. Aufl., Münster.

Helleiner, Eric (1996): States and the Reemergence of Global Finance, Ithaca.

Herod, Andrew (2001): Labor Geographies. Workers and Landscapes of Capitalism,

New York.
Herod, Andrew (2002): Organizing globally, organizing locally. Union spatial strategy in a global economy. In: Harrod, Jeffrey/O'Brien, Robert (Hrsg.): Global Labour? Theories and Strategies of Labour in the Global Political Economy, London, S. 83-99.
Hildebrandt, Eckhardt/Olle, Werner/Schöller, Wolfgang (1976): National unterschiedliche Produktionsbedingungen als Schranke einer gewerkschaftlichen Internationalisierung. In: Prokla, 6 (3), Heft 24, S. 27-58.
Hirsch, Joachim/Wissel, Jens (2011): The Transformation of Contemporary Capitalism and the Concept of a »Transnational Capitalist Class«. In: Studies in Political Economy, 88, S. 7-33.
Hobsbawm, Eric J. (1984): Worlds of Labour. Further Studies in the History of Labour, London.
Jessop, Bob/Brenner, Neil/Jones, Martin (2008): Theorizing Social Spaces. In: Environment and Planning D. Society and Space, 26, Heft 3, S. 389-401.
Lindner, Kolja (2011): Eurozentrismus bei Marx. Marx-Debatte und Post Colonial Studies im Dialog, https://halshs.archives-ouvertes.fr/halshs-00642354/file/KL_Eurozentrismus_bei_Marx.pdf (Zugriff: 18.8.2016).
Lindner, Urs (2013): Marx und die Philosophie. Wissenschaftlicher Realismus, ethischer Perfektionismus und kritische Sozialtheorie, Stuttgart.
Lipietz, Alain (1998): Nach dem Ende des »Goldenen Zeitalters«. Regulation und Transformation kapitalistischer Gesellschaften, Hamburg.
Lüthje, Boy/Scherrer, Christoph (2003): Rassismus, Integration und Arbeiterbewegung in den Vereinigten Staaten. In: Prokla, 33 (1), Heft 130, S. 97-118.
Marx, Karl/Engels, Friedrich (1957ff.): Marx Engels Werke (MEW), Berlin/DDR.
Mason, Paul (2007): Live Working or Die Fighting, London.
Munck, Ronaldo (2008): Globalisation, Contestation and Labour Internationalism. In: Taylor, Marcus (Hrsg.): Global Economy Contested. Power and Conflict across the International Division of Labour, London, S. 220-238.
Negri, Antonio/Hardt, Michael (2000): Empire, Cambridge/Mass.
Nowak, Jörg (2015): Union Campaigns in Germany directed against Inequality: The Minimum Wage Campaign and the Emmely Campaign. In: Global Labour Journal, 6, Heft 3, S. 366-380.
Nowak, Jörg (2016): Grenzüberschreitende Solidarität unter ArbeiterInnen. Eine Bestandsaufnahme anhand von vier Fallstudien, Studie der Rosa-Luxemburg-Stiftung, 10/2016, Berlin.
Poulantzas, Nicos (1968): Politische Macht und gesellschaftliche Klassen, Frankfurt a.M.
Poulantzas, Nicos (1978): Staatstheorie. Politischer Überbau, Ideologie autoritärer Etatismus, Hamburg 2002.
Robinson, William I. (2014): Global Capitalism and the Crisis of Humanity, New York.
Robinson, William I./Harris, Jeffrey (2000): Towards a Global Ruling Class? Globalization and the Transnational Capitalist Class. In: Science & Society, 64, Heft 1, S. 11-54.
Rosenberg, Justin (1996): Isaac Deutscher and the Lost History of International Relations. In: New Left Review, I/215, S. 3-15.

Scherrer, Christoph (2001): »Double Hegemony«? State and Class in American Foreign Economic Policymaking. In: Amerikastudien, 46, Heft 4, S. 573-591.

Scherrer, Christoph/Kunze, Caren (2011): Globalisierung, Göttingen.

Scherrer, Christoph/Schützhofer, Timm (2015): Countermeasures against Inequality. In: Gallas, Alexander/Herr, Hansjörg/Hoffer, Frank/Scherrer, Christoph (Hrsg.): Combating Inequality. The Global North and South, London, S. 300-316.

Selwyn, Ben (2013): Karl Marx, Class Struggle, and Labour-centred Development. In: Global Labour Journal, 4, Heft 1, S. 48-70.

Sklair, Leslie (2001): The Transnational Capitalist Class, Oxford.

Smith, Neil (2008): Uneven Development. Nature, Capital and the Production of Space, 3. Aufl., Athen.

Stevis, Dimitri (2002): Unions, Capitals and States. Competing (Inter)nationalisms in North American and European Integration. In: Harrod, Jeffrey/O'Brien, Robert (Hrsg.): Global Labour? Theories and Strategies of Labour in the Global Political Economy, London, S. 130-150.

Struna, Jason (2009): Toward a Theory of Global Proletarian Fractions. In: Harris, Jerry (Hrsg.): The Nation in the Global Era. Conflict and Transformation, Leiden, S. 120-150.

Webster, Edward/Lambert, Rob/Bezuidenhout, Andries (2008): Grounding Globalization. Labour in the Age of Insecurity, Oxford.

Weinzen, Hans Willi (1994): Arbeiteraristokratie. In: Haug, Wolfgang Fritz (Hrsg.): Historisch-Kritisches Wörterbuch des Marxismus, Bd. 1, Hamburg, S. 422-429.

Wissen, Markus (2006): Territorium und Historizität. Raum und Zeit in der Staatstheorie von Nicos Poulantzas. In: Bretthauer, Lars/Gallas, Alexander/Kannankulam, John/Stützle, Ingo (Hrsg.): Poulantzas lesen, Hamburg, S. 206-222.

Wright, Erik Olin (1978): Class, Crisis and the State, London.

Sharit Bhowmik / Indira Gartenberg
# Organising the Unorganised
Heimarbeiterinnen in Mumbai

Im Zentrum dieses Beitrags stehen Heimarbeiterinnen, die einen großen Teil der informell Beschäftigten in Indiens Städten ausmachen. Heimarbeit wird vorrangig von Frauen verrichtet und besteht zumeist aus schlecht bezahlter Akkordarbeit. Die Arbeiten (beispielsweise Nähen, Sticken, die Herstellung von Kunstschmuck oder auch Snacks) werden in der eigenen Wohnung oder auf Gemeinschaftsflächen ausgeführt. Heimarbeitende werden dabei selten als Arbeitende anerkannt. Gerade heimarbeitende Frauen sind sich oftmals ihres Status als Arbeiterinnen nicht bewusst. Ebenso wenig wissen sie von den sozialen Schutzmaßnahmen, die Arbeiterinnen und Arbeitern in informeller Beschäftigung zustehen. Exemplarisch zeigen wir in diesem Beitrag einige Erfahrungen mit der Organisierung von Heimarbeiterinnen in der indischen Metropole Mumbai auf. Die Beobachtungen basieren auf der Arbeit der Nichtregierungsorganisation *Labour Education and Research Network* (LEARN) und ihrer Schwestergesellschaft *LEARN Mahila Kamgar Sangathana* (LMKS), die LEARN-Frauengewerkschaft, die auch als Gewerkschaft anerkannt ist.

Der Autor und die Autorin dieses Beitrags sind Christoph Scherrer durch langjährige Zusammenarbeit in der *Global Labour University* (GLU) und dem *International Center for Development and Decent Work* (ICDD) verbunden. Beide Initiativen wurden und werden von Christoph Scherrers Arbeit maßgeblich geprägt. Die GLU basiert auf der Überzeugung, dass gewerkschaftliche Organisierung und globaler Austausch zwischen Gewerkschafterinnen und Gewerkschaftern in Zeiten der Globalisierung besonders notwendig sind. Die Selbstwahrnehmung als Arbeitende und das Erkennen kollektiver Interessen ist hierfür eine zentrale Grundlage. Von dieser Thematik handelt der vorliegende Text, der zentrale Ergebnisse einer Studie präsentiert, die im Rahmen des ICDD zu Arbeitsbedingungen in der informellen Ökonomie in Indien, Südafrika und Brasilien entstanden ist. Der vorliegende Beitrag über Heimarbeiterinnen in den Slums von Mumbai und deren gewerkschaftlicher Organisierung hat zum Ziel, diese Gruppe und ihre Anliegen sichtbar zu machen. Auch dieses Ziel teilen wir mit Christoph Scherrer.

## Heimarbeit: zur Einführung

Im Jahr 1982 schrieb Maria Mies ihre bahnbrechende Studie über Klöpplerinnen in dem indischen Dorf Narsapur. Als sie im Jahr 2012, drei Jahrzehnte später, zurückkehrt, hat sich an deren Arbeitsbedingungen wenig geändert. Die Klöpplerinnen und ihre Arbeit sind damals wie heute unterbezahlt und unterbewertet. Der einzige Unterschied, den Maria Mies findet, ist die gestiegene Anzahl der Klöpplerinnen in Narsapur und von Heimarbeiterinnen weltweit.

Heimarbeit wird im Übereinkommen Nr. 177 (1996) der Internationalen Arbeitsorganisation (*International Labour Organisation*, ILO) definiert als »Arbeit, die von einer als Heimarbeiter zu bezeichnenden Person verrichtet wird, in ihrer Wohnung oder in anderen Räumlichkeiten ihrer Wahl, ausgenommen die Arbeitsstätte des Arbeitgebers; gegen Entgelt; deren Ergebnis ein Erzeugnis oder eine Dienstleistung nach den Vorgaben des Arbeitgebers ist, unabhängig davon, wer die verwendeten Ausrüstungen, Materialien oder sonstigen Einsatzfaktoren bereitstellt« (ILO 1996).

Die ILO-Übereinkunft sieht vor, dass die Unterzeichnerstaaten Heimarbeit in ihren Arbeitsmarktstatistiken erfassen. Indien hat diese Konvention bisher nicht unterzeichnet und offizielle Zahlen zum Umfang von Heimarbeit fehlen hier. Die Organisation *HomeNet Südasien*[1] schätzt, dass in der Region rund 50 Millionen Personen in der Heimarbeit tätig sind, ca. 30 Millionen von ihnen in Indien. Das sind jedoch konservative Schätzungen. Allein in Mumbais Slums arbeiten Millionen von Menschen in Heimarbeit. Zumeist sind es Frauen, die zu niedrigsten Löhnen Waren und Dienstleistungen anbieten. Entweder arbeiten sie mit ihrer Akkord- oder Stückarbeit einer größeren Lieferkette zu oder sie sind als selbstständige Kleinstunternehmerinnen tätig.

Gemeinsam ist ihnen, dass sie zumeist in ihrer eigenen Wohnung arbeiten, was sie, im Vergleich zu anderen Arbeitenden im informellen Sektor wie beispielsweise StraßenverkäuferInnen oder MüllsammlerInnen, relativ unsichtbar macht. Zudem gibt es kaum eine Organisation, die ihre Stimme als werktätige Personen vertritt. Dieser Umstand trägt – zusammen mit der fehlenden Erfassung durch Statistiken und Mainstream-Forschung – zu ihrer Unsichtbarkeit bei.

## Über LEARN

LEARN wurde 2008 in Dharavi, dem größten Slum der südindischen Metropole Mumbai, gegründet. Die Organisation verfolgt zwei zentrale Ziele: Erstens, in informeller Beschäftigung arbeitende Frauen zu mobilisieren und zu organisieren – im Englischen wird dies mit dem prägnanten Slogan »Organising the Unorganised« erfasst. Teil dieses Prozesses ist nicht allein die gemeinsame Diskussion von ArbeitnehmerInnenrechten, sondern auch die kollektive Bearbeitung von Proble-

---

[1] HomeNet Südasien (gegründet im Jahr 2000) ist das regionale Netzwerk von HeimarbeiterInnen-Organisationen in Südasien mit dem Ziel, Heimarbeitenden und ihren Anliegen Sichtbarkeit zu verschaffen, nationale Politiken zu verändern, lokale Selbstorganisationsstrukturen zu fördern und ein regionales Netzwerk zu schaffen (www.homenetsouthasia.net/HomeNet_South_Asia_and_Overview.html, 20.10.2011). Daten zu Indien stammen von HomeNet Indien, dem 2004 gegründeten indischen Ableger von HomeNet Südasien (http://homenetindia.org/).

men in der Arbeits- und Lebenswelt der Mitglieder. Dies reicht von der Forderung nach fairer Behandlung und Achtung ihrer Rechte als Arbeitnehmerinnen, über Gesundheitstrainings und den Einsatz für eine allen zugängliche städtische Infrastruktur, bis zum Kampf um den Zugang zu sozialen Dienstleistungen des Staates. Die Mitglieder von LEARN sind Heimarbeiterinnen, Hausangestellte, Straßenverkäuferinnen, Mitarbeiterinnen von Kleinstfabriken sowie Textilarbeiterinnen in drei Distrikten von Maharashtra, Mumbai, Nashik und Solapur. Zweitens betreibt LEARN sozialwissenschaftliche Forschung, um das Verständnis dieses Teils der Arbeiterklasse, oder vielmehr der Arbeiterinnenklasse, zu verbessern.

Unter dem Banner dieser beiden Ziele ist es LEARN gelungen, vormals vereinzelte Arbeiterinnen zu einen, sie als Mitglieder einer Gewerkschaft zu registrieren und ihnen die Möglichkeit zu eröffnen, sich selbst als Arbeiterinnen zu verstehen. Mit anderen Worten: Die vormals Nicht-Organisierten haben sich organisiert. Das ultimative Ziel ist es, für die Einzelne die Selbstwahrnehmung zu stärken und das Bewusstsein über die Bedeutung der kollektiven Wahrnehmung von Interessen zu schärfen.

## Methodologie

Die diesem Beitrag zugrunde liegende Studie wurde von LEARN im Auftrag von *HomeNet Indien* zwischen Oktober und Dezember 2011 in drei Bezirken von Maharashtra – Mumbai, Nashik und Solapur – durchgeführt. In diesem Beitrag werden vorrangig die Ergebnisse aus Mumbai vorgestellt. In den Slums von Mumbai, namentlich Amrut Nagar (im Stadtteil Ghatkopar), Panjrapol (in Deonar), Lallubhai Comound und Shivaji Nagar (beide in Mankhurd) sowie Rajeev Gandhi Nagar, Muslim Nagar und Mukund Nagar (alle in Dharavi), wurden im Rahmen der Studie 76 semi-strukturierte Interviews durchgeführt; 70 davon mit Arbeiterinnen und sechs mit Expertinnen.

Die Auswahl der Befragten in Dharavi und damit der Zugang zum Feld beruhte auf der Mitarbeit der Forschenden in LEARN und der daraus resultierenden Vertrautheit mit den Befragten. Die Auswahl der übrigen Befragten erfolgte im Schneeball-Verfahren.[2]

In diesem Beitrag gehen wir insbesondere auf zwei der fünf untersuchten Gebiete ein – Amrut Nagar und Dharavi. Dies soll die Vielfalt der Arbeiten, Gemeinsamkeiten und Probleme der Arbeitsbedingungen von Heimarbeiterinnen in Mum-

---

[2] Wir danken dem Labour Education and Research Network (LEARN) Karmacharis von Mumbai, Nashik und Solapur, insbesondere Atmadevi Jaiswar (Mumbai), Sarojini Tamshetty (Solapur), Rana Shinde, Vimal Porge und Surekha Ahire (Nashik). Für den Zugang zu Ghatkopar danken wir Radheshyam Jaiswar und seiner Schwester Sunita. Herr und Frau Dagdu Deshmukh boten großzügig ihr Haus zum Führen von Interviews an. Zugang zu Panjrapol und Lallubhai Compound wurde durch Bebi M. Kharate und ihrem Sohn Amar Kharate ermöglicht, der uns auch während der Feldforschung unterstützte.

bais Slums aufzeigen. Die Studie erlaubt einerseits Einblicke in die Organisation der vormals Nicht-Organisierten. Andererseits zeigt unser Beitrag, wie die Bestandsaufnahme von Lebens- und Arbeitsbedingungen von informell arbeitenden Frauen – also der Forschungsprozess an sich – zur Organisation von Heimarbeiterinnen in Amrut Nagar beigetragen hat. An geeigneter Stelle illustrieren wir zudem bestimmte Formen von Heimarbeit. Die abschließenden Beobachtungen fassen Kernfragen und Beobachtungen zusammen und geben Empfehlungen.

### Die Slums von Mumbai: Eine Übersicht über die Feldforschungsgebiete

Bevor wir uns den Heimarbeiterinnen zuwenden stellen wir kurz die Slums vor, in denen die Frauen leben und arbeiten. Gemäß der Volkszählung von 2011 leben 78% aller BewohnerInnen Mumbais in Slums (Times of India, 6.7.2011). Amrut Nagar befindet sich auf einem Hügel zwischen zwei wohlhabenden Vororten und ist ein Beispiel für die große Ungleichheit hinsichtlich des Zugangs zu und der Verteilung von Ressourcen in Mumbais Slums, für Entbehrung und schlecht bezahlte Arbeit. Täglich kommt es zwischen den AnwohnerInnen zu Kämpfen um die knappe Ressource Wasser, die sanitären Einrichtungen sind völlig unzureichend und bedürfen dringender Reparatur. Fast überall im Slum gibt es offene, gesundheitsgefährdende Abwasserkanäle. Zwischen den BewohnerInnen aus Maharashtra und denen, die ursprünglich aus Uttar Pradesh, einem nördlichen Bundesstaat Indiens, stammen, gibt es ethnische Spannungen. Dharavi, einer der größten Slums Asiens, beherbergt auf einer Fläche von nur 1,7 km² rund eine Million BewohnerInnen und mehrere tausend Kleinst- und Kleinbetriebe. Im Vergleich zu den anderen untersuchten Gebieten sind in Dharavi die Ausgaben für Miete, Wasser und Gesundheit günstiger, das größte Problem stellt jedoch die Enge dar. Trotz der Bemühungen hunderter lokaler, nationaler und internationaler NGOs, Gewerkschaften und religiösen Organisationen vor Ort die Lebens- und Arbeitsbedingungen zu verbessern, fehlt es in Dharavi selbst an der einfachsten Infrastruktur.

### Heimarbeit in Amrut Nagar und Dharavi

In dieser Umgebung findet die Heimarbeit statt. Zumeist wird sie von Frauen während oder nach der Bearbeitung anderer familiärer und häuslicher Pflichten ausgeführt. Dabei werden im Haus verfügbare Werkzeuge und Materialien zu Hilfe genommen, beispielsweise Kerosinflaschen, Stühle oder Hocker an denen *dupattas*[3] festgebunden werden.

---

[3] *Dupatta* bezeichnet einen langen, dünnen Schal oder Schleier, der Bestandteil indischer Frauenbekleidung ist.

**Amrut Nagar**
In Amrut Nagar sind die meisten weiblichen Befragten damit beschäftigt, Quasten an die Enden der *dupatta* zu knüpfen. Diese Arbeit ist saisonal und auf wenige Monate im Jahr begrenzt. Da die Arbeit hohe Präzision erfordert, knüpfen die meisten Frauen nicht mehr als ein bis zwei Dutzend *dupattas* pro Tag. Auch Kinder, Mädchen wie Jungen, sind oftmals an der Arbeit beteiligt. Bis ca. Ende 2007 lag die Rate für das Knüpfen von einem Dutzend *dupattas* bei 30 indischen Rupien (INR), dies entspricht ca. 0,42 €. Zum Zeitpunkt der Studie war der Preis auf 24 INR pro Dutzend (ca. 0,32 €) gefallen. Grund hierfür könnten die Auswirkungen der weltweiten Rezession auf die Bekleidungsindustrie sein. Die zweitgrößte Gruppe von Arbeiterinnen in Amrut Nagar knüpft Satinquasten an die Enden von *rakhis*[4]. Für diese Arbeit und das anschließende Verpacken und Bündeln werden pro Gros[5] sieben INR gezahlt (0,048 INR pro Stück). Auch diese Tätigkeit verlangt hohe Präzision und es gelingt den meisten Arbeiterinnen nicht mehr als zwei Gros pro Tag zu vervollständigen. Wenn zwei Mitglieder einer Familie, beispielsweise Mutter und Tochter oder Mutter und Schwiegertochter zusammenarbeiten, können sie bis zu vier Gros an einem Tag fertigen. Trotz dieser fordernden Arbeit erzielen sie gemeinsam nur ein Einkommen von 28 INR für ihr Tagewerk.

Die drittgrößte Gruppe von Arbeiterinnen fertigt die Schnüre, welche die Grundlage von Halsketten bilden. Diese Arbeit ist in drei Schritte unterteilt, die von verschiedenen Gruppen von Arbeiterinnen durchgeführt werden. Im ersten Schritt erfordert ein Gros etwa drei Stunden ununterbrochener Arbeit, welche mit zehn INR pro Gros entlohnt wird (0,069 INR pro Stück). Die zweite Gruppe von Arbeiterinnen kann fünf bis sechs Gros pro Tag vollenden und verdient sechs INR pro Gros (0,041 INR pro Stück). Die dritte und letzte Gruppe von Arbeiterinnen hat eine besonders arbeitsintensive Aufgabe und ist von den drei Tätigkeiten am schlechtesten bezahlt. Die Vervollständigung eines Gros erfordert zwei Tage akribische Arbeit und wird mit nur sieben INR pro Gros entlohnt, obwohl ihre Arbeit höherwertige Materialien erfordert und an Goldschmiede weiterverkauft wird.

Eine andere Gruppe von Arbeiterinnen fertigt Schlüsselketten. Dies umfasst das Anbringen von mehreren kleineren Ringen, Glocken, buntem Kunststoff, Perlen oder Metall an einem Hauptring. Der Lohn beträgt 14 INR pro Gros (0,097 INR pro Stück). Pro Tag werden zumeist ca. zwei Gros gefertigt. Die Herstellung des Mantels von Glüh- oder Petroleumlampen ist die einzige Beschäftigung, bei der Männer an der Heimarbeit beteiligen sind. Dies ist zudem die einzige Form der Heimarbeit in Amrut Nagar, bei der die Materialien nicht beim Zwischenhändler abgeholt, sondern angeliefert werden. Pro 1.000 Stück werden 100 INR gezahlt

---

[4] Ein *rakhi* ist ein dünnes Band, welches Männern oder Jungen im Rahmen eines traditionellen Festes von ihrer Schwester um das Handgelenk gebunden wird.

[5] Die maßgebliche Einheit fast aller Transaktionen von in Heimarbeit gefertigten oder montierten Produkten ist das »Gros«. Es bezeichnet zwölf Dutzend oder 144 Stück. Wenn in dieser Studie von einer bestimmten Anzahl »Gros« am Tag die Rede ist, so bedeutet dies, dass die Heimarbeiterinnen diese neben all ihren anderen Verpflichtungen fertigen.

(0,1 INR pro Stück). Gewöhnlich wird diese Arbeit von Paaren gemeinsam ausgeführt, zusammen können sie bis zu 3.000 Stück pro Tag produzieren.

Bei der Ausführung ihrer Arbeit sitzen die meisten Arbeiterinnen auf dem Boden ihrer Häuser. Dort haben sie kaum Platz um ihre Materialien auszubreiten. Lampen und oder Ventilatoren schalten sie während der Arbeiten nicht ein, um Stromkosten niedrig zu halten. Zugleich läuft in fast allen Haushalten, in denen die Arbeit allein oder mit den Kindern ausgeführt wird, der Fernseher. Andere Frauen bevorzugen die gemeinsame Arbeit und setzen sich hierfür an öffentlichen Orten zusammen, beispielsweise in den Schatten einer Pappelfeige. Während der Arbeit unterhalten sie sich, scherzen und tratschen über ihr Leben, die Nachbarschaft oder die nationale Politik und beklagen das Verhalten der Männer in ihren Familien. Die Gespräche dienen zur Ablenkung von der monotonen Arbeit. Oftmals teilen die Arbeiterinnen auch ihre Werkzeuge.

Gemeinsam ist fast allen Arbeiterinnen, dass sie das Material aus dem Haus, Geschäft oder Lager des Mittelsmanns zu Fuß abholen. Alle klagen über Rücken- und Schulterschmerzen sowie Schmerzen in den Beinen. Diejenigen, die in Präzisionsarbeiten beschäftigt sind, berichten zudem von nachlassender Sehkraft. Andere Klagen über anhaltenden Husten und Erkältungen. Dies könnte auf das Inhalieren von Flusen zurückzuführen sein, welche bei der Arbeit mit Halsketten entstehen. Die unregelmäßige Verfügbarkeit und der geringe Umfang der Aufträge lässt den Arbeiterinnen ihre Arbeitszeit dennoch als sehr wertvoll erscheinen, auch wenn sie tatsächlich extrem unterbezahlt ist.

**Dharavi**
In Dharavi werden Hunderte Handwerkszweige bedient. Drei wichtige seien hier vorgestellt: die Aufwertung von Kleidern durch das Anbringen von Pailletten und Perlen, die Bemalung von Tonlampen und die Herstellung von Gürteln. Die Situation von Heimarbeiterinnen in Dharavi ist in vieler Hinsicht ähnlich wie in den anderen untersuchten Gebieten. Sie unterscheidet sich jedoch zentral in drei Punkten: Erstens wird in Dharavi nicht nur für ortsansässige Kleinbetriebe gefertigt, sondern auch für große internationale Marken. Zweitens überrascht die besonders hohe Anzahl von arbeitenden Kindern, vor allem Mädchen. Und drittens gibt es in Dharavi eine Organisation, die Heimarbeiterinnen vertritt, was einen deutlichen Unterschied für das Privat- und Berufsleben der Arbeiterinnen macht.

Die Aufwertung und Verschönerung von Bekleidung wird in Dharavi in Heimarbeit ausgeführt. Dazu gehört das Anbringen von Pailletten und Perlen nach einem durch den Zwischenhändler festgelegten Muster. Einfache Verzierungen bringen ca. zwei bis drei INR pro Stück, schwierige Muster erzielen fünf INR pro Stück. Der Lohn von fünf INR ist das hart erkämpfte Ergebnis einer Arbeitsauseinandersetzung von Heimarbeiterinnen, auf den im folgenden Abschnitt eingegangen wird. Von den einfachen Arbeiten können 20 bis 25 Stück pro Tag ausgeführt werden. Schwierige Muster erfordern mehr Zeit und es können nur ca. zehn bis zwölf pro Tag abgeschlossen werden. Individuelle Fähigkeiten und Zeitressourcen variieren jedoch stark, sodass manche Arbeiterinnen nur die Hälfte und andere die doppelte Menge fertigstellen können. Die Arbeiterinnen in Dharavi klagen ebenfalls über Kopfschmerzen, Schmerzen in den Beinen, häufiges Fieber und Erkältungen sowie eine starke Belastung der Augen. Darüber hinaus verursachen die unzureichenden sanitären Einrichtungen und der Mangel an Wasser zusätzliche Probleme.

Das Töpferdorf von Dharavi *Kumbharwada* ist sehr bekannt. Weniger bekannt ist, dass die Dekoration und Verschönerung einiger dieser Tonwaren in den Häusern der BewohnerInnen Dharavis erarbeitet wird. Viele Kinder und Jugendliche, vor allem Mädchen, werden an dieser Arbeit beteiligt. Die Arbeitsmaterialien müssen beim Töpfer abgeholt werden (bspw. Farbe, Kerosin, Klebstoff). Die fertigen und verpackten Lampen werden zurück an den Töpfer geliefert. Für 100 bemalte Lampen erhalten die Heimarbeiterinnen sechs INR (0,06 INR pro Stück) unabhängig davon, ob dies mehr oder weniger Arbeit erfordert.

Ebenfalls weit verbreitet ist das Weben von Gürteln. In diesem Gewerbe wird das Material von einem Mittelsmann angeliefert. In der Herstellung sind viele Mädchen und Frauen beschäftigt. Die komplizierten Muster erfordern Geschicklichkeit und eine hohe Präzision. Im Durchschnitt können Kinder und Jugendliche 15 Stück pro Tag fertigen, Erwachsene 30. Die Zahlung pro Gürtel liegt bei drei bis fünf INR pro Stück.

## Die Organisierung der Nicht-Organisierten

Im Jahr 2009 schrieb Atmadevi Jaiswar, ursprünglich Heimarbeiterin aus Dharavi und heute Gewerkschaftsführerin von LEARN, Geschichte. Wie andere Frauen in ihrer Nachbarschaft (Rajiv Gandhi Nagar) war sie mit der schlecht bezahlten Verschönerung von Kleidungsstücken beschäftigt. Im Rahmen einer Studie zur Erhebung des Einkommens von Heimarbeiterinnen entdeckte sie, dass ein Mittelsmann für die gleiche Arbeit in verschiedenen Straßen ihrer Nachbarschaft unterschiedlich viel zahlte. Einige bekamen ein INR pro Stück, andere anderthalb INR und weitere sogar zwei INR. Sie fand das erstaunlich und höchst ungerecht. Auf einer Versammlung erzählte sie den anderen LEARN Mitgliedern von ihrer Entdeckung. Diese waren ebenfalls schockiert. Atmadevi nutzte die Gelegenheit und schlug vor, gemeinsam mehrere Tage keine Arbeit anzunehmen, bis der Mittelsmann allen Arbeiterinnen den gleichen Lohn von zwei INR bezahlte. Obwohl die Frauen sich einig waren, dass sie unfair behandelt wurden, waren sie zunächst nicht bereit, auf ihre Arbeit und das Einkommen zu verzichten. Sie lehnten Atmadevis Vorschlag ab.

Doch diese gab nicht auf. Atmadevi führte weitere Versammlungen durch. Am Ende der dritten Sitzung sagte sie: »Wir Schwestern führen alle dieselben Arbeiten aus; wir alle arbeiten gleich hart, warum sollten wir nicht alle denselben Lohn erhalten? Stimmt ihr mir zu oder nicht? Wir sind keine Tiere, doch sie behandeln uns wie solche. Sagt mir, wie lange wollt ihr weiterhin für sie arbeiten, wenn ihr wisst, dass eure Schwester in der Nachbarstraße für dieselbe Arbeit einen höheren Lohn erhält? Und diejenigen von euch, die mehr verdienen als andere, wie könnt ihr mit dem Gedanken leben, dass eure Schwester für die gleiche Arbeit weniger verdient?«

Atmadevis eindringlicher Appell zeigte letztendlich Wirkung. Die Frauen entschieden gemeinsam, keine Arbeiten mehr anzunehmen, bis sie alle den gleichen Preis pro Stück bekommen würden, jetzt und in Zukunft. Als der Mittelsmann am nächsten Tag erschien, teilten die Frauen ihm ihre Forderung nach zwei INR pro Stück mit. Er lehnte dies ab und nahm alle seine Materialien mit. Er dachte wohl die Arbeiterinnen würden am kommenden Tag zur Vernunft kommen und sein Geschäft könne weiterlaufen wie bisher. Doch die Arbeitsverweigerung hielt drei Tage an. In dieser Zeit begann das Haus des Mittelsmanns sich mit nicht verzierten Kleidungsstücken, Pailletten und Perlen zu füllen. Der Arbeitgeber des Mittelsmanns geriet unter Druck, die Kleidungsstücke innerhalb der Lieferkette nach oben weiter zu reichen. Der Mittelsmann informierte seinen Arbeitgeber über diesen besonderen »Streik« und aus der Not entschied dieser sich pro Stück in Zukunft fünf INR zu zahlen. Dies war ein großer Sieg für die Arbeiterinnen. Als Kollektiv organisiert zu sein, machte plötzlich für alle Sinn und gewann für die Frauen an Bedeutung.

Atmadevis Ansatz funktioniert aus einer Reihe von Gründen und bietet daher wichtige Erkenntnisse für die Bemühungen im informellen Sektor, Arbeitende zu organisieren:

Erstens regt sie die anderen Frauen dazu an, sich durch ihre Arbeit als Arbeitende zu begreifen. Dies zeigt sich an ihren Formulierungen wie »Wir sind Arbeiterinnen«, »Wir machen dieselbe Arbeit«, »Wir sind keine Tiere«. Diese wiederholte Ansprache führt dazu, dass selbst diejenigen, die zuvor meinten, sie gingen nur einem »Zeitvertreib« nach, nun erwogen, dass sie verdienende Familienmitglieder sein könnten. Zweitens verwendet Atmadevi einen interaktiven Ansatz. Anstatt die anderen zu belehren, fragt sie nach deren Meinung. Atmadevi gelingt es auf diese Weise, von den anderen Frauen als eine der ihren wahrgenommen zu werden. Gerade in diesem Punkt unterscheidet sich Atmadevis Zugang von dem zahlreicher indischer Gewerkschaften im formellen Sektor. In diesen meist von Männern dominierten Organisationen sprechen die Gewerkschaftsführer oftmals im Frontalstil zu ihren Mitgliedern, wodurch sich kein Gefühl von Gemeinschaft und Teilhabe einstellt. Drittens, und das ist zentral, ist sich Atmadevi der Tatsache bewusst, dass die meisten Frauen aus denselben Dörfern kommen, die gleiche Erfahrung der Binnenmigration gemacht haben und letztlich zur gleichen Kaste oder Großfamilie zählen. Sie unterhalten zugleich familiäre wie auch nachbarschaftliche Beziehungen. Bei denjenigen, die weniger verdienten, nährt sie die Sorge, dass das höhere Einkommen »ihrer Schwester aus der Nachbarstraße« letztlich das persönliche Verhältnis trüben könnte. Gleichzeitig appelliert Atmadevi an das moralische Bewusstsein der Besserverdienenden und fragt, ob sie es mit sich vereinbaren können, für die gleiche Arbeit besser bezahlt zu werden.

Atmadevi gelingt es so, das soziale Kapital der Arbeiterinnen, gebaut auf Familie, Kaste, Herkunft und Sprache, infrage zu stellen. Vor diesem Hintergrund haben die Arbeiterinnen zwei Möglichkeiten: entweder die dauerhafte Schwächung ihrer sozialen Netzwerke durch die Inkaufnahme der Ungleichbehandlung oder sich dagegen zu wehren und so ihr soziales Kapital zu stärken und zudem eine Option auf höhere Löhne zu erhalten (Putnam 1995). Die Arbeiterinnen wählten die zweite Option und erzielten einen Sieg, der über ihr ursprüngliches Ziel noch hinausging. Sie wurden besser bezahlt und ihre kollektive Identität stärkte Familien- und Verwandtschaftsbeziehungen. Darüber hinaus profitierten auch Heimarbeiterinnen von dem Streik, die aus anderen Familien oder Regionen stammten, jedoch am selben Ort die gleiche Arbeit ausführten.

In Dharavi bekommen die Arbeiterinnen auch zwei Jahre später weiterhin das gleiche Entgelt für gleiche Arbeit und teilen ihre Erfolgsgeschichte mit jedem, der sie hören will. Durch unsere Mapping-Studie wurde die Aufmerksamkeit von Atmadevi und anderen Gewerkschafterinnen darauf gelenkt, dass die Situation in anderen Slums von Mumbai sehr ähnlich, wenn nicht gar schlimmer ist. Neugier auf beiden Seiten begleitete die Studie: die LEARN-Aktivistinnen wollten mehr über die Heimarbeiterinnen in anderen Slums erfahren, die Heimarbeiterinnen wiederum waren bestrebt, mehr über Aktivistinnen und unsere Organisation zu hören. Diese Fragen festigten unsere gemeinsame Identität als Gewerkschaftsaktivistinnen und Forscherinnen. Bereits beim dritten und vierten Besuch in Amrut Nagar wollten die dortigen Arbeiterinnen wissen, ob sie dieser »Gewerkschaft« beitreten könnten, welche »für die Arbeiterinnen so gute Dinge« getan habe. Die LEARN-Aktivistinnen verloren keine Zeit und begannen ihre Organisationsbemühungen in Amrut Nagar. Trotz der langen Wege zwischen den beiden Slums, veranstaltete LEARN zunächst unregelmäßige, später regelmäßige Treffen in Amrut Nagar und entwickelte dort eine neue Führungsstruktur, sodass die Arbeiterinnen ihre Probleme mit Unterstützung von LEARN aus Dharavi vor Ort selbst angehen können.

Gemeinsame Probleme in der Nachbarschaft – nicht nur unter Arbeiterinnen –, wie Wasserknappheit, fehlender Zugang zu subventionierten Lebensmitteln und zu Kerosin, waren einige der ersten Themen, welche die neuen Mitglieder ansprachen. Weitere Themen umfassten neben den strikt arbeitsbezogenen Angelegenheiten auch alltägliche Dinge, wie Klatsch und Tratsch über Familienangelegenheiten. Auch diese persönlichen Themen sind wichtig für die Vertrauensbildung, auf denen die Organisierung aufbauen kann.

Das soziale Kapital, dessen soziale Bindekraft zuvor hervorgehoben wurde, hat aber auch seine negativen und ausgrenzenden Seiten. So stammt die Gruppe von Arbeiterinnen, die im Schatten des Baumes arbeiten, aus demselben Ort und derselben Kaste. Die gemeinsame Abstammung erleichtert es eine Gruppenidentität zu bilden und die Bindungen in der Gruppe zu stärken. Dieselben Merkmale – Kaste und Herkunftsort – sind jedoch ausschließende Kriterien für andere Arbeiterinnen, die nicht in den »Club« aufgenommen werden. Vorurteile und ethnische Spannungen führen zum Teil auch dazu, dass Arbeiterinnen, welche die gleiche Tätigkeit ausüben, nicht zusammenarbeiten.

Nichtsdestotrotz ist die Geschichte von Atmadevi und ihren KollegInnen von LEARN bemerkenswert, zeigt sie doch, dass es möglich ist, Analphabetinnen, Arbeiterinnen mit geringer Bildung aus verschiedenen unteren Kasten und Klassen mit unterschiedlichen Hintergründen zu organisieren. Die Mitgliedschaft in der Gewerkschaft öffnet für sie den Blick auf einen anderen Teil ihres Lebens und ihrer Arbeit. Durch Diskussionen und Trainingsprogramme setzen sie sich mit einer alternativen Sicht auf Arbeit, Geschlecht und Gemeinschaft auseinander. Die Fortsetzung der kontinuierlichen gewerkschaftlichen Bildung und der Graswurzelansatz für einen sozialen Wandel sind vielversprechend. Der Fall zeigt, dass eine Erhöhung der Löhne möglich ist. Die Bedingungen in der Lieferkette können verändert werden und das Nachdenken über eine alternative Wirtschaftsordnung wird dadurch auch weltweit fortgesetzt.

### Was lernen wir aus dieser Studie?

Das erste wichtige Ergebnis der Mapping-Studie ist, dass ein Großteil der Heimarbeit in Mumbai von Frauen verrichtet wird. Diese Frauen (und Mädchen) führen zumeist den Haushalt, das heißt, sie putzen, kochen, waschen, pflegen und wachen über Ausgaben für Bildung, Gesundheit etc. Doch diese Arbeiten sind weder anerkannt noch geschätzt. Diese Herabsetzung setzt sich auch bei ihrer Lohnarbeit fort. Fast jede Form von Heimarbeit ist extrem schlecht bezahlt, bis dahin, dass die Arbeiterinnen letztlich draufzahlen, um ihren Verpflichtungen nachzukommen. Viele Arbeiterinnen sprechen von ihrer Tätigkeit als »Zeitvertreib« oder als Möglichkeit, sich von ihrer »Langeweile zu befreien«. Interessanterweise berichtete die einzige Frau in der Studie, die mit ihrem Mann gemeinsam zu Hause arbeitet, von einer weniger angespannten Familiensituation.

Eine zweite Erkenntnis der Studie ist, dass es keinen Mechanismus gibt, der Heimarbeiterinnen vor Schwankungen in der Nachfrage – und damit der (mangelnden) Verfügbarkeit von Arbeit – schützt. In Abwesenheit jeglicher staatlichen Unterstützung im Falle von Arbeitslosigkeit, sehen die Arbeiterinnen sich gezwungen, befristet andere Arbeiten anzunehmen, beispielsweise als Hausangestellte. Jan Breman schreibt am Beispiel der Fabrikarbeiter von Ahmedabad, dass diese »auf einem Arbeitsmarkt [konkurrieren], in dem das Angebot an Arbeitskraft strukturell größer ist als die – ständig fluktuierende – Nachfrage« (2009: 35). Diese ständige Unsicherheit und Unruhe macht die Arbeiter nicht »kämpferisch« und »bereit«, sich ihren Weg nach oben zu erkämpfen (ebd.), wie die Weltbank und das Wall Street Journal uns glauben machen wollen. Stattdessen nimmt »das Leben im andauernden Notfall die Energie, diesen Zustand zu bewältigen und die Kraft, durchzuhalten« (ebd.: 32).

Zudem zeigt die Studie, dass es in beiden Slums an städtischer Infrastruktur, wie Kanalisation und Bildungseinrichtungen, mangelt. Das Problem wird in beiden Gebieten durch die Überbevölkerung verschärft. In Amrut Nagar ist es jedoch besonders ausgeprägt. Hier hat der lokale Vorsitzende der regionalen rassistischen Partei *Shiv-Sena* allein das Sagen über die Ressourcenverteilung, der gewählte Repräsentant der BewohnerInnen ist seine Marionette. Diese lokale Machtkonstellation hat weitreichende Auswirkungen auf das Leben der Menschen und damit auch auf die Heimarbeiterinnen. Erschwert wird die Situation zusätzlich durch das Fehlen von Organisationen, welche die Interessen der AnwohnerInnen vertreten. Sie sind abhängig von einem lokalen politischen Schwergewicht, das allein entscheidet, ob und wie Probleme gelöst werden.

Die Studie weist auch auf die Gesundheitsgefahren von Heimarbeit hin. Fast alle Befragten klagten über Rücken-, Hand- und Beinschmerzen, einige zudem über Reizungen der Augen und abnehmende Sehkraft. Die dauernde Arbeit im Stehen oder Sitzen führt dazu, dass fast alle Arbeiterinnen gebückt gehen. Regelmäßige Gesundheitstrainings sind daher ein zentrales Thema von LEARN, deren Mitglieder in Prävention geschult werden. Was jedoch völlig fehlt – und einen Schwerpunkt gewerkschaftlicher Arbeit für Heimarbeit darstellen sollte – ist staatliche Unterstützung für Heimarbeiterinnen, die arbeitsbedingte Gesundheitsbeschwerden haben.

Zudem werden vor allem in Dharavi jugendliche Mädchen an Heimarbeit beteiligt. Von wenigen Ausnahmen abgesehen, gehen diese auch zur Schule. In Dharavi, wo es Hunderte NGOs gibt, die mit und für Kinder arbeiten, gibt es jedoch keine einzige Stimme, die sie als Arbeiterinnen repräsentiert, weder Gewerkschaften noch Kinderrechtsorganisationen.

Insgesamt zeigt die Studie die Notwendigkeit der Organisierungsbemühungen sowie die Bedeutung der Forschung zu Heimarbeit auf. Wir behaupten nicht, dass die Organisation der bisher Nicht-Organisierten Heimarbeiterinnen alle Probleme lösen würde. Die Organisierung kann sich jedoch als nützliches Werkzeug erweisen, weitere lokale, regionale, nationale und internationale Instrumente aufzubauen. Mithilfe innovativer Strategien kann es gelingen, Arbeiterinnen verschiedener Gruppen zusammenzubringen. Mit Ausnahme der indischen Gewerkschaft *Self-Employed Women's Association* (SEWA 2007) haben nationale wie internationale Gewerkschaften diese große Gruppe von Arbeiterinnen und Arbeitern lange vernachlässigt. Um die Ziele des ILO-Übereinkommens Nr. 177 zu Heimarbeit zu erreichen, ist es unerlässlich, zunächst die von Heimarbeit Betroffenen zu identifizieren und statistisch zu erfassen. Darauf sollten gewerkschaftliche Organisierungsprozesse folgen, sowie die Ratifizierung des ILO-Übereinkommens 177 durch die indische Regierung. Im Rahmen dieses Prozesses könnten die Gewerkschaften, die im informellen Sektor Heimarbeitende organisieren, Erfahrungen austauschen und gemeinsame Forderungen an die nationale Politik richten, um ihre Situation zu verbessern.

**Literatur**

Breman, Jan (2009): Myth of the Global Safety Net. In: New Left Review, 59, S. 29-36.
ILO [International Labour Organisation] (1996): C177 Home Work Convention, www.ilo.org/dyn/normlex/en/f?p=NORMLEXPUB:12100:0::NO:12100:P12100_INSTRUMENT_ID:312322:NO (Zugriff: 5.9.2016).
Lewis, Clara (2011): Dharavi in Mumbai is no longer Asia's largest slum. In: Times of India Mumbai Edition, 6.7.2011, http://articles.timesofindia.indiatimes.com/2011-

07-06/india/29742525_1_largest-slum-dharavi-nivara-hakk-sangharsh-samiti (Abruf: 31.8.2016).
Mies, Maria (1982): Lacemakers of Narsapur: Indian Housewives Produce for the World Market, 1. Aufl., London.
Mies, Maria (2012): Lacemakers of Narsapur: Indian Housewives Produce for the World Market, 2. Aufl., Victoria, Australia.
Putnam, Robert (1995): Bowling Alone: America's Declining Social Capital. In: Journal of Democracy, 6, Heft 1, S. 65-78.
SEWA (2007): South Asian Regional Plan of Action. Beitrag auf der SEWA-UNIFEM Konferenz »Women Work and Poverty: Policy Conference on Home Based Workers of South Asia«, 18.-20.1.2007, New Delhi, www.sewa.org/Archives_Unifem_Conference_South_Asian_Plan.asp (Zugriff: 31.8.2016).

*Übersetzung: Ellen Ehmke*

Ute Clement / Andreas Hänlein
# Skizze zur Geschichte des Begriffspaars »Arbeitgeber und Arbeitnehmer«

## 1. Einleitung

Es ist eine typische Erfahrung interdisziplinärer Kooperation, dass eine gemeinsame Auseinandersetzung mit einem bestimmten Thema zunächst einmal eine Verständigung über Gehalt und Geeignetheit der Grundbegriffe erforderlich macht. Zu den Grundbegriffen, deren Verwendung Debatten zwischen den Disziplinen aufwirft, gehört das Begriffspaar »Arbeitgeber und Arbeitnehmer«, wie sich bei einem interdisziplinären Publikationsprojekt gezeigt hat, an dem sowohl Christoph Scherrer wie auch wir beide beteiligt waren (Clement/Nowak/Scherrer/Ruß 2010; Scherrer/Hänlein/Heigl/Hofmann 2010). Christoph Scherrer äußerte damals eine gewisse politikwissenschaftliche Skepsis gegenüber ideologieträchtiger Begrifflichkeit; Andreas Hänlein fühlte sich in seiner rechtswissenschaftlichen Prägung und dem sachgerechten Gebrauch nationaler Rechtssprache durchaus missverstanden. Das politikwissenschaftliche Unbehagen an dieser Begrifflichkeit kann einen bekannten Referenztext aus dem 19. Jahrhundert für sich reklamieren: eine Bemerkung von Friedrich Engels im Vorwort zur dritten Auflage des Kapitals aus dem Jahr 1883. Engels schrieb damals als Herausgeber der Neuauflage, es habe ihm nicht in den Sinn kommen können, »in das ›Kapital‹ den landläufigen Jargon einzuführen, in welchem deutsche Ökonomen sich auszudrücken pflegen, jenes Kauderwelsch, worin z.B. derjenige, der sich für bare Zahlung von anderen ihre Arbeit geben läßt, der Arbeit*geber* heißt, und Arbeit*nehmer* derjenige, dessen Arbeit ihm für Lohn abgenommen wird. Auch im Französischen wird travail im gewöhnlichen Leben im Sinn von ›Beschäftigung‹ gebraucht. Mit Recht aber würden die Franzosen den Ökonomen für verrückt erklären, der den Kapitalisten donneur de travail, und den Arbeiter receveur de travail nennen wollte« (Engels 1975: 34, Hervorh. i.O.).

Den ideologiekritischen Vorbehalt nehmen wir zum Anlass für die folgende Skizze, die versucht, begriffsgeschichtliche Hintergründe des angedeuteten Konflikts aufzuhellen, und zwar sowohl aus berufspädagogischer als auch aus rechtswissenschaftlicher Perspektive.

## 2. Grundsätzliches zur Begriffsschärfung versus -verwirrung: Potenzielle Beiträge der Berufspädagogik und der Rechtswissenschaften

Das »Kauderwelsch«, welches Engels ideologiekritisch hinterfragt, ist auch der Berufspädagogik nicht fremd. Ja, man kann mit einiger Berechtigung sagen, es ist für sie in gewisser Weise konstitutiv. Die Berufspädagogik als Fachwissenschaft, aber auch als Alltagspraxis in Schulen, Bildungseinrichtungen und Betrieben entfaltet sich nämlich in einem unauflöslichen Spannungsfeld: Einerseits speist sich ihre soziale Legitimität daraus, dass sie junge Menschen für Arbeit, Wirtschaft und Gesellschaft qualifiziert. Zugleich sind Berufspädagog*innen im klassischen Widerspruch zwischen Kapital und Arbeit aus pädagogischer Sicht gehalten, Partei für diejenigen zu ergreifen, die sie für die Arbeit (aus-)bilden. Diese Parteinahme für den Educandus ist – so legt es etwa Nohl (1970) nahe – die *conditio sine qua non* einer pädagogischen Beziehung überhaupt. Sie begründet einen emotionalen, ja »leidenschaftlichen« pädagogischen Bezug zu dem zu bildenden Individuum, welcher Erziehung erst ermöglicht. Emanzipatorisch denkenden Pädagog*innen mag ein solcher Anspruch auf emotionale Bindung und Gefolgschaft des Kindes zuweilen suspekt erscheinen (vgl. z.B. Mollenhauer 1970), doch auch sie gehen davon aus, dass die Parteinahme für Mündigkeit und Autonomie der zu bildenden Individuen das Fundament einer angemessenen pädagogischen Haltung darstellt (Adorno/Becker 1971).

Lautet jedoch das pädagogische Paradigma »Parteinahme für das pädagogische Subjekt und dessen Befreiung von Unmündigkeit und Ausbeutung« – warum heißt dann die Fachdisziplin »Berufspädagogik« und nicht z.B. »Pädagogik der Arbeitenden« oder »Arbeitspädagogik«? An Bemühungen, eine solche Arbeitspädagogik zu begründen, fehlte es nicht (vgl. Schelten 1987; Riedel 1958) – flächendeckend durchsetzbar war sie nur in Ansätzen. Beruf statt Arbeit? Ein Kauderwelsch, das Klassengegensätze verbrämt? Engels würde vermutlich sagen: Ja.

Untersucht man das Phänomen dagegen interdisziplinär und zieht z.B. Kolleg*innen aus der Linguistik zu Rate, so würden diese, statt von Kauderwelsch, wohl eher von »frames« (vgl. z.B. Ziem 2008) sprechen. Worte wie »Arbeitnehmer« oder »Humankapital«, »Arbeit« oder »Beruf« sind aus dieser Perspektive jeweils Teil eines spezifischen Ausschnitts des Weltwissens, eines *frames*. Demnach ist es nicht zufällig, welche Worte benutzt werden, denn je nachdem, ob man »Arbeiterin« oder »Arbeitnehmer« oder »Berufstätige« sagt, werden beim Gegenüber unterschiedliche *frames* aktiviert. Solche Ausschnitte des Weltwissens beruhen auf je gruppenspezifischen gesellschaftlichen Erfahrungen und sozialen Interaktionen innerhalb eines kulturellen Kontextes. Sie sind nur noch teilweise sprachlich explizierbar. Stattdessen funktionieren sie über implizite Referenzen, Assoziationen und vermeintliche Selbstverständlichkeiten. Ein Wort ist somit in der Lage, Vorstellungen und Erwartungshaltungen zu aktivieren, die tief in unserem Alltagswissen verankert sind. Und die Verwendung eines anderen Wortes könnte aus dieser Sicht andere *frames* aktivieren, die unter Umständen diese vermeintlichen Selbstverständlichkeiten infrage stellen würden.

In der Bezeichnung »Berufspädagogik« schiebt sich der »Beruf« zwischen das arbeitende Subjekt und die Pädagogik. »Arbeit«, das stünde für Produktion und Dienstleistung, für Verwertung der Arbeitskraft, für auf ökonomischem Kalkül beruhende Arbeitsbedingungen, die der Entwicklung persönlicher Autonomie nicht immer abträglich sein müssen, ihr aber doch häufig erkennbare Grenzen setzen. Arbeit steht für Anstrengung und Produktivität, aber auch für Mühsal und Fremdbestimmung.

Beruf hat demgegenüber eine vormoderne Anmutung, schwingen doch Bedeutungsgehalte wie »Berufung« und »Pflicht« immer mit. Engels' Argument, der deutsche Sprachgebrauch sei besonders verwirrend und lasse sich in anderen Sprachen nicht wiederfinden, trifft auch hier zu. Beruf ist eben nicht *profession, profesión* oder *professione*. Letztere sind den akademischen Professionen vorbehalten und gelten nicht für Bäcker, Bankkaufleute oder Friseurinnen. Die deutsche Verwendung des Begriffes »Beruf« ist eine spezifische und transportiert erkennbar mehr als die klassische Definition Max Webers von der »Spezifizierung, Spezialisierung und Kombination von Leistungen einer Person [...], welche für sie die Grundlage einer kontinuierlichen Versorgungs- und Erwerbschance ist« (Weber 1972: 80), zugrunde legt.

Wenn auf Deutsch von *Beruf* gesprochen wird, so meint man ein Ordnungsmuster zur Regelung von Ausbildung und Arbeitsmarkt, welches umfassende sozialisatorische, biografische, qualifikatorische, statusbezogene und soziale Konsequenzen in sich birgt. Die Regelung dessen, was als Beruf bezeichnet werden kann und die Erwartungen, welche Arbeitnehmer und Arbeitgeber legitimerweise mit ihm verknüpfen, sind institutionell und sozial vorstrukturiert. Beruflichkeit ordnet ein System der gesellschaftlichen Arbeitsteilung, in dem jede*r versucht, auf die positive, d.h. ökonomisch einträgliche, sichere und persönlichkeitsstärkende Seite der qualifizierten Erwerbsarbeit und nicht auf die dunkle Seite der Jedermannstätigkeiten zu geraten. In diesem Sinne ist »Beruf« auch »eine strukturelle Komponente der Erzeugung und Verfestigung sozialer Ungleichheit« (vgl. Kutscha 2008). Gleichzeitig schützt er diejenigen, die ihn erlangen, und setzt der Vereinnahmung des Menschen durch »Kultivierung der Arbeit« Grenzen (ebd.: 3).

Auch auf den rechtswissenschaftlichen Sprachgebrauch lässt sich das Engels'sche Verdikt vom Kauderwelsch ohne weiteres beziehen. Ein zentrales Thema rechtswissenschaftlicher, auch arbeitsrechtswissenschaftlicher Reflexion ist das Gesetzesrecht. Da aber die arbeitsrechtlichen Gesetze in mannigfaltiger Weise rechtliche Beziehungen zwischen Personen ausgestalten, die sie als Arbeitnehmer und Arbeitgeber bezeichnen, werden diese Begriffe in den Diskursen der deutschen Arbeitsrechtswissenschaften ständig und völlig selbstverständlich verwendet. Weniger selbstverständlich ist jedoch der genaue Gehalt dieser Begriffe. In Ermangelung einer ausdrücklichen gesetzlichen Begriffsbestimmung haben Rechtsprechung und Wissenschaft immer wieder Anlass, sich mit der begrifflichen Einordnung von Grenzfällen abhängiger Arbeit auseinanderzusetzen (vgl. Preis 2016). Ganz aktuell sind Bemühungen der Politik, eine Definition des Arbeitnehmerbegriffs zu entwickeln, die in das BGB aufgenommen werden kann. Bei alledem geht es freilich nie um das Engels'sche Anliegen, also um die Frage, ob nämlich diese Redeweise als solche der Wirklichkeit der Produktionsverhältnisse gerecht wird. Umso sinnvoller erscheint es, auch diesem Anliegen nachzuspüren und nicht in schlichter Gesetzeshörigkeit schwierige Begriffe unbefragt zu gebrauchen.

Woher rührt nun also das deutsche Kauderwelsch, das das Geben von Arbeitskraft mit ihrem Nehmen und die Verwertung von Produktivkraft mit Berufung verwechselt? Oder andersherum gefragt: Aus welcher Quelle nährt sich der Eigensinn, mit dem sich der deutsche Sprachgebrauch weigert, den Widerspruch von Kapital und Arbeit zur Kenntnis zu nehmen und von *Arbeiter\*innen* und *Unternehmer\*innen* (oder Produktionsmittel-Besitzenden) zu sprechen?

## 3. Ursprünge: Das Handwerk als kulturelles Muster deutscher Arbeitsbeziehungen

Der Ursprung des *frames* deutscher Beruflichkeit liegt im späten Mittelalter, genauer im städtischen Handwerk und den Zünften, in denen es organisiert war. Berufliche Tätigkeiten durften nicht von jedem Bürger der Stadt, sondern entgeltlich nur innerhalb der Zunftgemeinschaft ausgeübt werden. Arbeits- und Familienleben, Alltag und Feste fanden in einem engen Gemeinschaftsverband statt (Gruber 1997: 77ff.). Zünfte organisierten nicht nur die ersten Kranken-, Sterbe- und Unterstützungskassen, sondern auch die Erziehung und den Schutz ihrer Mitglieder. Sie übten Polizeigewalt aus und hatten eine eigene Gerichtsbarkeit.

Während sich der Adel durch seine Familienzugehörigkeit vom gemeinen Volk abhob, zeigte sich die korporative Ehre der Handwerker in der mittelalterlichen Stadt in der Tüchtigkeit und Rechtschaffenheit der Zunft. Strenge Zunftregeln sorgten dafür, dass Gewichte, Maße und die Produktqualität zuverlässig eingehalten wurden bzw. einklagbar waren. Handwerker waren berechenbare, verlässliche Geschäftspartner.

Dass diese Ansprüche an die Ehrbarkeit des Handwerks tatsächlich Eingang in den Alltag und das Bewusstsein der Zunftmitglieder fanden, wurde durch eine ganzheitliche Berufsausbildung gewährleistet, bei der Lehrlinge in den Haushalt des Meisters aufgenommen und dort persönlich wie fachlich erzogen wurden. Im *ganzen Haus* war der Meister Hausherr und übte väterliche Gewalt über alle Belange des täglichen Arbeitens und Lebens aus (Stratmann 1967). Auch die Meisterin spielte im Leben der Lehrlinge eine wichtige Rolle und zog sie zu häuslichen Arbeiten heran. Dem Lehrherrn stand seit dem Mittelalter das Züchtigungsrecht gegenüber seinen Lehrlingen zu. Im Gegenzug war der Meister verpflichtet, sein eigenes Wissen und Können dem Lehrling weiterzugeben (Gruber 1997: 89; Stratmann 1967).

Neben den in Zünften organisierten Berufen gab es eine große Zahl an beruflich Unselbstständigen, zu denen z.B. die freien Tagelöhner und Hilfsarbeiter, die Hafenarbeiter und Seeleute, die Türmer, Torwächter und Nachtwächter, Stadtpfeifer, die Dienerschaft, das Gesinde und die Bettler gehörten. Darunter noch stand die Bauernschaft und alle gemeinsam schauten auf die *ehrlosen* Berufe herab, zu denen – mit regionalen Unterschieden – z.B. der Henker und seine Gehilfen, der Hundeschinder, der Gefängniswärter, der Müller, der Töpfer, der Schäfer, der Ziegler, der Hirte, der Barbier und Bader, der Totengräber, die Dirne oder die Spielleute gehörten (vgl. Kurtz 2005: 76; Burkhart 2006: 43).

Diese *unehrlichen Leute* konnten nicht vor Gericht als Zeugen auftreten, keine Ehrenämter übernehmen, kein Lehen erwerben und nicht mit Angehörigen ehrlicher Stände eine Ehe eingehen (Burkhart 2006: 43). Auch war ihnen und ihren Familienangehörigen der Zugang zu Gilden und Zünften verwehrt, denn diese nahmen neue Mitglieder nur auf, wenn sie neben dem Nachweis, das Handwerk hinreichend zu beherrschen, auch ein Zeugnis über ihre Reputation, d.h. über zunftwürdige Familienherkunft und ordentlichen Lebenswandel beibringen konnten (Stratmann 1967: 37). Eine Lehre beginnen konnte im Spätmittelalter nur, wer ehelicher Geburt und frei geboren war (das heißt, dass seine Eltern einem freien Stand angehörten), wer Christ war und zur »Teutschen Nation« gehörte (Gruber 1997: 86; Stratmann 1967). Durch den Mitvollzug des Alltags im Meisterhaushalt wurde der Lehrling zum Mitglied der Korporation und damit der städtischen Bürgerschaft (Kurtz 2005).

Das entscheidende Kriterium, das über Ein- und Ausschluss in die Zunft entschied, war also die »Reputation, d.h. die zunftwürdige Herkunft und der ordentliche Lebenswandel. Die Ehre des Verbandes duldete es nicht, daß sich die Handwerker mit anrüchigen Personen gemein machten.« (Stratmann 1967: 37).

Die Reformation stützte die handwerklichen Ideale von Tüchtigkeit, Treue und Redlichkeit und unterfütterte sie mit christlicher Gesinnung: Luther verknüpfte die Vorstellung menschlicher Arbeit mit der einer göttlichen *Berufung*. Arbeit werde dann zur Freude (*gaudium in labore*), wenn durch sie eine größere innere Nähe zum Schöpfer hergestellt werde.

Über die dem Menschen zunächst äußerliche Funktion des Berufes hinaus deuteten Aufklärung und Romantik diese göttliche Berufung auf eine gesellschaftliche Position im 18. Jahrhundert als *innere Berufung* um (Blankertz 1967: 268). Beruf war mehr als nur Arbeitstätigkeit in einer ständischen Gemeinschaft, nun war die Verbindung zum *Ruf* Gottes hergestellt. Das wachsende Verlangen nach individueller Freiheit und Entfaltung fand seine Entsprechung in der Loslösung des Berufs aus dem allzu engen Rahmen der Zunft. Die Aufnahme in ein Lehrverhältnis sollte nun nach Kriterien der Befähigung und Neigung erfolgen, Geburt und Stand keine Rolle mehr spielen.

## 4. Beharrlichkeit des deutschen Handwerksmodells in der Industrialisierung

Die Rechtsordnung des 18. und des 19. Jahrhunderts hob ständische Privilegien schrittweise auf. Zwar blieben die Stände zunächst formal erhalten und prägten weiterhin das gesellschaftliche Bewusstsein. Aber sie boten nicht mehr das gewohnte verlässliche Rahmenwerk, das den Einzelnen mit der Gesellschaft verkoppelte. Das korporative System hatte eine auskömmliche Existenz der Handwerker garantiert, solange der moralische Codex der Ehrbarkeit innerhalb der Zunft eingehalten wurde. Nun war wirtschaftliche Überlebensfähigkeit gefordert.

Gleichzeitig wuchs der Druck, sich gegenüber anderen Bevölkerungsgruppen abzugrenzen. Das Handwerk hatte durchaus nicht durchgängig »*goldenen Boden*«; viele Handwerksmeister lebten in der berechtigten Sorge, die mechanische Fertigung könne ihnen die Lebensgrundlage entziehen (vgl. Stratmann et al. 2003: 200ff.). Verarmte Handwerksmeister oder Gesellen, vor allem aber die große Zahl der landlosen Bauern bildeten ein Heer von Tagelöhnern, Handlangern, Saison- und Hilfsarbeiter*innen. Von diesem *niederen Stand* musste sich das Handwerk abgrenzen, wollte es seine gesellschaftliche Stellung und politische Macht behaupten.

Die Sorge, in das Proletariat abzusteigen, beherrschte die Wahrnehmung. Umso deutlicher wurde die moralbildende und staatstragende Funktion des Handwerks akzentuiert. Der Staats- und Gesellschaftswissenschaftler Adam Müller (1779–1829) etwa betonte, die »›Arbeitszerlegung‹ mache aus ›dem wahren vollständigen Arbeiter [...] bloß ein maschinenmäßig für einen einzelnen Teil der Arbeit abgerichtetes Instrument‹, so dass sich die gesellschaftlichen Verhältnisse verkehrten zu einer ›Freiheit der Sachen [...] Sklaverei der Personen‹« (zit. n. Stratmann et al. 2003: 203).

Entscheidendes Argument für den Erhalt der Handwerkertradition war – neben der politischen Restauration der bestehenden Herrschaftssysteme – deren erzieherischer Auftrag hin zu »Meisterehre und Gesellenzucht«. Nur so sei das Gegengewicht zur »Sklaverei der Personen«, zur Unterordnung menschlicher Tätigkeit unter den Takt der Maschine zu gewährleisten (Freiherr vom Stein 1926, zit. n. Stratmann et al. 2003: 206). Vollständigkeit und Ganzheitlichkeit zeigten sich als immer wiederkehrende Motive handwerklicher Lehre. Sie schützten – zumindest in der Vorstellung – den Menschen vor entseelter, dem maschinellen Rhythmus unterworfener, sinnentleerter Arbeit. Sie bewahrten zugleich die absolutistische Ständegesellschaft vor einer wachsenden Arbeiterschaft, die im »Egoismus aller« (ebd.) zunehmend ihre eigenen Interessen vertrat.

Ausgeschlossen von ständischer Ehre blieben diejenigen, die nicht selbst über Produktionsmittel verfügten und als Dienerschaft oder in der Fabrik unselbstständiger Arbeit nachgehen mussten. Sie waren abhängig beschäftigt, mussten sich Vorgaben und Rhythmen anderer beugen und waren mit Teilarbeitsschritten statt mit vollständigen Handlungsabläufen befasst. Robert Alt zitiert aus der Preußischen Volksschulzeitung Nr. 6 von 1838 (S. 416), der niedere Stand sei »immer Mittel zu den Zwecken anderer, die ihn leiten und bevormunden und die er unweigerlich als Höhere, als seinen Herren anerkennt, wenn sie nur seine augenblicklichen Bedürfnisse befriedigen.« Es sei nicht ratsam, dass dieser Stand mehr als das tägliche Brot verdiene, sonst würde er »töricht« werden. »Furcht vor Strafe und frühe Gewöhnung an blinden Gehorsam müssen ihn in Schranken halten und dafür sorgen, daß er seine Pflicht erfüllt.« (Alt 1970: 97)

Während also das »ehrliche Handwerk« als tugendhaft und sinnstiftend verstanden wurde, haftete dem Industriearbeiterstand etwas fast Minderwertiges an. Durchaus möglich, dass dieses kulturelle Muster auch seinen Widerhall in der Wirklichkeitswahrnehmung der Jurisprudenz fand.

## 5. Späte Thematisierung industrieller Arbeit durch die Jurisprudenz

In der deutschen Rechtswissenschaft des 19. Jahrhunderts spielten die rechtlichen Verhältnisse der Industriearbeit lange keine oder nur eine marginale Rolle. Die Pandektenwissenschaft, die Wissenschaft vom im 19. Jahrhundert noch in vielen Gegenden Deutschlands maßgeblichen römischen Recht, interessierte sich nicht für den Arbeitsvertrag. Den Lohnvertrag behandelte man stiefmütterlich unter der Bezeichnung »Dienstmiethe« (Windscheid 1887) oder »*locatio conductio operarum*« (Sohm 1886). Das Bürgerliche Gesetzbuch (BGB), das am 1.1.1900 in Kraft trat, war das letzte große Werk dieser Art von Rechtswissenschaft, und deshalb ist es kein Wunder, dass in der Urfassung des BGB die Begriffe des Arbeitgebers und des Arbeitnehmers, ja der Arbeitsvertrag insgesamt überhaupt nicht vorkamen. Wenn man die damals eingeführten Vorschriften über den Dienstvertrag liest, könnte man denken, in Deutschland hätte es keine industrielle Revolution gegeben. Mit Recht war die Blindheit des geplanten Gesetzes für die Lebensverhältnisse der industriellen Welt vor allem von dem Wiener Rechtswissenschaftler Anton Menger in seiner erstmals 1890 erschienenen Schrift »Das Bürgerliche Recht und die besitzlosen Volksklassen« als »nach Umfang und Inhalt höchst dürftig« kritisiert worden; »keine der großen Streitfragen, die sich an das Lohnverhältnis knüpf[t]en«, werde gelöst. Menger war auch in seiner Begrifflichkeit sehr realitätsnah; er sprach vom Lohnvertrag, vom Arbeiter und vom Dienstherrn und davon, dass es »Herrschaft« sei, »welche der Dienstherr über den Lohnarbeiter ausübt« (Menger 1927).

Gleichwohl hatte die Gesetzgebung des Kaiserreichs politisch und auch begrifflich auf die neue industrielle Wirklichkeit reagiert, nur eben nicht im allgemeinen Zivilrecht. 1881 kündigte Reichskanzler Bismarck in der berühmten »Kaiserlichen Botschaft« eine »Arbeiterversicherungsgesetzgebung« an, eine Ankündigung, die in den Jahren danach umgesetzt wurde durch das Gesetz über die Krankenversicherung der Arbeiter (1883), das Unfallversicherungsgesetz (1885) und das Gesetz über die Invaliditäts- und Altersversicherung (1889). Den von dieser Politik begünstigten Personenkreis beschrieben die drei Gesetze überwiegend in einer eher bunten, noch wenig abstrakten Begrifflichkeit, die sehr unterschiedliche Gruppen abhängig beschäftigter Personen in den Blick nahm. So unterwarf etwa das Gesetz über die Invaliditäts- und Altersversicherung Personen der Versicherungspflicht, »welche als Arbeiter, Gehülfen, Gesellen, Lehrlinge oder Dienstboten gegen Lohn oder Gehalt beschäftigt werden«.

Ganz anders verhielt sich die Arbeiterversicherungsgesetzgebung in sprachlicher Hinsicht gegenüber der Unternehmerseite. Unternehmer, die versicherte Arbeiter beschäftigten, hatten sich an der Finanzierung der drei Versicherungszweige zu beteiligen; sie wirkten auch an der Verwaltung der neuen Versicherungsträger mit. Die gesetzlichen Vorschriften zu diesen Fragen sprechen von den Unternehmern weithin als »Arbeitgebern«, wenn etwa vorgeschrieben wurde, dass die Mittel zur Gewährung der Invaliden- und Altersrenten »von den Arbeitgebern und von den Versicherten« aufzubringen seien.

Nach der Entlassung Bismarcks wurde die sozialversicherungsrechtliche Gesetzgebung aus seiner Kanzlerzeit ergänzt durch Gesetze zur Verbesserung des Arbeiterschutzes. Auch in diesen Gesetzen finden sich gelegentlich Vorschriften, in denen die gewerblichen Unternehmer als Arbeitgeber bezeichnet werden. So hieß es etwa im »Gesetz, betreffend die Gewerbegerichte« aus dem Jahr 1890, das eine Vorform der Arbeitsgerichtsbarkeit einführte, dass für »die Entscheidung von gewerblichen Streitigkeiten zwischen Arbeitern einerseits und ihren Arbeitgebern andererseits [...] Gewerbegerichte errichtet werden« könnten (weitere Beispiele bei Mehrhoff 1984: 28).

Es lässt sich mithin festhalten, dass der Moment, in dem die Gesetzgebung begann, die Industriearbeit und deren Probleme zur Kenntnis zu nehmen, zugleich der Zeitpunkt war, an dem der Begriff des Arbeitgebers in der Gesetzessprache auftauchte. Als Selbstbezeichnung der Unternehmerseite war der Begriff damals bereits gang und gäbe gewesen, wie etwa an der Studie des jungen Ökonomen Gerhard Kessler über »[d]ie deutschen Arbeitgeberverbände« deutlich wird (Kessler 1907). Der Freiburger Pionier der Sozialversicherungsrechts, Heinrich Rosin, kommentierte in seinem grundlegenden Werk über das »Recht der Arbeiterversicherung« aus dem Jahr 1893 die Rede vom Arbeitgeber in einer Weise, die erkennen lässt, dass er meint, so sei die Realität der industriellen Arbeitswelt angemessen auf den Begriff zu bringen (Rosin 1893: 141). Rosin schrieb damals:

»Das Arbeitsverhältnis, welches vom Standpunkte der Rechtsordnung ein einfaches Forderungsrecht des Unternehmers als gleichberechtigten Contrahenten begründet, wird vom Standpunkte der thatsächlichen Wirthschaftsordnung ein persönliches Herrschaftsverhältnis, in welchem als gewährend nicht mehr der Arbeiter, sondern ausschließlich der ihm die Existenz ermöglichende Arbeit*geber* erscheint.« (Hervorh. i.O.)

Zu dieser frühen Einsicht passt der Befund, man habe damals den Arbeitgeberbegriff herangezogen, »um den Verursacher der ›sozialen Frage‹ und zugleich den Adressaten des sozialen Schutzgedankens zu kennzeichnen«; »Zielrichtung der Begrifflichkeit« sei »die Forderung nach einem sozialen Arbeitgeber« gewesen (Mehrhoff 1984: 30f.).

## 6. Institutionalisierung der Kollektive des Arbeitslebens und Nivellierung hergebrachter Statusunterschiede

Begannen die sozialpolitischen Gesetze der Kaiserzeit in den 80er und 90er Jahren des 19. Jahrhunderts unübersehbar damit, die Unternehmer freundlich als Arbeitgeber anzusprechen, so kam doch die korrespondierende Redeweise vom

Arbeitnehmer in dieser Zeit gesetzessprachlich noch selten vor. Das änderte sich erst im Kontext der Novemberrevolution und in der Weimarer Republik.

Damals wurde mit der gesetzlichen Anerkennung des Tarifvertrages und der Einführung von Betriebsräten der Klassenantagonismus der industriellen Welt institutionalisiert. In diesem Zusammenhang wurde ein Gegenbegriff für die Arbeiterschaft als Widerpart der Arbeitgeber benötigt, bei dem es fernlag, auf begriffliche Überbleibsel der ständischen Welt Rücksicht zu nehmen. Durch die Tarifvertragsverordnung vom 23.12.1918 wurde das Rechtsinstitut des Tarifvertrages gesetzlich anerkannt; die Verordnung definierte ihn als Vertrag über »die Bedingungen für den Abschluss von Arbeitsverträgen zwischen Vereinigungen von Arbeitnehmern und einzelnen Arbeitgebern oder Vereinigungen von Arbeitgebern«. Das Betriebsrätegesetz vom 4.2.1920 verpflichtete alle Betriebe, die mehr als zwanzig Arbeitnehmer beschäftigten, zur Errichtung von Betriebsräten »zur Wahrnehmung der gemeinsamen wirtschaftlichen Interessen der Arbeitnehmer (Arbeiter und Angestellten) dem Arbeitgeber gegenüber«. Und nach dem Arbeitsgerichtsgesetz von 1926 waren die Arbeitsgerichte außer mit »rechtsgelehrten Richtern [...] mit Beisitzern aus den Kreisen der Arbeitgeber und der Arbeitnehmer« zu besetzen. Das Begriffspaar lässt sich nun mithin als sprachliche Abbildung der verrechtlichten, gewissermaßen nachrevolutionär domestizierten Erscheinungsform des Klassenantagonismus der Industriegesellschaft deuten. Es ist deshalb auch nicht überraschend, dass diese Begrifflichkeit auf sozialistischer Seite auf erneute Kritik gestoßen ist. Sie erschien dem sozialistischen Juristen Karl Korsch im Jahr 1922 als Ausdruck der »*verkehrten kapitalistischen Welt*«. In seiner Schrift »Arbeitsrecht für Betriebsräte« brachte er seine Vorbehalte häufig durch Anführungszeichen zum Ausdruck, etwa als er den »bürgerlichen Jurist[en], de[n] ›Ideologen des Privateigentums‹« dafür geißelte, dass er die für den Arbeiter nach Durchschreiten des Fabriktors maßgebliche Arbeitsordnung »als eine freie Vereinbarung zwischen ›Arbeitgeber‹ und ›Arbeitnehmer‹, somit als einen Teil des ›freien Arbeitsvertrages‹ [...] konstruier[e]« (Korsch 1968).

Politisch und sprachlich änderten sich die Verhältnisse fundamental ab 1933. Der totalitäre Staat der Nationalsozialisten beanspruchte die Deutungsmacht über das, was Arbeit ehrenvoll macht, ganz für sich. Traditionelle Bezüge (z.B. zu Verbänden, Gewerkschaften o.ä.), die bislang Anhalt für Identifizierung und Abgrenzung geboten hatten, sollten durch nationalsozialistische Ideologie überformt werden. Arbeit wurde zum Symbol, zum »Wesen des Deutschtums« empor gesteigert. Formeln wie »Ehre der Arbeit« oder »Arbeit gibt dem deutschen Mann Ehre und Brot« sollten Anerkennung vermitteln und dem Arbeiterstand eine beinahe kulthafte Stellung sichern (Pantelmann 2003: 27).

In fast religiöser Manier griffen die Nationalsozialisten alte Symbole und Rituale, Heils- und Erlösungsmotive auf, um ihre Ideologie vom Arbeiter als »Soldat der Arbeit« zu festigen (ebd.: 38ff.). Fahnenappelle, Morgenappelle, ritualisierte Einschreibungs- und Freisprechfeiern für Lehrlinge imitierten religiöse Feierlichkeiten und überhöhten die Bedeutung der Arbeiterschaft ideologisch. Die Ehre der Arbeit ergab sich nun nicht mehr aus der Tätigkeit selbst und auch nicht aus ihrer sozial-politischen Bedeutung und Einbindung. Sie wurde *als nationale Ehre umgedeutet und erhielt Bedeutung nur mehr durch ihren Beitrag zu Leistungen der Rasse und des Vaterlandes.*

Die gesamte proletarische Jugend wurde zur Gegenfigur des nationalsozialistischen Soldaten der Arbeit. Der klassenkämpferische Arbeiter der Weimarer Republik galt als *Prolet* und damit als ein Zeitgenosse, »der eine arme, gemeine, niederträchtige und unanständige Gesinnung sein eigen nennt, also mit anderen Worten ein Lump und kein Charaktermensch« (Bangert 1935: Kampf dem Proletariergeist, zit. n. Pantelmann 2003: 38). Dem leistungsstarken Arbeitssoldaten wurde der »›Leistungsschwache‹, ›Bummelant‹ oder ›der sozial Unangepasste‹« gegenübergestellt (Pantelmann 2003: 45).

Gesetzesförmigen Ausdruck erhielt die nationalsozialistische Arbeitspolitik bereits 1934 durch das Gesetz zur Neuordnung der nationalen Arbeit vom 20.1.1934. Dieses nationalsozialistische Gesetz schaffte nicht allein Tarifrecht und Betriebsrätegesetz als institutionelle Errungenschaften der Arbeiterbewegung ab, sondern beseitigte bewusst auch die Begrifflichkeit der Weimarer Zeit wieder aus der Gesetzessprache. Dieser begriffspolitische Impetus wird sehr deutlich in der Neuauflage eines Kommentars zum Arbeitsgerichtsgesetz, der Änderungen dieses Gesetzes durch das Gesetz zur Ordnung der nationalen Arbeit erläuterte: »[D]ie im Zusammenhang mit der Betonung von Klassengegensätzen gebrauchten Ausdrücke Arbeitgeber und Arbeitnehmer sind beseitigt und durch Unternehmer und Beschäftigte ersetzt« (Dersch/Volkmar 1934).[1]

Nach dem Zweiten Weltkrieg kehrte die arbeitsrechtliche Gesetzgebung in Westdeutschland schnell wieder zu den institutionellen Errungenschaften und auch zur Begrifflichkeit aus der Weimarer Republik zurück. Dies zeigt bereits das Tarifvertragsgesetz des Wirtschaftsrates der Bizone vom 9.4.1949 und wenig später das Betriebsverfassungsgesetz der Bundesrepublik von 1952. Auch im Arbeitsgerichtsgesetz von 1953 findet sich der Sprachgebrauch der Weimarer Zeit. Seitdem sind etwa in den Spruchkörpern der Arbeitsgerichtsbarkeit wieder »die Kreise der Arbeitnehmer und der Arbeitgeber« vertreten.

Seit den 50er Jahren – so wird man sagen können – spiegelt sich die industrielle Produktionswirklichkeit in den kulturellen und rechtlichen Repräsentationen von Arbeit, wenn auch in Termini, die eher auf die Bereitstellung von Arbeits*plätzen*, denn auf die Bereitstellung versus Vernutzung von Arbeits*kraft* abstellen.

Zwar gilt nach wie vor ganzheitliche, handwerklich strukturierte Arbeit als eine, die mehr sei als nur durch rein ökonomische Interessen bestimmte Erwerbsarbeit: »Nur dadurch, daß etwas für ihn von Bedeutung ist, wird der Mensch überhaupt zum Handeln veranlaßt, und je größer diese Bedeutung für ihn wird, desto

---

[1] Dass Dersch und Volkmar das Gegensatzpaar »Unternehmer und Beschäftigte« tatsächlich für neutraler hielten als das Begriffspaar »Arbeitnehmer und Arbeitgeber«, mag dem Umstand geschuldet sein, dass hier das Wort »Arbeit« gar nicht mehr vorkam. Die von Engels angesprochene Problematik des Gebens und Nehmens von Arbeitskraft war ihnen offenbar nicht geläufig.

vielseitiger und gründlicher widmet er sich dem Handeln«, betonte der Berufspädagoge und Ingenieur Johannes Riedel. Geld und Lohnanreiz allein könne diesen Sinn nicht ersetzen: »Wird z.B. der Lohnanreiz zu stark – und das kann ebenso durch zu hohe wie zu niedrige Löhne eintreten –, so läßt sich der Arbeitende einseitig durch das Streben nach hohem Verdienst leiten. Dadurch aber schwächt er seinen Sinn für die anderen Werte seiner Arbeit: er verliert die Freude am sauberen und genauen Arbeiten, er verliert das Gefühl für seine eigenen Grenzen, er verliert die Rücksicht auf andere u. dgl.« (Riedel 1958: 60)

Doch der Wirtschaftsaufschwung hatte seine Basis nicht in handwerklicher, sondern in industrieller Arbeit: Zwischen 1948 und bis in die 60er Jahre hinein herrschte in Deutschland nicht nur Vollbeschäftigung – Arbeiter und Auszubildende wurden vielmehr aktiv gesucht. Die Betonung des handwerklichen Berufsbegriffs muss daher eher als (durchaus konservatives) politisches Ideal, denn als Beschreibung eines realen Zustands begriffen werden.

Heute sind der Arbeitgeber- und der Arbeitnehmerbegriff nicht allein im kollektiven, sondern auch im individuellen Arbeitsrecht etabliert. Hier hat der Arbeitnehmerbegriff eine weitere spezifische Funktion erlangt. Er ist nämlich so abstrakt, dass er sich eignete und eignet, hergebrachte, aber überholte Unterschiede zu nivellieren, die in zahlreichen gesetzlichen Regelungen im Hinblick auf einzelne Arbeitnehmergruppen vorkamen. Dies gilt insbesondere für die lange im Gesetzesrecht zu findenden Unterschiede, die für Arbeiter einerseits und für Angestellte andererseits vorgesehen waren. Ein Beispiel hierfür bietet die Lohnfortzahlung im Krankheitsfall, die zunächst im Gesetz allein für Angestellte vorgesehen war. Nach massiven politischen Auseinandersetzungen wurde 1957 mit dem Arbeiterkrankheitsgesetz ein gesetzlicher Lohnfortzahlungsanspruch auch für Arbeiter zunächst eingeführt und dann mit dem Lohnfortzahlungsgesetz von 1969 weiter ausgebaut (vgl. Kittner 2005: 633f.). Erst seit dem Entgeltfortzahlungsgesetz von 1994 jedoch gilt ein für alle Arbeitnehmer einheitlicher gesetzlicher Anspruch auf Entgeltfortzahlung im Krankheitsfall. Der Anwendungsbereich dieses Gesetzes wird im Übrigen durch eine gesetzesspezifische Definition des Arbeitnehmerbegriffs um eine weitere Gruppe von Personen erweitert, eine Regelungstechnik, die sich auch in einer Reihe weiterer Gesetze findet. Die Begriffsbestimmung des Entgeltfortzahlungsgesetzes lautet: »Arbeitnehmer im Sinne dieses Gesetzes sind Arbeiter, Angestellte sowie zu ihrer Berufsbildung Beschäftigte.«

## 7. Abschließende Überlegungen

Was lässt sich nun als Fazit aus dieser interdisziplinären Vergewisserung zu dem Begriffspaar von »Arbeitgeber« und »Arbeitnehmer« ableiten? Wir halten fest, dass das Begriffspaar »Arbeitnehmer und Arbeitgeber« das Zur-Verfügung-Stellen von Arbeitsplätzen betont, das Verhältnis des Gebens und Nehmens von Arbeitskraft jedoch in sein Gegenteil verkehrt. Insofern ist die ursprüngliche Irritation gegenüber dem spezifisch deutschen »Kauderwelsch« durchaus berechtigt:

Tatsächlich scheint es sowohl aus berufspädagogischer als auch aus rechtswissenschaftlicher Sicht als ein Hinweis auf eine De-Thematisierung von Klassengegensätzen bzw. als Festhalten an begrifflichen Referenzsystemen, die eher an handwerkliche Traditionen denn an industrielle (und auch post-industrielle) Produktionsformen anknüpfen. Und es hat sich auch als Element einer Arbeitsrechtsordnung erwiesen, die den Klassenkampf in verrechtlichten Formen einfängt und domestiziert.

Der ideologiekritische Impetus unserer politikwissenschaftlichen Kolleg*innen, die auf einer Sprache bestanden, die Klassengegensätze deutlich macht, ist politisch gesehen also korrekt. Aus rechtswissenschaftlicher und berufspädagogischer Sicht dagegen lassen sich auch Ambivalenzen deutlich machen.

Zum einen ist das Begriffspaar von Arbeitgeber und Arbeitnehmer zwar nach wie vor eine deutsche Eigenart; da es aber fest in den sprachlichen *frames* unserer Arbeitskultur und im Gesetzesrecht etabliert ist, kommt man pragmatisch gesehen gar nicht darum herum, es zu verwenden.

Zum anderen jedoch sind in diesem Begriffspaar auch kritische Konnotationen enthalten, die es zu erkennen und zu nutzen gilt. Gegenüber dem Begriffspaar »Unternehmer und Berufstätige« enthalten die Begriffe »Arbeitnehmer und Arbeitgeber« zumindest Hinweise auf »Arbeit« (und nicht auf ein eher unbefangenes »Unternehmen«, an dem sich andere beteiligen und so ihrer Berufung folgen). Der Kern der Beziehung ist also nicht die Unternehmungsfreudigkeit des Besitzers von Produktionsmitteln, sondern (und das entspricht durchaus der Intention unserer politikwissenschaftlichen Kolleg*innen) die Arbeit.

Und: Arbeitnehmer sind eben nicht nur Arbeiter in Industriebetrieben, sondern auch Angestellte und Auszubildende – ein integratives Verständnis, das unseren auf Klärung von Klassengegensätzen bedachten politikwissenschaftlichen Kolleg*innen entgegenkommen dürfte. Insofern scheint der Arbeitnehmerbegriff zu einer Arbeitsgesellschaft zu passen, die überlieferte Unterschiede berufsständischen Ursprungs nicht mehr akzeptiert.

Und schließlich lassen sich vielleicht gerade aus (vermeintlich konservativen) kulturellen Mustern, die an Handwerkstraditionen anknüpfen, auch Freiräume für persönliche Entwicklung gewinnen. Mit dem Anspruch an Qualitäten handwerklicher Arbeit verbinden sich auch Ansprüche an Autonomie, Vollständigkeit der Handlung, angemessene Bezahlung und Selbstorganisation, die auch aus politikwissenschaftlicher Sicht attraktiv erscheinen.

Verschleiert die Rede von Arbeitgebern und Arbeitnehmern objektiv vorhandene Klassengegensätze? Ja, das tut sie wohl. Schafft sie zugleich eine Basis wechselseitiger Erwartungen und kulturell verbindlicher Ansprüche an die Qualität von Arbeitsbeziehungen, an die Gestaltung von Aufgabenformaten und angemessene Bezahlung von Arbeit? Vielleicht. Und das wiederum müsste Christoph Scherrer und unseren politikwissenschaftlichen Kolleg*innen doch eigentlich gut gefallen.

## Literatur

Adorno, Theodor W./Becker, Hellmut (1971): Erziehung zur Mündigkeit. Vorträge und Gespräche mit Hellmut Becker, Frankfurt a.M.

Alt, Robert (1970): Die Arbeitserziehung in den Real-, Gewerbe- und Armenschulen in der ersten Hälfte des 19. Jahrhunderts. In: Alt, Robert/Hunold, Ingrid/Lemm, Werner/Ulbricht, Günter (Hrsg.): Zur Geschichte der Arbeitserziehung in Deutschland. Teil 1: Von den Anfängen bis 1900, Berlin, S. 86–135.

Blankertz, Herwig (1967): Der Beruf heute. In: Stütz, Gisela (Hrsg.): Das Handwerk als Leitbild der deutschen Berufserziehung, Göttingen, S. 267–270.

Burkhart, Dagmar (2006): Eine Geschichte der Ehre, Darmstadt.

Clement, Ute/Nowak, Jörg/Scherrer, Christoph/Ruß, Sabine (Hrsg.) (2010): Public Governance und schwache Interessen, Wiesbaden.

Dersch, Hermann/Volkmar, Erich (1934): Arbeitsgerichtsgesetz, 5. Aufl., Mannheim/Berlin/Leipzig.

Engels, Friedrich (1975): Vorwort zur dritten Auflage. In: Marx, Karl: Das Kapital. Kritik der politischen Ökonomie. Erster Band, Berlin [DDR] [nach der vierten Auflage, 1890; entspricht MEW, Band 23].

Gruber, Elke (1997): Bildung zur Brauchbarkeit? Berufliche Bildung zwischen Anpassung und Emanzipation; eine sozialhistorische Studie, 2. Aufl., München.

Kessler, Gerhard (1907): Die Deutschen Arbeitgeber-Verbände, Leipzig.

Kittner, Michael (2005): Arbeitskampf. Geschichte. Recht. Gegenwart, München.

Korsch, Karl (1968): Arbeitsrecht für Betriebsräte (1922), herausgegeben von Eugen Gerlach, Frankfurt a.M./Wien.

Kurtz, Thomas (2005): Die Berufsform der Gesellschaft, Weilerswist.

Kutscha, Günter (2008): Beruflichkeit als regulatives Prinzip flexibler Kompetenzentwicklung. Thesen aus berufsbildungstheoretischer Sicht. In: bwp@ Berufs- und Wirtschaftspädagogik online (14).

Mehrhoff, Friedrich (1984): Die Veränderung des Arbeitgeberbegriffs, Berlin.

Menger, Anton (1927): Das Bürgerliche Recht und die besitzlosen Volksklassen, 5. Aufl., Tübingen.

Mollenhauer, Klaus (1970): Erziehung und Emanzipation. Polemische Skizzen, 4. Aufl., München.

Nohl, Herman (1970): Die pädagogische Bewegung in Deutschland und ihre Theorie, 7. unveränd. Aufl., Frankfurt a.M.

Pantelmann, Heike (2003): Erziehung zum nationalsozialistischen Arbeiter. Eine Diskursanalyse, München.

Preis, Ulrich (2016): Kommentierung zu § 611 BGB [zum Arbeitnehmerbegriff: Rdnrn. 34ff.]. In: Müller-Glöge, Rudi/Preis, Ulrich/Schmidt, Ingrid (Hrsg.): Erfurter Kommentar zum Arbeitsrecht, 16. Aufl., München.

Riedel, Johannes (1958): Arbeitspädagogik im Betrieb, Essen.

Rosin, Heinrich (1893): Das Recht der Arbeiterversicherung, Erster Band, Berlin.

Schelten, Andreas (1987): Grundlagen der Arbeitspädagogik, Stuttgart.

Scherrer, Christoph/Hänlein, Andreas/Heigl, Miriam/Hofmann, Claudia (2010): Stärkung von Arbeiterinteressen durch soziale Vergabekriterien im öffentlichen Beschaffungswesen. In: Clement, Ute/Nowak, Jörg/Scherrer, Christoph/Ruß, Sabine (Hrsg.): Public Governance und schwache Interessen, Wiesbaden, S. 111-126.

Sohm, Rudolph (1886): Institutionen des Römischen Rechts, 2. Aufl., Leipzig.

Stratmann, Karlwilhelm (1967): Die Krise der Berufserziehung im 18. Jahrhundert als Ursprungsfeld pädagogischen Denkens, Ratingen.

Stratmann, Karlwilhelm/Pätzold, Günter/Wahle, Manfred (2003): Die gewerbliche Lehrlingserziehung in Deutschland. Modernisierungsgeschichte der betrieblichen Berufsbildung, Frankfurt a.M.

Weber, Max (1972): Wirtschaft und Gesellschaft, Tübingen.

Windscheid, Bernhard (1887): Lehrbuch des Pandektenrechts, 2. Band, 6. Aufl., Frankfurt a.M.

Ziem, Alexander (2008): Frames und sprachliches Wissen. Kognitive Aspekte der semantischen Kompetenz, Berlin/New York.

Thomas Greven
# Die Transnationalisierung des gewerkschaftlichen Organisationslernens

### Die Krise der Organisationsmacht der deutschen Gewerkschaften

Seit über zwei Jahrzehnten wird eine breite Debatte über die Ursachen des schwindenden Einflusses der organisierten ArbeiterInnenbewegung in Staat und Wirtschaft geführt.[1] Strukturell orientierte Ansätze sehen die Ursachen in sozialen und ökonomischen Veränderungen und Arbeitsmarktreformen. Gewerkschaften sind jedoch nicht nur »passive Empfänger von Veränderungen in ihrer Umwelt« (Visser 1994: 84) und so sind im Kontext der Debatte um »union revitalization« auch akteurszentrierte Ansätze entwickelt worden. Der Jenaer Machtressourcenansatz, eine Weiterentwicklung von Beverly Silvers Überlegungen zu »Forces of Labor« (2003) durch Klaus Dörre und Kollegen (Schmalz/Dörre 2014), erlaubt eine Verknüpfung der Perspektiven. Er unterscheidet erstens die strukturelle Macht der Beschäftigten, die sich aus ihrer Stellung im Produktionsprozess und aus ihrer Marktmacht ergibt, zweitens ihre Organisationsmacht in Form insbesondere von Gewerkschaften, drittens ihre institutionelle Macht vor allem durch Gesetze und viertens die Macht in gesellschaftlichen Diskursen.

Im internationalen Vergleich verfügen die deutschen Beschäftigten und Gewerkschaften über ein hohes Maß institutioneller Macht. Die Krise der deutschen Gewerkschaften kann jedoch nicht primär über diese institutionelle Macht behoben werden, weil sie vor allem eine Krise der Organisationsmacht ist: Sinkende Mitgliederzahlen und sinkender Organisationsgrad, sinkende Mobilisierungsfähigkeit. Institutionelle Macht ist sekundär bzw. mittelbar; sie ist – jedenfalls mittel- bis langfristig – wesentlich von der Organisationsmacht der Beschäftigten abhängig. Das ist auch daran erkennbar, dass in Deutschland auch die institutionellen Arrangements, welche Beschäftigte und Gewerkschaften schützen und stärken, unter Druck geraten sind. Es ist daher nur zu verständlich, dass die deutschen Gewerkschaften versuchen, ihre Organisationsmacht zu stärken, d.h. wieder mehr Mitglieder zu gewinnen und die Mobilisierungsfähigkeit zu steigern.

Teil dieses Versuchs, die Organisationsmacht zu stärken, ist es, von den Erfahrungen anderer ArbeiterInnenbewegungen zu profitieren, welche institutionell wenig geschützt sind und daher stets größeres Gewicht auf ihre Organisations-

---

[1] Der Beitrag beruht teils auf einem von der Hans-Böckler-Stiftung geförderten Forschungsprojekt zur Transnationalisierung des gewerkschaftlichen Organisationslernens. Der HBS sei für die Unterstützung gedankt.

macht legen mussten. Es ist also nur vordergründig erstaunlich, dass in Deutschland insbesondere das »Organizing Model« der US-amerikanischen Gewerkschaften aufgegriffen wird, obwohl diese einen der schwächsten Organisationsgrade aller OECD-Länder aufweisen. Auch Gewerkschaften, deren Macht weniger auf der Mobilisierung ihrer Mitgliederstärke als auf ihrer Institutionalisierung im politischen System basiert, entwickeln Interesse an mitgliederorientierten Strategien, wenn diese Institutionalisierung erodiert (Behrens 2005a). Die US-Gewerkschaften mussten eher als andere auf Globalisierung und politische Angriffe reagieren, und sie mussten dafür ihre Mitglieder mobilisieren und neue gewinnen, weil ihre rechtliche und gesellschaftliche Verankerung stets prekär geblieben ist (Greven 2013).

Die Hürden und Schwierigkeiten beim Versuch deutscher Gewerkschaften, von den Erfahrungen der US-Gewerkschaften zu lernen, werden in der wissenschaftlichen Literatur und innerhalb der Gewerkschaften diskutiert. Ich möchte zu dieser Diskussion beitragen, indem ich die deutschen Erfahrungen mit grenzüberschreitendem Lernen und Strategietransfers vor dem Hintergrund lerntheoretischer Erkenntnisse diskutiere. In einem kurzen Ausblick bewerte ich sie im Kontext der gegenwärtigen rechtspopulistischen Herausforderung der liberalen Hegemonie.

**Theorien des Organisationslernens**

Strategisch ergibt sich für Gewerkschaften, die ihre Macht hauptsächlich aus ihrer institutionellen Einbindung beziehen, die Herausforderung, auf sinkende Organisationsmacht und die daraus folgende Erosion ihrer institutionellen Machtquellen adäquate Antworten zu finden. Rechtliche Rahmenbedingungen sind nur schwer zu verändern; Organisierungs-, Mobilisierungs- und Kampagnenfähigkeit können dagegen unmittelbar beeinflusst werden. Das Spektrum der Innovationen ist allerdings zunächst durch die vorhandene institutionelle Einbindung begrenzt (Behrens 2005b). Dadurch bekommen Erfolgsbeispiele aus anderen systemischen Zusammenhängen eine besondere Bedeutung für den Innovationsprozess, weil unter Berufung auf sie auch die grundlegenden strategischen Paradigmata und Organisationsziele verändert werden können.

Strategische Neuausrichtungen haben stets mit Lernprozessen zu tun und zum Teil laufen diese Lernprozesse heute grenzüberschreitend ab. Von der diesbezüglichen organisationssoziologischen Debatte werden Gewerkschaften jedoch nur selten als »lernende Organisationen« (Zoll 2003) erfasst; im Vordergrund stehen staatliche Organisationen und Unternehmen. Es gibt in der Tat wichtige Besonderheiten von Gewerkschaften, welche die Anwendung von Erkenntnissen aus der Analyse anderer Organisationen erschweren, insbesondere demokratische Strukturen und Aspekte von Eigenschaften sozialer Bewegungen. Dennoch finden sich in der Debatte einige zentrale Einsichten.

Gewerkschaften werden gewöhnlich als »korporative Akteure«, d.h. »»Top-down‹-Organisationen, bei denen eine Führung ohne direkte Rückkopplung an die Mitglieder über Ziele und Strategien entscheiden kann« (Bandelow 2003: 294), bezeichnet. Verbände agieren demnach rational im Spannungsfeld von Mitgliedschaftslogik, d.h. der Berücksichtigung der Interessen der Mitglieder, und Einflusslogik, der Steigerung des politischen Einflusses der Organisation. Ihre Handlungslogik kann dann aus öffentlichen Verlautbarungen entnommen werden; oft werden die Ziele von korporativen Akteuren gar einfach unterstellt, z.B. für Gewerkschaften Reallohnsteigerungen (ebd.: 297). Gewerkschaften zeichnen sich allerdings auf lokaler und betrieblicher Ebene oft durch Elemente höherer direkter Koordination zwischen den Mitgliedern aus als bei korporativen Akteuren üblich. Es reicht also nicht aus, gewerkschaftliche Lernprozesse nur auf der Führungsebene zu untersuchen. Um die Handlungslogiken zu entschlüsseln, bietet es sich an, die in den jeweiligen, d.h. auch lokalen oder betrieblichen, internen Macht- und Kommunikationsstrukturen wichtigen individuellen Akteure zu befragen (vgl. Hyman 2007: 201f.) und auch dort in Akten oder Positionspapieren »geronnenes Wissen« auszuwerten. Schließlich müssen die Prozesse untersucht werden, in denen sich neues Wissen innerhalb der Organisation ausbreitet, von oben nach unten, aber auch von unten nach oben.

Erstens lernen Organisationen also vor allem über diejenigen Individuen, die innerhalb der Organisation Wissen etablieren und verbreiten können. Zweitens dienen die in den Handlungsanleitungen der Organisation verankerten Grundsätze als institutionelles Gedächtnis, das über den Einfluss der Individuen hinaus dem erlernten Wissen Geltung verschafft und dadurch den Lernprozess des kollektiven Akteurs, der Organisation selbst, konstituiert (Argyris/Schön 1999).

Das etablierte Organisationswissen wird also durch Lernprozesse erweitert und verändert. Aber warum, unter welchen Bedingungen lernen Organisationen überhaupt? Neue Erkenntnisse über von der Organisation bearbeitete Politikfelder können eine Rolle spielen, aber große Erklärungskraft haben vor allem Krisen; sie lösen Innovationsbereitschaft aus, erzwingen sie möglicherweise geradezu. Externe Krisen wie z.B. eine ökonomische Rezession oder eine Regierungskrise können Lernprozesse der Organisation ebenso anstoßen wie auch Krisen der Organisation selbst, z.B. interne Machtverschiebungen bzw. -ansprüche. Bei den Gewerkschaften stehen die negative Mitgliederentwicklung und die mit ihr komplex zusammenhängende politische Schwächung im Zentrum der Krisendiskussion. Voss und Sherman (2000) haben für die Revitalisierung der US-Gewerkschaften die Krise der Organisation als einen von drei Faktoren herausgearbeitet.

In der Organisationssoziologie und in der Policy-Analyse werden von verschiedenen AutorInnen Lerntypologien entworfen, die Bandelow (2003: 300ff.) in drei Kategorien ordnet: Einfaches Lernen, Komplexes Lernen und Reflexives Lernen. Beim Lernen vom Typ 1 verbleibt die Organisation innerhalb ihres bestehenden strategischen Paradigmas; es geht um das Erlernen neuer Techniken zur instrumentellen Verbesserung der Effektivität des Organisationshandelns bei der Verfolgung etablierter Ziele. Voraussetzung für Lernen vom Typ 2 ist eine Veränderung des strategischen Paradigmas, der »handlungsleitenden Theorie« (ebd.), und damit auch allgemeiner Ziele der Organisation, all dies aber zur Wahrung übergeordneter Ziele. Typ 3 schließlich bezeichnet die Reorganisationsprozesse, welche die zukünftige Lernfähigkeit einer Organisation verbessern, d.h. die der Organisation gewissermaßen erlauben, das Lernen selbst zu lernen. Das »Vergessen« etablierter Praktiken und Paradigmata ist eine wichtige Komponente des Lernprozesses (Wiesenthal 1995).

Lernen von und in Organisationen ist immer auch ein politischer Prozess. Apriori bestehende innerorganisatorische politische Interessen und Widerstände bestimmen darüber, wie Probleme durch die Akteure definiert werden (»puzzling«, Braun 1998), welche Strategien oder neuen strategischen Paradigmen adaptiert werden, auf welche Weise sie zur Anwendung kommen und wie dies diskursiv präsentiert wird. Die für das Lernen (jeden Typs) notwendige Anpassung des Organisationsverhaltens vollzieht sich innerhalb der Macht- und Kommunikationsstrukturen der Organisation. Im Mittelpunkt stehen Auseinandersetzungen um knappe finanzielle und personelle Ressourcen, Zielkonflikte und ideologische Differenzen. Allerdings sind die Präferenzen innerorganisatorischer Akteure nicht determiniert, sie bilden sich kontingent in konkreten Auseinandersetzungen heraus (vgl. Scherrer 2005).

Paul Sabatier (1993) hat einen Ansatz entwickelt, mit dem Lernprozesse von Typ 1 und 2 anhand von »Advocacy Coalitions« untersucht werden können. Dieser Ansatz ist durchaus für die Analyse innerorganisatorischer Befürworterkoalitionen geeignet. Es wird davon ausgegangen, dass sich Akteure in Koalitionen zusammenfinden, deren Wertvorstellungen (»belief systems«) weitgehend übereinstimmen. Auf der Basis externer Ereignisse werden Veränderungen angestoßen, die von »policy brokers« zwischen verschiedenen Koalitionen eines Policy-Subsystems – bzw. innerhalb einer Organisation – auf der Basis gemeinsamer übergeordneter Wertvorstellungen in gemeinsamen Foren vermittelt werden.

Sabatier bietet allerdings kein methodisches Handwerkszeug für die Analyse der diskursiven Herausbildung von Präferenzen. Hier führen organisationssoziologische Konzepte wie das des »institutionellen Unternehmers« (DiMaggio 1988) und jüngere neo-gramscianische Überlegungen weiter, welche Antonio Gramscis Konzept des »organischen Intellektuellen« mit Rückgriff auf konstruktivistische Ansätze und Einsichten aus der Theorie sozialer Bewegungen zu operationalisieren versuchen (vgl. Greven 2003). Organisationen lernen durch komplexe soziale und diskursive Auseinandersetzungen, in denen »organische Intellektuelle« bzw. Politik- oder Bewegungsunternehmer neue »causal stories« (Stone 2000) oder »frames« entwickeln und verbreiten. Sie müssen den Wandel in der Organisation wollen und auch über die nötigen Macht- und Legitimitätsressourcen verfügen (Beckert 1999), um die Veränderungen gegenüber potenziellen organisationsinternen Veto-Spielern durchzusetzen. Auch Basis-AktivistInnen können an diesen diskursiven Prozessen beteiligt sein (vgl. Hyman 2007: 199, 205ff.).

Für Gewerkschaften ist das grenzüberschreitende Lernen bisher weniger selbstverständlich als für Unternehmen; sie sind trotz des traditionellen Bekenntnisses zum Internationalismus und ausgebauter internationaler Organisationen weiterhin Gefangene ihrer nationalen Bindungen und zudem durch die verschärfte

Standortkonkurrenz in ihren transnationalen Aktivitäten behindert (Greven/ Scherrer 2005). Dabei können unbequeme Anregungen, gerade solche, die ein Lernen vom Typ 2 nahelegen, oft nur von außerhalb der Organisation kommen, entweder auf der Basis von (scheinbar) überlegener Expertise oder von erfolgreichen Erfahrungsbeispielen. Vor allem Letztere können auch von außerhalb des eigenen nationalen Kontexts stammen, wobei dann von den organisationsinternen Unterstützern oft unterschlagen wird, dass die Erfolge institutionell und kulturell voraussetzungsvoll sind.

Auch die Forschung fokussiert bisher auf Staaten und Unternehmen; insbesondere die Literatur zum »policy transfer« ist aufschlussreich, die z.T. auf dem Konzept des »lesson-drawing« (Rose 1991) basiert. »Lesson-drawing« widmet sich den Faktoren, die eine Bereitschaft und Fähigkeit innerhalb einer Organisation erzeugen, von fremden Programmen zu lernen, wobei es sich durch die Betonung des freiwilligen Suchens nach Alternativen zu nicht mehr effektiven Programmen von technokratisch-deterministischen Diffusionstheorien unterscheidet. Rose beschreibt das Lernen aus den Erfahrungen anderer Zeiten oder von anderen Orten als vierstufigen Transferprozess (vgl. Bandelow 2003: 308), der sich von Vorstellungen zur Diffusion von Innovationen durch die Betonung der Akteursperspektive unterscheidet: 1) Akteure suchen auf der Basis von Unzufriedenheit nach Erfahrungen zur Lösung eigener Probleme; 2) die gefundenen Lehren (»lessons«) werden in einem analytischen Rahmen formuliert, der ihre generelle Anwendbarkeit zeigt; 3) die politische Praxis wird entsprechend verändert, entweder durch Kopieren der Lehren oder durch von ihnen inspirierte Politik; und 4) der zu erwartende Erfolg wird vorausschauend bewertet, indem z.B. geprüft wird, ob notwendige Erfolgsbedingungen vorliegen. Damit ist das Konzept offen für die Problematik unterschiedlicher institutioneller und kultureller Kontexte der Originalprogramme und die verschiedenen Möglichkeiten, mit diesen Differenzen umzugehen. Rose betrachtet »lesson-drawing« als umkämpften politischen Prozess – d.h. neben der praktischen Machbarkeit muss auch die politische Akzeptanz der Übertragung von »lessons« überprüft werden. Er vernachlässigt aber, dass die Suche nach »lessons« und ihre Auswertung theorie- und wertegeleitete Schritte sind (Bandelow 2003: 309).

Grundsätzlich treffen also die lerntheoretischen Einsichten der Organisationssoziologie auch auf das grenzüberschreitende Lernen zu. Hinzu kommen größere Probleme der institutionellen und kulturellen Passung. In der Debatte über Institutionen- und Policy-Transfer wird zu Recht darauf hingewiesen, dass die interessengeleitete Übernahme einzelner Elemente bzw. Praktiken (»Rosinenpickerei«) den historisch gewachsenen Zusammenhalt existierender Institutionen gefährden kann, wenn das Problem unterschiedlicher institutioneller und kultureller Kontexte zu wenig Beachtung findet (vgl. Scherrer 2005). Unbedacht übernommene Strategien können für Irritationen sorgen, wodurch traditionelle Strategien ggf. an Effektivität verlieren und existierende institutionelle und kulturelle Arrangements weiter erodieren. Die Innovationen können z.B. aufgrund der Unerfahrenheit der Akteure nicht die gewünschte Wirkung entfalten oder die positiven Wirkungen etablierter Institutionen (wie z.B. Betriebsräte, ArbeitnehmerInnenvertretungen in Aufsichtsräten) konterkarieren. Beim Transfer von Strategien muss also die institutionelle und kulturelle Kompatibilität beachtet werden: Die Berücksichtigung der mit dem Problem der institutionellen und kulturellen Passung (»institutional fit«, ebd.) verbundenen Herausforderungen ist eine wesentliche Voraussetzung für erfolgreiche Transfers.

Verschiedene AutorInnen haben sich aus einer institutionellen Perspektive skeptisch zu den Möglichkeiten eines grenzüberschreitenden gewerkschaftlichen Strategietransfers geäußert (Frege 2000; Rehder 2008). Richard Hyman (2007) formuliert seine Skepsis auch auf Basis lerntheoretischer Überlegungen. Er behauptet nicht, dass institutionelle Unterschiede grundsätzlich erfolgreiches Lernen verhindern, sondern dass sich auch der Strategie-Transfer pfadabhängig vollzieht und dies die Erfolgsaussichten beschränkt. Es bestehen Lernbarrieren wie z.B. »Kompetenzfallen« (Levitt/March 1988), d.h. Praktiken, die in der Vergangenheit erfolgreich waren, und gemeinsame Werte und Gewohnheiten, die nicht bedroht werden sollen. Eine Konvergenz zu »best practices« ist nicht zu erwarten, meint also Hyman, doch letztlich ist dies eine nur empirisch zu klärende Frage.

## Transnationales Organisationslernen der deutschen Gewerkschaften

Eine erste explizite Aufforderung, die Krise der US-Gewerkschaften und deren zaghafte Versuche einer strategischen Erneuerung auch in Deutschland wahrzunehmen und von ihnen zu lernen, ging 1993 von dem Sammelband »Jenseits des Sozialpakts« (Lüthje/Scherrer 1993) aus. Auch der wiederum von Lüthje und Scherrer herausgegebene Band »Zwischen Rassismus und Solidarität« (1997) enthält Beiträge zum *Organizing* und auch eine Diskussion der einflussreichen *Organizing*-Kampagne »Justice for Janitors« der *Service Employees International Union* (SEIU). Beide Bände bezogen die US-Erfahrungen nicht auf konkrete Versuche gewerkschaftlicher Erneuerung in Deutschland. Strategien, die wenigstens teilweise amerikanische Erfahrungen reflektierten, wurden zuerst bei der Schlecker-Kampagne der Gewerkschaft Handel Banken Versicherungen (HBV) 1994–1995 verwendet (Huhn 2001). Ulrich Wohland (1998) verweist dafür explizit auf US-Erfahrungen, nämlich die des »community organizing« von Saul Alinsky, welche auch die neueren Innovationen der US-Gewerkschaftsbewegung beeinflusst haben. Nach der erfolgreichen Schlecker-Kampagne koordinierte Wohland eine Reihe weiterer HBV-Kampagnen. Seit 2000 arbeitet er im Netzwerk OrKa (Organisierung und Kampagnen, vgl. www.orka-web.de), an dem auch Jeffrey Raffo, ein langjähriger Organizer verschiedener amerikanischer Gewerkschaften (vgl. Raffo 2007), und auch der Autor beteiligt waren (zuständig für die Betreuung transnationaler Kampagnen von US-Gewerkschaften in Deutschland, vgl. Greven/Schwetz 2011). Mit Raffo kamen erstmalig direkte *US-Organizing*-Erfahrungen nach Deutschland. Diese Erfahrungen aus etwa zehn Jahren *Organizing*-Arbeit spiegeln einen großen Teil der Bandbreite der *US-Organizing*-Diskussion. Raffo hat sowohl das klassische »hot shopping« erlebt, also die Organisierung von Beschäftigten mit konkreten Konflikten per Anerkennungswahl durch das *National Labor Relations Board* (NLRB), als auch die strategischen Druckkampagnen zur Erzwingung von Neutralität und »Card Check« (vgl. dazu Greven 2013). Gemeinsam mit Andy Banks, einem Pionier der beteiligungsorientierten *Organizing-* und Kampagnenarbeit, hat er am *National Labor College* des AFL-CIO Seminare unterrichtet und kann deshalb grundsätzlich als Befürworter von beteiligungsorientierten Formen von *Organizing* eingeschätzt werden. Für den grenzüberschreitenden Strategietransfer nach Deutschland war Raffo zunächst aber kein »organischer Intellektueller« im Sinne Gramscis, genauso wenig wie seine OrKa-Kollegen, weil er nicht selbst für eine Gewerkschaft arbeitete. In beratender Funktion hat OrKa den gewerkschaftlichen Lernprozess aber durchaus angetrieben. Heute arbeitet Raffo, nach Zwischenstationen bei der ITF und der IG Metall, bei ver.di NRW und ist dort für *Organizing* zuständig. Auch Georg Wissmeier von OrKa ist nun bei ver.di tätig und damit ebenfalls zum »organischen Intellektuellen« geworden.

Recht früh finden sich positive Einschätzungen der Anwendbarkeit des amerikanischen *Organizing* von Dribbusch (1998) auf den mitgliederschwachen deutschen Dienstleistungssektor, und auch Skepsis (Frege 2000). Die Skepsis wird zum einen mit institutionellen Unterschieden begründet – die größere politische Verantwortung, die nicht verspielt werden darf – und zum anderen mit kulturellen: Die sozialpartnerschaftlichen Grundsätze der deutschen Gewerkschaften sollen nicht infrage gestellt werden. Dabei erkennt Frege durchaus an, dass die deutschen Gewerkschaften institutionell geschwächt sind und eine Mitgliederkrise durchleben. Das Organisierungsmodell könne aber nicht »Ersatzlösung für schwindende Institutionalisierung« sein (ebd.: 278).

Insgesamt zeigt bereits die frühe Rezeption der amerikanischen Innovationen, dass eine Vermischung wissenschaftlicher Argumente und politischer Einschätzungen bzw. Werturteile auch in Deutschland unvermeidlich ist. Die Bewertung der Mobilisierung der gewerkschaftlichen Basis z.B. ist selten nur eine objektivnüchtern zu bewertende Frage von Effektivität.

Das Interesse an den amerikanischen Gewerkschaften und ihren Erneuerungsversuchen steigt in Deutschland in den frühen 2000er Jahren stark an, auch weil die deutschen Gewerkschaften den Mitgliederschwund nicht bremsen können und ihr politischer Einfluss sinkt. Peter Renneberg (2005), Mitglied von OrKa und damit Praktiker der Organisierungs- und Kampagnenarbeit in Deutschland, nennt die USA das »Entwicklungsland gewerkschaftlicher Kampagnenarbeit«, von dem zu lernen ist. Insgesamt idealisiert er zu stark eine Form der Kampagne – »von unten«, unter signifikanter Beteiligung der gewerkschaftlichen Basis und anderer zivilgesellschaftlicher Akteure in so genannten sozialen Netzwerken, ohne Ausrichtung auf enge Partikularinteressen – die nur eine mögliche Ausprägung dieser Strategie des *Organizings* ist (die von ihm präferierte). Manche US-Gewerkschaften führen Organisierungs- und Druckkampagnen aber eher »von oben« durch, mit nur taktischer Beteiligung der gewerkschaftlichen Basis und von Bündnispartnern und meist als reine »bread and butter«-Taktik (vgl. Moody 2007).

Behrens (2005a) setzt sich als erster systematisch mit der Frage auseinander, ob länderübergreifendes Lernen für Gewerkschaften sinnvoll sein kann. Angesichts von »Fluch und Segen« staatlicher und arbeitgeberseitiger Institutionen verweist Behrens auf die »strategic choice« der Gewerkschaften (ebd.: 34), die allerdings durch die spezifische institutionelle Einbindung vorstrukturiert ist. Länderübergreifendes Lernen bietet sich zur Erweiterung des Handlungsrepertoires an, als »Inspiration und Referenzfolie« (ebd.: 36).

Nicht zufällig kommen entscheidende Impulse zur Verbreitung von *Organizing* in Deutschland aus dem Fachbereich Handel der Gewerkschaft ver.di; die Kampagnenerfahrungen der Vorgängergewerkschaft HBV und die Verbindung zum Campaigner-Netzwerk OrKa sind als institutionelles Gedächtnis in die neu fusionierte Gewerkschaft übertragen worden. Vor allem Agnes Schreieder, damals Betreuungssekretärin für Einzelhandelsdiscounter und verantwortlich für eine groß angelegte, aber intern umstrittene Kampagne beim Discounter Lidl, propagiert als organische Intellektuelle innerhalb und außerhalb der Organisation offensiv das Lernen von amerikanischen Vorbildern. In der Broschüre »Organizing – Gewerkschaft als soziale Bewegung« (Schreieder 2005) formuliert sie ein stark beteiligungsorientiertes Programm: »Wir selbst bilden die Gewerkschaft im Betrieb.« Das Konzept *Organizing* wird von Schreieder im Sinne einer »Beteiligungsgewerkschaft« mit systematischen Bezügen zur US-Diskussion entwickelt. Sie präsentiert das von der Communication Workers of America (CWA) entwickelte *Organizing*-Modell als besonders für Deutschland geeignet, auch aufgrund der geringeren Ressourcen, die ein »auf aktive Organisierung durch Ehrenamtliche und gesellschaftliches [community] Umfeld konzentriertes« Organisierungsmodell (ebd.: 15) benötigen würde. Schulungen für Mitglieder stehen im Mittelpunkt; diese und die Shop Stewards leisten den Großteil der Arbeit – implizit ist hier gesagt: anders als bei anderen, wo das *Organizing* Aufgabe von externen hauptamtlichen Spezialisten ist. Schreieder kritisiert nicht ausdrücklich das konkurrierende SEIU-Modell (zentral gesteuertes *Organizing* mit speziell ausgebildeten *Organizern*), sondern listet an anderer Stelle eine Beschreibung der Aufgaben von *Organizern* auf, die ja auch von der CWA durchaus beschäftigt werden. Zur Übertragung amerikanischer Konzepte nach Deutschland merkt Schreieder an: »[O]hne Betriebsrat geht nichts«, [...] »im Mittelpunkt unserer Organisierungs-Kampagnen stehen deshalb die Wahl von ver.di-Betriebsräten in bislang betriebsratslosen Bereichen und die damit einhergehende gewerkschaftliche Organisierung von Belegschaften« (ebd.: 32). Damit wird zum ersten Mal in der deutschen Debatte die Wahl von Betriebsräten als Äquivalent der amerikanischen Anerkennungswahlen diskutiert.

In einer umfänglichen Broschüre zur von Schreieder anfangs geleiteten Lidl-Kampagne (Ver.di 2007) kommen neben Schreieder auch die Berater von OrKa ausführlich zu Wort. Wohland (2007) verweist explizit auf die in den USA bestehende Konkurrenz zwischen Hauptamtlichen- und Ehrenamtlichen-*Organizing*. Die Konzepte der Lidl-Kampagne sind geleitet von der Erkenntnis, dass Beteiligung nicht »von oben« verordnet werden kann, sondern aus den »Themen der Beschäftigten« entstammen muss. Die Broschüre und auch der Beitrag von Agnes

Schreieder im Buch »Never Work Alone« sind Zeichen für eine organisationsinterne Auseinandersetzung um die Deutungshoheit beim Thema *Organizing*. Innerhalb von ver.di werden die Schlecker- und Lidl-Kampagnen nicht einheitlich als *Organizing* diskutiert, sondern entsprechend dem älteren Diskurs als (Druck)-Kampagnen – der Begriff »Kampagne« wird beim (konkurrierenden) *Organizing*-Projekt im Hamburger Sicherheitsgewerbe z.T. vermieden, die Rede ist oft von »Organizing-Projekt«. Für die ver.di-Führung steht augenscheinlich eher das Hamburger Konzept für *Organizing* (s.u.). Schreieders Beitrag (2007) besteht dagegen darauf, dass »die Lidl-Kampagne ... wesentlich dazu beigetragen [hat], dass wir in Deutschland eine breite Debatte über Organizing starten konnten« (ebd.: 173). Sie ist *Organizing*- und Druckkampagne (ebd.: 159) und auch »gewerkschaftsbildend«, weil fachbereichsübergreifend. Im Wesentlichen werden die Argumente und Positionen aus der Broschüre wiederholt, so z.B. zur »Mitmach-Gewerkschaft« (ebd.: 172) und zur Aktivierung; allerdings werden in diesem Zusammenhang »Demokratisierung« und »Politisierung« explizit zu Zielen erhoben, und zwar mit Verweis darauf, dass diese in den USA als zentrale Merkmale von *Organizing* akzeptiert seien (ebd.: 154) – was keineswegs der Fall ist. Zur Auseinandersetzung um die Definitionshoheit zum Thema *Organizing* gehört mithin auch, wenig überraschend, wer die besseren amerikanischen Kronzeugen hat.

Ein wesentlicher Unterschied zu den USA fällt im Zusammenhang mit den Druckelementen der Lidl-Kampagne auf. In Deutschland werden in der Selbstdarstellung selten Kampagnen explizit »gegen« ein Unternehmen geführt. Meist wird die Formulierung »bei« verwendet. Dies ist nicht unwesentlich, weil es darauf hindeutet, dass deutsche Gewerkschaften selten entschlossen einen schlechten Arbeitgeber bei Nicht-Einigung auch vom Markt verdrängen würden, denn durch die Präsenz von individuellen Mitgliedern und Betriebsräten (und insgesamt durch ihre »sozial-integrative« Rolle) kann ihnen der Unternehmenserfolg nie ganz gleichgültig sein, was für amerikanische Gewerkschaften nicht unbedingt der Fall ist. In diesem Sinn sind Druckkampagnen in Deutschland pfadabhängig beschränkt.

Unter dem Titel »Never Work Alone« veranstaltete der ver.di-Landesbezirk Hamburg auf individuelle Initiative von Peter Bremme, verantwortlicher Sekretär für Besondere Dienstleistungen, eine sogenannte *Organizing*-Woche. Hier stießen zum einzigen Mal in Deutschland verschiedene amerikanische Ansätze, von AmerikanerInnen präsentiert, direkt aufeinander. Prominenter Partner von ver.di Hamburg ist die SEIU, die im Rahmen ihrer *Global Partnerships* an engen Beziehungen zu ver.di insgesamt interessiert ist, um die Auseinandersetzung mit zunehmend global agierenden Unternehmen zu führen (Lerner 2007). Die Vorträge von Christy Hoffman, von SEIU zur UNI entsandte Mitarbeiterin für die Koordination der Aktivitäten im Bereich Gebäudedienstleistungen, und Valery Alzaga, erfahrene Organizerin der *Justice for Janitors*-Kampagne und später für ein Jahr in Hamburg aktiv, sowie Vorträge von Kollegen von UNITE-HERE, werden von einem der frühen Befürworter eines stark beteiligungsorientierten *Organizing*, Andy Banks, beantwortet, der explizit einen Kontrast zwischen »staff-driven« und »member-driven« *Organizing*-Modellen herstellt. Von den SEIU-Vertretern kann dies nur als Kritik an ihrem Modell verstanden werden. Zu diesem Zeitpunkt war Banks allerdings *Organizing* Director einer kleinen AFL-CIO-Gewerkschaft (*International Federation of Professional and Technical Engineers*) und damit in den USA weder politisch noch konzeptionell einflussreich. Ver.di Hamburg setzte in der Folge auf die starke Verbindung zur SEIU und in dem Band von 2007 kommt die stark beteiligungsorientierte Perspektive nur noch indirekt über den Beitrag von Schreieder (2007) vor.

Die *Organizing*-Kampagne, die mit dem Ziel eines verbesserten Tarifvertrags für das gesamte Hamburger Bewachungsgewerbe geführt wurde, war explizit als Pilotprojekt für den Test einer Übertragung amerikanischer Methoden gedacht und wurde auch deshalb vom ver.di-Bundesvorstand unterstützt (Werneke 2007) und von der Hans-Böckler-Stiftung wissenschaftlich begleitet (Dribbusch 2007). Die Konzentration auf die *Organizing*-Konzeption von SEIU zeigte sich vor allem daran, dass zu Beginn eine sehr ambitionierte Zielsetzung bezüglich des angestrebten Mitgliederzuwachses formuliert wurde und dass zum ersten Mal in Deutschland spezialisierte, von SEIU ausgebildete *Organizer* eingesetzt wurden, die nicht aus der Gewerkschaft, sondern von außerhalb rekrutiert wurden und – wie in den USA – damit Erfahrungen und Engagement aus anderen sozialen Bewegungen fruchtbar machen konnten. Wie in den USA auch wurden die externen Organizer mit hohen Anforderungen konfrontiert; die Arbeitsbelastung und der prekäre Beschäftigungsstatus führten zu internen Konflikten.

In der Selbstdarstellung der Kampagne im Buch »Never work alone« (Bremme et al. 2007a) zeigt sich die Auseinandersetzung um die Definitionshoheit zum Thema *Organizing*. Bei den Beiträgen von Werneke (2007) und Bremme et al. (2007b) fällt auf, dass einerseits der gewerkschaftliche US-Bezug ausschließlich zur SEIU hergestellt wird, andererseits deren Entwurf von *Organizing* explizit und stark mit Vorstellungen von Beteiligung und Empowerment in Verbindung gebracht wird, die eher aus anderen Diskussionen stammen. Diese Bezüge zu Saul Alinsky, einem »Wechsel von der Stellvertreter-Gewerkschaft hin zur Selbst-Organisations-Gewerkschaft« (ebd.: 14), *Organizing* als einem »basisdemokratisch[en] und [...] emanzipatorische[n] Modell« (ebd.: 15) sind nur durch die dominante Kontrastierung von *Organizing* und »Servicing Model« möglich bzw. sogar von *Organizing* Model und *Business Unionism* (ebd.: 19f).

Die Begründung für die Notwendigkeit des Strategietransfers bezüglich extern geleiteter *Organizing*-Strategien ist, dass herkömmliche »Mitgliederwerbung« über Betriebsräte in der Dienstleistungsbranche oft nicht funktioniert (ebd.: 17). Während offensichtlich das Beispiel der SEIU gründlich untersucht wurde, werden institutionelle Überlegungen auf den Unterschied zwischen »open shop«- und »closed shop«-Systemen verkürzt und argumentiert, dass Übertragungen des SEIU-Modells in beide Systeme funktioniert haben; das deutsche System unterscheidet sich aber deutlich von »open shop«-Systemen wie z.B. in den Right-to-Work-Staaten in den USA, da es keine formale Anerkennungshürde gibt. Die Auseinandersetzung mit Kritikern des Strategietransfers ist also eher politisch und kulturell als institutionell: »zu amerikanisch«, »alles schon mal dagewesen«,

»nicht politisch genug«, »Drückerkampagne«. Bremme et al. betonen den Fokus auf nachhaltige Stärkung der gewerkschaftlichen Durchsetzungsfähigkeit im Betrieb und machen die Betriebsräte als zentralen Unterschied für die Übertragung nach Deutschland aus. Dies wird allerdings darauf verkürzt, dass Betriebsräte stellvertretend arbeiten und die Beschäftigten das gewohnt sind (*Servicing Model*), womit also eher eine Ähnlichkeit zu den US-Gewerkschaften konstruiert wird. *Organizing* bietet, so das Argument, die Chance für eine neue Rollendefinition für Betriebsräte als tiefer verankerte »Förderer eigenständigerer Interessenartikulation der Beschäftigten« (ebd.: 16), es bleibt aber ungeklärt, warum Betriebsräte daran ein Interesse haben sollten. An anderer Stelle gibt es ein deutliches Signal an Betriebsräte, dass *Organizing* keinesfalls eine Kriegserklärung (z.B. über alternative Listen) ist (ebd.: 19). Das Problem der Anpassung von *Organizing* an ein duales System wird also durchaus wahrgenommen, auch als politisches Problem für den Strategietransfer, systematische Überlegungen werden aber nicht präsentiert. Der Beitrag der von der SEIU als »lead organizer« entsandten Valery Alzaga (2007) zeigt implizit, dass die simple »plan-to-win«-Logik des amerikanischen *Organizing* in Deutschland nicht funktioniert; die Definition der Ziele ist ein politischer Konstruktionsprozess, vor Beginn der Kampagne u.a. zur Ressourcensicherung und nachher zur politischen Absicherung bzw. zur Begründung von Folgeforderungen. Alzaga kritisiert die mangelnde Ressourcenausstattung des Projekts. Diese Kritik ist zwar auch bei Bremme implizit, aber deutlich kann eher jemand von außen formulieren. Wie damit umgegangen werden soll, dass der Zusammenhang von Mitgliederstärke und Einfluss eben nicht so eindeutig ist wie in den USA, wird weder von ihr noch von den anderen Autoren konsequent erörtert.

Der Evaluationsbericht zum Hamburger *Organizing*-Projekt von Dribbusch (2007; vgl. Dribbusch 2008) hält die Kampagne insgesamt für einen Erfolg, der auch intern übertragbar sei, wenn *Organizing* in die allgemeine Gewerkschaftsarbeit integriert würde. Zu den unterschiedlichen Rahmenbedingungen für *Organizing* stellt er u.a. fest, dass es in Deutschland keinen formal abgestuften Prozess von gewerkschaftlicher Anerkennung, Mitgliedschaft aller Beschäftigten und schließlich Abschluss eines Tarifvertrags gibt, sondern dass alles parallel abläuft. Spektakuläre Aktionen sind in Deutschland weniger nötig, aber auch weniger möglich, juristische Strategien amerikanischen Typs sind nicht möglich, und die Voraussetzungen für die Methode des sogenannten Blitz (überfallartige Ansprache vieler Beschäftigter durch viele *Organizer* an einem Tag) fehlen. An Ähnlichkeiten stellt er u.a. fest, dass das deutsche Ausmaß an Gewerkschafts- bzw. Betriebsratsfeindlichkeit dem des amerikanischen »union busting« kaum nachsteht. Allerdings hat die von ihm auch deshalb »mit Abstrichen« als funktionales Äquivalent zur gewerkschaftlichen Anerkennung diskutierte Gründung von Betriebsräten in Deutschland wohl (noch) eine höhere Akzeptanz, als sie Gewerkschaften in den USA haben. Dies gilt aber weniger für die Dienstleistungsbranche (vgl. Bormann 2007), auf die sich Dribbusch stark bezieht, und insgesamt ist die Akzeptanz von Betriebsräten überall sinkend. Dribbusch weist auch darauf hin, dass Betriebsräte keine Gewerkschaften sind, und dass daher ein vielschichtiges

Verhältnis zu den Gewerkschaften in Bezug auf Mitgliedergewinnung besteht. In Hamburg wurden die Betriebsräte von den Beschäftigten z.T. als Teil der Unternehmenshierarchie wahrgenommen; daher wurde die Kampagne auch an ihnen vorbeigeführt. Dribbusch spricht eine Gefahr der Orientierung auf Betriebsratsgründungen an. Diese könnte Verbetrieblichungstendenzen verstärken. In Hamburg wurde dies durch eine Orientierung auf einen Flächentarifvertrag abgeschwächt. Eine systematische Diskussion der Rolle von Tarifverträgen und Betriebsräten für *Organizing* in Deutschland unterbleibt. Wie können z.B. die Netzwerke von Ehrenamtlichen in Betrieben (»Aktivenkreise«) auf Dauer gestellt werden, wenn die Betriebsräte nicht gewerkschaftlich dominiert werden und nicht dauerhaft externe *Organizer* Betreuungsarbeit leisten? Dribbusch lobt die Lernbereitschaft von ver.di: »Es ist nicht gerade alltäglich, dass sich deutsche Gewerkschaften von anderen etwas zeigen lassen« (Dribbusch 2008: 18).

In ver.di werden in der Folge Anstrengungen unternommen, das in Hamburg versuchte SEIU-inspirierte *Organizing*-Modell innerhalb der Gewerkschaft zu verbreiten. Dabei stoßen allerdings (mindestens) zwei *Organizing*-Philosophien aufeinander, zum einen die von der SEIU inspirierte Konzeption, welche u.a. von den von der SEIU ausgebildeten *Organizern* in die Organisation diffundiert wird, zum anderen die eher beteiligungsorientierte Konzeption, die von Schreieder propagiert wurde und auch durch die externen Berater von OrKa, welche über viele Jahre zahlreiche Kampagnen innerhalb ver.dis betreut haben sowie in einigen Bezirken die gewerkschaftliche Bildungsarbeit zu *Organizing* prägen, insbesondere den systematisch auf *Organizing* und Kampagnenfähigkeit ausgerichteten Strategieprozess im ver.di-Bezirk Nordrhein-Westfalen. Dribbusch (2008: 23) sieht OrKas Rolle auf kleinformatige Schulungsveranstaltungen und Kampagnen beschränkt, die nicht in Konkurrenz zu den großangelegten Kampagnen stehen, sondern die betriebliche Basis aufbauen. Da inzwischen zwei ehemalige Mitglieder von OrKa hauptamtliche Funktionen bei ver.di einnehmen – Jeffrey Raffo im Bezirk NRW und Georg Wissmeier im Bundesvorstand – und also als »organische Intellektuelle« weiterhin die Debatte um *Organizing* und Kampagnen und mithin die Debatte um den Lernprozess prägen, sind die u.a. von stark beteiligungsorientierten amerikanischen Ideen inspirierten OrKa-Konzepte durchaus wirkmächtig.

Nach anfänglicher Skepsis gegenüber Konzept und Praxis des US-amerikanisch inspirierten »Organizing« versucht auch die IG Metall, Deutungshoheit über *Organizing* in Deutschland zu erlangen und mit »German Organizing« (Wetzel 2013) quasi eine Marke zu prägen. Sie greift dafür die vom aktuellen Vorsitzenden Detlef Wetzel seit 2005 in NRW unternommenen eigenen Erneuerungsversuche nach dem »Prinzip Beteiligung« auf. 2008 wurde eine interne Konferenz zu *Organizing* durchgeführt, danach *Organizing* in das Qualifizierungsprogramm für Hauptamtliche aufgenommen, dann für Ehrenamtliche und Trainees. Inzwischen gibt es auch eine Zusammenarbeit zu *Organizing* mit ver.di, der IG Bau und der SEIU (Wetzel 2014).

Es wird bei der IG Metall immer wieder betont, dass eine nationalspezifische Praxis wie *Organizing* nicht ohne weiteres transplantiert werden kann; zu unterschiedlich sind institutionelle, rechtliche, kulturelle, politische, organisatorische Gegebenheiten (Wetzel et al. 2013; Niemann-Findeisen et al. 2013). Dank der im Vergleich stringenteren Durchsetzung der neuen Erschließungsstrategien innerhalb der Organisation sowie der besseren Rahmenbedingungen ist es nicht unwahrscheinlich, dass die IG Metall gegenüber ver.di die deutlicheren und nachhaltigeren Erfolge erzielt. Die traditionellen Stärken der deutschen Industriellen Beziehungen sollen dabei erhalten werden. Es ist wichtig, dies zu betonen, weil die mit *Organizing* verbundene Aktivierung der Beschäftigten ja durchaus Unruhe in die sozialpartnerschaftlichen Arrangements bringt. Es kommt bei den Debatten in der IG Metall aber zu kurz, dass die notwendige Balance zwischen Institutionalisierung und Mobilisierung noch gefunden werden muss, genauso wie die Balance zwischen Service/Stellvertretung und Beteiligung/Selbstvertretung.

Eine Analyse der IG Metall-Kampagne im Windanlagenbau konstatiert, dass diese die »Negativspirale aus mangelnder gewerkschaftlicher Stärke, fehlenden Erfolgen und sinkender Attraktivität« (Dribbusch 2013: 98) durchbrechen konnte. Dabei wurde ein Methodenbaukasten verwendet, der sehr nah an dem ist, was auch in den USA und bei ver.di verwendet wird (strategische Recherche, externe *Organizer*, Einzelgespräche, Aktivenkreis, Betriebslandkarte, kollektive Aktionen): »[D]ie Unterschiede zum US-Kontext haben sich bei Lichte betrachtet als eher gering erwiesen, wenn es darum geht, Bedürfnisse von Beschäftigten zu verstehen, zu kollektiven Themen zu machen und in betriebliche politische Praxis zu übersetzen, die etwas verbessert« (ebd.: 88). Bei einem zentralen institutionellen Anpassungsproblem, den Betriebsräten und ihrer Rolle im *Organizing*-Prozess, sind systematische Fortschritte gemacht worden (ebd.: 88; Boewe/Schulten 2013: 121f). Der Konflikt wird als unausweichlich erkannt: »Das Spannungsverhältnis [zwischen den durch *Organizing* entstehenden Aktivenkreisen und den existierenden Strukturen] muss ausgehalten und immer wieder neu verhandelt werden« (Dribbusch 2013: 114).

## Ausblick: Gewerkschaftliche Erneuerung und die rechtspopulistische Herausforderung

Ein Erneuerungsprozess der deutschen Gewerkschaften hat begonnen und dieser enthält eine Komponente grenzüberschreitenden Lernens und Strategietransfers. Zu Letzterem hat die fortgesetzte Krise sicherlich beigetragen, weil sie verschiedenen »organischen Intellektuellen« oder »institutionellen Unternehmern« erlaubt hat, ihre Interpretation des Krisen-Puzzles und ihren Lösungsansatz, die Organisationsmacht zu stärken, besser zu platzieren. Auch wenn (noch) nicht klar ist, ob sich organisationsintern wirklich starke Befürworterkoalitionen gebildet haben, konnten sich so doch Stimmen Gehör verschaffen, welche den Impulsen von außerhalb des eigenen nationalen Kontexts eine Chance geben wollten. Es zeigte sich aber insbesondere an den umkämpften Ressourcendebatten und an dem hohen Erfolgsdruck für die transferierten Strategien, dass das »lesson-drawing« in der Tat ein politischer Prozess ist. Widerstände u.a. entstammten amerikakritischen Positionen, schlechten Erfahrungen mit amerikanischen Gewerkschaften (»Einbahnstraßensolidarität«, Greven 2006a) und vor allem institutionellen Beharrungskräften und Bedenken (Betriebsräte, Sozialpartnerschaft). Es zeigt sich, dass weniger die interessengeleitete Übernahme einzelner Elemente bzw. Praktiken (»Rosinenpickerei«) das Problem des Strategietransfers ist, sondern die Gefährdung des gewachsenen Zusammenhalts existierender Institutionen durch mangelnde institutionelle und kulturelle Passung der übertragenen Praktiken. Insofern waren zwar die »causal stories« der Befürworter von amerikanisch inspirierten *Organizing-* und Kampagnenstrategien überzeugend, die Veto-Spieler in den Organisationen waren aber nicht bereit, zugunsten dieser neuen Methoden die handlungsleitende Theorie der Organisation zu verändern. Das heißt, obwohl einzelne Akteure in den Gewerkschaften den Erneuerungs- und Lernprozess mit dem Ziel der grundsätzlichen Veränderung der Gewerkschaft betreiben, also ein komplexes Lernen des Typs 2 anstreben, haben sich die deutschen Gewerkschaften bisher weitgehend pfadkonform erneuert/verändert. Die institutionelle Einbindung in die Sozialpartnerschaft bleibt die übergeordnete Leitidee, *Organizing-* und Kampagnenpraxis haben sich dieser Idee bisher untergeordnet bzw. sind in diese grundsätzliche Politikausrichtung eingeordnet worden (eine andere Interpretation findet sich bei Rehder 2014).

Die gewerkschaftliche Erneuerung hat die Krise der deutschen Gewerkschaften sicher nicht beendet, aber im Bereich der Mitgliedergewinnung und -aktivierung konnten durchaus Fortschritte erzielt werden. Nun jedoch steht mit dem Aufstieg rechtspopulistischer Bewegungen und Parteien,»Pegida« und »Alternative für Deutschland«, eine weitere grundsätzliche Herausforderung an. Die politischen Eliten haben es nicht angestrebt oder nicht vermocht, die Liberalisierung des Kapital-, Waren-, Dienstleistungs- und Personenverkehrs effektiv sozial (und ökologisch) einzuhegen, und in der Folge hat die angeblich alternativlose Politik von Steuersenkungen, Wohlfahrtsstaatsabbau, Deregulierung und Privatisierung die soziale Ungleichheit und Abstiegsängste dramatisch verschärft. Positionen der »globalisierten Anti-Globalisierungsbewegung«, die noch vor zehn Jahren vor allem unter ideologisierten Rechtsextremisten kursierten (Greven 2006b), finden nun breite Unterstützung; latente Vorbehalte gegen Globalisierung und Immigration sind in aggressive Abschottungsfantasien umgeschlagen (Greven 2016).

Es ist offenkundig, dass sich nirgendwo in der Debatte um den Strategietransfer von *Organizing* und Kampagnen ein Rezept für diese Herausforderung befindet; auch diejenigen, welche eine noch stärkere Beteiligungsorientierung und Demokratisierung der gewerkschaftlichen Arbeit befürworten, auch um den Preis einer weniger korporatistischen Institutionalisierung, haben dafür keine Patentlösung. Umfragen haben zudem gezeigt, dass Gewerkschaftsmitgliedschaft keineswegs eine Art Impfung für rechtsextremes Gedankengut ist; Abstiegsängste haben vor allem die, die etwas zu verlieren haben. Insofern kann der *Organizing-*Ansatz – von den konkreten Anliegen der Beschäftigten auszugehen – die Organisation zunächst sogar in Schwierigkeiten bringen. Aber die stärkere Konfliktorientierung, die größere Bereitschaft zu einer politischen Gewerkschaftsarbeit, die in nahezu allen *Organizing*- und Kampagnenkonzepten steckt, sowie die Erfolge, die mit diesen Konzepten an der Basis erzielt werden konnten, verweisen immerhin auf ein kämpferisches Potenzial für die kommenden Auseinandersetzungen.

**Literatur**
Alzaga, Valery (2007): Organizing an der Basis. Reflexionen über die Kampagne zur Organisierung der Wach- und Sicherheitsleute in Hamburg. In: Bremme, Peter/Fürniß, Ulrike/Meinecke, Ulrich (Hrsg.): Never work alone. Organizing – ein Zukunftsmodell für Gewerkschaften, Hamburg, S. 218-239.
Argyris, Chris/Schön, Donald A. (1999): Die lernende Organisation. Grundlagen, Methode, Praxis, Stuttgart.
Bandelow, Nils C. (2003): Policy Lernen und politische Veränderungen. In: Schubert, Klaus/Bandelow, Nils C. (Hrsg.): Lehrbuch der Politikfeldanalyse, München/Wien, S. 289-331.
Beckert, Jens (1999): Agency, Entrepreneurs, and Institutional Change. The Role of Strategic Choice and Institutionalized Practices in Organizations. In: Organization Studies, 20, Heft 5, S. 777-799.
Behrens, Martin (2005a): Mitgliederrekrutierung und institutionelle Grundlagen der Gewerkschaften. Deutschland im internationalen Vergleich. In: Berliner Debatte Initial, 16, Heft 5, S. 30-37.
Behrens, Martin (2005b): Die Rolle der Betriebsräte bei der Werbung von Gewerkschaftsmitgliedern. In: WSI Mitteilungen, 6, S. 329-338.
Boewe, Jörn/Schulten, Johannes (2013): Eine erfolgreiche Zumutung. Organizing in der Windkraftindustrie: Die Innenperspektive der IG Metall. In: Wetzel, Detlef (2013) (Hrsg.): Organizing. Die Veränderung der gewerkschaftlichen Praxis durch das Prinzip Beteiligung, Hamburg, S. 119-128.
Bormann, Sarah (2007): Angriff auf die Mitbestimmung – Unternehmensstrategien gegen Betriebsräte – der Fall Schlecker, Hans-Böckler-Stiftung, edition sigma, 85, Berlin.
Braun, Dietmar (1998): Der Einfluss von Ideen und Überzeugungssystemen auf die politische Problemlösung. In: Politische Vierteljahresschrift, 39, Heft 4, S. 797-818.
Bremme, Peter/Fürniß, Ulrike/Meinecke, Ulrich (2007b): Organizing als Zukunftsprogramm für bundesdeutsche Gewerkschaften. In: Bremme, Peter/Fürniß, Ulrike/Meinecke, Ulrich (Hrsg.): Never work alone. Organizing – ein Zukunftsmodell für Gewerkschaften, Hamburg, S. 10-23.
Bremme, Peter/Fürniß, Ulrike/Meinecke, Ulrich (Hrsg.) (2007a): Never work alone. Organizing – ein Zukunftsmodell für Gewerkschaften, Hamburg.
DiMaggio, Paul (1988): Interest and Agency in Institutional Theory. In: Zucker, Lynne (Hrsg.): Institutional Patterns and Organizations, Cambridge, S. 3-21.
Dribbusch, Heiner (1998): Mitgliedergewinnung durch offensive Interessenvertretung. Neue gewerkschaftliche Organisierungsansätze aus den USA – Das Beispiel »Justice for Janitors«. In: WSI Mitteilungen, 5, S. 281-291.
Dribbusch, Heiner (2007): Evaluationsbericht zum Organizing-Projekt im Hamburger

Bewachungsgewerbe, Düsseldorf.
Dribbusch, Heiner (2008): Organizing in der Fläche: Die ver.di/SEIU-Kampagne im Hamburger Bewachungsgewerbe. In: WSI Mitteilungen, 61, Heft 1, S. 18-24.
Dribbusch, Heiner (2013): Nachhaltig erneuern. Aufbau gewerkschaftlicher Interessenvertretung im Windanlagenbau. In: Wetzel, Detlef (Hrsg.): Organizing. Die Veränderung der gewerkschaftlichen Praxis durch das Prinzip Beteiligung, Hamburg, S. 92-118.
Frege, Carola M. (2000): Gewerkschaftsreformen in den USA. Eine kritische Analyse des »Organisierungsmodells«. In: Industrielle Beziehungen, 7, Heft 3, S. 260-280.
Greven, Thomas (2003): Clash of Globalizations? The Politics of International Labor Rights in the United States, Frankfurt et al.
Greven, Thomas (2006a): U.S. Unions' Strategic Campaigns against Transnational Enterprises in Germany. In: Industrielle Beziehungen, 13, Heft 3, S. 253-269.
Greven, Thomas (2006b): Rechtsextreme Globalisierungskritik: Anti-globaler Gegenentwurf zu Neoliberalismus und Global Governance. In: Greven, Thomas/Grumke, Thomas (Hrsg.): Globalisierter Rechtsextremismus? Die extremistische Rechte in der Ära der Globalisierung, Wiesbaden, S. 15-29.
Greven, Thomas (2013): Labor Relations. In: Mauch, Christof/Wersich, Rüdiger B. (Hrsg.): USA-Lexikon, Berlin, S. 618-622.
Greven, Thomas (2016): The Rise of Right-Wing Populism in Europe and the United States. A Comparative Perspective, Friedrich-Ebert-Stiftung, Internationale Politikanalyse, Washington, DC, www.fesdc.org/fileadmin/user_upload/publications/RightwingPopulism.pdf (Zugriff: 5.9.2016).
Greven, Thomas/Scherrer, Christoph (2005): Globalisierung gestalten. Weltökonomie und soziale Standards, Bonn, Bundeszentrale für politische Bildung, Bd. 440.
Greven, Thomas/Schwetz, Wilfried (2011): Neue Instrumente für Gewerkschaften: Die transnationalen strategischen Kampagnen der United Steelworkers of America gegen die Continental AG. In: Gerlach, Frank/Greven, Thomas/Mückenberger, Ulrich/Schmidt, Eberhard (Hrsg.): Solidarität über Grenzen: Gewerkschaften vor neuer Standortkonkurrenz, Berlin, S. 131-148.
Huhn, Jens (2001): Die Schlecker-Kampagne 1994-1995, Mannheim/Heidelberger HBV-Hefte: Ideen und Aktionen an der Basis, herausgegeben von ver.di.
Hyman, Richard (2007): How can trade unions act strategically? In: Transfer, 13, Heft 2, S. 193-210.
Lerner, Stephen (2007): Global Unions. A Solution to Labor's Worldwide Decline. In: New Labor Forum, 16, Heft 1, S. 23-37.
Levitt, Barbara/March, James G. (1988): Organizational Learning. In: Annual Review of Sociology, 14, S. 319-340.
Lüthje, Boy/Scherrer, Christoph (Hrsg.) (1993): Jenseits des Sozialpakts. Neue Unternehmensstrategien, Gewerkschaften und Arbeitskämpfe in den USA, Münster.
Lüthje, Boy/Scherrer, Christoph (Hrsg.) (1997): Zwischen Rassismus und Solidarität. Diskriminierung, Einwanderung und Gewerkschaften in den USA, Münster.
Moody, Kim (2007): U.S. Labor in Trouble and Transition: The Failure of Reform from Above, the Promise of Revival from Below, London/New York.

Niemann-Findeisen, Sören/Berhe, Jonas/Kim, Susanne (2013): Organizing in der IG Metall. Eine Begriffsbestimmung. In: Wetzel, Detlef (Hrsg.): Organizing. Die Veränderung der gewerkschaftlichen Praxis durch das Prinzip Beteiligung, Hamburg, S. 67-91.

Raffo, Jeffrey (2007): Organizererfahrungen aus Nordamerika – und aus Nordrhein-Westfalen. In: Bremme, Peter/Fürniß, Ulrike/Meinecke, Ulrich (Hrsg.): Never work alone. Organizing – ein Zukunftsmodell für Gewerkschaften, Hamburg, S. 175-193.

Rehder, Britta (2008): Revitalisierung der Gewerkschaften? Die Grundlagen amerikanischer Organisierungserfolge und ihre Übertragbarkeit auf deutsche Verhältnisse. In: Berliner Journal für Soziologie, 18, Heft 3, S. 432-456.

Rehder, Britta (2014): Vom Korporatismus zur Kampagne? Organizing als Strategie der gewerkschaftlichen Erneuerung. In: Schroeder, Wolfgang (Hrsg.): Handbuch Gewerkschaften in Deutschland, Wiesbaden, S. 241-264.

Renneberg, Peter (2005): Die Arbeitskämpfe von morgen? Arbeitsbedingungen und Konflikte im Dienstleistungsbereich, Hamburg.

Rose, Richard (1991): What is Lesson-Drawing? In: Journal of Public Policy, 11, Heft 1, S. 3-30.

Sabatier, Paul A. (1993): Policy Change over a Decade or More. In: Sabatier, Paul A./Jenkins-Smith, Hank C. (Hrsg.): Policy change and learning: An advocacy coalition approach, Boulder, S. 13-39.

Scherrer, Christoph (2005): Can Germany Learn from the USA? In: Beck, Stefan/Klobes, Frank/Scherrer, Christoph (Hrsg.): Surviving Globalization? Perspectives for the German Economic Model, Dordrecht, S. 15-31.

Schmalz, Stefan/Dörre, Klaus (2014): The power resource approach: an instrument to analysze trade union action capabilities. In: Industrielle Beziehungen, 21, Heft 3, S.217-237.

Schreieder, Agnes (2005): Organizing – Gewerkschaft als soziale Bewegung, Berlin.

Schreieder, Agnes (2007): Die Lidl-Kampagne – ein Zukunftsmodell für Gewerkschaften. In: Bremme, Peter/Fürniß, Ulrike/Meinecke, Ulrich (Hrsg.): Never work alone. Organizing – ein Zukunftsmodell für Gewerkschaften, Hamburg, S. 153–174.

Silver, Beverly J. (2003): Forces of Labor. Workers' Movements and Globalization since 1870, Cambridge; deutsche Ausgabe: Forces of Labor. Arbeiterbewegung und Globalisierung seit 1870, 2. Aufl. Berlin/Hamburg 2005.

Stone, Diane (2000): Non-Governmental Policy Transfer: The Strategies of Independent Policy Institutes. In: Governance: An International Journal of Policy and Administration, 13, Heft 1, S. 45-62.

Ver.di (2007): Die Lidl-Kampagne. Organisierung. Modell. Zukunft, Berlin.

Visser, Jelle (1994): European Trade Unions. The Transition Year. In: Hyman, Richard/Ferner, Anthony (Hrsg.): New Frontiers in Industrial Relations, Oxford/Cambridge, MA, S. 80-107.

Voss, Kim/Sherman, Rachel (2000): Breaking the Law of Oligarchy: Union Revitalization in the American Labor Movement. In: American Journal of Sociology, 106, Heft 2, S. 303-350.

Werneke, Frank (2007): Organizing ist Veränderung. In: Bremme, Peter/Fürniß, Ulrike/Meinecke, Ulrich (Hrsg.): Never work alone. Organizing – ein Zukunftsmodell für Gewerkschaften, Hamburg, S. 7-9.

Wetzel, Detlef (2014): Die Mitgliederoffensive: kopernikanische Wende in der deutschen Gewerkschaftspolitik. In: Schroeder, Wolfgang (Hrsg.): Handbuch Gewerkschaften in Deutschland, Wiesbaden, S. 47-55.

Wetzel, Detlef (Hrsg.) (2013): Organizing. Die Veränderung der gewerkschaftlichen Praxis durch das Prinzip Beteiligung, Hamburg.

Wetzel, Detlef/Weigand, Jörg/Niemann-Findeisen, Sören/Lankau, Torsten (2013): Organizing: Die mitgliederorientierte Offensivstrategie für die IG Metall. Acht Thesen zur Erneuerung der Gewerkschaftsarbeit. In: Wetzel, Detlef (Hrsg.): Organizing. Die Veränderung der gewerkschaftlichen Praxis durch das Prinzip Beteiligung, Hamburg, S. 47-66.

Wiesenthal, Helmut (1995): Konventionelles und unkonventionelles Organisationslernen. Literaturreport und Ergänzungsvorschlag. In: Zeitschrift für Soziologie, 24, Heft 2, S. 137-155.

Wohland, Ulrich (1998): Kampagnen gegen Sozialabbau. Erfahrungen – Konzepte – Beispiele. In: Gstöttner-Hofer, Gerhard/Greif, Wolfgang/Kaiser, Erwin/Deutschbauer, Petra (Hrsg.): Mobilisierung und Kampagnenfähigkeit. Impulse für die gewerkschaftliche Interessendurchsetzung, Wien, S. 35-50.

Wohland, Ulrich (2007): Netzwerke, Druck und Öffentlichkeit. Zentrale Elemente erfolgreicher Kampagnen. In: Ver.di (Hrsg.): Die Lidl-Kampagne. Organisierung. Modell. Zukunft, Berlin, S. 45-50.

Zoll, Rainer (2003): Gewerkschaften als lernende Organisationen – was ist eigentlich das Problem? In: Gewerkschaftliche Monatshefte, 54, Heft 5, S. 315-321.

Frank Fischer
# Kritische Policy-Deliberation und transformatives Lernen

Der vorliegende Essay ist in vielerlei Hinsicht ein Nebenprodukt des wissenschaftlichen und studentischen Austausches zwischen den Universitäten Kassel und Rutgers. Dieser wurde ursprünglich zu Beginn der 2000er Jahre von Christoph Scherrer und mir ins Leben gerufen. Ein Ziel dieses Austausches war es, kritische Perspektiven in die postgraduierten Studiengänge beider Universitäten einzuführen, insbesondere in den Feldern Politik und Globalisierung. Seitdem habe ich zahlreiche Seminare in Kassel gelehrt, in denen ich die Möglichkeit hatte, über die Frage nachzudenken, was es bedeutet, »kritisch« zu sein – bezogen auf Politik allgemein, auf die Politikfeldanalyse oder auf das Kasseler Masterprogramm zu Globaler Politischer Ökonomie. Aber auch zu überlegen, wie das in den universitären Lehrplan als kritisches, transformatives Lernen eingebracht werden kann. Die Bedeutung von »kritisch« variiert allerdings je nach theoretischer Orientierung. Ich möchte hier ein Verständnis dessen vorschlagen, was es heißt, kritisch deliberative Policy-Analyse zu betreiben. Diese Perspektive wurde ursprünglich von Jürgen Habermas' Kritischer Theorie beeinflusst, insbesondere seiner Kritik von Wissenschaft und seinen Beiträgen zum kommunikativen Handeln; später auch durch Michel Foucaults Arbeiten zur Diskursanalyse und disziplinierendem ExpertInnenwissen sowie in den letzten Jahren durch Antonio Gramscis Hegemonietheorie.[1] Diese generelle theoretische Orientierung habe ich zum besseren Verständnis der Prozesse des transformativen Lernens im Kontext der *Public Policy Studies* genutzt. Als Resultat der vielen Diskussionen mit Christoph Scherrer habe ich mich dann auch den Fragen des kritischen Lernens zugewandt. Der folgende Text zeichnet die grundlegenden Ideen dieser zwei zusammenhängenden Prozesse nach.

## Die kritische Perspektive

Aufgrund des begrenzten Platzes laufen die folgenden Ausführungen Gefahr, zu sehr zu vereinfachen. Ausgangspunkt ist die Erkenntnis, dass eine kritische Perspektive von einer interpretativen, reflexiven methodologischen Orientierung ausgeht. Zunächst ist herauszuarbeiten, was soziale AkteurInnen denken oder glau-

---

[1] Der Ansatz beruht auf einer überarbeiteten Version von Fischer (2016) und Fischer/Mandell (2009).

ben zu tun, wenn sie politisch oder sozial agieren. Auch die Ziele und Motive, die diesen Aktionen zugrunde liegen, sei es nun bewusst oder unbewusst, müssen herausgearbeitet werden. Das heißt, kritische Analyse beginnt dort, wo versucht wird, zu verstehen, wie die Akteure selbst die Welt sehen und sich erklären. Die oder der Forschende selbst muss sich in den Kontext, die Situationen hineinbegeben und phänomenologisch die »Logik der Situation« verstehen. Über das direkte Befragen der AkteurInnen hinaus – was denken sie, was sie dort genau tun – muss der oder die Untersuchende eigenständig eine ganze Reihe objektiver und subjektiver Daten sammeln, um zu einem interpretativen Verstehen zu gelangen. Bis zu diesem Punkt ist der Prozess des Verstehens ähnlich den methodologischen Anforderungen von qualitativen Analysen, wie sie allgemein in den Sozialwissenschaften durchgeführt werden.

Die kritisch-analytische Perspektive endet hier jedoch nicht. In einem reflexiven Prozess werden diese Aussagen und Handlungen untersucht und mit den ihnen zugeschriebenen sozialen Bedeutungen verglichen. Auch werden die Normen und Werte des theoretischen Rahmens betrachtet, dem sie zugeordnet sind. In diesem Schritt der Analyse werden die Handlungen im Kontext des größeren Bedeutungszusammenhangs, dem sie angehören, beurteilt. Um ein kurzes Beispiel zu geben: Die kritische Analyse versucht, über die konkreten Inhalte eines Verhandlungsprozesses hinaus zu blicken und zu identifizieren, welche Auswirkungen die Ergebnisse auf die langfristige Beschäftigten-Management-Beziehung in kapitalistischen Strukturen sowie auf die Funktionen und Normen haben, in die sie eingebettet sind. Oder ein anderes Beispiel: Die kritische Analyse stellt den verschiedenen Praktiken der Umweltpolitik die Struktur und Logik der »Risikogesellschaft« gegenüber.

Die Frage ist, wie man diesen Ansatz systematischer nutzen kann? Um eine kritische Orientierung zu vermitteln, haben wir eine argumentative Herangehensweise entwickelt (Fischer/Gottweis 2012). Diese Methode wurde in den frühen 1990er Jahren in der *Public Policy*-Forschung und Planung entwickelt; das Hauptziel war die Herausarbeitung der Wirkungsweise von Argumentationen im Prozess der Politikberatung (Fischer/Forester 1993). Hier ist das *Policy*-Argument die Analyseeinheit (verstanden als eine Handlungsweise politischer AkteurInnen im politischen Prozess). Aus diesem Blickwinkel basiert das Argument auf einer komplexen Mischung von empirischen Daten und normativen Interpretationen, die durch einen »argumentativen Strang« zusammengehalten werden (Majone 1989: 63). Wo die herkömmliche Analyse bei der statistischen Auswertung empirischer Daten stehen bleibt, ist das Ziel einer kritischen Politikuntersuchung eine reflexive Betrachtungsweise.

Dies meint nicht nur eine Untersuchung der Probleme und der Entscheidungen, wie mit diesen umgegangen wird, sondern besonders eine Betrachtung der normativen Annahmen, die diesen zugrunde liegen. Es ist das Ziel dieser kritischen Analyse, die ganze Bandbreite der Grundlagen des argumentativen Strangs herauszuarbeiten und aufzudecken. Dies beinhaltet »die empirischen Daten, die normativen Annahmen, die unser Verständnis der sozialen Welt formen, die interpretativen Entscheidungen, die im Prozess der Datenauswahl involviert sind, die spezifischen Umstände des situativen Kontextes (in dem die Untersuchungsergebnisse entstanden sind oder die Annahmen angewandt wurden) und die besonderen Schlussfolgerungen« (Fischer 2003: 191).

Es gilt sich klar zu machen, dass die empirische Dimension selten ignoriert wird. Eine empirische Untersuchung ist allerdings eingebunden in den normativen Rahmen, der die Bedeutung der Ergebnisse liefert. Über die empirischen Gegebenheiten hinaus hängt die Akzeptanz von *Policy*-Entscheidungen in einer solchen Analyse von der Vielzahl von Querverbindungen ab, inklusive unbewusste Annahmen, die sich einer einfachen Untersuchung entziehen. Auch wenn es häufig der Fall ist, dass die empirische Forschung ihre Herangehensweise als die gründlichere, und somit den weniger empirischen, eher normativ basierten Forschungsansätzen als überlegen ansieht, macht der kritische Ansatz die Aufgabe komplexer und auch fordernder. Die oder der *Policy*-Forschende »sammelt noch immer Daten, aber hat nun auch die Aufgabe, diese zu kontextualisieren bzw. sie in dem interpretativen Rahmen zu verorten, der ihnen Bedeutung verleiht« (Fischer 2003: 191). In meinem Buch *Evaluating Public Policy* (1995) habe ich ein multi-methodologisches Untersuchungsdesign entwickelt, welches diese verschiedenen Ebenen der Analyse integriert und anhand von konkreten Fallbeispielen darstellt. Ausgehend von Stephen Toulmins (1958) informeller Logik der Argumentation bietet der Ansatz eine Vier-Ebenen-Logik von miteinander zusammenhängenden Diskursen. Dieser verschiebt die Beurteilung von konkreten Fragen bezüglich der programmatischen Effektivität oder Effizienz über die interpretativen Bereiche, die für den relevanten situativen Kontext eines Programms gelten, hin zu einer Einschätzung der programmatischen Implikationen für das normative gesellschaftliche Arrangement und der Wertorientierungen, die einer bestimmten Lebensgestaltung zugrunde liegen. Das heißt: Diese Beurteilungen reichen von der Frage, ob die programmatischen Ziele einer *Policy* effektiv sind, ob sie relevant sind für die spezifische Situation, auf die sie angewendet werden, wie sie in Prozesse und Strukturen des bestehenden gesellschaftlichen Systems hineinpassen und zu diesen beitragen, bis zu einer Kritik dieses Systems mit Bezug auf die grundlegenden normativen Werte und Ideale, die es unterstützen oder nicht unterstützen (Fischer 1995; 2003).

Es ist dieses zusätzliche Set von Reflexionsprozessen – kontext-, gesellschafts- und wertekritisch –, worauf die kritische Politikanalyse basiert. Es ist nicht immer notwendig, all diese Aspekte in einer Analyse explizit zu bearbeiten, allerdings sollte der oder die Untersuchende aufmerksam sein und entscheidende Knackpunkte wahrnehmen, wenn sich anhand der zu untersuchenden Subjekte und Objekte solcherart Fragen mehr oder weniger von selbst aufdrängen.

Wenn das bedeutet, kritisch zu sein, ertönt oft die Frage: Warum kritisch? Und diese Frage wird nicht nur von den Studierenden aufgeworfen, sondern immer wieder auch durch Lehrende. Die wichtige Antwort zu dieser Frage hat mit gesellschaftlichem Wandel zu tun: Wenn wir Wandel verstehen und erklären wollen, ist der kritische Ansatz absolut notwendig. Wir müssen uns daran erinnern, dass Gesellschaft – verstanden als System von Macht und Herrschaft und sozialer und politischer Auseinandersetzungen – einem kontinuierlichen Wandel unterliegt. Gesellschaft ist immer »im Werden«, so Karl Mannheim bereits 1936. Auch wenn man es nicht unmittelbar beobachten kann (sondern eher über längere Zeiträume), sind die Objekte und Ereignisse einer Untersuchung niemals fixiert. Das bedeutet, sie können nicht als feste Variablen einer positivistischen Analyse verstanden werden. Zum Beispiel wurde der »Neger« zum »Schwarzen Mann« und dann zum »Afro-Amerikaner«. Die sich verändernde Sprache reflektiert sich verändernde gesellschaftliche Verhältnisse. In anderen Worten: Die gesellschaftlichen Bedeutungen, die eine Person definieren, rufen eine Veränderung hervor – sowohl im Selbstverständnis der Person als auch im Verständnis dieser Person durch Andere. Gesellschaftlicher Wandel ist dann prinzipiell ein Kampf um die Legitimität und die Macht solcher Bedeutungen.

Politische Herrschaft hat, wie bereits von Gramsci ausgeführt, genauso viel mit der Kontrolle und dem Management solcher ideologischer Bedeutungen zu tun wie mit der Anwendung von Gewalt. In seinem Ansinnen, die stark materialistische Orientierung des Historischen Materialismus zu korrigieren, wies er darauf hin, dass diese ideologischen Bedeutungen und die sich dahinter befindenden rhetorischen Strategien über eine reine Widerspiegelung der ökonomischen Bedingungen hinausgehen. Denn auch wenn begriffliche Konzepte durch die materielle Welt geprägt sind, ist diese nicht allein determinierend. Geschichte zu verstehen, heißt sich zu vergegenwärtigen, dass es auch eine politische Auseinandersetzung, einen politischen Kampf über die Bedeutung der »objektiven« Ereignisse der materiellen Welt gibt. In diesem Zusammenhang hat Gramsci ein wichtiges Element der kritischen Orientierung ausgearbeitet: die Berücksichtigung der Bedeutung von ideologisch aufgeladenen kommunikativen Prozessen. Voraussetzung ist ein Verständnis der Prozesse, durch die die herrschende Klasse versucht, die intersubjektiven Verständnisse sozialer und politischer Bedeutungen, die in das vorherrschende ideologische System eingebettet sind, zu kontrollieren. Dies geschieht sowohl durch Sozialisation als auch durch politische Argumentation. Und speziell für den hier vorliegenden Zweck würden wir ergänzen, dass *Policy*-AnalytikerInnen als Beispiel gelten können für »organische Intellektuelle«, die daran arbeiten, diese Bedeutungen zu beobachten und zu beeinflussen.

Christoph Scherrers Texte zur aktuellen globalen Finanzkrise sind erstklassige Ausarbeitungen dieser Gramscianischen Herangehensweise (1999, 2009, 2011, 2013, 2014a, 2014b; Jessop/Young/Scherrer 2014). Einer dieser Texte im Besonderen (Scherrer 2014a) analysiert die neoliberalen Ursachen und Folgen der Krise. Scherrer sieht den Neoliberalismus als polit-ökonomisches Projekt und fragt sich, warum es in Anbetracht der negativen sozio-ökonomischen Konsequenzen für große Teile der Bevölkerung in der EU bislang keine Revolte gegen dieses System gegeben hat. Es geht also um die Frage, warum sich der Neoliberalismus als widerständiger erwiesen hat, als viele seiner KritikerInnen prognostizierten? Während die meisten WissenschaftlerInnen die ideologischen Grundsätze des Neoliberalismus, dessen Institutionalisierung, die Austeritätspolitiken oder die Deregulierung und Privatisierung der Produkt- und Arbeitsmärkte untersuchen, hat Christoph Scherrer gezeigt, dass – auch wenn all diese Untersuchungen wichtig sind – es gleichzeitig notwendig ist, das gesellschaftliche Gefüge des täglichen Lebens im Neoliberalismus zu analysieren. Er beschreibt und untersucht, in Gramscis Worten, inwiefern der passive Konsens der durchschnittlichen Bevölkerung, einschließlich der Lohnabhängigen, heutzutage von diesem System des Neoliberalismus abhängt. So ist z.B., wie Scherrer ausführt, »ein immer größerer Teil der Bevölkerung abhängig von den Kapitalmärkten, um im Ruhestand eine Rente zu bekommen« (ebd.: 349). Darüber hinaus sind »viele an das Finanzsystem gebunden, da sie SchuldnerInnen sind« (ebd.). Als Konsequenz »überschneiden sich die Interessen vieler Menschen mit denen des Finanzkapitals« (ebd.), da sie auch von niedrigen Zinsen und steigenden Aktienkursen profitieren. »Segmented labor markets and the ›split identities of workers‹ (Boyer 2010) as wage earners, consumers, pension fund holders and real estate speculators have led to acquiescence with the leadership of finance capital.« (ebd.) Um dies zu verstehen, ist es notwendig, die weniger sichtbaren, auch widersprüchlichen Annahmen zu untersuchen, die das alltägliche Denken der Menschen im neoliberalen System formen. Ausgehend von dieser Gramscianischen Perspektive können wir anfangen zu erkennen, inwiefern die subjektive Untermauerung des Klassenbewusstseins dialektisch zusammenwirkt mit den eher objektiven Strukturen, Prozessen und Politiken der neoliberalen Ökonomie.

In diesem Kontext plädiert Scherrer für ein klassensensibles Verständnis, welches den üblichen Fokus auf ideologische Prinzipien, Austerität oder Institutionalisierung überwindet.

Hegemonietheoretische Arbeiten in der Tradition Gramscis können »zusätzliches Licht auf das Sich-Fügen der allgemeinen Bevölkerung werfen« (ebd.: 351).

Weiterhin ist auch zu berücksichtigen, dass solche Bedeutungen, auch wenn sie zu einem bestimmten Zeitpunkt relativ beständig erscheinen, weder fixiert noch gegeben sind. Das soziale Terrain verändert sich ständig, auch wenn das Verständnis, welches sozialen Strukturen zugesprochen wurde, weiter Bestand hat, obwohl diese ihre ursprüngliche Bedeutung und ihren Zweck möglicherweise verloren haben. Das Verständnis besteht weiter, um Dinge zu organisieren, die nicht mehr das sind, was sie waren, als die Strukturen und damit zusammenhängende Praktiken entstanden sind. Manchmal ist diese Zuschreibung Resultat politischer Herrschaft, manchmal ergibt sie sich aus bürokratischer Starrheit. Und manchmal beides zugleich. Wir müssen daher in einem reflexiven Prozess die Spannungen und Konflikte herausarbeiten, die zwischen den bestehenden Strukturen und den dahinter liegenden sozialen, politischen und kulturellen Annahmen liegen. Davon auszugehen, dass man diese Annahmen als gegeben betrachten kann, wie es die positivistische Wissenschaft häufig macht, bedeutet, dass wir zu einem späteren Zeitpunkt die Tatsache, dass alle Institutionen und Strukturen eine selbsterhaltende ideologische Rolle einnehmen, vernachlässigen oder gar ignorieren.

Die Aufgabe einer kritischen Wissenschaft ist es dann, aufmerksam zu sein gegenüber diesen unterschwelligen sozialen Veränderungen, um sie diskursiv herauszuarbeiten und ihre Bedeutung durch Prozesse kritischen Reflektierens und Argumentierens zu interpretieren. In Bezug auf die Praxis der Politikwissenschaften haben wir die Aufgabe, regelmäßig die Vorannahmen zu überprüfen, die den relevanten Handlungen zugrunde liegen. Wie z.B. verhalten sich die Annahmen, denen Kosten-Nutzen-Analysen oder *Rational Choice* zugrunde liegen, zu den realen Handlungen? Wie werden sie Teil der diskursiven Strukturen politischer Institutionen? Wer profitiert von diesen Annahmen und warum? Und wir müssen fragen: Warum gewinnen diese Praktiken sogar noch an Stärke, obwohl ihre Anwendung immer problematischer zu werden scheint?

Arbeiten solcherart reflektieren die grundlegenden Aufgaben kritischer Politikanalyse. Die Zeitschrift *Critical Policy Studies* (deren Editorial Board Christoph Scherrer angehört) und die *Interpretive Policy Analysis*-Konferenzen (von denen eine durch ihn an der Universität Kassel ausgerichtet wurde) sind in den vergangenen Jahren wichtige intellektuelle Orte geworden, um sich für diese Aufgabe einzusetzen. Nur wenn wir den kritischen Ansatz lebendig halten, können wir für eine sozial gerechtere und demokratische Gesellschaft kämpfen. Um dieses zu erreichen, ist ein nächster wichtiger Schritt, diese kritische Ausrichtung der Forschung in die Lehre zu übertragen. Wie kann sie zu Prozessen des transformativen Lernens beitragen?

## Transformatives Lernen und soziale Bedeutung: Berücksichtigung mannigfaltiger Realitäten

Transformatives Lernen beginnt, wie auch eine kritische Politikberatung, mit einer konstruktivistischen Ontologie, welche menschliche Erfahrung als verwoben mit einem nicht-materiellen kulturellen, sozialen und persönlichen Bereich des Denkens und Bedeutens versteht. Dies beginnt mit der Erkenntnis, dass Menschen in eine bestehende Welt sozialer Bedeutungen geboren werden, die als gegeben betrachtet werden. Im Prozess der Sozialisation werden diese herrschenden Bedeutungen von den BürgerInnen und Lernenden als feststehende Realitäten wahrgenommen und so behandelt. Viele der Vorstellungen und gesellschaftlichen Bedeutungen, auf denen die soziale Welt der Menschen gebaut ist, sind schwer zu erkennen, eben auch dadurch, dass sie eingelassen sind in das Alltagshandeln und als mehr oder weniger natürlich akzeptiert werden. Dadurch, dass die eigene Wahrnehmung der Realität als selbstverständlich angesehen wird, werden die vielen anderen Realitäten, die in einer Gesellschaft existieren, vernachlässigt oder gar ignoriert, z.B. solche von Menschen anderen Glaubens, anderer sozialer Hintergründe oder Erfahrungen. Manche dieser verschiedenen Realitäten unterscheiden sich nur in kleinen Details, andere wiederum fundamental.

Transformatives Lernen bedeutet, dass die sozialen Welten von Individuen und ihren Gruppen sich erweitern um neue Gedanken und Erfahrungen. Unterstützt durch die Existenz vieler widerstreitender sozialer Bedeutungen entwickeln sich die sozialen Welten kontinuierlich weiter durch Reflexion, Kommunikation und die Handlungen, die sie hervorbringen. Die soziale Welt, die sich im Laufe der Zeit aufgrund des Zusammenwirkens der Wahrnehmungen der Menschen mit ihrer sozialen Umwelt wandelt, ist eine interpretative Verknüpfung sozialer Erinnerungen, Wahrnehmungen und Erwartungen, die alle ein Ergebnis des subjektiven Verständnisses und der Erfahrungen des Sozialen und des Physischen sind.

Gesellschaftliche Handlung basiert somit auf gesellschaftlichen Bedeutungen – geformt durch Intentionen, Motivationen, Ziele, Zwecke und Werte. Sie ist konstruiert durch Sprache – und ihre Analyse hat somit mehr gemein mit Geschichts- und Literaturwissenschaften als mit Technik- oder Naturwissenschaften. Anstatt Begründungen durch formale Logik oder empirische Experimente zu suchen, erfordert die Untersuchung gesellschaftlicher Handlungen vielmehr den Gebrauch metaphorischer Prozesse, welche die vielfältigen Erfahrungen, basierend auf wahrgenommenen Gemeinsamkeiten, zusammenbringen und verbinden. Die Bedeutung einer gesellschaftlichen Erfahrung wird beim transformativen Lernen durch eine Untersuchung von deren Beziehung zu größeren Zusammenhängen, deren Teil sie ist, beurteilt, egal ob es sich dabei um eine spezifische Situation, ein soziales System oder eine Ideologie handelt.

Sich von der kritischen Deliberation zum transformativen Lernen zu bewegen heißt, den Prozess des Untersuchens und Beurteilens gesellschaftlicher Bedeutung durch narrative Verständigungsprozesse zu erweitern (Freire 1973; Mezirow 2000). Solch ein Lernen umfasst »sich kritisch der eigenen impliziten Annahmen und Erwartungen und der von anderen bewusst zu werden und ihre Relevanz für das Interpretieren fortlaufender gesellschaftlicher Narrative einzuschätzen – sowohl des eigenen, als auch das der Anderen« (Mezirow 2000: 4). Diesbezüglich beinhaltet transformatives Lernen ein konstruktivistisches Verständnis von handlungsorientiertem Wissen und sozialer Bedeutung.

Dieser Ansatz kann verstanden werden anhand von Paulo Freires Kritik am »Aufschüttungs-Modell« (*banking model*) des Lernens. In diesem Modell füllen die LehrerInnen die Köpfe der Schülerinnen und Schüler und Studierenden (verstanden als leere Gefäße) mit Inhalten, ausgearbeitet aus Expertenwissen. Studierende werden als passiv konzipiert, sie machen sich Notizen und würgen die wichtigsten Punkte in Prüfungen wieder hervor. Im Gegensatz dazu steht das transformative Lernen: Studierende und Lehrende arbeiten zusammen, um Wissen über und Verständnis von der sozialen Welt zu erzeugen, welches dann wiederum genutzt werden kann, um neue Handlungsweisen zu entwickeln, die ihren eigenen Zielen und Interessen entsprechen. Lehrende und Studierende kooperieren, um Wissen in dem sozio-kulturellen Umfeld, in dem es geschaffen wurde, sichtbar zu machen und es zu bestätigen. Eine Behauptung wird akzeptiert oder abgelehnt als Ergebnis von Beratungen, welche auf relevante Diskurse zurückgreifen. Die Teilnehmenden verhandeln die Bedeutungen, die mit den Informationen, Objekten, Symbolen, Ereignissen und Geschichten verbunden sind. Sie formen gesellschaftliche Bedeutung in deliberativen Prozessen der Wissensentdeckung.

Nach Mezirow (2000) basiert transformatives Lernen auf der Unterscheidung zwischen Bedeutungsschemata und Bedeutungsperspektiven. Bedeutungsschemata sind konkretere Auffassungen, die aus Bedeutungsperspektiven hervorgehen. Sie konzentrieren sich auf spezifische Überzeugungen, Meinungen und emotionale Rückkopplungen und können eher überdacht und korrigiert werden. Lernen auf der Ebene der Bedeutungsschemata bewertet besondere Überzeugungen, Normen und Werte in Bezug auf die konkrete Handlungsebene. Sie werden untersucht im Hinblick auf ihre Auswirkungen für die Gesellschaft im Allgemeinen, insbesondere welche Lebensgestaltung sie ihren Mitgliedern ermöglicht. In diesem Prozess werden auch die Annahmen, die normalerweise als gegeben vorausgesetzt werden, herausgearbeitet und infrage gestellt.

Im Gegensatz dazu sind die Bedeutungsperspektiven ein breiterer interpretativer Rahmen, die dem Individuum eine Orientierung zum Verständnis von Ereignissen, Gegenständen und Vorstellungen der Gesellschaft geben. Ähnlich wie Ideologien liefern sie Grundannahmen und Grundverständnisse davon, wie eine Gesellschaft funktioniert bzw. funktionieren sollte. Die Beschäftigung mit den Bedeutungsperspektiven erfordert ein höheres Maß an Selbstreflexion als das alltägliche Leben. Die Transformation einer Bedeutungsperspektive beinhaltet ein kritisches Bewusstsein dafür zu bekommen, warum und wie sich Annahmen geformt haben und wo ihre Grenzen liegen im Hinblick auf die Art und Weise unsere Welt wahrzunehmen, zu erzählen und zu fühlen. Dies bedingt eine Neuorientierung habitueller Erwartungen, um eine inklusivere und integrativere Debatte zu ermöglichen, welche die Grundlage für Verstehen und Handlung ist. Oftmals bedarf es dazu der kritischen Reflexion von »verzerrten« Vorannahmen, welche die narrativen Verständnisse und die Argumente, die daraus gezogen werden, stützen. In Anbetracht des Eingebettetseins solcher Bedeutungsperspektiven im Innersten der eigenen Identität erzeugen solche Reflexionsprozesse üblicherweise bedeutenden Widerstand, oftmals tief empfundenen emotionalen Widerstand.

Besonders hilfreich ist die von Wildemeersch und Leirman (1988) entwickelte Konzeption dieses Prozesses. Beide betonen die Bedeutung der Veränderung in Richtung Reflexivität durch deliberative Interventionen, welche sich an den Erfahrungen und Fähigkeiten der Lernenden orientieren. Hierzu sprechen sie von drei Phasen im Prozess der Transformation: Die erste Phase ist der »narrative Dialog«, der die Erzählung einer Geschichte beinhaltet und der Handlungen so beschreibt, dass der ansonsten selbstverständliche Charakter der gesellschaftlichen Lebenswelt sichergestellt wird durch das Bestätigen einer objektiven und einer subjektiven Sicht auf die Wirklichkeit. Bestimmte Handlungen erscheinen damit als normal und richtig. Dieser narrative Dialog orientiert sich an der erfahrenen Welt, welche die meisten AkteurInnen in der Regel als gegeben und selbstverständlich annehmen. In dieser Welt kann es jedoch zu einer intellektuellen oder emotionalen Besorgnis kommen, durch die scheinbar gesicherte Tatsachen unsicher werden. Neue Ideen werden in diesem Prozess eher als potenzielle Bedrohungen denn als willkommene Möglichkeiten gesehen.

Die zweite Phase beinhaltet eine bedrohliche Konfrontation der sozialen Welt des Einzelnen oder der Gruppe. Im transformativen Lernen wird dies als »Dilemma« bezeichnet und steht im Mittelpunkt der Untersuchung. Die Beratungsaufgabe liegt nun darin, die Widersprüche in der Erzählung aufzudecken, welche in Bezug zum Angst erzeugenden Dilemma stehen. Der Konflikt wird nun als Produkt eines verwirrenden Widerspruchs oder Dilemma erkannt. An dieser Stelle findet eine »transactional conversation« (dt. in etwa »übertragende Konversation«) statt, welche einen deliberativ-analytischen Dialog über Beweise und Argumente beinhaltet, der alternative und kollidierende Standpunkte integriert.

In der dritten Phase wird ein kritischer Diskurs eingeführt, der sich bewusst auf die Beziehung zwischen dem Dilemma von Personen oder Gruppen und ähnlichen Themen an anderen Orten und Möglichkeiten konzentriert. In dieser Phase transformativer Entwicklung konfrontiert sich der oder die Lernende mit diesen Problemen und Konflikten und nimmt sie im Zusammenhang mit den größeren gesellschaftlichen Rahmenbedingungen wahr, von denen er oder sie selbst ein Teil ist. Hier entwickelt der oder die Lernende reflektierende Fähigkeiten, um unterschiedliche und oft konkurrierende Perspektiven aus verschiedenen theoretischen Ansätzen zu identifizieren und zu interpretieren. Dies eröffnet die Möglichkeit, dass die Teilnehmenden einen Einblick in die unterbrochene Situation erlangen, der dazu beitragen kann, eine neue Einstellung oder sogar Weltsicht und eine Erzählung zu entwickeln, welche diese Perspektive unterstützt. Das beinhaltet einen überarbeiteten narrativen Dialogprozess, in dem ungeordnete Überzeugungen beginnen, Sinn zu ergeben. Das Ergebnis ist eine neue Erzählung, welche besser in der Lage ist, zu erklären, wie es zu der problematischen Situation gekommen ist und wie mit der Situation umgegangen werden kann.

Dieser Prozess findet auf der Ebene des individuellen Lernenden oder der Gruppe statt. Die drei Phasen des transformierenden Lernens können aber auch im Rahmen eines Bildungsprozesses eingesetzt werden, um zu zeigen, wie eine Gesellschaft angesichts sozialer oder wirtschaftlicher Dilemmata ein neues Narrativ findet. Die globale Finanzkrise ist eines der besten und aktuellen Beispiele hierfür, was die Publikationen von Christoph Scherrer anschaulich demonstrieren. Zuerst gab es in den letzten zwei Jahrzehnten die neoliberale Erzählung von dauerhaftem Wirtschaftswachstum und Wohlstand für alle. Einige sprachen von einem neuen politisch-ökonomischen Konsens. Er wurde sogar als »Ende der Geschichte«, so wie wir sie kannten, bezeichnet. Dies verweist auf den vorhergesagten Erfolg dieser neuen neoliberalen politisch-ökonomischen Konfiguration. Die zweite Phase wurde im Jahr 2008 von der fast weltweiten Finanzkrise ausgelöst, die die Ersparnisse von unzähligen Millionen vernichtete und drohte, in eine umfassende globale Depression zu versinken. Als Reaktion darauf kam die dominante neoliberale Erzählung in die Kritik. Rund um die Diskussion dieses Angst erzeugenden Zusammenbruchs gab es ein breit gefächertes Feld von Argumenten, die versuchten zu erklären, was geschehen war. Einige verwiesen auf die Vorhersagen von Marx, dass aus Systemwidersprüchen eben Wirtschaftskrisen folgen. Andere haben versucht, Befürchtungen und Ängste zu beschwichtigen, indem sie das Argument aufrechterhielten, dass der Zusammenbruch nur die Folge einer kleinen Anzahl von unverantwortlichen Bankern war. Heute ist die dritte Phase eingetreten. Wir können einen großen Teil der Politik auf der ganzen Welt als Versuch interpretieren, eine legitime und neue Erzählung zu präsentieren, welche die Krise nicht nur erklärt, sondern auch einen neuen Weg weist. Es ist ein ideologischer Kampf, den Populisten, Apologeten des Mainstreams und progressive Bewegungen führen. Einige fordern eine neue globale politische Wirtschaftsordnung, die auf sozialer und wirtschaftlicher Gerechtigkeit beruht. Andere argumentieren, dass eine neue Regulierung für die Wirtschaft genügt, und wieder andere fordern den Rückzug aus der Globalisierung. Es ist zu früh, eine überarbeitete Erzählung zu bestimmen, die als Grundlage einer neuen herrschenden Ideologie entsteht. Die Analyse der politischen Suche nach einer gesellschaftlichen Erzählung liefert ständige Arbeit für wissenschaftliche Projekte, die sich mit der Politik der Globalisierung beschäftigen. Das kritisch orientierte Programm in Kassel leistet diesbezüglich weiterhin einen erstklassigen Beitrag.

## Schlussfolgerung

In der Welt, in der wir leben, gibt es sowohl zu wenig kritische Aufklärung als auch zu wenig transformatives Lernen. Hierfür gibt es zahlreiche Gründe, aber sicher ist ein Hauptverdächtiger das moderne Bildungssystem mit seinem engen Fokus auf rein instrumentelle berufsorientierte Ausbildung. Studierende übernehmen daher ein stark verkürztes Verständnis der Welt, in der sie leben. Mit gramscianischen Begriffen kann man sagen, dass sie mehr oder weniger in dominanten Überzeugung sozialisiert sind und wenig Verständnis davon haben, wie sie von Eliten mit der Absicht zur gesellschaftlichen Konformität getrieben werden. Für alle, die gegenwärtig versuchen, soziale Strukturen und Prozesse zu verändern, ist es eine wichtige Aufgabe, kritische Bildung als Kernbereich für eine Veränderungsstrategie zu sehen. Das ist eine große Aufgabe, aber wir müssen so gut wir können weitermachen, auch wenn wir nur erreichen sollten, dass der Funke des kritischen Denkens am Leben bleibt. Christoph Scherrer hat sich an der Universität Kassel mit der kritischen Perspektive auf Globalisierung und Politische Ökonomie dieser Aufgabe gestellt. Das Studienprogramm bietet nicht nur einen kritischen und theoretischen Ansatz, sondern ist zugleich im Kern gesellschaftsverändernder politischer Bildung verpflichtet. Es ist mir eine Ehre, dass ich einen kleinen Teil zu diesen Bildungszielen beitragen konnte und kann.

## Literatur

Boyer, Robert (2010): The collapse of finance but labour remains weak. In: Socio-economic review, 8, S. 348-353.

Fischer, Frank (1995): Evaluating Public Policy, Chicago.

Fischer, Frank (2003): Reframing Public Policy: Discursive Politics and Deliberative Practices, Oxford.

Fischer, Frank (2016): What is Critical? In: Critical Policy Studies, 10, Heft, S. 95-98.

Fischer, Frank/Forester, John (Hrsg.) (1993): The Argumentative Turn in Policy Analysis and Planning, Durham.

Fischer, Frank/Gottweis, Herbert (Hrsg.) (2012): The Argumentative Turn Revisited: Public Policy as Communicative Practice, Durham.

Fischer, Frank/Mandell, Alan (2009): Transformative Learning through Deliberation: Social Assumptions and the Tacit Dimension. In: Fischer, Frank (Hrsg.): Democracy and Expertise: Reorienting Policy Inquiry, Oxford, S. 214-244.

Freire, Paulo (1973): Pädagogik der Unterdrückten. Bildung als Praxis der Freiheit, Reinbek bei Hamburg.

Gramsci, Antonio (1971): Selections from the Prison Notebooks, New York; deutsche Ausgabe: Antonio Gramsci, Gefängnishefte, Hamburg 1991ff.

Jessop, Bob/Young, Brigitte/Scherrer, Christoph (Hrsg.) (2014): Financial Cultures and Crisis Dynamics, Oxford.

Majone, Giandomenico (1989): Evidenced, Argument, and Persuasion in the Policy Process, New Haven.

Mannheim, Karl (1936): Ideology and Utopian, New York.

Mezirow, Jack and Associates (2000): Learning as Transformation: Critical Perspective on a Theory in Progress, San Francisco.

Scherrer, Christoph (1999): Globalisierung wider Willen? Die Durchsetzung liberaler Außenwirtschaftspolitik in den USA, Berlin.

Scherrer, Christoph (2009): Das Finanzkapital verteidigt seinen Platz in der weltwirtschaftlichen Ordnung. In: Zeitschrift für Internationale Beziehungen, 16, Heft 2, S. 335-349.

Scherrer, Christoph (2011): Reproducing Hegemony: US Finance Capital and the 2008 Crisis. In: Critical Policy Studies, 5, Heft 3, S. 219-247.

Scherrer, Christoph (2013): Die Post-hegemoniale USA? In: Zeitschrift für Außen- und Sicherheitspolitik, 6, Heft 1, S. 89-107.

Scherrer, Christoph (2014a): Neoliberalism's Resilience: a Matter of Class. In: Critical Policy Studies, 8, Heft 3, S. 348-351.

Scherrer, Christoph (2014b): Öffentliche Banken im Sog der Finanzialisierung. In: Heires, Marcel/Nölke, Andreas (Hrsg.): Politische Ökonomie der Finanzialisierung, Wiesbaden.

Toulmin, Stephen E. (1958): The Uses of Argument, Cambridge.

Wildemeersch, Danny/Leirman, Walter (1988): The Facilitation of the Life-World Transformation. In: Adult Education Quarterly, 39, S. 19-30.

Gülay Çağlar
# Zwischen Kritik und Kooptation
Feministisches Wissen zur Gestaltung der Weltwirtschaft

Während mit dem Bologna Prozess, neben einigen anderen gesellschaftlichen Faktoren und inneruniversitären Entwicklungen, auf die hier nicht näher eingegangen werden kann, viele Räume der kritischen Wissensaneignung an Hochschulen kleiner wurden, nutzte Christoph Scherrer »Bologna« produktiv für die Institutionalisierung kritischer Lehre und darauf aufbauend auch für die Forschung: Im Jahre 2003 startete der Masterstudiengang *Global Political Economy*, gefolgt vom Masterstudiengang *Labour Policies and Globalization* 2004 und dem Promotionskolleg *Global Social Policies and Governance* im Jahr 2007. In diesen Programmen fordern Christoph Scherrer und KollegInnen eine ernsthafte Auseinandersetzung mit dem Mainstream der Internationalen Politischen Ökonomie (IPÖ). Heterodoxe – also etwa neo-gramscianische, marxistische, feministische oder poststrukturalistische – Ansätze werden gelehrt und das kollegiale Klima gibt wichtige theoretische und methodische Impulse für die Fortentwicklung der kritischen IPÖ. In Zeiten, in denen vornehmlich orthodoxe Lehren—rationalistische, dem methodologischen Individualismus verschriebene Ansätze—im Zentrum der polit-ökonomischen Lehrpläne stehen, ist die Universität Kassel wie eine Halbinsel der pluralistischen und kritischen Wissensproduktion und -vermittlung. Solche Halbinseln sind von großer Bedeutung und zwar nicht nur für die Entstehung neuer theoretischer Denkrichtungen und die Sozialisation jüngerer WissenschaftlerInnen, sondern darüber hinaus auch für die Herausbildung kritischer Expertise in (internationalen) politischen und gesellschaftlichen Institutionen. Und Letzteres – so habe ich Christoph Scherrer immer verstanden – ist eine zentrale Voraussetzung für institutionellen und politischen Wandel.

Für die feministische Theoriebildung in der IPÖ haben solche Orte der kritischen Wissensproduktion in den Politikwissenschaften sowie in den Wirtschaftswissenschaften Räume für feministische Lehre, Forschung und politische Vernetzung geschaffen. Die feministische Ökonomiekritik hätte sich ohne diese Orte des epistemischen Widerstandes nicht »reproduzieren« und institutionalisieren können. Dazu gehören in den USA beispielsweise die *University of Utah* oder *University of Massachusetts*, die marxistische, post-keynesianische, feministische oder poststrukturalistische Ökonominnen und Ökonomen unter ihrem Dach versammeln und eine Alternative zum neoklassischen Kanon innerhalb der Disziplin bieten. In meiner Dissertation, die von Christoph Scherrer betreut wurde, habe ich mich mit einer Gruppe feministischer Ökonominnen auseinandergesetzt, die Gender als Strukturkategorie systematisch in makroökonomische Theorien und Modelle integrieren. Diese Gruppe hat sich Mitte der 1990er Jahre zu einem Wissensnetzwerk namens *International Working Group on Gender, Macroeconomics and International Economics* zusammengeschlossen, zum einen mit der Zielsetzung, einen Raum für die feministische Theoriebildung in der Makroökonomik zu bieten (vor allem für den wissenschaftlichen Nachwuchs), und zum anderen, um Gender-Expertise im Feld der internationalen Wirtschafts- und Handelspolitik zur Verfügung zu stellen und die Agenda internationaler Organisationen zu beeinflussen. Sichtbar und einflussreich wurde das Netzwerk vor allem durch das im Jahre 2003 ins Leben gerufene Projekt *Knowledge Networking for Engendering Macroeconomics and International Economics* (vgl. den Beitrag von Brigitte Young), in dem es vor allem auch darum ging, durch *capacity building* in transnationale Frauennetzwerke und internationale Organisationen hineinzuwirken. Als erfolgreich kann dieses Projekt insofern gewertet werden, als Fragen der Geschlechtergerechtigkeit im Kontext makroökonomischer Restrukturierung von internationalen Organisationen, wie beispielsweise der United Nations Development Programme (UNDP) oder auch der Weltbank, thematisiert wurden – wenn auch in sehr unterschiedlicher Weise (siehe dazu Çağlar 2009). Wir schreiben nun das Jahr 2016, haben in der Zwischenzeit eine tiefgreifende und weltumspannende Finanz- und Wirtschaftskrise erlebt und beobachten, dass sich weltweit ökonomische und soziale Ungleichheitsverhältnisse zuspitzen (siehe u.a. Gallas/Herr/Hoffer/Scherrer 2015). Zwar fehlt es nicht an feministischen Analysen der Krise (Hozić/True 2016; Montgomery/Young 2010; Young/Bakker/Elson 2011), doch die Krisenbearbeitungsstrategien infolge der Wirtschaftskrise waren weit davon entfernt, Fragen der Geschlechtergerechtigkeit und die soziale Reproduktionsarbeit als zentralen Bestandteil der Volkswirtschaft systematisch zu berücksichtigen. Auch innerhalb internationaler Organisationen scheint das Sujet Gender und Makroökonomie in Vergessenheit geraten. Was ist passiert? Ist die zunächst in Aufwind und nun in Vergessenheit geratene feministische Ökonomiekritik passé? Wie ist der Einfluss der feministischen Ökonomie vor dem Hintergrund der aktuellen Entwicklungen zu beurteilen?

**Feminismus und Verteilungsfragen**

Mit dem Slogan »das Private ist politisch« setzte sich die Neue Frauenbewegung in den 1960er- und 70er Jahren für die Überwindung patriarchaler und kapitalistischer Herrschaftsverhältnisse ein. Politisiert wurden das konservativ-patriarchale Weiblichkeitsideal, die sexuelle Unterdrückung von Frauen, die häusliche Gewalt gegen Frauen sowie die unbezahlte Haus- und Reproduktionsarbeit als Ausdruck patriarchaler Herrschaft und kapitalistischer Ausbeutung (siehe z.B. Holland-Cunz 2003). Die Institutionalisierung feministischer Politik, sei es durch gezielte Frauenförderpolitik, Gleichstellungspolitik oder durch Gender-Mainstreaming, ging mit einem gesellschaftlichen Kulturwandel einher, der die Akzeptanz feministischer Gleichberechtigungsideale ermöglichte. Die Umsetzung bzw. Realisierung der Gleichberechtigungsziele bleibt jedoch, wie wir wissen, in vielen gesellschaftlichen Institutionen nach wie vor aus. Nancy Fraser (2009) problematisiert allerdings diese Darstellung – und zwar die »Erzählung«, dass eine Diskrepanz zwischen Akzeptanz der Gleichberechtigungsziele einerseits und das Scheitern institutionellen Wandels andererseits bestehe. Diese Erzählung suggeriere nämlich, dass der institutionelle Wandel lediglich mit dem kulturellen Wandel gleichziehen müsse. Fraser lenkt die Aufmerksamkeit dagegen viel grundsätzlicher auf die inneren Widersprüche und Probleme im (anglo-amerikanischen) Feminismus. Sie geht hart ins Gericht mit der Neuen Frauenbewegung, der sie vorwirft, durch die Beförderung des kulturellen Wandels den neoliberalen Umbau der kapitalistischen Gesellschaft zugelassen oder gar legitimiert zu haben (ebd.: 44). Dies sei – so ihre zugespitzte These – Resultat einer zunehmend nachlassenden kapitalismuskritischen Haltung in der feministischen Theorie und Praxis. Die Neue Frauenbewegung habe zwar durchaus die ökonomistische, androzentristische und etatistische Ausrichtung des staatlich organisierten Kapitalismus kritisiert. Doch sie habe zugleich ein Emanzipationsprojekt verfolgt, in dem ungebrochen von der Notwendigkeit starker politischer Institutionen ausgegangen worden sei, »um das Wirtschaftsleben in den Dienst der Gerechtigkeit zu stellen« (ebd.: 49). Dies hat reformistischen Ansätzen, beispielsweise Frauen als ökonomische Akteurinnen in die Wirtschaft zu integrieren, statt eben diese in ihren Grundsätzen zu ändern, Vorschub geleistet (siehe z.B. Prügl 2014; Wichterich 2007). Die fehlende Kapitalismuskritik führt Fraser auf eine innere Kluft im Feminismus zurück – nämlich die Kluft zwischen polit-ökonomisch und kulturwissenschaftlich orientierten Ansätzen, die sie in ihrem kontrovers diskutierten Artikel »Frauen, denkt ökonomisch!« (Fraser 2005) skizziert (vgl. Soiland 2011). Sie kritisiert den seit den späten 1980er Jahren florierenden *cultural turn* und die Verschiebung der politischen Prioritäten von Fragen der sozialen Ungleichheit hin zu Fragen der kulturellen Differenz und Anerkennung.

Mit der zeitdiagnostischen Analyse von Nancy Fraser stimme ich insofern überein, als in der (deutschsprachigen) Geschlechterforschung, mit einigen Ausnahmen wie etwa den in diesem Band vertretenen Friederike Habermann, Christa Wichterich und Brigitte Young, tatsächlich eine Bevorzugung identitätspolitischer Themen gegenüber polit-ökonomischen Themen und die Vernachlässigung von Fragen der sozialen Ungleichheit und Umverteilung zu beobachten ist. *Gender* wird in den kulturwissenschaftlich geprägten Ansätzen der Geschlechterforschung als Analysekategorie herangezogen, um normative Zuschreibungen von Geschlechtsidentitäten und Subjektivierungsprozesse herauszuarbeiten und letztlich die Norm der Zweigeschlechtlichkeit zu dekonstruieren. Diese eher kulturwissenschaftlich geprägte Analyseperspektive einerseits, die ihr Augenmerk auf die diskursive Herstellung komplexer Geschlechtsidentitäten legt und die polit-ökonomisch geprägte Analyseperspektive andererseits, die strukturell bedingte, materielle Ungleichheitsverhältnisse in den Blick nimmt, schienen sich in den vergangenen Jahren diametral gegenüberzustehen. Diese (binäre) Gegenüberstellung ist jedoch wenig produktiv – sie verbaut den Blick darauf, unter welchen strukturellen und diskursiven *Bedingungen* eine feministische Kritik an der Politischen Ökonomie überhaupt möglich ist. Damit stellt sich die Frage, ob denn die Neue Frauenbewegung durch eine radikale Kritik der Politischen Ökonomie tatsächlich der neoliberalen Vereinnahmung hätte etwas entgegensetzen können. Wie steht es um jene, wie beispielsweise das oben genannte Netzwerk, die das Ziel der Geschlechtergerechtigkeit mit Fragen der sozialen Umverteilung verknüpfen? Oder grundsätzlicher gefragt: Was sind die Bedingungen für eine feministische Praxis von Kritik und politischer Einflussnahme? Welche Handlungsspielräume bestehen für emanzipatorische feministische Kräfte, wie die oben genannte Gruppe feministischer Ökonominnen, um einen wirtschaftspolitischen Wandel zu bewirken und Fragen der Umverteilung zu stärken?

Ich möchte hierbei auf die vier Dimensionen von Macht – strukturelle Macht, Organisationsmacht, institutionelle Macht und diskursive Macht (vgl. Wright 2000; Arbeitskreis Strategic Unionism 2013) – zurückgreifen, die auch Christoph Scherrer (2016) in seiner Analyse von gewerkschaftlicher Organisierung und strategischer Einflussnahme in den Mittelpunkt gestellt hat. Obgleich zwischen Gewerkschaften und transnationalen Frauennetzwerken im Hinblick auf Organisationstypus, Themenspektrum und Reichweite deutliche Unterschiede bestehen, lässt sich die Machtanalyse dennoch gut übertragen: Mit der Organisationsmacht wird die innere (inhaltliche) Geschlossenheit der Frauennetzwerke einerseits und ihre Fähigkeit zu Mobilisierung andererseits in den Blick genommen; mit der institutionellen Macht werden die Zugangsbedingungen in internationalen Institutionen und der Einfluss auf Verfahren und Normen dieser Institutionen betrachtet; mit der diskursiven Macht wird in den Blick genommen, wie durch eine strategische »Rahmung« von Themen Diskurse verändert und neue Themen auf die Agenda gesetzt werden; und schließlich werden mit der strukturellen Macht die polit-ökonomischen Rahmenbedingungen der politischen Einflussnahme berücksichtigt.

## Institutionalisierung, Kooptation oder die Neoliberalisierung des Feminismus?

In den 1980er- und 90er Jahren hat sich, wie eingangs erwähnt, ein transnationales Frauennetzwerk bestehend aus Wissenschaftlerinnen, Aktivistinnen sowie Vertreterinnen aus Regierungsbehörden und internationalen Organisationen zu wirtschafts- und handelspolitischen Themen herausgebildet (Çağlar 2009). Das Wissensnetzwerk *Knowledge Networking for Engendering Macroeconomics and International Economics* war Teil dieser Community, die die negativen Auswirkungen der neoliberalen Restrukturierung in vielen Ländern des globalen Südens anprangerte und für eine geschlechtergerechte Wirtschaftspolitik plädierte. Der Organisationsgrad des Netzwerkes war jedoch gering – weder existierte eine formalisierte Mitgliedschaft noch gab es übergeordnete Gremien mit Planungs- und Kontrollfunktionen. Das Netzwerk bestand vielmehr aus einem Kern heterodox orientierter feministischer Ökonominnen, die sehr gut in internationale Organisationen und in nicht-staatliche Frauenorganisationen hinein vernetzt waren. Dieser geringe Organisationgrad ging zudem einher mit einer inneren »Zerrissenheit« im Hinblick auf die strategische Ausrichtung – und dies bestätigt die Analyse Nancy Frasers: Einige feministische Ökonominnen des Netzwerkes waren dezidiert marxistisch oder keynesianisch orientiert und strebten eine grundlegende Neuausrichtung der wirtschafts- und handelspolitischen Parameter an. Entsprechend lehnten sie ein Engagement in internationalen Organisationen wie der Weltbank oder der Welthandelsorganisation ab, da sie keinen Sinn darin sahen, Fragen der Geschlechtergerechtigkeit in ein System zu integrieren, das in seiner Ausrichtung fundamental neoliberal ist. Andere hingegen plädierten dafür, Fragen der Geschlechtergerechtigkeit in die Agenda der Weltbank zu integrieren. Diese Auseinandersetzung hat zu Verwerfungen geführt. Durch den geringen Organisationsgrad des Netzwerkes existierte keine gemeinsame politische Linie, weshalb sehr unterschiedliche Strategien der Einflussnahme gewählt wurden. Diese innere Spaltung hat der Kooptation feministischer Ökonominnen durch internationale Organisationen Vorschub geleistet – so wurden sie (teilweise) als Expertinnen in das Agenda-Setting der Weltbank eingebunden, allerdings um den Preis der neoliberalen Vereinnahmung feministischer Zielsetzungen. Das heißt, einige Aspekte feministischer Kritik wurden von der Weltbank aufgegriffen und an die politische Ausrichtung der Weltbank angepasst. Fragen von Geschlechtergerechtigkeit wurden integriert, ohne jedoch grundsätzlich die marktliberale Ausrichtung der Weltbankpolitik zu verändern (Wichterich 2009). Diesen Prozess bezeichnen Lombardo, Meier und Verloo (2009) als eine »Verdrehung« des Zieles der Geschlechtergerechtigkeit. Der Kern feministischer Kritik an der ökonomischen Restrukturierung und die Forderung nach einer Abkehr von der monetaristischen Wirtschaftspolitik wurden ignoriert.

Die fehlende Organisationsmacht schien jedoch zunächst kein Problem zu sein – konnte das Netzwerk doch einen wichtigen Beitrag zur Mobilisierung von transnationalen Frauenorganisationen in Bezug auf wirtschafts- und handelspolitische Themen leisten. Transnationale Frauenorganisationen konnten, in enger Zusammenarbeit mit sogenannten Femokratinnen innerhalb der Organisationen, institutionelle Macht entfalten, indem neue Strukturen für eine Geschlechterpolitik im Feld der *Global Economic Governance* geschaffen wurden. Zudem konnten einzelne Mitglieder des Netzwerkes durch ihre politischen Beratungsleistungen in internationalen Organisationen wie beispielsweise im UN Entwicklungsprogramm (UNDP) oder in der UN Frauenfonds (ehemals UNIFEM und nun UN Women) die Agenda der Organisationen beeinflussen und dadurch eine diskursive Macht entfalten. So hat beispielsweise das Thema *Gender Budgeting* schnell an Popularität gewonnen und wurde von diesen Organisationen sogar als ein *Engendering* der Makroökonomie, im Sinne einer kritischen Gegenposition zur neoliberalen Restrukturierungspolitik, thematisiert. Institutionell ist also einiges in Bewegung gekommen: Netzwerke wurden vertieft, neue thematische Schwerpunkte wurden in internationalen Organisationen wie z.B. UNIFEM eingeführt und somit zum Gegenstand internationaler Politik erhoben. Die diskursive Präsenz hat allerdings nicht, wie erhofft, zu strukturellen Veränderungen geführt, was nicht zuletzt mit den vorherrschenden Wissensregimen und den institutionellen Eigenheiten der Organisationen selbst zu tun hat. Obwohl also institutionell und diskursiv eine gewisse Wirkmächtigkeit entfaltet werden konnte, haben letztlich sowohl die geringe Organisationsmacht als auch die fehlende strukturelle Macht zur Umdeutung und somit neoliberalen Vereinnahmung der einst radikalen feministischen Ideen der Umverteilung geführt (z.B. *Gender Budgeting* auch verstanden als eine Umverteilung durch Steuerpolitik). Deborah Stienstra (1999) kommt in ihrer bereits Ende der 1990er Jahre durchgeführten und neo-gramscianisch orientierten Analyse feministischer Mobilisierung im Feld der *Global Economics Governance* zu dem Schluss, dass die handlungsleitenden Normen der Liberalisierung (»comprehensive norms«) schwer zu durchdringen seien, da es mächtige Akteure verstünden, andere Akteursgruppen hegemonial einzubinden.

## Ausblick: Was bedeutet das für Orte des epistemischen Widerstandes?

Die feministische Theorie und Praxis steht vor dem skizzierten Hintergrund vor der Gefahr, kooptiert zu werden. Damit stellt sich die Frage, ob und wie eine politische Einflussnahme über den »Marsch durch die Institutionen« überhaupt noch wünschenswert ist. Um wirkungsvoll in die Institutionen hineinwirken zu können, ist meines Erachtens eine kritische, widerständige und »knowledgeable« Öffentlichkeit notwendig, die Druck von außen ausübt und feministische Strategie von »innen« (also innerhalb der Institutionen) dadurch stützt (Çağlar/Prügl/Zwingel 2013). So habe ich zum Beispiel das Projekt »Kasseler Sommerakademie zur Gestaltung der Weltwirtschaft« von Christoph Scherrer verstanden; nämlich als einen Ansatz, Akteurinnen und Akteure aus verschiedenen gesellschaftlichen Organisationen (Gewerkschaften, Nichtregierungsorganisationen aus der Entwicklungszusammenarbeit, zivilgesellschaftlichen Organisationen etc.) die theoretisch-fundierte und kritische Auseinandersetzung mit den Grundlagen z.B. aktueller Wirtschafts- und Handelspolitik zu vermitteln und Ansatzpunkte für die eigene Mobilisierung zu bieten.

**Literatur**
Arbeitskreis Strategic Unionism (2013): Jenaer Machtressourcenansatz 2.0. In: Schmalz, Stefan/Dörre, Klaus (Hrsg.): Comeback der Gewerkschaften. Machtressourcen, innovative Praktiken, internationale Perspektiven, Frankfurt a.M./New York, S. 345-375.
Çağlar, Gülay (2009): Engendering der Makroökonomie und Handelspolitik. Potenziale transnationaler Wissensnetzwerke, Wiesbaden.
Çağlar, Gülay/Prügl, Elisabeth/Zwingel, Susanne (Hrsg.) (2013): Feminist Strategies in International Governance, London/New York.
Fraser, Nancy (2009): Feminismus, Kapitalismus und die List der Geschichte. In: Blätter für deutsche und internationale Politik, 54, Heft 9, S. 43-57.
Fraser, Nancy (2005): »Frauen denkt ökonomisch!« In: taz, 7.4.2005.
Gallas, Alex/Herr, Hansjörg/Hoffer, Frank/Scherrer, Christoph (Hrsg.) (2015): Combating Inequality: The Global North and South, London.
Holland-Cunz, Barbara (2003): Die alte neue Frauenfrage, Frankfurt a.M.
Hozić, Aida A./True, Jacqui (Hrsg.) (2016): Scandalous Economics. Gender and Politics of Financial Crisis, New York.
Lombardo, Emanuela/Meier, Petra/Verloo, Mieke (Hrsg.) (2009): The Discursive Politics of Gender Equality: Stretching, Bending and Policy-Making, New York.
Montgomery, Johnna/Young, Brigitte (2010): Home is Where the Hardship is. Gender and Wealth (Dis)Accumulation in the Subprime Boom. CRESC Working Paper Series, 79, Manchester.
Prügl, Elisabeth (2014): Neoliberalising Feminism. In: New Political Economy, 20, Heft 4, S. 614-631.
Scherrer, Christoph (2016): Contextualizing strategies for more equality. In: Gallas, Alex/Herr, Hansjörg/Hoffer, Frank/Scherrer, Christoph (Hrsg.): Combating Inequality: The Global North and South, London, S. 273-285.
Soiland, Tove (2011): Zum problematischen Cultural Turn in der Geschlechterforschung. In: Casale, Rita/Forster, Edgar (Hrsg.): Ungleiche Geschlechtergleichheit. Geschlechterpolitik und Theorien des Humankapitals, Opladen u.a., S. 17-32.
Stienstra, Deborah (1999): Of Roots, Leaves and Trees: Gender, Social Movements and World Politics. In: Meyer, Mary K./Prügl, Elisabeth (Hrsg.): Gender Politics in Global Governance, New York/Oxford, S. 260-272.
Wichterich, Christa (2007): Transnationale Vernetzungen für Geschlechtergerechtigkeit. Frauenrechte, Widerstand und Engendern der Makroökonomie. In: Feministische Studien, 25, Heft 2, S. 233-242.
Wichterich, Christa (2009): Gleich, gleicher, ungleich. Paradoxien und Perspektiven von Frauenrechten in der Globalisierung, Sulzbach.
Wright, Erik Olin (2000): Working-class power, capitalist-class interests, and class compromise. In: American Journal of Sociology, 105, Heft 4, S. 957-1002.
Young, Brigitte/Bakker, Isabella/Elson, Diane (Hrsg.) (2011): Questioning Financial Governance from a Feminist Perspective, London/New York.

Gerd Steffens
# Transformationskrisen, Öffentlichkeit und politisches Lernen

Selten ist ein Wort so rasch und nachhaltig von der Wirklichkeit dementiert worden wie Francis Fukuyamas berühmte Prophezeiung vom Ende der Geschichte, an dem er sich 1990 wähnte. Statt mit dem Sieg des Liberalismus an ein vermeintliches Ende zu kommen, ist die Geschichte seitdem in eine so konfliktreiche, erratische und krisenhafte Entwicklung eingetreten, dass Fukuyama heute, 2016, nur sehr kleinlaut auf sein damals aufsehenerregendes Wort zurückkommen mag (Die Zeit, 17.3.2016, S. 50). Gegenüber einem anderen, berühmteren Geschichts-Propheten jedenfalls, Johann Wolfgang Goethe, zieht Fukuyama eindeutig den Kürzeren. Goethe hatte, so berichtet es sein Erinnerungsbuch, am Abend der »Kanonade von Valmy« im September 1792, in der die Freiwilligen-Truppen des revolutionären Frankreich den Angriffen der professionellen Einheiten der Invasionsarmee des fürstlichen Europa getrotzt hatten, einer deprimierten Runde der Heerführer gesagt: »Von hier und heute geht eine neue Epoche der Weltgeschichte aus, und ihr könnt sagen, ihr seid dabei gewesen.« (Goethe [1822] 1962: 48)

Hätte auch Fukuyama sich auf die Ausrufung einer neuen Epoche beschränkt, statt gleich die ganze Weltgeschichte abräumen zu wollen, so hätte er kaum falsch gelegen. Denn kaum strittig ist, dass der Zusammenbruch der realsozialistischen Hälfte der Welt in den Jahren um 1990 einen markanten Punkt der Veränderung bildet; er sei jedoch – so eine aktuelle zeitgeschichtliche Studie – in eine »übergreifende Dynamik« einer Phase tiefgehender epochaler Umbrüche »eingebettet« (Wirsching 2015: 11). Wie dieses Zitat zeigt, lösen sich mittlerweile auch die Historiker von der Faszination der Jahre 1989/90 als eindeutiger und konkurrenzloser Epochenschwelle. Sie folgen damit einer Spur, die die Analysen der – später sogenannten – Regulationstheorie schon früh gelegt hatten und die in die 1970er Jahre führt. Äußerst sensibel für alle untergründigen Anzeichen der Veränderung und nahezu synchron mit dem Krisenverlauf haben die Regulationstheoretiker – wie Christoph Scherrer in einem sehr erhellenden Beitrag zur Geschichte der Regulationstheorie (Scherrer 2005) gezeigt hat – bereits seit den frühen 1970ern die damaligen Krisenerscheinungen des industriellen Kapitalismus als Untergang eines spezifischen Akkumulationsregimes, des Fordismus, deuten und sehr bald auch die Entstehung eines neuen, finanzgetriebenen Akkumulationsmodells beschreiben können.

Dass auch die historische Epochalisierung sich dieser Sicht zuzuwenden begonnen hat, ist in Deutschland insbesondere einer vielbeachteten Publikation von Anselm Doering-Manteuffel und Lutz Raphael (2010) zu verdanken. Doering-Manteuffel und Raphael konstatieren mit sozialhistorischem *und* politikökonomischem Blick einen in den 1970er Jahren einsetzenden epochalen Umbruch, einen »Strukturbruch« und »sozialen Wandel von revolutionärer Qualität«, der durchaus mit der revolutionären »Übergangsphase« in Europa zwischen 1789 und 1848 zu vergleichen sei (Doering-Manteuffel/Raphael 2010: 12f., 14). Die »wichtigste und wirkmächtigste Kraft innerhalb des komplexen Wandlungsgeschehens« sei »die Herausbildung des digitalen Finanzmarkt-Kapitalismus« (ebd.: 8). Diese »neue Konstellation« sei durch »das Zusammentreffen von drei ganz unterschiedlichen Komponenten« bestimmt: erstens durch die »Digitalisierung der Produktion, des Alltagslebens und der Information«; zweitens durch den »Paradigmenwechsel der makroökonomischen Leitprinzipien«, die Ablösung des nachfrageorientierten, auf soziale Sicherheit und den Ausgleich von materiellen Disparitäten gerichteten Keynesianismus durch die angebotsorientierte Theorie des Monetarismus und drittens das »Leitbild des »›unternehmerischen Selbst‹« (ebd.: 9).

## Öffentlichkeit als Gegenmacht

Der vergleichende Verweis auf die revolutionäre Periode 1789-1848 vermag nicht nur die Tiefe der gegenwärtigen Transformation zu illustrieren; er rückt auch diejenige Sphäre in den Blick, die Medium und Handlungsfeld des damaligen revolutionären Wandels war: die gesellschaftliche Öffentlichkeit. Dass ein Publikum, eine Öffentlichkeit mithin, sich selbst aufkläre, also aus selbst verschuldeter Unmündigkeit heraustrete, so hatte Kant ja gesagt und mit der Pointierung der Öffentlichkeit als Medium gesellschaftlichen Lernens den Kern des historischen Prozesses getroffen, sei eher möglich, als dass es dem einzelnen gelinge (Kant [1784] 1975). Denn in der Tat bildete sich mit der Entstehung einer selbstbestimmten und -gestalteten Öffentlichkeit – in Frankreich bereits in der zweiten Hälfte des 18. Jahrhunderts – eben jene Sphäre der Gegenmacht aus, durch die die entstehende bürgerliche Gesellschaft die absolutistische Herrschaft kritisieren, anfechten und schließlich stürzen konnte. Diese Entwicklung wäre ohne einen fundamentalen, das gesellschaftliche und politische Weltbild umstürzenden Paradigmenwechsel nicht möglich gewesen: An die Stelle jenseitiger Begründungen für richtiges Handeln und Herrschen aus geglaubter religiöser Offenbarung traten Begründungen hervor, die sich vor der diesseitigen menschlichen Vernunft rechtfertigen mussten. Wenn Wahrheit nicht mehr die des religiösen Gewissens war, der Hobbes seinerzeit um des Friedens willen die Fähigkeit zu Gesetzgebung und Herrschaft abgesprochen hatte, sondern eine Wahrheit des öffentlichen Diskurses nach den Geltungsregeln der Vernunft, dann entfiel auch der Grund, aus dem Hobbes die Gesetzgebung allein dem Herrscher reserviert hatte. An die Stelle der Unzugänglichkeit der jeweiligen religiösen Gewissen, die ja per definitionem durch keinen diesseitigen Vernunftgrund zu überzeugen waren, war nach und nach die Wahrheit des öffentlichen Diskurses als Medium des wechselseitigen argumentativen Überzeugens getreten, als unerlässliche Grundlage der gesellschaftlichen Selbstermächtigung zur Demokratie.

Die Herausbildung der sich selbst ermächtigenden bürgerlichen Öffentlichkeit hat Jürgen Habermas als »Strukturwandel der Öffentlichkeit« ([1962] 1990) analysiert. Kaum zufällig erschien diese Studie zu Beginn der beiden Jahrzehnte, in denen im Westdeutschland der Nachkriegszeit Öffentlichkeit theoretisch und praktisch als Handlungsfeld einer Gesellschaft rekonstruiert wurde, die sich immer bewusster als Subjekt der Politik und ihrer eigenen Geschichte verstand. Denn nach den Verheerungen der ersten Hälfte des 20. Jahrhunderts insbesondere in Deutschland, die ohne eine systematische Zerstörung diskursiver gesellschaftlicher Öffentlichkeit undenkbar gewesen wären, hatte sich erst in den 1960er Jahren in einem heftig umkämpften Prozess der Selbstermächtigung die öffentlich diskutierende Gesellschaft als kollektives Subjekt der als Staatsform schon bestehenden Demokratie erneut konstituieren können. Dieser Prozess, der historisch als Wiedergewinnung und Fortführung der Aufklärung, philosophisch-moralisch als Wiederherstellung und Präzisierung eines moralischen Universalismus Kantischer Herkunft in der Perspektive globaler Geltung der Menschenrechte, kulturell und pädagogisch als Neuerschließung der emanzipatorischen, selbstbefreienden Potenziale in Bildung, Lebensführung und kulturellen Ausdrucksformen, gesellschaftlich und politisch als Aufbau eines zivilgesellschaftlichen Fundaments der Demokratie beschrieben werden könnte, wäre ohne permanente Aktivierungen von Öffentlichkeit und ohne spektakuläre Ausweitungen ihrer Reichweite unmöglich gewesen.

Gewiss war dieser Prozess Teil eines weltweiten emanzipatorischen Schubs, doch hatte er im westlichen Teil Deutschlands, der historischen Fallhöhe wegen, besonders ausgeprägte und konflikthafte Akzente. Es ist, sehr verkürzt gesagt (näher Steffens 2009), deshalb auch hier kein historischer Zufall, dass die am weitesten vorangetriebenen Theorien kommunikativer und diskursiver Öffentlichkeit sich hier ausbildeten und weltweit Einfluss gewannen wie Habermas' »Theorie des kommunikativen Handelns« (1981) oder die von ihm und Karl-Otto Apel vorangetriebene Diskurstheorie (Habermas 1983; Apel 1990). Danach ist diskursive Öffentlichkeit eben jene autonome Sphäre, die sich in der regelsetzenden und regelprüfenden Kommunikation von Menschen herstellt und die nichts anderem verpflichtet ist als dem vernünftigen Austausch von Argumenten. Diese ideale Bestimmung soll nicht Zustandsbeschreibung sein, sondern eine regulative Idee fairer, vernunftgeleiteter Kommunikation, auf die sich ein jeder beziehen kann und die die entscheidende Möglichkeitsbedingung gesellschaftlicher Kritik bildet (siehe dazu auch den Beitrag von Frank Hoffer in diesem Band).

## Digitalisierung – ein Strukturbruch der Öffentlichkeit?

Es war also eine in ihrem theoretischen Selbstverständnis hoch entwickelte und praktisch äußerst lebendige und kritische Öffentlichkeit, auf die der in eben jenen Jahren einsetzende »soziale Wandel von revolutionärer Qualität« (Doering-Manteuffel/Raphael 2010) traf. Diese Begegnung hatte drei Implikationen, die sich erst nach und nach entfalteten und von denen weder die theoretischen noch die praktischen Akteure der selbstbewussten Öffentlichkeiten damals etwas ahnten. Erstens öffnete die Selbstbefreiung der individuellen Lebensführung bisher geschlossene oder nicht marktfähige oder -übliche Bereiche für umfassende Kommodifizierung. Ohne den Emanzipationsschub der 1960er Jahre, so Doering-Manteuffel/Raphael (ebd.), wäre die Umstellung von Subjektivität auf komplette Marktfähigkeit, die Entwicklung des »unternehmerischen Selbst«, nicht möglich gewesen. Zweitens rückten die ausgeprägt kosmopolitischen Horizonte dieses Emanzipationsschubs die dann anhebende Globalisierung in eine weltgesellschaftliche und menschenrechtliche Perspektive und trugen dazu bei, ihr ein zunächst überaus freundliches Rezeptionsklima zu bereiten, in welchem eine kritische Sicht auf Globalisierungsimplikationen und -folgen in beharrlicher empirischer und analytischer Arbeit seit den 1990er Jahren erst Boden gewinnen musste. Der Anteil, den Christoph Scherrer durch eigene Arbeiten und die seiner Schüler daran hatte und hat, ist bekanntlich sehr hoch zu veranschlagen. Drittens aber – und das ist für die hier zu diskutierenden Fragen wesentlich – ist einer der für den »Wandel von revolutionärer Qualität« ausschlaggebenden Faktoren ein »Strukturbruch« der materiellen Bedingungen von Öffentlichkeit gewesen: die Digitalisierung der Kommunikation. Wie verändert dieser Bruch gesellschaftliche Öffentlichkeit? Kann sie sich als Gegenmacht intakt erhalten oder in ihrer Wirksamkeit gar steigern? Oder öffnen die neuen Bedingungen einer Kolonialisierung der kommunikativen Öffentlichkeit durch Herrschaft Tür und Tor? Erweitern sie die Reichweite selbstbestimmter Kommunikation oder vielmehr die Netze eines universalen Verblendungszusammenhangs? Und was bedeuten die neuen Kommunikationsverhältnisse für gesellschaftliches und individuelles Lernen, da doch Öffentlichkeit und Bildung, seit sie unter dem gemeinsamen Zeichen der Mündigkeit stehen, aufeinander angewiesen sind?

Schon viele Alltagsbeobachtungen – von den digitalen Wackelpetern auf den Bürgersteigen (zu besichtigen auch auf dem Titelbild des »Spiegel« vom 6.8.2016) bis zu den sogenannten Shit-Storms im Internet – legen ja die Frage nahe, ob mit dem Verschwinden der Grenze zwischen privaten und öffentlichen Räumen sich nicht auch Regeln und Wirkungsweisen von Kommunikation grundlegend wandeln. Aber wird auch darüber nachgedacht, was das für individuelle und gesellschaftliche Selbstverhältnisse, also auch für Sozialisation und Bildung, politisches und gesellschaftliches Lernen bedeuten könnte? Wer Antworten darauf sucht, könnte gut daran tun, sich auf einen Streifzug durch zeitdiagnostisch sensible Terrains zu begeben, auf denen tektonische Brüche früh erspürt und gedeutet werden. Ich suche deshalb zunächst in zeitkritischen – man mag auch sagen: dystopischen – Romanen Auskunft, systematisiere meine Interpretation dann in einer – vielleicht überzeichnenden – Gegenüberstellung digitaler und diskursiver Öffentlichkeit und ihrer Lernpotenziale und werfe abschließend im – begrenzenden – Lichtkegel meiner Fragen einen Blick auf zwei gerade erschienene zeitdiagnostische Großtheorien.

# Gerd Steffens

## Kurzgetaktete Gegenwärtigkeit und die Piraten des Zusammenhangs

Die zeitdiagnostischen Früchte eines narrativen Zugangs zur sozialen Welt möchte ich an zwei Romanen ernten, die den Umbruch der Kommunikationsverhältnisse so hart an der Kante der Gegenwart thematisieren, dass die Leserin oder der Leser sich zwar in einem Zukunftsraum weiß, zugleich aber alles als reale Möglichkeiten der Gegenwart erkennt: Dave Eggers: Der Circle (2014) und Mark Elsberg: Zero (2014). Eggers' titelgebender *Circle* ist ein marktbeherrschendes Unternehmen, ersichtlich den derzeitigen IT-Giganten nachgebildet. Eggers fügt deren öffentliche Ikonographie, ihre alle Poren der Gesellschaft durchdringende Kommunikations-Macht, ihre als Projekt der jungen Generation und als Lifestyle-Angebot verkleidete ökonomische Potenz sowie die in die Zukunft greifenden Strategien zur Umformung des Lebens und der Gesellschaft (wie sie insbesondere Google praktiziert) zum Bild eines Unternehmens zusammen, welches seine Reichweite und Durchsetzungskraft permanent und unaufhaltsam erweitert. In Elsbergs *Zero* ist es die App eines aufstrebenden IT-Unternehmens, die als stets präsenter Lebensratgeber eine auf Optimierung des Selbst versessene Gesellschaft durchdringen und steuern kann, weil die Individuen mit der permanenten Preisgabe aller Daten zwecks ständiger Aktualisierung ihrer individualisierten Ratgeber-Apps einverstanden sind. In beiden Romanen scheinen die Subjekte sich selber völlig frei, als Autoren grenzenloser und permanenter Kommunikation und Selbstwirksamkeit, auch in beiden nährt sich die Macht der IT-Giganten aus eben dieser Selbstwirksamkeits-Illusion der *User* und ihrem unverbrüchlichen Einverständnis. Deshalb lassen sich Jagden auf Abweichler und Missliebige organisieren und durchdringende Zwänge zur Öffnung aller persönlichen Reservate des Denkens, Sprechens und Lebens aufbauen, eine permanente und allseitige Transparenz, die – in Eggers' *Circle* – auch die Verheißung vollständiger Durchsichtigkeit der Politik und ihrer imperativen Steuerung durch die stets online zugeschalteten *User* in synchroner Gegenwärtigkeit einschließt.

Der Welt der Transparenz, die auf hoch elaborierter Technologie beruht, entspricht ein völlig unterkomplexes Denken in allen Belangen gesellschaftlicher und menschlicher Selbstverständigung. Die permanente und kurz getaktete Kommunikation übers Netz ist ganz auf Ja-Nein-Strukturen, *Smiles* und *Frowns*, angelegt. Nachdenken oder Erörterung kommen als Form geistiger und kommunikativer Tätigkeit nicht vor. In einer kommunikativ so strukturierten Gedankenwelt spielt die Autonomie eines vernünftigen Selbst keine Rolle mehr, Aufklärung, oft pathetisch beschworen, ist wirklich halbiert, auf die instrumentelle Dimension der Vernunft radikal zurückgeschnitten. Weil Tempo- und Präsenz-Zwänge alle Spielräume des innehaltenden Erwägens schließen, wird die allerkleinste Mitteilungs-Münze zur bevorzugten und legitimen Kommunikationswährung.

Die Bewohner dieser hermetischen Welt, zu der es ein Außen nicht mehr zu geben scheint, wirken deshalb wie auf ihren Kern gebrachte *homines oeconomici*, als Reiz-Reaktions-Wesen, die auf Anreize völlig berechenbar reagieren. Aus ihrer Sicht sind – in Elsbergs Roman – die Manipulationen durch die *ActApps* keineswegs befremdlich, denn sie tragen ja zur Nutzenmaximierung, zur Optimierung des coolen Selbst bei, zu einer Wertsteigerung auf dem für alle transparenten Markt der menschlichen Datenträger, auf dem im permanenten Abgleich über Geltung und Anerkennung entschieden wird. Ebenso wenig irritieren die Wogen von augenblicksgebundenen Aufmerksamkeiten, von Zustimmungen und Ablehnungen.

Genese, Ursache und Entwicklung sind in der Welt der augenblicksinteressierten *User* völlig fremde Kategorien – doch nicht in der Gedankenwelt derer, die diese Welt beherrschen und sie deshalb analytisch im Griff halten wollen. Genauso unerlässlich aber sind die Kategorien beweiskräftigen Denkens für die – wie man sie nennen könnte – Piraten des Zusammenhangs, die sich zu »Zero« zusammengeschlossen haben. Denn ihr Gegenmittel in dieser transparenten, jedoch total zersplitterten Wahrnehmungswelt ist – altmodisch gesprochen – die Stiftung von Zusammenhang. Es sind Kontexte, die die Videos von Zero herstellen, mit den Mitteln einer auf Tempo und überraschende Veränderung setzenden Ästhetik zwar, doch ist es ohne Zweifel das Versprechen eines hinter den Bildern liegenden Zusammenhangs, das die Zuschauer in den Bann zieht. In der totalen Transparenz der Welt der digitalen Kommunikation werden Zusammenhang, Kontext oder Konsistenz zu subversiven Widerstandsnestern. Als Überbleibsel der diskursiven Öffentlichkeit, in der sie Nachvollziehbarkeit, Plausibilität und Geltung als *deren* Form von Transparenz garantieren, vermögen sie, so lässt der Roman am Schluss aufscheinen, wachsende Gegenbewegungen zu initiieren.

Im anderen der hier gemeinten Romane: *Dave Eggers: Der Circle (2014)* hingegen scheitern die Versuche subversiven Widerstands vollständig, ja sie erreichen nicht einmal ein Niveau, auf dem sie in der digitalen Öffentlichkeit Widerhall finden könnten. Denn die inzwischen fast mit der Bevölkerung identische Zahl der NutzerInnen lebt viel zu bereitwillig in einer Welt, die ein vollkommenes Versprechen von Resonanz, Bedeutung und Weltreichweite zu sein scheint. Neben den enormen Erleichterungen, Beschleunigungen und Gewinnen an Reichweite scheint dafür die Befriedigung ausschlaggebend zu sein, selbst wahrgenommen zu werden, auch wenn diese Wahrnehmung in Beobachtung und Überwachung besteht. »Ich. Ich will gesehen werden. Ich will den Beweis, dass ich existiert habe«, sagt Eggers' Hauptfigur auf die Frage, wer denn überhaupt dauernd beobachtet werden wolle (Eggers 2014: 550). Das Bedürfnis nach Anerkennung, eigentlich Antrieb sozialer Produktivität, gibt sich mit der Schwundstufe der Registrierung zufrieden, und das Muster des Zeichens, mit dem der Einzelne bemerkt werden will, ist nicht mehr irgendetwas Besonderes, gar Originelles, ein neuer Gedanke, eine anziehende Eigenart, eine produktive Herausforderung der anderen, sondern die leere Wiederholung des immer Gleichen als bloßer Beleg der Zugehörigkeit. Die uniforme Welt der digitalen Gemeinschaft ist eine extrem konventionelle Welt, in der weder Platz für unkonventionelle Ideen, Ausdrucks- oder Lebensweisen ist, noch für die postkonventionelle Erörterung der Regeln und Prinzipien der Lebensgestaltung.

**Gerd Steffens**

## Digitale Kommunikation und politisches Lernen

Der Zeitdiagnose, wie sie beide Romane entfalten, ist Triftigkeit, so meine ich, kaum abzusprechen, vor allem, wenn die Texte nicht als empirische Befunde, sondern als heuristische Blicköffnungen und -schärfungen gelesen werden. In diesem Sinn unterstreichen sie Berechtigung und Dringlichkeit des Interesses, die gegenwärtigen Transformationsprozesse von der Seite der Kommunikationsverhältnisse her zu beleuchten und zu fragen, welche Wirkungen der digitale Umbruch auf gesellschaftliche und menschliche Selbstverhältnisse, auf gesellschaftliches und individuelles Lernen und auf Öffentlichkeit als deren Medium hat.

Aus einem Blickwinkel, der an politischer Bildung interessiert und bildungstheoretisch an der Idee der Mündigkeit in Kantischer Tradition und ihren Aktualisierungen, etwa durch Adorno und die Diskurstheorie, orientiert ist, lässt sich als ein Fazit festhalten: Zwar hat, was die Entfaltung von kommunikativer Selbstwirksamkeit angeht, die digitale Kommunikation unbestreitbare, ja geradezu grenzenlose Vorteile: Sie vermag die ganze Welt in Reichweite zu holen und zwar augenblicklich. Sie ermöglicht eine rasante Verständigung in selbst definierten Kreisen oder den Anschluss an zahllose bestehende Kommunikationszirkel. Die Themen sind frei, jeder kann alles zum Thema machen, und die Zugangsschwellen sind sehr niedrig, weil die Kriterien von Diskursivität, also vernunft- und verständigungsorientierter Kommunikation, wie Relevanz, Konsistenz, Nachvollziehbarkeit, Begründung und Erklärung, Beleg und Beweis so gut wie irrelevant sind. Aus diesen verlockenden Eigenschaften könnten produktive Anstöße hergeleitet werden, die Demokratie und politische Bildung beleben könnten, wie Andreas Eis zeigt:

»Soziale Netzwerke und online-Plattformen eröffnen durchaus neue Räume politischer Artikulation und Interessenvertretung. Sie ermöglichen neue Formen der Mobilisierung, der Solidarisierung und der kooperativen Wissensproduktion, wovon nicht nur die aufgedeckten Plagiatsfälle namhafter Politiker*innen zeugen. Weder die Protestbewegungen von *Occupy*, noch das demokratische Aufbegehren des Arabischen Frühlings oder die ›Selbstorganisierte Europäische Bürgerinitiative‹ gegen TTIP und CETA, die europaweit von 3,5 Millionen Menschen unterzeichnet wurde und von hunderten zivilgesellschaftlichen Unterstützerorganisationen getragen wird, wären ohne soziale Netzwerke denkbar gewesen. Dank des Netzwerkes von *AlarmPhone* konnten bereits hunderte Flüchtende vor den Grenzen der EU aus Seenot gerettet werden.« (Eis 2016)

Doch springen auf der anderen Seite eklatante Nachteile ins Auge: Gewiss, digitale Kommunikation als solche schließt elaborierte Argumentationen keineswegs aus, doch ihre weithin dominanten Gebrauchsformen scheinen all jene Eigenschaften von Kommunikation massiv zu schwächen, denen wir die Herausbildung von begründeten Meinungen, Vorstellungen und Urteilen verdanken, kurz, die zu einer elaborierten Vorstellung von Welt führen. Ihnen kommt, so könnte man sagen, die Argumentförmigkeit abhanden und in diese Lücke strömen alle möglichen unterkomplexen Behauptungen bis hin zu Ressentiments, der Grundwährung jener monokausalen Sündenbock-und Einverständnisrhetorik, die im Internet – vor allem unter den Bedingungen der Anonymität – offenbar wie von selbst blüht. Was Argumentförmigkeit heißt, hat am klarsten, wie oben angeführt, die Diskurstheorie in den 1970er und 80er Jahren entwickelt, jene Theorie der kommunikativen Infrastruktur, die einer Gesellschaft bedarf, wenn sie sich über sich und ihre Gestaltung verständigen will und den in ihr Heranwachsenden Wege zur Teilhabe daran öffnen will. Gleichgültig, so ihre Grundidee, ob der oder die einzelne sich als Zuhörer oder aktive Teilnehmerin dieser vielstimmigen Debatten in öffentlichen Arenen verhält, so hat die Teilnahme für sie oder ihn nur Sinn, wenn sie in der Gewissheit geteilter Regeln der Geltung oder genauer: in der Gewissheit erfolgt, dass problematisch gewordene Geltungsansprüche in Diskursen geprüft werden, in denen alle Beteiligten »den zwanglosen Zwang des besseren Arguments zum Zuge kommen lassen« (Habermas 2005: 20). Mit anderen Worten: Wenn die Menschen sich unter der – unumgehbaren – Voraussetzung geteilter Regeln der Geltung austauschen, dann ist für alle Beteiligten jederzeit die Triftigkeit ihrer Aussagen und Argumente ebenso überprüfbar und diskutierbar, wie sie sich der Prinzipien der Geltung selbst vergewissern können.

Dies ist, so scheint mir, eine weder zu umgehende noch zu ersetzende Bedingung individueller Urteilsfähigkeit und gelingender gesellschaftlicher Teilhabe, weil nur sie eine kommunikative Souveränität zu verbürgen imstande ist, die Unabhängigkeit ebenso gegenüber der Zugehörigkeitsverheißung identitärer Gemeinschaften wie gegenüber dem repetitiven Konventionalismus des digitalen Dabeiseins verschaffen kann. Eben deshalb können Bildungsprozesse, politische zumal, die zu mehr führen wollen als zu identifikatorischem Einüben, nur gelingen, wenn die schiere Gegenwärtigkeit digitalen Dabeiseins oder identitärer Akklamation durch Momente des Innehaltens, des Zurücktretens, der Erwägung durchbrochen wird. Es sind solche Momente der Unterbrechung, durch die der subversive Widerstand in Elsbergs Roman *Zero* seine Wirkung erzielt. Wenn der Raum für die Frage nach Woher und Warum, nach Geschichte und nach Ursachen, nach Machtverhältnissen und Interessen geöffnet wird, kann eine Ahnung davon entstehen, dass hinter der aufdringlichen, schnell wechselnden Gegenwärtigkeit etwas Bleibenderes, Wichtigeres wahrzunehmen ist, Strukturen, Verhältnisse, Zusammenhänge. Politische Bildung, so ließe sich deshalb zugespitzt sagen, muss heute die Frage nach dem Zusammenhang rehabilitieren, also die Frage nach Ursache und Genese von Ereignissen und Zuständen, nach Entwicklungen und Entwicklungslogiken und -richtungen. Wer wissen will, wie die Dinge zusammenhängen, muss die goldenen Fesseln der Gegenwärtigkeit sprengen und die Augen für Vergangenheit und Zukunft öffnen und für die langen Wege, die sie verbinden.

**Gesellschaftstheoretischer Frühling?**

Auf beispielhafte und höchst eindrucksvolle Weise führen dies zwei anspruchsvolle Zeitdiagnosen vor Augen, die in diesem Frühjahr erschienen sind: Paul Masons *Postkapitalismus* (Mason 2016) und Hartmut Rosas *Resonanz* (Rosa 2016). Ich möchte abschließend im Lichtkegel meiner Fragestellung einen Blick darauf werfen. Ich tue dies umso lieber, als damit dem kritischen Pessimismus meiner eigenen Argumentation optimistischere Akzente entgegengesetzt werden und vor allem, weil ich mich damit auf jenes Terrain zurückbegebe, auf dem Christoph Scherrer und ich in der Aus- und Weiterbildung der PolitikwissenschaftlerInnen in Kassel seinerzeit so fruchtbar zusammengearbeitet haben: den Blick für Bildungs- und Lernanstöße, mithin für die didaktischen Chancen zu öffnen, die Theorien, insbesondere der politischen Ökonomie, immer auch enthalten (Scherrer 2007).

Beide Werke, Masons *Postkapitalismus* und Rosas *Resonanz*, demonstrieren, dass die Gegenwart nur verstehen kann, wer die Genese ihrer wirkungsmächtigen Entwicklungslinien entschlüsseln kann. Beide erzählen die (ökonomische) Gesellschaftsgeschichte der europäischen Moderne, aber wollen dafür einen neuen Perspektivpunkt finden, von dem aus Entwicklungslinien profilierter und ihre möglichen Wege in die Zukunft deutlicher wahrzunehmen sind. In beiden Argumentationen spielt übrigens die Kategorie der diskursiven Öffentlichkeit, wie ich sie hier pointiert habe, explizit keine Rolle, doch sie bildet, so meine These, die implizite Voraussetzung ihrer Zukunftshypothesen.

Hartmut Rosa will kommunikative Verständigung als Quelle produktiver, kommunikativer Resonanz keineswegs missen, doch will er alle möglichen Quellen individueller und kollektiver Ergriffenheit und epiphanischer Resonanzerfahrung einbeziehen und aus und an ihnen eine kritische Theorie nichtresonanter, entfremdeter Verhältnisse ebenso entwickeln wie eine Theorie gelingender, eben resonanter Weltbeziehungen. Dazu muss er aber den Modus der Verallgemeinerung von den – mit seinem Begriff – »starken Wertungen« der regelgeleiteten, diskursiven, kommunikativen oder vernunftmoralischen Verhältnisse ablösen und ihm alle Erfahrungen und Empfindungen überindividuellen Einklangs zuschreiben – von der Übereinstimmung im Diskurs bis zur Gänsehauterfahrung kollektiver Begeisterung als überwältigender, von einer »starken Wertung« getragener, in diesem Sinn unverfügbarer Resonanzerfahrung. Mit einigen der in meinen Augen problematischen Implikationen der Modellierung von Resonanz als Passepartout einer kritischen Theorie der Spätmoderne *und* als Leitkategorie ihrer Transformation habe ich mich an anderer Stelle auseinandergesetzt (Steffens 2016). Hier kommt es mir auf zwei Beobachtungen an: Zum einen: Die Quelle der Gestaltungskraft, mithin der Veränderung, liegt in den Subjekten. Aus ihrem unverlierbaren Bedürfnis nach Antwortbeziehung und Resonanz entspringt ein stets sich erneuerndes Interesse an Wechselseitigkeit und Gesellschaftlichkeit, welches, so Rosas Annahme, auch durch die Surrogate der digitalen Kommunikation nicht stillgestellt werden kann. Zum anderen: Die List der diskursiven Vernunft verschafft sich trotz ihrer Relativierung in Rosas Gedankenführung dadurch Geltung, dass die Hoffnung auf eine gelingende Transformation in eine Postwachstumsgesellschaft ohne sie letztlich ungedeckt bliebe. Denn auch wenn das Glücksverlangen gelingender Resonanz kollektiver Handlungsantrieb wäre, so wären doch die notwendigen Wege dorthin ohne die Anstrengungen diskursiver Verständigung nicht zu beschreiten.

Paul Masons Optimismus entspringt einer Bewertung der digitalen Revolution, die einer zögerlichen Verlustrechnung, wie ich sie aufgemacht habe, genau entgegengesetzt scheint. Sein zentrales Argument: Eine auf Informationsnetzen beruhende Wirtschaft sei dabei, »eine *neue Produktionsweise* jenseits des Kapitalismus« (Mason 2016: 172, Herv. i.O.) hervorzubringen, weil sie erstens durch frei verfügbaren Überfluss das Preissystem, mithin den Marktmechanismus ruiniere und weil sie zweitens auf bisher ungeahnte Weise die kooperative Produktivität der Menschen freisetze und steigere. Mason macht geltend, dass schon jetzt der Erfolg etwa von Wikipedia oder der Open-Source-Software »den Weg zu einem System jenseits des Marktes« (ebd.: 17) weise. Wie Rosa im Resonanzbedürfnis findet Mason in der Neigung der Menschen zur Kooperation eine unverlierbare Ressource in den Subjekten. Der Gang der Dinge wird ihnen helfen, die Eigennutz-Verpuppung des homo oeconomicus abzustreifen, eben weil die sozialmoralischen Bedürfnisse nun zur Produktivkraft der neuen, postkapitalistischen Wirtschaft werden. Damit hätte sich in den Augen von Mason eben jene Fähigkeit des Kapitalismus erschöpft, durch immer neue Formen marktbezogener Subjektformung die Quelle seiner Wertschöpfung zu erhalten und sein Überleben sicherzustellen. Das »unternehmerische Selbst« wäre nun der schöpferische Mensch des Postkapitalismus und die Dialektik, die aus den emanzipatorischen Selbstbefreiungen der 1960er das kommodifizierungsfreudige Selbst des Neoliberalismus hervorgebracht hatte, hätte sich umgedreht.

Doch wo Masons kooperative Menschen, die Akteure der Transformation und Produzenten des Postkapitalismus, sich über Wege und Ziele ihres gemeinsamen Tuns verständigen, werden sie dies nach einem kommunikativen Muster tun müssen, welches den strategischen, instrumentalistischen Gebrauch des Anderen ausschließt und stattdessen geteilten Regeln der Wechselseitigkeit, Gleichberechtigung und Geltung folgt. Und nur unter dieser Voraussetzung könnte auch Transformation als gesellschaftlicher Prozess politischen Lernens gelingen. Denn dass Öffentlichkeit und Bildung unter dem Zeichen der Mündigkeit einander wechselseitig bedingen und in gesellschaftlichen Lernprozessen interagieren, bleibt logisch zwingende Voraussetzung aller Vorstellungen gesellschaftlicher Selbstgestaltung und Transformation – und einer politischen Bildung, die Wege zur Teilhabe daran öffnen will.

**Literatur**

Apel, Karl-Otto (1990): Diskurs und Verantwortung, Frankfurt a.M.
Doering-Manteuffel, Anselm/Raphael, Lutz (2010): Nach dem Boom. Perspektiven auf die Zeitgeschichte seit 1970, 2. Aufl., Göttingen.
Eggers, Dave (2014): Der Circle, Köln.
Eis, Andreas (2016): Edutainment statt Politische Bildung? (Post)Politische Events, simulierte Partizipation und Gelegenheiten der Selbstermächtigung im Zeitalter des »communicative capitalism«. In: Dust, Martin/Lohmann, Ingrid/Steffens, Gerd (Hrsg.): Jahrbuch für Pädagogik 2016, Events & Edutainment, Frankfurt a.M., S. 183-196 (im Erscheinen).
Elsberg, Marc (2014): Zero. Sie wissen, was du tust, München.
Goethe, Johann Wolfgang (1962): Kampagne in Frankreich 1792. Belagerung von Mainz, Johann Wolfgang Goethe dtv-Gesamtausgabe, Band 27, München.
Habermas, Jürgen (2005): Zwischen Naturalismus und Religion. Philosophische Aufsätze, Frankfurt a.M.
Habermas, Jürgen (1990): Strukturwandel der Öffentlichkeit, Frankfurt a.M.
Habermas, Jürgen (1983): Moralbewußtsein und kommunikatives Handeln, Frankfurt a.M.
Habermas, Jürgen (1981): Theorie des kommunikativen Handelns, Frankfurt a.M.
Kant, Immanuel (1975): Beantwortung der Frage: Was ist Aufklärung? Kant Werke in Zehn Bänden, herausgegeben von Wilhelm Weischedel, Band 9, Darmstadt.
Mason, Paul (2016): Postkapitalismus. Grundrisse einer kommenden Ökonomie, Berlin.
Rosa, Hartmut (2016): Resonanz. Eine Soziologie der Weltbeziehung, Berlin.
Scherrer, Christoph (2007): Globalisierung als grenzüberschreitende Restrukturierung der Arbeitsteilung. Theoretische Perspektiven. In: Steffens, Gerd (Hrsg.): Politische und ökonomische Bildung in Zeiten der Globalisierung, Münster.
Scherrer, Christoph (2005): Die »école de la régulation«: Französische Wirtschaftstheorie mit Ausstrahlung jenseits des Rheins. In: Beilecke, François/Marmetschke, Katja (Hrsg.): Der Intellektuelle und der Mandarin. Für Hans Manfred Bock, Kassel.
Steffens, Gerd (2016): Vom Diskurs zur Resonanz – was bleibt von der Kategorie der Öffentlichkeit in digitalen Zeiten? In: Dust, Martin/Lohmann, Ingrid/Steffens, Gerd (Hrsg.): Jahrbuch für Pädagogik 2016, Events & Edutainment, Frankfurt a.M., S. 33-48 (im Erscheinen).
Steffens, Gerd (2009): Vom »kommunikativen Beschweigen« zur »Ergreifung des Wortes« – Anmerkungen zur Diskursgeschichte der Nachkriegszeit. In: Kluge, Sven/Steffens, Gerd/Weiß, Edgar (Hrsg.): Jahrbuch für Pädagogik 2009, Entdemokratisierung und Gegenaufklärung, Frankfurt a.M., S. 15-40.
Wirsching, Andreas (2015): Demokratie und Globalisierung. Europa seit 1989, München.

Bernd Overwien
# Globales Lernen
Globalisierung verstehen und Handeln

»Das Bedürfnis nach einem stets ausgedehnteren Absatz für ihre Produkte jagt die Bourgeoisie über die ganze Erdkugel. Überall muß sie sich einnisten, überall anbauen, überall Verbindungen herstellen. [...] Die uralten nationalen Industrien sind vernichtet worden und werden noch täglich vernichtet. Sie werden verdrängt durch neue Industrien, deren Einführung eine Lebensfrage für alle zivilisierten Nationen wird, durch Industrien, die nicht mehr einheimische Rohstoffe, sondern den entlegensten Zonen angehörige Rohstoffe verarbeiten und deren Fabrikate nicht nur im Lande selbst, sondern in allen Weltteilen zugleich verbraucht werden.« (Kommunistisches Manifest, London 1848).

Dieses Zitat zeigt, dass »Globalisierung« als ein relativ unscharfer Begriff, der gleichwohl reale Phänomene auf den Punkt bringt, keineswegs ganz neue Verhältnisse bezeichnet. Er bezieht sich auf komplexe Vorgänge, die tief in die Geschichte zurückreichen, sehr deutlich mit wirtschaftlichen Fragen verbunden sind und politisch steuerbar bleiben. Diese Gestaltbarkeit einzufordern ist allerdings nicht voraussetzungslos, da Mechanismen auf verschiedenen Ebenen zugänglich werden müssen. Globales Lernen bietet ein Handwerkszeug, das über eine eng gedachte nachhaltigkeitsbezogene Modernisierung kapitalistischer Zustände hinausreicht.

Zum Verständnis globaler Strukturen mit ihren historischen Dimensionen lohnen tiefere Blicke in das Werk von Christoph Scherrer, wenn dieser beispielsweise Linien von Adam Smith und David Ricardo über modernisierungstheoretische Vorstellungen bis hin zu aktuellen Krisenerscheinungen nachzeichnet und dabei auch die Kritik der Politischen Ökonomie mit einbezieht (Scherrer 2007). Weitreichende Einblicke in das Krisengeschehen des letzten Jahrzehnts liefern eine Vorlesungsreihe und ein Band zur Finanzkrise, der auch Perspektiven der politischen Bildung mit einbezieht (Scherrer et al. 2011).

### Politische Bildung und globale Fragen – eine schwierige Beziehung

Gleichwohl gehört Christoph Scherrer, zusammen mit einer ganzen Reihe von Autorinnen und Autoren mit internationalem Schwerpunkt, zu denjenigen, die innerhalb der politischen Bildung kaum rezipiert werden. Dies hat einerseits mit einem sehr verengten Blick des Mainstreams der politischen Bildung zu tun, der sich vom Nationalstaat als Referenzrahmen nicht zu lösen imstande ist (vgl. Lillie/Meya 2016). Auf der anderen Seite spielt wohl auch der Beutelsbacher Konsens eine

Rolle. Der Konsens entstand Ende der 1970er Jahre, nach einer Zeit intensiver Auseinandersetzungen zwischen eher linken und eher konservativen Vertreter*innen der politischen Bildung. Er sollte in Zeiten starker politischer Polarisierungen die Basis für ein gemeinsames Arbeiten der verschiedenen Richtungen ermöglichen und auf diese Weise der Befriedung dienen. Die verschiedenen Strömungen fanden sich in den drei Grundsätzen jeweils verschieden deutlich wieder« (vgl. Overwien 2016). Das Überwältigungsverbot, manchmal auch Indoktrinierungsverbot genannt, sollte darauf aufmerksam machen, dass es in der Bildung darum geht, sich selbst eine Meinung zu bilden. Das Kontroversitätsgebot ist Teil des Weges dorthin. Der dritte Satz, das Gebot der Schülerorientierung, sollte darauf aufmerksam machen, dass es um die Interessen der Lernenden geht und an diese anzuschließen ist. Darauf kam es damals den Linken besonders an.

Der Konsens ist in der politischen Bildung ein wesentlicher Ankerpunkt des ethisch vertretbaren Vorgehens. Ein Problem ist allerdings die oftmals unvollständige und fehlerhafte Rezeption dieser Leitsätze. In einer aktuellen Publikation zeigt sich dies besonders ausgeprägt. Die Autorin einer Rezension der Publikation »Politische Bildung für nachhaltige Entwicklung« geht davon aus, dass Zielvorstellungen nachhaltiger Entwicklung mit Blick auf den Beutelsbacher Konsens Befremden auslösten (Röll-Berge 2015). Ganz offenbar steht hier die Befürchtung im Hintergrund, es sei mit Überwältigung zu rechnen. Es steht darüber hinaus zu befürchten, dass politisch eher links positionierte Autor*innen pauschal einem Überwältigungsverdacht unterliegen.

Verbunden damit wirkte bis vor kurzem ein anderes Strukturmerkmal einer wissenschaftlichen Politikdidaktik, die auch deutlich affirmative Impulse zeigte. Lange Zeit gab es hier eine eher überschaubare Anzahl von Autor*innen, die sich weitgehend aufeinander bezogen und Beiträge aus als randständig empfundenen Quellen eher ignorierten. Moegling/Steffens (2004) entwarfen das Bild einer wissenschaftlichen Politikdidaktik, die unbeirrt in ihrer nationalstaatlichen Stube säße, »an der Wand ein Häkeldeckchen mit dem Beutelsbacher Konsens« (Steffens 2005: 25). Sie beschäftige sich in erster Linie mit sich selbst. Die folgenden Anmerkungen zeigen, dass es neben Christoph Scherrer viele Personen gab und gibt, die zu den systematisch ausgegrenzten Wissenschaftler*innen gehören.

Kaum rezipiert wurde etwa ein von Butterwegge und Hentges (2002) herausgegebener Band »Politische Bildung und Globalisierung«. Einige der Beiträge zu Globalisierungsfragen sind dabei bis heute sehr bedenkenswert. So konnte Seitz (2002b) fundiert begründen, warum es angesichts globaler Probleme und Prozesse einer politischen Neuorientierung bedürfe und warum ein nationales Gesellschaftsverständnis im Bildungsbereich überwunden werden müsse. In einer polyzentrischen und vielkulturellen Weltgesellschaft entbehrten ethnozentrisches Dominanzdenken und hegemoniale Bestrebungen jeder Legitimation. Globale Entwicklungskonzepte müssten die »Nichtuniversalisierbarkeit« westlichen Konsumniveaus und die Gefährdung der Lebensgrundlagen einbeziehen. Globales Lernen könne bei dem notwendigen Umbruch behilflich sein.

Butterwegge (2002) setzte sich mit dem dominanten Globalisierungsbegriff auseinander, dem eine Verschleierung der Beziehungen zu Macht und Herrschaft inhärent sei. Der Begriff habe sich gerade wegen seiner Ambivalenzen verbreitet. Er verbreite zugleich Hoffnung auf Freiheiten und Angst im Hinblick auf eine Verschlechterung der Lebens- und Arbeitsbedingungen. Globalisierung als neoliberale Modernisierung universalisiere die Konkurrenz zwischen Wirtschaftssubjekten. Auch aufgrund des Agierens transnationaler Wirtschaftsakteure entstehe der Eindruck einer Eigengesetzlichkeit der Globalisierung. Diese lasse sich aber nach wie vor steuern und politisch beeinflussen. Sozio-ökonomische Alternativen seien nach wie vor denkbar. Liegt hier schon eine deutliche Aufforderung an politische Bildung, entsprechende Kompetenzen zu unterstützen, gilt dies erst recht für die Folgen von Globalisierung. Sie rufe Ängste und Sorgen hervor, da die internationale Billig(lohn-)konkurrenz direkt spürbar werde. Politische Bildung müsse sich mit diesen Ängsten und den verschiedenen Seiten ökonomischer Globalisierung befassen, insbesondere Strukturen und Akteure durchschaubarer werden lassen und Handlungsalternativen herausarbeiten. Auch gehe es um einen gefährdeten Wohlfahrtsstaat, der unter der Wirkung neoliberaler Konzepte immer mehr einem Legitimationsdruck unterliege. Eine der Hauptaufgaben politischer Bildung sei es deshalb, Solidarität neu zu begründen und »nationale Identität« zu überwinden. Letztere wirke als Einfallstor für Deutschnationalismus und Rechtsextremismus. Eine neoliberal geprägte Konkurrenzgesellschaft führe zu Entsolidarisierung und Entpolitisierung der Gesellschaft. Politische Bildung müsse repolitisierend wirken und auch die emotionale Ebene ansprechen.

Scherr (2002) argumentiert, ein ausgrenzender Nationalismus verspreche als politisches Angebot (scheinbaren) Schutz vor den negativen Folgen von Modernisierung und Globalisierung. Er werde von interessierten Kreisen aufgeladen mit Elementen tradierter fremdenfeindlicher, rassistischer und nationalistischer Ideologieanteile und sei besonders für solche Jugendlichen attraktiv, die sich als Verlierer der Entwicklungen sehen. Allerdings seien Begriffe wie »Rassismus« und »Neofaschismus« nicht immer geeignet, die spezifische Modernität neuerer rechter Strömungen aufzuzeigen. Deren (relative) Stärke liege in ihren Reaktionen auf krisenhafte Folgen des Modernisierungsschubs, den unsere Gesellschaften durchlaufen. Moderner Rechtsextremismus stelle die Angst vor einer chaotischen Zukunft und unkontrollierbarer Einwanderung in den Vordergrund und verbinde sie mit der Konkurrenz um Arbeitsplätze. Als Gegenbild zu einer »multikulturellen« Weltgesellschaft gelte die heile Welt eines deutschen Nationalstaates. Wohlstandschauvinismus verbinde sich mit tradiertem Rassismus und Faschismus. Globalisierung werde von Rechtsextremen als Bedrohung inszeniert, sozial schwächere Personen sind oft sehr real von Globalisierungsfolgen betroffen.

Das im Jahr 2004 von Gerd Steffens und Edgar Weiß herausgegebene Jahrbuch für Pädagogik versammelte über 20 Aufsätze zu Themen wie: Kinder in der globalisierten Welt, Weltdeutungen und Normativität, Weltmarkt und Bildung und zu einigen Handlungsfeldern der politischen Bildung. Insgesamt leistet der Band eine kritische Bestandsaufnahme, auch hinsichtlich des Globalen Lernens, dem geraten wird, eine präzisere Beschreibung der Weltverhältnisse zu liefern. Der Band selbst liefert dazu einige Mosaiksteine, konzeptionelle Neuentwicklungen scheinen aber nur an einigen Stellen durch. So etwa, wenn Wintersteiner (2004) Friedenspädagogik als Antwort auf Globalisierungsfolgen in den Mittelpunkt rücken will oder Butterwege (2004) nach einer Neubegründung von Solidarität ruft. Christoph Scherrer (2004) wendet den Blick und schaut auf eine Zukunft der Bildung, deren Warencharakter zunehme. Brand (2004) schließt an Seitz (2002a) an und fordert, dass dessen Perspektive auf weltgesellschaftliche Entwicklungen umgedreht auch Wirkungen von Globalisierung im innergesellschaftlichen Feld beachten müsse. Eine kritische Pädagogik globalisierungsbezogenen Lernens müsse die Verschiebung von gesellschaftlichen Machtverhältnissen im Blick haben. Die Umsetzung des Leitbildes der nachhaltigen Entwicklung wird von Brand in dem Jahrbuch als eher gescheitert betrachtet.

Die noch heute weit verbreitete Distanz von Autor*innen der politischen Linken zur Bildung für nachhaltige Entwicklung zeigt eine Traditionslinie, wenn Meueler (2004) ihre Ziele zu nicht einlösbaren Heilsversprechen erklärt. Gelegentlich wird dem Konzept der Nachhaltigkeit auch heute noch unterstellt, es sei ein hegemoniales Konzept (vgl. Danielzik 2013). Mit dem Hegemoniebegriff im Anschluss an Gramsci ist bekanntlich eine Form von Herrschaft verbunden, die diskursiv in der Lage ist, ihre Interessen als Allgemeininteressen zu definieren, etwa in Form von Vorstellungen über gesellschaftliche Entwicklungsrichtungen. Das Beziehungsgeflecht des Rio-Prozesses dürfte sich nicht so pauschal qualifizieren lassen (zur Kontroverse dazu Overwien 2013).

Bis zu diesem Zeitpunkt kamen Anregungen hinsichtlich globaler Fragen also eher aus einer kritischen Perspektive, die relativ abgegrenzt zum »Mainstream« agierte. Im Jahre 2005 tat sich dann tatsächlich etwas Neues. Wolfgang Sander nahm das Stichwort Globales Lernen in das zentrale »Handbuch politische Bildung« auf (Asbrand/Scheunpflug 2005). Zwar handelt es sich hier um eine Anleihe aus dem erziehungswissenschaftlichen Kontext, das Signal in Richtung politische Bildung war damit immerhin gesetzt.

Vertreter*innen der kritischen Politikdidaktik und Politikwissenschaft setzten sich dann in einem an der Universität Kassel entstandenen Sammelband nochmals mit den Grundfragen einer sich globalisierenden Welt auseinander (Steffens 2007). Der Band vereint sozialwissenschaftliche Analysen zum Globalisierungsprozess auf verschiedenen Ebenen. So werden die Folgen neoliberaler/neoklassischer Wirtschaftspolitik genauer beleuchtet und ansatzweise alternative Pfade angedacht. Fundamente möglicher alternativer Denkweisen liefert Scherrer (2007), der historische Linien globaler Prozesse nachzeichnet und Strukturen der internationalen Arbeitsteilung analysiert. Der Sammelband geht an verschiedenen Stellen über eine kritische Bestandsaufnahme deutlich hinaus, wenn etwa Brand (2007) Bildungsansätze aus weltweiten sozialen Bewegungen einbringt. Auch sei Demokratie neu zu denken, Alternativen seien auch im Bildungsprozess mit zu thematisieren. Einige konkrete Unterrichtsansätze in dem Buch zeigen beispielhaft, wie Globales Lernen politischer gedacht werden kann. Erstaunlich, aber leider nicht ganz untypisch für die kritischere Perspektive auf Globalisierung ist, dass die ökologische Krise in allen diesen Aufsätzen fast völlig ausgeblendet bleibt.

Erst 2009 gelang es, ein breiteres Spektrum von Politikdidaktikern mit Aussagen zu Globalisierungsfragen und ihrer Bearbeitung in der politischen Bildung zu versammeln. Dabei wird Globales Lernen in seinen Facetten dargestellt und Auswirkungen von Globalisierung auf Demokratie werden anhand verschiedener Perspektiven diskutiert. Dieterle und Scherrer (2009) gehen über Betrachtungen nationalstaatlicher Schulbildung hinaus und weiten den Blick auf eine international orientierte Hochschulbildung, indem sie eine globalisierte gewerkschaftliche Bildung thematisieren und dann konzeptionell rahmen. Ausführlich geht es auch um konkrete Bildungsansätze vor dem Hintergrund globalisierter Strukturen. Auch die Linien zur Bildung für nachhaltige Entwicklung werden nachgezeichnet (Overwien/Rathenow 2009).

Damit ist keineswegs ein widerspruchsfreies Werk entstanden, dies wäre aber angesichts der zu diskutierenden Probleme auch nicht möglich und mit Blick auf notwendige Kontroversen zum Entwickeln von Positionen auch nicht sinnvoll gewesen. Weitere politikdidaktische Publikationen setzten sich in der Folge eher mit Umsetzungsfragen Globalen Lernens auseinander (Moegling et al. 2010) und auch mit Überlegungen zum Mensch-Natur-Verhältnis (Peter et al. 2011).

Langsam scheint sich also auch in der politischen Bildung ein Denken zu verbreiten, das dazu beiträgt, die Tür des nationalen Bildungscontainers ein wenig zu öffnen. Dabei ist die Thematisierung globaler Fragen dort eigentlich nicht neu. Wolfgang Hilligen stellte schon in den 1960er-Jahren zeitdiagnostisch fest, dass »die weltweite Abhängigkeit aller von allen; die technische Massenproduktion, die es ermöglicht, Güter für alle zu schaffen; und die technischen Macht- und Vernichtungsmittel, die es nicht mehr erlauben, Gegensätze bis zur letzten Konsequenz auszutragen« (Hilligen 1961: 62), wesentliche Kennzeichen der Gegenwart seien. Manche Traditionslinien wurden durch Ignoranz und inhaltliche Enge verschüttet und es dauerte Jahre, sie wieder aufzunehmen.

Ein neuerer Sammelband zeigt, welche Facetten weltgesellschaftlicher Anforderungen für die politische Bildung existieren. Die Diskussionen über Global Governance, die veränderte Rolle von Nationalstaaten und zivilgesellschaftlicher Organisationen oder die sich verändernden Sozialisationsmuster erfordern Reflexionen über adäquate Inhalte und Formen der politischen Bildung (Sander/Scheunpflug 2011). Politische Bildung, so Ingo Juchler (2011) in einem der Aufsätze, müsse sich den Ambivalenzen eines Prozesses hin zu einer Weltgesellschaft stellen. Die Anerkennung »kultureller Andersheit« sei dabei in einer globalisierten Welt wesentlich.

Vor dem Hintergrund der Geltung universaler Menschenrechte betont der Autor, dass es dabei auch auf eine Auseinandersetzung mit dem Erbe des Kolonialismus ankomme. Entsprechende Fäden nimmt auch Wolfgang Sander (2011) auf. Er skizziert Konfliktlinien zwischen Kulturrelativismus und Universalismus und argumentiert, dass für die politische Bildung eine universalistische Grundorientierung wichtig sei, der die volle Gleichberechtigung aller Menschen zugrunde liege, und zwar als Menschen und nicht als Angehörige eines kulturellen Kontextes.

Hier sind deutliche Anknüpfungspunkte zwischen der politischen Bildung und dem Globalen Lernen erkennbar, deren konsequentere Aufnahme zu einer Internationalisierung der Sichtweisen in der formalen wie der non-formalen politischen Bildung führen könnte (vgl. Christoforatou 2016). Lösch knüpft an entsprechende Argumente an und konstatiert einen radikalen Wandel des Politischen angesichts der Veränderung globaler Beziehungen. Aus der Perspektive einer kritischen politischen Bildung fordert sie eine Neuausrichtung der politischen Bildung, die ein nationalstaatliches und eurozentrisches Denken hinter sich lässt. Als Herausforderungen sieht sie eine zunehmende Internationalisierung von Politik, verbunden mit einer Informalisierung, also einer Verlagerung von Entscheidungen in intransparente Netzwerkstrukturen. Die Rolle von Nichtregierungsorganisationen in der internationalen Politik müsse neu bewertet werden und die der multinationalen Unternehmen in kritische Analysen einfließen. Globales Lernen müsse als Antwort auf die mit Globalisierung verbundenen Prozesse politischer werden (Lösch 2011: 54ff.). Es ist zu hoffen, dass sich die Diskussionen weiter öffnen werden, zumal sich seit einigen Jahren eine kritische Strömung der politischen Bildung mehr und mehr in die einschlägigen Debatten einbringt (vgl. Lösch/Thimmel 2010).

## Globales Lernen und Bildung für nachhaltige Entwicklung (BNE)

In diesem Beitrag war an verschiedenen Stellen von Globalem Lernen die Rede, als einem Bildungsansatz, der die bisher skizzierten Sichtweisen in schulische und außerschulische Bildung einbringen kann. Deshalb soll kurz skizziert werden, was sich mit diesem Ansatz verbindet.

Bildungsansätze zum Globalen Lernen, die aus verschiedenen Richtungen komplexe globale Fragen erarbeiten, gibt es seit etwa 20 Jahren. Sie speisen sich aus gedanklichen Linien der entwicklungspolitischen Bildung, der Friedenspädagogik, der Menschenrechtsbildung, interkultureller Pädagogik, Ökopädagogik und des ökumenischen Lernens. Im Globalen Lernen werden Probleme und Perspektiven einer weltweiten Entwicklung thematisiert. Dabei stehen zumeist Chancen gemeinsamer Handlungsperspektiven von Süd und Nord im Vordergrund oder, in der traditionellen Begrifflichkeit, von Industrie- und »Entwicklungsländern«.[1]

Innerhalb des Globalen Lernens gibt es verschieden akzentuierte Ansätze. So zeigen sich etwa Unterschiede in der Frage, ob sich das Konzept auf eine Entwicklung zur Weltgesellschaft beziehe. Adick sieht dies skeptisch und spricht beim Globalen Lernen von einem Begriff, der Ansätze »mit weltbürgerlichen Perspektiven« vereine (Adick 2002).

Klaus Seitz geht es um die Entwicklung einer weltgesellschaftlich fundierten Bildungstheorie. Dabei gehe es um die Frage, »welche sozialwissenschaftlichen

---

[1] Diese Skizze Globalen Lernens findet sich in ähnlicher Form in Overwien 2015.

Theorien und gesellschaftstheoretischen Modelle zur Verfügung stehen, um den globalen sozialen Wandel zu interpretieren, und inwieweit dergleichen Globalisierungs- und Weltgesellschaftsmodelle in dieser Phase des Umbruchs Eckdaten und Hilfestellungen für eine überfällige pädagogische Auseinandersetzung zu geben vermögen« (Seitz 2002a, S. 453).

Seitz akzentuiert systemtheoretische Herangehensweisen und ergänzt sie um handlungstheoretische Elemente. Bezogen auf die festgestellte und exemplarisch diskutierte Komplexität weltgesellschaftlicher Herausforderungen analysiert er verschiedene Kompetenzmodelle und bewegt sich in Richtung exemplarischen Erfahrungslernens. Damit nähert er sich Überlegungen von Negt, der vor allem in der außerschulischen politischen Bildung Aufmerksamkeit genießt. Bei Negt geht es um den Erwerb gesellschaftlicher Kompetenzen, im Einzelnen sind dies: Identitätskompetenz, technologische Kompetenz, Gerechtigkeitskompetenz, ökologische Kompetenz, ökonomische Kompetenz und historische Kompetenz. Übergreifend kommt die Fähigkeit des Herstellens von Zusammenhängen dazu (vgl. Hufer et al. 2013: 80f.).

Ein weiterer Ansatz Globalen Lernens stellt das Thema globaler Gerechtigkeit in den Vordergrund und verbindet dies mit global-räumlichen Dimensionen und zu erwerbenden Kompetenzen. Asbrand/Scheunpflug (2005) betonen dabei, dass die angesprochenen Lernfelder eine Steigerung der Fähigkeit der Lernenden erfordern, mit Komplexität umzugehen. In der Bildungsarbeit gehe es gleichzeitig um eine Reduktion von Komplexität. Selby und Rathenow (2003) nehmen Überlegungen aus Großbritannien und Kanada auf und fassen Globales Lernen als ganzheitliches, ökologisches und systemisches Paradigma. Sie üben zunächst Kritik am vorherrschenden naturwissenschaftlichen Weltbild und setzen eine ökozentrische Perspektive einer anthropozentrischen gegenüber. Die von ihnen gesteckten Ziele Globalen Lernens sind etwa der Erwerb von Systembewusstsein, von Perspektivbewusstsein oder der Erwerb von »Bereitschaft, Verantwortung für die Erhaltung des Planeten zu übernehmen« und »Bewusstsein universellen Beteiligtseins [zu] fördern und Bereitschaft [zu] entwickeln, Verantwortung zu übernehmen« (vgl. Overwien/Rathenow 2009: 122f.). Sie gehen davon aus, dass Globales Lernen einen gesellschaftsverändernden Charakter haben müsse.

Globales Lernen setzt sich also insbesondere mit Fragen globaler Gerechtigkeit und mit dem Erwerb der Fähigkeit auseinander, einen Perspektivenwechsel vorzunehmen, insbesondere, nicht aber ausschließlich, bezogen auf Menschen in anderen Kontinenten. Es geht in allen Ansätzen, jeweils verschieden akzentuiert, um Kompetenzen für weltweite Veränderungsprozesse, Selby/Rathenow (2003) sprechen sogar von transformatorischer Bildung. Bisher werden derartige Ansätze hauptsächlich für Industrieländer diskutiert. In einigen Ländern des Globalen Südens gibt es anschlussfähige Debatten, die mit denen der Industrieländer noch wenig in Kontakt stehen. Innerhalb des UNESCO-Kontextes gibt es eine sich derzeit verstärkende Diskussion zu einer »Global Citizenship Education« (UNESCO 2013). Auch dies wird bereits aus der Perspektive kritischer Bildungsansätze diskutiert (Andreotti 2006).

Globales Lernen wird heute weitgehend als Teil der Bildung für nachhaltige Entwicklung (BNE) gesehen (vgl. Overwien 2014). Letzteres Bildungskonzept hat sich in Deutschland vor allem aus der Umweltbildung heraus entwickelt. Von dort aus hat sich Schritt für Schritt – seit Mitte der 1990er Jahre – das Konzept der nachhaltigen Entwicklung als Leitbild durchgesetzt. BNE soll den Erwerb solcher Kompetenzen fördern, die eine aktivere, reflektierte und kooperative Teilhabe an der Realisierung der Ziele einer nachhaltigen Entwicklung ermöglichen. In Deutschland geht es dabei um Gestaltungskompetenz als Zielvorstellung. Hier ist eine mehrdimensionale Kompetenzstruktur gemeint, die zunächst zur Kommunikation und Kooperation in einem komplexen gesellschaftlichen Umfeld befähigen soll (De Haan/Seitz 2001). Es geht nicht nur um bloße Reaktion auf Problemlagen, sondern um die Fähigkeit, »Zukunft selbstbestimmt gestalten zu können«. Gestaltungskompetenz wird dabei sowohl aus dem Leitbild der nachhaltigen Entwicklung, als auch bildungstheoretisch begründet (ebd.: 60). Gestaltungskompetenz, ausdifferenziert in Teilkompetenzen, soll eine zukunftsweisende und eigenverantwortliche Mitgestaltung einer nachhaltigen Entwicklung ermöglichen. Mitgestaltung ist hier bezogen auf alternative Lebensentwürfe, aber auch auf gesellschaftliche Beteiligungsmöglichkeiten gedacht. In diesem Verständnis können die Ziele des Nachhaltigkeitspostulates nur durch die aktive Gestaltung durch entsprechend kompetente Bürger realisiert werden. Dass dies keineswegs einfach ist, zeigt auch eine gutachterliche Stellungnahme des »Wissenschaftlichen Beirats der Bundesregierung für globale Umweltveränderungen« (WBGU). Gefordert wird hier eine gesellschaftlich breit verankerte »große Transformation« (WBGU 2011). Die wissenschaftlichen Diskussionen über Voraussetzungen und Konsequenzen beginnen gerade erst, auch die politische Bildung ist gefordert (vgl. Schneidewind/Singer-Brodowski 2013).

In den Curricula, auch der Fächer der politischen Bildung, finden sich in den letzten Jahren zunehmend globale Fragen und das Ziel nachhaltiger Entwicklung. Zum einen spiegeln sich hier wahrnehmbare gesellschaftliche Veränderungen. Zum anderen dürfte aber auch ein Papier der Kultusministerkonferenz Wirkungen entfaltet haben, ein mit Unterstützung des Bundesministeriums für wirtschaftliche Zusammenarbeit und Entwicklung erarbeiteter »Orientierungsrahmen für den Lernbereich globale Entwicklung« (KMK/BMZ 2007/2015). Dieses Papier schließt an Diskussionen des Globalen Lernens an und orientiert sich am Leitbild nachhaltiger Entwicklung. Es enthält ein eigenes Kompetenzmodell, das in vielfacher Hinsicht dem der BNE gleicht. Die dort formulierten Kompetenzen sind für Partizipation auch im globalen Rahmen höchst relevant. So geht es in der Struktur »Erkennen, Bewerten, Handeln«,[2] u.a. um den Erwerb von Fähigkeiten zu »Perspektivenwechsel und Empathie«, zur »Solidarität und Mitverantwortung«, zur

---

[2] Diese Struktur ähnelt dem Dreischritt Sehen-Beurteilen-Handeln von Hilligen, den die katholische Soziallehre seit den 1920er Jahren kennt und der auch in die lateinamerikanische Befreiungstheologie Eingang fand. Paulo Freire entwickelte daraus einen Lernzyklus vom »naiven Bewusstsein« hin zu einem »kritischen Bewusstsein« und dann zu einer »kritischen Praxis«.

»Handlungsfähigkeit im globalen Wandel« oder auch zur »Partizipation und Mitgestaltung« (ebd.).

## Ausblick

Politische Bildung muss sich verstärkt mit globalen Fragen auseinandersetzen. Dabei muss die Ambivalenz des Begriffs vom Globalen Lernen aufgelöst werden, der von interessierter Seite durchaus auch als Fitnessprogramm für die Bewältigung einer neoliberalen Globalisierung interpretiert werden kann. Zwar zeigt der Blick auf die durchaus unterschiedlichen Konzepte Globalen Lernens, dass überall globale Gerechtigkeit thematisiert, an vielen Stellen das zerstörerische Erbe des Kolonialismus diskutiert und über eine nachhaltige, an Postwachstumskonzepten orientierte Zukunft nachgedacht wird. Oftmals werden aber oberflächliche Anleihen beim Globalen Lernen eher in wenig politisch-analytischer Weise praktiziert. Bettina Lösch (2011) ist also zuzustimmen, dass Globales Lernen eindeutig politischer werden muss, um den gesetzten Zielen näher kommen zu können. Mehr als bisher muss Globales Lernen Ansätze migrationspädagogischer und rassismuskritischer Bildung einbeziehen. Damit müssen kritische Sichtweisen auf Globalisierung deutlicher verbunden werden, wie sie Christoph Scherrer (z.B. 2007) seit Jahren in die Diskussion einbringt.

Wie notwendig eine global bezogene politische Bildung ist, zeigt eine aktuelle Untersuchung der Universität Hannover. Die Befragung von Gymnasiastinnen und Gymnasiasten und Hauptschülerinnen und Hauptschülern ergab, dass beide Gruppen den Markt als einen kaum anzuzweifelnden Rahmen betrachten, wenn es um Dimensionen und Wirkungen der Globalisierung geht. Gesetzmäßigkeiten des Marktes werden als quasi natürlich und nicht hinterfragbar und somit auch nicht als gestaltbar gesehen (vgl. Fischer et al. 2015).

### Literatur
Adick, Christel (2002): Ein Modell zur didaktischen Strukturierung des Globalen Lernens. In: Bildung und Erziehung, 55, S. 397-416.
Andreotti, Vanessa (2006): Soft versus critical global citizenship education. In: Policy & Practice – A Development Education Review, 3, S. 40-51, www.developmenteducationreview.com/issue3-focus4 (Zugriff: 29.2.2016).
Asbrand, Barbara/Scheunpflug, Annette (2005): Globales Lernen. In: Sander, Wolfgang (Hrsg.): Handbuch politische Bildung, Schwalbach/Ts., S. 469-484.
Brand, Ulrich (2007): Globalisierung als Projekt und Prozess. Neoliberalismus, Kritik der Globalisierung und die Rolle politischer Bildung. In: Steffens, Gerd (Hrsg.): Politische und ökonomische Bildung in Zeiten der Globalisierung, Münster, S. 228-244.
Brand, Ulrich (2004): Nachhaltigkeit: ein Schlüsselkonzept globalisierter gesellschaftlicher Naturverhältnisse und weltgesellschaftlicher Bildung? In: Steffens, Gerd/Weiß, Edgar (Hrsg.): Jahrbuch für Pädagogik 2004. Globalisierung und Bildung, Frankfurt a.M. u.a., S. 113-128.

Butterwegge, Christoph (2004): Globalisierung als Herausforderung und Gegenstand der politischen Bildung. In: Steffens, Gerd/Weiß, Edgar (Hrsg.): Jahrbuch für Pädagogik 2004. Globalisierung und Bildung, Frankfurt a.M. u.a., S. 331-344.

Butterwegge, Christoph (2002): »Globalisierung, Standortsicherung und Sozialstaat« als Thema der politischen Bildung. In: Butterwegge, Christoph/Hentges, Gudrun (Hrsg.): Politische Bildung und Globalisierung, Opladen, S. 73-108.

Butterwegge, Christoph/Hentges, Gudrun (Hrsg.) (2002): Politische Bildung und Globalisierung, Opladen.

Christoforatou, Ellen (Hrsg.) (2016): Education in a Globalized World. Teaching Right Livelihood, Immenhausen.

Danielzik, Chandra-Milena (2013): Postkoloniale Perspektiven auf Globales Lernen und Bildung für nachhaltige Entwicklung. In: ZEP, Heft 1, S. 26-33.

De Haan, Gerhard/Seitz, Klaus (2001): Kriterien für die Umsetzung eines internationalen Bildungsauftrages. Bildung für eine nachhaltige Entwicklung (Teil 1). In: Zeitschrift »21 – Das Leben gestalten lernen«, Heft 1, München.

Dieterle, Christof/Scherrer, Christoph (2009): Globalisierung als Herausforderung und Chance gewerkschaftlicher Bildung. In: Overwien, Bernd/Rathenow, Hanns-Fred (Hrsg.) (2009): Globalisierung fordert politische Bildung, Opladen, S. 209-217.

Fischer, Sebastian/Fischer, Florian/Kleinschmidt, Malte/Lange, Dirk (2015): Globalisierung und Politische Bildung. Eine didaktische Untersuchung zur Wahrnehmung und Bewertung der Globalisierung, Wiesbaden.

Hilligen, Wolfgang (1961): Worauf es ankommt. Überlegungen und Vorschläge zur Didaktik der politischen Bildung. In: Gesellschaft – Staat – Erziehung, Zeitschrift für Gesellschaft, Wirtschaft, Politik, Bildung, Opladen, S. 339-359, hier nach Hilligen, Wolfgang (1976): Zur Didaktik des politischen Unterrichts II. Schriften 1950-1975, Opladen.

Hufer, Klaus-Peter/Länge, Theo W./Menke, Barbara/Overwien, Bernd/Schudoma, Laura (Hrsg.) (2013): Wissen und Können: Wege zum professionellen Handeln in der politischen Bildung, Schwalbach.

Juchler, Ingo (2011): Weltgesellschaft als Herausforderung für die politische Bildung. In: Sander, Wolfgang/Scheunpflug, Annette (Hrsg.): Politische Bildung in der Weltgesellschaft. Herausforderungen, Positionen, Kontroversen, Bonn, S. 399-416.

KMK/BMZ (2007/2015): Gemeinsames Projekt der Kultusministerkonferenz (KMK) und des Bundesministeriums für wirtschaftliche Zusammenarbeit und Entwicklung (BMZ): Orientierungsrahmen für den Lernbereich Globale Entwicklung im Rahmen einer Bildung für nachhaltige Entwicklung, Bonn, siehe: www.orientierungsrahmen.de (Zugriff: 29.2.2016).

Lillie, Anna-Lena/Meya, Jasper (2016): Beitrag der politischen Bildung zur Bildung für nachhaltige Entwicklung. In: Polis, Heft 1, S. 10-13.

Lösch, Bettina (2011): The Political Dimension of Global Education, Global Governance and Democracy. In: Journal of Social Science Education, 10, Heft 4, S. 50-58, www.jsse.org/index.php/jsse/article/viewFile/1184/1087 (Zugriff: 2.6.2016).

Lösch, Bettina/Thimmel, Andreas (Hrsg.) (2010): Kritische politische Bildung. Ein Handbuch. Schwalbach 2010.

Meueler, Erhard (2004): »Bildung für nachhaltige Entwicklung« – Rückblick in ideologiekritischer Absicht. In: Steffens, Gerd/Weiß, Edgar (Hrsg.): Jahrbuch für Pädagogik 2004. Globalisierung und Bildung, Frankfurt a.M. u.a., S. 361-373.

Moegling, Klaus/Overwien, Bernd/Sachs, Wolfgang (Hrsg.) (2010): Globales Lernen im Politikunterricht, Immenhausen.

Moegling, Klaus/Steffens, Gerd (2004): Beschauliche Innenansichten – Im Mainstream der Politikdidaktik. In: Polis, Heft 3/2004, S. 19-21.

Overwien, Bernd (2016): Globales Lernen & Bildung für nachhaltige Entwicklung. Behindert der Beutelsbacher Konsens thematische und methodische Innovation? In: Widmaier, Benedikt/Zorn, Peter (Hrsg.): Brauchen wir den Beutelsbacher Konsens? Bonn (im Erscheinen).

Overwien, Bernd (2015): Partizipation und Nachhaltigkeit – Innovationen für die politische Bildung. In: Harles, Lothar/Lange, Dirk (Hrsg.): Zeitalter der Partizipation, Schwalbach, S. 158-167.

Overwien, Bernd (2014): Umweltbildung und Bildung für nachhaltige Entwicklung. In: Sander, Wolfgang (Hrsg.): Handbuch politische Bildung, Schwalbach, S. 375-382.

Overwien, Bernd (2013): Falsche Polarisierung. Die Critical Whiteness-Kritik am Globalen Lernen wird ihrem Gegenstand nicht gerecht. In: Blätter des iz3w, Heft 8, S. 38-41.

Overwien, Bernd/Rathenow, Hanns-Fred (Hrsg.) (2009): Globalisierung fordert politische Bildung, Opladen.

Peter, Horst/Moegling, Klaus/Overwien, Bernd (2011): Politische Bildung für nachhaltige Entwicklung, Immenhausen.

Röll-Berge, Katharina (2015): Rezension zu Ohlmeier, Bernhard/Brunold, Andreas: Politische Bildung für nachhaltige Entwicklung. Wiesbaden 2014. In: Politikum, Heft 4 , S. 93-94.

Sander, Wolfgang (2011): Globalisierung der politischen Bildung – Herausforderungen für politisches Lernen in der Weltgesellschaft. In: Sander, Wolfgang/Scheunpflug, Annette (Hrsg.): Politische Bildung in der Weltgesellschaft. Herausforderungen, Positionen, Kontroversen, Bonn, S. 417-431.

Sander, Wolfgang/Scheunpflug, Annette (Hrsg.) (2011): Politische Bildung in der Weltgesellschaft. Herausforderungen, Positionen, Kontroversen, Bonn.

Scherr, Albert (2002): Rechtsextremismus und Globalisierung als Herausforderungen für die politische Jugendbildungsarbeit. In: Butterwegge, Christoph/Hentges, Gudrun (Hrsg.) (2002): Politische Bildung und Globalisierung, Opladen, S.163-180.

Scherrer, Christoph (2007): Globalisierung als grenzüberschreitende Restrukturierug der Arbeitsteilung. In: Steffens, Gerd (Hrsg.) (2007): Politische und ökonomische Bildung in Zeiten der Globalisierung, Münster, S. 18-34.

Scherrer, Christoph (2004): Bildung als Gegenstand des internationalen Handelsregimes. In: Steffens, Gerd/Weiß, Edgar (Hrsg.): Jahrbuch für Pädagogik 2004. Globalisierung und Bildung, Frankfurt a.M. u.a., S. 177-189.

Scherrer, Christoph/Dürmeier, Thomas/Overwien, Bernd (Hrsg.) (2011): Perspektiven auf die Finanzkrise, Opladen.

Schneidewind, Uwe/Singer-Brodowski, Mandy (2013): Transformative Wissenschaft.

Klimawandel im deutschen Wissenschafts- und Hochschulsystem, Marburg.
Seitz, Klaus (2002a): Bildung in der Weltgesellschaft. Gesellschaftstheoretische Grundlagen Globalen Lernens, Frankfurt a.M.
Seitz, Klaus (2002b): Lernen für ein globales Zeitalter. Zur Neuorientierung der politischen Bildung in der postnationalen Konstellation. In: Butterwegge, Christoph/ Hentges, Gudrun (Hrsg.) (2002): Politische Bildung und Globalisierung, Opladen, S. 45-58.
Selby, David/Rathenow, Hanns-Fred (2003): Globales Lernen: Praxishandbuch für die Sekundarstufe I und II, Berlin.
Steffens, Gerd (Hrsg.) (2007): Politische und ökonomische Bildung in Zeiten der Globalisierung, Münster.
Steffens, Gerd (2005): Weltwissen, Teilhabe, Lebenshilfe – woran orientiert sich politische Bildung? In: Jung, Eberhard (Hrsg): Standards für die politische Bildung. zwischen Weltwissen, Teilhabekompetenz und Lebenshilfe, Wiesbaden, S. 15-29.
Steffens, Gerd/Weiß, Edgar (Hrsg.) (2004): Jahrbuch für Pädagogik 2004. Globalisierung und Bildung, Frankfurt a.M. u.a.
UNESCO (2013): Outcome document of the Technical Consultation on Global Citizenship Education. Global Citizenship Education: An Emerging Perspective, http://unesdoc.unesco.org/images/0022/002241/224115e.pdf (Zugriff: 11.9.2014).
WBGU [Wissenschaftlicher Beirat der Bundesregierung Globale Umweltveränderungen] (2011): Welt im Wandel – Gesellschaftsvertrag für eine Große Transformation. Hauptgutachten, Berlin.
Wintersteiner, Werner (2004): Friedenspädagogik: die Pädagogik im Zeitalter der Globalisierung. In: Steffens, Gerd/Weiß, Edgar (Hrsg.): Jahrbuch für Pädagogik 2004. Globalisierung und Bildung, Frankfurt a.M. u.a., S. 313-330.

Devan Pillay / Michelle Williams
# Akademische Unabhängigkeit und Pluralität von Perspektiven
Das Netzwerk der *Global Labour University*

Christoph Scherrer kam im Jahre 2006 zum ersten Mal an unsere Universität, die *University of the Witwatersrand* in Südafrika. Er war Teil einer Delegation, die sich mit Kollegen über die Gründung der *Global Labour University*, kurz GLU, auf dem Campus austauschen wollte. Hier sollte der zweite Standort nach Deutschland entstehen, und wir alle waren von dem Konzept fasziniert. Dennoch waren einige unserer KollegInnen anfangs skeptisch gegenüber der GLU, da sie glaubten, dass es sich hierbei vielleicht neuerlich um einen einseitigen Transfer aus dem Norden handeln könnte. Und zwar mit Vorstellungen innerhalb der engen Grenzen der Modelle des 20. Jahrhunderts, welche die formelle und traditionelle Arbeit, korporatistische Sozialpartnerschaft und enge betriebliche Tarifverhandlungen privilegieren. Wir waren jedoch froh, als wir hörten, dass einige Mitglieder der Delegation eine »marxistische« Einstellung hatten und sensibel waren hinsichtlich der Beziehungen zwischen dem Globalen Norden und dem Globalen Süden. Eine dieser Personen war Christoph Scherrer. Das gab denjenigen von uns ein Gefühl von Anerkennung, die glaubten, dass die Herausforderungen unserer Zeit eine breite Berücksichtigung der Totalität des globalisierten Kapitalismus und seiner unterschiedlichen Auswirkungen auf die Welt, ob im Norden oder im Süden, verlangten.

Als wir mehr von der GLU hörten, stellten wir fest, dass es tatsächlich Raum für eine breitere und ganzheitliche Perspektive gab. Dieser Blickwinkel würde nicht nur die etablierte ArbeiterInnenklasse, die in Gewerkschaften organisiert ist, berücksichtigen, sondern auch informelle Arbeit und die breiteren sozialen und ökologischen Auswirkungen des globalen Kapitalismus. Mit anderen Worten kann man sagen, dass dieses Programm ein breites Spektrum von Perspektiven ermutigt, die sowohl kurzfristig »umsetzbare« Perspektiven (Turner 1980) als auch längerfristige Visionen ermöglichen, welche versuchen, die »Notwendigkeit des utopischen Denkens« (ebd.) am Leben zu halten.

Bezüglich der Beziehung mit AkademikerInnen und FunktionärInnen in der Gewerkschaftsbewegung wie auch in der ILO vertrat Christoph Scherrer den Grundsatz, intellektuelle und akademische Unabhängigkeit zu erhalten. Dieser Anspruch beinhaltet einige Schwierigkeiten, da Gewerkschaften und Institutionen daran interessiert sind, die Ziele zu erreichen, die sie in ihren eigenen, oft kurz- bis mittelfristigen Referenzrahmen festgelegt haben – AkademikerInnen hingegen auf dem Recht bestehen, frei und in längerfristigeren Zeithorizonten zu denken. Mit anderen Worten ließe sich sagen, dass sie nicht das Instrument des Staates, von Unternehmen oder der Zivilgesellschaft sein wollen. Zugleich möchten sie als progressive WissenschaftlerInnen ausreichend mit den Anliegen der ArbeiterInnenklasse verwurzelt bleiben, die Gewerkschaftsbewegung und ihre institutionellen Verbündeten, wie die ILO, eingeschlossen. Die andere Dimension dieser intellektuellen Unabhängigkeit liegt im Akademischen selbst: WissenschaftlerInnen kommen aus einer Vielzahl von intellektuellen Traditionen und Fachgebieten, die entweder produktiv oder destruktiv für ein solches Netzwerk sein können. Innerhalb des GLU-Netzwerks gibt es eine Reihe von intellektuellen Traditionen aus den Wirtschafts- und Sozialwissenschaften, die unterschiedliche marxistische, keynesianische, sozialdemokratische und sozialistische Perspektiven beinhalten. Um die spannende Mischung aus Organisationen und intellektuellen Traditionen noch weiter zu verkomplizieren, umfasst das GLU-Netzwerk sowohl PartnerInnen aus dem Globalen Süden als auch aus dem Globalen Norden. Dieser Umstand führt zu einer einzigartigen Eigendynamik, die etwa mit der unterschiedlichen Geschichte der jeweiligen Länder, der ungleichen Finanzierung, den einzigartigen intellektuellen Traditionen und Sprachproblemen zu tun hat. Es ist nicht zuletzt dank der Bemühungen Christoph Scherrers gelungen, dass die Vielzahl von Institutionen, intellektuellen Traditionen, Interessen, historischen Entwicklungspfade und Besonderheiten der Länder, welche das GLU-Netzwerk bilden, produktiv und nicht destruktiv waren und sind.

Tatsächlich konnten die GLU und das *International Centre for Development and Decent Work* (ICDD) mit diesen fest verankerten Grundsätzen wachsen. Ganz in diesem Sinne wollen wir hier eine Perspektive anbieten, die die organisatorische und intellektuelle Pluralität des GLU-Netzwerks herausstellt, für die sich Christoph Scherrer immer eingesetzt hat. Das GLU-Programm in Südafrika[1] hat Perspektiven gefördert, die über die traditionellen marxistischen und keynesianischen Denkansätze hinausgehen, welche die ArbeiterInnenbewegung dominiert haben. Das südafrikanische Programm startete damit, das starke Wachstumsparadigma infrage zu stellen, welches im 20. Jahrhundert den Nachkriegskonsens zwischen allen modernistischen Paradigmen untermauert hatte. Deren Ursprungslinien reichen bis auf frühe DenkerInnen der Antike zurück.

## Mit den Orthodoxien des 20. Jahrhunderts brechen

Pillay (2014) argumentiert, dass im 20. Jahrhundert der Glaube weit verbreitet war, dass Marx als Denker der Aufklärung nach Art von Prometheus an die Kraft von Wissenschaft und Technik glaubte. Der Fortschritt der historischen Entwicklung führt zu immer höheren Stufen – von der Sklaverei, über den Feudalismus zum Kapitalismus und dann schließlich zum Sozialismus und Kommunismus. Unter diesem Blickwinkel war kapitalistisches Wirtschaftswachstum ein revolutionärer Fortschritt gegenüber dem Feudalismus, trotz seiner zerstörerischen For-

---

[1] Zum Programm der Global Labour University Südafrika siehe www.global-labour-university.org/3.html und www.global-labour-university.org/3.html.

men. Doch der Kapitalismus hatte bekanntlich seinen eigenen Totengräber in der ArbeiterInnenbewegung, die das System unweigerlich stürzen würde. Die Brutalität der Prozesse der Akkumulation durch Enteignung und die Transformation ländlicher BäuerInnen in ein städtisches Proletariat würden schließlich zur sozialistischen Revolution führen. Die städtische ArbeiterInnenklasse würde zur neuen herrschenden Klasse werden, welche den Kampf für den Sozialismus anführt. Das war die vorherrschende leninistische Version des Marxismus, ob bei StalinistInnen oder TrotzkistInnen – obwohl diese stark durch den Maoismus kritisiert wurde, bei dem die ländliche Bauernschaft an der Spitze der Revolution steht.

Die andere Kontroverse lag in der Frage, ob das Proletariat während der bevorstehenden kapitalistischen Krise automatisch ein revolutionäres Bewusstsein (von einer Klasse an sich zu einer Klasse für sich) entwickeln würde. Oder ob es umgekehrt notwendig sei, ein solches Bewusstsein durch professionelle RevolutionärInnen, geschult durch die ArbeiterInnenparteien, von außen zu induzieren. Vor einem Jahrhundert erinnerten vorsichtige MarxistInnen wie Rosa Luxemburg die Linke daran, dass Marx nicht daran glaubte, dass die kapitalistische Krise unvermeidlich in den Sozialismus führt; Barbarei sei auch eine Option (McLellan 2007).

Als der Kapitalismus in der Vergangenheit schwere Krisen der Rentabilität und Legitimität durchlief, führten Revolutionen häufig zu dramatischen Veränderungen. Diese waren entweder reaktionärer Art, wie etwa der Aufstieg faschistischer Barbarei, oder sozialistische Revolutionen »von unten« (wenn nicht in Realität, dann prinzipiell), die zumindest vom Anspruch her allgemeinen gesellschaftlichen Wohlstand und insbesondere solchen für die subalternen Klassen anstrebten.

Der sozialdemokratisch-parlamentarische Weg brachte ebenfalls sozialen Wandel mit sich, insbesondere in den skandinavischen Ländern nach dem Zweiten Weltkrieg, allerdings in friedlicherer Form. Seit den späten 1970er Jahren höhlte die neoliberale Gegenoffensive den größten Teil der Wohlfahrtsstrukturen, die in diesen Ländern eingeführt worden waren, aus. Zentrale wohlfahrtsstaatliche Elemente blieben allerdings intakt. Nach dem Fall der Berliner Mauer im Jahr 1989 haben die osteuropäischen Ländern die neoliberale Agenda übernommen, ebenso wie die meisten anderen Länder in der Welt. Keines dieser »Experimente« (Sozialdemokratie oder Staatskapitalismus/Sozialismus) hat jedoch das volle Ausmaß der sozialen und ökologischen Grenzen des Wachstums identifiziert, die aktuell im Vordergrund stehen. Und alle Strategien waren etatistisch, setzten also auf den Staat als Motor von Veränderungen.

Trotz einiger Unterschiede konvergieren alle etatistischen Alternativen in Bezug auf zentrale Glaubenssätze: der Glaube an die Wunder der Wissenschaft und Technik, der aus der westlichen Moderne und der Zweck-Mittel-Rationalität entstand (mit Wurzeln in der griechischen Philosophie der Antike und dem römisch-christlichen Glauben an die Beherrschung der Natur); die Nutzung fossiler Brennstoffe und natürlicher Ressourcen als freie Geschenke der Natur; steigende Produktion (gemessen am steigenden BIP) und gleicher Konsum für alle; sowie die Ergreifung der Staatsmacht durch eine ArbeiterInnenpartei und deren verbündete Organisationen (wie Gewerkschaften und andere gesellschaftliche Kräfte). Selbstverständlich schmiedeten sozialdemokratische Parteien einen keynesianischen Kompromiss zwischen Kapitalismus und Sozialismus und veränderten, um Wahlen zu gewinnen, die Form der Partei hin zu einer effektiven Wahlmaschine.

Der Aufstieg der Politik der »Neuen Linken« in den 1960er Jahren (zunächst in Westeuropa und Nordamerika) war eine Reaktion sowohl auf das Versagen des korporatistischen Kapitalismus im Westen als auch des Staatskapitalismus bzw. des Etatismus verkleidet als Sozialismus in Osteuropa. Die Neue Linke entstand inmitten einer Reihe von sozialen und politischen Unruhen, einschließlich der sowjetischen Invasion in der Tschechoslowakei, der kubanischen Revolution und der anschließenden Kubakrise infolge der Stationierung von sowjetischen Mittelstreckenraketen, der Antikriegsbewegung in Solidarität mit Vietnam, der US-Bürgerrechtsbewegung, der StudentInnenunruhen und einer Ablehnung der bürokratischen, patriarchal-konservativen und materialistischen Werte des westlich-christlichen Kapitalismus. Ein Ausdruck der Neuen Linken war die Hippie-Bewegung und die Pop-Kultur, die persönliche Freiheiten betonte.

Die Neue Linke bekannte sich im Großen und Ganzen zu einem kritischeren und offeneren Marxismus als Alternative zum autoritären marxistisch-leninistischen Stalinismus ohne Zukunft, der in Osteuropa und China praktiziert wurde. Hierzu gehörte auch das Werk von Gramsci, dessen Konzepte von ArbeiterInnenkontrolle durch ArbeiterInnenräte mit den Ideen partizipativer Demokratie von Rick Turner in Südafrika zusammenkamen. Beide hatten einen starken Einfluss auf die studentischen AktivistInnen in Südafrika, welche Teil der neu aufflammenden Gewerkschaftsbewegung in den 1970er Jahren wurden. Ebenso wurden sie Teil der zivilgesellschaftlichen Organisationen, die in den 1980er Jahren der United Democratic Front (UDF) und anderen Bündnissen angehörten.

Turner[2] war in den späten 1960er und frühen 1970er Jahren ein sehr beliebter und einflussreicher Dozent für Politikwissenschaft an der Universität von Natal, bevor er durch das Apartheid-Regime entrechtet und später ermordet wurde. Er befürwortete Kontrolle durch die ArbeiterInnen sowohl in den Gewerkschaften als auch in den Betrieben. Beides sei ein Sprungbrett, um eine partizipative Demokratie in der gesamten Gesellschaft umzusetzen. Im Gegensatz zum traditionellen Etatismus im Großteil der »sozialistischen« Welt dieser Zeit entwickelte er eine sozialistische Vision, in deren Zentrum die Gesellschaft stand. Sein Konzept eines offenen Marxismus, der in erster Linie von Jean-Paul Sartres *Kritik der dialektischen Vernunft* beeinflusst war, wurde durch einen »transzendenten« (oder man könnte auch sagen »spirituellen«) Charakter bereichert, der an Gewaltlosig-

---

[2] Diese knappen Ausführungen basieren auf Turners wegweisendem Buch *The Eye of the Needle* in der Ausgabe von 1980, das eine biografische Einführung von Tony Morphet enthält, sowie einer Masterarbeit von William Hemingway Keniston (2010), der Turners Arbeiten im Lichte der Entwicklungen der letzten 30 Jahre sowie vielfältiger Rezeptionen und Einflüsse diskutiert. Hier sind nur diejenigen Ideen vorgestellt, die sich auf die Argumente dieses Kapitels beziehen.

keit, universelle Liebe und die Einheit zwischen der inneren und äußeren Transformation glaubte.

Das folgende Zitat aus seinem einflussreichen Werk *Eye of the Needle – Participatory Democracy in South Africa* erfasst Turners Begriff der ArbeiterInnendemokratie. Der Buchtitel ist ein biblischer Bezug auf den angeblichen Ausspruch von Jesus, dass eher ein Kamel durch ein Nadelöhr geht, als dass ein Reicher in das Reich Gottes gelangt.

»Workers' control is not only a means whereby I can control a specific area of my life. It is an educational process in which I can learn better to control all areas of my life and can develop both psychological and interpersonal skills in a situation of co-operation with my fellows in a common task ... participation in decision-making, whether in family, in the school, in voluntary organisations, or at work, increases the ability to participate and increases the competence on the part of the individual that is vital for balanced and autonomous development. Participation through workers' control lays the basis for love as a constant rather than as a fleeting relationship between people.« (Turner 1980: 39)

In vielerlei Hinsicht bezog er sich auf das von Che Guevara formulierte Konzept der revolutionären Liebe.

»At the risk of seeming ridiculous, let me say that the true revolutionary is guided by a great feeling of love. It is impossible to think of a genuine revolutionary lacking this quality.« (1965)

Wenn sozialistische »Liebe« bedeutet, über uns selbst als Individuen hinauszuwachsen und die ganze Menschheit und die nicht-menschliche Natur zu umarmen, dann gibt es tatsächlich keinen Unterschied zu den »spirituellen« Ideen, welche von religiösen PhilosophInnen zum Ausdruck gebracht werden. Einige stellen sich externe Gottheiten als die Verkörperung der allumfassenden Liebe vor, während andere wie die Samkhya-Schule und Buddha (siehe unten) davon überzeugt sind, dass die Befähigung dazu *in* jedem von uns zu finden ist. Turner verbindet ohne Schwierigkeiten Marxismus und das »Spirituelle«, ohne notwendigerweise einen Theismus oder den Glauben an externe Gottheiten zu befürworten.

Wie wir noch zeigen werden, beeinflussen östliche und andere traditionelle Religionen, wie die von verschiedenen indigenen Völkern in Amerika (*buen vivir* oder *Sumak Kawsay*) und Afrika (*ubuntu*), viele der ökosozialistischen Ansätze. Diese konvergieren in der Bewegung für Solidarische Ökonomie, in der transformativen Politik, in der *Degrowth*-Bewegung und in Überlegungen zum Glücklichsein, Zufriedenheit und lokaler buddhistischer Ökonomik. Während der ökologische Marxismus einige Unterschiede zu diesen Perspektiven aufweist, gibt es keine unüberbrückbaren Differenzen zwischen ihnen.

Es folgt eine kurze Ausarbeitung dieser Verbindungen, insbesondere mit Bezug auf Marx' Schriften, wodurch aufgezeigt wird, dass Marx als fürsorglicher Humanist verstanden werden kann (im Gegensatz zum kühlen »Wissenschaftler«, wie er im Leninismus des 20. Jahrhundert dargestellt wird). Marx' Theorie der Entfremdung hat hiernach eine stark »spirituelle« Bedeutung und sein Streben nach sozialer Gleichheit und menschlicher Entwicklung steht stark in Verbindung mit den Sehnsüchten der alten Philosophen, die nach dem Ende des Leidens der Menschen (und oft auch der Tiere) suchten.

## Antike Wurzeln, modernes Wiedererwachen

Wenn man Alternativen zum hegemonialen Paradigma in Betracht ziehen will, ist es notwendig, tiefer nach den Wurzeln der Moderne zu suchen und einige der Grundüberzeugungen des 20. Jahrhunderts fundamental infrage zu stellen. Eine ökomarxistische oder ökosozialistische Perspektive, die sowohl versucht, unser Verständnis über die Verheißungen und Gefahren der Moderne zu vertiefen, als auch Brücken zu anderen Paradigmen mit gegenhegemonialem Potenzial zu bauen – egal ob säkular oder religiös –, muss sich notwendigerweise mit den Erkenntnissen der Philosophien der Achsenzeit (um 800–200 v. Chr.) auseinandersetzen. Diese Philosphien sind selbst eine Reaktion auf wachsende Klassenherrschaft und Ungleichheit in ihrer Zeit.

Durch die Betonung von universeller Liebe, Respekt für alle Menschen und die Natur, sozialer Gleichheit und sozialer Gerechtigkeit für alle, wichen diese Ansätze von eher stammbezogenen, patriarchalen und gewaltförmigen religiösen Dogmen und der Praxis ihrer Zeit ab. Hierbei hoben sie stark die persönliche Befreiung von Leiden als eine wichtige Voraussetzung für die Befreiung anderer hervor. Bestimmte Kernaussagen, welche die Gedanken zusammenfassen und später vom Christentum im Westen verbreitet wurden, enthalten diesen Ansatz: »Was Du nicht willst, das man Dir antut, das füg' auch keinem andern zu.« und »Liebe Deinen Nächsten wie Dich selbst« (siehe Armstrong 2006).

In modernen Begrifflichkeiten handelt es sich hierbei um sozialistische Gebote mit einem starken pazifistischen Einschlag, zusammengefasst durch die Sichtweise, auch die »andere Wange hinzuhalten«. Sie entstanden aus der Klage der ProphetInnen und PhilosophInnen, die die gewaltsamen Umwälzungen in ihren Gesellschaften beobachten konnten. Diese Umwälzungen waren Resultat des Aufstiegs von Privateigentum, Patriarchat, Geld, Gier und dem Ich als dominierende Prinzipien, welche die solidarischeren Daseinsweisen, die wesentlich auf sozialer Gleichheit basierten, zuvor überwunden hatten; ähnlich dem, was Marx als »Urkommunismus« beschrieb.[3] Der marxistische Wissenschaftler Chattopadhyaya (1970) gibt eine detaillierte Darstellung darüber, wie Buddha in Indien soziale Gleichheit, Gewaltlosigkeit und Demokratie von klassenlosen Stammesgesellschaften erlernte, die zu diesem Zeitpunkt von den auf Klassenherrrschaft beruhenden Königreichen bedroht, geplündert und unterjocht wurden.

---

[3] Wir romantisieren »indigene« Traditionen nicht und sehen, dass viele auf dem Patriarchat sowie auf Macht- und Wohlstands-Hierarchien beruhen. Der Punkt hier ist, dass es lange Traditionen von solidarischen, zwischenmenschlichen Beziehungen gibt, die sich fundamental von denen besitzhungriger Individuen in den modernen Zeiten unterscheiden.

Diese Philosophien wurden in religiösen Bewegungen aufgenommen bzw. verbreitet, wie im Hinduismus, im Buddhismus, im Jainismus, im Taoismus, im Konfuzianismus, im Judentum, im Christentum und im Islam. Zugleich tragen sie jedoch wenig Verantwortung für stammesförmige, patriarchale und unterdrückende Lehren und Praktiken, die mit diesen Religionen durch die Geschichte hindurch assoziiert werden (genauso wenig wie Marx Verantwortung für die unzureichenden Theorien und Praxen verschiedenster Schattierungen unter dem Begriff Marxismus trägt).

Während Marx vor der Religion als »Opium des Volkes« warnt, war seine Kritik viel differenzierter als diese Aussage. Er sah in der Religion den »Seufzer der bedrängten Kreatur«, genauer gesagt, das »Stöhnen der arbeitenden Kreatur«, oder das »Gemüt einer herzlosen Welt« und den »Geist geistloser Zustände« (zitiert in Duchrow und Hinkelammert 2012: 244). Marx als Atheist glaubte nicht, dass Religion unterdrückt werden sollte, aber er fühlte, dass mit dem Aufstieg eines humanistischen Atheismus, in dem alle Menschen sich im Einklang mit den Naturgesetzen zu ihrem vollen Potenzial entwickeln können (eine Art nachhaltiger menschlicher Entwicklung im Kommunismus), Religion schließlich aussterben würde. Mit anderen Worten würde der »Geist« der religiösen Spiritualität durch den »Geist« des atheistischen Sozialismus ersetzt werden, in dem Entfremdung von sich selbst, den Mitmenschen, der Natur, Produktion und Konsum überwunden werden würde (Fromm 1961). Die metabolische Kluft zwischen Mensch und Natur sowie im weiteren Sinne zwischen den Menschen und ihrem individuellen und kollektiven Selbst (die Teil der Natur sind) würde wiederhergestellt werden (Foster 2009).

Marx sehnte sich danach, »alle Verhältnisse umzuwerfen, in denen der Mensch ein erniedrigtes, ein geknechtetes, ein verlassenes, ein verächtliches Wesen ist« (Marx 1976 [1843]: 385; Duchrow/Hinkelammert 2012: 245). Er glaubte daran, dass Arbeit und Natur die einzigen Quellen von Wert sind (Marx 1964 [1894]). In diesem Sinne könnte man sagen, dass er die Wiederherstellung der Seele bzw. des Geistes in einer besseren Welt auf der Grundlage von sozialer und ökologischer Gerechtigkeit befürwortete. Sein atheistischer Humanismus mit »spiritueller« sozialistischer Vision, der sich um das menschliche Wohlergehen der gesamten Menschheit dreht, hat viel gemeinsam mit den Ideen von Buddha (ca. 400 v. Chr.), der sich auf die rationalistische und atheistische Samkhya-Schule der Hindu-Philosophie bezog (ca. 800 v. Chr.) (Armstrong 2006). Tatsächlich erklärte der Dalai Lama, das geistliche Oberhaupt des tibetischen Buddhismus, auf einer Reihe von Gelegenheiten zu sozioökonomischen Fragen: »Ich bin ein Marxist« (Smithers 2014).

Dieses transzendente Denken, zusammen mit neueren Traditionen in Feminismus, indigenen Gemeinschaften und der demokratischen Linken im Allgemeinen, zeigt alternative Wege weg von der hierarchischen und patriarchalen Politik des 20. Jahrhunderts auf, die eng auf den Staat fokussiert und auf herkömmliche Ideen der Wachstumstretmühle aus Produktion und Konsum rekurriert. Heute werden Alternativen stärker anerkannt, wenn sie *allen* Menschen auf der Welt zugutekommen und die natürliche Umwelt für heutige und zukünftige Generationen erhalten. Diese Alternativen müssen Substanz haben und über die Interessen des Staates, des Marktes und der politischen und wirtschaftlichen Eliten hinausgehen. Es besteht die Notwendigkeit für einen Entwicklungspfad, der sich an der Gesellschaft orientiert, was bedeutet, die Macht der BürgerInnen als Akteure ihres eigenen Schicksals freizusetzen und den Staat und den Markt dem gesellschaftlichen Allgemeinwohl unterzuordnen. Die Herausforderung besteht darin, ein partizipatives System von Politik und Wirtschaft für die Menschen und in Harmonie mit der Natur zu errichten.

Es gibt eine Reihe von Beispielen für Initiativen mit einer solchen gesellschaftlichen Orientierung, wie Ernährungssouveränität, Solidarische Ökonomie und ArbeiterInnengenossenschaften. Beispielsweise entstand auf der Suche nach menschlicheren Ansätzen für wirtschaftliche Tätigkeit, welche die kapitalistische Form von Produktion, Konsum und Finanzen infrage stellt, in den 1990er Jahren in Lateinamerika die Solidarische Ökonomie (Williams 2014; Satgar 2014). Auch unterstützt das brasilianische Forum der Solidarischen Ökonomie Produktionsstätten in der Hand der Beschäftigten, nämlich AbfallsammlerInnen, KleinbäuerInnen und Bekleidungs- und Textilgenossenschaften durch eigene Märkte und Benefizkonzerte. Ein weiteres Beispiel sind die Anstrengungen argentinischer besetzter Fabriken, um solidarische Beziehungen für Produktion, Vertrieb und Konsum zu schaffen. Tatsächlich ist die Solidarität unter besetzen Fabriken durch Wissensaustausch, finanzielle und rechtliche Unterstützung sowie durch gemeinsame Raumnutzung ein wichtiger Bestandteil für das Überleben der Fabrikbesetzungen in Argentinien. Ein anderes Beispiel ist die neunzig Jahre alte Baugenossenschaft Uralungal im indischen Kerala, die Pionierarbeit bei demokratischer Entscheidungsfindung und kollektivem Eigentum im Bausektor leistete. Die Genossenschaft hat nicht nur die Branche geöffnet, sondern nutzt auch ihren Einfluss, die Politik des Staates zu verändern, damit Genossenschaften bei staatlich finanzierten Infrastrukturprojekten begünstigt werden. Aus dem Verständnis heraus, die Gesellschaft insgesamt verändern zu wollen, wurden darüber hinaus über viele Jahre andere Baugenossenschaften gefördert, um alternatives Wirtschaften im Bausektor zu erhöhen. Entscheidend bei all diesen Aktivitäten ist die zentrale Rolle der ArbeiterInnen, woraus sich wichtige Verknüpfungen zu unserem Lehrplan im Programm der GLU herleiten. Bei dieser Suche nach Alternativen entwickelte die Solidarische Ökonomie die Grundprinzipien der demokratischen Selbstverwaltung, Umverteilung, Solidarität und Gegenseitigkeit, in denen es kein vordefiniertes Ziel gibt. Vielmehr handelt es sich um einen kontinuierlichen Prozess der (Re-)Produktion von sozialen Beziehungen auf der Grundlage demokratischer Praktiken, lokaler *bottom-up*-Experimente, Umverteilung, Solidarität, Gegenseitigkeit und sozialer Gerechtigkeit.

Das oben diskutierte transzendente Denken reflektierend, versucht die Solidarische Ökonomie (im Gegensatz zum besitzergreifenden Individualismus der konsumorientierten Kultur der Moderne) neue VerbraucherInneneinstellungen zu fördern, die Regulierung des Finanzsektors voranzutreiben, Strukturen und Ausübung politischer Macht zu verändern und nachhaltige Beziehungen zwischen menschlichen Aktivitäten und der natürlichen Umwelt zu schaffen. Letztendlich wird versucht, durch konkrete Praktiken einen Ethos der Reziprozität, Umverteilung und engagierten BürgerInnen zu formen. Während die solidarische Ökonomie über den Kapitalismus hinausgehen will, kommt die Quelle der Energie aus den konkreten Erfahrungen der Genossenschaften und der Gemeinschaftsinitiativen. Das Beispiel der südafrikanischen Bewegung für Solidarische Ökonomie zeigt, wie bewusst mit KleinbäuerInnen und LandarbeiterInnen in der Kampagne für Ernährungssouveränität gearbeitet wurde, um Verknüpfungen zwischen dem städtischen Lebensmittelkonsum und kooperativen Formen der Nahrungsmittelproduktion herzustellen. Da mehr als die Hälfte der Bevölkerung in Südafrika von Ernährungsunsicherheit betroffen ist, sind Fragen des Zugangs, der Produktion und des Verbrauchs von gesunder und kulturell angemessener Nahrung für jede Alternative von zentraler Bedeutung. Die Handlungsfähigkeit dieser Initiative zeigte sich in ihrem *Food Festival* im Jahre 2015, das mehr als 250 Menschen zusammenbrachte. Diese waren in der gemeinsamen Anstrengung vereint, Ernährungssouveränität in Südafrika durch die Schaffung ökologischer Landwirtschaft im Eigentum der ArbeiterInnen herzustellen. Diese Erfahrungen lehren uns auch, dass menschliche Entwicklung in Solidarität mit individuellen Wünschen, Verwurzelung in Gemeinschaft und mit der Natur möglich ist. Die Rolle des Staates ist ebenfalls von entscheidender Bedeutung bei der finanziellen Unterstützung und dem Zugang zu Märkten – durch die Entwicklung günstiger politischer Rahmenbedingungen und weiterer Voraussetzungen für prosperierende Marktbeziehungen in der Solidarischen Ökonomie.

Zusammengefasst strebt die Solidarische Ökonomie durch die Schaffung neuer Wege von ineinandergreifenden wirtschaftlichen Aktivitäten die Überwindung des Kapitalismus an. Diese Vision erfordert Solidarität unter den MitarbeiterInnen einzelner Unternehmen, zwischen Unternehmen, Einzelpersonen und der lokalen Gemeinde. Die Solidarische Ökonomie fördert auch kollektives Eigentum, um sicherzustellen, dass alle innerhalb eines bestimmten Unternehmens und der Gesellschaft im Ganzen von den Vermögenswerten und den Ressourcen profitieren. Kollektiveigentum bedeutet auch Selbstverwaltung, welche den Mitgliedern (Frauen und Männern) die Macht gibt, sich auf gleicher Augenhöhe an der Entscheidungsfindung zu beteiligen und Verantwortung zu übernehmen. Selbstmanagement erfordert Bildung und kontinuierliche Aus- und Weiterbildung. Weiterhin ist die Kontrolle über das Kapital ein Wesensmerkmal, das einzelnen Unternehmen, der größeren Solidarischen Ökonomie und der Gesellschaft hilft, Vorteile zu sichern. Das beinhaltet auch die Entwicklung von Mechanismen, um Kapital von unten aufzubauen und es einer demokratischen Kontrolle zu unterwerfen, sodass Vision, Werte und Grundsätze der Solidarischen Ökonomie die Kreditvergabe beeinflussen. Es ist offensichtlich, dass eine Solidarische Ökonomie nicht nur eine strukturelle Herangehensweise ist, um gesellschaftlichen Wandel herbeizuführen, sondern auch eine, die tief in menschlichen Beziehungen eingebettet ist. Diese Werte, die sich am Menschen orientieren, sind entscheidend, um das Wohlbefinden der Menschen, Zusammenarbeit, Vertrauen, Reziprozität und Umverteilung sowie eine Ethik der sozialen Gerechtigkeit zu befördern. Elemente der Solidarischen Ökonomie werden an den verschiedensten Orten praktiziert, wie z.B. in Brasilien, im deutschen Nordhessen, im kanadischen Quebec, im indischen Kerala, im spanischen Mondragón mit der gleichnamigen Genossenschaft und in der italienischen Emilia-Romagna und Trentino. Eine der wichtigsten Stärken der GLU im südafrikanischen Wits ist die Art und Weise, in der es Alternativen in das Curriculum der Gewerkschaften einführt. Im Abschlusskurs für GewerkschafterInnen gibt es zum Beispiel ein eigenes Modul zu Alternativen, das die Teilnehmenden herausfordert, jenseits ihrer betrieblichen Themen über Fragen der Reproduktion von Familie, Gemeinschaften und Gesellschaft durch alternative Produktionsformen nachzudenken. Alle diese Experimente versuchen, alternative Wirtschaftsbeziehungen zu entwickeln, welche die Ökonomie den sozialen Bedürfnissen unterordnet. Einige glauben an die Abkopplung vom kapitalistischen Markt. Andere sehen im Markt den einzigen Weg, um unter den gegenwärtigen Bedingungen zu überleben, aber auch sie halten am Ziel fest, ein anderes Wirtschaft- und Gesellschaftssystem zu erschaffen. Alle suchen nach humanistischeren Ansätzen für die menschliche Existenz. Das Programm der GLU ist der Überzeugung, dass Gewerkschaften eine wichtige Rolle in diesem Prozess spielen und dass GewerkschafterInnen mit diesen Alternativen konfrontiert werden sollten.

**Fazit**

Diese kurzen Reflexionen über die Herausforderungen, welche der ArbeiterInnenklasse im Allgemeinen und der ArbeiterInnenbewegung im Besonderen gegenüberstehen, fordern die dominierenden Paradigmen im 20. Jahrhundert heraus und zeigen alternative Entwicklungsweisen im 21. Jahrhundert auf. Diese Reflexion ist zugleich auch eine Würdigung der intellektuellen Vielfalt, welche durch die GLU und das ICDD gefördert wird. Zum Beispiel haben Mitglieder im GLU-Netzwerk in den letzten Jahren regelmäßig zum Thema Ungleichheit publiziert. Ein Sonderheft der Zeitschrift *Global Labour Journal* (2015, herausgegeben von Michelle Williams) untersucht transformative Gewerkschaftsarbeit und innovative Kampagnen, welche Ungleichheit bekämpfen. Im Jahr 2016 haben Alexander Gallas, Hansjörg Herr, Frank Hoffer und Christoph Scherrer den Sammelband »*Combating Inequality: the Global North and South*« (Gallas et al. 2015) herausgegeben, der Fragen nach den Ursachen von und Alternativen zu Ungleichheit diskutiert. Darüber hinaus zeigt die gewählte Themenvielfalt unserer Studierenden die Relevanz, über Alternativen zum neoliberalen Kapitalismus nachzudenken: Gewerkschaften und ökologische Fragen, Geschlechterverhältnisse, partizipative Demokratie in Gewerkschaften, das Thema Bergbau, Initiativen für Ernährungssouveränität, sozialer Schutz und Gewerkschaften, die Beziehung zwischen Parteien und Gewerkschaften, Unternehmenskontrolle der Lebensmittelwirtschaft und so weiter.

Die GLU und das ICDD sind auf der Welt einzigartig und der Erfolg der Programme ist ein bescheidener, aber wichtiger Teil, eine menschlichere Welt zu erschaffen, in der die ArbeiterInnen und ihre Organisationen einen gerechten

Anteil an den Früchten ihrer Arbeit haben. Es bedurfte einer Vision, Durchhaltevermögen und Organisationstalent, dass sich ein so komplexes Netzwerk etablieren und ein starkes Fundament entwickeln konnte. Hierbei spielt Christoph Scherrer eine zentrale Rolle.

**Literatur**
Armstrong, Karen (2006): The Great Transformation: The World in the time of Buddha, Socrates, Confucius and Jeremiah, London.
Chattopadhyaya, Debiprosad (1970): Some Problems of Early Buddhism. In: Sankrityayan, Rahul: Buddhism: The Marxist Approach, New Delhi, S. 9-38.
Duchrow, Ulrich/Hinkelammert, Franz J. (2012): Transcending Greedy Money: Interreligious Solidarity for Just Relations, New York.
Foster, John Bellamy (2009): The Environmental Revolution, New York.
Fromm, Erich (1961): Alienation, www.marxists.org/archive/fromm/works/1961/man/ch05.htm (Zugriff: 28.9.2015).
Gallas, Alexander/Herr, Hansjörg/Hoffer, Frank/Scherrer, Christoph (Hrsg.) (2015): Combating Inequality: The Global North and South, London.
Guevara, Che (1965): Man and Socialism in Cuba, www.marxists.org/archive/guevara/1965/03/man-socialism-alt.htm (Zugriff: 28.9.2015)
Keniston, William Hemingway (2010): Richard Turner's Contribution to a Socialist Political Culture In South Africa 1968-1978, Cape Town.
Marx, Karl (1976): Zur Kritik der Hegelschen Rechtsphilosophie. Einleitung. In: MEW [Karl Marx/Friedrich Engels – Werke]: Band 1, Berlin/DDR, S. 378-391.
Marx, Karl (1964): Das Kapital. Band 3, In: MEW [Karl Marx/Friedrich Engels – Werke]: Band 25, Berlin/DDR.
McLellan, David (2007): Marxism after Marx, London.
Pillay, Devan (2014): Marx and the eco-logic of fossil capitalism. In: Williams, Michelle/Satgar, Vishwas (Hrsg.): Marxisms in the 21$^{st}$ Century: Crisis, critique, and struggle, Johannesburg, S. 143-166.
Satgar, Vishwas (2014): The Crises of Global Capitalism and the Solidarity Economy Alternative. In: Satgar, Vishwas (Hrsg.): The Solidarity Economy Alternative: Emerging theory and practice, Durban.
Smithers, Stuart (2014): Occupy Buddhism. Or Why the Dalai Lama is a Marxist, http://tricycle.org/trikedaily/occupy-buddhism/, (Zugriff: 30.5.2014).
Turner, Rick (1980): The Eye of the Needle: Towards Participatory Democracy in South Africa, Johannesburg.
Williams, Michelle (2014): The Solidarity Economy and Social Transformation. In: Satgar, Vishwas (Hrsg.): The Solidarity Economy Alternative: Emerging theory and practice, Durban, S. 37-63.
Williams, Michelle (Hrsg.) (2015): Transformative Unionism and Innovative Campaigns Challenging Inequality, Global Labour Journal, 6, Heft 3, Johannesburg.
Wright, Erik Olin (2010): Envisioning Real Utopias, London.

*Übersetzung: Thomas Dürmeier*

Aram Ziai
# Herr* Krit und das Nordpol-Manifest
Eigendynamiken kritischer Politikwissenschaft in Kassel

Dass ich in Kassel forsche und lehre, habe ich zu einem nicht unwesentlichen Teil Christoph Scherrer zu verdanken und zwar aus zwei Gründen: Zum einen, weil er mich ermutigte, meine Arbeit zur globalen Strukturpolitik der rot-grünen Bundesregierung als Habilitationsschrift in der Kasseler Politikwissenschaft einzureichen, wofür mir im Jahr 2006 die *venia legendi* verliehen wurde. Die nächsten Jahre verbrachte ich dann als akademischer Wanderarbeiter hauptsächlich in Amsterdam, Hamburg, Wien und Bonn, hielt aber stets den Kontakt nach Kassel und zu Christoph Scherrer. Zum anderen trug er maßgeblich (u.a. durch den Verzicht auf eine seiner beiden Mitarbeiter_innenstellen) dazu bei, dass meine DFG-finanzierte Heisenberg-Professur mit der ungewöhnlichen Denomination »Entwicklungspolitik und Postkoloniale Studien« ab 2013 an der Uni Kassel angesiedelt werden konnte.

Seither habe ich im Unterschied zu den meisten Dozent_innen heutzutage das Privileg, nicht nur auf einer gut bezahlten Stelle mit einer längerfristigen Perspektive forschen und lehren zu dürfen, sondern vor allem auch in einem einzigartigen institutionellen Umfeld: nämlich in einem, das geprägt ist vom Anspruch kritischer Wissenschaft. Dass Wissenschaft kein Selbstzweck, keine über der Gesellschaft schwebende intellektuelle Tätigkeit ist, sondern eine in ihre Strukturen eingebundene, die die Verantwortung hat, sich zu Fragen von Ungleichheit und Ungerechtigkeit zu verhalten und die auf progressive Veränderung abzielt, ist zumindest in der Kasseler Fachgruppe Politikwissenschaft weitgehend Konsens. Das gilt auch für die Position, dass die grundlegende Infragestellung bestehender Herrschaftsverhältnisse eine gut begründete Schlussfolgerung aus der Analyse aktueller und historischer Phänomene in Politik und Ökonomie sein kann. Mit dazu bei trägt sicherlich auch eine Personalpolitik in der Kasseler Politikwissenschaft, die das kritisch-kreative Potenzial von Bewerber_innen schätzt und für die auch die Publikation wissenschaftlicher Beiträge jenseits der begutachteten Zeitschriften des Mainstreams zählt. So kommt es, dass die Kasseler Politikwissenschaft auch dem Wettbewerb der Hochschulen um Exzellenz und Spitzenforschung mit einer gewissen Skepsis gegenübersteht. Zum Beispiel wurde im Hinblick auf das Ranking des Centrums für Hochschulentwicklung der Bertelsmannstiftung beschlossen, sich trotz des damit verbundenen Verlustes an Sichtbarkeit nicht zu beteiligen. Der Beschluss fiel einstimmig. Zugleich haben sich auch Christoph Scherrer und andere Professor_innen durchaus mit Erfolg, wie z.B. das *International Center for Development and Decent Work* (ICDD) und Graduiertenkollegs beweisen, um die Einwerbung von Drittmitteln bemüht. Einerseits, um Stellen für unorthodoxe Projekte und Wissenschaftler_innen zu schaffen und andererseits, weil dieser Erfolg eine wichtige Legitimationsressource gegenüber der Hochschulleitung darstellt: Mit genügend Drittmitteln wird sogar Marxismus sexy. Die skeptische Haltung ist daher in der Praxis z.T. mit einem pragmatischen Umgang verbunden.

Zu diesem zumindest in der deutschen Politikwissenschaft wahrscheinlich einzigartigen Klima hat Christoph Scherrer maßgeblich beigetragen. In erster Linie durch kluge institutionelle Politik und durch die von ihm ausgehenden Initiativen: die Gründung des Masterstudiengangs *Global Political Economy*; die Ansiedelung der *Global Labour University* in Kooperation mit der *International Labour Organisation* in Kassel; durch den in Kooperation mit der Hochschule für Wirtschaft und Recht in Berlin angebotenen Studiengang *Labour Policies and Globalisation*; durch das von der Heinrich-Böll-Stiftung und der Hans-Böckler-Stiftung geförderte Graduiertenkolleg *Global Social Policies and Governance;* durch das 2016 gegründete Promotionskolleg Soziale Menschenrechte; und nicht zuletzt durch das *International Center for Development and Decent Work*, das eines der fünf Exzellenzzentren des Bundesministeriums für Wirtschaftliche Zusammenarbeit und Entwicklung (BMZ) ist und mit sieben Partneruniversitäten aus Afrika, Asien und Lateinamerika Doktorand_innen ausbildet.

In diesem Beitrag möchte ich jedoch einige jüngere Initiativen in den Blick nehmen, die *nicht* auf Christoph Scherrer persönlich zurückgehen, sondern entweder von Personen ins Leben gerufen wurden, die unter seiner Mitwirkung nach Kassel gekommen sind oder sich schlicht aus der Eigendynamik eines Orts ergeben, der von dem beschriebenen Klima geprägt ist. Damit möchte ich darauf verweisen, dass neben der sehr bedeutsamen Rolle, die Christoph Scherrer für die Etablierung kritischer Politikwissenschaft in Kassel spielte und spielt, die hier geschaffenen Räume von vielfältig interessierten und aktiven Menschen aufgegriffen wurden. Deren Initiativen haben dieses von ihm vorangetriebene Projekt weiter Wurzeln schlagen und wachsen lassen.

Gemeinsam ist diesen hier vorgestellten Initiativen, dass sie quer zum Leitbild der unternehmerischen Hochschule liegen. Sie werden getragen von Wissenschaftler_innen, deren Ambitionen sich nicht in der Fließbandproduktion von Publikationen und der Einwerbung von Drittmitteln erschöpfen und die Lehre nicht als lästige Ablenkung von ihren karriererelevanten Forschungsaufgaben empfinden. Sie werden ebenso getragen von Studierenden, die nicht nur auf der immerwährenden Jagd nach *credit points* und neben ihrem Abschluss auch an Inhalten und Bildung interessiert sind. Beide – heutzutage nicht mehr allzu häufig anzutreffenden – Spezies finden auch im neoliberal umgebauten Wissenschaftssystem noch einige Nischen.

## Hegemoniekolloquium und Herr* Krit aus Kassel

Auf den ersten Blick ist das monatliche von der Leiterin des Fachgebiets Politische Theorie, Sonja Buckel, seit 2014 koordinierte Kolloquium »Hegemonie & Kritik« ein Forum, in dem interessierte Leute aus dem Fachbereich Gesellschaftswissenschaften miteinander Texte lesen und diskutieren, z.B. von Judith Butler, Robert W. Cox, Christoph Spehr und Etienne Balibar. Tatsächlich ging es aber auch darum, die sich als kritisch verstehenden Leute aus den verschiedenen Fachgebieten miteinander in einen Dialog zu bringen. Die Intention des Kolloquiums ist auch, über Dialog, Kennenlernen und gemeinsame Identität, Initiativen zu ermöglichen, die über das Lesen von Texten hinausgehen. Genau auf diese Weise ist die Idee einer Herrschaftskritischen Sommeruniversität (»Herr* Krit aus Kassel«) entstanden. Ausgangspunkt war die von mehreren Dozent_innen im Kolloquium geäußerte Diagnose, dass es kritische Student_innen der Politikwissenschaft in der Regel unverändert nach Frankfurt am Main oder ans Otto-Suhr-Institut der FU Berlin zieht – wo sie dann häufig enttäuscht feststellen, dass dort mittlerweile nicht mehr allzu viel an den Idealen der Kritischen Theorie von Horkheimer und Adorno orientierte Forschung und Lehre stattfindet. Bezeichnend hierfür ist der an der Goethe-Universität zu findende umstrittene Aufkleber »I came to Frankfurt to study critical theory and all I got is Rainer Forst«. Auf der anderen Seite, so die Diagnose weiter, seien in Kassel zwar eine Reihe kritischer Dozent_innen versammelt, an deren Lehrinhalten interessierte Studierende stellten jedoch nicht unbedingt die Mehrheit. Notwendig sei also eine öffentlichkeitswirksame Veranstaltung, um auch Studierende außerhalb von Kassel auf diesen Umstand aufmerksam zu machen, dass an der Uni Kassel kritische Forschung und Lehre stattfindet, z.B. in Form einer Sommeruniversität.

Adressat_innen der Sommeruniversität waren jedoch nicht nur potenzielle Studierende, die nach Kassel gelockt werden sollten, sondern auch Schüler_innen und Arbeitnehmer_innen, für die in Kooperation mit Gewerkschaften auch ein entsprechender Bildungsurlaub möglich sein sollte. Nach einem eintägigen Pilottag 2015 fand Ende Juli 2016 eine einwöchige Sommeruni statt, organisiert von einem Team unter der Federführung von Sonja Buckel. 400 Teilnehmer_innen fanden den Weg nach Kassel. Beteiligt an der Sommeruni waren Lehrende aus unterschiedlichen Gruppen (Studierende, Doktorand_innen, Mittelbau, Professor_innen) und Fachgebieten der Universität (Politische Theorie, Globalisierung und Politik, Politische Bildung, Geschlechterpolitik, Entwicklungspolitik und Postkoloniale Studien, Politisches System der BRD, Soziologische Theorie, Geschichte Großbritanniens und Nordamerikas, Hispanistische Literatur- und Kulturwissenschaft). Dementsprechend groß war die thematische Bandbreite der 21 Crashkurse und 24 Workshops: Sie reichte von materialistischer Rechtstheorie und kritischem Realismus über Geschlecht als politischer Kategorie bis hin zur Kampagne *Black Lives Matter*, *Degrowth* und Freier Kooperation.

Eingebettet wurden die Lehrveranstaltungen in ein passendes Kulturprogramm: Es gab Stadtrundgänge zu Konsumkritik, Gentrifizierung oder dem NSU (in Kassel wurde im April 2006 Halit Yozgat vom NSU ermordet), einen politischen Filmabend, Cocktails in der Unakkreditier-Bar und eine »Happy-Fail-Revue«, in dem die Teilnehmenden von ihren akademischen Scheiternserfahrungen berichteten. Um einen Kontrapunkt zu setzen im Wettbewerb um den »tadellosen Lebenslauf« (Lena Stoehrfaktor) – reihenweise *peer-review* Publikationen, große Summen an Drittmitteln, *Fellowships* in Harvard, gewonnene Preise für die beste Dissertation, den schlauesten Vortrag und den intelligentesten Gesichtsausdruck – haben wir dabei in ehrlichen Lebensläufen unsere erfolglosen Forschungsanträge und die zahllosen Bewerbungen, von denen wir nie wieder was gehört haben, aufgelistet, wie auch die Gutachten, die unsere hoffnungsvoll eingereichten Manuskripte ganz objektiv für unwissenschaftlichen Schund erklären. Auch wurde der »Lazy Waschbär-Award« für das schönste Scheitern vergeben. Die Revue machte so darauf aufmerksam, dass die Spielregeln des Wissenschaftsbetriebs keineswegs immer fair und gewiss nicht auf kritische Forschung und Lehre ausgerichtet sind – und sollte dadurch ein wenig den Erfolgsdruck von unseren Schultern nehmen. Natürlich: Wir spielen das Spiel manchmal mit, um überhaupt einen Unijob zu ergattern, oder wenn es uns hilft, kritische Spielräume zu erweitern, aber es ist nicht unser Spiel. Im Rahmen einer »Unkonferenz« wurde den Teilnehmenden Raum für spontane, selbstorganisierte Seminare geboten – 17 Stück fanden statt. Letzter Programmpunkt der knapp einwöchigen Sommeruni war ein Gespräch mit Christoph Scherrer über die Prozesse und Strategien, die Kassel zu so einem nahezu einmaligen Standort gemacht haben.

### Einführungsvorlesung im Kinosaal und kritische Lehre

Seit 2013 wird die Einführungsvorlesung »Was ist Politikwissenschaft?« von Sonja Buckel geleitet. Aus der Not der knappen Raumsituation, die dazu führte, dass in Ermangelung eines anderen Hörsaals die Vorlesung in einen Kinosaal verlegt wurde, machte sie eine Tugend: Als Prüfungsleistung mussten die (natürlich fast ausnahmslos mit Smartphones ausgestatteten) Studierenden in Gruppenarbeit Kurzfilme zu einschlägigen Themen drehen, mit Unterstützung durch filmtechnisch vorgebildete Hilfskräfte. Das Resultat waren kreative Ideen zu allen möglichen Aspekten der Politikwissenschaft: von der Erinnerungspolitik an den NSU-Mord in Kassel über die politische Ökonomie der EU-Krise bis hin zu einem Dialog über den Begriff des Politischen zwischen Hanna Arendt, Max Weber und Michel Foucault (dargestellt als Sockenpuppen).

Auch wurde in der Einführungsvorlesung ein alternativer Umgang mit den Zwängen der Studienordnung erprobt: Es war vorgeschrieben, dass die Studierenden eine Klausur zu schreiben haben. Doch wie sollte verhindert werden, dass diese Klausur zur Abfrage von auswendig gelerntem Containerwissen geriet, das kurz nach Klausurende wieder vergessen werden konnte? Sonja Buckel ließ die Studierenden selbst darüber debattieren und entscheiden, welche Lerninhalte des Kurses sie als wichtig empfanden und dementsprechend welche Fragen in der

Klausur auftauchen sollten: Jedes Tutorium der Vorlesung steuerte eine Frage zur Klausur bei. Mit diesem Vorgehen wurde trotz der Zwänge ein Schritt in Richtung selbstbestimmtes Lernen gemacht.

Zu diesem und ähnlichen Themen fanden 2013 und 2015 in Kassel im Rahmen der Assoziation für kritische Gesellschaftsforschung (AkG) in Kooperation mit reflect e.V. bereits Workshops zu »Kritischer Lehre« bzw. zu »Hochschullehre und Kritik« statt. Im zweiten Aufruf hieß es: »Es stellt sich zum einen die Frage, wie kritisch gelehrt werden kann, also die Frage nach der Didaktik; zum anderen stellt sich aber auch die Frage nach der Kritik der Hochschullehre, also die Frage nach der institutionellen Verortung. Wie steht es derzeit um Hochschullehre und ihre Potentiale für (Gesellschafts-)Kritik?« Zahlreiche Workshops zu selbstorganisiertem Lernen, zu Intersektionalität in der Lehre, aber auch zur Neoliberalisierung der Hochschule haben Problembewusstsein geschaffen und konkrete Alternativen aufgezeigt.[1]

## Kritische Uni Kassel und Kopiloten

Aus dem Studierendenstreik 2009 entstand die Kritische Uni Kassel (KUK) durch die Besetzung eines zentralen Raums auf dem Campus Holländischer Platz. »Zweck der Besetzung war das Schaffen von Freiräumen für die ›Kritische Uni Kassel‹ (KUK). Das Projekt bietet Studierenden und Lehrenden die Möglichkeit, Workshops und Seminare außerhalb von verschulten und marktdiktierten Bildungsvorstellungen wahrzunehmen.« (Erklärung zur Bildungsstreikwoche Juni 2009) Deutlich wird hier bereits, dass die KUK nicht nur hochschulpolitische Missstände des Bildungssystems kritisierte, sondern diese auch mit größeren gesellschaftlichen Prozessen in Zusammenhang brachte: »Die von uns kritisierten Probleme im Bildungsbereich stehen in einer fortlaufenden gesellschaftlichen Entwicklung, die durch Konkurrenz, Leistungsdruck und Profitmaximierung geprägt wird. Daher solidarisieren wir uns mit anderen sozialen Kämpfen, die ebenfalls für ein selbstbestimmtes, gerechtes und kooperatives Miteinander eintreten. Denn nur so können wir ein gesellschaftliches Umfeld schaffen, in dem unsere Forderungen nachhaltig umsetzbar sind.« (Resolution 3.0 aus Hörsaal VI)[2]

Seitdem ist die KUK aktiv dabei, »Bildungsfreiräume zu organisieren und der Hochschule wieder kritischen Geist zu verschaffen«. Zuletzt tat sie dies durch die Veröffentlichung eines Statements zu den sexistischen und rassistischen Äußerungen des Kasseler Biologieprofessors Ulrich Kutschera und eines offenen Briefs der Initiative »Lucius-Burckhardt-Platz bleibt«, die sich gegen die Umstrukturierung des Campus durch die Hochschulleitung wehrt.[3]

---

[1] http://akg-online.org/tagungen/workshop-hochschullehre-kritik-am-9-node0node-020node5-der-uni-kassel (Zugriff: 5.6.2016).

[2] www.kritischeuni.de/?page_id=2 (Zugriff: 5.6.2016).

[3] www.kritischeuni.de/ (Zugriff: 5.6.2016).

Eine weitere kritische, von Studierenden gegründete Initiative der Uni Kassel ist der Verein »Die Kopiloten«, der sich der politischen Bildung an der Schnittstelle von Universität, Schulen und der Stadt Kassel widmet. Hervorgegangen ist sie 2011 aus zwei Projektseminaren des Fachgebiets »Didaktik der Politischen Bildung«, das von Bernd Overwien geleitet wird. Als »Flugbegleiter von Bildungsreisen junger Menschen« verfolgen die Kopiloten mit ihren Projekten zu Konsumkritik, Kinderreportern, Nachhaltigkeit und politischer Partizipation das Ziel der »Befähigung junger Menschen zur politischen Urteilsfähigkeit, zu reflektiertem Handeln und kritischem Einmischen in gesellschaftliche Debatten und Entscheidungsprozesse [...] Bestehende Verhältnisse und Systeme müssen kritisch hinterfragt und weiterentwickelt werden.«[4]

**Kassel postkolonial und das Nordpol-Manifest**

Zwei weitere Initiativen, die gerade entstehen, verdienen ebenfalls Erwähnung. Im Rahmen des neu gegründeten Fachgebiets Entwicklungspolitik und Postkoloniale Studien hat sich eine gemischte Gruppe aus Lehrenden und Studierenden zum Ziel gesetzt, die Seite »www.kassel-postkolonial.de« zu etablieren. Ab dem Herbst 2016 soll die in Kooperation mit der Kunsthochschule Kassel entstehende Seite sowohl ein Forum für kolonialismuskritische Aktivitäten in und um Kassel bieten als auch an der Uni stattfindende Forschung zu diesen Themen dokumentieren. Schließlich soll sie auch als Schnittstelle zwischen Gesellschaft und Universität fungieren und Neokolonialismus auch im heutigen Kassel (beispielsweise in Form der bestehenden internationalen Arbeitsteilung oder des Zusammenhangs von Rüstungsexporten und Fluchtursachen) durch studentische Recherchen untersuchen. Auch die Erinnerungspolitik im Hinblick auf die ehemalige Kolonialschule Witzenhausen, in deren Gebäuden jetzt das Deutsche Institut für Tropische und Subtropische Landwirtschaft (DITSL) und der Fachbereich Ökologische Agrarwissenschaften der Uni Kassel angesiedelt sind, wird einen Schwerpunkt darstellen.

Zu guter Letzt möchte ich das Nordpol-Manifest erwähnen (der Name deutet auf den Entstehungskontext einer Gaststätte in der Nähe des Campus Holländischer Platz hin). Hierbei handelt es sich um eine Selbstverpflichtungserklärung von bisher drei Kasseler Professor_innen, die sich gegen die althergebrachten feudalen Elemente des Universitätssystems ebenso wendet wie gegen die neoliberal-wettbewerbsorientierten. Die Unterzeichnenden verpflichten sich angesichts von üblich erscheinenden 60-70-Stunden-Wochen auf eine Beschränkung ihrer Arbeitszeit auf 45 Stunden und den Verzicht auf Sonntagsarbeit. Die Erklärung stellt klar: »Nicht die Einwerbung von Drittmitteln stellt unsere Priorität, sondern die gewissenhafte Durchführung von Forschung und Lehre. Forschung geht auch ohne Drittmittel. [...] Als öffentlich finanzierte Wissenschaftler_innen

---

[4] http://diekopiloten.de/ueber-uns/75-das-sind-wir (Zugriff: 5.6.2016).

ist es unsere vordergründige Aufgabe, in öffentlich zugänglichen Publikationen zu publizieren. Wir sehen uns auch in der Verantwortung, an öffentlichen Debatten teilzunehmen.« Hinsichtlich der Beziehungen zwischen Professor_innen und Mittelbau fordert die Erklärung den Verzicht auf ausbeuterische Verhältnisse und stattdessen Transparenz und paritätische Verfügung der Mittel sowie den Einsatz für unbefristete Mittelbaustellen, ebenso wie langfristig den Abbau entsprechender Hierarchien zwischen den Lehrenden an Hochschulen. Wie sich die praktische Umsetzung der hohen Ansprüche des Manifestes im widrigen Uni-Alltag darstellt, ist eine Frage, die gerade im fortlaufenden Feldversuch zu beantworten versucht wird.

## Fazit

Die hier erwähnten Initiativen sind, wie gesagt, keineswegs alle von Christoph Scherrer ins Leben gerufen worden, bei den meisten hat er nicht einmal direkt mitgewirkt. Dennoch sind sie alle Produkte eines Klimas an der Universität Kassel, das für kritische sozialwissenschaftliche Theorie und Praxis günstig ist oder sie zumindest ermöglicht. Eines Klimas, zu dem Christoph Scherrer in den über 15 Jahren seines Wirkens vor Ort auf verschiedenste Arten aktiv beigetragen hat. Und allein dafür möchte ich ihm an dieser Stelle meinen Respekt zollen. Dass »Kassel« sich neuerdings auf »Kritik« reimt, verdanken wir – nicht nur, aber ein gutes Stück weit – ihm. Wenn wir dieses kritische Erbe in den nächsten Jahrzehnten mit eigenen Themen und Projekten, mit anderen Akzenten und Praktiken als er weitertragen, sind wir uns sicher, dass dies mehr seiner undogmatischen Art zu denken entspricht, als eine Überlieferung seiner Lehre. Für mich war und ist er immer mehr inspirierender Mentor als unbedingt nachzuahmendes Vorbild.

GPE Collective
# Everyone can be an intellectual – really?
The Students' perspectives on M.A. Global Political Economy

> »The problem of creating a new stratum of intellectuals consists therefore in the critical elaboration of the intellectual activity that exists in everyone at a certain degree of development.« (Gramsci 1971: 9)

Without doubt – studying is an exciting time in most people's life who had the possibility to enter a university, discuss interesting thoughts and theories for hours and meet a lot of new and fascinating people. However – studying the Master's programme *Global Political Economy* at the University of Kassel goes even beyond the average excitement of a student experience. This article shall provide a brief insight into what it means to »be a GPE«. It was written by a small group of GPE students and with the contribution of five generations of GPE groups to offer a genuine student perspective on the programme as well as on Christoph Scherrer as a teacher and its founding father. This text does not claim to be representative of all GPE students since our perspectives are quite diverse. However, we tried to honour the different experiences people make when coming to Kassel and delving into an often new world consisting of hegemony, comparative advantage, unit labour costs and strategic selectivities.

## GPE. What? Where? Why?

The new millennium was brought about by a thorough transformation of the European university system, commonly known as Bologna Process. In the context of the increasing popularity of neoliberal economic and social policies, higher education was restructured in order to provide better comparability of students' performances, inducing a »race for competitiveness« in universities. Moreover, student programmes were aligned to business interests – embedded in the objectives of the aim of »job market orientation« and »better employability«. Social scientists were on the defensive, since their programmes were less linked to specific job positions, and the ever more important acquisition of third-party funds proved more difficult than for most other disciplines. At the same time, many critical scholars who were hired in the aftermath of the student protests of the 1960s and 1970s and during the strong expansion of higher education retired, and critical young academics progressively dropped out. These changes also affected the strongholds of critical social sciences in Germany such as Frankfurt/Main and Berlin.

Despite these developments, there seems to be new hope. »Kassel is the new Frankfurt« and »Kassel is the new Berlin« – such and similar interjections can be heard more and more often in the constantly growing network of critical social scientists and non-orthodox academic institutions in Germany and beyond. With the establishment of the highly international, globally embedded (through the *Global Labour University* network) and English-taught master programmes *Global Political Economy* (GPE) and *Labour Policies and Globalisation* (LPG), the rather unsuspicious middle-sized town of Hessen became an attractive location for critical academia in the midst of a neoliberalising German university system. Kassel offers one of the few programmes in Germany where students can study International Political Economy (IPE) from a critical perspective. Core courses include a plurality of topics, methods and approaches ranging from the review of historic developments of the world markets from early colonialism to the constitution of the so-called Bretton Woods system after World War II and neoliberal globalisation. Moreover, they encompass reflections on numerous methods and theories in IPE and investigations of current developments from an International Economics perspective.

This master allows its students to become familiar with a broad range of disciplines, arguments and theories which understand themselves to be rather on the sidelines than in the upfront centre of the dominant reasoning in current academia. In a close engagement between students and the extremely dynamic, international teaching body which constantly includes many interesting guest lecturers from different regions of the world – from Chinese trade union activists, to South African solidarity economy researchers and US-American researchers on the Middle East – the MA GPE thoroughly prepares its participants for pursuing further research activities. Lecturers, professors and fellow students manage to open up the university, trade unions, international institutions and government bodies as potential employment environments to insert a critical point of view into long-established structures. Very much in the Gramscian sense of organic intellectuals, students in the course of their studies are provided the tools and instruments to not only analyse society, but also in order to act upon it. In the context of the before mentioned entrepreneurial university, this programmatic outlook thus represents a strategic move to subvert the hegemonic neoliberalisation of higher education. Such an agenda is not only a structural challenge but raises the question of agency – and this is where Christoph Scherrer enters the stage.

## Christoph as a teacher ...

Christoph is not a lecturer of the »old school«, but still he radiates more authority and earnestness than many of his colleagues – it is as if one could simply see from the outside that he is not only the programme's director, but actually its founder. And when students go to get the seminar literature for his class, they receive a reader which will always be the heaviest one in their bag. Usually, from this moment on, they know, Christoph takes his teaching really seriously. And at the latest, when someone has missed more than one class and receives an e-mail from Christoph, asking whether they are okay, they should recognise that he expects them to take the class seriously as well. In this spirit, he begins every semester with the comment that he does not only expect the readers to be brought into every session, but actually wants to see that they are being used: Therefore, students better read it in the kitchen while having coffee or something else so that stains are left behind on the pages.

This already indicates that the workload in Christoph's classes is heavy – not only regarding the readings, but also the assignments (presentations, term papers, etc.). His style of teaching not only reflects that Christoph prefers the Anglo-American way, but also highlights his attempt to always bring everyone to the »same« level. In this sense, his teaching is very fair, which is further reflected in the feedback for presentations and term papers he gives. In general, he is very accessible for students, always shows compassion if someone comes to him with a problem. For German students, it is usually a surprise in the beginning, to be allowed to address him with »Du« instead of »Sie«, as is the rule at German universities. And also many international students find it difficult to break the habit of addressing him with his academic title. All these aspects balance his high expectations towards the students and the high standards he applies to their work. Regarding the latter, one might therefore say that Christoph truly loves high norms and standards – not only in labour and trade agreements.

The characteristic of Christoph's teaching which probably influences his students most is the main theme of his teaching: critical reflection. While he encourages and fosters especially a critical perspective of mainstream approaches in IPE and Economics, he expects students to be critical of critical approaches as well. Accordingly, he seems too often find himself in the camp of the opposition: on the one hand, he is the radical within mainstream discussions, on the other, he is the one trying to bridge the gap between mainstream and critical science in heterodox discourses. His teaching is critical furthermore in the sense that he further develops his introductory course every time, confronting himself and the students to current affairs, such as the Euro crisis or the conflict in Ukraine.

## ... And (God)Father of GPE?

Besides his role as a university teacher, Christoph also is the founding father and organiser of the LPG and GPE programmes. In this role, he holds the reins and always stays on top of things.

While students from other faculties and universities are complaining about being merely »a number in the system«, a GPE student not only enters a study programme but the »GPE family«. Instead of sitting in a crowded lecture hall, GPE seminars are taught in a class atmosphere and students spend a lot of time with each other. But not only the relations among students are very close, also the lecturers provide a close supervision and assistance. Christoph knows all of his students in person, often including a lot of their background, fields of interest and plans for the future. This starts already in the first week with the famous »welcome dinner«, when Christoph is keen on getting to know the people behind the motivation letters. What will always be kept in mind by his students are the yearly field trips to the Edersee, where one can get to know a »different Christoph« again, enjoying the nature, swimming and eating bratwurst. Moreover, he always joins the GPE semester and farewell parties, at least for some fun activities, a short speech and maybe a little dance.

This is why Christoph is like a »godfather« of the programme, who is very open to the students' professional and personal problems and who seems to really care about everyone of them. Not only because he wants them to attend the seminars and complete their degrees in the foreseeable future, but also in order to encourage and support them to go their very own way.

## A Genuine Students' Perspective

Understandings and expectations of any study program differ from student to student. This is not necessarily a remarkable characteristic, since students' decisions on where to study is influenced by many factors, such as location, living costs, the programme title, content and sometimes a well conducted inquiry of the research focus of the teaching staff. Yet, the broad title of Global Political Economy attracts a spectrum of very diverse students from all over the world. With the next best option to study a master programme in International Political Economy being in the US or in the UK and implying significant financial debt, Christoph was quick to recognise the comparative advantage of a Political Economy Master in Kassel which is attractive in terms of location, living costs and research focus. While some students come from a business studies, finance or economics background and emphasise the economy in GPE, many students from political sciences, sociology or law were rather attracted by the political. Yet another group from anthropology, cultural studies or international relations emphasised the study of globalisation as main motivation to participate in the programme. While some associated the programme's title with the legacy of Marx's critique of political economy, others hoped the degree would provide for a prosperous career in the contemporary global economy. Many of the students who were previously working in NGOs, ministries or private companies for years before starting to study have to get used again to engage in lengthy discussions on social theory.

However, it is not only academic backgrounds and working experiences that differ. Students literally come from all over the world, representing almost all regions: Northern and Latin America, different parts of Europe, various African states (particularly in the East and West), and multiple Asian countries, from Azerbaijan to Sri Lanka to China. In this sense, GPE lives processes of globalisation not only as thematic focus but as »organic composition«, to speak in Gramscian terms. Such an organic composition offers a fruitful basis for cultivating tolerance, respect and understanding for very different perspectives on what the important questions and answers of today's global economy are, and what one's role in these might be. It is in this web of diverse expectations, experiences and types of knowledge that seminar discussions take place – frequently controversial debates on principles – especially in the first semester.

In the course of the programme many of the students' expectations are fulfilled, though sometimes in unexpected ways. As Christoph would put it, the »political« in GPE is at the centre, particularly because the programme is part of the Political Science department at the university. Unexpectedly, mostly because critical thinking is strategically privileged over cramming or simply engaging with the most read peer-reviewed journal articles. Although a variety of theories, methods and arguments from different traditions are introduced in the core courses, critical approaches can be found more frequently in the seminar content. In other words, it is impossible to graduate from GPE without thoroughly engaging with historical materialist research. While this leads some students to fear losing the connectivity to academic mainstream, these readings and discussions open a new world of critical thinking to others. To put it in the words of a student from a post-Soviet country, when asked about their experience of reading contemporary Marxian literature: »I never thought reading Marx could be part of a master's programme. And I surely never thought it could inspire me this much.«

What the programme certainly does is to force students to build their own perspective on an array of contemporary challenges of the global political economy and to defend it against criticism from different other perspectives. In this process, students often reach their limits and change their world views. For many, the programme is not only intense but life-changing. This is not to say that necessarily all students' lifes change in a positive way. Rather, it is to highlight that the close and critical study of the global political economy may lead to an individual re-organisation of priorities in life, particularly in terms of career planning.

After all, there is a deep connection between Christoph's theoretical understanding and his actions as university teacher. Just as much as David Ricardo was convinced that a comparative advantage can be achieved when trading partners focus on what they produce best, Christoph Scherrer encourages students to follow a type of career that would match with one's interests and abilities. Such support is often not only linked to writing references but also included employing GPE students as tutors or providing work opportunities in the *International Centre for Development and Decent Work* (ICDD). Instead of aiming at producing a singular type of student, he stresses the necessity for each and everyone to find his or her place within the global division of labour, be it in academia, organising labour, advising policy-makers, campaigning for NGOs, or working in the private sector.

## A Cautious Outlook

> »Interestingly enough, every now and then, I bump into other GPEs who have found work in trade unions, or other NGOs, some have stayed in academia, some have moved into organizations related to the state, some also work in the field of development cooperation, so it is quite a variety of fields where people end up.«
> (A GPE-Alumni)

Any student giving a presentation in one of Christoph's classes would know: Better do not try to forecast the future in your presentations or papers because understanding the present and past is already a task challenging enough. Yet, when reflecting upon the ongoing neoliberalisation of higher education in Europe, the ever-greater importance of third-party funds and the design of study programmes in accordance with »the job market« in the midst of multiple crises, one can clearly state that programmes such as GPE are needed. Such programmes provide a productive environment for those who wish to critically engage with the contemporary global political economy. Moreover, GPE teaches students from all over the world to collaboratively learn to understand and challenge current thinking for a more equal and just world. Finally, some students even seem to like the programme so much that they never want to graduate.

After 15 years, Christoph Scherrer can look at his achievement of playing a major role in establishing a place that offers critical perspectives, a truly international and cooperative atmosphere and a stimulating learning environment. Hundreds of students from all over the world who graduated from these Master's programmes and PhD courses will know that »all of them are intellectuals, and should use their knowledge to function as intellectuals in society«.

### Literatur
Gramsci, Antonio (1971): Selections from the Prison Notebooks. Edited and translated by Hoare, Quintin/Smith, Geoffrey Nowell, New York.

Simone Buckel & Alumni der GLU
# »Das war ein Jahr lang Achterbahnfahrt«
Alumni der *Global Labour University* berichten

**Simone Buckel:** *Wie hast du von der Global Labour University (GLU) gehört und warum hast du dich entschieden, dich für eines der Studienprogramme[1] zu bewerben?*

**Aiyelabola Babatunde (aka Baba Aye),** *Medical & Health Workers' Union of Nigeria* **(MHWUN), Nigeria, LPG 5:**[2] Ich habe im Jahr 2004 durch einen Internetlink von dem Programm gehört und wurde sofort hellhörig. Meine Gewerkschaft war Mitglied im nationalen Gewerkschaftsdachverband, und ursprünglich dachten wir, dass das Programm nur für KollegInnen aus dem Dachverband zugänglich sei. Für den Jahrgang 2008/09 bekam meine Gewerkschaft dann aber eine E-Mail vom globalen Gewerkschaftsdachverband *Public Services International,* die zur Teilnahme aufrief. Nachdem ich bereits vorher einige Workshop-Publikationen zu dem Thema geschrieben hatte, bewarb ich mich auf das LPG-Programm in Deutschland, weil es die beste Möglichkeit war, zwei Fliegen mit einer Klappe zu schlagen: Ich konnte meinem Forschungsinteresse an den Dynamiken der neoliberalen Globalisierung und den Antworten der Arbeiterklasse nachgehen und gleichzeitig ein Semester in Deutschland und ein Semester in Brasilien verbringen! Das habe ich klar in meinem Motivationsschreiben ausgedrückt. Vom Programm erhoffte ich mir ein besseres Verständnis der Globalisierungsprozesse aus der ArbeitnehmerInnenperspektive zu bekommen, neue Freunde und KollegInnen kennenzulernen und innerhalb wie außerhalb der Uni so viel wie möglich zu lernen.

---

[1] Die *Global Labour Universität* (www.global-labour-university.org/) ist ein Netzwerk von Universitäten, nationalen Gewerkschaften und internationalen Gewerkschaftsföderationen, Internationalen Organisationen und Stiftungen, Alumni der Studienprogramme und WissenschaftlerInnen. Der gut einjährige Master *Labour Policies and Globalisation* (LPG) begann in Deutschland an der Universität Kassel (wo er in jedem Wintersemester stattfindet) und der Hochschule für Wirtschaft und Politik in Berlin (im Sommersemester) im Jahr 2004, in Südafrika an der Universität von Witwatersrand (Wits) im Jahr 2007, in Brasilien an der Universität Campinas im Jahr 2008 und ebenfalls 2008 in Indien am *Tata Institute of Social Sciences* (TISS) in Mumbai. Jüngst sind Studiengänge an der Penn State University in den USA und an der *Jawaharlal Nehru University* (JNU) in Neu Delhi hinzugekommen. Das dreimonatige Zertifikatsstudium ENGAGE *(Empowerment and Capacity Bulding Network for Global Labour Activists and Trade Union Officials on Global Economic Policies)* wurde von 2010 bis 2013 in Kooperation mit der *Gesellschaft für Internationale Zusammenarbeit* (GIZ) in Deutschland durchgeführt und seit 2014 in Südafrika an der University of the Witwatersrand. (Anmerkung der Hrsg.)

[2] Die hinter dem Studienprogramm stehenden Zahlen verweisen auf den Jahrgang.

**Helen Russell, *Chartered Society of Physiotherapy* (CSP), Großbritannien, LPG 10:** Ich habe über eine E-Mail des britischen Gewerkschaftsdachverbands TUC von dem LPG-Kurs erfahren. Zuvor hatte ich an dem TUC-Online Kurs »Going Global« zum Thema Gewerkschaften und Globalisierung teilgenommen, und das LPG-Programm war für mich der ideale nächste Schritt. Ich hatte bereits vorher in Deutschland gelebt, aber das war lange her und ein Studienjahr in Deutschland bot mir die Möglichkeit, mein Deutsch aufzufrischen.

**Angelica Jara, *Instituto de Prevision Social* (IPS), Paraguay, ENGAGE 2:** Ich habe über meine KollegInnen von dem ENGAGE-Programm erfahren; sie studierten im brasilianischen GLU-Programm an der Universität Campinas und kamen aus Deutschland und Großbritannien. Sie sagten, dass ich mit meiner Gewerkschaftserfahrung und meinen Englischkenntnissen gute Voraussetzungen hätte und dass sich das Programm absolut lohne.

**Donna McGuire, *Labour Researcher,* Australien, LPG 1:** Ich habe zufällig von dem LPG-Programm erfahren, als ich nach beruflichen Weiterbildungsmöglichkeiten im Rahmen meiner Gewerkschaftsarbeit in Australien suchte; ich arbeitete damals bei einer Lehrergewerkschaft. Am Anfang dachte ich, es sei verrückt, mich für ein ganzes Studienjahr in einem fremden Land zu bewerben – ich sprach kein Wort Deutsch. Aber mehr über die Auswirkungen globaler Zusammenhänge auf Gewerkschaften zu lernen und die eigenen Erfahrungen mit GewerkschaftskollegInnen aus anderen Ländern zu diskutieren, klang nach einer Gelegenheit, die ich nicht verpassen durfte. Zu meiner Überraschung unterstützte meine Gewerkschaft – die *Queensland Independent Education Union* (QIEU) – meine Bewerbung und zu meiner noch größeren Überraschung wurde ich in das Pilotprogramm des LPG-Kurses aufgenommen.

**Patricia Chong, *Public Service Alliance of Canada* (PSAC), Canada, LPG 4:** Ich wurde über eine Gewerkschaftsfreundin auf die GLU-Website aufmerksam. Ich erinnere mich, dass ich sie mir ansah, mir dachte, dass es ein fantastisches Programm ist und dann ganz schnell die Website zumachte mit dem Gedanken, dass ich unmöglich ein internationales Masterprogramm machen kann. Wie mit allem anderen im Leben kann man sich immer Gründe einreden, etwas zu machen, oder (was häufiger vorkommt) etwas eben nicht zu machen. Glücklicherweise gab meine Freundin nicht auf. Obwohl sie selbst das Programm nicht gemacht hatte, ermutigte sie mich, mit einem kanadischen GLU Alumnus zu sprechen: Euan Gibb, damals bei der *Canadian Auto Workers Union*, jetzt bei der brasilianischen *União Geral dos Trabalhadores* (UGT) (LPG 1). Ich traf mich mit Euan und er sprach mit viel Begeisterung von seiner GLU-Erfahrung und beantwortete meine Fragen. Ich nehme an, dass mir das Treffen mit einem Absolventen des Programms das Gefühl gab, dass es tatsächlich möglich und realistisch ist – was es natürlich ist! Das ist einer der Gründe, warum ich eine der GLU Alumni-Kontaktpersonen für Kanada bin. Außerdem war Prof. Charlotte Yates Teil des GLU-Netzwerks. Sie war die

Betreuerin meiner Masterarbeit und ermutigte mich ebenfalls, es zu versuchen. Mit diesen drei Personen im Rücken bewarb ich mich auf das Programm, und es ist eines der besten Dinge, die ich in meinem Leben für mich selbst getan habe.

**Jô Portilho, *Confederaçao Nacional dos Trabalhadores no Ramo Financeiro* (CONTRAF/CUT), Brasilien, LPG 1:** Ich arbeitete 2004 in einer Gewerkschaft für Bankangestellte. Eines Tages, im Februar, ging ich zum Regionalbüro unseres Gewerkschaftsdachverbands *Central Única dos Trabalhadores* (CUT) in Rio de Janeiro, um einen Kollegen zum Mittagessen abzuholen. Während ich auf ihn wartete, saß ich zufällig neben dem Faxgerät. Plötzlich kam ein Fax vom CUT Nationalbüro, in dem das GLU-Masterprogramm beworben wurde. Ich nahm das Fax und begann es zu lesen, als sei es an mich geschickt worden. Und das war es tatsächlich! Als Pilotprogramm konnte man das Programm damals nur in Deutschland und nur für ein ganzes Jahr absolvieren. Der Lehrplan des Kurses war sehr fordernd und bildete genau die Themen ab, mit denen die brasilianische Gewerkschaftsbewegung seit über einem Jahrzehnt zu tun hatte. Während der 90er Jahre waren in Brasilien im Zuge des Neoliberalismus fast alle staatseigenen Unternehmen privatisiert worden, inklusive aller regionalen staatseigenen Banken wie der *Banco do Estado do Rio de Janeiro* (BANERJ), in der ich arbeitete. An der großen Anzahl von Entlassungen und der Trägheit der brasilianischen Wirtschaft änderte sich erst mit der Wahl Lulas im Jahr 2003 etwas. Das LPG-Programm war ein intensives Masterprogramm für internationale GewerkschafterInnen, die genau die gleichen Probleme wie ich hatten. Daher war es mir wichtig, Teil dieses Pionierprogramms zu sein.

**Madelaine Moore, *Labour Researcher* & Promovendin an der Universität Kassel, Australien, LPG 11:** Ich hörte von dem Programm über einen Freund, der 2016 das Programm beginnt (LPG 13). Nachdem ich nach Deutschland gezogen war, sah ich mir das Programm genau an und entschied, dass ich mit einer Bewerbung nichts zu verlieren hatte, da es perfekt zu meinen Forschungsinteressen und meiner Gewerkschaftserfahrung in Australien und Deutschland passte.

**Radagobindah Mohanty, *Coal India Limited and Orissa Colliery Mazdoor Sangh* (INTUC), Indien, ENGAGE 2:** Ich hörte von dem Programm über den Generalsekretär meiner Gewerkschaft, der mich fragte, ob ich mich nicht bewerben wolle. Ich sagte, ohne zu zögern, zu. Ich wollte das Programm, da es einen Schwerpunkt auf Entwicklung und internationale Führungsqualitäten legte und mir die Möglichkeit gab, GewerkschafterInnen aus aller Welt kennenzulernen.

**Lizaveta Merliak, *Belarusian Independent Trade Union of Miners, Chemical workers, Oil-refiners, transport, energy, construction and other workers* (BITU), Weißrussland, LPG 10:** Ich erinnere mich an eine E-Mail von Frank Hoffer von der Internationalen Arbeitsorganisation (ILO) an meinen Gewerkschaftsdachverband. Er fragte, ob wir jemanden für den 10. Jahrgang des Programms vorzuschlagen hätten. Die Gewerkschaft unterstützte mich während des gesamten Programms: sowohl moralisch und finanziell als auch praktisch in meiner Forschung. Und ich, als nicht gerade akademische, aber leidenschaftliche und neugierige antiautoritäre Linke, beschloss, mich der Herausforderung eines ganzen Jahres weit weg von meiner Gewerkschaft, meiner Familie, meinen Gewohnheiten und meinen sozialen Netzwerken zu stellen. Diese Entscheidung bestätigte mich einmal mehr darin, dass Wissen, Zusammenhalt und Netzwerke starke Werkzeuge sind, und natürlich, dass die Herzen von ArbeitnehmerInnen links schlagen. Deutschland war eine gute Wahl, da es nicht zu weit weg von zuhause war und ich hier bereits eine Weile gelebt hatte. Es ging mir nicht um den Masterabschluss oder um das Jahr im Ausland, sondern um die internationale Arbeiterbewegung und die Institutionen, die hinter dem Programm standen. Da mein Land sich immer auf der ILO-Liste der schlimmsten Arbeitsrechtsverletzungen befindet, wollte ich mithilfe des Programms Antworten finden auf Fragen wie: »Haben wir eine Zukunft?«, »Tun wir etwas absolut Falsches?«, »Oder ist es nur eine Geschichte unter vielen anderen – dann sollte es ein Mittel geben, eine gemeinsame Lösung«.

**Melisa R. Serrano, Associate Professor at the *University of the Philippines*, Philippinen, LPG 2:** Irgendwann im Jahr 2005 bekam ich den Bewerbungsaufruf für das LPG-Programm von einer Freundin in der politikwissenschaftlichen Fakultät der *University of the Philippines* (wo ich bis heute arbeite). Es stellte sich heraus, dass sie das Schreiben von einer philippinischen Gewerkschaftsforscherin und -aktivistin bekommen hatte, Verna Viajar (LPG 1 und aktuell Doktorandin am ICDD an der Universität Kassel), die das LPG-Pilotprogramm im Jahr 2004/2005 mitgemacht hatte. Ich entschied mich für eine Bewerbung, da das Forschungsfeld zu unserem Forschungsprogramm an der *School of Labor and Industrial Relations* passte. Damals arbeitete ich in dieser Abteilung im Bereich Forschung und Weiterbildung. Dass das Programm in Deutschland stattfand, mit einigen Monaten in Berlin, motivierte mich zusätzlich. Der LPG-Abschluss war mein zweiter Masterabschluss, den ersten hatte ich von meiner Universität. Ich hoffte, mithilfe dieses zweiten Abschlusses anschließend in Europa promovieren zu können – was gelang. Unsere Universität ermutigt ihre MitarbeiterInnen, eine Promotion zu machen, um sich als forschungsorientierte Universität zu etablieren.

**Prakashnee Govender, *National Union of Metalworkers of South Africa* (NUMSA), Südafrika, LPG 11:** Ich habe über Alumni des Programms in Brasilien und Südafrika, meinem Heimatland, von der GLU gehört. Ich hatte bereits lange für den südafrikanischen Gewerkschaftsdachverband COSATU gearbeitet, aber nie die Zeit für ein weiteres Studium gefunden. Vor dem Hintergrund zunehmender Spaltungen in der südafrikanischen Arbeiterbewegung schaffte ich es schließlich, die Gelegenheit beim Schopfe zu ergreifen. Ich erhoffte mir eine neue Perspektive und wollte erfahren, wie sich die Strategien der europäischen Gewerkschaften als Ergebnis der globalen Wirtschaftskrise verändert hatten.

**Edlira Xhafa, *labour researcher*, Albanien, LPG2:** Meine Geschichte ist ziemlich lustig – nun ja, eigentlich nur, weil ich es letztlich doch schaffte, das Programm mitzumachen. Ich fand die Informationen über die GLU in einem Papierstapel für das Altpapier. Als wir die Unterlagen meiner Gewerkschaft aus den letzten zehn Jahren durchgingen, um ein Archiv relevanter Infos zu erstellen, zeigte meine Kollegin auf einen roten Flyer, den sie gerade wegwerfen wollte (sie sprach kaum Englisch). Ich sah ihn mir an und da sah ich es: ein Masterprogramm für GewerkschafterInnen, von dem wir noch nie gehört hatten. Das waren noch ganz andere Zeiten: Albanien im Jahr 2005, kaum Internetzugang, soziale Medien inexistent und der einzige Weg, an Informationen zu kommen, war durch Flyer, die unsere GewerkschaftsführerInnen von internationalen Konferenzen mitnahmen. Wenn sie die Informationen nicht teilten, hatten wir keine Chance, etwas mitzubekommen – außer man warf einen zweiten Blick auf das, was man gerade wegwerfen wollte! Ich fand die Idee des Programms großartig. Ich war so aufgeregt, dass ich endlich die Zeit bekommen konnte, zu studieren und über Themen nachzudenken, die mich so sehr interessierten, die ich aber bisher nie weiter erforschen konnte.

*Wie war deine Erfahrung mit dem LPG-Programm in Deutschland? Was sind die stärksten Erinnerungen? Was die Herausforderungen und Hindernisse? Was war dein erster Eindruck zu Beginn des Kurses?*

**Baba Aye, Nigeria:** Es war eine großartige Erfahrung. Das lag vor allem an den wunderbaren KollegInnen, die ich traf. Eine sehr große Herausforderung war für mich der Winter – mein erster richtig kalter Winter. Ich hatte zudem einen kleinen Kulturschock. So brauchte ich ganz schön lange, um Christoph oder auch andere Lehrende bei ihrem Vornamen zu nennen! Mein erster Eindruck war, dass es – in Ermangelung einer besseren Formulierung – zu viel »akademische Freiheit« für die Studierenden gab. Ich war etwas perplex, als einige KollegInnen ihren Unmut über den angeblich kurzen Zeitraum zum Durcharbeiten eines Buches für unser erstes Blockseminar zu *Trade Union Strategies* zum Ausdruck brachten. Und dann sollten wir auch noch all unsere Lehrenden evaluieren, und die allgemeine Stimmung war, das auch noch zu betonen..., das alles erschien mir sehr merkwürdig.

**Helen Russell, Großbritannien:** Das Jahr war eine Achterbahnfahrt durch Höhen und Tiefen. Es war zunächst ein Kampf, in die Welt des Studiums zurückzukehren, da ich seit 1997 nicht mehr an der Uni war. Wir mussten eine Menge akademische Sprache lernen, aber die TutorInnen wussten, dass wir als »reifere Studierende« etwas zusätzliche Unterstützung brauchten. Die erste Woche war sehr stressig, da es mit einem Blockseminar losging. Daher war der Arbeitsaufwand intensiv, aber sobald das reguläre Programm startete, war es besser machbar. Es war wirklich aufregend, in den ersten Wochen Kassel kennenzulernen, ich lernte viele Leute kennen, indem ich im lokalen Triathlonclub Mitglied wurde. Da ich ein Fahrrad hatte, konnte ich auch in die schöne umliegende Landschaft entfliehen.

**Angelica Jara, Paraguay:** Die Zeit in Berlin war wirklich toll und gut organisiert. Die Lehre konzentrierte sich auf Gewerkschaftsarbeit, also genau das, wofür ich gekommen war. Der Aufenthalt in Kassel war ein bisschen schwieriger, da wir am Anfang Probleme mit der Unterkunft hatten – aber nachdem das gelöst wurde, war alles in Ordnung. Diese Erfahrung brachte mich auf den Gedanken, meine Karriere auf Sozialwissenschaften auszurichten und mein Berufsfeld komplett zu verändern von den Ingenieurswissenschaften hin zu Bildung und Jura.

**Donna McGuire, Australien:** Ich würde Helen zustimmen, dass es ein Jahr voller Achterbahnfahrten war! Viele Höhen, ein paar Tiefen und vor allem intensiv. Erst wenn du deine Masterarbeit abgegeben hast und darüber nachdenkst, was alle erreicht haben, realisierst du, wie vollgepackt das Jahr war. Es war eine unglaubliche Erfahrung, siebzehn andere GewerkschafterInnen zu treffen und Erfahrungen auszutauschen – das hat unser Verständnis wirklich erweitert und Freundschaften über alle Kontinente hinweg geschmiedet. Du entwickelst eine sehr enge Verbindung zu allen, einerseits wegen der Intensität des Kurses und andererseits wegen der Neuheit vieler Inhalte, der Sprache und des Landes. Trotz der Bedenken anderer gegenüber Kassel haben wir unser Jahr genossen und ich habe es so sehr gemocht, dass ich zurückgekommen bin für meinen Doktor.

**R G Mohanty, Indien:** Ich habe in Deutschland festgestellt, dass die Leute sehr genau darauf bedacht sind, ihre Arbeit in der ihnen vorgegebenen Zeit fertigzustellen. Ich akzeptierte das total, obwohl ich wenig Erfahrung im Umgang mit Computern hatte. Die GLU hat mich zu einem engagierteren Gewerkschafter gemacht. Das Programm hat den Schwerpunkt darauf gelegt, wie man die Arbeit in einer Gewerkschaft besser organisiert und wie man am besten Zusammenhalt unter den ArbeitnehmerInnen schaffen kann. Es ging auch darum, wie man durch Organisierung der ArbeitnehmerInnen trotz Widerständen am besten für die Rechte kämpfen kann, ohne politische Führer, Arbeitgeber oder Minister um Hilfe anzubetteln. Während meines Praktikums habe ich gelernt, dass internationale Gewerkschaftsdachverbände wie die *International Federation of Chemical, Energy, Mine and General Workers' Unions* (ICEM) Gewerkschaften helfen können, Probleme zu lösen – unabhängig von Land oder Industrie. Ich glaube, dass die GLU dabei hilft, starke Gewerkschaften in jedem Sektor zu schaffen. Das Programm ist eine der besten Chancen für GewerkschaftsaktivistInnen oder -funktionäre!

**Lizaveta Merliak, Weißrussland:** Die ersten ein, zwei Monate waren schwierig. Wenn wir nicht so eine wundervolle Gruppe gewesen wären und so viel Unterstützung vom ICDD-Team[3] bekommen hätten, hätte ich abgebrochen, wirklich. Das war wegen der vielen Informationen, die meisten davon negativ, die zeigten, wie die Arbeiterklasse den Kampf gegen das Kapital verliert. Der Zugewinn an

---

[3] Die *Global Labour University* in Kassel ist Teil des *International Center for Development and Decent Work* (ICDD)

neuen Fähigkeiten, neuem Vokabular (selbst Helen sagte es, und sie ist Muttersprachlerin!). Ein entscheidender Moment war für mich eine Präsentation, die ich in Prof. Scherrers Seminar zu *Governance of Globalisation* halten sollte. Ich erinnere mich, dass es um Indien und Südafrika ging, und ich sollte zusammen mit meinem brasilianischen Kollegen Gabriel Musso de Almeida Pinto (*Sindicato dos Bancários de Campinas*) präsentieren. Natürlich verbrachten wir einige Tage mit der Vorbereitung: den dicken Reader und zusätzliche Literatur lesen, Grafiken etc. finden, die Arbeitsteilung klären. Einige Tage vor der Präsentation hörte ich auf zu essen, hörte auf zu schlafen, hatte Alpträume, musste Schlaf- und Nervenpillen nehmen. Als die Präsentation anstand, konnte ich meinen Mund nicht öffnen, war sprachlos, murmelte etwas vor mich hin, verlor den Faden und stand schließlich still da! Gabriel kam hingegen sehr gut klar. Das war meine erste und schlimmste Erfahrung, der schlimmste Moment des ganzen Jahres. Jetzt ist es lustig, sich daran zu erinnern. Christoph bewertete uns trotzdem ziemlich positiv. Ich denke, es lag an seiner Wertschätzung, dass ich selbstbewusster wurde und nie wieder so schlecht präsentierte wie damals. Es war der Teamspirit und die gegenseitige Unterstützung, die uns schwere Zeiten überwinden ließ und dazu führte, dass wir uns noch bis heute wie eine große Familie fühlen.

**Melisa R. Serrano, Philippinen:** Ein sehr erinnernswerter Moment ist, wie ich zweimal meinen Zug von Frankfurt nach Kassel verpasste. Ein anderer, wie ich lernte, philippinische Gerichte zu kochen, als ich mich nach drei Wochen in Kassel nach meinem gewohnten Essen sehnte. Eine andere Erinnerung ist das Verlassen meiner Wohnung früh am Morgen und das gemeinsame Warten auf den Bus mit den anderen LPG-Studierenden, um zu Christophs Vorlesung zu fahren. Wenn wir zu spät kamen, bekamen wir keinen Stuhl mehr, da die Uni Kassel zu der Zeit anscheinend unter Stuhlmangel und sogar einem Mangel an Kreide litt! Ich erinnere mich auch sehr gut, wie Christoph während unserer Präsentationen einen Wecker benutzte. Das war ein sehr guter Weg, um uns beizubringen, bessere Präsentationen zu machen. Diese Fähigkeiten haben mir seitdem in meiner Lehre und in meinen Vorträgen auf nationalen und internationalen Konferenzen geholfen. Eine Herausforderung waren die kulturellen Unterschiede und die individuellen Eigenheiten. Da wir uns in Kassel zu dritt oder zu viert eine Wohnung mit nur einem Badezimmer teilten, ließen sich Spannungen nicht vermeiden. Das war eine Gelegenheit, die Fäden miteinander zu verbinden und ein analytisches Verständnis der Herausforderungen der Gewerkschaftsbewegung im größeren Zusammenhang zu entwickeln. Die besten Erinnerungen: die ersten Tage in Kassel, eine Gruppe mit 18 Personen aus allen möglichen Kontinenten, die zwischen Bank und Post hin- und herliefen und völlig verloren aussahen. Und dann die Weltmeisterschaft in Berlin. Wir genossen es sehr, die verschiedenen Länder zu unterstützen, aus denen die LPG 2-Studierenden kamen. Die meisten von uns kauften Brasilien-T-Shirts und feuerten in dem einen Spiel Brasilien an und im nächsten Spiel Italien.

*Wie war das GLU-Programm als Lernumfeld? Wie waren die Beziehungen unter den Studierenden? Wie sah es mit den ProfessorInnen und anderen WissenschaftlerInnen aus?*

**Helen Russell, Großbritannien:** Die Inhalte des Programms waren großartig. Auch habe ich die Studienfahrt zur ILO nach Genf sehr genossen, ebenso wie das VW-Werk, den ver.di-Streik und die DGB-Jugendakademie, da es unser akademisches Studium in einen praktischen Kontext setzte. Mein Lieblingsteil des Programms war, konzentriert und unabhängig an meiner Masterarbeit zu arbeiten. Es war ein bisschen merkwürdig, im Alter von 38 Jahren ein Praktikum zu machen, nachdem ich bereits 16 Jahre gearbeitet hatte, aber es war eine super Gelegenheit, Brüssel kennenzulernen und meine Kenntnisse zum politischen System Europas und der Arbeit der globalen Gewerkschaftsdachverbände zu erweitern. Das Beste an dem Programm waren meine KommilitonInnen. Wir unterstützten uns während der Höhen und Tiefen. Ich habe das Gefühl, dass wir praktizierten, was wir akademisch gelernt hatten, und zwar Solidarität, und ich fühle trotz der räumlichen Distanz immer noch eine starke Bindung gegenüber meinen KommilitonInnen. Der Arbeitsaufwand war sehr hoch, was mindestens genauso stressig war wie die logistische Herausforderung, dreimal innerhalb eines Jahres umzuziehen! Die Beziehung zwischen den TutorInnen und den Studierenden war von gegenseitigem Respekt geprägt, was für mich als reiferer Mensch sehr wichtig war. Ich fühlte mich von allen ICDD-MitarbeiterInnen unterstützt – sie kümmerten sich um unser emotionales Wohlbefinden wie auch um unseren akademischen Fortschritt.

**Melisa Serrano, Philippinen:** Das akademische Lernen wurde durch die praktischen Erfahrungen der gewerkschaftlichen KommilitonInnen, AktivistInnen und einiger DozentInnen bereichert. Das Studium an der Uni wurde durch Seminare ergänzt. Die Anforderungen waren nicht allzu mühselig, und das Praktikum war ebenfalls eine großartige Lernerfahrung. Es gab uns auch die Möglichkeit, andere europäische Länder kennenzulernen. Die Beziehung zwischen den Studierenden war gemeinschaftlich oder kooperativ. Die ProfessorInnen waren sehr offen gegenüber den Studierenden. Wir hatten nicht das Gefühl, dass auch nur eineR der ProfessorInnen seine Machtposition beweisen musste. Kurz gesagt, es gab noch nicht einmal einen Anflug von Autorität. Ich spürte nicht die gewohnte Distanziertheit, die ich von anderen ProfessorInnen an Unis kennengelernt hatte. Viele ProfessorInnen, darunter auch Christoph, hatten eine sehr unterstützende Haltung gegenüber den Studierenden. Die Unterstützung ging sogar über den Seminarraum hinaus – in einigen Fällen sogar in Form von finanzieller Hilfe an einige von uns.

**Prakashnee Govender, Südafrika:** Es war sehr erfrischend, dass das Programm einen solchen Schwerpunkt auf Solidarität legte. Insgesamt führte das zu einer sehr positiven Erfahrung. Es war jedoch trotzdem eine Herausforderung, die Dominanz der KollegInnen aus dem globalen Norden zu reduzieren. Das spiegelt sich auch in den globalen Gewerkschaftsdachverbänden wider sowie insgesamt im Entwicklungssektor. Aber genau das unterstreicht den Wert des GLU-Programms als ein Instrument, zu einer Veränderung dieser Dynamik beizutragen.

**Lizaveta Merliak, Weißrussland:** Nun, normalerweise hat man zwei Jahre für ein Masterprogramm – der MA *Labour Policies and Globalization* wurde speziell dafür entwickelt, GewerkschafterInnen innerhalb kürzester Zeit ein Maximum an Wissen beizubringen. Wir alle haben es geschafft, während dieses einen Jahres so viele Kurse zu belegen, wie nötig sind, um einen Masterabschluss zu bekommen. Ich kann es immer noch nicht glauben, dass die Hälfte meiner Kurse Wirtschaftskurse waren, jeder von einer anderen Art. Und ich bin eigentlich Sprachwissenschaftlerin. Ein echter Durchbruch war für mich das Praktikum bei *IndustriALL Global Union*: Es verband das, was ich gelernt hatte, mit den Bedürfnissen meiner Gewerkschaft. Es war endlich etwas wirklich gewerkschaftsbezogenes, nichts theoretisches. Diese sechs Wochen in Genf gaben uns die Gelegenheit, großartige KollegInnen aus den globalen Gewerkschaftsdachverbänden kennenzulernen. Etwa Kirill Buketov von der *International Union of Food Workers* (IUF), der viele Freunde bei sich aufnahm, darunter auch den Vorsitzenden der *Confederation of Labour of Russia* Boris Kravchenko. Wir trafen Dan Gallin in seiner *Global Labour Institute* Bibliothek in Carouge. Diese Momente sind unvergesslich. Es ist, als würde man in einen Brunnen voller Weisheit schauen. Ein anderes zentrales Ereignis war die LabourStart-Konferenz in Berlin. LabourStart ist eine Internetplattform, die GewerkschafterInnen weltweit zusammenbringt, indem sie gewerkschaftsbezogene Nachrichten in hunderten Sprachen anbietet und Online-Solidaritätskampagnen durchführt. Diese können Leben, Arbeitsplätze oder Organisationen all derer retten, die für unsere Rechte und gegen die Ungerechtigkeit des globalen Kapitals und die Habgier der Mächtigen kämpfen. Als GLU-Gruppe nahmen wir sehr aktiv an der Konferenz teil: Einige von uns leiteten Workshops, hielten Vorträge oder machten Exkursionen zu erinnerungswürdigen sozialistischen und arbeiterbezogenen Orten in Berlin; und alle nahmen an Straßenaktionen teil. Es war auch sehr verbindend, Alumni aus den verschiedenen Jahrgängen bei der Konferenz zu treffen, da gleichzeitig auch eine GLU Alumni-Konferenz sowie der IGB-Kongress stattfanden. Wow, so viele Ereignisse, und wir hatten Zeit für Bibliotheken, Literaturanalysen, Hausarbeiten und schließlich unsere Masterarbeiten.

**Edlira Xhafa, Albanien:** Für mich war es eine großartige Lernerfahrung sowohl im Hinblick auf den akademischen Inhalt als auch im Bezug auf das Lernumfeld. Ich komme aus einem eher anderen Erfahrungshintergrund, in dem die ProfessorInnen als diejenigen mit dem ersten und dem letzten Wort gesehen werden. Das Lernumfeld im LPG-Programm war ein radikal anderes. Wir lernten genauso viel von den ProfessorInnen wie von unseren KollegInnen (und uns selbst). Die von den ProfessorInnen geschaffenen Diskussions- und Reflektionsräume für unsere eigenen Erfahrungen ermöglichten uns, unser kritisches Denken zu entwickeln und/oder zu stärken und unsere gegenseitigen Geschichten mehr schätzen zu lernen. Ich glaube, dass die ProfessorInnen auch von uns gelernt haben.

*Was war aus deiner Sicht die Rolle bzw. der Beitrag von Christoph Scherrer zu dem LPG-/Engage-Programm und insgesamt dem GLU-Projekt? Was war deine Erfahrung mit Professor Scherrer als Lehrer/ Kollege/ Berater/ Gewerkschaftsunterstützer?*

**Patricia Chong, Kanada:** Christoph ist ganz offensichtlich eine der Säulen des GLU-Projekts und ich habe ihn immer als sehr unterstützend, freundlich, und großzügig erlebt. Außerdem ist er auch ein ziemlich guter Tänzer!

**Baba Aye, Nigeria:** Für mich sind Christoph und Frank Hoffer von der ILO so etwas wie das GLU-Äquivalent von dem, was Marx und Engels für den Marxismus waren, und das GLU-Programm eine Art ihrer Version einer Neo-Gramscianischen Ersten Internationale (lacht). Als Lehrer und Berater fühle ich Christoph gegenüber großen Dank bzgl. meiner Masterarbeit. Er war immer da, von Anfang an bis zu meiner Verteidigung.

**Akhator Joel Odigie,** *International Trade Union Confederation – Africa* **(ITUC Africa), Nigeria, LPG 3:** Christoph Scherrer und Frank Hoffer haben mit der Entwicklung und Dynamik der GLU gezeigt, wie wahr die Binsenweisheit ist, dass Ideen die Welt regieren. Die GLU und das ENGAGE-Programm sind durch ihr Geschick und außergewöhnliche Leidenschaft zu wegweisenden gewerkschaftlichen Bildungsprogrammen geworden. Man kann daher mit aller Bescheidenheit sagen, dass sie ein bleibendes Erbe geschaffen haben! Diese zwei glauben, dass wir eine neue/andere und nachhaltigere Antwort von Gewerkschaften auf die Globalisierung brauchen, und sie haben sich vorgenommen, zur Stärkung, Verbesserung und Konsolidierung gewerkschaftlicher Kapazitäten beizutragen. Das Programm hat meine Sichtweise auf die Begriffe »Auseinandersetzung« und »umstrittene Räume« vertieft – das Wissen, dass nichts aus Mildtätigkeit heraus passiert, sondern dass die Dinge immer ein Ergebnis von Auseinandersetzung, Selbstbewusstsein und Angstlosigkeit sind, verbunden mit einer kritischen Herangehensweise außerhalb gewohnter Pfade.

**Harald Kröck, freiberuflicher Wissensarbeiter, Deutschland, LPG 1:** Ich habe Christoph 2004 kennengelernt, als ich im allerersten GLU-Masterprogramm (LPG 1) mein Studium aufnahm. Wir waren damals so etwas wie die Versuchskaninchen der GLU und es gab bei den vielen internationalen TeilnehmerInnen natürlich ein Menge organisatorischer Schwierigkeiten zu bewältigen, mit denen man vorher nicht rechnen konnte. Christoph (unterstützt von seinem kleinen Team) hat damals in seiner besonnenen Art immer schnell und oft auch pragmatische Lösungen gefunden, was mich damals schon sehr beeindruckt hat. Neben seiner Rolle als Professor habe ich ihn dann einige Jahre später auch als Auftraggeber für die verschiedensten GLU-Aktivitäten kennengelernt. Wenn alle Vorgesetzten ihre MitarbeiterInnen in ähnlicher Weise führen würden, wäre der Krankenstand in so mancher Behörde/ Firma sicher erheblich niedriger. Also auch hier ein großes Lob an ihn.

**Angelica Jara, Paraguay**: Christoph Scherrer und Frank Hoffer haben mir eine völlig neue Welt eröffnet und mich inspiriert, noch mehr zu lernen und vielleicht eines Tages für das Masterprogramm wiederzukommen. Sie haben mich mit dem Gefühl zurückgelassen, mehr wissen zu wollen, mehr lernen zu wollen, zurückkommen zu wollen. Ich habe viel über europäische Politik und europäisches Denken gelernt. Ich habe auch gelernt, dass es für Lateinamerika wichtig ist, sich stärker global zu involvieren. Dafür muss man von KollegInnen aus anderen Teilen der Welt lernen und ihnen zuhören.

**Madelaine More, Australien:** Es ist völlig klar, dass die GLU ohne Christoph Scherrer nicht das wäre, was sie heute ist. Sie hätte nicht die Verbindungen mit anderen Stiftungen, internationalen Netzwerken und hätte nicht solch intellektuell progressive und inspirierende MitarbeiterInnen. Das erscheint mir auch für den MA GPE[4] und das ICDD generell zutreffend, und es entwickelt einen internationalen Ruf für kritische Forschung, der zu großen Teilen der harten und jahrelangen Arbeit von Christoph zu verdanken ist.

**R G Mohanty, Indien:** Während seiner Vorlesungen involvierte Christoph alle Studierenden und ermutigte alle, sich trotz der Sprachschwierigkeiten einzubringen. Wir haben ihn als das Rückgrat des GLU-Programms empfunden.

**Melisa R. Serrano, Philippinen:** Christoph hat besonders in den ersten Jahren so viel Arbeit in den Aufbau des Programms gesteckt, inklusive der Mobilisierung von Geldern für die TeilnehmerInnen des Programms. Ich nehme an, er hat ein exzellentes Verhandlungsgeschick. Als Lehrer weiß Christoph, wie man ein nährendes Lernumfeld schafft. Er lud uns sogar gruppenweise zu sich nach Hause ein, um bei ihm zu Abend zu essen. Ich fand heraus, dass er gut kochen kann. Er kochte fast alle Gerichte selbst, die er uns servierte. Von April bis Mai 2015 lud meine Universität ihn für einen Monat als Gastprofessor ein. Meine KollegInnen und die Studierenden, die seine öffentliche Vorlesung in unserer Fakultät zum Thema *Transatlantic Trade and Investment Treaty* besuchten, waren von der Tiefe und Schärfe seines Vortrags beeindruckt.

*Was bringt euch das GLU-Netzwerk heute?*

**Melisa Serrano, Philippinen:** Das Wertvollste ist für mich, Teil des GLU-Netzwerkes zu sein. Die Gelegenheit, mit Gewerkschaften weltweit in Kontakt zu treten; die jährlichen GLU-Aktivitäten, die Verbindungen zwischen den GLU Alumni, ProfessorInnen, das Alumni-Netzwerk. Das GLU-Netzwerk bereichert auch meine Lehre an der Universität, weil ich ExpertInnen aus anderen Ländern per Skype einladen kann. Ich glaube, dies ist einer der Gründe, warum die GLU zu solch einem

---

[4] Der MA *Global Political Economy* ist ein zweijähriges englischsprachiges Masterprogramm, ebenso unter der akademischen Leitung von Christoph Scherrer.

großen Erfolg wurde. Auch konnte ich durch das GLU-Netzwerk einige meiner Arbeiten veröffentlichen.

**Lizaveta Merliak, Weißrussland:** Durch das GLU-Masterprogramm setzt man eine »kritische Brille« auf, die man nicht mehr ohne Weiteres absetzen kann, wenn man sie erst einmal trägt! Durch diese kritische Brille beurteilt man das Wohlergehen einer Bevölkerung nicht mehr anhand des Wachstums des Bruttosozialproduktes des betreffenden Landes. Sondern man hört etwa den LänderrepräsentantInnen der Arbeitnehmer, Arbeitgeber und der Regierung auf der jährlichen Internationalen Arbeitskonferenz der ILO im Juni jeden Jahres zu, um einen wirklichen Blick dafür zu erhalten, was vor sich geht. Man erkennt so die globalen Trends in lokalem oder nationalem Handeln, etwa, dass Regierungen die Arbeitsgesetzgebung verschlechtern, um ausländische Direktinvestitionen anzulocken oder um noch einen weiteren Kredit von der Weltbank zu erhalten. Wichtig ist weiterhin das Bewusstsein: »Man ist nicht allein«. Ich kann mir nicht vorstellen, was ich in meiner jetzigen Position als internationale Gewerkschaftssekretärin tun würde, hätte ich nicht damals die Chance erhalten, in der GLU zu studieren. Ich teile dieses Wissen mit meiner Gewerkschaft, die meines Erachtens dadurch auch stärker wird. Ich habe nun so viele GLU-Freunde, die mir Rat geben können, die oben erwähnte »kritische Brille«, und ich habe viele Antworten erhalten, die ich vorher nicht hatte.

**Edlira Xhafa, Albanien:** Alle meine KommilitonInnen führen das Netzwerken an. Und ich stimme damit überein, insbesondere für diejenigen, die das Programm vor etlichen Jahren abgeschlossen haben. Aber ich finde, dass der Begriff Netzwerk in einer zu lockeren Art und Weise benutzt wird, um der kontinuierlichen Unterstützung und der Lernumgebung, welche die GLU bietet, gerecht zu werden. Das GLU-Programm und das GLU-Netzwerk dienen als kontinuierlicher *Befähigungsraum*, der GewerkschafterInnen erlaubt, die Lücke zwischen Wissenschaft und Aktivismus zu überbrücken und zu beidem einen signifikanten Beitrag zu leisten.

**Prakashnee Govender, Südafrika:** Als Gewerkschafter reden wir oft darüber, wie globale Solidarität verstärkt werden kann. Aber viele von uns bleiben in ihrem Denken unbeabsichtigt nach innen gerichtet. Das GLU-Programm schafft die Möglichkeit, die Bedeutung von globaler Solidarität in praktischer Weise zu reflektieren. Dies insbesondere als Resultat von Interaktion in einer facettenreichen Gruppe von GewerkschafterInnen. Dies bedeutet auch, die Dominanz der Blickwinkel von Gewerkschaften des globalen Nordens kritisch zu hinterfragen und die Bedeutung von historisch aus den sozialen Bewegungen hervorgegangenen Gewerkschaften wie in Brasilien und Südafrika zu beleuchten. Mir wurde zum Beispiel bewusster, wie südafrikanische Gewerkschafter damit fortfahren, unsere Kollegen im restlichen Afrika zu marginalisieren.

*Was, glaubst du, ist die Rolle bzw. der Beitrag der GLU in der internationalen Gewerkschaftsbewegung? Was bedeutet die GLU für die Gewerkschaften in Deinem Heimatland und global?*

**Baba Aye, Nigeria:** Ich glaube, die Bedeutung der GLU ist sehr greifbar in Bezug auf den Austausch von Ideen und Erfahrungen mit Leuten, mit denen dich eine gemeinsame Aufgabe verbindet. Ich konnte so an Informationen und Hinweise von Kollegen bezüglich Forschungen für gewerkschaftliche und zivilgesellschaftliche Aktivitäten gelangen, besonders in der *International Union of Food Workers* (IUF) – allesamt GLU Alumni. Die Forschungsarbeit, an der ich in den GLU Alumni-Forschungsgruppen partizipieren konnte, war ebenfalls überwältigend – insbesondere mit »Edlissa« (= Edlira Xhafa und Melisa Serrano). Die GLU schafft ein Netzwerk von Intellektuellen, welches als ein Sprungbrett für einen neuen historischen Block innerhalb der Gewerkschaftsbewegung angesehen werden kann.

**Akhator Joel Odigie, Nigeria:** In Afrika tragen nicht wenige GLU Alumni Kollegen und Kolleginnen in ihren verschiedenen Positionen positiv zu den Bemühungen ihrer Gewerkschaften bei, die Attacken auf die Errungenschaften der Arbeitnehmer zurückzuschlagen und die Rechte der Arbeitnehmer und der Gesellschaft zu verteidigen, zu sichern und zu fördern. Ich bin sehr froh, zu sehen, dass viele von ihnen zu ihren Gewerkschaften zurückkehrten und dort weiterhin aktiv sind. Daher kann man sagen, dass langsam, aber stetig eine neue Generation von (afrikanischen) GewerkschafterInnen als fähiges Reservoir für die Führung heranwächst – vor allem durch die Präsenz, die Rollen und Potenziale, die das GLU-Netzwerk bietet. Auf beruflicher und privater Ebene bin ich in Kontakt mit GLU Alumni auf mehreren Kontinenten. Das hat meine Arbeit bereichert und unterstützt. Das ist für mich der wirkliche Nutzen der GLU. Innerhalb der afrikanischen Gewerkschaftsbewegung hat die GLU den Ruf erworben, kritische und informierte Köpfe in den Dienst der Gewerkschaften zu stellen. Außerdem trägt sie zur Stärkung der Forschungskapazitäten der Gewerkschaften bei. Dies mit der Folge, bessere politische Antworten im wissensgetriebenen Globalisierungsmilieu hervorzubringen. Seit ich beim ITUC-Afrika tätig bin, suche ich bewusst nach fähigen und interessierten jungen Gewerkschaftern und versuche, sie dazu zu bewegen, sich für eines der GLU-Programme zu bewerben – mit wenig Erfolg allerdings bei den Französisch und Portugiesisch sprechenden afrikanischen Gewerkschaften, aber wir geben auch hier nicht auf.

**Melisa Serrano, Philippinen:** Für mich liegt der wichtigste Beitrag der GLU zur internationalen Gewerkschaftsbewegung in der Schaffung von Möglichkeiten für führende GewerkschafterInnen, *Organizer* und AktivistInnen, ihre konkreten Fähigkeiten hinsichtlich ihrer Gewerkschaftsarbeit und den Druck in Richtung sozialer Transformation im Allgemeinen zu erweitern und zu vertiefen. Gab es diesen Beitrag wirklich? Definitiv! Ich kenne viele GLU Alumni, denen eine höhere, verantwortungsvollere und politischere Position in ihren Gewerkschaften oder Organisationen übertragen wurde, nachdem sie eines der GLU-Programme beendet hatten. Ich selbst machte wundervolle Erfahrungen, als ich mit GLU Alumni arbeitete, speziell in den Forschungsprojekten. Ich habe entdeckt, dass es eine Menge »wahrer« Intellektueller (wie Baba Aye) in der Gewerkschaftsbewegung gibt. Baba wechselte erst kürzlich zu einer globalen Gewerkschaftsföderation. Der Marsch durch die Institutionen mag lang sein – der Prozess wird durch die GLU jetzt aber beschleunigt!

**Lizaveta Merliak, Weißrussland:** Dank der GLU werden Gewerkschaftsthemen akademisch diskutiert. WissenschaftlerInnen mit geringen praktischen Kenntnissen und GewerkschafterInnen mit geringen akademischen Kenntnissen verbinden sich hier und arbeiten gemeinsam an gewerkschaftlichen Themen. Somit hat die globale Arbeitnehmerschaft einen klareren Blick auf Strategien, auch wenn das globale Kapital mehr Ressourcen hat als wir. Da Helen den GLU-Onlinekurs bereits erwähnt hat: Von diesem Jahr an wird dieser Kurs über *Workers' rights* auch auf Russisch stattfinden – für GewerkschafterInnen und alle Interessierten in Weißrussland, Russland und der Ukraine. Ich begrüße dies sehr, da es immer sehr schwierig ist, Teilnehmende aus unserer Region für einen Gewerkschaftskurs auf Englisch zu finden. Ich bin in vielen internationalen Gewerkschaftsnetzwerken aktiv: Frauen, Jugend etc. Auf den Veranstaltungen bewerbe ich die GLU nach Kräften. Ich will damit sagen, dass wir viel mehr GLU-Absolventen in unserer Region – den neuen unabhängigen Ex-Sowjetunion-Staaten – brauchen, um ein Netzwerk und auch einen Think Tank zu schaffen, welcher zum Wohle der Arbeitnehmerschaft agiert.

**Edlira Xhafa, Albanien:** Ich denke, der Beitrag der GLU war und ist enorm. Sie hat die internationale Gewerkschaftsbewegung mit jungen, kenntnisreichen GewerkschafterInnen versorgt – zusammen mit einem breiten Netzwerk von AktivistInnen und ForscherInnen. In meiner Arbeit bin ich in ständigem Kontakt mit anderen GLU Alumni, die immer sehr hilfreich und zuverlässig sind. Und dank der Ressourcen schafft es die GLU, Personen zusammenzubringen, was in keinem anderen Master Programm möglich wäre. Die GLU hat vielen von uns die Möglichkeit verschafft, uns in einem Bereich der akademischen Welt zu entwickeln und dort auch zu wachsen, auf den wir auf anderem Wege wohl niemals Zugriff gehabt hätten. Ich empfehle die GLU allen, die mit Arbeitsthemen beschäftigt sind, aber auch denjenigen, die zu sozialem Wandel arbeiten.

**Prakashnee Govender, Südafrika:** Obwohl es viele Masterprogramme zu Arbeits- und Entwicklungsthemen gibt, kenne ich kein anderes Programm, das gezielt GewerkschafterInnen anspricht. Das GLU-Programm ist sehr breit aufgestellt, von Wirtschaftstheorien und Wirtschaftspolitik, Organisationstheorien bis hin zu Arbeitsstandards. Die gesamte GLU-Erfahrung war überwältigend positiv. Ich empfehle das GLU Programm nicht nur wegen der Gelegenheit, Einsichten über globale Gewerkschaftsstrategien zu erwerben, sondern auch, um äußerst wertvolle Verbindungen zu anderen Gewerkschaften aufzubauen.

*In welcher Weise beeinflussen die Alumni-Aktivitäten und -Projekte deine Gewerkschaftsarbeit? Welches sind die Herausforderungen und Vorteile des GLU Alumni Netzwerks?*

**Helen Russell, UK:** Seit meiner Graduierung war ich im Alumni Netzwerk involviert, da es mir die Gelegenheit bot, mit einem großen Netzwerk in Kontakt zu bleiben und auch meine akademische Forschungsarbeit fortzusetzen. Ich war in der Forschungsgruppe zu Mega-Sport-Veranstaltungen engagiert, was bedeutete, dass ich auf die Forschung zu meiner Magisterarbeit zu den Olympischen Spielen in London aufbauen konnte. Ich bin auch Teil eines Alumni-Teams, das Artikel für die *Global Labour Column* (http://column.global-labour-university.org/) beschafft und editiert. Ich war auch eine von den TutorInnen für den GLU-*Massive Open Online Course* (MOOC) in Großbritannien (www.global-labour-university.org/394.html) und konnte dadurch mit britischen GewerkschafterInnen in einem GLU-Kontext interagieren. Manchmal ist es schwierig, einige Alumni davon zu überzeugen, sich für bestimmte Projekte zu engagieren. Ich würde Alumni raten mitzuarbeiten, da diese Arbeit sehr lohnend ist – sowohl arbeitsbezogen als auch persönlich. Ich empfehle den Masterstudiengang, da er eine das Leben verändernde und eine lebensbejahende Erfahrung darstellt. Man lernt dort nicht nur etwas über akademische Inhalte, sondern man entdeckt Dinge über sich selbst, andere Kulturen und lernt, auch manchmal etwas nachgiebiger zu sein!

**Patricia Chong, Canada**: Eines der besten Dinge, eine GLU-Absolventin zu sein, ist die GLU Alumni-Sommerschulen zu besuchen. Viele von uns gehen manchmal unter im kräftezehrenden Gewerkschaftstagesgeschäft. Auf einer Sommerschule erinnere ich mich daran, dass wir nicht alleine mit unserer Arbeit sind. Ich fühlte mich immer bekräftigt in dem, was ich tue, und konnte es kaum erwarten, hinterher wieder mit Elan meine Arbeit zu tun. An den Alumni-Forschungsprojekten genieße ich, auch die theoretische Hälfte meines Gehirns beanspruchen zu müssen. Mit anderen Alumni auf ein gemeinsames Ziel hinzuarbeiten, bedeutet eine sinnvollere und persönlichere Interaktion als nur ein gelegentliches »Hi« über *Facebook*.

*Logistik, Transkription, Bearbeitung und Übersetzung des Gespräches:*
*Simone Buckel, Donna McGuire, Tandiwe Gross und Harald Kröck.*

Jenny Simon / Christian Scheper

# »Es gibt keine Landstraße für die Wissenschaft« (Karl Marx) oder »I have cats, not dogs« (Christoph Scherrer)

Eindrücke des Promovierens in Kassel

Für uns als Promovierende hat das Fachgebiet Globalisierung & Politik an der Universität Kassel einen einzigartigen Raum zum Arbeiten und Diskutieren geboten. Wir wollen die Gelegenheit dieses Beitrags nutzen, um über das Promovieren und die Rolle von Christoph Scherrers seit vielen Jahren stattfindenden Doktorand*innen-Workshops zu reflektieren. Was macht für uns »Kassel« aus? Wer promoviert hier und welche Rolle spielt der »Dok-Workshop« für die Promovierenden? Und wie gestaltet sich der Weg aus Kassel wieder hinaus in die politikwissenschaftliche Landschaft?

### Challenging the Boundaries of the Discipline

Im Fachgebiet Globalisierung und Politik der Uni Kassel stehen unterschiedliche heterodoxe Ansätze der Internationalen Politischen Ökonomie (IPÖ) im Vordergrund. Die Betonung der Vielfalt von Theorien und Ansätzen ist hier die Orthodoxie. Ob keynesianische Perspektiven auf Wohlfahrtsstaaten, neogramscianische Analysen globalisierter Finanzbeziehungen oder diskurstheoretische Forschung zu *economic governance* – entscheidend für den Kassel'schen Charakter der heterodoxen IPÖ scheint vor allem eine besondere Machtsensibilität und Herrschaftskritik zu sein. Zudem wird besonders die in Deutschland im Vergleich zum angelsächsischen Raum nur schwach verankerte hegemonietheoretische Lesart der Politischen Ökonomie für Analysen genutzt und aktiv weiterentwickelt. Sie ist wiederum vielfältig ausgestaltet und reicht von eher im historischen Materialismus verorteten Ansätzen bis hin zu poststrukturalistischen Lesarten.

Die Pluralität der heterodoxen Ansätze in Kassel eint darüber hinaus ein post-positivistisches Forschungsverständnis. Dieses findet sich zum einen in Forschungsdesign und Methoden wieder, bei denen man schematische Konzeptionen abhängiger und unabhängiger Variablen und die Anwendung quantitativer Methoden meist vergebens sucht. Stattdessen sind unter den Promovierenden andernorts exotisch erscheinende Zugänge zur IPÖ verbreitet, etwa die Methodentriangulation qualitativer Ansätze, Diskursanalyse, *Interpretative Policy Analysis* oder die historisch-materialistische Politikanalyse.

Eine weitere zentrale Klammer bildet das Erkenntnisinteresse und Wissenschaftsverständnis, das ganz im Sinne von Robert Cox der Überzeugung folgt, dass Theorie immer für jemanden und für einen bestimmten Zweck entwickelt und angewendet wird. In den im Dok-Workshop entstehenden Forschungsarbeiten geht es etwa um Analysen sozialer Ungleichheit und ihrer Veränderung, von Arbeitskämpfen und -rechten in der Globalisierung, der Folgen von Kommodifizierung und Privatisierung unterschiedlicher Felder öffentlicher Güter und Dienstleistungen, Machtverhältnissen in den globalisierten Finanzbeziehungen oder den Auswirkungen von Handels- und Finanzpolitiken in Zeiten der Krise. »Kassel« steht in diesem Sinne für eine »politische« Politikwissenschaft. Über die Wissenschaft im engeren Sinne hinaus zeigt sich das auch immer wieder am politischen Engagement der Lehrenden, Studierenden und Promovierenden: sei es das Engagement von Promovierenden in Gewerkschaften oder unterschiedlichen sozialen Bewegungen – in Ägypten, China oder hierzulande –, das gemeinsame Eintreten von Lehrenden und Studierenden gegen Rechtsradikalismus und -populismus, der Einsatz gegen das rassistische Grenzregime Europas, für Arbeitsrechte von Hausarbeiter*innen oder Christoph Scherrers Engagement für fairere internationale Handelsbedingungen, zuletzt die Kritik des Transatlantischen Handels- und Investitionsabkommens (TTIP). Neben diesem direkten politischen Einsatz bieten Studiengänge wie das interdisziplinäre Masterprogramm in »Global Political Economy« oder »Labour Policies and Globalisation« (Weiter-)bildungsmöglichkeiten nicht nur, aber auch für politisch Engagierte aus der ganzen Welt. *Summer Schools* und das *International Center for Development and Decent Work* (ICDD) ergänzen die Studiengänge. Insgesamt ergibt sich daraus in Kassel ein umfassendes Umfeld des »Einmischens« und der kritischen Auseinandersetzung in und außerhalb der Wissenschaft.

**Kassel ist kritische Vielfalt – Katzen nach Kassel!**

Diese »kritische Vielfalt« in Kassel heißt für Christoph Scherrers Doktorand*innen zunächst zumindest zweierlei: Einerseits gibt es keine langweiligen Kolloquien. Die Agenda der ein- bis zweimal pro Semester stattfindenden Workshops ist stets selbstorganisiert. Sie bietet eine anspruchsvolle Mischung aus Präsentationen der Dissertationsprojekte, Beiträgen zu Theorie- und Methodendiskussionen – wir erinnern uns zum Beispiel an mehrstündige Auseinandersetzungen mit unterschiedlichen Machttheorien – und kleinen Arbeitsgruppen, in denen das Diskutierte auf das eigene Dissertationsprojekt bezogen wird. Fest steht eigentlich nur, dass Joscha Wullweber früher oder später ein interessantes hegemonietheoretisches Tafelbild zeichnet. Die Organisator*innen in Kassel setzen für die Selbstorganisation von Ideen und Theorien den Rahmen, nicht die Agenda. Der Workshop selbst zeigt, wie wichtig dieser Rahmen ist, nicht zuletzt da die diskutierten Themen immer wieder durch entsprechende deutsche und internationale Expert*innen-Vorträge im Workshop ergänzt werden. Dabei zeichnen intensives Nachdenken und Diskutieren, eine ungewöhnlich kollegiale Atmosphäre und eine Kultur des gegenseitigen Anerkennens der vorgestellten Projektideen die hohe Qualität des Kolloquiums aus. Hier wird Diskussionen Raum gegeben, die in der deutschen Politikwissenschaft eher selten sind. Fragen der Macht und Herrschaft, der Hierarchien und der Exklusion; Konzepte von Gramsci, Marx, Foucault, Laclau, Mouffe, Poulantzas oder Butler – zentral ist hierbei das eigenständige Verfolgen und Reflektieren des eigenen Interesses und der entsprechenden Theorieentwicklung in der Promotion. So stark die eigene Arbeit auch von anderen kritisiert wird, so steht die Kritik stets auch im Zeichen der Anerkennung des eigenen Erkenntnisinteresses und Theoriegebäudes.

Das heißt zweitens für Doktorand*innen: Kolloquien in Kassel sind auch immer arbeitsintensiv. Nach eineinhalb Tagen der Präsentationen, Diskussionen und des Zuhörens ist man erschöpft, gleichzeitig aber oft neu motiviert durch Ideen für das eigene Projekt und neue Literaturanregungen, manchmal gepaart mit einer dezent panischen Note (»Muss ich das jetzt wirklich auch noch alles mit reinnehmen?«). Anregungen sind jedoch selten Vorgaben: Letztlich geht es um das eigene Projekt und Christoph als Betreuer ist eben genau das: Ein Betreuer der eigenen Arbeit, der Vorschläge macht und Kritik übt, aber keine Vorgaben macht. »You have to set your own goals – as some of you may know, I have cats, not dogs at home.«

Dabei sind in Kassel die Promovierenden so heterogen wie ihre wissenschaftlichen Ansätze. Auf Konferenzen zur Internationalen Politischen Ökonomie sind »white-male-only panels« eher die Regel als die Ausnahme. In Kassel unterscheidet sich die Zusammensetzung der Promovierenden stark davon: Unterschiedliche Altersgruppen, soziale Herkunft, Gender und vor allem die Internationalität fallen besonders auf. Ob chinesische Arbeitsrechtsaktivistin, ägyptischer Gewerkschafter, Mitarbeiter einer Umwelt-NGO in Hamburg, Staatsangestellter aus Ecuador – die vielfältigen Perspektiven durch unterschiedliche Lebenserfahrungen schlagen sich in der Pluralität des Umfelds und der wissenschaftlichen Diskussionen nieder. Für uns ist das eine wichtige und einzigartige Erfahrung, denn der Dok-Workshop bietet damit einen ebenso vielfältigen wie geschützten Raum für Diskussion und Reflexion. Als Promovierende*r fühlt man sich damit ebenso ernst genommen wie gefordert. Es geht darum, eigenständig Themen zu entwickeln und weiterzudenken. Der Dok-Workshop hat deshalb einen speziellen Charme: Hohes Engagement bei den Projektvorstellungen und die Qualität der Diskussion paaren sich mit vertrauter Kollegialität.

## Von Kassel aus in die Welt

Die in der deutschen politikwissenschaftlichen Landschaft sonst abnehmende Bedeutung und Anerkennung von herrschaftskritischen Ansätzen und die Tendenz zu im Cox'schen Sinne affirmativer problemlösungsorientierter Forschung macht Kassel zu einem wichtigen Ort der heterodoxen IPÖ und der kritischen Politikwissenschaft. In dieser Hinsicht erscheint Kassel inzwischen wie eine Halbinsel in der Wissenschaftslandschaft. Der Fachbereich Gesellschaftswissenschaften bietet auch über Christoph Scherrers eigene Arbeiten hinaus ein ganz besonderes Umfeld kritischer Diskussion, etwa mit Aram Ziais postkolonialen Studien oder Sonja

Buckels kritischer politischer (Rechts-)Theorie. Dieses Umfeld konnte sich nicht zuletzt maßgeblich durch Christoph Scherrers langjähriges Engagement entwickeln. Der Erhalt der Vielfältigkeit der Theorie- und Methodenzugänge als Gegenmodell zur Vereinheitlichung und damit Vereinnahmung durch ein spezifisches Wissenschaftsverständnis in der IPÖ, die institutionelle Verankerung der kritischen Tradition und die Möglichkeit, Theorieentwicklung und empirische Forschung jenseits der ausgetretenen Pfade positivistischer Wissenschaft zu betreiben, bieten nicht nur seinen Doktorand*innen einen seltenen Raum intellektueller Entwicklung – er ist auch für die Aufstellung der bundesdeutschen Politikwissenschaft insgesamt bedeutsam. Denn auch die Politikwissenschaft ist ein vermachtetes Terrain, auf dem um Positionen gerungen wird.

So spannend und herausfordernd derartige Themen und Zugänge zur politischen Ökonomie für Nachwuchsforscher*innen sind, so stellen sie auch einen weitgehenden Bruch mit weiten Teilen des politikwissenschaftlichen Mainstreams in Deutschland und in veränderter Form auch international dar. Kassel ist inzwischen bekannt für die heterodoxe Politische Wissenschaft, die hier das Fach bestimmt. Doktorand*innen und andere Forschende kommen in der Regel genau deshalb hierher. Aber gleichzeitig entscheidet man sich damit auch für einen durchaus steinigen Weg im Umfeld des sogenannten Mainstreams. Die derzeitige Situation des wissenschaftlichen Jobmarktes verstärkt den Gegenwind, der einem teilweise an anderen Universitäten entgegenweht, wenn man kritische Wissenschaft im Feld der IPÖ zu betreiben versucht, ohne nach positivistischem Vorbild Hypothesen zu testen. Der Zugang zur »üblichen« Wissenschaftslandschaft für Doktorand*innen aus Kassel mag damit manchmal noch schwieriger sein, als er es ohnehin schon ist, denn Reflexion, Interpretation und Kritik als Grundlagen der Forschung schaffen nicht nur innovatives Denken über Politik und Ökonomie, sondern fordern immer wieder die Disziplin selbst, die hier bestehenden Normen und Machtverhältnisse und die Grenzen des eigenen Faches heraus.

Doktorand*in in Kassel zu sein, heißt damit auch, mit der eigenen Rolle im vermachteten Feld Politischer Wissenschaft und gegenüber dem wissenschaftlichen Mainstream umgehen zu lernen. Hierfür ist ein hohes Maß an kritischer Selbstreflexion und Kreativität, aber auch Selbstbehauptung und eine große Begeisterung für die eigene Arbeit zentral. So ausgestattet können trotz des tendenziell exkludierenden Charakters des politikwissenschaftlichen Betriebs politisch wie wissenschaftlich neue Wege beschritten werden – in und außerhalb der Universitäten. Natürlich gibt es auch anderswo kritische Wissenschaft und auch der benannte Mainstream ist vielfältig, aber dennoch erscheint uns Kassel in dieser Hinsicht einzigartig in der deutschen politikwissenschaftlichen Landschaft. Christoph Scherrer hat hier einen Raum für Doktorand*innen und darüber hinaus geschaffen, der für die Gesellschaftswissenschaften in Deutschland einen wichtigen Impuls für mehr Pluralität, für eine Weiterentwicklung heterodoxer Ansätze und die stets kritische Reflexion über die eigene Disziplin gibt. Der deutschen Politikwissenschaft würden mehr dieser Halbinseln gut zu Gesicht stehen.

Hans-Jürgen Burchardt
# Zum Wohlstand durch Entschleunigung
Eine Anleitung für das gute Leben

>*»Guten Tag«, sagte der kleine Prinz.*
>*»Guten Tag«, sagte der Händler.*
>*Er handelte mit absolut wirksamen, durststillenden Pillen. Man schluckt jede Woche eine und spürt überhaupt kein Bedürfnis mehr zu trinken.*
>*»Warum verkaufst du das?«, sagte der kleine Prinz.*
>*»Das ist eine große Zeitersparnis. Man spart dreiundfünfzig Minuten in der Woche.«*
>*»Und was macht man mit diesen 53 Minuten?«*
>*»Man macht damit, was man will.«*
>*»Wenn ich dreiundfünfzig Minuten übrig hätte«, sagte der kleine Prinz, »würde ich ganz gemächlich zu einem Brunnen laufen...«*
>Antoine de Saint-Exupéry

Christoph Scherrer gehört zu den Professoren, die sich in ihrem Schaffen nicht nur der wissenschaftlichen Qualität verpflichtet sehen. Er nimmt auch die gesellschaftliche Verantwortung und die politischen Möglichkeiten ernst, die sein Amt eröffnet. Seine methodische und inhaltliche Ausrichtung ist dabei ein besonderer Glücksfall: Sie gestattet ihm, Wissenschaft und Politik so zu verschränken, dass beide Bereiche regelmäßig profitieren. Die systematische Analyse von Politik erlaubte es ihm zusätzlich, in seiner eigenen Praxis so manchen Fallstrick zu vermeiden.

So stehen zwei wichtige Strategien politischer Aktivitäten – Diskurs und Institutionalisierung – in einem Spannungsverhältnis und werden oft losgelöst oder gar in kritischer Abgrenzung voneinander betrieben. Da gibt es auf der einen Seite die Institutionalisten, die auf Wirkungstiefe und Dauer setzen. Das Geschäft der Ebenen erfolgt meist zäh und langsam. Die Frage, ob der Mensch schneller die Institution oder die Institution den Menschen verändert, ist immer präsent. Und dann stehen auf der anderen Seite die Fensterredner, die über Diskursbeeinflussung soziale Mobilisierungen, Lobbyarbeit oder *agenda setting* auslösen bzw. fördern und gegenhegemoniale Kräfte stützen wollen. Ihre Aktivitäten zeitigen zweifelsohne Wirkung, deren anhaltender Bestand aber – jenseits der persönlichen Identitätsstiftung – kontrovers bewertet wird. Christoph Scherrer hat in dem Wissen darum beide Felder immer zusammen bearbeitet: Er erforschte die Wechselbeziehungen zwischen Diskursen und Institutionen; er stärkte über diskursive Einmischungen den Auf- und Umbau von Institutionen und er wirkte über institutionelle Unterstützung auf gesellschaftsrelevante Debatten ein. Diese Verkoppelung zweier wichtiger Forschungsfelder und Politikformen ist vermutlich einer der Gründe, warum es ihm gelang, wissenschaftliche Themen und politische Agenden zu prägen.

Dieser Erfolg verpflichtet. Schon prinzipiell benötigen Diskurs- und Institutionalisierungsstrategien ein hohes Maß an persönlicher Präsenz, an Ressourcen- und Zeiteinsatz. Die positiven Wirkungen des eigenen Engagements äußern sich meistens in einem Mehr: mehr Popularität, mehr Präsenz, mehr Mobilität, mehr institutionelle Unterstützung, mehr Ressourcen, mehr Verpflichtungen, mehr zu versorgendes Personal etc. Ist wie bei Christoph Scherrer der eigene Anspruch auch noch das Ziel, global die Arbeits- und Lebensbedingungen für Benachteiligte zu verbessern, entsteht ein neues Dilemma: Der Einsatz für das gute Leben der Anderen führt dazu, das eigene zu vernachlässigen. Das Mehr wird dann zu einem Weniger: weniger Zeit!

Dieses vielen nur zu bekannte Phänomen hat dem lebensweltlichen Leitbild der »Entschleunigung« zu beachtlichem Ruhm verholfen. Viele von uns nehmen sich vor zu entschleunigen, alle wissen wir, wie nötig, aber auch vernünftig dies ist; doch keinem scheint es zu gelingen. Und nicht wenige von denen, die Entschleunigung propagieren und sie immer wieder zum festen Vorsatz machen, legen in jedem Jahr eine weitere Drehzahl zu. Dies liegt daran, dass wir bei der Entschleunigung mit etwas umzugehen haben, was wir nicht sehen oder greifen können, was aber trotzdem alle unsere Sinne, unseren gesamten Alltag, ja unser ganzes Leben prägt: die Zeit. Dem Einzelnen bleiben außer guten Vorsätzen kaum Optionen. Unserem heutigen Zeitregime ist scheinbar kaum beizukommen.

Doch nun naht Unterstützung. Im Kontext der jüngeren Debatten um die Neubestimmung, was Entwicklung und Wohlstand im 21. Jahrhundert bedeutet, hat ein Team von Sozialwissenschaftlern in Ecuador einen Wohlstandsindex entwickelt, der vorschlägt, unser Wohlbefinden nicht mehr wie bisher primär über materielle Güter, sondern über unseren Umgang mit Zeit zu messen (Ramírez 2012). Gezielt wird eine Strategie verfolgt, die die normative Prägekraft der Empirie auch in die Lebenswelt der Einzelnen und der Gesellschaft bringt und darüber Leitbildveränderungen anregen will. Dieser »Index des Gesunden und Guten Lebens« (Vida Saludable y Bien Vivida; IVSBV) macht Entschleunigung berechenbar und verwandelt sie in eine Formel, aus der politische Forderungen gezogen werden können. Mit seinen lebensweltlichen Referenzen an das Jetzt ist der Index gut geeignet, die Leitplanken für das gute Leben von morgen vorzubereiten.

## Wohlstand und Zeit

Unser heutiges Wohlfahrtsverständnis fokussiert auf die Produktion und den Konsum materieller Güter. Es gewährt ökonomischen Kennziffern die Definitionshoheit über das, was unter gesellschaftlichem Wohlstand zu verstehen ist. Die Formel ist einfach: Der Markt erlaubt es in optimaler Weise, persönliche Präferenzen über den Konsum zu befriedigen und darüber Glückseligkeit zu schaffen. Mehr Güterproduktion bedeutet mehr Optionen für den Einzelnen; je mehr produziert und konsumiert wird, umso besser lebe ich. Wirtschaftswachstum erhöht die individuellen Freiheitsgrade, das subjektive Glücksgefühl und objektiv den Wohlstand für alle. Gleichzeitig wird das gute Leben privatisiert: Jeder ist seines Glückes Schmied!

Zentraler Messindikator ist hier das Geld bzw. die reale Kaufkraft. Folgerichtig werden zur Messung von Wohlstand Einkommen, Inlandsprodukt oder Konsumquoten eingesetzt. Dieser Zugang hat nicht nur zur Freude der Statistiker eine hohe Operationalisierbarkeit, sondern auch eine Alltagsplausibilität: Wer kennt nicht das Wohlbefinden beim Erhalt des monatlichen – am besten regelmäßig garantierten – Lohns; und wer nicht das Unbehagen, wenn dieser ausbleibt. Das Gegenteil von so verstandenem Wohlstand ist Armut, also materielle Ressourcenknappheit, die Freiheitsgrade verringert oder im schlimmsten Fall sogar die Grundbedürfnisbefriedigung be- bzw. verhindert (wie Hunger).

In dieser Logik werden Glück, Wohlstand und auch das Entwicklungsniveau von ganzen Ländern klassifiziert. Bis heute zielt einer der ersten Blicke auf jedes Länderprofil auf das nationale Bruttoinlandsprodukt. Die »Macht der einen Zahl« (Lepenies 2013) ist ungebrochen und belegt gleichzeitig die normative Kraft der Empirie für Politik und Gesellschaft.

Vor diesem Hintergrund versuchen jüngere Ansätze, neue Leitbilder von Wohlstand über die Festlegung alternativer Messgrößen konkret zu machen.[1] Diese Bemühungen haben aber bisher wenig Spuren hinterlassen. Es gelingt ihnen noch zu wenig, über eine neue Kategorienentwicklung den vorherrschenden Ökonomismus abzulegen, ohne auf präzise Operationalisierungen und Systematik verzichten zu müssen. Genau dieser Aufgabe nimmt sich der *Index des Gesunden und Guten Lebens* an (Ramírez 2012: 23ff.).

Theoretisch orientiert er sich am aristotelischen Ansatz der *Eudaimonie*, des guten Lebens als gelingendes Handeln. Nach Aristoteles kann der Einzelne das gute Leben nach der Befriedigung seiner materiellen Grundbedürfnisse und bei Erhalt seiner Gesundheit – äußere Lebensverhältnisse werden also hervorgehoben – durch frei verfügbare Zeit in folgenden Bereichen erlangen: Muße und (Selbst-) Betrachtung, zwischenmenschliche Beziehungen und Liebe sowie Teilhabe am öffentlichen Leben. Statt immer besser leben (also mehr haben) zu wollen, geht es

---

[1] Bereits vor mehreren Jahren haben verschiedene Regierungen westlicher Länder Anstrengungen unternommen, ergänzend zu den etablierten sozio-ökonomischen Kennziffern neue Wohlfahrtsindikatoren zu entwickeln (z.B. Deutscher Bundestag 2013; OECD 2008; 2013; Stiglitz et al. 2009). Besonders diskutiert wurden die Vorschläge der *Commission on the Measurement of Economic Performance and Social Progress*, da dort mit Joseph E. Stiglitz und Amartya Sen zwei Wirtschafts(!)-Nobelpreisträger mitwirkten. 2012 hat auch die *New Economics Foundation* unter besonderer Berücksichtigung der ökologischen Dimension vier Ansätze ausgewählt, die ihres Erachtens tragfähige Methoden zur alternativen Wohlstandsmessung vorschlagen; dazu gehört auch der hier vorgestellte Index des guten Lebens (Seaford et al. 2012).

um das gute Leben an sich. Nicht statische Eigenschaften, feste Ziele oder Güter machen somit die *Eudaimonie* aus, sondern sie ist eine Weise von sozialer Praxis.

Ideengeschichtlich wurden mit dem Beginn der Aufklärung diese antiken Vorstellungen immer mehr zurückgedrängt. Der Unterschied im Verständnis vom guten Leben zwischen Aristoteles und dem liberalen Utilitarismus Jeremy Benthams, der mit seinem greatest-happiness-principle die Wohlstandsforschung nachhaltig prägte, macht das deutlich: Während der erste glaubt, dass nur der, der gut lebt, auch glücklich sein kann, meint der zweite, dass man glücklich sein muss, um gut zu leben. Bentham hat eine kausale, fast mechanische Idee von Glück entwickelt, die sich immer stärker auf das Materielle ausrichtete. Die Praxis und Verbesserung vor allem materieller Lebenserhaltungstechniken wurden zum Zentrum des eigenen und kollektiven Strebens.

Mit der Moderne sicherte die gesellschaftliche Praxis eine solche Anschauung lebensweltlich ab. Unter Ausblendung der Brutalität der parallel stattfindenden Kolonialisierung und der frühkapitalistischen Verwerfungen wurde diese neue Epoche im Westen langsam, aber stetig als spürbare Erhöhung individueller Autonomiegrade wahrgenommen. Tatsächlich wurde mit dem Beginn des Kapitalismus im Westen eine Dynamisierung wirkungsmächtig, die über ökonomisches Wachstum, technologische Innovation und soziale Mobilitätssteigerungen vielfältige Fortschrittshoffnungen nährte.[2] Weder König noch Kirche oder die Natur sollten zukünftig die eigene Lebensführung vorschreiben. Die Menschen machten sich entsprechend dem biblischen Diktum »die Erde untertan« und von der Natur (scheinbar) unabhängig; Missernten oder Dürren wurden nicht mehr lebensbedrohend. Der sich durchsetzende Markt emanzipierte sich von der sozialen Abhängigkeit und Willkür der Ständegesellschaft. Für den eigenen Wohlstand schien jetzt vor allem die individuelle Leistung zu zählen; die Abhängigkeiten von übergeordneten Kräften und Traditionen verringerten sich. Die Hoffnung auf ein selbstbestimmtes Leben wurde zum Heilsversprechen. Zwar hatte diese Entwicklung ihren Preis: Das gute Leben fokussierte sich immer mehr auf die marktver-

---

[2] Nach der Master-Erzählung der Moderne leiteten anschwellender Erfindungs- und Entdeckungsreichtum, gepaart mit Forscherdrang, Säkularisierung, protestantischer Ethik, Industrialisierung etc. die vernunftgemäße Weltgestaltung ein. Es gibt aber auch andere Interpretationen. Zum Beispiel, dass die Pest im 14. Jahrhundert die eigentliche »Geburtsstunde« (Friedell 2007: 95f.) der Neuzeit war, da sie die Lebenseinstellung des mittelalterlichen Menschen, die auf ein wie auch immer verstandenes Jenseits ausgerichtet war, in der das irdische Leben nur als eine verschiedener Zeitspannen betrachtet wurde, ganz auf das Diesseits und damit auf das materielle Haben konzentrierte. Oder dass die Moderne die wichtigsten Impulse aus dem Kolonialismus, der Sklaverei, der Plantagenwirtschaft und dem atlantischen Handel erhielt (Zeuske 2013). Beides hat eine beunruhigende Konnotation: Wenn das Projekt der Moderne nicht auf der Kreativität, Vernunft und Motivation vieler beruht, sondern primär aus einem panischen Lebensgefühl erwachsen ist, sinkt auch die Hoffnung, dass die Gegenwart die anstehenden Herausforderungen über »reflexive Modernisierung« bewältigen kann. Und wenn die Moderne auf Barbarei basiert, wer garantiert dann, dass diese nicht auch die nächste Menschheitsepoche einleitet.

mittelte Befriedigung materieller Grundbedürfnisse und schwächte gleichzeitig die genuine Soziabilität des Menschen (Bruni 2006: 15; Jackson 2009: 98ff.). Doch anschwellende Freiheitsgrade kompensierten diesen Verlust »menschlicher Wärme« vielfältig; gab es doch das Versprechen auf *Zentralheizung für alle*. Das gute Leben wurde zur privaten Angelegenheit; und solange es zum besseren Leben führte, wurde es wohlwollend angenommen.

Diese Autonomieversprechen scheinen sich umzudrehen: Die kapitalistische Dynamisierung generierte nicht nur signifikante Produktivitätszuwächse, sondern provoziert(e) auch soziale Beschleunigung. Zeitregime gewinnen für die eigene Lebenswelt immer mehr an Bedeutung: Für viele scheint es kein Rasten mehr zu geben; das, was einst als aktive Selbstbestimmung wahrgenommen wurde, wird immer mehr zur passiven Anpassung an äußere Anforderungen der Zeit. Obwohl die steigende Produktivität im Grunde immer mehr Zeit freisetzt, muss das Individuum immer schneller agieren, um noch am Wohlstand teilhaben zu können (Rosa 2013).

Der aus Ecuador stammende »Index des Gesunden und Guten Lebens« thematisiert dieses Verhältnis zwischen materiellem Wohlstand, persönlichem Zeiteinsatz und Wohlbefinden. Zum einen verweist er darauf, dass sich Wohlstandsvorstellungen epochal ändern können. Er erinnert daran, dass es vor dem besseren Leben der Moderne – wenn auch nicht für alle[3] – ein gutes Leben in der Antike gab (Ramírez 2012: 18ff.). Insofern ist davon auszugehen, dass sich auch in Zukunft individuelle und kollektive Lebenseinstellungen ändern werden. Zum anderen wird dem westlichen Konstrukt des liberalen Individuums ein Subjektverständnis gegenübergestellt, das den Einzelnen wieder als soziales Wesen begreift: Wohlbefinden und soziale Beziehungen sind untrennbar verbunden. Denn die Variablen einer Wohlstandsmessung sind nicht so zu verstehen, dass sie statisch individuell Glück bestimmen (z.B. durch materielle oder andere Quantitäten), sondern den prozessualen Charakter der Wohlstandsgenerierung widerspiegeln müssen: Es geht um die Auslotung der Bereiche, wo Glück generiert wird, nicht um die Vermessung eines erreichten Ziels.

Der »Index des Gesunden und Guten Lebens« maßt es sich also nicht an, Ziele für Wohlstand oder persönliches Wohlbefinden vorzuschlagen, da derartige Leitbilder selbst bestimmt werden müssen. Er zielt vielmehr direkt auf die Lebenswelten ab. Hierzu wird neben dem Streben nach materieller Absicherung und Gesundheit als weiteren, ineinander verschränkten Feldern der Wohlstandsgenerierung die Kategorie Zeit benannt: für 1) selbstbestimmte Arbeit, 2) für Muße und Bildung 3) für soziale Beziehungen (Liebe, Freundschaft) und 4) für Teilhabe am öffentlichen Leben. Eingebettet sind diese, von der aristotelischen Philosophie inspirierten Ziele zusätzlich in die indigene Kosmovision eines ausgewogenen, nachhaltigen Verhältnisses zwischen Mensch und Natur (Ramírez 2012: 28).

---

[3] So legt die aristotelische Philosophie einen starken Akzent auf soziale Gleichheit als eine Grundbedingung für gutes Leben und Demokratie; in dessen Genuss kam allerdings in der auf Sklaverei fußenden Gesellschaft nur ein begrenzter Teil der Bevölkerung.

Die (Re-)Produktion der genannten Felder stellt jeweils ein eigenständiges Gut dar. Diese Güter beruhen im Gegensatz zur Allokation durch den Markt und der anonymen Solidarität des Sozialstaates auf gegenseitiger Anerkennung und sozialer Verantwortung. Sie sind für soziale Wesen lebenserforderlich, können aber nur zusammen bzw. gegenseitig genossen werden. Sie beruhen auf Anerkennung und intrinsischer Motivation; dementsprechend sind Identität, Kommunikation, Affekt und Empathie wichtige Komponenten. Primär geht es also um genuine interpersonale Beziehungen wie Freund- und Partnerschaft, Erotik, Familie, ziviles Engagement bzw. öffentliche Teilhabe. Da diese Güter immanent reziprok sind, werden sie als »relationale Güter«[4] bezeichnet. Mit dieser Herleitung benennt der »Index des Gesunden und Guten Lebens« präzise Felder, in denen für ihn Wohlbefinden prozessual generiert wird. Das gute Leben wird für eine Operationalisierung aufbereitet.

Bestimmen neben der materiellen Existenzsicherung und Gesundheit nicht marktförmige Werte, sondern »relationale Güter« gleichwertig die Lebensqualität, sind ökonomische Indikatoren allein wenig aussagekräftig. Nicht Geld, sondern *Zeit* wird darum als zentraler Wohlstandsindikator eingeführt. Mit ihm sollen diese Lebensqualität definierenden Güter empirisch zugänglich gemacht und systematisch gemessen werden. Die Frage, wie wir leben wollen, wird zur Frage, wie wir unsere Zeit verbringen wollen.

**Zeitwohlstand als Maxime der Entschleunigung**

Zweifelsohne war die neue Zeitmessung ein Geburtshelfer der Moderne – Lewis Mumford (1934) war sogar der Überzeugung, dass nicht die Dampfmaschine, sondern die Uhr die zentrale Erfindung der Industrialisierung ist. Zeit wirkt heute so perfide, dass sie uns als etwas Äußeres entgegentritt. Einst als Instrument für eine bessere Abstimmung des Zusammenlebens erdacht, scheint Zeit – z.B. über scheinbare Knappheit oder Beschleunigung – heute für viele zum autonomem Taktstock von Entwicklung geworden zu sein (Rosa 2012). Die Kategorie Zeit wurde über »die Verwandlung des Fremdzwangs der sozialen Zeitinstitution in ein das ganze Leben umgreifendes Selbstzwangmuster« (Elias 1988: XVIII) transformiert. Entsinnt man sich, dass Zeit in verschiedenen Gesellschaftsformen

---

[4] Die Definition und Auswahl der vier »relationalen Güter« selbstbestimmte Arbeit, Muße, soziale Beziehungen und Teilhabe am öffentlichen Leben spiegelt im Grunde einen breiten zeitgenössischen Konsens über die Dimensionen wider, die heute von verschiedener Seite für ein gutes Leben als wichtig erachtet werden. Entwickelt und fast zeitgleich vorgestellt wurde das Konzept der »relationalen Güter« 1986 von der Philosophin Martha Nussbaum und dem Soziologen Pierpaolo Donati sowie 1987 bzw. 1989 von den beiden Ökonomen Benedetto Gui und Carole Uhlaner (Überblick: Bruni 2008). Ihre Dimensionen finden sich heute in verschiedenen Reflexionen zum guten Leben wieder, wie z.B. in der »4-in-1-Perspektive« von Frigga Haug (2011) oder in dem Konzept der »Resonanzachsen«, mit denen Hartmut Rosa (2013) auf die Bedeutung von Liebe, Respekt und Anerkennung für eine hohe Lebensqualität hinweist.

sehr unterschiedliche Eigenschaften hat, also an verschiedenen Orten »Uhren anders ticken« – physikalisch eigentlich unmöglich –, wird der soziale Charakter von Zeit sichtbar. Zeit ist eine dynamische Kategorie, die nicht nur von Menschen gemacht wurde, sondern weiter gestaltbar bleibt. Mit Blick darauf, dass die Verfügung über Zeit einen nachweisbaren Einfluss auf Wohlbefinden hat, scheint die – gestalt- und messbare – Zeit also geradezu ein idealer Faktor zu sein, um Wohlstand bzw. Lebensqualität neu zu bestimmen. Da Zeit für jede Alltagspraxis relevant und lebensweltlich intensiv erfahrbar ist, versprechen Vorschläge zur Änderung des Zeitregimes außerdem umsetzbare Handlungsorientierungen für den Einzelnen und die Gesellschaft.

Der Vorschlag, Zeit als Komponente in die Wohlfahrtsmessung einzuführen, ist natürlich nicht neu. Die Wirtschaftswissenschaften versuchen seit langem, in ihre Modelle Zeit als Variable zu integrieren (Becker 1976). Im Zentrum der Überlegungen steht dabei Benjamin Franklins Lebensmotto »Zeit ist Geld«. Zeit wird als Opportunitätskostenfaktor monetarisiert, der liberale Ansatz beibehalten. Das Individuum entscheidet frei, ob es Zeit für Gelderwerb oder für nicht-produktive Aktivitäten nutzt und bei letzterem auch auf materiellen Zuwachs verzichtet. Zur eigenständigen Variabel der Wohlstandsmessung wird Zeit dadurch nicht.[5]

Genau hier setzt der »Index des Gesunden und Guten Lebens« an: Es definiert die Zeitquanta, die für die Absicherung der natürlichen und materiellen Grundbedürfnisse (Schlaf und Arbeit) sowie für die kollektive Generierung und den Genuss »relationaler Güter« benötigt werden. Geld verliert als Leitindikator für Wohlstand partiell seine Bedeutung und die Zeit als Wert- und Analyseeinheit rückt in den Vordergrund. Eine genaue Beschreibung der methodischen Details des Index kann hier aus Platzgründen natürlich nicht erfolgen, ist aber leicht zugänglich (s. Ramírez 2012). Insgesamt bleibt festzustellen, dass es dem aus Ecuador stammenden Ansatz gelingt, einen Algorithmus zu entwickeln, mit dem sich über die Messung von Zeitaufwand die Generierung relationaler Güter mathematisch nachzeichnen lässt. Zentrales Ziel dieses Modells ist es, über die Einbeziehung der angegebenen »relationalen Güter« als Variable den interpersonellen und sozialen Beziehungen – im Gegensatz zu neoklassischen Indizes – eine signifikante Rolle in der Messung von Wohlbefinden zuzuordnen. Unter Verwendung vorhandener Landesdaten sowie eigener Haushaltsbefragungen wurde die so konzeptionierte Wohlstandsmessung im Praxistest geprüft und mit den gängigen Messmethoden abgeglichen (Ramírez 2012: 63ff.). Dabei zeigte sich, dass das eingesetzte Methodenset insgesamt praktikabel ist und sich durch folgende

---

[5] Wohlbefinden generiert sich außerdem nicht unbedingt durch ein möglichst hohes Quantum an einkaufbarer Freizeit oder Konsum, wie es die Neoklassik annimmt. Ohne entsprechende interpersonelle Einbindungen und Kontexte kann freie Zeit auch zu einer Kategorie werden, die Unzufriedenheit und Langeweile schafft – heute diskutiert als Boreout-Syndrom – und darum »totzuschlagen« ist. Hier setzt die Freizeitindustrie an, der z.B. über entleerte Angebote eine Inwertsetzung freier Zeit gelingt, sich weiter auf Ressourcenakkumulation zu fokussieren, um diese Freizeitform möglich ausgiebig zu nutzen.

Innovationen auszeichnete: Da Arbeit zum einen nicht mehr nur zweckfunktional vom existenzabsichernden Ergebnis, sondern auch in ihrer Qualität gemessen und bewertet wird, verliert die sympathische Metapher »Es wird gearbeitet, um zu leben und nicht gelebt, um zu arbeiten« ihre bisherige Flüchtigkeit. Vielmehr erlaubt es die Variable selbstbestimmte Arbeit, auch (Lebens-) Qualität von Arbeit operationalisier- und fassbar zu machen. Hier eröffnen sich neue Optionen für arbeitsbezogene Normsetzungen, Handlungsorientierungen und politische Strategien. So wird es z.B. möglich, Arbeit und die damit verbundenen sozialen Positionen nicht mehr primär über Einkommen, sondern über Zeitsouveränität zu beurteilen und Tätigkeiten mit hoher Zeitautonomie unabhängig von ihrer Einkommensgenerierung aufzuwerten.[6]

Zum anderen werden im Index des guten Lebens (unbezahlte und in der Regel feminisierte) reproduktive Tätigkeiten wie Haushalts- und Versorgungsarbeiten, die für den gesellschaftlichen Wohlstandserhalt oder deren Mehrung entscheidend sind, analytisch und methodisch oft aber vernachlässigt werden, empirisch sichtbar. Ganz explizit wird anerkannt, dass den Produktionsbeziehungen Geschlechterverhältnisse konstitutiv eingeschrieben sind. Eine systematische Erfassung der Zeitkontingente, in denen menschliches Leben gepflegt und erhalten wird, und ihr Abgleich mit anderen Lebensbereichen bzw. »relationalen Gütern« bietet vermutlich die besten Voraussetzungen, die bis heute sozial wenig geachteten Reproduktionsleistungen adäquat aufzuwerten.[7]

Auch bei den statistischen Erhebungen in Ecuador – bei denen die Validität der Messmethode überprüft wurde – zeigten sich interessante Ergebnisse: Vergleicht man die Wohlstandsmessungen, die entweder mit dem Indikator Geld oder Zeit arbeiten, lassen sich signifikante Unterschiede herausstellen. Einkommen verliert seine determinierende Wirkung auf das persönliche Wohlbefinden: Bei den 10% Zeit-Reichsten Ecuadors liegt das durchschnittliche Einkommen dreimal niedriger als bei den 10% Einkommens-Reichsten. Spitzeneinkommen korrelieren nämlich oft mit ausgeweiteten Zeiten nicht-selbstbestimmter Arbeit, die die Generierung »relationaler Güter« einschränken. Dieser Befund zielt selbst-

---

[6] Der Ansatz ist sich natürlich bewusst, dass der Zeitwohlstand eines Arbeitslosen selbst bei abgesichertem Existenzminimum kein gutes Leben garantiert, wenn er mit seiner sozialen Position keine entsprechende Anerkennung erfährt. Zeiten der unfreiwilligen Arbeitslosigkeit werden darum im »Index des Gesunden und Guten Lebens« nicht prinzipiell als Zeit zur Generierung »relationaler Güter« anerkannt (s. Ramírez 2012: 40ff.).

[7] Solche Zeiterhebungen können auf verschiedene Erfahrungswerte aufbauen: Das Oxforder *Centre for Time Use Research* [www.timeuse.org/home] betreibt z.B. seit den 1970er Jahren intensive Studien zur Zeitmessung. Auch in elf lateinamerikanischen Ländern finden seit geraumer Zeit *National Time Use Surveys* statt, in denen das statistische Maß des *total workload* gemessen wird (s. CEPALSTAT, National Time Use Surveys 2009-2013). Die Messung bezahlter und unbezahlter Arbeiten kommt zu dem wenig überraschenden Ergebnis, dass Frauen insgesamt mehr Zeit für Arbeit aufwenden als Männer, während sie wiederum häufiger als Männer als statistisch »inaktiv auf dem Arbeitsmarkt« gelten (CEPAL 2014: 176). Zu den methodischen Vor- und Nachteilen solcher Messmethoden siehe United Nations (2004).

verständlich nicht auf eine Entkoppelung des Wohlbefindens von der materiellen Lage – nach dem Motto »arm, aber glücklich« – ab. Im Gegenteil: In der Auswertung wird regelmäßig hervorgehoben, dass ein entsprechender materieller Sockel die Voraussetzung für die Schaffung von Wohlstand ist; wo dieser nicht existiert, schmälern die oft prekären Möglichkeiten der Existenzsicherung drastisch das Wohlbefinden. Dennoch lockert der empirische Befund die meist vorausgesetzte Beziehung zwischen Einkommen und Glückseligkeit. Er kommt zu dem – für einkommensstarke Schichten ernüchternden – Ergebnis, dass von den 20% Einkommensreichsten Ecuadors gerade einmal ein Sechstel zu denen gehört, die den höchsten Stand an (Zeit-)Wohlstand erreicht haben.

Im Durchschnitt genießt die Bevölkerung in dem Andenland entsprechend den Kriterien des »Index des guten Lebens« gerade einmal elf Jahre und somit nur rund 14% ihrer Lebenszeit Wohlbefinden im Sinne der oben dargestellten Kriterien. Hierbei sind signifikante Ungleichheiten zu beobachten: Die 10% (Zeit-)Reichsten verfügen wöchentlich über 16-mal mehr Zeit für Wohlbefinden als die 10% Ärmsten. Noch größer ist dieser Abstand bei der Teilnahme am öffentlichen Leben: Das höchste Zehntel partizipiert hier über 35-mal mehr als das unterste. Als besonders hemmend für eine Ausweitung des Wohlstands wurden zwei Faktoren identifiziert: erstens prekäre Arbeitsbedingungen. So muss ein großer Teil der erwerbstätigen Bevölkerung – insbesondere in der informellen Ökonomie – niedrigqualifizierte und zeitintensive Arbeiten ausüben, die die Existenzsicherung mehr schlecht als recht gewährleisten, aber kaum Raum zur Generierung »relationaler Güter« geben.[8] Zweitens und eng damit verflochten sind verschiedene – auch nicht-materielle, wie z.B. geografisch, geschlechtlich oder ethnisch begründete – Exklusions- und Diskriminierungsformen zu nennen, die die sozialen Ungleichheiten vertiefen und darüber die Optionen gegenseitiger Anerkennung und somit die Generierung »relationaler Güter« massiv behindern. So sind z.B. prekäre Arbeitsbedingungen auch in Ecuador stark vergeschlechtlicht: Frauen arbeiten in der Regel bei deutlich niedrigeren Einkommen im Durchschnitt zehn Wochenstunden mehr als Männer.

Mit Blick auf diese nur kursorisch vorgestellten Auswertungen lassen sich folgende Ergebnisse festhalten: Der »Index des Gesunden und Guten Lebens« muss sicherlich methodisch wie auch konzeptionell geschliffen und weiterentwickelt werden. Auch dann bleibt er vor allem eine empirische Messmethode mit allen ihren Unschärfen und Problemen und ist – wie alle Messmethoden – natürlich mit kritischem Blick auf seine normativen Vorannahmen zu bewerten.[9] Doch ge-

---

[8] Die am stärksten unter Zeitnot Leidenden, also die 10% Zeitärmsten Ecuadors, haben nur 4% ihrer Lebenszeit zur Verfügung, um »relationale Güter« zu generieren und zu genießen (Ramírez 2012: 73).

[9] Dementsprechend wird hier auch nicht einem Empirismus das Wort geredet, sondern primär die normative Kraft empirischer Ergebnisse zum Anlass genommen, quantitative Wohlfahrtsmessungen bei der Transformation von Wohlfahrtsvorstellungen eine Brückenfunktion zuzubilligen. Dies geschieht bewusst in dem Wissen, dass der hier vorgestellte Ansatz über seine Kategorienentwicklung und Indikatorenauswahl ebenso vorstrukturiert ist wie die öko-

nau in dieser Schwäche liegt seine Stärke: Denn die Fokussierung auf relationale Güter macht den »Index des Gesunden und Guten Lebens« zu einer Anregung, ein neues Wohlstandsverständnis zu definieren, zu operationalisieren und für empirische, international vergleichbare Erhebungen aufzubereiten. Das Vorgehen, die variable Zeit als zentralen Wohlstandsindikator einzuführen, besitzt hohen Innovationswert. Eine Betrachtung von Zeitpraktiken, also des alltäglichen Umgangs mit der Zeit, lässt sich nicht nur als ein Schlüssel zum Messen und Verstehen gesellschaftlicher Entwicklung einsetzen. Sie erlaubt auch, die zentralen lebensweltlichen Bereiche des Menschen zu erfassen und darüber konkrete Handlungsanleitungen für Entschleunigung vorzustellen. Abschließend soll skizziert werden, wie die Wege von einem materiellen Wohlstand in eine Zeitwohlfahrt aussehen können.

### Aktive Entschleunigung: Arbeits- und Zeitpolitik

Für die Debatten um Entschleunigung kommt der »Index des Gesunden und Guten Lebens« zur »richtigen Zeit«. Er argumentiert nicht funktional, vernunftbetont oder gar moralisierend, sondern definiert Entschleunigung als spürbaren Wohlstandsgewinn für alle, an dem jeder mitwirken kann. Gleichzeitig lässt sich aus dem »Index des guten Lebens« ein konkretes Programm ableiten: aktive »Zeitpolitik«. Also eine Politik, die versucht, bewusst, öffentlich und partizipativ auf die näheräumlichen zeitlichen Strukturen der alltäglichen politischen, ökonomischen sowie lebensweltlichen Bedingungen der Menschen Einfluss zu nehmen (Mückenberger 2012). Zusätzlich bietet der Index mit der Überwindung eines Problems bisheriger Zeitpolitikansätze eine besondere Hilfestellung an: Er erstellt einen »zeitlichen Warenkorb«, an dem sich Zeitarmut und -reichtum messen und bei Bedarf auch umverteilen lässt. Diese Bestimmungsmöglichkeiten schaffen einen Orientierungspunkt für konkrete politische Forderungen und können in letzter Instanz sogar in einen Rechtsanspruch auf Zeit als soziales Recht münden. Mit der Einbeziehung der Umwelt in die Wohlfahrtsmessung würde das Konzept weiterhin die Formulierung sozialökologischer Richtlinien erlauben.

Für eine erfolgreiche Zeitpolitik muss allerdings das Verständnis der Zeit als menschliche Konstruktion ernst genommen werden: Sie darf sich nicht nur auf strukturelle Flankierungen, institutionelle Ziele oder Diskurse stützen. Sie muss auch die lebensweltliche Praxis im Blick haben und dafür Sorge tragen, dass Instrumente für ein neues Zeitregime kulturell und als Alltagspraxis Resonanz erfahren, von den Einzelnen und im Persönlichen angenommen und im Handeln umgesetzt werden. Zeitpolitik hat darum gleichzeitig auf zwei ineinandergreifenden Ebenen stattzufinden: Erstens über institutionelle Setzungen wie staatliche Pro-

---

nomistische Wohlfahrtsmessung und dass die auch vom Index des guten Lebens eingesetzten Indikatoren wie Schulbildung, Gini-Koeffizient etc. nur begrenzt, wenn nicht sogar verzerrend in der Lage sind, vorhandene Realitäten abzubilden.

gramme sowie zweitens durch die gesellschaftliche Öffnung neuer lebensweltlich orientierter Räume der Ermöglichung, die zeitliche Selbstbestimmung sowie die Beziehung zwischen Menschen und Natur im Blick haben.

Auf der Ebene des Staates gibt es zahlreiche Handlungsoptionen, ohne dass gleich ein neues Ressort oder gar ein Zeit- bzw. wie in Bhutan ein Glücksministerium eingerichtet werden muss.[10] Denn Zeit ist nicht isolierbar, sondern überlappt alle Bereiche des Politischen und Privaten. Sie muss für Institutionen ressortübergreifend gedacht und eingesetzt werden und sich parallel auf der Ebene der Gesellschaft mit den Lebenswelten verschränken, vorhandene Maßnahmen über beteiligungsorientierte Gestaltung potenzieren oder neue Initiativen für eine stärkere Institutionalisierung vorbereiten. Eine neue Zeitpolitik muss also neue kulturelle Werte generieren. Oder um es salopp zu sagen: Nach ihrem Gelingen wäre nicht mehr das heute bestaunte Elektroauto Tesla, sondern mehr eigene Zeit für sich und seine Lieben sexy.

Die Felder, in denen eine neue Zeitpolitik ansetzen sollte, lassen sich dank der Präzisierung der relationalen Güter klar umreißen: Zeitwohlstand kann durch 1) die Verringerung der Zeiten abhängiger Beschäftigung sowie von Ungleichheiten (Sozial-, Steuer- oder Arbeitspolitik) erreicht werden. Zusätzlich geht es um 2) die Stärkung sozialer Beziehungen (Geschlechter-, Familien- und Jugendpolitiken), um 3) Muße und Bildung (wie Bildungs- und Kulturpolitik) sowie um 4) die Teilhabe am öffentlichen Leben (Demokratieförderung, Ehrenamt). Im Folgenden werden einige Maßnahmen vorgestellt, wie mit einer neuen Zeitpolitik Entschleunigungsstrategien gesellschaftlich verankert und verbreitet werden könnten.

**1) Arbeitszeitverkürzung: der Königsweg für Entschleunigung**
Der »Index Gesunden und Guten Lebens« hat für Ecuador nachgezeichnet, dass materielle Wohlstandsgewinne aufgrund höherer Arbeitszeiten oft mit einem Verlust von Zeitwohlstand einhergehen. Die Rechnung ist einfach: Lange Arbeitszeiten reduzieren den Zeitwohlstand, zusätzlich oft den sozialen Zusammenhalt

---

[10] Durchaus sinnvoll könnte aber die Einrichtung eines zeitpolitischen Monitoring (z.B. über einen »Zeitbeirat«) sein, welches für Fragen der Zeitpolitik und des Zeitwohlstandes politisch sensibilisiert und empirisch abgestützte Orientierungen anbietet. In Deutschland gibt es hier bisher nur die Zeitverwendungserhebung des Statistischen Bundesamtes (2015), die circa alle zehn Jahre stattfindet. Nach der letzten Erhebung von 2012/2013 verwenden die Deutschen danach täglich im Durchschnitt elf Stunden für physiologische Regeneration, je nach Lebensphase als Erwerbstätige acht Stunden für Arbeit oder als Auszubildende fünf Stunden für Schule, durchschnittlich drei Stunden für familiäre reproduktive Tätigkeiten (wobei Frauen hier die eineinhalbfache Zeit aufbringen), für soziale Kontakte und Hobbies weniger als zwei bzw. eine Stunde, für Mediennutzung drei Stunden (davon zwei Stunden Fernsehen und sieben Minuten Bücherlesen) sowie für Ehrenämter durchschnittlich 20 Minuten. Ein Zehnjahresvergleich zeigt, dass die Zeit für Arbeit und Mediennutzung anstieg, während Zeiten für familiäre reproduktive Tätigkeiten, Ehrenämter sowie soziale Kontakte sanken (ebd.). Im Sinne des »Index des guten Lebens« hätte sich somit der gesellschaftliche Wohlstand Deutschlands in den letzten zehn Jahren verringert.

und somit insgesamt die Lebensqualität. Darum ist die Gestaltung von Arbeitszeit zweifelsohne eine der wichtigsten Komponenten, mit denen Zeitwohlstand erhöht werden könnte. Ein Königsweg bleibt hier die Arbeitszeitverkürzung. Die historischen Erfahrungen der industriellen Nachkriegsgesellschaften dokumentieren eindrücklich, dass Arbeitszeitverkürzungen mit hoher ökonomischer Produktivität einhergehen können und gleichzeitig ungewollte soziale Probleme wie Massenarbeitslosigkeit vermeiden oder eindämmen helfen (Schor 2014; Zimpelmann/Endl 2008). Bisher waren diese Dynamiken aber immer dem Wirtschaftswachstum verpflichtet. Mit einem veränderten Zeitregime mit mehr Akzenten auf relationale Güter könnte sie aber auch Entschleunigung zum Ziel haben, ohne Wohlfahrt einzuschränken.[11]

Allerdings handelt es sich hier um ein hochkomplexes, schwer umkämpftes und vermachtetes Feld, welches auf Impulse zur Veränderung der gesetzten Zeitregime nur träge oder gar nicht reagiert bzw. diese abwehrt.[12] Obwohl arbeitspolitische Fragen in vielen Ländern originär in der Verhandlungsautonomie zwischen Unternehmern und Gewerkschaften liegen, hat der Staat selbst vielfältige Möglichkeiten bei der Gestaltung von Arbeitszeiten. Zum einen kann er in der Beschäftigungspolitik des öffentlichen Sektors, der oft den Charakter der Normsetzung innehat, eigene Standards definieren und neue zeitpolitische Maßnahmen breitenwirksam einführen. Zum anderen könnte er mit einer flankierenden Sozialpolitik und Gesetzgebung zeitpolitische Maßnahmen initiieren oder stärken. Bekannte, hier nicht weiter diskutierbare Vorschläge sind z.B. die »kurze Vollzeit für Alle«, »Lebensarbeitszeit-Konten«, die gerade mit Blick auf Vereinbarkeit von Beruf und Familie noch viel zu wenig ausgereizten »Teilzeitgesetze« oder die Ideen auf »Optionszeiten« bzw. »zeitliche Ziehungsrechte« – also Rechte auf Freistellungen –, die erlauben, Arbeitszeiten den persönlichen Bedürfnissen und der biografischen Situation anzupassen (Geissler 2007; Mau 2015).

Insbesondere die in eine kurze Lebensspanne zusammengedrängten Aktivitäten (berufliche Karriereplanung, Familiengründung, Zukunftsabsicherung), die bei vielen zu einer rastlosen rush hour of life wird, könnten durch neue Zeitpolitiken in der Arbeitssphäre entlastet und entzerrt werden. Sie würden die bis heute tradierten Modelle der häuslichen Arbeitsteilung und das Leitbild des biografischen Nacheinanders (Jugend – Erwerbstätigkeit – Alter), welches in der mittleren Phase fast zwanghaft starken Stress provoziert, aufbrechen und neue

---

[11] Arbeitszeitverkürzung fördert zusätzlich ressourcenschonendes Wirtschaften. So haben z.B. Jackson/Victor (2011) ein low/no growth-Modell durchgerechnet, bei dem die Arbeitszeit bis 2035 um 15% sinkt, ohne zu größeren materiellen Einbußen zu führen. Umso überraschender ist es daher, dass (Arbeits-)Zeitpolitiken innerhalb der Postwachstums-Debatten immer noch eine eher randständige Rolle einnehmen (vgl. z.B. Blätter 2015).

[12] Letztendlich wird hier über die Systemfrage als Ganzes verhandelt. Schon Marx betonte: »Ökonomie der Zeit, darin löst sich schließlich alle Ökonomie auf.« (MEW 42: 105) Unter dem Gesichtspunkt, dass die herandämmernde ökologische Krise aber ebenfalls die Systemfrage stellt, sind Forderungen nach ressourcenschonender Arbeitszeitverkürzung nicht einmal radikal, sondern nur konsequent.

Muster des zeitlichen Neben- und Miteinanders entwickeln helfen. Eine solche Zeitpolitik muss wie vom »Index Gesunden und Guten Lebens« vorgesehen die Gestaltung der formellen Erwerbsarbeit wie der häuslichen Arbeit, der produktiven wie der reproduktiven Tätigkeiten gleichberechtigt bewerten. Hier sind nicht zuletzt auch Regelungen der Lebensarbeitszeit bzw. der Versorgungs- und Rentenansprüche oder die Gestaltung von Altersteilzeit konkrete Instrumente zur Förderung von mehr Zeitwohlstand.

Auf der *gesellschaftspolitischen Seite* bleiben die Gewerkschaften der politisch wichtigste Akteur zugunsten einer Arbeitszeitverkürzung. Diese hängen bis heute traditionell einem materiellen Wohlstands- und Wachstumsmodell an – durchaus gut begründet.[13] Doch hat sich die Anzahl der Erwerbstätigen, die der Mittelschicht angehören, nach ILO-Berechnungen von 1991 bis 2015 im globalen Maßstab fast verdreifacht (ILO 2015). Somit scheint es lohnenswert, genauer zu prüfen, wie breit der Resonanzboden ist, der sich für neue (nicht-materielle) Wohlfahrts- bzw. Zeitpolitiken empfänglich zeigen könnte.[14] Diese Trends haben die Gewerkschaften bisher ebenso verschlafen wie die Option, in den westlichen Ländern mit starken Mittelschichten Zeitpolitiken in Pionierfunktion zu neuen Leitbildern zu machen und zu popularisieren.

Zwar ist es ihnen in einigen Ländern wie in Deutschland oder Österreich partiell gelungen, ihre Mitgliederzahl und Vetomacht durch die Krisen neoliberaler Anpassung zu führen und mittlerweile wieder zu stabilisieren. Dies geschah allerdings neben der traditionellen Fokussierung auf Einkommenssteigerungen vor allem über starke Zentralisierung und Hierarchisierung. Mit dieser Transformation von Solidargemeinschaften zu Dienstleistern werden die Gewerkschaften von Lebenswelten einer solidarischen Praxis zu Interessenanwälten funktionaler Vertretung und trocknen ihr Reservoir an kultureller und politischer Identitätsbindung und somit eine ihrer wichtigen Legitimationsquellen aus. Die dank Digitalisierung zu erwartenden dramatischen Rationalisierungseffekte werden in den Industrienationen aber das Kernklientel vieler Gewerkschaften weiter schrumpfen

---

[13] Seit den 1990er Jahren hat der Anteil der Lohnsumme am BIP in allen Regionen der Welt abgenommen (Ghosh 2013: 146), was mit einer relativen Verschlechterung der materiellen Lage der Erwerbstätigen einhergeht. Der MDG-Bericht der UN (2015: 19ff.) kommt zu folgendem Ergebnis: »Die Beschäftigungsmöglichkeiten haben sowohl in den Entwicklungsregionen als auch in den entwickelten Regionen abgenommen. Von 1991 bis 2015 ist die Beschäftigungsquote in den Entwicklungsregionen um 3,3 Prozentpunkte, in den entwickelten Regionen um 1 Prozentpunkt gesunken... Junge Menschen, vor allem junge Frauen, sind nach wie vor unverhältnismäßig stark von begrenzten Beschäftigungsmöglichkeiten und Arbeitslosigkeit betroffen. Nur 40 Prozent der 15- bis 24-Jährigen haben im Jahr 2015 eine Beschäftigung, während es 1991 noch 50 Prozent waren.« Weltweit arbeitet heute knapp die Hälfte aller Erwerbstätigen in prekären Verhältnissen und ohne entsprechende soziale Absicherung (ebd.: 19).

[14] Reuter (2010: 97ff.) glaubt z.B. für Deutschland bereits empirische Hinweise finden zu können, dass in Teilen der Arbeitnehmerschaft mehr freie Zeit gegenüber monetären Anreizen bevorzugt wird.

lassen. Somit kann die Frage der Arbeitszeitverkürzung zur gewerkschaftlichen Überlebensfrage werden. Diese ist nicht nur über diskursive Forderungen und institutionelle Politiken zu gewinnen, sondern muss von sozialer Praxis in Alltagserfahrungen eingeübt werden. Hier haben die Gewerkschaften an Boden zurückzugewinnen – wichtig ist die Rückkehr zu lokalen Initiativen und Vertretungen und mehr dauerhaften, interpersonellen Kontakten.

Wird Zeit wie beim »Index des Gesunden und Guten Lebens« als zentraler Wohlstandsindikator eingesetzt, würde Arbeitszeitverkürzung auch als politische Forderung enorm an Attraktivität gewinnen – und somit zum Mobilisierungsmoment werden. Gewerkschaften könnten dann statt um weniger Arbeit für Vollbeschäftigung um Arbeitszeitverkürzung für mehr Zeit für »relationale Güter« – also für höhere Arbeits- und Lebensqualität – ringen. Nicht das defensive und Geschlechterzuschreibungen zementierende »Samstag bleibt Papa zuhause« steht dann zur Debatte, sondern mehr Wohlstand für alle. Leistungen und Produktivitätszuwächse würden weiter »entlohnt«: Nur nicht mehr allein über höheres Einkommen, sondern auch über mehr Zeitquanta für nicht-materielle Wohlstandsformen.

**2) Soziale Beziehungen**
Eine der größten Herausforderungen in diesem Feld besteht sicherlich darin, Pflegetätigkeiten so aufzuwerten, dass die Elternrolle sowie Kranken- bzw. Altenpflege mit der Erwerbstätigkeit und den Anforderungen der Geschlechtergerechtigkeit in Einklang gebracht werden kann. Institutionell ist z.B. eine Anpassung und Erweiterung der öffentlichen Infrastrukturen – bessere Kinderbetreuung und Altenpflege, Abstimmung von Arbeits-, Schul- und Kinderbetreuungszeiten etc. – sowie die sozialpolitische Flankierung von reproduktiven Tätigkeiten – wie mehrmonatige, nicht karrierehemmende Eltern- oder Pflegezeiten beider Partner – ein wichtiger Schritt. Die provokante Frage, warum wir Menschen, denen wir unsere Kinder oder Kranken/Alten anvertrauen, viel weniger Geld zahlen als jenen, denen wir unser Geld überlassen, gibt nicht nur die Problematik des fehlenden Zeitwohlstands wieder, sondern weist auch Lösungen auf: Reproduktive Tätigkeiten sind heute weltweit materiell und zeitlich entwertet; sie müssen gesellschaftlich endlich vollwertig anerkannt werden. Hier sind die tradierten Leitbilder unserer Lebensführung generell auf den Prüfstand zu stellen und neu zu justieren, wie es z.B. die *life course policy*-Ansätze debattieren (Evans/Baxter 2013). Der Index des guten Lebens gibt uns mit seiner Erfassung und Messung reproduktiver Tätigkeiten ein wichtiges Instrumentarium in die Hand, an denen sich solche neuen Politiken und die Praxis orientieren können.

**3) Muße und Bildung**
Persönliche Entfaltung durch selbstbestimmte Zeit wird sehr unterschiedlich ausgeübt, hängt doch das subjektive Wohlbefinden weitgehend von dem Einzelnen und seinem Kontext ab. Muße kann man in einem besonders hohen Maß durch ein Buch oder einen Spielfilm erfahren, wobei der Freiheit der Einsamkeit bzw. anspruchsgeringer, aber reizstarker Unterhaltung ausgiebig gefrönt wird. Ver-

schiedene Umsetzungsformen von Muße oder freier Zeit sollten prinzipiell nicht als höher oder niedriger gewertet werden (Jenkins/Osberg 2004). Wichtig scheint auch der Hinweis des Gesunden und Guten Lebens, dass freie Zeit im sozialen interpersonellen Kontakt mit anderen besonders intensiv Wohlbefinden fördert.[15] Darum kommt für eine wohlseinsfördernde Muße der Stärkung der persönlichen und kollektiven Zeitkompetenz und somit der (Aus-)Bildung von Vor- bis zur Hochschule, aber auch des selbstbestimmten Lernens, eine zentrale Bedeutung zu (Hatzelmann/Held 2005). Hier liegt eine besondere institutionelle Verantwortung bei der Bildungspolitik, da Ausbildungseinrichtungen neben Familie und Arbeit unseren Umgang mit Zeit stark prägen. Bildung sollte eine weitgehendere Integration von Praxis und Fächern erlauben, die ebenso soziales Lernen, Handeln und Kommunizieren wie einen anderen Umgang mit Arbeit, freier Zeit und Umwelt einüben helfen.[16] Doch sind es in vielen Ländern vor allem die Mittelschichten selbst, die von – oft überzogenen – Abstiegsängsten geplagt auf statusabsichernde, meist stark leistungsorientierte Qualifikationsmaßnahmen pochen und darüber Lockerungsübungen im Zeitregime bzw. eine Ausweitung des Zeitwohlstands abblocken. Der Hinweis, dass der bisherige *status quo* allein aus ökologischen Gründen mit Wirtschaftswachstum nicht mehr gehalten, sondern in den nächsten Generationen zwangsläufig gesenkt werden wird, ist vielleicht hilfreich für eine Neubewertung dieser sozialen Praxis.

**4) Teilhabe am öffentlichen Leben**
Bemerkenswerterweise wird der aristotelischen Masterkategorie des guten Lebens – der Teilhabe am öffentlichen Leben – nach allen verfügbaren empirischen Daten heute weltweit am wenigsten gehuldigt; es sei denn zur Absicherung oder Verbesserung der eigenen Position. Die zentrale Stellung, die die Kategorie Zeit für Demokratie besitzt, ist noch deutlich unterthematisiert. Auf der einen Seite sehen sich demokratische Willensbildungsprozesse zunehmend Anfechtungen ausgesetzt, da sie per se ein Verlangsamungsprocedere sind; hier verstärken sich postdemokratische Trends der Schließung und Elitenbildung (Crouch 2008). Zum anderen überfordern Modelle der direkten, partizipativen oder deliberativen Demokratie häufig mit weniger Zeitressourcen ausgestattete Teilnehmer und konterkarieren ihr originäres Ziel einer breiten Beteiligung. Eine Aufwertung der Teilhabe am öffentlichen Leben könnte diese Dilemmata abbauen helfen. Zur Stärkung dieser Dimension ist die politische Förderung des Ehrenamts sicherlich löblich, aber kaum ausreichend. Zentraler Hebel kann hier nur eine lebenswelt-

---

[15] Konkret – und empirisch vielfach belegt – schafft täglich vier Stunden Fernsehen oder soziale Netzwerkpflege im Internet deutlich weniger Zufriedenheit wie eine kollektive Arbeitserfahrung oder Freizeitgestaltung. Die Hirnforschung dokumentiert ergänzend, dass interpersonelle Ereignisse intensive Gedächtnisspuren hinterlassen, nicht aber vom Einzelnen »konsumierte« (Kontakt-)Erfahrungen.

[16] Im Feld des nachhaltigen und globalen Lernens gibt es dazu bereits innovative Ansätze, die allerdings noch nicht hinreichend in die Schulpraxis eingeflossen sind (Overwien 2015; 2016).

lich erfahrbare und genießbare Form der Teilhabe sein, für die wir Kompetenzen erlangen können und in der wir unsere Zeitgestaltung eigenverantwortlich organisieren. Dies betrifft sowohl staatliche als auch gesellschaftliche Ebenen: Hierzu kann z.B. die öffentliche Konsultierung oder Abstimmung (über Pakte, runde Tische etc.) von Sozial-, Familien-, Bildungs-, Umwelt-, Energie-, Verkehrs- oder Bildungsplanungen gehören, die die Zeitstrukturen menschlicher Alltage signifikant formen. Gleichzeitig müssten sich Parteien ebenso wie Gewerkschaften, Berufsverbände oder Vereine revitalisieren, indem sie Partizipation entformalisieren und niedrigschwelliger ansetzen sowie sich stärker bedürfnisorientiert ausrichten. Öffentliche Teilhabe muss den Charakter des Amtes verlieren und Ausdruck einer besonders gehaltvollen Form des Wohlseins werden.

**Zeit für Entschleunigung**

Nüchtern betrachtet scheint die Zeit für eine neue Zeitpolitik noch nicht reif zu sein: Mit der weltweiten Schwächung der Gewerkschaften seit den 1970er Jahren wurde die Arbeitszeitverkürzung als politisches Leitziel ausgebremst und kam in den 1990er Jahren (fast) vollends zum Erliegen. Heute wird in den meisten Teilen der Welt nicht weniger, sondern wieder mehr gearbeitet. Wie die Strukturveränderungen des öffentlichen Sektors in Deutschland in den letzten beiden Jahrzehnten oder 2016 die Auseinandersetzungen in Frankreich exemplarisch zeigen, baut auch der Staat in vielen Ländern Zeitwohlstand eher ab als aus. Allerdings verschieben sich wichtige Komponenten, auf denen unsere aktuellen Zeitinstitutionen basieren. So hat sich die seit mehreren Jahrzehnten beschworene Problematik der Umweltbelastungen, die die ökonomischen Wachstumsregime provozieren, nicht nur drastisch verschärft. Sie ist auch in vielen Köpfen der Gesellschaft und Politik angekommen, wie zahlreiche Debatten sowie internationale Agenden und Konferenzen zeigen. Der neue Tenor ist hier nicht mehr die normative Forderung nach einem besseren Leben, sondern der Hinweis auf sachliche Zwänge, um das menschliche Leben überhaupt zu erhalten. Auch Umweltfragen sind nicht mehr Ausdruck von aufgeklärtem Wohlwollen, sie werden zur Realpolitik. Mit seinem rationalen und wissenschaftlich abstützbaren Verständnis kann der Index des guten Lebens helfen, dem Politikfeld Zeit Zugang zu den vorherrschenden politischen Kulturen und ihren Vertretern zu verschaffen.

Dass sich das Erfordernis einer neuen Zeitpolitik noch nicht breitenwirksam durchgesetzt hat, ist wenig verwunderlich. Schließlich stützen die tradierten Zeitregime überaus komplexe Macht- und Herrschaftsstrukturen ab und ihre Veränderung rüttelt an mächtigen Institutionen. Natürlich ist die Forderung nach Arbeitszeitverkürzung immer ein Kampf zwischen den Interessen von Kapital und Arbeit. Und der Imperativ nach Anerkennung bzw. Aufwertung reproduktiver Tätigkeiten hinterfragt grundlegend die in Kultur und sozialer Praxis tief eingeschriebenen Geschlechterverhältnisse.

Christoph Scherrer hat mit seinem wissenschaftlichen und politischen Engagement über, für und in Gewerkschaften und insbesondere mit seiner exzellenten Initiative der Global Labour University[17] bereits viel dazu beigetragen, den Boden für eine neue Zeitpolitik vorzubereiten. Und wir dürfen uns sicherlich auf Weiteres von ihm freuen. Seine *rush hour of life* hat er erfolgreich durchschritten und ist längst zum elder statesman geworden, der auch weiß, wie man Entschleunigung erreicht. Zum Beispiel, Zeit zu haben, um über Zeit nachzudenken. Und neben Diskurs und Institution kommt sicherlich noch eine andere Strategie mehr zum Tragen: die eigene Lebenswelt. Ganz frei nach André Bries Bonmot »Nimm dir Zeit für deine Freunde, sonst nimmt dir die Zeit die Freunde«.

**Literatur**
Becker, Gary (1976): The Economic Approach to Human Behavior, Chicago.
Blätter für deutsche und internationale Politik (Hrsg.) (2015): Mehr geht nicht! Der Postwachstums-Reader, Berlin.
Bruni, Luigino (2006): Civil Happiness. Economics and Human Flourishing in Historical Perspective, London/New York.
Bruni, Luigino (2008): Reciprocity, Altruism and the Civil Society: In Praise of Heterogeneity, London/New York.
CEPAL [Comisión Económica para América Latina y el Caribe] (2014): Social Panorama of Latin America 2014, Santiago de Chile.
Crouch, Colin (2008): Postdemokratie, Frankfurt a.M.
Deutscher Bundestag (2013): Schlussbericht der Enquete-Kommission Wachstum, Wohlstand, Lebensqualität – Wege zu nachhaltigem Wirtschaften und gesellschaftlichem Fortschritt in der Sozialen Marktwirtschaft. Bundestagsdrucksache 17/13300, Berlin.
Elias, Norbert (1988): Über die Zeit, Frankfurt a.M.
Evans, Ann/Baxter, Janeen (Hrsg.) (2013): Negotiating the Life Course: Stability and Change in Life Pathways, Heidelberg/New York.
Friedell, Egon (2007): Kulturgeschichte der Neuzeit: die Krisis der europäischen Seele von der schwarzen Pest bis zum Ersten Weltkrieg, München.
Geissler, Birgit (2007): Biographisches Handeln in Ungewissheit. Neuere Entwicklungen in der Politik des Lebenslaufs. In: Hildebrandt, Eckart (Hrsg.): Lebenslaufpolitik im Betrieb: Optionen zur Gestaltung der Lebensarbeitszeit durch Langzeitkonten, Berlin, S. 25-42.
Ghosh, Jayati (2013): A Brief Empirical Note of the Recent Behaviour of Factor Shares in National Income. In: Global & Local Economic Review, 17, Heft 1, S. 143-152.
Hatzelmann, Elmar/Held, Martin (2005): Zeitkompetenz: Die Zeit für sich gewinnen. Übungen und Anregungen für den Weg zum Zeitwohlstand, Weinheim/Basel.
Haug, Frigga (2011): Die Vier-in-einem-Perspektive als Leitfaden für Politik. In: Das Argument 291, S. 241-250.
ILO [International Labour Organisation] (2015): The Transition from the Informal to

---
[17] www.global-labour-university.org/

the Formal Economy. International Labour Conference, Genf.
Jackson, Tim (2009): Prosperity without Growth: Economics for a Finite Planet, London [u.a.].
Jackson, Tim/Victor, Peter (2011): Productivity and Work in the ›Green Economy‹: Some theoretical Reflections and Empirical Tests. In: Environmental Innovation and Societal Transitions 1, S. 101-108.
Jenkins, Stephen P./Osberg, Lars (2004): Nobody to Play with? The Implications of Leisure Coordination. In: Hamermesh, Daniel/Pfann, Gerard (Hrsg.): The Economics of Time Use: Contributions to Economic Analysis. In: Contributions to economic analysis, 271, Amsterdam [u.a.], S. 113-145.
Lepenies, Philipp (2013): Die Macht der einen Zahl. Eine politische Geschichte des Bruttoinlandsprodukts, Berlin.
Marx, Karl (1857): Das Kapitel vom Geld, Grundrisse [1857/1858]. In: Marx-Engels-Werke, Bd. 42, Berlin, S. 49-164
Mau, Stefan (2015): Der Lebenschancenkredit. Ein Modell der Ziehungsrechte für Bildung, Zeitsouveränität und die Absicherung sozialer Risiken, WISO direkt 10/2015, Bonn.
Mückenberger, Ulrich (2012): Lebensqualität durch Zeitpolitik. Wie Zeitkonflikte gelöst werden können, Berlin.
Mumford, Lewis (1934): Technics and Civilization, New York.
OECD (2013): How's Life. Measuring Well-Being, Paris.
OECD (2008): Statistics, Knowledge and Society 2007: Measuring and Fostering the Progress of Societies, Paris.
Overwien, Bernd (2016): Education for Sustainable Development and Global Learning – References to Teaching Right Livelihood. In: Christoforatou, Ellen (Hrsg.): Education in a Globalized World. Teaching Right Livelihood, Immenhausen, S. 40-56.
Overwien, Bernd (2015): Partizipation und Nachhaltigkeit – Innovationen für die politische Bildung. In: Harles, Lothar/Lange, Dirk (Hrsg.): Zeitalter der Partizipation, Schwalbach, S. 158-167.
Ramírez, René (2012): La vida (buena) como riqueza de los pueblos. Hacia una socioecología política del tiempo, Quito.
Reuter, Norbert (2010): Der Arbeitsmarkt im Spannungsfeld von Wachstum, Ökologie und Verteilung. In: Seidl, Irmi/Zahrnt, Angelika (Hrsg), Postwachstumsgesellschaft: Konzepte für die Zukunft, Ökologie und Wirtschaftsforschung, Marburg, S. 85-102.
Rosa, Hartmut (2013): Social Acceleration. A New Theory of Modernity, New York.
Rosa, Hartmut (2012): Kapitalismus als Dynamisierungsspirale – Soziologie als Gesellschaftskritik. In: Dörre, Klaus/Lessenich, Stephan/Rosa, Hartmut (Hrsg.): Soziologie – Kapitalismus – Kritik. Eine Debatte, Frankfurt a.M., S. 87-125.
Schor, Juliet B. (2014): Work Sharing. In: D'Alisa, Giacomo/Demaria, Federico/Kallis, Giorgios (Hrsg.): Degrowth: A Vocabulary for a New Era, New York [u.a.], S. 195-198.
Seaford, Charles/Mahoney, Sorcha/Wackernagel, Mathis/Larson, Joy/Ramírez Gallegos, Réne (2012): Paper 2: Beyond GDP – Measuring Our Progress. New Economics Foundation (NEF), www.stakeholderforum.org/fileadmin/files/PAPER%202_BEYOND_GDP_Final_vj%20%282%29.pdf (Zugriff: 22.7.2016).

Statistisches Bundesamt (2015): Zeitverwendungserhebung – Aktivitäten in Stunden und Minuten für ausgewählte Personengruppen. Wiesbaden, www.destatis.de/ DE/Publikationen/Thematisch/EinkommenKonsumLebensbedingungen/Zeitbudgeterhebung/Zeitverwendung5639102139004.pdf;jsessionid=22C60843F373111 9E07E251107EB3EDC.cae1?__blob=publicationFile (Zugriff: 22.4.2016).

Stiglitz, Joseph/Sen, Amartya/Fitoussi, Jean-Paul (2009): Report by the Commission on the Measurement of Economic Performance and Social Progress, www.stiglitz-sen-fitoussi.fr/documents/rapport_anglais.pdf (Zugriff: 2.6.2016).

UN [United Nations] (2015): Millenniums-Entwicklungsziele. Bericht 2015, New York.

UN [United Nations] (2004): Guide to Producing Statistics on Time Use: Measuring Paid and Unpaid Work, New York.

UNDP [United Nations Development Programme] (1990): The Human Development Report, New York.

Zeuske, Michael (2013): Handbuch Geschichte der Sklaverei. Eine Globalgeschichte von den Anfängen bis zur Gegenwart, Berlin.

Zimpelmann, Beate/Endl, Hans-L. (Hrsg.) (2008): Zeit ist Geld. Ökonomische, ökologische und soziale Grundlagen von Arbeitszeitverkürzung, Hamburg.

# »Es gab gleich einen Streik und wir haben eine Gruppe zum Thema Staatsverschuldung gebildet«

Christoph Scherrer im Gespräch mit
Ulrich Brand, Helen Schwenken und Joscha Wullweber

**HerausgeberInnen:** *Du bist bereits als Schüler recht international orientiert gewesen und zudem in politisch spannenden Zeiten zur Schule gegangen. Wie hast du das erlebt?*

**Christoph Scherrer:** Meine ursprüngliche Politisierung kam zuerst durch meinen Vater, der kritisch gegenüber der Adenauer-Zeit gewesen war. Und dann durch das Milieu Frankfurt. Meine erste politische Sozialisation war als Schüler auf Demonstrationen. Eine Anekdote: Es gab einen Streik-Tag an unserer Schule. In der Schule war ein Schild aufgestellt: »Trotzkisten treffen sich im Keller.« Und ich dachte: Trotzig bin ich auch! Ich hatte keine Ahnung von Trotzki. Und so bin ich dann in einen Schülerverein gekommen. Da gab es einen Ober-Guru, der vielleicht vier Jahre älter war – das waren LambertistInnen, belgische TrotzkistInnen, die innerhalb der SPD agierten. Wir haben uns als SchülerInnen regelmäßig getroffen und das war natürlich eine sehr wichtige Sozialisation. In diesen Zusammenhängen hatte ich schon früh auch das Interesse, über Deutschland hinauszuschauen. So kam ich in eine Gruppe, die sich mit Lateinamerika beschäftigt hat. Als ich dann für ein Schuljahr in die USA flog, war am Tag danach der Putsch in Chile. Ich habe noch das Bild von Allende in der *New York Times* vor mir. Das hat mich natürlich weiter interessiert. Während meines US-Aufenthalts führte ich bereits meine erste sozialwissenschaftliche Forschung durch, eine Umfrage unter den AustauschschülerInnen aus Lateinamerika. Sicher mit allen Fehlern, die man nur machen konnte. Das Ergebnis war sehr enttäuschend, aber nicht so ganz verwunderlich, weil die SchülerInnen – es waren hauptsächlich BrasilianerInnen – natürlich aus gutbürgerlichen Elternhäusern kamen und sich weitgehend mit der brasilianischen Diktatur abgefunden hatten.

Als Jugendlicher war ich auch ein Fan von Willy Brandt, aber im Nachhinein stellt sich das anders dar: Als rauskam, dass er auch vom CIA bezahlt wurde und dass seine Fraktion Geld bekam, um sich innerhalb der SPD dicker zu machen. Durch meine Forschung beim *Council for Foreign Relations* Ende der 1980er Jahre habe ich gesehen, wie angepasst Willy Brandt in Amerika aufgetreten ist in den 1960er Jahren. Dennoch, unter den gegebenen Verhältnissen »mehr Demokratie zu wagen«, war schon ein guter Spruch und da passierte ein bisschen was. Aber das war natürlich auch aufgrund der großen sozialen Bewegungen der Fall.

# Christoph Scherrer im Gespräch mit den HerausgeberInnen

*Wie lief dann die Ausbildung?*
Ich habe nach dem Abitur zunächst eine Bankausbildung gemacht, aus Interesse und weil es mir eine gewisse Unabhängigkeit verschaffte. Ich wusste aber schon, dass ich Volkswirtschaftslehre studieren wollte. In der Schule hatte ich mich bereits mit Hayek und Marx auseinandergesetzt. In dieser Zeit war auch mein Aufenthalt an einer Highschool in einem wohlhabenden Vorort von New York prägend. Während meiner Ausbildung habe ich über Gewerkschaft und Betriebsrat politisch engagierte Leute aus Versicherungen und Banken kennengelernt, die selber zum Teil auch durch Marburg und die Abendroth-Schule geprägt waren. Wolfgang Abendroth hatten wir auch einmal nach Frankfurt zum Vortrag eingeladen.

*Haben sich Bank- und Versicherungsangestellte denn als arbeitende Klasse verstanden?*
Wir waren damals der Ansicht, dass es Lohnabhängige sind, die man organisieren kann, und dass deren Arbeitsbedingungen sich nicht so wahnsinnig von anderen ArbeiterInnen unterscheiden, insbesondere, wenn sie in den Abrechnungsabteilungen usw. von großen Organisationen tätig sind. Jahre später, in unserem ersten Jahrgang des Masterstudiengangs *Labour Policies and Globalisation* an der Universität Kassel, den vor allem GewerkschafterInnen aus aller Welt belegen, gab es eine Studentin, die hat ihre Masterarbeit zu der Frage geschrieben, ob Angestellte Arbeiter sind. Das war für mich natürlich ein Déjà-vu.

*Warst du zu dieser Zeit schon politisch organisiert?*
Durch die Banklehre habe ich den genannten Kreis kennengelernt. Bereits vorher war ich in einem Zusammenhang, der sich mit Lateinamerika beschäftigt hat und auch mit VW in Brasilien. Es ging darum, dass VW eher alte Maschinen nach Brasilien bringt. Die Diskussionen waren sehr im Sinne der Dependencia und dass VW nicht wirklich industrielle Entwicklung fördert, sondern vielmehr die Diktatur ausnutzt, um Profit zu machen. Durch diese Diskussionen habe ich auch das Interesse an der Volkswirtschaft vertieft, an der internationalen Ökonomie. Ich wollte herausfinden: Was sind das für Beziehungen? Ich hatte den Eindruck, dass alles sehr komplex ist und man doch ziemlich viel wissen muss von einem anderen Land, bevor man sich groß einmischt.

*Wie bist du von der Bank in die USA gekommen? Was hast du dort gemacht und welche Bedeutung hatte das für dich?*
Ich wollte auf jeden Fall Zivildienst machen. Während meiner Schulzeit in den USA hatte ich schon etwas von den kalifornischen *farm workers* mitbekommen und auch, dass man über Aktion Sühnezeichen dort tätig werden kann. Aktion Sühnezeichen wollte mich aber an der Ostküste einsetzen, zum Geld-Sammeln. Das fand ich seltsam, zumal in einem Milieu, das ich schon kannte, nämlich wohlhabendes Ostküsten-Establishment. Daher kam ich auf die Idee, dass ich *Community Organizing* machen könnte. Ich habe dann in Providence/Rhode Island sehr viele Erfahrungen im Organisieren sammeln können und zugleich gesehen,

wie so eine Organisation von der Machtstruktur einer Stadt kooptiert wird. Und auch, wie mit AltkommunistInnen umgegangen worden ist und wie die kommunistische Jugendorganisation im Rassismus verfangen blieb. Da meine erste Aufgabe, gegen Slumlords – also profitmaximierende Besitzer heruntergekommener Immobilien in den ärmeren Stadtvierteln – zu mobilisieren, von der mich beschäftigenden NGO konterkariert wurde, habe ich angefangen, einen Mieterclub in einer Siedlung zu organisieren. Die MieterInnen waren im Wesentlichen schwarz, wobei das eine ganz interessante Erfahrung war, weil ich dann auch weiße Personen als Schwarze gesehen habe. Eine portugiesischstämmige Mieterin beispielsweise habe ich erst für eine Schwarze gehalten. Ein interessantes Erlebnis der »Farben«-Wahrnehmung.

*Würdest du sagen, es gab Umschlagpunkte in dieser Phase, in denen du ein ausgeprägtes Gerechtigkeitsgefühl entwickelt hast?*
Ich glaube, diesen Begriff Gerechtigkeit hab ich nie wirklich für mich verwendet. Es war eher die Distanz meines Vaters zur Nazi-Herrschaft, die auch – soweit ich das als Kind mitbekommen habe – die Familie ziemlich zerrissen hat. Und dann ein Onkel in Amerika, der jeden Sommer nach Deutschland kam und Sozialdemokrat war. Ich denke also, das kam eher in der Auseinandersetzung mit dem Nazitum.

*Als du mit dem Studium angefangen hast, waren das wahrscheinlich Massenveranstaltungen in VWL. War das ernüchternd? Hast du es geschafft, deinen eigenen Interessen zu folgen?*
Das war wirklich sehr ernüchternd, weil ich durch meine Banklehre ja gewohnt war, mit relativ wenigen Leuten zusammenzuarbeiten und dass man während dieser Zeit viel miteinander unternimmt. Und als *Community Organizer* in den USA war ich natürlich auch ständig im Kontakt mit Leuten. Als ich aus den USA zurückkam, hatte ein Freund aus der Bank schon vorher angefangen zu studieren. Und der hatte gesagt, ich müsste nicht diese ganzen Einführungsveranstaltungen mitmachen und deswegen habe ich mich dann in die normalen Seminare gesetzt. Doch dann gab es gleich einen Streik und wir haben eine Gruppe zum Thema Staatsverschuldung gebildet. Das war 1979. Hier habe ich Leute kennengelernt, die ähnliche Interessen hatten, und das war sehr befruchtend. Da kamen Spontis, Leute vom KBW (Kommunistischer Bund Westdeutschlands) und andere zusammen und wollten genauer wissen, wie das jetzt mit der Staatsverschuldung ist und warum wir Kürzungen hinzunehmen haben. Dreieinhalb Jahre haben wir als »Staatsverschuldungsgruppe« zusammengearbeitet.

*Wie hast du damals die Theoriediskussionen in Frankfurt wahrgenommen? Wo hast du dich verortet?*
Nach meinem recht kurzen Grundstudium in VWL habe ich angefangen, mehr im Uni-Turm bei Josef Esser und ein paar anderen Leuten Politikwissenschaft zu studieren. Hier wurde ich ein bisschen als Exot wahrgenommen, weil ich aus der Volkswirtschaft kam. In diesen Auseinandersetzungen war ich Fan von Elmar Alt-

vater und weniger an Joachim Hirsch und den Kreisen um die Zeitschrift »links« orientiert. Altvater war spannend, weil er mit Jürgen Hoffmann und Willi Semmler das Buch »Vom Wirtschaftswunder zur Wirtschaftskrise« (Altvater u.a. 1979) geschrieben hat, und auch das von ihm bereits ein Jahrzehnt zuvor herausgegebene Werk des russischen Marxisten Eugen Varga zur Weltwirtschaftskrise (Varga 1969). Das haben einige von uns in der VWL intensiv gelesen. Es war also ein stärker ökonomielastiger Zugang zur Gesellschaft.

*Habt ihr damals in den Arbeitsgruppen in Schulen gedacht? Gab es da eine Altvater-, eine Haug-, eine Hirsch- usw. Schule? Oder sind das ex post Interpretationen?*
Wir haben damals nicht so stark in Schulen gedacht. In meinem Umfeld gab es Leute aus der Sponti-Szene, die sich stärker mit Umweltfragen befassten. Und dann gab es Leute, die aus der Staatsverschuldungsgruppe kamen, da spielten Altvater-Positionen eine Rolle, die ich damals vertreten hatte. Manche gehörten einer politischen Richtung an. Die gab es natürlich schon, auch in unserer Staatsverschuldungsgruppe und in unserer Lerngruppe; Ex-KPler und KBWler und was es so damals alles gab. Als ich dann stärker in die sozialwissenschaftlichen Zirkel kam, gab es traditionell eine Differenz zwischen Frankfurt und Berlin. Frankfurt war geprägt von der Frankfurter Schule und stärker gesellschaftstheoretisch argumentierend. Berlin war eher polit-ökonomisch ausgerichtet. Da war ich eher auf der Berliner Seite. Es war daher auch nicht verwunderlich, dass ich dann nach Berlin ging. Marburg war für mich damals nicht interessant, Abendroth war ja da schon lange nicht mehr und mit der DKP wollte ich wenig zu tun haben.

*Die Spontis hatten politisch als auch theoretisch eine sehr starke Rolle, oder?*
Für die Frankfurter Stadtpolitik stimmt das, aber nicht unbedingt an der Uni. Die Spontis in unserer Staatsverschuldungsgruppe haben auch Altvater gelesen und sich damit auseinandergesetzt. Natürlich schwangen Daniel Cohn-Bendit und Joschka Fischer große Reden, doch in meinen Kreisen wurden sie nicht als Theoretiker wahrgenommen.

Theoretisch war natürlich bereits die Regulationstheorie sehr spannend. Während des Studiums haben Boy Lüthje und ich uns damit beschäftigt, Boy allerdings stärker in der Frankfurter Lesart und ich mit stärkerem Fokus auf die Ökonomie. Wir haben angefangen, Michel Aglietta zu lesen. Schon vor dem Buch von Joachim Hirsch und Roland Roth »Das neue Gesicht des Kapitalismus« (1986) wurde in Seminaren über die Regulationstheorie und Gramsci diskutiert. Boy spielte eine wichtige Rolle für mich, da er mit diesem Theorieansatz seine Dissertation über die Telekom und den IT-Bereich geschrieben hat. Da konnte man jetzt sein marxistisch gefärbtes volkswirtschaftliches Verständnis, aber auch politologische Überlegungen einbringen. Es war einfach interessant, der Sache weiter nachzugehen. Ich glaube, es war 1986 auf einer tollen Konferenz zur Regulationstheorie in Barcelona, wo ich Bob Jessop das erste Mal so richtig als Vortragenden erlebt habe. Da hatte man das Gefühl, dass man irgendwie bei einer größeren Sache mit dabei ist. Und ich habe dann auch den Aufsatz für die Prokla geschrieben (Scherrer

1988), wo ich die Amerikaner mit ihrem »Social Structure of Accumulation«-Ansatz mit den Franzosen der Regulationstheorie verglichen habe.

*Warst du während deines Studiums auch als studentischer Mitarbeiter tätig?*
Relativ spät, weil das ja für mich finanziell nicht attraktiv war. Ich habe im Sommer bei J.P. Morgan gearbeitet und da habe ich in den frühen 80er-Jahren in einem Monat 5.000 DM verdient. Außerdem hatte ich mithilfe meines Vaters ein eigenes Kleingewerbe, die Produktion von Schlüsselanhängern für die Veranstaltungsfotografie, betrieben. Aber als Jupp Esser mich dann ansprach, ob ich nicht etwas zur amerikanischen Stahlindustrie machen will, habe ich Hurra geschrien, bin mit meinem gut verdienten Geld in die USA und habe angefangen, Interviews zu machen. Gegen Ende des Studiums gab es die Gelegenheit, am Institut für Sozialforschung als studentische Hilfskraft in einem Projekt über amerikanische Gewerkschaften mitzuarbeiten, in dem auch die ökonomische Basis mitbetrachtet werden sollte.

*Das war so attraktiv, dass die Schlüsselanhängerfabrikation dann nicht mehr so interessant war?*
Die Fabrikation hat mir auch nicht so viel Spaß gemacht. Als ich dann die Möglichkeit bekam, mit sehr interessanten Leuten zusammenzuarbeiten, die zudem alle älter waren als ich, habe ich das fallen lassen. Am Ende meiner Diplomarbeit habe ich schon über meine Dissertation nachgedacht und dann auch angefangen, in *Against the Current* (Scherrer 1983), *Dollars & Träume* (Scherrer 1984 und 1985) und *Prokla* (Scherrer/Erd 1984) zu veröffentlichen. Damit war für mich klar, dass ich eine wissenschaftliche Karriere anstrebe und nicht mehr in die volkswirtschaftliche Abteilung einer Bank zurückkehre. Die Diplomarbeit behandelte die Stahlindustrie in den USA. In der Doktorarbeit zum Ende des Fordismus in den USA arbeitete ich mit dem regulationstheoretischen Ansatz, den ich vorher noch nicht verwendet hatte. Bei der Diplomarbeit hab ich eher die älteren Sachen von Altvater benutzt, also z.B. Profitraten-Verfall, und habe versucht, diese für einen Industriezweig zu operationalisieren und auch stärker politikwissenschaftlich zu arbeiten. Das waren damals aber noch sehr verhaltene Schritte. Die sind dann in der Dissertation größer geworden. Als ich das Exposé für die Dissertation schrieb, kam ich in Kontakt mit der *Prokla* und mit Kurt Hübner.

*Wann kamst du mit Margit Mayer in Kontakt?*
Ich kannte sie aus Frankfurt vom Studium. Meine damalige Freundin Pebbles hatte ein Seminar bei ihr zu *community organizing* besucht. Da wurde ich zu einem Vortrag eingeladen. Margit hat mich überredet, doch mehr Amerikanistik zu studieren. Ich wurde der erste Volkswirt, der offiziell auch Amerikanistik mitstudierte. Das war ein bisschen seltsam für mich, weil damals das Literaturstudium noch nicht besonders theoriegeleitet war. Wenn du dann aus einem Fach kommst, das so theoriegeleitet, vielleicht fehlgeleitet ist wie Volkswirtschaftslehre, war das schon ein wenig ein Kulturschock.

## Christoph Scherrer im Gespräch mit den HerausgeberInnen

*Zum Promovieren bist du an das John F. Kennedy-Institut nach Berlin gegangen?*
Nach meiner Diplomprüfung wurde ich für ein Jahr wissenschaftlicher Mitarbeiter im Projekt über US-Gewerkschaften. Danach bemühte ich mich um ein Stipendium bei der Friedrich-Ebert-Stiftung, die mich zuvor ideell als Student förderte. Mein Antrag wurde jedoch abgelehnt, wohl auch, weil ich mich dort wenig eingebracht hatte. An der Uni Frankfurt lud mich jedoch ein Gastprofessor, Rogers Hollingsworth, nach Wisconsin ein. Dort habe ich mein akademisches Englisch verbessern können und zwei Kapitel für ein Buch geschrieben, das deutlich später herauskam: *Governance of the American Economy* (Scherrer 1991a und b). Zurück in Frankfurt habe ich mit Arbeitslosengeld und Werkaufträgen weiter an der Dissertation gearbeitet, bis ich ein Stipendium für die Bibliothek am John F. Kennedy-Institut bekam, und so begann meine Zeit in Berlin.

*War es damals auch schon so, dass es Phasen von Antragsschreiben, Finanzierung und Erwerbslosigkeit, also die Prekarisierung des wissenschaftlichen Mittelbaus, gab? Hast du damals schon die Professur als klares Ziel vor Augen gehabt oder hast du gesagt: »Mal gucken, was passiert, zur Not kann ich auch zur Bank zurück«?*
Ich hab das Ziel gehabt zu schreiben. Das war mir ganz wichtig. Und durch meine Tätigkeit am Institut für Sozialforschung habe ich sehr schnell mitbekommen, dass sehr kluge Leute häufig ihre Projekte in der Arbeitslosigkeit zu Ende schreiben müssen. Das hatte mich dazu gebracht, sehr früh zu schauen, wie ich mich irgendwie finanziell absichern kann. Ich hatte durch ein kleines Erbe meiner Großmutter Sicherheit. Und ich überredete meine Eltern dazu, ein Mietshaus zu kaufen. Das hat mich zwar nicht finanziert, aber mir im Hintergrund die Sicherheit gegeben, und deswegen war ich in dieser Situation nicht ganz so prekär. Nur im letzten Übergang, von der Habilitation auf die Professur, habe ich mich prekär gefühlt.
Kurz zurück: Ich bekam dann doch noch ein Promotionsstipendium vom Land Hessen, das ich aber nur zu einem Drittel ausgenutzt habe, weil ich schon fast fertig war. Dann fing der Job bei Elmar Altvater in einem Projekt an, das von der VW-Stiftung finanziert wurde. Dieses Projekt ist nach einem Jahr durch einen Gutachter gekappt worden, der Altvater nicht mochte. Es war Opfer der Wiedervereinigung geworden, denn die Stiftung wollte Mittel frei bekommen für Transformationsforschung. Wir sollten nicht vergessen: In den Sozialwissenschaften waren die 1980er Jahre die totale Katastrophe, eine ganz schwierige Zeit für den wissenschaftlichen Nachwuchs. Erst durch die »Eroberung« von Ostdeutschland wurde es im Hinblick auf Stellen ein bisschen besser. Gegen Ende meiner Habilitation stand auch in Westdeutschland der Generationswechsel an. Der große Unterschied war tatsächlich die Arbeitsagentur. Das war damals viel lockerer, allerdings sonst auch nicht so erfreulich.

*Dann hast du einige Monate in Leipzig gearbeitet.*
Das war eine sehr prägende Phase. Als das Projekt auslief, wurde ich, wohl über Vermittlung von Kurt Hübner oder Elmar Altvater, als Kontaktmann einer Gruppe von ÖTV-Leuten in Leipzig tätig. Das war direkt nach der Volkskammerwahl im

März 1990 im Haus der Demokratie. Von dort aus habe ich versucht, mithilfe von Frankfurter RechtsanwältInnen Mitbestimmungssatzungen für die volkseigenen Betriebe zu entwickeln. Das ist allerdings komplett gescheitert, weil die Treuhand jegliche Art eines dritten Weges, eines demokratischen Sozialismus, verhinderte. Ich habe versucht, einen industriepolitischen Arbeitskreis zu gründen, das war auch nicht besonders erfolgreich. Aber wir hatten eine sehr schöne Konferenz zu Kultur als Standortfaktor. In der Zeit bin ich gut in Sachsen rumgekommen und habe viele Einblicke erhalten. Daher rührt auch ein bisschen meine Distanz gegenüber der Linkspartei. Ich fand es immer sehr bedauerlich, dass kein richtiger Schnitt gemacht wurde, dass man eben doch auch Güter, die über den DDR-Staat kamen, als finanzielle Grundlage nutzt. Das fand ich nicht besonders gut für ein linkes Projekt. Andererseits kann man natürlich sagen, dass uns die Linkspartei sehr lange vor einem Rechts-Drall in Ostdeutschland bewahrt hat.

*Dann kam die Assistenzstelle in Berlin.*
Wegen der interessanten Arbeit in Leipzig habe ich es fast bedauert, als ich dann im Wintersemester 1990 wissenschaftlicher Assistent bei Margit Mayer wurde. Aber dann fing der Golfkrieg an und es wurde doch wieder interessant. Wir sind innerhalb des JFKs schwer angefeindet worden, weil wir Aktionen gegen den Golfkrieg organisierten. Prägend wurde der Bezug zur Politikwissenschaft am OSI (Otto-Suhr-Institut), also zu Elmar Altvater und seinen Leuten. Ich habe bei Veranstaltungen häufig übersetzt. Thomas Hurtienne, der an der FU Berlin und ab Anfang der 1990er Jahre in Brasilien zur Entstehung des Kapitalismus, zum Dependenzansatz sowie zur Regulationstheorie arbeitete, war ebenfalls sehr wichtig für mich.

*War das intellektuelle Klima in Frankfurt dann ganz anders als in Berlin?*
Für mich schon. Ich hatte bereits länger Kontakt zur *Prokla*-Szene, und deswegen war ich auch nie ein wirklicher Frankfurter. Eine Frankfurter Anekdote: Als ich zu studieren anfing, gab es in irgendeinem der Hörsäle eine Riesenschmiererei: Laberhas. Habermas und Adorno, das war mir alles relativ fremd. Henryk Grossmann, den haben wir dann gelesen, die ökonomische Seite der alten Frankfurter Schule. Habermas war für mich ein Sozialdemokrat, völlig uninteressant.

*Wie hast du den Einschnitt 1989 empfunden?*
Die politischen Ideale sind natürlich stark unter Schock gesetzt worden. Zunächst mit Nicaragua und dann natürlich mit der Auflösung der Sowjetunion. Enttäuschend war vor allem, dass aus der Perestroika nichts Positives entwickelt werden konnte und stattdessen der Siegeszug des Neoliberalismus stattfand. An der Sowjetunion selber hingen wir ja nicht so sehr. Da ich allerdings aus dem Bankenmilieu und der kritischen Volkswirtschaft kam und auch durch die frühe US-Erfahrung, in einem anderen Land zu sein und zu erleben, wie die Leute dort ziemlich anders denken, war mein Revolutionsüberhang nie so ausgeprägt.

## Theoretische Diskussionen

*Wie habt ihr das theoretisch verarbeitet? Und wie ordnest du das in deine eigene theoretische Entwicklung ein? Warum hast du dich später nicht mehr so stark auf die Regulationstheorie, sondern eher auf Gramsci bezogen?*

Es war durchaus eine Wanderung immer mehr hin zur Politikwissenschaft und zu Machtfragen. Christoph Görg hatte gegen Ende unseres Studiums etwas von Foucault erzählt. Das war mir erst relativ fremd. Später, am Kennedy-Institut in Berlin, hatte ich keine Lust, mich nur mit den USA zu beschäftigen. Interessanter war es, andere Theorien zu lesen. Das ging mir vorher schon so mit Gramsci. Ziemlich zeitgleich mit den Leuten um Frank Deppe in Marburg wurde ich durch Kees van der Pijl auf Gramsci gestoßen. Kees van der Pijl arbeitete zu den transatlantischen Verbindungen. In Berlin gab es dann eine größere Konferenz mit Susan Strange, auf der ich für sie übersetzen sollte. Und dann habe ich angefangen, ihre Sachen zu lesen. Zudem hatte ich schon länger Interesse an Fernand Braudel und Louis Althusser entwickelt. Ich fragte mich, wie man über Susan Strange hinausgehen kann, und dann habe ich nochmals ausführlich Gramsci gelesen. Bald danach forderte mich meine damalige Freundin mit dem Wissenschaftsrelativismus von Paul Feyerabend heraus, den ich dann auch intensiv las. Über Feyerabend bin ich an Michel Foucault und Ernesto Laclau gekommen. Ich fühlte mich sehr durch die Behauptung herausgefordert, dass Wahrheit relativ sei.

*Und hast du es sofort verstanden?*

Nein. Wir haben das eine Zeit lang in Berlin diskutiert, hier war Michael Heinrich zentral. Ich habe es mir Schritt für Schritt angeeignet. Ich habe dann Vorträge gehalten, die relativ naiv waren, und bin dementsprechend kritisiert worden. Daraufhin las ich nochmals genauer Laclau und Mouffe. Für mich war deren Strukturbegriff interessant, den meines Erachtens viele andere übersehen haben und deshalb die beiden als bloße Relativisten kritisierten.

*Aber deine Homebase blieb die Regulationstheorie? Oder war der Prokla-Aufsatz von 1995 (Scherrer 1995) als Distanzierung gedacht?*

Ich wollte nicht weg von der Regulationstheorie, sondern allein die Gegenüberstellung von stabilen Akkumulationsphasen und offenen Krisenphasen überwinden. Anlass für den Prokla-Aufsatz war das Buch von Jupp Esser, Joachim Hirsch und Christoph Görg »Politik, Institutionen und Staat« (Esser u.a. 1994). Ihre These vom »Objektivitätsüberhang« hatte mich nicht überzeugt. Ich störte mich vor allem an der Metapher »hinter dem Rücken«. Natürlich sind gesellschaftliche Zusammenhänge nicht allen und jederzeit bewusst. Doch selbst wenn sie einem bewusst werden, wenn »hinter den Rücken« geschaut wird, folgt daraus nicht gleich der Imperativ, diese zu ändern. Und Geschichte, sprich gesellschaftliche Veränderungen, wird auch von denen gemacht, die nicht »hinter ihren Rücken« schauen.

Ich habe mich sehr intensiv mit der Anwendung der Regulationstheorie für die USA beschäftigt. Da kamen mir viele Fragen aus der Empirie, nicht nur aus der

Theorie. Doch die Theorie schärft natürlich den Blick für die Empirie. Ich bekam den Eindruck, dass das einfach ein bisschen zu schematisch war, dass gewisse Perioden sehr stark klassifiziert und dann eher strukturell erklärt werden. Das habe ich kritisiert. Laclau heißt nicht, dass man auf Strukturen verzichtet. Der Ansatz beinhaltet nur einen Verzicht auf eine Totalität der Struktur. Das hat mein weiteres Denken geprägt.

*Trotz der Betonung der Kontingenz bekommt der Klassenbegriff bei dir wieder eine stärkere Bedeutung. Ist das für dich nochmals ein Bruch? Oder geht es eher darum, einen starken, politischen Punkt zu setzen und zu sagen: Ich benutze den Klassenbegriff ganz bewusst.*

Wenn man heutzutage über Klasse spricht, ist es aus meiner Sicht der falsche Weg, das über die Arbeiterklasse zu machen. Die ist derzeit völlig fragmentiert und eben keine Klasse »für sich«. Es handelt sich um ein analytisches Konzept. Wir können Klassifizierungen des gesellschaftlichen Raumes in verschiedensten Formen vornehmen, und eine dieser Klassifizierungen ist die marxistisch-materialistische. Hier sind die Produktionsverhältnisse und die Frage entscheidend, wer über Produktionsmittel verfügt und wer nicht. Dieses Konzept kann ich anwenden und dann die Frage stellen, wie viel Erklärungskraft es hat. Nach meiner Ansicht hat es dann Erklärungskraft, wenn man aufzeigen kann, dass es auch zu einem spezifischen gemeinsamen Bewusstsein führt. Wenn man den Klassenbegriff auf die Kapitalseite anwendet, ist schon eine Klasse für sich auszumachen. Man kann eine gemeinsame Identität über Staatsgrenzen sehen, da bin ich in der Traditionslinie der Neo-Gramscianer. Sie handeln strategisch und dazu gehört neben dem eigenen Klassenbewusstsein auch zu versuchen, das Klassenbewusstsein der Gegenseite zu schwächen. Wobei das nicht nur mit bewussten Strategien funktioniert, es sind auch andere Mechanismen am Werk. Deswegen fokussiere ich auch mehr auf die Hegemonie des Finanzkapitals und weniger auf die Arbeiterschaft. Den Klassenbegriff aus der Arbeiterklasse jetzt empirisch wieder zu beleben, das funktioniert nicht gut. Da ist die Fragmentierung einfach zu stark. Als Arbeiterklasse »für sich«, als derer, die von Lohnarbeit leben müssen, oder ohne Zugang zu Lohnarbeit dennoch irgendwie überleben, handeln nur wenige. Das ist der Punkt. Aber das heißt nicht, den Begriff als solchen aufgeben zu müssen. Nur sollte man offener damit sein und eher fragen: Gibt es Klasse? Und ich muss mich auch fragen: Gibt es begriffliche Alternativen, die stärker sind?

*Es gibt nicht nur das Bewusstsein der Klasse an sich »oben«, sondern es wird beispielsweise in China in der Krise deutlich, dass sich die Mittelschicht von den WanderarbeiterInnen absetzt.*

Hier finde ich den Schichtenbegriff besser. Damit kann man aufzeigen, dass der Kapitalismus Menschen in Konkurrenz setzt. Wenn der Verteilungsspielraum geringer wird, kommt es häufig dazu, dass irgendjemand andere ausschließt. Aber das Konzept der Klasse war von der marxistischen Seite her als ein Anrufungskonzept eingeführt worden. Diese Dimension des Klassenbegriffes sollte man nicht vergessen. Und diese Anrufung ist unter denen, die sich nun diesen Wohlstand erarbeitet und errungen haben, nicht so stark im Sinne einer breiteren Solidarität, sondern als Abgrenzung.

*Macht ein Begriff wie der des finanzgetriebenen Akkumulationsregimes Sinn, um strukturelle Entwicklungen zu betonen, oder ist die Gefahr des strukturalistischen Bias zu groß?*
Das Problem ist, dass die finanzgetriebene Akkumulation nicht überall zutrifft. Aber prinzipiell fand ich den Begriff interessant und habe damals auch einen Aufsatz dazu geschrieben (Scherrer 2001), um aufzuzeigen, wo die Probleme beim finanzgetriebenen Akkumulationsregime liegen. Solche Klassifizierungen sind immer schwierig und führen häufig zu einem gewissen Eigenleben. Plötzlich gibt es »den« Fordismus, der irgendetwas macht, der Kapitalismus macht sowieso immer irgendwas. Der Blick auf die komplexen Verhältnisse geht verloren. Viele Sachen, die vielleicht nicht ganz so gut reinpassen, aber vielleicht auch die Dynamik ganz gut erklären könnten, gehen verloren. Sehr wichtig ist daher, ein bisschen mehr Vorsicht walten zu lassen. Dass man versucht, Perioden auf den Punkt zu bringen, finde ich ein völlig korrektes Anliegen. Nur muss man sich klar sein, dass es immer ein ziemlicher analytischer Willkürakt ist, dass man dann immer die vielen Schattierungen, die es gibt, unterdrückt.

*Würdest du sagen, eine kritische Gesellschaftstheorie oder eine Forschung, die von einer kritischen Gesellschaftstheorie angeleitet ist, ist dadurch gekennzeichnet, dass sie die analytische Parzellierung in Einzelprobleme nicht mitmacht? Dass sie, wie Horkheimer es 1937 in »Traditionelle und kritische Theorie« formulierte, nicht nur Einzelprobleme beschreibt und zählt, sondern gesellschaftliche Gesamtheit im Blick hat?*
Ich denke schon, dass man an einem anderen Blick arbeiten soll und dass man auch in komplexeren Zusammenhängen denken sollte und nicht nur ein ganz kleines Teilgebiet isoliert betrachten. Nur die Gefahr dabei ist, dass gerade in diesem Fall das Marx'sche Gedankengut nicht erkannt wird. Gerade sein Hauptwerk *Das Kapital* ist ja ein Gedankenexperiment: Wie funktioniert eine Gesellschaft, die rein kapitalistisch ist? Das war eigentlich seine Idee, so wie ich das lese. Viele haben das von ihm gezeichnete Modell dann allerdings für die Wirklichkeit gehalten. Es ist aber nur ein Modell, ein Modell wie in der Neoklassik, nur wohl besser passend. Marx selbst hat das anders gedacht und gemacht, tatsächlich immer nachhakend und immer versucht, gesellschaftliche Veränderungen mit zu sehen. Das wurde aber oft nicht so gemacht. Aus meiner Sicht auch in der Staatsableitungsdebatte, in der der Staat aus dem Kapitalverhältnis abgeleitet wurde. Das Kapitalverhältnis ist ein ganz dominantes Verhältnis, aber nicht das einzige. Und es ist nicht das Verhältnis, das vor dem Staat da war, sondern der Staat war vorher da und es gibt eine gewisse Pfadabhängigkeit.

*Du hast dich in deinen Arbeiten recht wenig auf die materialistische Staatstheorie bezogen? Hing das mit den jeweiligen Gegenständen zusammen oder ist da doch eine Distanz des gelernten Ökonomen?*

Ich finde die Vorstellung, den Staat mit Poulantzas als soziales Verhältnis zu begreifen und auch auf das Eigenleben des Staates zu verweisen, überzeugend. Die Frage ist dann eher, wie beziehe ich das auf die gesellschaftlichen Kräfte. Da hat mich gestört, dass man dem Staat eine gewisse funktionale Aufgabe überträgt, nämlich die subalternen Klassen zu desorganisieren oder gesellschaftliche Kohäsion zu schaffen. Poulantzas habe ich Anfang der 1990er Jahre ziemlich intensiv gelesen. Das fand ich durchaus plausibel. Immer dann aber, wenn es zum Funktionalismus kam, konnte ich nicht mitgehen.

*Kees van der Pijl (2006) hat die Unterscheidung zwischen Lockean Heartlands und Contender States eingeführt, was du in letzter Zeit in Vorträgen auf die Ukraine angewendet hast. Ist diese Unterscheidung nicht sehr schematisch und auch eher in der Tradition des Realismus als des Neo-Gramscianismus verortet?*

Dazu gibt es eine längere Geschichte. Ich hatte mich schon vor Jahren mit Michael Mann auseinandergesetzt, was ich sehr interessant fand. Globalgeschichte lese ich ohnehin gerne in meiner Freizeit, weil sie einen anderen Blickwinkel auf Geschichte einnimmt. Es muss mir aber auch ökonomietheoretisch nachvollziehbar sein, also etwa Fragen beantworten, wie sich die Bourgeoisie im Kapitalismus organisiert, inwiefern nachholende Entwicklung starker Kollektivkräfte bedarf und diese Kraft oft der Staat ist. In einigen Fällen ist es der totalitäre Staat, der alles mobilisiert, dann allerdings auch mitunter für den Krieg und nicht nur für wirtschaftliche Stärke. Kapitalismus bedeutet Wettbewerb und dabei gibt es Gewinner und Verlierer. Die Verlierer können nur aufschließen, wenn sie diese Kollektivkraft entwickeln. Und dann stellt sich die Frage, wie die Bevölkerung »angerufen«, sprich mobilisiert wird. Das Interessante war, dass in Russland 1917 die Arbeiterklasse, die eigentlich gar nicht richtig vorhanden war, erfolgreich »angerufen« wurde. Ausschlaggebend war aber wohl die Anrufung der russischen Bauern. Das nachholende Projekt wurde in diesem Fall nicht über die »Nation« in Angriff genommen, was insofern wenig verwunderlich ist, da es sich letztlich auf dem Territorium des Zarenreichs, eines Imperiums mit vielen unterschiedlichen nationalen Mythen, entfaltete. Im Normalfall, das sehen wir ja heute nicht zuletzt in Russland, ist es eher über die Anrufung als Teil einer Nation, dass Menschen kollektiv handeln bzw. das Handeln in ihrem Namen unterstützen. Religion kann diese Funktion ebenfalls einnehmen, wie wir am arabisch-persischen Raum sehen.

*Handelt es sich hier nicht um einen versteckten Funktionalismus? Gesellschaft organisiert sich, um stark und widerständig zu sein?*

Funktionalistisch wäre es, wenn man diese Prozesse darauf reduzieren würde und wenn die Annahme bestünde, dass es immer so eintreten muss. Die Aussage ist aber lediglich: Im Kapitalismus ist es schwer, sich ohne das Kollektive zu behaupten. Und es tritt eben nicht immer ein. In vielen Gesellschaften passiert es nicht. Es gibt die je spezifischen Voraussetzungen dafür, dass solch eine Entwicklung entsteht. Und wenn wir uns umsehen, dann zeigt sich, dass kolonialisierte Länder sich damit viel schwerer tun als Länder, die sich auf irgendeine vergangene Größe beziehen können und daraus Motivation und Anklang bei der Bevölkerung mit dieser Ideen haben. China ist dafür ein sehr gutes Beispiel.

*Bei dir kam die Kategorie Geschlecht relativ früh in die wissenschaftliche Arbeit hinein. Wie kam es dazu?*
Der erste Zugang hatte persönliche Gründe. Ende der 70er-Jahre wurden die Zeitschriften *Emma* und *Die Schwarze Botin* von Freundinnen gelesen. So kamen etwa Fragen der Verhütung auf: Wer ist dafür zuständig? Auch die Frage der sexuellen Identität wurde stark diskutiert. Einige Freunde haben sich zur Homosexualität bekannt und das gab einen Schub, stärker darüber zu reden, wie das überhaupt mit den Geschlechterverhältnissen, Geschlechteridentitäten usw. ist. Aber das blieb ohne Einfluss auf die Schreibproduktion. Die erwähnte Staatsverschuldungsgruppe war ziemlich gemischt, aber die Frauen in der Gruppe hatten nicht den Gender-Blick gehabt oder eingebracht. In Frankfurt hat sich um diese Zeit meines Wissens lediglich Anja Ruf mit der Regulationstheorie und Geschlechterverhältnissen befasst. Wissenschaftlich aufgegriffen habe ich die Debatten in den 1990er Jahren. Brigitte Young (1992) hatte einen Aufsatz geschrieben, in dem sie den ersten Golfkrieg feministisch mit »male irrationality« erklärte. Prinzipiell stimmte ich überein, störte mich aber am Rationalitätsbegriff (Scherrer 2003). Jenseits feministischer IPÖ hab ich mich nicht wirklich intensiv mit feministischer Theorie beschäftigt, weshalb ich mich bei vielen der Ansätze relativ unsicher gefühlt habe.

*Wenn du 30 Jahre auf deine wissenschaftliche Tätigkeit zurückblickst, wie hast du entschieden, welches Thema du weiterverfolgst?*
Das ist zum Teil dem Zufall überlassen. Ein kleiner Merve-Band von Toni Negri (1977) war bei mir ganz wichtig, um Keynes zu verstehen, oder eben dieses Buch von Elmar Altvater, Willi Semmler und Jürgen Hoffmann (Altvater u.a. 1979). Oder Michel Agliettas (1979) Regulationstheorie, das für mich eine wichtige Zäsur war. Und zwar nicht nur theoretisch, sondern auch hinsichtlich der empirischen Operationalisierung. Und es gab ein Buch in einem Bereich, den wir jetzt gar nicht berührt haben: das Buch von Michael Burawoy (1985) zu »Politics of Production«. Burawoys Zugang zu industriellen Beziehungen, der sowohl die strukturelle als auch die handelnde Dimension einzufangen weiß, hat mich nachhaltig beeinflusst.

## Globalisierung verstehen

*Kommen wir zu deinen Zeitdiagnosen. Deine Forschungen fangen an mit Arbeiten zu industriellen Veränderungen, Sozialstandards, der Globalisierung und ihrer Krise, um nur einige Themen zu nennen. Wenn du nochmal deine Arbeiten über-*

*blickst, was waren starke Beiträge, wo du der Globalisierung auf der Spur warst? Wo würdest du heute Einsichten verändern?*

Die Globalisierung spielt bereits in meiner Diplomarbeit eine Rolle, auch wenn ich das damals noch nicht so genannt habe. Es ging um die Restrukturierung einer Branche, die durch ausländische Konkurrenz in Bedrängnis geriet. Mich interessierte: Wie kann man das erklären, wie kommt so eine Krise zustande, wie wird sie gemanaged? Gibt es Möglichkeiten, damit anders umzugehen? Diesen letzten Punkt habe ich in der Diplomarbeit weniger ausgearbeitet. Aber natürlich hatten mich die Alternativen bereits interessiert, nämlich die Reindustrialisierungsdebatte in den USA und die Frage, wie reindustrialisiert werden kann. Auch: Können Beschäftige ein Unternehmen übernehmen? Dazu hatten wir Diskussionen in Frankfurt, denn dort gab es verschiedene Beispiele, bei denen einige kleinere Firmen von ihren Beschäftigten übernommen wurden. In der Dissertation hatte ich die internationale Konkurrenz noch ein bisschen klarer herausgearbeitet, stärker das Management untersucht. Von diesen Einsichten, die ich damals gewonnen habe, würde ich eigentlich nichts zurücknehmen. Dazu hatte ich das Bedürfnis, die Ergebnisse nach der Dissertation auch praktisch werden zu lassen, daher habe ich etliche Vorträge vor GewerkschafterInnen gehalten. Allerdings hatte ich oft den Eindruck, dass die eher mehr wissen als ich und ich gar nicht so genau weiß, was ich denen sagen soll. Und ganz so glücklich war ich auch nicht damit, Lösungen für die Automobilindustrie zu finden, wo ich doch das Auto nicht unbedingt das allerbeste Transportmittel der Welt finde. Auch wenn ich selbst manchmal ganz gerne Auto fahre. So bewegte ich mich mehr in Richtung zu dem, was vielleicht interessant ist für die organisierte Arbeiterschaft und wo ich mit meinem Wissen stärker etwas beitragen kann.

*Was war bei deiner Beschäftigung mit Handelsfragen und Sozialstandards besonders spannend?*

In der Habilitation wollte ich einerseits mit der Regulationstheorie die sich verändernden Formen der Handelspolitik verstehen, die zentral waren für das Akkumulationsregime, und welche Kräfte da am Werk waren. Zudem interessierten mich die politischen Weichenstellungen für die Zunahme der globalen Konkurrenz. Wie hat die Liberalisierung in der amerikanischen Wirtschaft stattgefunden, was waren das für Kämpfe, unter welchen strukturellen Bedingungen? Auch da würde ich nicht groß etwas zurücknehmen. Zu den Sozialstandards kam ich über einen Zufall, da ich aufgrund meiner Handelskompetenz angefragt wurde. Ich dachte: Das ist mal ein schönes Gebiet, wo man vielleicht politisch produktiv wirken kann und nicht nur analytisch. Und natürlich wächst man so darüber hinaus.

*Könnte man sagen: Du hast die Handelspolitik analysiert und dann mit den Sozialstandards mögliche Alternativen diskutiert? Aktuell arbeitest du zu Finanzialisierung. Siehst du bei den öffentlichen Banken und Sparkassen Alternativen?*

Die Frage ist, was unter den jetzigen Rahmenbedingungen möglich ist, was man noch verteidigen kann. Besonders wichtig zu verteidigen ist aus meiner Sicht die

# Christoph Scherrer im Gespräch mit den HerausgeberInnen

Art und Weise, wie die Rente organisiert wird. Das ist zudem ein Punkt, wo man Leute mitnehmen kann. Das gilt auch für das Thema öffentliche Banken. Hier finde ich spannend, dass öffentliche Banken nicht immer das machen, was man von ihnen eigentlich wünscht. In unserem neuen Buch (Scherrer 2017 i.E.), das wir mit BrasilianerInnen und InderInnen zusammen herausgeben, zeigen wir, dass das keine rein lokale Geschichte ist. Und in beiden Ländern hat das öffentliche Bankensystem durchaus noch einen ziemlichen Stellenwert. An den deutschen Sparkassen sieht man, dass die schon viel an Verbündeten in Europa verloren haben.

*In deiner Habilitation zeigst du eindrucksvoll die Durchsetzung des neoliberalen Konsenses in den USA. Alex Demirović vertritt die These, dass es gar keine neoliberale Hegemonie gibt, sondern eine Art Herrschaft durch Kontingenz, durch Unsicherheit. Neoliberalismus bedeutet die Aufkündigung von Kompromisswilligkeit und Kompromissfähigkeit der herrschenden Klassen. Das steht deinen eigenen Arbeiten etwas entgegen.*

Das ist abhängig davon, wie man Hegemonie definiert. Ich würde schon sagen, dass der Kapitalismus noch viel Zustimmung hat und die auch organisiert wird. In der Finanzkrise sind die Banken kritisiert worden, aber das Vermögen der Reichen dahinter nicht. Bernie Sanders in den USA ist aktuell eher die Ausnahme. Aber die George Soros, Warren Buffets und die anderen haben nicht nur Fans in der Bourgeoisie, sondern auch in der gehobenen Arbeiterklasse, die ihr kleines Vermögen recht gut vergrößern konnten. Auf der Ebene der Hinterfragung kapitalistischer Eigentumsverhältnisse sehe ich wenig. Die SPD geht in vielen Fragen mit dem Kapital einher, gerade die Finanzkrise in Deutschland hat zu einem Standortkorporatismus geführt, der eher stärker war als früher. Das ist nicht nur passiver Konsens. Und wenn jetzt bei VW die Kunden angeschmiert werden und die Umweltbewegung und andere protestieren – dann gibt es unter den VW-Werkern eine starke Solidarität mit dem Management. Und da sind die Gewerkschafter im Aufsichtsrat, die dem Vorstandschef Winterkorn 16 Millionen zuschieben. Auf sehr vielen Ebenen besteht meines Erachtens Zustimmung zu ganz zentralen gesellschaftlichen Prinzipien. Hegemonie bedeutet ja nicht unbedingt nur Kompromisse. Häufig sind es Vergleiche mit anderen Menschen. Die Leute reisen herum, sehen die unglaublichen Arbeitsbedingungen, wie ich sie z.B. in Indien gesehen habe (siehe den Beitrag von Sharit Bhowmik und Indira Gartenberg), und akzeptieren dann eher die eigenen Lebensrealitäten. Da gibt's gar keinen Kompromiss, auch keine aktive Zustimmung, aber eben auch keinen echten Widerstand. Die spezifischen Herrschaftsverhältnisse werden normalisiert und akzeptiert.

*Könnte man nicht sagen, dass Hegemonie in Gramscis Sinn eines materiellen Kerns bedarf, was Alex Demirović unterschätzt? Auch wenn aktive Führung kaum mehr stattfindet, aber eben die Verhältnisse lebbar bleiben. Das wäre dann Hegemonie weniger von den Klassenkonstellationen her gedacht.*

Interessant finde ich, dass die etablierten Führungen zum Teil herausgefordert werden. Das gab es aber früher auch. Es gab die Leute, die vorher Barack Obama unterstützt haben und jetzt Bernie Sanders unterstützen. Es gab immer wieder solche Momente, in denen das Establishment ein bisschen hinterfragt wurde, aber keine allgemeine Aufklärung. Was in den USA jetzt deutlich stärker ist und sich über Trump ausdrückt, das ist die Abgrenzung gegenüber anderen. Ähnlich ist es mit der Sonderrolle Deutschlands in Europa, was wir selbst vielleicht gar nicht so richtig merken. Es gibt zwar noch immer sehr viele Arbeitslose, aber an das Niveau hat man sich gewöhnt. Die Aufkündigung des Vertrauens in die Führung findet interessanterweise auf einer ganz anderen Ebene statt. Man war ganz zufrieden mit Angela Merkel, weil sie alles Schlechte der Welt irgendwie von »uns« weg gehalten hat, und nun kommen plötzlich diese SyrerInnen und andere. Die hält sie »uns« nicht vom Hals und schon ist ihre Popularität deutlich geschmälert.

*Hans-Jürgen Urban von der IG Metall hat argumentiert, dass der starke Legitimationsverlust von Merkel mit einem allgemeinen Vertrauensverlust in die muddling through-Kapazitäten der Eliten, dass sie uns die Krise vom Leib halten, einhergeht.*
Hinsichtlich eines *muddling through* wäre ich sehr skeptisch. Die haben das ja fantastisch hinbekommen mit Draghi und der Europäischen Zentralbank. Ob das jetzt lange hält und ob man tatsächlich mit dieser Strategie des billigen Geldes den Kapitalismus aufrechterhalten kann, bin ich mir nicht so sicher. Aber die Finanzkrise hat keine wirkliche Solidarisierung unter den Betroffenen hervorgebracht. Da gibt es das Scheitern von Syriza, die gehofft haben, dass sie die SpanierInnen und zum Teil die ItalienerInnen hinter sich bekommen. Das ist völlig gescheitert. Und was erwarte ich denn von den kapitalistischen Eliten? Dass sie Profite machen und das machen sie doch. Was sollen die denn sonst für ein Projekt haben, als Profite zu machen?! Natürlich noch die Eigentumsordnung aufrechtzuerhalten.

*Die Flüchtlingsaufnahme hat in weiten Teilen sehr gut funktioniert. Doch die Deutungen spielen dennoch den rechtspopulistischen Bewegungen zu. Hat das eine neue Qualität gewonnen?*
Merkel hatte völlig Recht mit »Wir schaffen das«. Für ein reiches Land wie Deutschland, mit der Erfahrung größerer Einwanderungswellen, ist die Aufnahme der Flüchtlinge zu schaffen. Die Kritik an ihr ist auch deshalb so stark, weil viele der Betroffenen der Niedrigzinspolitik, die gehobenen Mittelschichten, die Zinsen auf ihr Erspartes erwarten, zu keinen finanziellen Opfern bereit sind. Sie frönen eher einer Deutschtümelei, die die rechthaberischen Volkswirte wie Bernd Lucke, Roland Vaubel und Joachim Starbatty mit ihrer Euro-Kritik und der AfD-Gründung hoffähig gemacht haben. Rechtspopulismus war lange für Akademiker unappetitlich. Das hat sich etwas geändert. Deshalb müssen die heutigen rechten Parteien ernster genommen werden als beispielsweise die Schill-Partei in Hamburg Anfang der 2000er. Da die FDP auch in Schwierigkeiten geraten ist, die ein spezifisches Milieu gehalten hatte, geht dieses Milieu jetzt teilweise in andere Richtungen – nicht nur zur AfD. Und dann gibt es einen Verstärkungseffekt über die Grenzen hinweg. Die FPÖ in Österreich, von der hierzulande gelernt wird, Orbán, Le Pen, diese Vernetzungen stärken sich gegenseitig. Und es sieht dann nicht

mehr so aus, als sei man die ganz Ewig-Gestrigen. Das hat nach meiner Ansicht eine neue Qualität. Es ist aber schwierig, die Zukunft vorauszusehen. Und: Wenn es nicht zu sehr medial aufgeputscht wird, ist die Bevölkerung prinzipiell bereit, hinzunehmen, dass Tausende von Menschen pro Quartal an den Grenzen sterben. Wenn weniger Menschen kommen, scheint alles verarbeitbar. Es kann dann sein, dass doch wieder Schluss ist, dass die AfD kein echtes Thema mehr hat.

## Die Macht ökonomischen Wissens

*Du hast auch in einigen Politik- und Wissensnetzwerken gearbeitet. Wie erklärst du dir dieses spezifische Gewicht von Ökonomen, von ökonomischem Wissen? Warum haben sie an Glaubwürdigkeit für eine bestimmte Interpretation von Krise gewonnen? Eigentlich müssten sie ja diskreditiert sein, weil sie vorher überhaupt nichts zum Krisenpotenzial gesagt haben.*

Die Ökonomen sind in gewisser Weise die Ingenieure, sie liefern uns die Zahlen, an denen wir uns orientieren können. Das ist ziemlich tief verankert. Mir ist dies an den Diskussionen um TTIP aufgefallen. Wenn ich oder Werner Raza mit seinem Netzwerk heterodoxer Ökonomen die Mainstream-Studien, die die angeblichen Vorteile von TTIP berechnen, auseinandernehmen, dann gibt es ein gewisses Echo, aber es bleibt gering. Wenn Jeronim Capaldo aus den USA kommt, und am Ende seiner Studie zu TTIP mit einer konkreten Zahl an durch TTIP verursachten Arbeitsplatzverlusten aufwartet, dann hat das ein ganz anderes Gewicht. Er arbeitet mit anderen Annahmen und wahrscheinlich sind seine keynesianischen Annahmen besser als jene der Neoklassik. Aber sein keynesianisches Modell ist nicht so viel besser. Sehr deutlich wird aber, mit wie vielen Annahmen gearbeitet werden muss und wie viele dieser Annahmen nicht wirklich gut gedeckt sind. Capaldo jedoch hat eine Zahl geliefert und das hat die Aufmerksamkeit erreicht. Das Exakte und ein recht anspruchsvoller methodischer Apparat scheinen irgendwie faszinierend und strahlen eine Gewissheit aus. Diese neueren Modelle sind so komplex, dass du die Diskussion darüber außen vor halten kannst. Wer qualitativ forscht, kommt eher mit Geschichten. Da meint jeder, mitreden zu können.

*Wenn du die Ökonomen als Ingenieure bezeichnest, würdest du sagen, das sind die organischen Intellektuellen? Und Hans-Werner Sinn knallt ja nicht nur die Zahlen auf den Tisch, sondern er gibt Interpretation, er erzählt die Geschichte.*

Ja, Geschichten sind auch wichtig, werden aber meist nur ernst genommen, wenn zuvor mit hohem methodischem Aufwand Zahlen produziert wurden. Für die Rechtfertigung des Kapitalismus sind viele Ökonomen fürs Kapital ziemlich organisch. Allerdings gibt es ziemlich viele Ökonomen in den USA, die gar nicht so ganz Mainstream, aber auch wenig sichtbar sind. Die forschen an manchen Colleges, machen wichtige Lehre, aber im ganzen Veröffentlichungsspektrum sind sie wenig präsent. Es scheint, als hätten sie sich in ihrer Marginalisierung eingerichtet.

*Hätten progressive gesellschaftliche Kräfte, und damit auch Wissensproduzentinnen im weiteren Sinn, in der Krise 2008 aus heutiger Sicht grundsätzlich anders reagieren können und sollen?*

Was vor allem fehlte, war eine Antwort auf die Frage der konkreten Politik im damaligen Moment. In der Krise der Hausbaukredite in den USA gab es schon Vorstellungen, viel stärker bei den Gläubigern anzusetzen als bei den Schuldnern. Aber das war in dieser Situation nicht so tragfähig. Die Schuldner sind verteufelt worden, es kam grade eine sehr schöne Studie heraus (Adelino u.a. 2016), die aufgezeigt hat, dass die Kreditausfälle überhaupt nicht nur bei den Subprime-Krediten, also den Menschen mit geringer Bonität, stattfanden. Die Ausfallquote war über das ganze Einkommensspektrum hoch, es war also gar nicht so anders bei den Besserverdienern. Aber der Diskurs deutete vor allem auf die Ausfallquoten bei den armen Leuten.

*Du hast mit Brigitte Young in der Zeit das Argument vorgebracht, dass überproportional viele Frauen und überproportional viele Schwarze davon betroffen gewesen seien.*

Das stimmt und stimmt nicht. Es stimmt insofern, als die Betroffenheit viel stärker war. Diese Menschen haben tatsächlich ihre Häuser verloren, während der Ausfall bei den Besserverdienenden nicht immer zum Verlust des Hauses geführt hat. Das ist der große Unterschied, die konkrete Auswirkung des Kreditausfalls. Bei den Schuldnern anzusetzen hätte etwa bedeutet, dass sie eine Stundung bekommen, damit sie nicht sofort ihr Haus aufgeben müssen und dass der Staat für sie bürgt. Aber die Idee wäre sicherlich langsamer umzusetzen gewesen als jetzt einfach mal den Banken die Liquidität vorzugeben. Für eine andere Strategie hätte man vorher viel mehr nachdenken müssen: Was braucht man dafür und wie setzt man es wirklich um – und kann es überhaupt umgesetzt werden?

*Wären Vermögens- und Verteilungsfragen eher politisierbar gewesen, wenn das Buch von Thomas Piketty (2014) »Das Kapital im 21. Jahrhundert« schon 2006 publiziert worden wäre?*

Ich sehe es umgekehrt: Wenn er es 2006 geschrieben hätte, hätte sich keiner drum geschert. Es gibt spezifische Resonanzphasen. 2006 haben sich viele, auch gerade die Mittelschichten in den USA, reicher gefühlt, weil ihre Häuser mehr wert wurden, und viele haben Zweithäuser gekauft. Sie waren nicht persönlich betroffen und sind auf dieser Welle mitgeschwommen. Sicherlich wäre es hilfreich gewesen, wenn es mehr Kompetenz gegeben hätte, insbesondere bei den großen Organisationen, die vorgeblich für die Beschäftigten eintreten, also Gewerkschaften, aber auch in Teilen der Parteiflügel usw. Aber dieses Wissen war nicht da. Man kann sich auch selbst etwas die Schuld zuschreiben, dass man zu wenig auf Krisen vorbereitet ist, und dass wir vielleicht zu wenig Phantasie entwickeln beispielsweise mit der Migrationskrise. Die Frage ist: Was sind die Strategien, die irgendwie von größeren Teilen der Bevölkerung mitgetragen werden können? Das ist sehr komplex. Dann kommt die Krise, die vorher vielleicht sogar beschrieben wurde. Aber man sitzt nicht wirklich am Hebel und hat vielleicht auch nicht Konzepte, die vermarktbar sind und mit denen man schnell viele Leute mobilisieren kann.

## Projekt (kritische) Wissenschaft

*Du hattest gegen Ende der Habilitation für einen kurzen Moment eine Durststrecke. Wie bist du mit der Verunsicherung umgegangen?*
Da lief meine Stelle aus und die Habilitation war noch nicht ganz fertig, weil ich noch das Projekt zu Sozialklauseln nebenher gemacht hatte. Das war keine besonders tolle Situation. Das ist dann auch ein Alter, in dem man etwas genauer wissen will, wie es weitergeht. Mit meiner Qualifikation ist es zudem nicht so einfach, woanders reinzukommen. Diese Erfahrung hat mich gegenüber Schwierigkeiten von jüngeren Menschen sensibilisiert.

*Ist es aus deiner Sicht sinnvoll, einen Plan B zu haben, oder lenkt das von der Konzentration auf eine Professur eher ab?*
Menschen sind unterschiedlich, daher ist das schwierig zu sagen. Ich wollte einfach meine Habil schreiben – und dann weitersehen. Und natürlich wollte ich auch eine Professur, aber ich wollte eben auch das Schreiben. Manche brauchen einen Plan B, aber manche haben vielleicht auch zu früh einen Plan B und das lenkt dann ab.

*Im letzten Teil des Gesprächs möchten wir uns vertieft mit der Frage von kritischer Wissenschaft an den konkreten Institutionen beschäftigen. Wann ist dir zum ersten Mal klar geworden ist, dass es sinnvoll ist, sich in Gremien, in institutionelle Politiken auch in der Wissenschaft einzubringen?*
Ich habe mich lange ziemlich zurückgehalten. In meiner Studentenzeit hatte ich andere politische Bezüge. Später, in meiner wissenschaftlichen Qualifikationsphase, gab es wenig Anknüpfungspunkte. Ich kann mich während meiner Zeit am Kennedy-Institut nicht an Berufungsverfahren erinnern. Die FU Berlin wurde stellenmäßig zu dieser Zeit abgeschmolzen zugunsten der Humboldt-Universität. Ich habe natürlich gesehen, dass dort, wo mehr linke Leute und insbesondere linke ProfessorInnen waren, manches wegbrach. Ich gehöre aber nicht zu denen, die einzelne linke prominente Professoren für zu wenig institutionelles Engagement kritisieren, weil es einfach schwierige Bedingungen gab. Gerade in den 1980er Jahren hat sich sehr wenig geöffnet, in den 1990er Jahren gab es heftigen Gegenwind. Letzteren gab es auch früher, etwa die Berufsverbote unter Willy Brandt. Deswegen bin ich kein großer Fan des Post-Demokratie-Geredes. Ich weiß gar nicht, wo vorher die Demokratie war.

*Aber könnte man den Älteren nicht vorwerfen, dass sie zu wenig systematisch im Lichte des Generationswechsels Nachwuchspolitik gemacht haben?*

Ja, sie hätten sich vielleicht etwas mehr zusammenschließen und die jüngeren Leute besser vorbereiten können. Der eine oder andere hat sich da ja auch eingesetzt, aber man darf eben auch die Gegenwehr nicht unterschätzen. Mit der Bewegungsforscherin Frances Fox Piven (1977) gesprochen: Eine Soziale Bewegung erreicht in ihrem Aufbruch am meisten. In dem Moment, in dem sie institutionalisiert und Teil eines Kraftfeldes wird, ist es schwieriger. Die jungen linken AkademikerInnen haben am meisten in dieser Aufbruchsphase erreicht. Eine Generation später, als ich die Professur bekam, sah ich allerdings auch Gestaltungsmöglichkeiten. Nun kamen bei mir auch die über die Jahre erworbenen spezifischen Fähigkeiten des Organisierens, des in politischen Zusammenhängen Denkens, zusammen.

*Im Jahr 2000 hast du deine Stelle angenommen. Wie siehst du die damalige Situation heute?*
Ich bin in eine relativ progressive Abteilung gekommen. Das war natürlich hilfreich, einfach Glück. Das wiederum hängt mit der Spezifik der Gründung der Universität Kassel zusammen und auch damit, dass sie kein großes Juridikum hat. Die Juristerei ist sehr klein und eher progressiv. Es gibt auch keine medizinische Hochschule, die eingegliedert wäre und wo immer viele ProfessorInnen eher konservativ sind. Das sind Vorteile. Dann habe ich gezielt nach Möglichkeiten gesucht, beispielsweise mit dem Studiengang *Global Political Economy*. Das hing auch mit dem Gefühl zusammen, dass ich mit meinen Themen in Kassel eigentlich falsch bin. Die Studierenden, die sich dafür interessierten, gingen woanders hin. Ich hatte sowieso den Wunsch, etwas zu schaffen, was meinen eigenen Vorstellungen eines Studiums nahe kam. Und so kam eben dieser MA GPE; der war in gewisser Weise ein Modernisierungsbündnis. Ich war sehr skeptisch gegenüber der Einführung von Bachelor- und Masterstudiengängen. Dann sagte ich, jetzt kommt das sowieso, wir machen mit, sind sogar auch ein bisschen Vorreiter und nutzen das für den Aufbau eines Studiengangs. Wir waren eher Teil dieser Modernisierung, dazu noch auf Englisch und mit Rückhalt aus den USA und aus England. Verbündete sind wichtig und sollten mitbedacht werden, damit man einen Platz an der Uni findet für das, was man machen möchte. Die Universitätsleitung und das Ministerium in Wiesbaden machten mit, so konnten wir unsere progressiven Inhalte betreiben.

*Gab es in Deiner Zeit vor Kassel Schlüsselerfahrungen und -erlebnisse, Diskussionen, Eindrücke, wo du sagtest: Wenn ich eine Professur bekomme, dann lege ich los? Oder hat sich das so ergeben? Du hättest ja auch sagen können, »Jetzt ziehe ich meine eigene Globalisierungsforschung durch.«*
Es kann sein, dass ich nach meiner Habilitation erst einmal intellektuell etwas erschöpft war. Deswegen war ich eher bereit, etwas zu machen, was eine stärkere Abwechslung in meinem Leben bringt. Schon schreiben, aber nicht mehr so viel wie vorher.

*Was würdest du vor dem Hintergrund deiner Erfahrung jüngeren WissenschaftlerInnen, die sich die Option auf eine wissenschaftliche oder sogar akademische Laufbahn – was ja nicht dasselbe ist – offen halten wollen?*
Ich denke, es ist immer ein bisschen leichter, wenn man auf einer Stelle promoviert, dann auch wirklich im Wissenschaftsbetrieb unterzukommen. Auch wenn es zum Teil länger dauert, weil man vermehrt andere Sachen machen muss. Aber man wird einfach besser sozialisiert, würde ich sagen, als über ein Stipendium. Aber natürlich gelingt es auch oft über ein Stipendium. Da denke ich, muss man zum einen einfach gut was mitbringen und zum anderen ziemlich diszipliniert sein, um daraus dann etwas in Sachen wissenschaftlicher Laufbahn zu machen. Man muss vorher auch schon ein bisschen bekannt sein.

*Siehst du den Stellenwert des Netzwerkens?*
Durchaus. Aber man muss nicht unbedingt in der Deutschen Vereinigung für Politische Wissenschaft sein. Ich bin auch erst als Professor Mitglied geworden. Bei den AmerikanistInnen war ich schon häufiger, weil ich da viele Jahre beschäftigt war. Aber im Hinblick auf die Laufbahn hätte mir das überhaupt nichts genutzt. Das war kein Verein, bei dem ich mit meiner Meinung auf große Zustimmung traf.

*Wie viel Pflicht- und wie viel Kür-Programm brauchen kritische WissenschaftlerInnen bei den Publikationen, die sich die Option auf eine Laufbahn im Wissenschaftsbetrieb offen halten wollen?*
Heutzutage denke ich schon, dass mehr in begutachteten Zeitschriften und auf Englisch publiziert werden muss. Das ist wichtig, aber nicht das einzige. Und es ist schwer quantifizierbar. Zum Teil ist es auch ein bisschen Zufall im Leben – und Glück. Und zum Teil bekommt man eine Sichtbarkeit durch andere Aktivitäten. Von daher sollte man schon versuchen, Artikel in begutachteten Zeitschriften zu schreiben. Und ansonsten sollte man möglichst das machen, was einem Spaß macht, weil das meistens zu besseren Ergebnissen führt als das, was einem keinen Spaß macht. Dann öffnen sich auch andere Türen. Eine verkrampfte Haltung im Sinne von, da ist ein Pflichtprogramm abzuziehen, um irgendwie in die Wissenschaft reinzukommen, führt eher zu Unglück.

*Wie schätzt du denn den Spielraum, auch von Hochschulleitungen ein, Schwerpunkte zu setzen, die auch kritische Forschung und Lehre ermöglichen? Hat sich das Möglichkeitsfenster der Bologna-Umstellungen wieder geschlossen, weil es nun überall Master-Programme und immer mehr Regulationen gibt und auch die Orientierung hin in Richtung Exzellenz?*
Möglichkeiten für mehr kritische Forschung bestehen durchaus, doch die Exzellenz-Initiative ist eher abträglich. Sie führt zu einer Ausdifferenzierung des Systems und die, die da mitmachen wollen, werden sehr stromlinienförmig. Eine Uni muss eine große medizinische Fakultät haben, um die großen Drittmittelprojekte zu bekommen, in der Ökonomie die A-Journals, die nicht bekannt sind für heterodoxe Ideen, und so weiter.

*Wie begreifst du dein gesellschaftspolitisches Engagement? Wie würdest du deine Praxis verstehen, gesellschaftlichen Akteuren Wissen zu vermitteln?*

Mein gesellschaftspolitisches Engagement ist vor allem die *Global Labor University*, also der Versuch, zur grenzüberschreitenden Vernetzung von Gewerkschaften beizutragen. Es trägt inzwischen auch Früchte: Auf internationalen Gewerkschaftskongressen sind die AbsolventInnen der *Global Labor University* sichtbar. Das ist sehr positiv. Weniger positiv ist, dass die Policy-Kompetenz – wichtig für die Gewerkschaftsbewegung und insbesondere in Krisensituationen – weiterhin unterentwickelt bleibt. Wir müssten dazu kommen, dass eine organisierte Arbeiterschaft zu spezifischen Fragen jenseits der unmittelbaren Arbeitsbeziehungen Stellung nehmen und Lösungen anbieten kann. Aber wir versuchen unser Bestes.

Außerdem habe ich bei TTIP ein Jahr lang ziemlich viel gemacht, war im Fernsehen und dieses und jenes. Das habe ich eher mit gemischten Gefühlen gemacht. Ich bin kein Campaigner, das ist auch nicht meine Aufgabe. Was ich schade finde: Wir haben hier ein sehr schönes Projekt gehabt zu Ungleichheit und daraus ein nettes Buch gemacht (Gallas u.a. 2015). Die Ergebnisse hätten wir in eine breitere Öffentlichkeit tragen sollen. Aber irgendwie hechelt man dann schon wieder zu etwas anderem. Ich neige dazu, dass ich irgendetwas anderes anleiere, anstatt mich ein bisschen darauf zu konzentrieren und Ergebnisse stärker in die Öffentlichkeit reinzubringen. Das finde ich eigentlich schade. Ich hatte das mit dem Ungleichheitsthema vor, aber dann kam eben TTIP und da konnte ich mich dann ziemlich schnell engagieren.

*Ist es nicht auch eine Frage der Ressourcen und der Infrastruktur an der jeweiligen Hochschule?*

Das habe ich bei dem TTIP-Thema auch gemerkt. Es wäre schön, man hätte ein Institut, wo Leute dazu forschen und dann auch gleich mehr Stellung dazu nehmen könnten. Aber diese Ressourcen sind sehr schwierig zu erlangen. Oder man hat ein Netzwerk. Grundsätzlich wäre ein Netzwerk gut, in dem man Unterstützung für ein relativ schnelles Reagieren bekommt oder für Versuche, gewisse Themen in der Öffentlichkeit zu setzen. Das bräuchte es eigentlich: Eine Organisation, die ein ziemlich breites Feld von Leuten kennt, wo einige von denen auch mal Fellows sein können, tatsächlich mal freigestellt werden, dann bei dieser Organisation sitzen und die Organisation eine Art Medienplan hat.

*Was wäre dir an Einsichten über Auswirkungen und Alternativen im Globalisierungsprozess verschlossen geblieben, wenn du am Schreibtisch geblieben wärst? Was haben dir Reisen und Aufenthalte anderswo gebracht?*

Da ich *Community Organizer* war, hatte ich bereits einen gewissen Erfahrungshorizont. Aber der war doch eher auf die OECD und die USA beschränkt. Aufgrund der häufigen Fahrten nach Indien wurde mir die Größe des Problems bewusst. Die Veränderung traditionellen Lebens, was das für Kräfte freisetzt. Damit taucht die Frage auf: Soll man diesen Prozess verlangsamen und was heißt das, wenn man ihn verlangsamt? An so einer Frage möchte ich in der Zukunft noch basteln. Sehr aufschlussreich war für mich das Beispiel im Bundesstaat Kerala im Südwesten Indiens, wo die Fischer in der Lage waren, die Trawler mit ihren Schleppnetzen draußen vorzuhalten. Sie selbst gehen noch auf einer Art Styroporbooten aufs Wasser und können so ihren traditionellen Lebensstil weiterleben. Aber sie haben auch Alternativen: Das Schulsystem ist relativ gut in Kerala, sodass für die jungen Menschen Optionen vorhanden sind. Es bedarf aber eines kollektiven Willens und auch der Macht, diesen alternativen Weg zu schützen. Wenn das mehr Leute machen, wird natürlich auch der Druck größer. Dann kommen wir zu meinen Überlegungen, dass wir heutzutage immer mehr auf die Gewaltdimensionen menschlichen Zusammenlebens achten sollten. Was ist dann notwendig an Schutz? Wenn die Menschen in Kerala den traditionellen Lebensweg weitergehen, können sie sich schwer selbst schützen. Sie haben keine Waffen zur Verfügung, wenn sie angegriffen werden in ihrer Lebensweise. Dieses massive Hineinkatapultieren in das Industriezeitalter oder besser in das Post-Industriezeitalter, die kapitalistisch verursachte Wertlosigkeit und die Vertreibung aus der traditionellen Lebensweise, das ist eine der großen Herausforderungen.

*Christoph, wenn du zurückblickst auf die Zeit ab 2000: Was macht für dich im Kern das Projekt Kassel, die kritische Wissenschaft aus?*

Für mich ist es weiterhin eine Freude zu unterrichten. Ich lehre zugegebenermaßen nicht sehr gerne im Bachelor und auch nicht in großen Vorlesungssälen, wo ich die Leute nicht kenne und was mich eher an negative Erfahrungen meines eigenen Studiums erinnert. Aber im GPE lehre ich gerne mehr als ich muss und es ist schön zu sehen, wie sich die Studierenden entwickeln. Für viele gibt es anfangs aufgrund der hohen Anforderungen und des neuen Umfeldes den »GPE-Schock«. Es gibt diese tollen intellektuellen Entwicklungen einzelner und daraus ziehe ich persönlich sehr viel. Auch die anfangs belastenden Auseinandersetzungen bei Stellenbesetzungen haben sich ausgezahlt.

Heute haben wir ein sehr schönes Kollegium von interessanten Leuten. Ich gehe einfach gerne an die Uni, das ist ja auch was. Über Initiativen wie die herrschaftskritische Sommeruniversität (https://herrkrit.com/) kann auch gelingen, dass mehr interessierte Studis sehen, in Kassel kann man ganz gut was mitbekommen. Andere Strategien sind natürlich auch, stärker durch Texte und Auftritte in der breiteren Öffentlichkeit sichtbar zu sein und dadurch Leute heranzuziehen. Ich bin mir aber nicht so sicher, ob das wirklich gut funktioniert für so einen kleinen Standort. Die Sommerschule kann da eher funktionieren. Last but not least: Für mich ist es eine große Genugtuung, mit euch hier zu sitzen und zu sehen, dass ihr erfolgreich seid mit eurer wissenschaftlichen Arbeit, mit Freude dabei und dass es überhaupt gelungen ist, doch einem größeren Kreis von Leuten diese Möglichkeiten zu eröffnen.

## Literatur

Adelino, Manuel/Schoar, Antoinette/Severino, Felipe (2016): Loan Originations and Defaults in the Mortgage Crisis: The Role of the Middle Class. Tuck School of Business Working Paper No. 2546427/ Duke I&E Research Paper No. 15-8, http://dx.doi.org/10.2139/ssrn.2546427 (Zugriff: 1.9.2016).

Aglietta, Michel (1979): A Theory of Capitalist Regulation. The US Experience, New York. Original: Régulation et crises du capitalisme, Paris (1976).

Altvater, Elmar/Hoffmann, Jürgen/Semmler, Willi (1979): Vom Wirtschaftswunder zur Wirtschaftskrise. Ökonomie und Politik in der Bundesrepublik, Berlin.

Burawoy, Michael (1985): The Politics of Production, London.

Esser, Josef/Görg Christoph/Hirsch, Joachim (Hrsg.) (1994): Politik, Institutionen und Staat. Zur Kritik der Regulationstheorie, Hamburg.

Gallas, Alex/Herr, Hansjörg/Hoffer, Frank/Scherrer, Christoph (Hrsg.) (2015): Combating Inequality: The Global North and South, London.

Hirsch, Joachim/Roth, Roland (1986): Das neue Gesicht des Kapitalismus. Vom Fordismus zum Post-Fordismus, Hamburg.

Negri, Antonio (1977): Staat in der Krise. Berlin

Piketty, Thomas (2014): Das Kapital im 21. Jahrhundert. München.

Piven, Frances Fox/Cloward, Richard (1977): Poor People's Movements: Why the Succeed, How they Fail, New York.

Scherrer, Christoph (1983): Co-Determination: The German Workplace Experience, Against the Current, 2, S. 45-47.

Scherrer, Christoph (1984): »Industrial Policy«: Die US-Linke entdeckt die Investitionslenkung. In: Dollars & Träume, 9, S. 59-72.

Scherrer, Christoph (1985): Wo ist die Militanz der amerikanischen Arbeiter geblieben? Die Kanalisierung gewerkschaftlicher Aktivität in der Nachkriegszeit. In: Dollars & Träume, 11, S. 111-128.

Scherrer, Christoph (1988): Die »Social Structure of Accumulation«: Ein Interpretationsmodell für Aufstieg und Niedergang der US-Ökonomie. In: Prokla, 18(4), Heft 73, S. 131-148.

Scherrer, Christoph (1991a): Governance of the Steel Industry. What Caused the Disintegration of the Oligopoly? In: Campbell, John C./Lindberg, Leon N./Hollingsworth, J. Rogers (Hrsg.): Governance of the American Economy, Cambridge, S. 182-208.

Scherrer, Christoph (1991b): Governance of the Automobile Industry: The Transformation of Labor and Supplier Relations. In: Campbell, John C./Lindberg, Leon N./Hollingsworth, J. Rogers (Hrsg.): Governance of the American Economy, Cambridge, S. 209-235.

Scherrer, Christoph (1995): Eine diskursanalytische Kritik der Regulationstheorie. In: Prokla 25(3), Heft 100, S. 457-482.

Scherrer, Christoph (2001): New Economy: Wachstumsschub durch Produktivitätsrevolution? In: Prokla, 31(1), Heft 122, S. 7-30.

Scherrer, Christoph (2003): Männerwelten – Kulturen der Irrationalität? In: von Braunmühl, Claudia (Hrsg.): Etablierte und feministische Theorie im Dialog, Berlin, S. 87-98.

Scherrer, Christoph (Hrsg.) (2017, i.E.): Public Banks in the Age of Financialization: A Comparative Perspective, Cheltenham.
Scherrer, Christoph/Erd, Rainer (1984): Amerikanische Gewerkschaften – Opfer des Weltmarkts. In: Prokla 14(3), Heft 54, S. 78-96.
Van der Pijl, Kees (2006): Global Rivalries – From the Cold War to Iraq, London.
Varga, Eugen (1969): Die Krise des Kapitalismus und ihre politischen Folgen. Herausgegeben und eingeleitet von Elmar Altvater, Frankfurt a.M.
Young, Brigitte (1992): Die Entscheidung für Wüstensturm. Die Rationalität der Befehlshaber. In: Argument, 34, Heft 2, S. 278-281.

# Autor*innen, Herausgeber*innen und Übersetzer*innen

*Elmar Altvater*, Prof. Dr., war bis zu seiner Emeritierung Professor für politische Ökonomie am Otto-Suhr-Institut der Freien Universität Berlin. Arbeitsschwerpunkte: Kapitalismusanalyse, Globalisierung, Europäische Integration, Politische Ökologie. Als er Christoph Scherrer in den 1980er Jahren im Zusammenhang eines Projekts über die Stahlindustrie kennen lernte, war nicht absehbar, dass er sich knapp vier Jahrzehnte später an einer Festschrift für den damals jungen Assistenten beteiligen würde. Sie haben sich nicht aus den Augen verloren, zu ähnlichen Themen (Globalisierung) gearbeitet und manchmal, wie im Rahmen der GLU, kooperiert.

*Sharit K. Bhowmik*, Prof. Dr., war *National Fellow* des *Indian Council for Social Science Research* und Professor für *Labour Studies* am *Tata Institute of Social Sciences* in Mumbai. Er war einer der Gründungsmitglieder und aktuell Vorsitzender des *Labor Education and Research Network* (LEARN). 2012 war er als *Ela Bhatt* Gastprofessor an der Universität Kassel. Durch seine jahrelange Arbeit als indischer Vertreter in der *Global Labour University* (GLU) und Mitbegründer des *International Center for Development and Decent Work* (ICDD) kooperierte er eng mit Christoph Scherrer – und führte ihn in die Welt der informellen ArbeiterInnen und ihrer Selbstorganisation in Indien ein. Kurz vor Drucklegung des Bandes verstarb er unerwartet.

*Ulrich Brand*, Prof. Dr., forscht und lehrt als Professor für Internationale Politik an der Universität Wien. Arbeitsschwerpunkte: Kritische Staats- und Gesellschaftstheorie, internationale Umwelt- und Ressourcenpolitik, sozial-ökologische Transformation und Lateinamerika. Er lernte Christoph Scherrer Ende der 1990er Jahre kennen, als er Texte zu US-amerikanischen *Workers Centers* übersetzte, und dann insbesondere in der Zeit zwischen 2001 und 2007 als Wissenschaftlicher Assistent am Fachgebiet Globalisierung und Politik in Kassel.

*Hans-Jürgen Burchardt*, Prof. Dr., ist Professor für Internationale und intergesellschaftliche Beziehungen an der Universität Kassel. Seine Forschungsschwerpunkte sind Nord-Süd-Beziehungen, Umwelt-, Arbeits- und Sozialregime in internationaler Perspektive, Demokratie und soziale Ungleichheit, Entwicklungstheorie und -politik, Lateinamerika. Er ist seit 2005 Kollege von Christoph Scherrer.

*Gülay Çağlar*, Prof. Dr., forscht und lehrt als Professorin für Politikwissenschaften mit dem Schwerpunkt *Gender and Diversity* am Otto-Suhr-Institut der Freien Universität Berlin. Arbeitsschwerpunkte: Feministische Internationale Politische Ökonomie, *Global Governance* und transnationale Feminismen, *Critical Food Studies*. Sie arbeitete zwischen 2001 und 2006 als wissenschaftliche Mitarbeiterin in

Christoph Scherrers Team am Fachgebiet Globalisierung und Politik an der Universität Kassel.

*Anne Lisa Carstensen* arbeitet als Soziologin zu Arbeitsbeziehungen in Globalen Produktionsnetzen in Brasilien; sie war Doktorandin an der Universität Kassel am u.a. von Christoph Scherrer verantworteten Promotionskolleg *Global Social Policies and Governance*.

*Ute Clement*, Prof. Dr., ist Professorin für Berufs- und Wirtschaftspädagogik an der Universität Kassel; seit 2015 Vizepräsidentin. Arbeitsschwerpunkte u.a.: Personal- und Organisationsentwicklung beruflicher Schulen, internationale Berufsbildungsforschung. Mit Christoph Scherrer ist sie über das ICDD, den Forschungsverbund »Governance und schwache Interessen« sowie über die Hochschulpolitik in der Senatsliste »Neue Hochschulpolitik« und die daraus entstandene freundschaftliche Verbindung verbunden.

*Christof Dieterle* ist Lehrkraft für besondere Aufgaben am Fremdsprachenzentrum der Hochschulen im Land Bremen. Als Professor und Mentor hat Christoph Scherrer ihn durch sein Studium begleitet. Berufserfahrungen sammelte er als Koordinator des Studiengangs *Labour Policies and Globalisation*. Am dankbarsten ist er Christoph Scherrer für den Studiengang *Global Political Economy*, wodurch er nicht nur heterodoxe Theorien, sondern auch seine Ehefrau Magdalena kennenlernen durfte.

*Thomas Dürmeier*, Dr., arbeitete am Fachgebiet von Christoph Scherrer und organisierte u.a. die Kasseler Sommerakademie mit. Arbeitsschwerpunkte: politische Macht von Unternehmen und plurale Ökonomik. Als freier Ökonom ist er am Zentrum für ökonomische und soziologische Studien der Universität Hamburg tätig; er ist Gründungsmitglied im Netzwerk Plurale Ökonomik und Vorstandsmitglied bei LobbyControl.

*Ellen Ehmke*, Dr., studierte am Otto-Suhr-Institut in Berlin und an der *Bogazici Universität* in Istanbul. Sie promovierte bei Christoph Scherrer und am ICDD, dem sie Inspirationen für ihre Dissertation zu sozialer Sicherung im globalen Süden und Freundschaften in aller Welt verdankt.

*Frank Fischer*, Prof. em. Dr., war Professor für *Politics and Global Affairs* an der Rutgers University in Newark, New Jersey in den USA. Gemeinsam mit Christoph Scherrer etablierte er das Austauschprogramm für *Global Affairs* zwischen der Universität Kassel und der Rutgers University. Außerdem ist er als *Senior Faculty Fellow* Kollege von Christoph Scherrer an der Universität Kassel.

*Alexander Gallas*, Dr., arbeitet am Fachgebiet Globalisierung und Politik an der Universität Kassel und ist Herausgeber des *Global Labour Journals*. Von Christoph

Scherrer lernt er insbesondere von seinem unermüdlichen Einsatz für einen neuen Internationalismus der Arbeit und im Kontext der *Global Labour University*. Arbeitsschwerpunkte: Staats- und Klassentheorie, *Global Labour Studies* und politische Ökonomie Großbritanniens.

*Indira Gartenberg* promoviert in der interkontinentalen *Graduate School* des *International Center for Development and Decent Work* (ICDD) am *Tata Institute of Social Sciences* (TISS), Mumbai. Von 2008–2014 koordinierte sie Studiengänge und Aktivitäten der *Global Labour University* (GLU) und des ICDD. Christoph Scherrer hat sie als unterstützend in der alltäglichen Arbeit wie auch für ihre Forschung wahrgenommen. Seit 2008 arbeitet sie mit der LEARN *Women Workers Union* in den städtischen Slums von Mumbai.

*GLU Alumni* & *Simone Buckel*. Simone Buckel koordiniert am *International Center for Development and Decent Work* (ICDD) an der Universität Kassel die *Global Labour University* (GLU). Die GesprächspartnerInnen sind AbsolventInnen unterschiedlicher Jahrgänge der GLU. Die meisten von ihnen haben nach dem Abschluss ihre gewerkschaftliche Tätigkeit fortgesetzt – und sind weltweit vernetzt mit anderen GLU Alumni.

*Christoph Görg*, Prof. Dr., ist Professor für Soziale Ökologie am Institut für Soziale Ökologie in Wien, ein Institut der Alpen-Adria Universität Klagenfurt. Arbeitsschwerpunkte u.a.: Soziale und Politische Ökologie sowie Kritische Staats- und Gesellschaftstheorie. Er lernte Christoph Scherrer Mitte der 1980er Jahre in einem Kolloquium von Jupp Esser und Joachim Hirsch an der Universität Frankfurt a.M. kennen. In den 1990er Jahren folgten intensive Diskussionen zur Regulationstheorie, von 2001–03 war er Vertretungsprofessor, von 2008–15 Kollege am Fachbereich Politikwissenschaften in Kassel.

Das *GPE Collective* ist ein Zusammenschluss von Studierenden und Alumni unterschiedlicher Jahrgänge des an der Universität Kassel angebotenen und von Christoph Scherrer verantworteten Masterprogramms *Global Political Economy*. Sie sind teils zurückgekehrt in ihre Herkunftsländer, teils in Deutschland geblieben oder sind andernorts in Wissenschaft, in NGOs, im öffentlichen Dienst oder in anderen Bereichen tätig.

*Thomas Greven*, PD Dr., ist freiberuflicher Politikberater in Dakar/Senegal und Privatdozent für Politikwissenschaft am John F. Kennedy-Institut für Nordamerikastudien der Freien Universität Berlin. Als Student lernte er dort 1991 Christoph Scherrer kennen, der ihm großzügig die Tür zur kritischen Sozialwissenschaft aufmachte. Zahlreiche gemeinsame Publikationen folgten, insbesondere zur Verankerung von sozialen Standards und Rechten im Welthandel.

# Autor*innen, Herausgeber*innen und Übersetzer*innen

*Tandiwe Gross,* ist Absolventin der *Global Labour University* und arbeitet im Büro für Arbeitnehmerangelegenheiten der ILO an den Online-Programmen der GLU. Sie kennt Christoph Scherrer seit ihrem ersten BA-Semester, als dort sein Text zu *Global Governance,* Macht und Hegemonie (gem. mit Ulrich Brand) gelesen wurde. Umso größer die Freude, ihn bei der GLU wiederzufinden und in diesem kritischen und engagierten Netzwerk zu arbeiten.

*Friederike Habermann*, Dr., Ökonomin und Historikerin, forscht und lehrt als freie Wissenschaftlerin zur Interdependenz von Herrschaftsverhältnissen sowie Möglichkeiten nichtkapitalistischen Wirtschaftens. 2002 war sie auf einen DoktorandInnen-Workshop von Christoph Scherrer als Referentin eingeladen – und blieb. Jahre später ko-betreute er (mit Brigitte Young) auch offiziell ihre Promotion.

*Andreas Hänlein*, Prof. Dr., forscht und lehrt als Professor für Wirtschafts-, Arbeits- und Sozialrecht an der Universität Kassel. Seit 2011 ist er Vizepräsident der Universität. Er lernte Christoph Scherrer insbesondere im Forschungsverbund »Governance und schwache Interessen« (2004–2010) und im Promotionskolleg »Global Social Policies and Governance« (2007–2014) kennen. Auch verbindet sie eine langjährige hochschulpolitische Kooperation in der Kasseler Senatsliste »Neue Hochschulpolitik«.

*Hansjörg Herr*, Prof. Dr., forscht und lehrt als Professor für Supranationale Integration an der Hochschule für Wirtschaft und Recht Berlin. Arbeitsschwerpunkte sind: Makroökonomie, Entwicklungsökonomie, europäische Integration, Währungssysteme. Seit Gründung der *Global Labour University* arbeitet er mit Christoph Scherrer zusammen.

*Frank Hoffer*, Dr., ist Wirtschaftswissenschaftler und arbeitet bei der Internationalen Arbeitsorganisation (ILO) in Genf. Er ist der internationale Koordinator der *Global Labour University*. Mit Christoph Scherrer verbindet ihn seit der Documenta 11, als sie im Kulturbahnhof in Kassel zum ersten Mal gemeinsam die Idee einer *Global Labour University* diskutierten, ein gemeinsames Projekt und eine persönliche Freundschaft.

*Gregor Kaiser*, Dr., promovierte 2005–2012 bei Christoph Scherrer und Christoph Görg. Christophs Geduld und Betreuungsarbeit wünscht er allen Promovierenden und Betreuenden.

*Harald Kröck* ist Absolvent des MA Labour Policies and Globalisation. Er lernte Christoph Scherrer und seine pragmatische Problemlösungskompetenz 2004 in Kassel kennen, als er als »Versuchskaninchen« im allerersten GLU-Masterprogramm (LPG 1) sein Studium aufnahm. Seitdem arbeitet er in diversen Projekten der *Global Labour University* mit ihm zusammen.

*Bernd Overwien*, Prof. Dr., forscht und lehrt als Professor für die Didaktik der politischen Bildung an der Universität Kassel. Christoph Scherrer lernte er in der Fachgruppe Politikwissenschaft und über Weiterbildungs- und Publikationsaktivitäten kennen. Arbeitsschwerpunkte u.a.: Bildung für nachhaltige Entwicklung/Globales Lernen, Verbindungen zwischen schulischem und außerschulischem (informellem) Lernen.

*Devan Pillay*, PhD, ist *Associate Professor* für Soziologie an der *University of the Witwatersrand* (Wits) in Johannesburg und langjährig in der *Global Labour University* und dem ICDD-Netzwerk engagiert. Er traf Christoph Scherrer 2006 als Teil einer Delegation nach Südafrika, um die GLU zu erweitern. Seit acht Jahren lehrt er jedes Jahr an der Universität Kassel das Seminar *Trade Union Strategies*.

*Christian Scheper*, M.A., ist am Institut für Entwicklung und Frieden der Universität Duisburg-Essen tätig. Arbeitsschwerpunkte: Menschenrechte, transnationale Unternehmen in der Politik, Arbeitsstandards und globale Produktionsnetzwerke. Er promovierte bei Christoph Scherrer.

*Helen Schwenken*, Prof. Dr., ist Professorin für Migration und Gesellschaft am Institut für Migrationsforschung und Interkulturelle Studien, Universität Osnabrück. Arbeitsschwerpunkte: Migration, soziale Bewegungen, Geschlecht, Arbeit. Mit Christoph Scherrer arbeitete sie von 2001–2011 im Team Globalisierung und Politik und von 2011–2014 als Juniorprofessorin am ICDD zusammen. Dank seiner Begeisterung und Beharrlichkeit wurde Kassel zu einer »internationalen Konzernzentrale« kritischer Wissensproduktion.

*Jenny Simon* ist Politikwissenschaftlerin und promoviert an der Universität Kassel. Forschungsschwerpunkte: Theorien der International Politische Ökonomie, globalisierte Finanzbeziehungen, Politische Ökonomie Chinas. Christoph Scherrer begegnete sie erstmals während ihres Studiums an der FU Berlin, heute betreut er ihre Dissertation.

*Gerd Steffens*, Prof. em. Dr., lehrte bis 2007 Politische Bildung und ihre Didaktik am Fachbereich Gesellschaftswissenschaften der Universität Kassel und ist Mitherausgeber des Jahrbuchs für Pädagogik. Die Zusammenarbeit mit Christoph Scherrer betrachtete er als wichtige Chance für eine Horizonterweiterung der politischen Bildung.

Das *UNICAMP-Professor*innen-Kollektiv* sind Paulo E. de Andrade Baltar, Eugênia Troncoso Leone, Anselmo Luis dos Santos, Marcelo Weishaupt Proni, José Dari Krein, Denis Maracci Gimenez, Magda Barros Biavaschi und Carlos Salas Paez. Sie lehren im brasilianischen Masterprogramm der *Global Labor University* und sind am dortigen Zentrum für Gewerkschaftsstudien und Ökonomie der Arbeit (*Centro de Estudos Sindicais e de Economia do Trabalho* (CESIT)) am *Instituto de Eco-*

**Autor\*innen, Herausgeber\*innen und Übersetzer\*innen** ——————— **339**

*nomia* der UNICAMP tätig. Sie arbeiten mit Christoph Scherrer in Lehre und Forschung, etwa zum öffentlichen Bankwesen, zusammen.

*Edward Webster,* Prof em. Dr., ist emeritierter Professor und langjähriger Gründungsdirektor des *Society, Work and Development Institute* (SWOP) an der *University of the Witwatersrand* (Wits), Johannesburg, und ehemaliger Direktor des *Chris Hani Institute* am *COSATU House*. Er traf Christoph Scherrer 2006, als sie gemeinsam an der Erweiterung der *Global Labour University* arbeiteten. Er wurde 2009/10 zur ersten *Ela Bhatt* Gastprofessur für *Development and Decent Work* am neu etablierten ICDD an der Universität Kassel berufen. Mit Christoph Scherrer und dem ICDD kooperiert er in interdisziplinären Süd-Süd Forschungsprojekten zu innovativen Reaktionen auf wirtschaftliche Unsicherheit in Indien, Brasilien und Südafrika.

*Catharina Wessing* studiert den Migrationsmaster an der Universität Osnabrück und interessiert sich für Genderforschung und Postkoloniale Theorien.

*Christa Wichterich,* Dr., Soziologin, zuletzt Gastprofessorin und Dozentin für Geschlechterpolitik an den Universitäten Kassel und Basel. Davor freiberufliche Publizistin und Beraterin in der Entwicklungszusammenarbeit. Arbeitsschwerpunkte u.a. feministische Ökonomie und Ökologie, internationale Frauenpolitik und Frauenbewegungen. Sie begegnete Christoph Scherrer zu Beginn der 2000er Jahre im Kontext der Kritik an Freihandelsabkommen und der WTO und dann insbesondere 2013-15 in der Fachgruppe Politikwissenschaft der Universität Kassel und im ICDD.

*Michelle Williams,* PhD, ist *Associate Professor* für Soziologie an der *University of the Witwatersrand* (Wits) in Johannesburg. Im Jahr 2014 war sie *Ela Bhatt Visiting Professor* an der Universität Kassel. In der letzten Dekade ist sie Mitglied der *Global Labour University* an der Wits und leitet das dortige Studienprogramm. Seit 2010 ist sie Mitglied des *International Steering Committee* des *International Center for Development and Decent Work* (ICDD). In diesen Funktionen kooperiert sie eng mit Christoph Scherrer.

*Joscha Wullweber,* Dr., arbeitet seit 2011 als Akademischer Rat auf Zeit mit Christoph Scherrer im Fachgebiet Globalisierung und Politik an der Universität Kassel zusammen. Seine Arbeitsschwerpunkte sind die Global Governance des globalen Finanzsystems und der Finanz- und Eurokrise; Technologiepolitik; Methoden und Theorien der Internationalen Politischen Ökonomie sowie diskurstheoretische Policyanalyse.

*Brigitte Young,* PhD, Prof. em., forscht und lehrt als Professorin für Internationale Politik an der Universität Münster. Arbeitsschwerpunkte: Finanzmärkte und Finanzmarktreformen, Zentralbanken und Geldpolitik; Eurokrise und Krisenmanagement; Rolle Deutschlands in der EU; Theorien der IPÖ (besonders Ordoliberalismus und feministische Makroökonomie). Sie lernte Christoph Scherrer 1985 als Teil des Projektes »Governance of the American Economy« an der Universität Madison, Wisconsin, kennen. Seither zahlreiche gemeinsame Publikationen.

*Aram Ziai* ist Heisenberg-Professor für Entwicklungspolitik und Postkoloniale Studien an der Universität Kassel. Arbeitsschwerpunkte: Post-Development, Entwicklungstheorie, Postkoloniale Politikwissenschaft und *Global Economic Governance*. Christoph Scherrer hat er 2004 durch Uli Brand bei einem Abendessen im Café Nordpol kennen gelernt, heute arbeitet er mit ihm im ICDD zusammen.

# VSA: Globalisierung & Kritik

Ulrich Brand (Hrsg.)
**Lateinamerikas Linke**
Ende des progressiven Zyklus?
Eine Flugschrift
120 Seiten | € 11.00
ISBN 978-3-89965-700-5

Rechte Wahlsiege in Argentinien und Venezuela, die brasilianische und bolivianische Regierung unter Druck. Gibt es noch linke Perspektiven in Lateinamerika? Und was brachten die bisherigen Versuche, auf dem Subkontinent eine andere Politik umzusetzen? Ulrich Brand hat Expert*innen vor Ort befragt und stellt die aktuellen Debatten dar. Ein Beitrag geht der Frage nach, was die europäische Linke von den jüngsten Erfahrungen lernen kann.

Harald Klimenta/
Andreas Fisahn u.a.
**Die Freihandelsfalle**
Transatlantische Industriepolitik
ohne Bürgerbeteiligung –
das TTIP
AttacBasisTexte 45
128 Seiten | € 9.00
ISBN 978-3-89965-592-6

Bei den Verhandlungen für ein Freihandelsabkommen zwischen den USA und der EU werden neoliberale Dogmen weiter verfolgt, obwohl die Schattenseiten allgegenwärtig sind: Standortwettbewerb, Lohndumping, sinkende Standards und Gestaltungsmöglichkeiten in demokratischen Staaten. Die AutorInnen dieses AttacBasis-Textes (u.a. Christoph Scherrer) arbeiten die möglichen Folgen für Europa und Deutschland für den Fall heraus, dass die Verhandlungen um eine »Transatlantische Handels- und Investitionspartnerschaft« (TTIP) erfolgreich verlaufen.

Harald Klimenta,
Maritta Strasser,
Peter Fuchs u.a.
**38 Argumente gegen TTIP, CETA, TiSA & Co.**
Für einen zukunftsfähigen Welthandel
AttacBasisTexte 48
96 Seiten | € 7.00
ISBN 978-3-89965-662-6

27 Autor*innen aus 18 gegen das Freihandelsabkommen aktiven Organisationen tragen 38 schlagkräftige Argumente vor, warum sie gegen TTIP, CETA & TiSA sind: Die Verträge sind nicht einmal teilweise zu retten! Das Buch macht Mut, die Argumente in der Öffentlichkeit vorzutragen – und liefert Bausteine für Alternativen.

Prospekte anfordern!

VSA: Verlag
St. Georgs Kirchhof 6
20099 Hamburg
Tel. 040/28 09 52 77-10
Fax 040/28 09 52 77-50
Mail: info@vsa-verlag.de

# VSA: Kritische Wissenschaft

Alex Demirović
**Wissenschaft oder Dummheit?**
Über die Zerstörung der Rationalität in den Bildungsinstitutionen
Eine Veröffentlichung der Rosa-Luxemburg-Stiftung
272 Seiten | € 16.80
ISBN 978-3-89965-572-8

Die Einwände, die gegen die neoliberale Zurichtung der Bildung erhoben werden, zielen meist auf »weniger Demokratie« ab. Aus dem Blick gerät dabei oft, welche Konsequenzen die »Verwettbewerblichung« von Bildungsinstitutionen auf die wissenschaftliche Erkenntnisproduktion selbst hat.

Prospekte anfordern!

VSA: Verlag
St. Georgs Kirchhof 6
20099 Hamburg
Tel. 040/28 09 52 77-10
Fax 040/28 09 52 77-50
info@vsa-verlag.de

Elmar Altvater
**Marx neu entdecken**
Das hellblaue Bändchen zur Einführung in die Kritik der Politischen Ökonomie
144 Seiten | € 9.00
ISBN 978-3-89965-499-8

»Die Marxsche Theorie ist lebendig, wenn sie praktiziert wird, und sie würde sterben, wenn sie in den blauen Bänden in Bücherregalen verstaubt. Daher ist es ... nicht ratsam, große Theorien wie die von Marx in der ›Mottenkiste des 19. Jahrhunderts‹ zu verstauen... Das vorliegende hellblaue Bändchen folgt daher einer anderen Ordnung als sonstige Einführungen in das Marxsche Werk... Es werden ... einige der brennenden Probleme der Gegenwart, insbesondere die Fragen nach Ursachen, Verlauf, Perspektiven und Lösungen der großen Krise aufgeworfen und mit Hilfe der Marxschen Theorie diskutiert und zu beantworten versucht.«
(Aus der Einleitung: »Achtung! Marx kommt wieder«)

Elmar Altvater
**Engels neu entdecken**
Das hellblaue Bändchen zur Einführung in die »Dialektik der Natur« und die Kritik von Akkumulation und Wachstum
192 Seiten | € 12.00
ISBN 978-3-89965-643-5

Missverständnisse, Fehl- und Überinterpretationen kennzeichnen bis heute die Rezeptionsgeschichte der »Dialektik der Natur«. Engels ging es um das Begreifen eines »dialektischen Gesamtzusammenhangs« von Natur und Gesellschaft, von Ökonomie und Politik. Dieser »holistische« Ansatz ist heute in den Debatten um die Erde als »ökologisches Weltsystem«, als Anthropozän oder Kapitalozän aktueller denn je. Die »Klassiker« des Marxismus beschäftigten sich also schon vor mehr als einem Jahrhundert auch mit ökologischen Fragen. Die »Dialektik der Natur« kann der Post-Wachstumsdebatte heute neue Impulse vermitteln. Daher sind in diesem Band einige zentrale Passagen von Engels' Werk aufgenommen.